suhrkamp taschenbuch 1406

Max Frisch
Gesammelte Werke
in zeitlicher Folge
Jubiläumsausgabe
in sieben Bänden
Sechster Band

Max Frisch

Gesammelte Werke in zeitlicher Folge

Jubiläumsausgabe in sieben Bänden

1931-1985

Band VI

1968-1975

Herausgegeben von
Hans Mayer
unter Mitwirkung von
Walter Schmitz

Max Frisch

Tagebuch 1966-1971

Wilhelm Tell für die Schule

Kleine Prosaschriften

Dienstbüchlein

Montauk

Suhrkamp Verlag

Die Jubiläumsausgabe ist textidentisch mit der Ausgabe der Gesammelten Werke in zeitlicher Folge, Band I–VII.

Die Ausgabe erschien als *Gesammelte Werke in zeitlicher Folge* in sechs Bänden 1976 im Suhrkamp Verlag; sie wurde 1986 um den siebten Band erweitert. Die Bände I–VI wurden für die Jubiläumsausgabe durchgesehen.

suhrkamp taschenbuch 1406
Erste Auflage der Jubiläumsausgabe 1986

Druck: Claussen & Bosse, Leck · Printed in Germany
Umschlag nach Entwürfen von
Willy Fleckhaus und Rolf Staudt

1 2 3 4 5 6 – 91 90 89 88 87 86

Tagebuch 1966-1971

FÜR MARIANNE

1966

Fragebogen

1.
Sind Sie sicher, daß Sie die Erhaltung des Menschengeschlechts, wenn Sie und alle Ihre Bekannten nicht mehr sind, wirklich interessiert?

2.
Warum? Stichworte genügen.

3.
Wieviele Kinder von Ihnen sind nicht zur Welt gekommen durch Ihren Willen?

4.
Wem wären Sie lieber nie begegnet?

5.
Wissen Sie sich einer Person gegenüber, die nicht davon zu wissen braucht, Ihrerseits im Unrecht und hassen Sie eher sich selbst oder die Person dafür?

6.
Möchten Sie das absolute Gedächtnis?

7.
Wie heißt der Politiker, dessen Tod durch Krankheit, Verkehrsunfall usw. Sie mit Hoffnung erfüllen könnte? Oder halten Sie keinen für unersetzbar?

8.
Wen, der tot ist, möchten Sie wiedersehen?

9.
Wen hingegen nicht?

10.
Hätten Sie lieber einer andern Nation (Kultur) angehört und welcher?

11.
Wie alt möchten Sie werden?

12.

Wenn Sie Macht hätten zu befehlen, was Ihnen heute richtig scheint, würden Sie es befehlen gegen den Widerspruch der Mehrheit? Ja oder Nein.

13.

Warum nicht, wenn es Ihnen richtig scheint?

14.

Hassen Sie leichter ein Kollektiv oder eine bestimmte Person und hassen Sie lieber allein oder in einem Kollektiv?

15.

Wann haben Sie aufgehört zu meinen, daß Sie klüger werden, oder meinen Sie's noch? Angabe des Alters.

16.

Überzeugt Sie Ihre Selbstkritik?

17.

Was, meinen Sie, nimmt man Ihnen übel und was nehmen Sie sich selber übel, und wenn es nicht dieselbe Sache ist: wofür bitten Sie eher um Verzeihung?

18.

Wenn Sie sich beiläufig vorstellen, Sie wären nicht geboren worden: beunruhigt Sie diese Vorstellung?

19.

Wenn Sie an Verstorbene denken: wünschten Sie, daß der Verstorbene zu Ihnen spricht, oder möchten Sie lieber dem Verstorbenen noch etwas sagen?

20.

Lieben Sie jemand?

21.

Und woraus schließen Sie das?

22.

Gesetzt den Fall, Sie haben nie einen Menschen umgebracht: wie erklären Sie es sich, daß es dazu nie gekommen ist?

23.

Was fehlt Ihnen zum Glück?

24.

Wofür sind Sie dankbar?

25.
Möchten Sie lieber gestorben sein oder noch eine Zeit leben als ein gesundes Tier? Und als welches?

Statistik

Die durchschnittliche Lebensdauer betrug um Christi Geburt nur 22, zur Zeit von Martin Luther schon 35,5, um 1900 noch 49,2 und heute 68,7 Lebensjahre. Die Lebensverlängerung bedeutet zugleich eine Umschichtung der Altersklassen. Um 1900 stellten die Jugendlichen (bis zum zwanzigsten Lebensjahr) noch 46% der Bevölkerung, 1925 nur noch 36%, 1950 noch 31%, und für 1975 rechnet man mit 28% jugendlichen Menschen. Entsprechend steigen die Altersklassen (nach dem sechzigsten Jahr); um 1900 waren es noch 7% der Bevölkerung, um 1975 werden es 20% sein.

Bodega Gorgot

Wenn seine Frau ihn nicht unterbricht, sieht jedermann, daß sie nicht mehr zuhört; daß es ihr zu lang wird, wenn er spricht. Er ist Goldschmied. Seine Arbeit wird geschätzt. Eine Fachauszeichnung (Landesausstellung 1939) nimmt er von der Wand. Ein Lehrling und zwei Angestellte haben es gemerkt. Was eigentlich? Das wissen sie nicht, aber sie haben es gemerkt: der Alte meint ihnen den Beweis zu schulden, daß er's besser kann, und sie machen ihn fertig, auch wenn ihm dieser Beweis gelingt. Jetzt sitzt er fast jeden Abend in der Bodega. Die jungen Bärte, ihre Hosenmädchen mit offenem Haar usw., es stört ihn nicht, daß sie nicht arbeiten um 5 Uhr nachmittags. Die Bodega ist auch tagsüber düster. Als junger Mann hat er gearbeitet; das ist ihm geblieben. Nachher geht er nochmals in seine Werkstatt. Einmal kommt sie in die Bodega; er hat schon getrunken und macht eine schlechte Figur. Sie hat es nicht anders erwartet; das weiß er. Sie legt ihre Hand auf seine Hand, bringt den Goldschmied nach Haus. Sein Vater war Volksschullehrer. In mancher Hinsicht, zum Beispiel politisch, weiß er einfach mehr als seine Frau, in andern Dingen weniger; das letztere genügt: wenn sie für seine politischen Kenntnisse oder Meinungen kein Interesse hat, wird er unsicher. Wenn sie behauptet, Trotzki sei erschossen worden, widerspricht er, aber es überzeugt sie nicht; sieht er später in einem Buch nach, so wird er wütend, daß sie ihn hat unsicher machen können. Wochenlang kommt er nicht mehr in die Bodega. Vielleicht hat er eine andere Pinte gefunden, die sie nicht kennt. Sie ist ausgebildete Kindergärtnerin, hat ihren Beruf damals wegen der eignen Kinder aufgegeben; sie macht die Buchhaltung für den Goldschmied, was nicht viel Arbeit ist; sie ist unersetzlich. Später wieder sitzt er am runden Tisch in der Bodega; er sieht sich die jungen Bärte an, trinkt, spricht mit niemand. Nimmt er eine Zeitung, so kommt ihm vor, als habe er alles schon gelesen. Vielleicht hat sie ihn verlassen. Was er macht, wenn er so da sitzt und schweigt: er rechtfertigt sich. Schließlich hat er einen Laden gegründet aus eigener Kraft, schließlich ist seine Arbeit unter Fachleuten anerkannt usw. Zwei Kinder, jetzt schon erwachsen und selbständig, merken, daß er ihre Achtung braucht; sein Eigenlob macht es ihnen nicht leicht. Sie hat ihn nicht verlassen; sie weiß, daß der Goldschmied sie braucht, und trägt ihr Kreuz mit Anstand. Sie ist Mitte 40. Es wird sich nichts mehr ändern. Eigentlich kann er sich ihr Leben nicht vorstellen. Sie kommt mit der Einkaufstasche in die Bodega und trinkt auch einen Clarete. Vielleicht schon sehr früh, schon am ersten Abend hat sie gemerkt, daß man ihn unsicher machen kann. Er galt als Draufgänger; Erfolg bei Frauen usw. Er überredete sie zu einer Bootfahrt, um als Ruderer seine Tüchtigkeit zu zeigen, und empfand es als Versagen seinerseits, als es zu regnen begann. Sein Versagen jetzt ändert nichts an ihrer Beziehung zu ihm, im Gegenteil, es bestätigt sie. Wie er in der Bodega den gemeinsamen Wein bezahlt, ihre Einkaufstasche nimmt und ihr dann den Mantel hält und wartet, wie er nicht zu sagen wagt: Jetzt komm schon! und wie er sich verantwortlich macht, wenn sie beinahe ihre Handschuhe vergessen hätte –

BERZONA

Das Dorf, wenige Kilometer von der Grenze entfernt, hat 82 Einwohner, die Italienisch sprechen; kein Ristorante, nicht einmal eine Bar, da es nicht an der Talstraße liegt, sondern abseits. Jeder Gast aus den Städten sagt sofort: Diese Luft! dann etwas bänglich: Und diese Stille! Das Gelände ist steil: Terrassen mit den üblichen Trockenmauern, Kastanien, ein Feigenbaum, der Mühe hat, Dschungel mit Brombeeren, zwei große Nußbäume, Disteln usw. Man soll sich hüten vor Schlangen. Als Alfred Andersch, schon seit Jahren hier wohnhaft, auf das kleine Anwesen aufmerksam machte, war das Gebäude verlottert, ein altes Bauernhaus mit dicken Mauern und mit einem turmartigen Stall, der jetzt Studio heißt, alles mit Granit gedeckt. Das Tal (Val Onsernone) hat keine Sohle, sondern in seiner Mitte eine tiefe und wilde Schlucht, in die wir noch nie hinabgestiegen sind; seine Hänge sind waldig, darüber felsig und mit den Jahren wahrscheinlich langweilig. Im Winter habe ich es lieber. Die einheimische Bevölkerung lebte früher von Strohflechterei, bis auf dem Markt zu Mailand plötzlich die japanischen Körbe und Hüte und Taschen erschienen; seither ein verarmendes Tal.

VORSATZ

Vieles fällt natürlich nach fünf Jahren im Ausland (Rom) deutlicher auf, ohne deswegen nennenswert zu werden, wenn es nicht zu neuen Einsichten führt, und das ist bisher nicht der Fall gewesen. Daher der Vorsatz, über die Schweiz mindestens öffentlich keine Äußerungen mehr zu machen.

. . .

Tatsächlich haben Ausländer, die in der Schweiz wohnen, oft ein froheres Verhältnis zu diesem Land als unsereiner. Sie enthalten sich jeder fundamentalen Kritik; unsere eigene Kritik ist ihnen eher peinlich, sie möchten diesbezüglich verschont bleiben. Was, außer dem schweizerischen Bankgeheimnis, zieht sie an? Offenbar doch allerlei: Landschaftliches, die zentrale Lage in Europa, die Sauberkeit, Stabilität der Währung, weniger der Menschenschlag (da verraten sie sich gelegentlich durch pejorative Klischees), vorallem aber eine Art von Dispens: es genügt hier, daß man Geld und Papiere in Ordnung hat und auf keine Veränderung sinnt. Wenn nicht gerade die Fremdenpolizei sie ärgert, so ist die Schweiz für den Ausländer in der Schweiz kein Thema. Was sie genießen: Geschichtslosigkeit als Komfort.

. . .

Das Versprechen, über die Schweiz keinerlei Äußerungen mehr zu machen, ist leider schon gebrochen. (»Ein kleines Herrenvolk sieht sich in Gefahr: man hat Arbeitskräfte gerufen, und es kommen Menschen«.) Vielleicht war die Heimkehr verfrüht.

CASA DA VENDERE

Das kommt vor: eine Villa steht schon seit längerer Zeit verlassen, von den Bewohnern keine Spur. Es scheint, daß die Leute einfach aufgestanden sind vom Tisch, ohne abzuräumen; Risotto in einer Schüssel verschimmelt, Wein in einer offenen Flasche, Reste von Brot steinhart. Nicht einmal ihre Kleider haben sie mitgenommen, ihre Schuhe, ihr persönliches Zeug. Erst nach Wochen blieb das elektrische Licht aus, weil niemand die Rechnung bezahlte; das fiel auf . . . Inzwischen wurde einiges gestohlen; die Haustüre war nicht geriegelt; ein Portal mit naivem Sgrafitto, darüber ein Balkon, dessen Geländer verrostet ist, die grünen Jalousien sind jetzt geschlossen, der

```
Verputz (Yoghurt mit Himbeer) fladenweise
abgebröckelt. Im Garten steht eine Tafel:
CASA DA VENDERE, wie ich höre: schon seit
Jahren.
```

Der Goldschmied

Er wird ein schlimmes Ende nehmen. Das weiß er, wenn er in der Bodega sitzt. Der spanische Kellner, wenn er den Dreier Clarete auf den Tisch stellt, blickt anderswohin, spricht schon zum nächsten Tisch. Sein Vater starb einfach an Herzschlag; im Bus. Kommt jemand in die Bodega, der den Goldschmied von früher kennt, so bleibt der Goldschmied nicht lang, legt sein Geld hin, sowie der alte Bekannte sich setzt. Er versteht's nicht, daß ein Lehrling ihn fertig macht. Als junger Mann, damals nach der Kunstgewerbeschule, arbeitete er im Ausland (Straßburg); 1939 kehrte er zurück. Er hat den Lehrling entlassen und einen andern genommen: auch der neue läßt den Wasserhahn tropfen. Vermutlich ist er ein Pedant nicht nur in seiner Werkstatt; 27 Jahre Arbeit mit der Lupe. Kommt er von seiner Arbeit nach Hause, hält er eine schmutzige Küche nicht aus. Zum Beispiel. Manchmal denkt er an Brandstiftung. Sie weiß es, daß er eine schmutzige Küche nicht aushält, und findet es nachgerade lächerlich, daß das sein Problem ist. Der spanische Kellner in der Bodega behandelt ihn freundlich, aber nachlässiger als alle andern Gäste. Er wagt nicht zu verlangen, daß sie die Küche in Ordnung hält. Sie hat es auch früher nie getan; offenbar ist er empfindlicher geworden, seit er als Mann ein Versager ist. Schon seine Bitte, sie möge das Geschirr nicht tagelang stehen lassen, weil es ihn einfach ekle, führt zu Spannungen. Schließlich ist sie diplomierte Kindergärtnerin und nicht seine Magd. Die Küchen-Spannungen enden jeweils damit, daß ihm seine Lächerlichkeit bewußt wird; wenn es soweit ist, wäscht sie wortlos das Geschirr, aber nicht vorher. Sein Laden mit Werkstatt liegt in einer Gasse der Altstadt, wo Brandstiftung viel ausrichten würde vorallem nach Mitternacht. Wenn der Goldschmied, allein zuhause, das Geschirr wäscht und trocknet und auch den Boden der Küche reinigt, weiß er, daß sie keinen Grund hat zu danken; es ist ein offener Vorwurf. Dann und wann tut er's trotzdem, weil ihn das ungewaschene Geschirr ekelt. Wieso nimmt sie keinen anderen Mann? Tut er's nicht und wartet er, bis sie das Geschirr wäscht, so muß er sich zusammen nehmen, daß er sich nicht bei ihr entschuldigt; sie ist ja wirklich nicht seine Magd. Einigermaßen wohl fühlt er sich nach dem ersten Zweier in der Bodega; er trinkt selten mehr. Aber der Zweier hält nicht lange an. Nachher geht er nochmals in die Werkstatt, wenn die Angestellten weg sind; er stellt den tropfenden Wasserhahn ab. Einmal ein schwerer Fehler in der Buchhaltung, den sie gemacht hat; er sagt ihr nichts davon. Er erwirbt sich keine Achtung, wenn er sie kränkt. Wenn sie eine Woche bei ihren Eltern ist, stört ihn das ungewaschene Geschirr in der Küche nicht; er spült es erst am letzten Abend, bevor sie zurückkommt. Sein Einkommen ist nicht groß, aber es reicht. Wäre es nicht das Geschirr in der Küche, so wäre es etwas anderes, was ihm zeigt, daß sie seine Wünsche zu erfüllen kein Bedürfnis hat. Das weiß er. Natürlich geht es nicht um das Geschirr. Das alles weiß er. Es ist lächerlich. Er tut ihr leid. Sie kommt nicht mehr in die Bodega, um ihn zu holen; er empfindet es als Entmündigung, wenn sie ihn holt. Er ist schwierig. Das war immer so: wenn er einmal krank ist, gibt sie sich rührende Mühe. Das bleibt. Früher hatte er Freunde; er ruft sie kaum noch an, scheut sich, weil es lächerlich ist, was ihn beschäftigt. Was man eheliche Auseinandersetzung nennt, kommt vor, aber er meidet solche Auseinandersetzungen; dann sagt er genau, was er nicht hat sagen wollen: die Sache mit dem ungewaschenen Geschirr. Zum Beispiel. Zeitweise gibt sie sich Mühe. Sein Interesse an öffentlichen Angelegenheiten (Sanierung der Altstadt) ist erloschen; zwar liest er den TAGESANZEIGER, wenn er in der Bodega sitzt. Verglichen mit allem, was in der Zeitung steht, ist es lächerlich, was ihn beschäftigt. Es ist unter seiner Würde. Wenn es je zu einer Brandstiftung kommt, so darum.

Früher brauchte er sich nichts gefallen zu lassen; ein Draufgänger, Erfolg bei Frauen usw. Noch vor kurzem brauchte er sich vieles nicht gefallen zu lassen, weil es gar nicht dazu kam. Zum Beispiel: sie hat das Foto von Straßburg einfach von der Wand genommen, verschwinden lassen. Seine Frau fürchtet jetzt immer, daß er sich lächerlich mache. Wenn jemand bei einem Fehlanruf einfach aufhängt, ohne sich zu entschuldigen, nimmt er's persönlich; er sagt nochmals: Huber! obschon der andere eben aufgehängt hat. Hinten in seinem Laden (vormittags) sitzt er bei Neon-Licht, die Lupe in die Augenhöhle geklemmt; seine Frau spricht mit den Kunden, er fast nicht mehr, oder wenn ein Kunde mit dem Goldschmied selbst sprechen will, beugt er sich über den Tisch, damit der Kunde nicht sein Gesicht sehe. Es gibt noch Leute, die seine Broschen kaufen. Meistens sagt er nichts, überhaupt nichts, wundert sich nur, was eigentlich los ist, daß er sich alles gefallen läßt. Vielleicht meint sie, daß der Goldschmied es nicht einmal merkt. Dann fragt sie jedesmal: »Hast du wirklich die Wohnung abgeschlossen?« Manchmal blickt der Goldschmied sie einfach an: als wäre er imstande sich aufzuhängen. Einer der Kellner, der junge Spanier, hat es auch gemerkt, wird freundlicher, seit der Goldschmied seinen Mantel nicht mehr auszieht; dazu trägt er die Baskenmütze, packt Fleischkäse aus einem knisternden Papier; offenbar geht er zum Abendessen nicht nachhaus. Wenn der Goldschmied mit jemand Streit hat, weiß er, daß sie auf der Seite der andern ist von vornherein; da braucht er gar nichts zu erzählen. Sie will immer sein Bestes und tut, als mache er nur noch Fehler. Manchmal will er Schluß machen. In der Bodega macht es ihm nichts aus, wenn die Aschenbecher schmutzig sind. Einmal muß sie's sagen: »Der ganze Schmutz kommt ja von dir.« Das kann man ihm beweisen. Es ist immer besser, wenn er nichts sagt. Eine Stunde nachdem er aus der Toilette gekommen ist, merkt der Goldschmied, daß seine Hose nicht zugeknöpft ist; vielleicht ist das schon öfter vorgekommen, und der Goldschmied hat's überhaupt nicht bemerkt. Im Mantel fühlt er sich sicherer. In der Bodega erinnert er sich an einen Fall, von dem er als Schüler gehört hat: ein Arbeiter, Mineur, der Speiseröhrenkrebs hatte, legte sich eine Zündkapsel in den Mund; sein Hirn verspritzte in den Arkaden beim Hechtplatz. Der wollte es gräßlich, wie der Goldschmied es eigentlich nicht will. Gegen 6 Uhr wird die Bodega voll, dann macht er Platz; er sitzt ja schon im Mantel, und es fällt nicht auf, wenn er geht. Das Geld legt er vorher auf den Tisch. Ein andrer Fall: als Kunstgewerbeschüler, als er in Wiedikon mit seiner Mutter wohnte, hörte er beim Zähneputzen im Badezimmer einen ungewöhnlichen Ton aus dem unteren Badezimmer, nicht sehr laut, ungefähr so wie wenn jemand mit einem kleinen Hammer den Spiegel zerschlagen hätte, nur ohne Klirren danach; ein Schuß; nach zwei Stunden trugen sie den Sarg aus dem Miethaus. Je älter man wird, umso schlichter möchte man's. Auf dem Albis kennt er Plätze genug, die sich eignen; es braucht ja nicht am Sonntag zu geschehen, wenn es viele Spaziergänger gibt, Familien mit Kindern. Manchmal denkt er: Ich häng mich auf! beispielsweise wenn sie sagt: »Rede nicht, sondern denke.« Er kommt immer regelmäßiger in die Bodega. Wenn er sich gesetzt hat, sieht er sich die Leute vorerst an; dann denkt er. Was eigentlich? Ein junger Bart mit Langhaar am runden Tisch sagt: Guten Appetit. Später hört er von einem Nebentisch das Wort: Schwanz. Der Goldschmied muß aufpassen, daß er nicht alles auf sich bezieht; überhaupt muß er immerfort aufpassen. (Nicht nur wenn er aus der Toilette kommt.) Ein Leben lang hat er sich bemüht, nicht widerlich zu werden, ein Leben lang hat er immer das Klo-Fenster geöffnet, in der Eisenbahn hat er immer den Mantel über sein Gesicht gezogen, wenn er schlafen wollte. Jetzt in der Bodega kennt man den Goldschmied nur noch im Mantel: ein Alter, zufrieden mit Fleischkäse und Clarete. Kein Trottel, wie sie zuhause meint, aber er muß aufpassen. Wenn er in der Bodega das Geld auf den Tisch legt, zählt er's zweimal, nach einer Weile sogar ein drittes Mal. Ein Sprung von einem Aussichtsturm wäre sicher, aber wenn er es sich ausdenkt: widerlich für die Hinterlassenen, und ein Leben lang hat er sich bemüht, nicht widerlich zu werden. Der Goldschmied weiß, es müßte bald geschehen. Geboren bei Zürich (Adliswil) und aufgewachsen in Zürich, kennt er natürlich die Mühlebachstraße und die Mühlegasse; trotzdem hat er auf der Straße eben die verkehrte Auskunft gegeben. Zum Glück war sie nicht dabei. Wenn sie vor dem Fernsehen sitzen: seine Meinung überzeugt nie, er ist immer für Leute, die seine Frau nicht überzeugen, zum Beispiel für Willy Brandt. Einmal denkt er auch an Gashahn; nur gibt es in der Wohnung keinen Gashahn. Sie will immer sein Bestes: zum Beispiel, daß er unter Leute gehe. Nachher sagt seine Frau, daß wieder nur er die ganze Zeit geredet habe, daß er den andern nicht zuhöre usw., der Goldschmied weiß bloß, daß es niemand überzeugt, wenn der Goldschmied einmal auch etwas sagt. Sicher und für die Hinterbliebenen nicht widerlich ist einzig die Schlafmittel-Methode, die er unmännlich findet; immerhin hat er in den letzten Monaten angefangen, Schlaftabletten zu sammeln, versteckt sie in der Werkstatt. Aber auch dazu muß der Mensch aufgelegt sein; es genügt nicht, daß einer keine Angst hat. Man nimmt nicht dreißig Schlaftabletten einfach so, wirft sie aus der flachen Hand in den Mund, jeweils drei oder vier, die jedesmal mit Wasser hinunter zu spülen sind oder mit Chianti. Wenn der Goldschmied, um dazu aufgelegt zu sein, Streit anfängt wegen einer Lappalie (wieder hat sie den TAGESANZEIGER von heute weggeworfen), ist sie vernünftig. Sogar mütterlich; nachher kocht sie seine Lieblingsspeise, läßt ihn Fernsehen einschalten. Später entschuldigt er sich. Was schlimmer und schlimmer wird, liegt nicht an ihr: »Kindisch!« das sagt man eben so; sie hat es nicht so gemeint, wie er es hört. Vieles hat sie schon vor 10 oder 20 Jahren genau so gesagt, und es hat dem Goldschmied nichts ausgemacht, wenn sie gesagt hat: »Trottel«. Das meint sie nicht wörtlich, sonst hätte sie nicht ein Leben lang mit dem Goldschmied gelebt. Sie schlafen noch immer Bett an Bett. Es liegt nicht an ihr, daß sie vor Leuten sagen muß: »Das heißt nicht Karfunkel, du meinst Karbunkel.« Vollkommen sachlich; übrigens hat sie es ihm schon zuhause gesagt. Es ist furchtbar, wenn man überhaupt nichts mehr sagen kann. Einmal sagt sie: »Jetzt redest du wie ein Gaga«, aber dafür entschuldigt sie sich; sie hat es so gemeint – sie sagt das nie wieder.

Eigentlich braucht es gar keinen Entschluß mehr, wenn er auf einer Bank sitzt am Wald: es genügt der Blick auf die Stadt, Limmat, Türme, Gasometer bei Schlieren, ein Liebespaar, das in den Wald geht. Der Goldschmied hat jetzt die Schlafmittel in der Manteltasche. Er wird 64. Worauf wartet er? Wenn er in der Nacht ohnehin auf die Toilette muß: zehnmal je drei Tabletten je mit einem Schluck, das ist zu machen. Es muß nur sicher sein. In die Bodega kommt er nicht mehr (der Goldschmied wird nicht vermißt, aber er fehlt: der alte Eisenofen, das Ofenrohr durch den Raum usw., zwei oder drei Alte gehören eigentlich zum Inventar), plötzlich weiß er nicht, wozu in diese Bodega. Wenn er Papier mit seinem Briefkopf nachbestellen läßt oder wenn er sich nochmals eine neue Baskenmütze kauft, bedeutet es nicht, daß der Goldschmied warten will, bis zum ersten Hirnschlag. Dann ist es zu spät. Die Schwiegertochter in San Paolo schreibt, sie kommen im September nach Zürich; der Goldschmied wird sich nicht an ihren Kalender halten, so nett ihr Vorschlag gemeint ist: Familien-Ausfahrt an den Vierwaldstättersee, wo es die gebakkenen Felchen in Bierteig gibt. Sie findet, der Goldschmied arbeite zu viel. Wenn er in der Nacht ohnehin auf die Toilette muß, ist es schon 4 Uhr morgens, und wenn er um 9 Uhr nicht zum Kaffee kommt, ruft sie um Hilfe, man wird von einer Ambulanz ausgepumpt. Es ist nur zu machen gegen Abend; nicht zu spät, damit die Ambulanz nicht zu früh kommt; nicht zu früh, damit er nicht schon vor dem Fernsehen einschläft. Schneetreiben am andern Tag; damit sein Vorsatz, gegen 10 Uhr abends die Schlafmittel zu nehmen, nicht auffällt, verbringt er den Tag wie üblich: vormittags in der Werkstatt, nachmittags in der Bodega (zum letzten Mal), er trinkt nicht mehr als üblich, liest den TAGESANZEIGER, um sich die Zeit zu vertreiben. Sie merkt bloß, daß er wieder in der Bodega gewesen ist: »Du vertrottelst noch in dieser Bodega.« Wenn man sich in der Hand hat, braucht man sich nichts gefallen zu lassen; da der Goldschmied sie nicht einmal anblickt, sondern im TAGESANZEIGER blättert, tut, als habe er es nicht gehört, wiederholt sie: »Du vertrottelst.« Dabei hat der

Goldschmied sich in der Hand wie schon lang nicht mehr; er findet es nur schade, daß sie das gerade heute sagt. Am andern Morgen ein toter Goldschmied, das geht nicht; sie müßte sich Vorwürfe machen, daß sie das gesagt hat. Sie schlafen noch immer Bett an Bett. Um 10 Uhr, wenn jeweils die Nachrichten kommen, denkt der Goldschmied fast jedesmal daran. Der Goldschmied kennt jemand mit Hirnschlag. Scheinbar ist es nur das Lid, das streikt; es gibt Sonnenbrillen, um das zu verdecken; plötzlich sind alle Leute sehr lieb zu ihm, unsicher, ob er noch denken kann. Weiß so jemand, daß er lallt? Er wird sich nicht mehr davon erholen, aber es muß nicht sein, daß es zum zweiten Hirnschlag kommt. Noch hat der Goldschmied sich in der Hand, noch kann er denken. Ein andermal geht es wieder nicht: seine Frau muß morgen zum Arzt, sagt sie. Es kann sein, daß man schneiden muß, sagt der Arzt, kein Grund zur Sorge, eine Sache von 8 oder 10 Tagen... So lang muß er's verschieben.

Der Goldschmied lebt noch immer. Es kommt zu den gebackenen Felchen in Bierteig am Vierwaldstättersee im September mit dem Enkelchen aus San Paolo. Jajaja! Nur die Großmutter fühlt sich nicht zum besten; sie erzählt die Geschichte ihrer Operation im Frühjahr, während der Goldschmied findet, die gebackenen Felchen in Bierteig schmecken auch nicht mehr wie früher. Der Sohn aus San Paolo: Generalvertreter einer schweizerisch-amerikanischen Firma, schon fast ein Amerikaner, wenn er so von Latein-Amerika erzählt und dazu die einheimischen Schwäne füttert. Der Goldschmied hört, daß Geld überhaupt keine Rolle mehr spiele, auch wenn er 90 wird, überhaupt keine Rolle. Jajaja! sagt nicht er, sondern die Großmutter; sie sagt es nicht zu ihm, sondern zum Enkelchen.

Wie er in der Bodega sitzt (der Eisenofen ist noch immer da, nur die Kellner haben gewechselt) und wie er den Fleischkäse aus einem knisternden Papier packt, dann kaut – seine Frau ist gestorben, der Laden verkauft, er wohnt in einem städtischen Altersheim.

BERLIN

Zu sehen ist, was man schon weiß. Seither bin ich öfter in Berlin gewesen und habe auf Besichtigung der Mauer verzichtet. Uwe Johnson führt uns wie eine amtliche Person im Dienst, ohne Kommentar; da er sehr groß ist, beugt er sich höflich, wenn eine technische Information verlangt wird, und nimmt jedesmal seine Pfeife aus dem Mund, wie immer in schwarzer Lederjacke, Kopf kahlgeschoren. Er selber bezeichnet sich nicht als Flüchtling, kann aber nicht mehr auf die andere Seite. Ein Tag mit Sonne und mit kaltem Wind, viel heller nordischer Himmel über Stacheldraht. Wenn man die Mauer sieht, so gibt es nichts dazu zu sagen; allerdings läßt sich bei diesem Anblick auch nichts anderes reden. Erst später in einer Kneipe (sie liegt fast noch im Niemandsland) kommt es zum persönlichen Gespräch, ohne daß er seine schwarze Lederjacke etwa ablegt, die er auch im sommerlichen Rom getragen hat. Ein Amtskleid? Der Tabak-Beutel, den ich aus der Tasche nehme, ist ein Geschenk von ihm, weil ich einmal gesagt haben soll – nicht in Rom, nein, in Spoleto und nicht in der Bar, sondern beim Kiosk . . . Ein homerisches Gedächtnis hat dieser Mann; Mecklenburg wird sich darauf verlassen dürfen.

Erinnerungen an Brecht

Wie ich Brecht im November 1947, wenige Tage nach seinem Eintreffen in Europa, zum ersten Mal gesehen habe: in der kleinen bücherreichen Wohnung von Kurt Hirschfeld, Dramaturg des Zürcher Schauspielhauses, das drei Brecht-Stücke in deutscher Sprache uraufgeführt hat. Brecht saß da, wie man ihn von raren Fotos kannte, auf der Bank ganz in der Ecke: grau, still, schmal, etwas verkrochen, ein Mann in der Fremde, die seine Sprache spricht. Er schien froh um die Wände an seinen Schultern links und rechts. Ein Bericht über die »Hearings«, die Brecht gerade hinter sich hatte, wurde abgebrochen, als ich dazukam. Ich war damals 36, Architekt. Da er Zürich nicht kannte, zeigte ich ihm den Weg hinunter zum Stadelhofen. Die Stadt, wo er sich auf unbestimmte Zeit niederzulassen gedachte, beachtete er mit keinem Blick. Ich berichtete ihm von Deutschland, soweit ich es von Reisen kannte, vom zerstörten Berlin. Ich solle bald nach Herrliberg kommen, um mehr zu berichten. »Vielleicht kommen Sie auch einmal in diese interessante Lage«, sagte Brecht auf dem Bahnsteig, »daß Ihnen jemand von Ihrem Vaterland berichtet und Sie hören zu, als berichtete man Ihnen von einer Gegend in Afrika.«

Die Wohnung, zur Verfügung gestellt von dem jungen Ehepaar Mertens, war gratis; seine wirtschaftliche Lage, als Brecht in Zürich lebte, war miserabel: die Reise nach Europa wurde finanziert aus dem Verkauf von Haus und Möbeln in Amerika; die damaligen Einnahmen hätten kaum für einen Studenten gereicht; zwar begannen Verhandlungen mit Peter Suhrkamp, der aber damals auch kein Kapital hatte. Vielleicht täuschte mich sein einziger Luxus: die guten Zigarren. Und seine Gastlichkeit. Brecht, der seine wirtschaftliche Lage nie erwähnte, wirkte nicht mittelloser als später, später nicht wohlhabender als damals.

Empfanden wir Brecht als Deutschen? Als Bayern? Als Weltbürger? Das letztere hätte er sich als Marxist verbeten. In einer Hinsicht wirkte er, verglichen auch mit anderen Emigranten, sehr undeutsch: er analysierte auch den Krieg, den Hitler ausgelöst hatte, nie in nationalen Kategorien. (Später einmal in Weißensee, nach seiner Meinung über bestimmte SED-Funktionäre befragt, wurde er unwillig: »Vergessen Sie nicht, Frisch, es sind Deutsche!« – Dieser Ton war eine seltene Ausnahme.) Was Brecht aus seiner Emigration mitbrachte, war Immunität gegenüber dem »Ausland«; weder ließ er sich imponieren dadurch, daß andere Leute andere Bräuche haben, noch mußte er sich deswegen behaupten als Deutscher. Sein Zorn galt einem gesellschaftlichen System, seine Achtung einem andern; die Weltbürger-Allüre, die immer eine nationale Befangenheit kompensiert, erübrigt sich. Ein Augsburger mit Berlin als Arbeitsplatz, ein Sprachgebundener, Herkunft nicht als Wappen, aber als unvertauschbare Bedingtheit: die selbstverständliche Anerkennung dieser Bedingtheit; Dünkel wie Selbsthaß, national-kollektiv, erweisen sich dann als Relikte, nicht der Rede wert.

23. 4. 1948: erstes öffentliches Auftreten von Bertolt Brecht in Zürich, es blieb das einzige. In einem kleinen Keller, Antiquariat der Volkshaus-Buchhandlung, sitzen hundert oder hundertzwanzig Leute eingepfercht zwischen Bücherwänden; die Buchhändlerin veranstaltet ab und zu solche Lesungen. Brecht hört sich gehorsam meine kleine Begrüßung an, dankt mit höflichem Nicken, setzt sich an den kleinen Tisch, ohne sich auszubreiten, eher hilfsbedürftig, ohne die Zuhörer anzublicken, Brecht mit Brille und mit einem Blatt in der Hand. Ob der Titel, den er rasch genannt hat, in den hinteren Reihen verstanden worden ist, scheint fraglich. Bedrängt von der Nähe der Zuhörer – die vordersten könnten ihre Arme auf den kleinen Tisch legen, was sie natürlich nicht tun, sie sitzen mit verschränkten Armen – verliest er halblaut das Gedicht an die Nachgeborenen, erhebt sich dann flink, das Blatt in der Hand, nein, drei Blätter, und tritt zur Seite, wo es dunkel ist. Weg mit seiner Person! Es lesen Therese Giehse und Helene Weigel, die großen Könnerinnen, und man vergißt, daß Brecht zugegen ist. Nachher, oben in der Buchhandlung, gibt es wenig von Brecht; vieles ist noch ungedruckt. Einige von den Zuhörern, als sie ihre Mäntel nehmen, mustern den grauen Mann aus Distanz; Brecht wird nicht bedrängt. Später sitzt man als kleines Grüppchen bei einem Bier: Brecht, Weigel, Giehse, die dankbare Buchhändlerin, die für die Lesung nicht viel zahlen kann, das Übliche, hundert Franken; Brecht scheint ganz zufrieden.

Einmal als ich wieder nach Herrliberg kam, saßen zwei Brecht in der Diele, beide mit demselben Haarschnitt und in derselben grauen Leinenjacke, einer davon etwas hagerer und linkisch, kollegial-geniert, der andere war Paul Dessau. Caspar Neher war öfter da. Dann war Brecht locker, beinahe gemütlich, anders als sonst; Brecht war vergnügt.

Brecht in Gesellschaft von Leuten, die er nicht näher kannte – meistens waren es jüngere Leute, und man traf sich in einer Wohnung, selten in einem Restaurant, wo Unbefugte hätten zuhören können – liebte es, einer der Stilleren zu sein, derjenige, der sich vorallem erkundigt: Schwerpunkt der kleinen Gesellschaft, aber nicht Mittelpunkt, ungefeiert, im Mittelpunkt war immer ein Thema. Ich erinnere mich kaum, daß Brecht erzählte. Er gab ungern Rohstoff. Er breitete nicht aus, verkürzte wennmöglich auf Anekdote hin, die, wenn auch vielleicht zum ersten Mal erzählt, immer etwas Fertiges hatte. Nur selten hatte er ein Bedürfnis zu schildern. Daß Brecht fabulierte, sich in Erfindungen gehen ließ, einen Einfall vergeudete aufs Geratewohl oder vor Ulk überbordete, habe ich nie erlebt; aber was die Fabulierer dann nicht können, das konnte er: zuhören auf eine aufmunternde, ungeizige Art, sofern etwas berichtet wurde; er brauchte nichts zu sagen oder fast nichts: seine Kritik an den Vorfällen übertrug sich auf den Erzählenden. Mehr als dem Debatteur erlag man dem Zuhörer Brecht.

Einmal besichtigten wir Siedlungen für die Arbeiterschaft, Krankenhäuser, Schulhäuser etc. Der Herr vom Bauamt, das ich um die offizielle Gefälligkeit gebeten hatte, ein Adjunkt, der uns mit einem amtlichen Wagen an alle Ränder der Stadt fuhr, verstand die Fragen des Gastes nicht, erläuterte von Siedlung zu Siedlung dasselbe, während Brecht, anfänglich verwundert über soviel Komfort für die Arbeiterschaft, sich mehr und mehr belästigt fühlte durch eben diesen Komfort, der Grundfragen nicht zu lösen gedenkt; plötzlich, in einem properen Neubau, fand er sämtliche Zimmer zu klein, viel zu klein, menschenunwürdig, und in einer Küche, wo nichts fehlte und alles glänzte, brach er ungeduldig die Besichtigungsfahrt ab, wollte mit der nächsten Bahn an die Arbeit, zornig, daß eine Arbeiterschaft auf diesen

Schwindel hineinfällt; noch hoffte er, das sei nur in dieser Schweiz möglich, Sozialismus zu ersticken durch Komfort für alle.

Brecht muß ein manischer Aufschreiber gewesen sein, machte aber nie diesen Eindruck. Das Gefühl, als Besucher unterbreche man ihn, hatte ich nie; er machte einen Sessel frei, von Papieren oder Büchern, wechselte sofort vom Schreiber zum Zuhörer, zum Frager, wobei er sofort auch den Gegenstand seines Interesses wechselte. Kein Wort von seiner Arbeit; die war ausgeschaltet. Verließ man ihn nach zwei oder drei Stunden, wirkte er wach wie vorher; es kam nie zum Ausleiern eines Abends. Ob er danach arbeitete, weiß ich natürlich nicht; ich stelle ihn mir vor wie Galilei: nicht emsig, nur immer gegenwärtig, jederzeit anfällig für Entdeckungen. Eigentlich hätte zu ihm ein Stehpult gepaßt. Ich kann mir nicht denken, daß Brecht, ob er über dem Kleinen Organon oder über den Antigone-Versen sitzt, wie vor einem Mauseloch lauert; eher so: er pflückt, er erledigt, er merkt vor, er hält fest, er probiert, immer locker durch den Wechsel. Anders wäre die Fülle seines Nachlasses kaum zu begreifen, die ihm übrigens, wie es scheint, nicht recht bewußt war: Peter Suhrkamp erzählte einmal, wie Brecht, als sie die Satzproben zu den Stück-Bänden besprachen, auf einen größeren Schriftgrad drängte, damit, wie Brecht meinte, sein Werk doch eine gewisse Ausdehnung bekäme, wenigstens fünf Bände sollten es schon sein.

Legende von der Entstehung des Buches Taoteking auf dem Weg des Laotse in die Emigration, ich las das Gedicht in den Kriegsjahren auf der Straße, wie man Tagesmeldungen liest, stehend; die Kohlepapierkopie fast unleserlich, man bekam sie mit dem Auftrag, weitere Kopien herzustellen und die Gedichte weiterzuleiten; in meinem Atelier (ich hatte zwei Zeichner, keine Sekretärin) tippte ich mit acht Durchschlägen:

»Denn man muß dem Weisen
seine Weisheit erst entreißen,

Drum sei der Zöllner auch bedankt:
Er hat sie ihm abverlangt.«

Es gehört zu den Erinnerungen, die man sich selber ungern glaubt: da saß ich in der Herrliberg-Wohnung mindestens einmal in der Woche, aber der Gedanke, Brecht etwas abzuverlangen, kam mir nicht, auch als Helene Weigel einmal verriet, was der Überseekoffer dort in der Ecke enthielte. Brecht war 51, der Meister, wie kollegial er sich auch verhielt, und dem Jüngeren fiel nicht ein, daß es ihn vielleicht freuen könnte, wenn man etwas verlangte aus dem Gepäck, das heute als Klassiker-Ausgabe ein ganzes Gestell füllt. Er arbeitete damals am KLEINEN ORGANON unter anderem. Auch das hätte ihm der Jüngere nicht abverlangt, wenn Brecht es nicht eines Tages von sich aus gegeben hätte: wie eine Hausaufgabe. Er möchte wissen, sagte er, ob das verständlich werde. Natürlich las ich es noch in der Nacht, aber meldete mich Tage lang nicht; als ich das Manuskript gelegentlich zurückbrachte, glaubte ich noch immer nicht recht, daß Brecht auf mein Urteil wartete, und legte das Manuskript auf den Tisch, dankend, von anderem redend, schamlos genug: ich überließ es Brecht, das Gespräch darauf zu bringen. Das war wieder einmal draußen auf dem Kiesklebedach; die Weigel kochte, Brecht fragte, während wir hin und her gingen auf der Terrasse, Brecht äußerst aufmerksam, unverdrossen-aufmerksam, interessiert noch an meinen Mißverständnissen, bereit zu prüfen, ob das am Leser liege oder am Text. Es blieb meine einzige Manuskript-Lektüre. Hingegen hielt es der Anfänger für selbstverständlich, daß der Meister abverlangte, auch selbstverständlich, daß er nicht das nächste Wiedersehen abwartete, sondern sich an die Schreibmaschine setzte und sofort antwortete.

Eine Zeit lang bedrängte mich Brecht, ich solle als Schweizer endlich ein Tell-Stück schreiben. Zu zeigen wäre, daß der Bauernaufstand der Vierwaldstätte zwar erfolgreich war, aber reaktionär gegenüber der Habsburg-Utopie, eine Verschwörung von Querköpfen. Aber das müsse schon ein Schweizer schreiben. Die These, die er vom Theatralischen her verlockend machte, ist der geschichtlichen Wahrheit zumindest näher als der Hymnus, den wir Friedrich Schiller mit dem Rütli-Denkmal gedankt haben, nur schien sie mir allzu beliebig verwendbar als Legitimation heutiger Vögte. Ich wußte nie, ob Brecht, wenn er pfiffig war, seine Pfiffigkeit für undurchschaubar hielt. Ein andermal: Henry Dunant, der Begründer des Roten Kreuzes, das wäre ein landsmännischer Stoff für mich, ein Schimpfer großen Stils, ein Wohltäter, der von allen Seiten bekämpft wird und siegt, und dann sein Werk mißbraucht sieht. Schließlich ein letzter Vorschlag: die CELESTINA von De Roja einzurichten für die Giehse, Brecht bot sich als Verfasser der Songs an, die ich da und dort brauchen würde. Ich saß in einem öffentlichen Park mit dem geliehenen Buch, das er bereits mit Zeichen gespickt hatte, mit Titeln für fällige Songs. Es war verlockend. Ich bekam es mit der Angst. Brecht, wenn man sich einließ, baute jeden um.

Etwas in der Denkart von Brecht, sowohl im Gespräch wie in den theoretischen Schriften, machte den Eindruck: Das ist nicht er, das ist seine Therapie. Drum sind Brechtianer gefährdet: sie perfektionieren die Therapie gegen ein Genie, das sie nicht haben.

Was er offenkundig nicht leiden konnte: wenn jemand meinte schmeicheln zu müssen. Ein Schauspieler, der es bei Tisch versuchte, bekam für den Rest des Abends keine Antwort und keine Frage mehr. Ein zu dummer Mensch. Brecht legte es nie darauf an, daß sich jemand als Brecht-Kenner ausweisen mußte; Lob machte ihn unwirsch, Lob als Ersatz für Einsicht.

Einmal am See, als ein Gewitter heraufzog, sah ich ihn sehr ängstlich; als ich den einheimischen Wetterkenner spielte und versicherte, daß wir rechtzeitig unter Dach kommen würden, zuckte er die Schulter: »Ich möchte nicht von einem Blitz getroffen werden«, sagte er, »das würde ich dem Papst nicht gönnen.« Er war wirklich nervös.

Die erste Brecht-Regie (zusammen mit Caspar Neher) hatte fast unter Ausschluß der Öffentlichkeit stattgefunden: in Chur, Februar 1948. In Zürich sahen wir die Antigone, gespielt von Helene Weigel, nur in einer Matinee, die einmalig war und nicht ausverkauft; Hauptsache für Brecht, daß er hatte probieren können. Er hatte keine come-back-Eile. Ob Chur oder Zürich, Brecht probierte für Berlin. Das Stück, das er dem Zürcher Schauspielhaus zur Uraufführung überließ, war ein vergleichsweise harmloses, HERR PUNTILA UND SEIN KNECHT MATTI, geschrieben in Finnland vor langer Zeit, und daß er aus fremdenpolizeilichen Gründen nicht für die Regie zeichnen konnte, war ihm nicht unangenehm. Das alles waren Vorbereitungen, je unauffälliger um so lieber. Während der Proben blieb er im Hintergrund. Ab und zu ein Tip: Eine junge begabte Schauspielerin, Tochter aus reichem Haus, sollte da eine kleine Magd spielen mit einem Wäschebottich. Als Brecht kicherte, wußte sie nicht, was sie verkehrt machte. Sie trug ein Requisit, das kein Gewicht hat. Höflich, nicht ohne die begabte Bürgertochter im übrigen zu loben, verlangte er bloß, daß bei jeder folgenden Probe ein Klumpen nasser Wäsche in dem Bottich sei, nichts weiter. Nach drei Wochen sagte er: Sehen Sie! Ihre Hüften hatten kapiert... Brecht auf der Bühne: immer etwas geniert, als gehörte er da nicht hin; trotzdem sah man die besondere Geste, die er wünschte und die er nicht vormachen konnte, die er eher parodierte. Er konnte unschlüssig sein. Was heute nicht geht, vielleicht geht's morgen oder übermorgen, wenn man sich heute nicht abfindet, wenn man die Unbefriedigtheit aushält und nicht vorgibt zu wissen, wie und ob es jemals gehen wird. Er berief sich nicht auf Theorie, sondern schaute und reagierte; der Eindruck hatte den Vorrang; freilich wußte Brecht, was er abbilden wollte, und erlag nicht dem Beliebig-Eindrucksvollen. Er brauchte auf Proben (jedenfalls in Zürich, wo er großenteils mit »unpolitischen« Schauspielern zu tun hatte) nie eine politische Vokabel, um zu argumentieren; wenn Matti, der Knecht, sich die Landschaft ansehen muß unter der Begeisterung des Puntila, des Großgrundbesitzers, war die Geste und Mimik der Indifferenz, die den Knecht schweigen läßt, einfach »schöner«, »lustiger«, »natürlicher«, so wie es sofort viel »schöner« ist, wenn die Magd, mit dem Wäschebottich, trotz ihrer strammen Jugend nicht allzu aufrecht (wie eine Tennis-Spielerin etwa) einhergeht. Lauter Geschmacksfragen! Ich fand eine Szene ziemlich ordinär. Brecht: Nanu? Meine Begeisterung über anderes schob er beiseite: »Was finden Sie dann daran ordinär?« Nun wußte ich es nicht. »Wir treffen uns nachher«, sagte er, »überlegen Sie es sich!« Es zeigte sich, als man genau darüber redete, das Unbewußt-Politische meines Geschmackes; Brecht lachte: »Sie wollen, daß Puntila sich wie ein Herr benimmt, aber das tut er ja, gerade wenn er ordinär wird.« In den Proben waren Schauspieler oft verdutzt, daß da plötzlich einer hellauf lachte im hinteren Parkett: Brecht.

Plötzlich, bei einem nächsten Zusammentreffen, hatte er wieder das Häftlingsgesicht: die klein-runden Augen irgendwo im flachen Gesicht vogelhaft auf einem zu nackten Hals. Dabei konnte er grad sehr munter sein. Ein erschreckendes Gesicht: vielleicht abstoßend, wenn man Brecht nicht schon kannte. Die Mütze, die Joppe: wie von dem prallen Dessau entliehen; nur die Zigarre steckte authentisch. Ein Lagerinsasse mit Zigarre. Man hätte ihm ein dickes Halstuch schenken mögen. Sein Mund fast lippenlos. Er war sauber, nur unrasiert; kein Clochard: kein Villon. Nur grau. Sein Haarschnitt wirkte dann wie eine Maßnahme gegen Verlausung oder wie eine Schändung, die ihm angetan worden ist. Sein Gang: da fehlten Schultern. Sein Kopf erschien klein. Nichts von Kardinal, aber auch nichts von Arbeiter. Überhaupt sah Brecht nie wie ein Arbeiter aus, das wäre ein Mißverständnis seiner Tracht; eher so, wie Caspar Neher etwa einen Handwerker stilisieren würde, Tischler vielleicht: mit einem Kopf, daß die Römische Kirche nur in ihren Fundus hätte greifen müssen, um einen sehenswerten Kardinal zu haben. Jetzt aber, wie gesagt, war da nichts vom Kardinal, und man ging neben einem Brecht, der einen verlegen machte wie ein Beschädigter. Er klagte über nichts, im Gegenteil, er rühmte die Giehse. Wir saßen im Café Ost, das es heute nicht mehr gibt, gegenüber einem leeren

Stammtisch mit studentischem Couleur-Firlefanz. Was macht einen Schauspieler aus? Man überlegte, als habe Brecht nie eine Zeile darüber geschrieben. Er hatte Zeit, Lust zu sprechen, im Gespräch war er wach und lebhaft, alles andere als ein Geschädigter, denklustig. Erst draußen auf der Straße ging er wieder wie einer, der unser Mitleid erweckt, wie ein Geschundener, die graue Schirmmütze in die Stirne gezogen. Vorallem der Hals: so nackt. Er ging geschwind, aber die Arme machten nicht mit. Die graue Farmer-Jacke: als habe man ihn aus Beständen einer Anstalt eingekleidet, und nur das Bündel von Schreibstiften, die er immer in der oberen Tasche trug, war privat, die Zigarre unerläßlich, sonst wußte er nicht, wohin mit den Händen, und schob sie dann wie etwas Entblößtes flach in die Rocktaschen.

5. 6. 1948, PUNTILA-Uraufführung in Zürich: das Publikum jubelte nicht. Brecht hingegen war zufrieden. »Solche Stücke muß man immer und immer wieder spielen, bis sie sich dran gewöhnen«, sagte er, »wie sie sich an Schiller gewöhnt haben. Das braucht einige Jahre.« Infolgedessen redete er wie nach einer Probe.

Nur ein einziges Mal sah ich Brecht zusammen mit einem Vertreter der Bourgeoisie; der Stadtbaumeister ließ es sich nicht nehmen, zu einem kleinen Mittagessen einzuladen an einem Ort, wo man auf Zürich schaut – Brecht, statt das erwartete Lob auf Zürich auszusprechen, fragte mich, ob ich New York kenne. Ich müsse es sehen, es lohne sich, aber ich dürfe nicht zu lang warten, wer weiß, wie lang New York noch steht... Der Stadtbaumeister machte keine Konversation mehr.

Die Ideologie-Diskussion, in der ersten Zeit unumgänglich, hörte nach und nach auf – nicht wegen meines Widerspruchs, sondern weil ich ihm zu ungeschult war, und Brecht hatte andere Aufgaben als mich zu schulen; er ließ sich lieber auf meine Baustelle führen und Konstruktionen erklären, Probleme der Architektur, auch Schlichteres: die Organisation einer größeren Baustelle. Fachkenntnisse, vorallem wenn sie sich in Betätigung zeigten, erfüllten ihn mit Respekt. Ruth Berlau war dabei, als Frau bald gelangweilt, während Brecht pflichtschuldig, wenn auch ängstlich, Gerüst um Gerüst erstieg, schließlich sogar einen Zehnmeter-Sprungturm, wo man das Areal am besten überblikken konnte; hier oben war er allerdings für Erläuterungen nicht zu haben, nur für Respekt: Alle Achtung, Frisch, alle Achtung! und als Ruth Berlau, die Kamera vor dem Gesicht, auch noch wünschte, daß Brecht weiter hinaustrete auf die Plattform, weigerte er sich; erst unten war er für Statik-Unterricht empfänglich. »Sie haben einen ehrlichen Beruf.« Sein Gruß, wenn man sich verabschiedete, war manchmal flüchtig, nie herablassend, aber kurz und leicht; jetzt, nach der Besichtigung meiner Baustelle, war er sehr ausdrücklich: kollegial.

August 1948, als wir die Grenze bei Kreuzlingen-Konstanz passierten, war Brecht fünfzehn Jahre nicht mehr auf deutschem Territorium gewesen. Es war auch nur ein Ausflug für einen Abend. Der äußere Anlaß, für Brecht ein willkommener Vorwand, war eine Aufführung bei Heinz Hilpert, Deutsches Theater in Konstanz, von meinem ersten Stück, das ich lieber nicht wiedergesehen hätte. (Im November desselben Jahres, später also, reiste Brecht nach Berlin über Prag und kehrte dann nochmals für einige Monate nach Zürich zurück, bevor er sich 1949 endgültig in Ost-Berlin niederließ.) Ein Zürcher Bühnenarbeiter, der einen alten Lancia besaß, fuhr uns bis zum Schlagbaum. Brecht: »Gehen wir zufuß!« Die Kontrolle der Pässe, damals noch immer als sanfte Sensation empfunden, verlief reibungslos. Brecht betontermaßen unberührt. Wir gingen also zufuß in das Städtchen, ein schon sehr deutsches Städtchen unzerstört mit Schildern »Speisewirtschaft« in Fraktur. Nach hundert Metern, mitten in einem Gespräch über irgend etwas, blieb Brecht stehen, um die Zigarre, die offenbar ausgegangen war, wieder anzuzünden, Blick zum Himmel: »Der Himmel ist hier nicht anders!«, dazu jene unwillkürliche Geste, die öfter vorkam: er schob den hageren Hals im weiten Kragen hin und her, ein Zucken, das ihn lockerte. Später die Begrüßung bei Heinz Hilpert und seinen Getreuen; Überschwang machte Brecht immer linkisch, er hielt sich an ein Bier, während ein junger Schauspieler (er hatte schon von der Dreigroschenoper gehört) das Unternehmen in Konstanz zu lobpreisen nicht ermüdete; Brecht staunte: über das Vokabular, das ihn stumm machte. Nach der Aufführung verbreitete sich Brecht über deutsches Bier, das nachwievor das beste Bier sei; kurz darauf: Gehen wir! Er schwieg sich aus, bis man wieder in Kreuzlingen war; eine Bemerkung von Wilfried Seifert, der uns begleitete, brachte ihn plötzlich zum Bersten. Er begann mit einem kalten Kichern, dann schrie er, bleich vor Wut; Seifert verstand nicht, was mit Brecht los war. Das Vokabular dieser Überlebenden, wie unbelastet sie auch sein mochten, ihr Gehaben auf der Bühne, ihre wohlgemute Ahnungslosigkeit, die Unverschämtheit, daß sie einfach weitermachten, als wären bloß ihre Häuser zerstört, ihre Kunstseligkeit, ihr voreiliger Friede mit dem eigenen Land, alldies war schlimmer als befürchtet; Brecht war konsterniert, seine Rede ein großer Fluch. Ich hatte ihn noch nie so gehört, so unmittelbar wie bei dieser Kampfansage in einer mitternächtlichen verschlafenen Wirtschaft nach seinem ersten Besuch auf deutschem Boden. Plötzlich drängte er zur Rückfahrt, als habe er Eile: »Hier muß man ja wieder ganz von vorne anfangen.«

»Nehmen Sie dieses Foto nach Polen mit«, sagte er, »wahrscheinlich treffen Sie auch Leute von der Regierung, fragen Sie, ob das stimmt.« Er gab mir eine Illustrierte, die nicht eigentlich berichtete, immerhin Bilder zeigte, so daß man vermuten mußte: Mißhandlungen in Schlesien, KZ-Zustände. »Fragen Sie überall, ob das stimmt!« verlangte Brecht, und ich konnte mir nicht vorstellen, daß Leute von der Regierung beispielsweise bei einem Bankett sich einlassen auf diese Illustrierten-Anklage; Brecht: »Fragen kann man immer.« Es war sein Ernst. »Wenn es in Polen diese Zustände gibt«, sagte Brecht, »so muß etwas unternommen werden.« Als ich von Polen zurückkam, war er begierig zu hören, rief an, sobald er von meiner Rückkehr wußte. Ich radelte also nach Herrliberg mit viel Stoff: Breslau, heute Wroclav, Congrès International des Intellectuels pour la Paix, Warschau. Ich erwartete ein schwieriges Gespräch. Was ich zu berichten wußte, war zwiespältig, Brecht voll Erwartung. Grüße von Anna Seghers. Allein mit Brecht, der die Ostblock-Länder noch nicht aus eigner Anschauung kannte, erzählte ich einfach drauflos. Fragwürdiges, Erfreuliches, Bedrückendes, Undurchsichtiges. Ich lieferte das Konkrete. Eindrücke von einer Fahrt durch Schlesien; Gespräch mit einem polnischen Bauern, der tadellos Deutsch redete: Knecht in Ostpreußen, wo er lernte und soviel ersparte, daß er zu einem eigenen Hof in Ostpolen kam, Krieg, von den Russen aus seiner Heimat vertrieben, jetzt angesiedelt auf schlesischem Boden; eine Lebensgeschichte. Brecht war ein offener Zuhörer, was die Berichterstattung erleichterte; ich sah ihn bestürzt oder erfreut jenachdem, alles in allem eher bekümmert. Die Art, wie Fadejew und der brillante Ehrenburg manövrierten, verdroß ihn: »Wenn man schon einen Kongreß macht, dürfte das nicht vorkommen.« Ab und zu rief er die Weigel, aber wir blieben allein, Brecht aufgewühlt, oft stumm, unverhohlen-betroffen, weit davon entfernt, das Mißliche zu bestreiten. Einmal sein Vorwurf, daß ich beim Staatsempfang, wo hunderte von Intellektuellen sich um ein Buffet sammelten, nicht rundheraus gewisse Fragen gestellt habe. Was ich an beginnendem Aufbau und Planung in Warschau (das Projekt wurde nach dem Sturz von Gomulka annulliert) gesehen hatte oder was man in Kellerkneipen unter Ruinen, abseits vom offiziellen Optimismus, an lebensfrohen und unmittelbaren und glücklichen Menschen erleben konnte, berichtete ich gern; Brecht nahm es als Beweis, daß ich nicht polemisierte, und verbuchte das Negative, das auch in seiner Ansicht negativ war, umso ernster. »So geht das ja nicht«, sagte er mehrmals, »das muß geändert werden.« Später setzte sich Helene Weigel dazu, ich sollte weiter berichten, teilweise wiederholen; es ging nicht mehr. Nicht nur die Weigel hatte auf alles, was der Augenzeuge meldete, die gebrauchsfertige Auslegung in maßregelndem Ton; auch Brecht war wie verwandelt jetzt, plötzlich ungehalten nicht über Fadejew, sondern über mich. Ich saß in einer Prüfung, um durchzufallen. Unterrichtet darüber, was in Polen vorging, nahm ich mein Fahrrad.

Sicher ist Herzlichkeit nicht das erste, was auffiel an diesem Mann, der Rohstoff ungern preisgab, und Gefühle sind Rohstoff. Wärme in Worten, das war in seiner Gegenwart auch dem Partner nicht möglich; daß Brecht im persönlichen Umgang sich eines nahezu gleichen Vokabulars bediente für Duldung oder Achtung oder Zuneigung, gab ihm vorerst etwas Instanzhaftes. Seine Gestik (ich komme immer wieder auf seine Gestik: dabei war sie sehr knapp, manchmal fast mechanisch-stereotyp) leistete vor allem Parodie. Was mußte da immer wieder parodiert werden? Brecht muß die Sentimentalität sehr gekannt haben, und was nur von ferne hätte ein Gefälle dahin haben können, verbannte er. Seine Höflichkeit, die sich nicht in Floskeln ausdrückte, sondern im Verhalten bei der Begrüßung oder bei Tisch, eine graziöse Höflichkeit war das einzige, was er als Ausdruck der Zuneigung zuließ. Gemütlichkeit torpedierte er sofort, und wenn nötig, ziemlich grob. Er fühlte sich sichtlich nicht wohl. Nur im Gedicht, also unter artistischer Kontrolle, war gestattet, was Brecht sonst durch Witz und Gestik isolierte: Gefühle. Brecht war schamhaft. Waren Frauen zugegen, zeigte Brecht, im Gegensatz zu den meisten Männern, keinerlei Veränderung, keine Imponier-Geste; Frauen in Gesellschaft waren Genossen, somit neutralisiert, oder sie waren Gänse, die, als solche erkannt und behandelt, das Gespräch nicht lange störten. Dann zeigte Brecht mehr als sonst und so, daß man sich wunderte, Herzlichkeit gegenüber Männern.

Frühling 1950, Berlin: DER HOFMEISTER, Tragikomödie von Lenz in der Bearbeitung des Berliner Ensembles, zum ersten Mal der Vorhang mit der weißen Picasso-Taube, nachher Brecht draußen auf dem Platz vor dem Deutschen Theater, ohne Aura. Es freute ihn offensichtlich, daß man nach Berlin kam, um die

Arbeit des Ensembles zu sehen. Kein berühmter Schauspieler, ein paar Bekannte aus Zürich: Hans Gaugler, Regina Lutz, Benno Besson. Es war wie ein Schock: zum ersten Mal sehe ich, was Theater ist. Bestätigung seiner Theorie? Man vergaß sie, indem ihr Versprechen eingelöst wurde – wahrscheinlich sehr unvollkommen, verglichen mit den späteren Produktionen des Berliner Ensembles oder des Piccolo Teatro in Mailand, die heute in Gefahr sind steril zu werden... Brecht wirkte jünger als sonst. Er schlug vor, daß ich in Weißensee schlafe, er wollte Diskussion; nur war da noch eine gesellige Mai-Feier im Theater, eine Anstandspflicht. Keine Kundgebung; diese hatte tagsüber in den Straßen stattgefunden. Jetzt wurde getanzt, Geselligkeit mit betontem Verzicht auf Kravatte; alle zeigten etwas Entschlossen-Wohlgelauntes, Stimmung mit Gutscheinen, die man an einem Buffet einlösen konnte. Die Frage: Wie gefällt's Ihnen hier? machte mich etwas verlegen. Wolfgang Langhoff, auch ein alter Bekannter aus Zürich, grüßte mißtrauisch; ich sah mich, ob ich wollte oder nicht, in der Rolle eines Westlers, der die Ost-Zone beschnüffelt mit der verstohlenen Gier, Unfreiheit und Armut und Trostlosigkeit festzustellen. Ich fühlte mich nicht wohl. Brecht war anwesend, wie es sich gehörte, im übrigen unauffällig. Begeistert von der Aufführung, die ich eben gesehen hatte, verfiel ich doch einem öden Unbehagen an dieser Feier; selbst das Buffet (ich hatte Hunger) schien unterrichten zu wollen, wie hier gelebt wird, und wie alles einander grüßte: Welche Kameradschaft! Alles hatte eine leichte Nötigung, und wenn man sich ihr verweigerte, spürte man das krasse Mißverständnis, das die Nötigung verschärfte, alles positiv zu sehen; schon Schweigen wirkte feindselig. Helene Weigel, festlich-liebenswürdig, holte den Außenseiter zu einem Tanz; ich war schon nicht mehr zu retten: alles erschien mir jetzt demonstrativ, also verdächtig. Draußen über schwarzen Ruinen fand ein Feuerwerk statt; jetzt stellte Brecht sich wie alle an ein Fenster, wartete auf das knallende Schluß-Bukett, rauchend, kurz darauf kam er: »Wir können gehen, Frisch, oder möchten Sie noch bleiben?« Nach unauffälligem Abgang, jetzt wieder draußen auf der finsteren Straße, redete er über Fachliches. Die Ruinen waren nicht aktuell, nichts Nebensächlicheres als Ruinen. Brecht war in bester Verfassung: elastisch, leicht.

Das Gerücht, daß Brecht, von den Russen in einen Palast gesetzt, wie ein Großfürst hause inmitten der Armut von Ost-Berlin und daß die Weigel kostbare Antiquitäten aus der armen Zone käuflich erbeutet habe, fand ich, wie erwartet, nicht bestätigt. Eine Villa wie tausend andere in Berlin: unzerstört, nur etwas vernachlässigt in einem verlotterten Garten, geräumig und, wenn ich mich richtig erinnere, fast teppichlos. Ein schöner alter Schrank, ein paar Möbel bäuerlichen Stils, alles in allem wenig, Provisorisches wie immer um Brecht. Ich schlief in einer Dachkammer, ehedem Dienstmädchenzimmer; Wände voll marxistischer Klassiker. Am anderen Morgen: Brecht schon an der Arbeit, aber er hat Zeit; fünf Minuten steht er mit dem Gast, der den Weißensee noch nie gesehen hat, unten am Weißensee, dann lieber im Arbeitszimmer als unter dem Mai-Grün einer Weide. Selbstkastration des Hofmeisters: als dramaturgisches Problem. Mein Eindruck, daß man in Weißensee etwas anders redete als in Herrliberg, wäre kaum zu belegen; trotzdem hatte ich damals diesen Eindruck. »Es müssen jetzt Stücke geschrieben werden von Leuten, die die Sorgen dieses Staates aus Erfahrung kennen«, sagte Brecht, »das kann einer nicht von drüben.« Es gab, wenn auch noch ohne Mauer, ein Hier und ein Drüben. Zugleich lag ihm sehr daran, daß kein Boykott entstehe; ich sollte mit Barlog sprechen wegen eines Schauspielers, der, da er bei Brecht spielte, drüben Schwierigkeiten bekam. Im übrigen erinnere ich mich nicht mehr an das lange Gespräch, aber daran: wie Brecht den hochbürgerlichen Grundriß dieser Villa umfunktionierte, ohne sie etwa umzubauen, mühelos; er brauchte sich nicht im mindesten zu wehren gegen die Architektur, Brecht war stärker, und es wirkte nicht wie Beschlagnahme, nicht einmal wie Besitzwechsel; die Frage, wem die Villa gehörte, stellte sich nicht, Brecht benutzte sie, wie der Lebende immer Bauten der Ausgestorbenen benutzt, Lauf der Geschichte. Später fuhr man ins

Theater; Brecht mit Schirmmütze und Zigarre am Steuer eines alten offenen Wagens, Spruchbänder der gestrigen Mai-Feier in verkehrslosen Straßen, ringsum Ruinen unter dem dünnen Berlin-Himmel, Brecht heiter: »Wann kommen Sie hieher?«

Ein andermal in Weißensee: »Man hat Ihnen Formalismus vorgeworfen. Was verstehen die Leute, die diese Anklage erheben, unter Formalismus?« Brecht versuchte es mit der leichten Schulter: »Nichts.« Es verdrießt ihn, daß ich genauer frage; er lehnt sich in seinen Arbeitssessel, raucht, gibt sich sorglos-belustigt: »Formalismus heißt, ich gefalle gewissen Leuten nicht.« Was ihn verdrießt, verrät der ungehaltene Nachsatz: »Im Westen hätten sie wahrscheinlich ein anderes Wort dafür.« Dann spricht man über anderes, und später erst, als ich dazu nichts mehr erwartete, in einem anderen Zusammenhang, kommt die eigentliche Antwort leichthin: »Daß wir für die Schublade arbeiten, sehen Sie, das lernte man in der Emigration. Vielleicht kommt eine Zeit, wo man unsere Arbeit ausgräbt und brauchen kann.«

Ich bin nur wenigen Menschen begegnet, die man als große Menschen erkennt, und befragt, wie sich die Größe von Brecht nun eigentlich mitgeteilt habe, wäre ich verlegen: eigentlich war es jedesmal dasselbe: kaum hatte man ihn verlassen, wurde Brecht umso gegenwärtiger, seine Größe wirkte hinterher, immer etwas verspätet wie ein Echo, und man mußte ihn wiedersehen, um sie auszuhalten, dann nämlich half er durch Unscheinbarkeit.

Über das Verhalten von Brecht während des 17. Juni 1953 befragte ich später zwei Ensemble-Leute, Egon Monk und Benno Besson. Hat Brecht am Vormittag, als die ersten Meldungen von der Stalin-Allee kamen, eine Rede gehalten vor seinen Mitarbeitern? Was feststeht: die Proben (DER ZERBROCHENE KRUG und DON JUAN) wurden abgebrochen. Wohin hat Brecht sich im Lauf des Tages begeben? Wie hat er die Ereignisse, so weit sie ihm zur Kenntnis kamen, beurteilt: als Kundgebung der Arbeiterschaft, deren Unzufriedenheit er für berechtigt hielt, oder als Meuterei? Welche Informationen hatte Brecht? Argwöhnte er, daß der Westen sich den Volksaufstand, der ohne Führung war, zu Nutzen machen könnte und daß es zum Krieg kommt? Hatte er eine Möglichkeit einzugreifen? Welche? War Brecht hin und her gerissen? gleichmütig? kopflos? untätig? Verlangte er von seinen Mitarbeitern, wie sie sich zu verhalten haben? War Brecht (wie das Gerede es schon damals darstellte) feige, ein Verräter gegenüber der Arbeiterschaft? Oder war er verzweifelt, daß die Arbeiterschaft sich durch romantisches Vorgehen selbst gefährdete? War Brecht empört über das Eingreifen der sowjetischen Tanks oder hielt er es für unerläßlich, um den Westen vor Übergriffen zu warnen? – auch die beiden Ensemble-Leute, die ich befragte, lieferten mehr Auslegungen als Belege; ihre Auslegungen waren unvereinbar. Peter Suhrkamp verschickte Kopien des Brecht-Briefes an Ulbricht: die vollständige Fassung.

Mein letzter Besuch vor seinem Tod, September 1955, war ein kurzer und sogar etwas steifer Besuch an der Chaussee-Straße. Wohnung mit Blick auf den Friedhof. Ich war befangen; Benno Besson war gerade da, den ich persönlicher kannte als andere Ensemble-Leute, und es bestand damals ein Mißtrauen zwischen uns, das zu politischer Borniertheit führte. Wir hatten in letzter Zeit regelmäßig miteinander gestritten, Besson und ich, waren damals noch ganz und gar unversöhnt, und unsere Begrüßung, als ich bei Brecht eintrat, war entsprechend: auf Gegenseitigkeit blicklos. Ob Brecht davon wußte? Ich störte ein Arbeitsgespräch, man stand noch einige Minuten, Höflichkeit nötigte Brecht, daß er Besson, obschon Dringliches zu klären war, entließ mit einer Geste des Abbrechens. Allein mit Brecht, den ich lange nicht gesprochen hatte, blieb es etwas offiziell. Brecht: das Ensemble sei nun etabliert, sodaß er es andern werde überlassen können. Es drängte ihn, so tönte es, zu schreiben. Er sah krank aus, grau, seine Bewegungen blieben sparsam. Ich kam von Proben in West-Berlin; Hanne Hiob, seine Tochter, spielte eine Hauptrolle, und Caspar Neher machte das Bühnenbild.

Beim Mittagessen: Wie denkt man im Westen über die Kriegsgefahr? Man kam jetzt, wenn man aus dem Westen kam, von weither. Die übliche Frage: Und was arbeiten Sie? blieb aus. Helene Weigel war dabei; sie befragte mich darüber, wie ich mich denn zur Verfolgung von Konrad Farner in der Schweiz verhielte. Zeitweise aß man ziemlich wortlos. Keine Witze. Ich blieb befangen. Ein unoffenes Gespräch, eigentlich überhaupt keines; das Gefühl, daß ich das Unoffene verschuldete, war peinigend, nicht zu tilgen durch Berichte, wie es Suhrkamp ging, nämlich schlecht. Wiedervereinigung? Dazu Brecht: »Wiedervereinigung heißt noch einmal Emigration.«

Es bleibt rätselhaft, daß Brecht sich einen Stahlsarg verordnet hat. Wovor soll der Stahlsarg schützen: vor den Machthabern? vor der Auferstehung? vor dem »Aas mit vielem Aas«?

Es gibt einen Satz, der Brecht gerecht wird, obschon er nicht auf ihn geschrieben worden ist: »Trotz der Einseitigkeit seiner Lehre ist dieser märchenhafte Mensch unendlich vielseitig«, ein Satz von Maxim Gorki über Leo Tolstoj.

ZÜRICH

Mutter im Sterben. Zeitweise meint sie, daß wir zusammen in Rußland sind. Sie ist 90. Ob sich in Odessa viel verändert habe seit 1901.

Nachtrag zur Reise

In nächtlichem Zimmer zeigt jemand ein Papier, ein Formular mit russischer Schrift, ein graues und mürbes Blatt: auf der Rückseite bekritzelt von Rand zu Rand mit einer winzigen Handschrift, die nur mit der Lupe zu lesen sein dürfte. Eine Genossin wurde deportiert, sie erfuhr nie, warum. Nach einem Jahr im Lager bat sie um Einzelzelle, was schlimmer ist; Ratten. Ihre zweite Bitte: Papier. Beides wurde ihr schließlich gewährt. Sie bekam solche Formulare der Lager-Verwaltung und verbrachte drei Jahre in Einzelhaft. Sie übersetzte aus dem Gedächtnis: DON JUAN von Lord Byron. Als sie damit zu Ende war, bat sie um Entlassung aus der Einzelhaft. Jetzt wieder im Sammellager und bei der Landarbeit trug sie das Manuskript am Leib versteckt. Nach insgesamt 8 Jahren (wenn ich richtig berichte) wurde sie als unschuldig entlassen. Ihre Übersetzung von Lord Byron wird jetzt, 1966, gedruckt und soll in einem großen Theater vorgetragen werden.

. . . .

Ich habe Rubel, Honorar für den Abdruck eines Romans in der Zeitschrift INOSTRANJA LITTERATURA, 900 Rubel. So viel verdient ein Arbeiter in einem halben Jahr. Ich kann nichts damit anfangen: Hotel und Flugreisen sind mit Dollar zu bezahlen. Und ausführen darf ich die Rubel auch nicht. So bleibt uns nur, Champansky zu trinken, Kaviar zu essen. In Odessa gibt es keinen. Ein Flug auf die Krim ist nicht möglich: erstens nicht mit meinen Rubel, zweitens haben wir keine Dollar mehr, drittens brauchten wir nochmals ein Visum aus Moskau. So vertreiben wir die Zeit (die schöne Potjomkin-Treppe kennen wir inzwischen; die Liebknecht-Kolchose, in einem bunten Prospekt als Vorbild angepriesen, ist nur mit Dollar-Taxi zu erreichen, und als dafür unsere Dollar gerade noch reichen, ist sie nicht zu besuchen wegen Klauenseuche, »einer Krankheit, die es auch im Westen gibt«) – so vertreiben wir uns die Zeit auf einem Fußballplatz, Karten durch INTOURIST, numeriert. Zufällig sitzt gerade neben uns ein junger Mann, der Deutsch spricht, ein Freund der Literatur; er kennt Heinrich Böll, Erich Maria Remarque; dann zieht er aus seiner Mappe die bekannte Zeitschrift mit einem deutschen Roman, den er eben lese – so ein Wunder: daß ich der Verfasser bin, jawohl, gerade ich. Von Fußball versteht unser Freund weniger. Abend mit Champansky. Gespräch über Gott und die Astronauten. Boris ist Lektor, 80 Rubel im Monat, er wohnt in einem Zimmer mit seiner Frau, die ihre Doktorarbeit schreibt, ihr Diplom, ich weiß nicht: jedenfalls steht Boris zur Verfügung, wenn wir etwas wissen möchten. Zweiter Abend mit Champansky, aber ich habe immer noch 630 Rubel am Abend vor unsrer Abreise. Was tun? Am andern Morgen, drei Stunden vor Abflug, meldet sich Boris mit sonderbarer Stimme, er müsse mich sprechen. Sofort. In der Hotelhalle (dabei habe ich den Eindruck, daß das Personal ihn kennt, aber man soll's nicht merken) geht es nicht. Draußen in der Allee über dem Hafen: er könne das Geld, das ich ihm in die Zeitschrift gesteckt habe, nicht annehmen. Unmöglich. Ich erkläre ihm meine Situation. Soll ich meine Rubel hier auf die Mauer legen? Kein Sowjetmensch, sagt er, würde sie nehmen. Geld als Lohn für Arbeit, aber nicht so. Soll ich mich für diese Rubel, die ich in Moskau verdient habe, an der Zollschranke verhaften lassen? Ich sage: Boris, hören Sie! mit Blick auf die Uhr, in der andern Hand dieses Notenbündel. Es war die teuerste Reise, die ich je gemacht habe. Rubel gleich Dollar. Wenn ich nicht zur Staatsbank will (was Boris enttäuscht), ich könne ja etwas kaufen. Zwei Pelzmützen, schon in Moskau gekauft, genügen mir; die Schallplatten sind billig. Was kostet 630 Rubel, frage ich, was denn? Ein Motorrad. Oder was leichter mitzunehmen wäre: ein Foto-Apparat. Aber ich fotografiere nicht, meine Gefährtin auch nicht, meine Kinder haben schon einen. Aber es ist der beste Foto-Apparat, den es in der Sowjetunion gibt. Also ich muß. Boris bringt mich hin. Daß ich unterwegs nochmals nach dem Haus von Isaak Babel frage, mußte es sein? Im Warenhaus, wo Boris mich hinführt, wäre ich ohne Boris verloren; er hat einen Ausweis, der das Fräulein endlich zur Bedienung nötigt, die trotzdem mürrisch bleibt. Was der Herr aus dem Westen da kauft, zieht einige Leute an; ich verstehe nichts von Foto-Apparaten, das Fräulein noch weniger; aber Boris versichert, daß es funktioniert. Ich zweifle nicht daran, nur müßte es mir jemand erklären. Boris erklärt mir etwas anderes: sie ist sehr glücklich, wissen Sie, jetzt hat sie ihr Tagessoll erfüllt, sogar mehr. Ich glaub's, auch wenn das Fräulein nicht grüßt; Boris bringt die Rubel zur Kasse. Erledigt. Die letzten paar Rubel versaufen wir schon noch am Flughafen... In Warschau, als ich von der Begegnung auf dem Fußballplatz von Odessa erzähle, komme ich nicht weit; sie lachen: die heißen meistens Boris. Mag sein. Unser Boris war sympathisch.

Warschau

Es wäre wenig zu haben, wenn man danach verlangen würde, und trotzdem der Eindruck: sie leben besser als die Russen. Sie haben Selbstironie. Was sie ins Schaufenster stellen: Geschmack ohne Ware, Fantasie, Grazie. Das wirkt fast wie Übermut.

Wo 1948 nur Trümmer und Schutt zu sehen waren – ich erinnere mich an Wiska, die uns damals führte, und an unsere Auseinandersetzung, ob es denn sinnvoll sei, die historischen Fassaden wieder herzustellen; heute gebe ich ihr recht: auch die Attrappe setzt Patina an. Ich sitze auf dem öffentlichen Platz in einem Biedermeier-Fauteuil, nämlich es werden hier gerade Möbel verladen, und das junge Foto-Mädchen hat mich in diesen Fauteuil gesetzt; sie hat recht: 20 Jahre seit meinem letzten Besuch – man kommt sich schon historisch vor.

Er ist nicht einverstanden nach Art der Parteigenossen, Erbe eines königlichen Namens, geboren als Größtgrundbesitzer, damals verschrien als Der Rote Prinz, unter Hitler jahrelang im KZ. Beim Mittagessen im Schriftstellerverband (er übersetzt aus dem Deutschen, zurzeit gerade Musil) erzählt er, daß er die Bauern seines ehemaligen Großgrundbesitzes öfter besucht: sie leben nicht gut, nein, aber besser als je zuvor. Er ist Katholik. Einigen gehe es schlechter als früher, aber er ist dafür, daß es 90 Prozent der Leute besser geht.

Chinesen am Flughafen, eine Delegation in Mao-Jacke. Sind wir für sie ebenso undurchsichtig wie sie für uns? Ein Bekannter aus der Schweiz, Professor, der hier einen wissenschaftlichen Kongreß besucht hat, spricht mich an, findet Warschau arm, dreckig, trostlos usw.

ZÜRICH

In einer kleinen Wirtschaft (Wolfbächli) bringe ich den jüngeren Mann gegenüber, der Spiegeleier ißt, langsam ins Gespräch. Malermeister mit sechs Angestellten, Aufträge genug, heute Nachtarbeit. Über allerlei Umwege (Tarife für Nachtarbeit, Sport, die Herren Architekten, Spritzverfahren, die Fremdarbeiter usw.) endlich zum Punkt: Welche Arbeit macht Ihnen am meisten Lust? Ich würde lieber eine Wand malen als Fensterrahmen, lieber bunt als das fade Ton-in-Ton. Wie ist das? Er versteht die Frage nicht. Renovationen oder Neubauten, was macht er lieber? Man macht eben beides, heute nacht eben eine Renovation. Graust ihm vor Nachtarbeit? Das muß eben sein. Da er der Boß ist und somit wählen kann, was er selber macht, frage ich: Welchen Teil der Arbeit wählen Sie? Grundieren denke ich mir langweilig, das Ablaugen alter Farbe noch langweiliger. Was macht mehr Lust, Streichen mit Pinsel oder Spritzverfahren? Seine Spezialität, sagt er, ist Hartlack; dabei komme er auf seine Rechnung. Also zurück zu den heutigen Tarifen; nach und nach erfahre ich seinen Jahresumsatz, sogar sein eignes Einkommen im Durchschnitt, nachdem ich geschworen habe, daß ich kein Steuerspitzel bin. Sein Einkommen ist nicht großartig, aber anständig; er hat seine festen Kunden; aber Arbeiter zu finden, die eine saubere Arbeit liefern, ist heutzutage schwer, und dann haut einer wieder ab oder macht einen blauen Montag, alles nicht leicht, die Termine, die Preise fürs Material, wenn gepfuscht wird usw. Zurück zu meiner Frage: Was in Ihrem Beruf macht Ihnen manchmal Lust? Seine Auskunft: Spritzverfahren ist einträglicher, Renovationen bringen wenig, Tarife für Fenster sind einfach zu niedrig, dagegen mit Hartlack kommt er auf seine Rechnung, schließlich hat er auch eine Familie, Nachtarbeit ist einträglich. Meine Frage nebenbei: Verdrießt es Sie nicht, wenn Farben gegen Ihren persönlichen Geschmack verlangt werden? Natürlich arbeitet er, um sein Leben zu verdienen, das verstehe ich; trotzdem meine Frage: Hätten Sie nicht manchmal Lust, eine andere Farbe zu wählen? Man legt doch Muster an und kann verdutzt sein, wenn dann das ganze Treppenhaus gestrichen ist; ich meine: Sind Sie gespannt, wie es zum Schluß aussieht? Er weiß nicht, was ich mit dieser Fragerei eigentlich will; sein Einkommen hat er mir gesagt. Hätten Sie manchmal Lust auf einen andern Beruf? Das ist klar: wenn eine Arbeit sich nicht auszahlt, weil die Tarife teilweise einfach zu niedrig sind, ausgenommen bei Hartlack, der seine Spezialität ist, kann sich das Einkommen verringern. Also Hartlack macht Lust? Das kann er nicht sagen; Hartlack ist ein Verfahren, das nicht alle können, daher sind die Tarife etwas günstiger . . . Zum Schluß (eigentlich müßte er gehen, damit seine Arbeiter nicht lungern, aber ich bestelle gerade noch zwei Bier) frage ich, ob er glaube, daß die Arbeiter weniger lungern würden, wenn es ihr eigner Laden wäre, d. h. wenn sie am Gewinn und an seinen verständlichen Sorgen beteiligt wären, d. h. ob er glaube, daß ein sozialisierter Betrieb auch funktionieren könnte, und wenn nicht, warum nicht. Was das wäre, fragt er, ein sozialisierter Betrieb? Kurze Erklärung, die ihm vorallem zeigt, daß ich von Flachmalerei nichts verstehe: einer muß doch die Aufträge beschaffen, einer muß doch die Buchhaltung führen, und davon verstehen die Arbeiter überhaupt nichts, es kümmert sie gar nicht, einer muß doch die Termine halten, damit man nicht die Kunden verliert, und darauf achten, daß trotzdem nicht gepfuscht wird, denn sobald der Unternehmer nicht aufpaßt, wird ja gepfuscht. So ist das eben. Und deswegen muß er jetzt gehen, ohne die Hand zu geben, unlustig –

Skizze

Es gibt nichts zu sagen... Aber nicht einmal das sagt er. Seine Frau unternimmt alles, um ihn zum Reden zu bringen, neuerdings auch Streit, bis sie weint: weil er nicht widerspricht. Er am Fenster, Hände in den Hosentaschen, als überlege er eine Antwort. Stumm. Wenn er sich endlich umdreht, fragt er, ob der Hund schon gefüttert sei.

. . .

Es wird schlimmer von Jahr zu Jahr.

. . .

Gäste, alle reden, es fällt nicht auf, daß er, als Gastgeber stets beschäftigt, nicht redet. Meistens finden die Gäste: Ein netter Abend. Nur seine Frau ist betrübt: nachher sagt sie: »Früher hattest du noch Meinungen.« Was er nicht bestreitet. »Hast du denn nichts zu sagen?« Natürlich kann er, wenn er sich zwingt, irgendetwas sagen; nur kommt es ihm vor, als habe er schon alles einmal gesagt; es interessiert bestenfalls noch die andern.

. . .

Er ist Mitte vierzig, also nicht alt.

. . .

Zuerst bezieht seine Frau es auf ihre Ehe. Das gibt es ja, Paare, die einander einfach nichts mehr zu sagen haben. Sie geht auf Reisen usw., damit es wieder besser werde in ihrer Ehe. Am Bahnhof oder am Flughafen, wenn sie nach drei oder vier Wochen zurückkommt, steht er und winkt, nimmt ihr sofort die Taschen ab, küßt sie – aber es gibt nichts zu sagen.

. . .

Wörter, die er nie ausspricht – er weiß, was sie heißen, wenn er sie von den Leuten hört; wenn er sie selber ausspricht, heißen sie nichts, dieselben Wörter.

. . .

Dabei ist er Rechtsanwalt, Leiter einer Treuhand-Gesellschaft, Vorsitzender des Hauseigentümer-Verbandes. Es gibt viel zu tun, viel Langweiliges, aber nicht einmal darüber klagt er. Es gibt viele Leute, die er täglich trifft, Geschichten aller Art. »Warum erzählst du nichts?« Dann schaltet er das Fernsehen an. »Du mit deinem Fußball!«

. . .

Als Kind im Zoo meinte er einmal, die Fische können nicht sprechen, weil sie unter Wasser sind; sonst möchten sie schon –

. . .

Leute mögen ihn. Seine stille Art. Es gibt immer genug andere, die etwas zu sagen haben; meistens genügt es, daß man zuhört. Als Gast gehört er zu der Sorte, die sitzen bleibt, die nicht merkt, daß es jetzt Zeit wäre, und in aller Stille einfach sitzen bleibt... Wenn er allein ist, fällt ihm auch nichts ein.

. . .

Wenn sie sagt: »Du mußt doch etwas denken!«, steht er auf, als habe man ein Gespräch zu Ende geführt, geht hinaus und füttert den Hund, der nur wedelt und frißt, der ihn nicht zum Reden bringen will.

. . .

Kunden wissen es zu schätzen, daß er nicht sagt, was er denkt; es genügt ihnen, daß er ihre Interessen wahrnimmt.

. . .

Sein Hobby: Schach. Kein Partner käme auf die Idee zu fragen: Was denken Sie jetzt? Es genügt, daß er nach einer Weile seinen nächsten Zug macht, stumm wie die Figuren. Seine Geduld, wenn der andere jetzt überlegt, seine Gelassenheit usw., er fühlt sich nicht bedrängt, wenn der andere plötzlich sagt: Schach! Darauf gibt es nichts zu sagen. Er ist dankbar für jede Partie, auch wenn er nach zwei Stunden verliert; Stunden ohne Konversation.

. . .

Im Auto stellt er sofort das Radio an.

. . .

Meinungen über Nasser und Israel, über Herzverpflanzung, über Ulbricht, über Franz Josef Strauß, über Saridon, über den SPIEGEL, über Frauenstimmrecht in der Schweiz, über gemeinsame Bekannte, über die Verjährung von Kriegsverbrechen – jedermann hat Meinungen, es geht nicht ohne; daher sagt seine Frau: »Heiner ist auch dieser Meinung!«, während er die Flasche entkorkt.

. . .

Der Hund wird immer wichtiger. Er wandert stundenlang mit dem Hund. Seine Frau erträgt es nicht, stundenlang neben oder vor oder hinter einem Mann zu gehen, der sich Mühe geben muß, um einmal zu sagen: Ein Hase! Und wenn sie ihrerseits redet, hört er zu, bis er antworten muß; dann bleibt er plötzlich stehen: Natur-Erlebnis als Ausrede... Wenn er mit dem Hund allein geht, merkt er's nicht, daß er stundenlang nicht sagt, was er denkt, und wenn er nichts denkt, merkt es der Hund nicht.

. . .

Was er schätzt: Filme. Spricht man aber von Filmen, die ganz verschiedene Meinungen auslösen, so versäumt er sie regelmäßig. Er bevorzugt Western.

. . .

Nur Personen, die ihn nicht kennen, stellen noch die übliche Frage: Was meinen denn Sie? Dann sagt er irgendetwas, er könnte auch das Gegenteil sagen, dann ist er verwirrt – wie einst in der Schule, wenn der Lehrer sagte: Sehr richtig!

. . .

Wenn er getrunken hat, dann ja – dann redet er, ohne sich zu fragen, ob er etwas zu sagen hat. Am andern Tag erinnert er sich nicht, und das peinigt ihn; er weiß nicht, was er von neun Uhr abends bis vier Uhr morgens hätte reden können.

. . .

Seine Tochter hat jetzt auch gemerkt, daß er nichts zu sagen hat. Er ist nur väterlich. Manches weiß er, wenn sie ihn fragt, aber es fällt ihm nichts dazu ein, er weiß nur, was Idiosynkrasie heißt (laut Lexikon), und dann tut er wieder, als sei er beschäftigt. Er schiebt den Rasenmäher. Wenn die Tochter sich zuhause langweilt, überlegt er sich, was sie bekümmern könnte; er erkundigt sich. Er erlaubt ihr fast alles. Er liest Mao, um sie zu verstehen – dann spielt er Ping-Pong mit ihr.

. . .

Der Arzt hat ihm das Rauchen verboten. Er kann's nicht lassen, nicht unter Leuten, die darauf warten, daß er etwas sage.

. . .

Einmal liegt er im Spital. Operation. Er genießt diese drei Wochen; er braucht nur zu sagen, daß er fast keine Schmerzen mehr hat, während der Besucher berichtet vom Wetter draußen, von der Hitze in der Stadt, von einer Ehescheidung im Bekanntenkreis usw.

. . .

Eines Tages geht's auch mit dem Hund nicht mehr. Der Hund läuft nicht, wenn er einen Tannzapfen wirft. Der Hund kommt nicht, wenn er ruft. Der Hund unterhält sich allein.

. . .

Einmal, anläßlich einer öffentlichen Einweihung, muß er im Namen des Verwaltungsrates sprechen. Das macht er ausgezeichnet, nicht ohne Humor zu zwei Kameras. Als er sich im Fernsehen sieht, findet er selbst, daß er es ausgezeichnet macht. So geht's ohne weiteres: wenn er nicht sagen soll, was er denkt.

. . .

Wenn er allein zuhause ist, kommt es vor, daß er sich plötzlich zwei Spiegeleier brät, obschon er keinen Hunger hat. Sobald man nichts tut, droht die Gefahr, daß man irgendetwas meint.

. . .

Früher hatte er noch Meinungen, das stimmt. Er erinnert sich. Zum Beispiel war er (mehr als Doris) der Meinung, sie sollten heiraten. Heute hat er auch dazu keine Meinung mehr.

. . .

Manchmal im Traum hat er etwas zu sagen, aber dann erwacht er daran, daß er es hat sagen wollen –

. . .

Es hat nichts mit Doris zu tun.

. . .

Daß Leute, kaum sind sie zusammen in einem Zimmer, sofort wissen, was sie reden, oder am Telephon oder auf der Straße, kaum hat man sich begrüßt, sofort wissen sie, was reden.

. . .

Er meidet jetzt jede Situation, wo er sein Schweigen hört. Er bleibt stehen vor Baustellen: Lärm von Preßluftbohrern, Lärm von einem Bagger usw., aber jeder Lärm hört wieder auf.

. . .

Eine Zeit lang, früher, redete er wahrscheinlich zu sich selbst, während er schwieg; er wußte noch, was er im Augenblick verschwieg – wörtlich.

. . .

Man sieht ihm nichts an.

. . .

Ein Selbstmordplan, der daran scheitert, daß er in einem Brief, den er seiner Frau meint schuldig zu sein, nichts zu sagen hat –

. . .

Begräbnisse waren nie schlimm für ihn, selbst wenn er den Verstorbenen geschätzt hat. Alle in Schwarz, manche erschüttert, alle geben zu, daß sie nicht wissen, was man dazu sagen soll; Händedruck: Es gibt einfach nichts zu sagen.

. . .

Später tut er's ohne Brief.

BERZONA, Juni 1966

Anruf aus Moskau, LITERATURNAJA GAZETA bittet um Kundgebung zu den Bombenangriffen auf Nord-Vietnam. Sofort. Sie wollen morgen um diese Zeit, 12.00, wieder anrufen.
„Sie fragen, was die westlichen Schriftsteller zu den amerikanischen Bombenangriffen auf Nord-Vietnam zu sagen haben. Sie setzen voraus, daß wir unsere Meinung ungestraft aussprechen können. Das ist weitgehend der Fall. Wenn Sie westlichen Schriftstellern versprechen können, daß Sie unsern Protest auch

veröffentlichen, wenn er sich nicht gegen die USA richtet, sondern beispielsweise gegen die Verurteilung sowjetischer Schriftsteller, so bin ich Ihnen für die Veröffentlichung der folgenden Stellungnahme zu den amerikanischen Bombenangriffen auf Nord-Vietnam dankbar." Der vereinbarte Anruf um 12.10. Die Person, die das Diktat abnimmt, spricht Deutsch ohne Schwierigkeit, versauert aber bei der Erwähnung sowjetischer Schriftsteller. Ich verlange Zusage: ganzer Text oder nichts. Zehn Tage später Anruf aus Moskau: man habe auf den Beitrag verzichtet. Stimme sehr freundlich. Grund: ich habe mich nicht an die Frage gehalten.

FRAGEBOGEN

1.
Ist die Ehe für Sie noch ein Problem?

2.
Wann überzeugt Sie die Ehe als Einrichtung mehr: wenn Sie diese bei andern sehen oder in Ihrem eignen Fall?

3.
Was haben Sie andern öfter geraten:
a. daß sie sich trennen?
b. daß sie sich nicht trennen?

4.
Kennen Sie auch Versöhnungen, die keine Narben hinterlassen auf der einen oder auf der andern oder auf beiden Seiten?

5.
Welche Probleme löst die gute Ehe?

6.
Wie lange leben Sie durchschnittlich mit einem Partner zusammen, bis die Aufrichtigkeit vor sich selbst schwindet, d. h. daß Sie auch im Stillen nicht mehr zu denken wagen, was den Partner erschrecken könnte?

7.
Wie erklären Sie es sich, daß Sie bei sich selbst oder beim Partner nach einer Schuld suchen, wenn Sie an Trennung denken?
8.
Hätten Sie von sich aus die Ehe erfunden?
9.
Fühlen Sie sich identisch mit den gemeinsamen Gewohnheiten in Ihrer derzeitigen Ehe? Und wenn nicht: glauben Sie, daß Ihr ehelicher Partner sich identisch fühlt mit diesen Gewohnheiten, und woraus schließen Sie das?
10.
Wann macht Sie die Ehe eher nervös:
a. im Alltag?
b. auf Reisen?
c. wenn Sie allein sind?
d. in Gesellschaft mit vielen?
e. unter vier Augen?
f. abends?
g. morgens?
11.
Entwickelt sich in der Ehe ein gemeinsamer Geschmack (wie die Möblierung ehelicher Wohnung vermuten läßt) oder findet für Sie beim Kauf einer Lampe, eines Teppichs, einer Vase usw. jeweils eine stille Kapitulation statt?
12.
Wenn Kinder vorhanden sind: fühlen Sie sich den Kindern gegenüber schuldig, wenn es zur Trennung kommt, d. h. glauben Sie, daß Kinder ein Anrecht haben auf unglückliche Eltern? Und wenn ja: bis zu welchem Lebensalter der Kinder?
13.
Was hat Sie zum Eheversprechen bewogen:
a. Bedürfnis nach Sicherheit?
b. ein Kind?
c. die gesellschaftlichen Nachteile eines unehelichen Zustandes, Umständlichkeiten in Hotels, Belästigung durch Klatsch, Taktlosigkeiten, Komplikationen mit Behörden oder Nachbarn usw.?

d. das Brauchtum?
e. Vereinfachung des Haushalts?
f. Rücksicht auf die Familien?
g. die Erfahrung, daß die uneheliche Verbindung gleichermaßen zur Gewöhnung führt, zur Ermattung, zur Alltäglichkeit usw.?
h. Aussicht auf eine Erbschaft?
i. Hoffnung auf Wunder?
k. die Meinung, es handle sich lediglich um eine Formalität?

14.
Hätten Sie der standesamtlichen oder der kirchlichen Formel für das Eheversprechen irgendetwas beizufügen:
a. als Frau?
b. als Mann?
(Bitte um genauen Text)

15.
Falls Sie sich schon mehrere Male verehelicht haben: worin sind Ihre Ehen sich ähnlicher gewesen, in ihrem Anfang oder in ihrem Ende?

16.
Wenn Sie vernehmen, daß ein Partner nach der Trennung nicht aufhört Sie zu beschuldigen: schließen Sie daraus, daß Sie mehr geliebt worden sind, als Sie damals ahnten, oder erleichtert Sie das?

17.
Was pflegen Sie zu sagen, wenn es in Ihrem Freundeskreis wieder zu einer Scheidung kommt, und warum haben Sie's bisher den Beteiligten verschwiegen?

18.
Können Sie zu beiden Seiten eines Ehepaares gleichermaßen offen sein, wenn sie es unter sich nicht sind?

19.
Wenn Ihre derzeitige Ehe als glücklich zu bezeichnen ist: worauf führen Sie das zurück?
(Stichworte genügen)

20.
Wenn Sie die Wahl hätten zwischen einer Ehe, die als glücklich zu bezeichnen ist, und einer Inspiration, einer Intelligenz, einer Berufung usw., die das eheliche Glück möglicherweise gefährdet: was wäre Ihnen wichtiger:
a. als Mann?
b. als Frau?
21.
Warum?
22.
Meinen Sie erraten zu können, wie Ihr derzeitiger Partner diesen Fragebogen beantwortet? und wenn nicht:
23.
Möchten Sie seine Antworten wissen?
24.
Möchten Sie umgekehrt, daß der Partner weiß, wie Sie diesen Fragebogen beantwortet haben?
25.
Halten Sie Geheimnislosigkeit für ein Gebot der Ehe oder finden Sie, daß gerade das Geheimnis, das zwei Menschen voreinander haben, sie verbindet?

ZÜRICH, Dezember 1966

Morgenfeier im Schauspielhaus, es spricht der Gefeierte – ein Bekenntnis, das mit Ehrfurcht angehört wird, dann mit Beifall bestätigt. Endlich darf man es wieder sagen, daß es eine entartete Literatur gibt. Welche Schriftsteller gemeint sind, wird nicht gesagt; der Germanist von Zürich, würdevoll im Bewußtsein seines Mutes und nicht unbesonnen, sondern gediegen-entschlossen, heute und hier einmal die schlichte Wahrheit zu sagen in der Sprache Eckermanns, fragt sich: In welchen Kreisen verkehren sie? die Schriftsteller nämlich . . . Wir duzen einander seit langer Zeit, ich verdanke ihm freundlichen Zuspruch zu frühen Arbeiten, wir sammelten Pilze zusammen und rauchten zusammen Zigarren; er wird schwerlich verstehen, daß ich heute als sein öffentlicher Gegner auftrete.

»Man gehe die Gegenstände der neueren Romane und Bühnenstücke durch. Sie wimmeln von Psychopathen, von gemeingefährlichen Existenzen, von Scheußlichkeiten großen Stils und ausgeklügelten Perfidien. Sie spielen in lichtscheuen Räumen und beweisen in allem, was niederträchtig ist, blühende Einbildungskraft. Doch wenn man uns einzureden versucht, dergleichen zeuge in tiefer Empörung, Beklommenheit oder von einem doch irgendwie um das Ganze bekümmerten Ernst, so melden wir – nicht immer, aber oft – begründete Zweifel an.«

»Und heute? Wir begegnen dem Schlagwort Littérature engagée. Dabei wird aber niemand wohl, der die Dichtung wirklich als Dichtung liebt. Sie verliert ihre Freiheit, sie verliert die echte, überzeugende, den Wandel der Zeit überdauernde Sprache, wo sie allzu unmittelbar-beflissen zum Anwalt vorgegebener humanitärer, sozialer, politischer Ideen wird. So sehen wir denn in der Littérature engagée nur eine Entartung jenes Willens zur Gemeinschaft, der Dichter vergangener Tage beseelte.«

»– diese heute über die ganze westliche Welt verbreitete Legion von Dichtern, deren Lebensberuf es ist, im Scheußlichen und Gemeinen zu wühlen –«

»Wenn solche Dichter behaupten, die Kloake sei ein Bild der wahren Welt, Zuhälter, Dirnen und Säufer Repräsentanten der wahren, ungeschminkten Welt, so frage ich: In welchen Kreisen verkehren sie?«

»Ziehen wir den schlichten und gediegenen Grundriß wieder nach, auf dem das Gebäude jeder großen Kultur errichtet worden ist.«

»Kehren wir zu Mozart zurück!«

Emil Staiger anläßlich der Verleihung des Literatur-Preises der Stadt Zürich am 17. 12. 1966.

Ehe nach dem Tod

Eine jüngere Witwe, die drei Jahre nach dem Tod ihres Mannes plötzlich erschüttert ist: seine Persönlichkeit, heute noch in öffentlichem Ansehen, hat es nicht gegeben. Was er in seinem Beruf geleistet hat, ist in der Stadt und darüber hinaus bekannt; das hat es gegeben, seine öffentliche Leistung, daran rüttelt denn auch fast niemand. Die Nachrufe waren übertrieben wie meistens; das wußte sie trotz Trauer; aber sie hätten ihn gefreut. Übrigens sagt die Witwe es niemand. Wann immer es sich um Marcel handelt (was allerdings immer seltener vorkommt), zeigt sie sich als eine beispielhafte Witwe; man kann mit ihr durchaus verhandeln, sie bleibt verständig und tut nicht, als bleibe der Tote sozusagen der Vorgesetzte über seine Nachfolger im Amt; es genügt ihr der Respekt vor ihrem Mann, wie er ihn bis zu seinem Tod genossen hat. Sie hat seine frühen Briefe gelesen; das scheint es aber nicht gewesen zu sein. Es sind schöne Briefe, auch lustige. Auch ist nach seinem Tod nichts zum Vorschein gekommen, was sie hätte erschüttern können, kein Tatbestand, der ihn plötzlich als eine andere Persönlichkeit erscheinen ließ. Eine kurze Liebesgeschichte, die ihr vielleicht damals nicht gleichgültig gewesen wäre wie heute, paßt ohne weiteres zu der lebhaften Persönlichkeit, die er dargestellt hat. Sie lebt noch in der gleichen Wohnung; seine Sammlung von Kristallen, die mit dem Staubwedel auf Glanz gehalten werden, die zuvielen Fotos von Regatten (in der Freizeit segelte er) und Indisches, das an eine gemeinsame Reise erinnert, alldies ist noch da, auch das gleiche Dienstmädchen, das den Toten weiterhin Herrn Doktor nennt. Es kommt wie aus der Luft, je weniger sie an Marcel denkt, plötzlich ein alltäglicher Satz von ihm, der sie verwundert. Eigentlich hat er sich immer belogen, nicht auffällig, aber immer zu einem gewissen Grad, ohne es selber zu wissen. Seine Freunde, so scheint es, glauben ihm noch heute aufs Wort, und das verbindet sie mit der Witwe, so meinen sie. Einmal oder zweimal, als sie plötzlich weint, tröstet man sie mit Sätzen, die von Marcel sein könnten. Das erschreckt sie. Acht Jahre lang Ehe, eine gute Ehe im großen ganzen; er ist in den Bergen abgestürzt; jetzt gehen die Kinder zur Schule. Sicher wäre es durchaus in seinem Sinn, daß sie sich wieder verheiratet; sie hört es wörtlich, wie er dazu redet. Nur glaubt sie ihm nicht mehr, je länger er tot ist. Es bleibt eine Ehe. Eigentlich glaubt sie ihm nur noch seinen Tod –

ZÜRICH LOCHERGUT

Er steht vor der Tür (ich habe klingeln lassen, aber es hat nicht aufgehört) und möchte mit mir sprechen, ein junger Jude, der an frühe Kafka-Bildnisse erinnert, Hut in der Hand, gekleidet für Sabbath. Ob er nicht ein andermal kommen könne. Sein Blick: diese Antwort hat er befürchtet. Zum Glück ändere ich meinen steifen Vorsatz, bitte herein. Was ist's? Er nennt seinen Vornamen, und da ich nach dem Familiennamen frage, sagt er: Müssen Sie ihn wissen? Schon mehrere Male stand er in dem offenen Laubengang draußen, Sprunghöhe 60 Meter. Er ist vollkommen gefaßt, aber man glaubt es ihm. Keine Personalien. Er kenne meinen Namen aus der Zeitung, dann hat er ihn an der Wohnungstüre gesehen, deswegen geklingelt. Er kann in der Synagoge nicht mit den Seinen singen und unter uns nicht leben –
P.S.
Er hat öfter angerufen (immer nur mit Vornamen) und ist öfter gekommen, obschon ich nie, je länger um so weniger, irgendeinen Rat versucht habe. Auskunft zur Person: er ist aufgewachsen in Zürich 4, Sohn eines Schneiders, er soll das Handelsfach erlernen. Mehr habe ich nie erfahren. Literatur? Kennt er nicht. Er spricht nur von sich und überhaupt nicht von sich. Was ich von Israel erzähle, kann ihn nicht interessieren. Einer Psychiaterin, die, wie ich vermute, seine metaphysische Intelligenz zu heilen versucht, verheimlicht er seine Besuche hier. Er bleibt jeweils eine Stunde, zum Schluß die Frage, ob er nochmals kommen dürfe. Bisher letzte Nachricht: er habe es der Psychiaterin jetzt mitgeteilt und gehe nicht mehr dorthin, schreibe das Tagebuch und besuche die Schule, er werde es nicht tun.

1967

Text für Brunnen Rosenhof

HIER RUHT 1967 NIEMAND
kein großer zeitGENOSSE
ZÜRCHER patriot
denker und REFORMATOR
STAATSMANN DER SCHWEIZ
oder REBELL im XX. jahrhundert
weitsichtiger BEGRÜNDER
PLANER der ZUKUNFT
der freiheit die trotzdem kommt
usw. 1967
kein berühmter flüchtling
wohnte hier oder starb un-
gefähr hier zum ruhm unse-
rer vaterstadt. kein ketzer
wurde hier verbrannt. hier
kam es zu keinem Sieg.
keine sage, die uns ehrt,
erfordert hier ein denkmal
aus stein. hier gedenke
unserer taten heute
dies denkmal ist frei

hier ruht kein kalter krieger
dieser stein, der stumm ist,
wurde errichtet zur zeit des
krieges in VIETNAM
1967

BERZONA

Elias Canetti, zwei Tage zu Besuch, ist gegen den Tod überhaupt, also gegen jedes Denken, das den Tod anerkennt –

Volkseigentum scheint noch nicht zur Pflege anzuspornen. Ich erkundige mich, warum die Zufahrtstraße zu der Siedlung, die schätzungsweise fünfhundert Wohnungen enthält, nach zwei Jahren noch nicht ausgebaut ist. Ein paar Bagger wühlen im Gelände. Wenn's regnet, stapfen die Einwohner durch Morast. Zwei Ämter, heißt es, können sich nicht koordinieren. Reklamieren die Einwohner nicht? Sie werden sich hüten; zuviele warten auf solche Wohnungen. Es wird viel geschwiegen.

Besichtigung eines großen Krankenhauses: Auch hier ist die letzte Zufahrtstraße so, daß es den Krankenwagen schüttelt. Die Ärzteschaft reklamiert seit Jahren vergeblich. Der uns führt: ein Chirurg, freundlich, ungeschwätzig zu sachlicher Auskunft bereit, ein loyaler Staatsbürger. Ein neues Großkrankenhaus ist im Bau. Das alte, von den Deutschen erstellt, erinnert an Lazarett, Notbehelf zwanzig Jahre nach dem Krieg, vieles ist veraltet und ungenügend. Man muß den Kranken helfen, sagt der Chirurg, mit den Mitteln, die da sind. Medikamente? Sie bekommen alles, was es gibt, auch aus dem Westen. Er möchte einmal an einen Fach-Kongreß auch im Westen, aber dafür bekommt er die Erlaubnis nicht. Fachliteratur? Die gibt es, aber nicht im Krankenhaus, sondern in der Bibliothek in der Stadt; die Behörde spart Devisen und ist nicht zu überzeugen, daß es für die Ärtze, die ohnehin überlastet sind, unerläßlich wäre, Fachzeitschriften zur Hand zu haben für jede freie Stunde. Sie sollen in die Stadt fahren, wann immer sie sich auf dem neuesten Stand der Wissenschaft halten wollen. Warum haben die Behörden, trotz jahrelanger Petitionen der Ärzteschaft, kein Einsehen? Das sind Funktionäre, sie dienen der Partei, und daß sie auf ihrem Posten sitzen, verdanken sie nicht ihrer Eignung, sondern der Partei. Das Zimmer, wo der Chirurg sich vorbereitet oder auch schläft, schätze ich auf sechs bis sieben Quadratmeter. Ich besuche Krankensäle. Das ist traurig... Ja, sagt der Chirurg, wir hoffen alle, daß es einmal besser wird!

Meine Betreuerin, jederzeit beflissen, nur Informationen zu geben, die nach ihrem Ermessen einen guten Eindruck machen, daher ängstlich, daß man an falsche Leute geraten könnte, wundert sich sehr, daß ich, Gast des Tschechoslovakischen Schriftstellerverbandes, ein Eishockey-Spiel besuchen will. Hat man mich dazu nach Prag eingeladen? Aber bitte sehr, der Gast soll sich ja frei fühlen, vollkommen frei. Daß im Hotel, das die Gastgeber mir zugewiesen haben, Mikrophone sind, habe ich nicht festgestellt; es kümmert mich auch nicht; ich denke nicht laut. Ein namhafter, aber unliebsamer Mann, den meine Betreuerin mir nicht anbietet, erhält zwei Tage lang die Auskunft im Hotel, ich sei abgereist; er widerspricht dem Concierge, versichert, daß er mit mir verabredet sei; der Concierge bleibt dabei: Abgereist! während ich im Zimmer oben warte. Als wir uns dann zufällig in der Halle treffen, glücklich über den Zufall, braucht der Concierge sich nicht zu entschuldigen; der Irrtum gehört zu seinen Pflichten. Einmal ein Ausflug aufs Land; ich lerne einen jungen Schriftsteller kennen, eine große Hoffnung, zusammen mit andern Künstlern. Ein menschlicher Tag. Freunde unter sich: kein subversives Wort, der Staat ist einfach nicht da, umso mehr die Landschaft, die Menschen dieser Landschaft, ihre Arbeit. Es geht um Poesie. Poesie als Resistance? Eines Abends, als ich einen andern in seiner Wohnung besuche, wird es spät; die Menschen sind froh um Menschen aus der Fremde. Der Mann holt mir ein Taxi zufuß, Mitternachtsstille in der Vorstadt ohne Menschen, ohne Verkehr, aber als mein Taxi losfährt, bemerke ich einen anderen Wagen, der, in Sichtweite parkiert, ebenfalls Licht macht und von jetzt an denselben Weg hat in die Stadt hinein, auch dasselbe Tempo. Erst kurz vor meinem Hotel biegt er ab – das kann Zufall sein...

Im Hotel wohnt Ilja Ehrenburg. Meine Betreuerin, nach einer Woche schon ziemlich vergrämt, daß der Gast von selber Leute kennenlernt oder schon von früher kennt, darunter solche, die mich am Flugplatz abholen wollten und nicht durften, aber auch andere, Parteigenossen, die eine unvermeidliche Begegnung mit ihr so kurz wie möglich halten – sie tut mir leid – meine Betreuerin ist plötzlich wie verwandelt, seit sie mir eine Karte von Ilja Ehrenburg überreicht hat, plötzlich fast ohne Mißtrauen und weniger diplomatisch-freundlich, krampfloser, charmant wie gegenüber einem Rehabilitierten. Ich habe Scheu vor dieser Begegnung mit Ehrenburg. (Ein alter Bekannter, damals ein junger Anhänger von Gottwald, lächelt kurz: Hören Sie ihn an! Und: Er schreibt jetzt seine Erinnerungen, aber die andern erinnern sich auch –.) Ich erinnere mich an Ehrenburg vor 21 Jahren an einem Kongreß in Breslau, ich war empört über Ehrenburg wie Fadejew, der als Stalinist später Selbstmord begangen hat. Ehrenburg jetzt ein Greis. Wir sitzen in der Hotelhalle, ausgestellt, ab und zu zuckt ein Blitzlicht auf Ilja Ehrenburg. Er kennt einen Roman in russischer Übersetzung, ein aufgeführtes Stück, er kennt Enzensberger und Böll. Sie waren in Moskau vor einem Jahr? Stimmt. In Moskau traf ich Leute vom Theater, keine namhaften Schriftsteller; die waren grad am Schwarzen Meer. Ehrenburg: Wen haben Sie in Moskau getroffen? Das Gespräch hat (in der Erinnerung) drei Phasen, eine Dauer von zwei Stunden.

Erste Phase: Bewunderung für Isaak Babel, Ehrenburg erzählt von seiner Freundschaft mit dem Zeitgenossen, den er als den größten sowjetischen Dichter bezeichnet, der aber (so sagt Ehrenburg) nicht als solcher anerkannt ist, weil er Jude war. Ist das so? frage ich. Ehrenburg erzählt, und Isaak Babel wird gegenwärtiger als alles, was durch die Hotelhalle geht.

Zweite Phase: da von Isaak Babel, dem Toten, die Rede war, ergibt es sich zwanglos, daß Ehrenburg von Stalin-Opfern spricht, die überlebt haben, er berichtet das Geschick eines Mannes, das ich kenne: von diesem selbst. Ich höre zu. Ehrenburg: Haben Sie ihn nicht getroffen in Moskau? Moskau ist eine Riesenstadt, und ich war nur eine Woche dort, es wundert mich, daß die Rede grad auf diesen einen kommt. Aber Ehrenburg spricht von einem zweiten, den ich in Moskau getroffen habe und den er als seinen guten Freund bezeichnet. Wie klein die Welt ist! Der Mann, weiß ich, ist unter Stalin auch zehn Jahre im Kerker gewesen, jetzt wieder in der Partei, rehabilitiert, neuerdings wieder in Schwierigkeiten, da er einen Protest (im Ton einer Petition) unterzeichnet hat. Ehrenburg hat recht: Ein Mensch, ein großartiger Mensch. Wie kommen wir grad auf ihn? Da Ehrenburg offensichtlich weiß, daß ich den Mann getroffen habe im Kreis des sowjetischen Schriftstellerverbandes und des Gorki-Institutes, aber auch allein, bestelle ich Grüße. (Ein Vierteljahr später dankt er in einem Brief für die Grüße, die ihm Ehrenburg überbracht habe.) Ich frage Ehrenburg, was mit Daniel und Siniawsky geschehe? Er hoffe auf Amnestie zum Jahrestag der Oktober-Revolution. Also Einigkeit: Ein Mensch, ein wunderbarer Mensch, hilfsbereit und treu, also ein tapferer Mensch –

Dritte Phase: Auf die Frage, wie ich zurzeit das Leben in Prag finde, berichte ich vom Theater, von der besichtigten Siedlung, vom Krankenhaus, vom Versagen der Funktionär-Bürokratie. Ehrenburg: Wem sagen Sie das! Gerade die Partei, die sich als Volksherrschaft versteht, müßte doch daran interessiert sein, so meine ich und bringe den Satz nicht zu Ende, Ehrenburg: Wem sagen Sie das! Ich nehme an, daß hier kein Mikrophon ist; Ehrenburg spricht, wie kein Tscheche es sich leisten kann. Mein Eindruck von der Jugend in diesem Land? Nach einer Woche kann ich kein verläßliches Urteil abgeben, aber er will doch meine Eindrücke hören, der Patriarch. Ein Eindruck unter andern: Apathie in politischer Hinsicht. Ehrenburg: Das ist bei uns nicht anders. Wie erklärt sich das, was er bedauert? Die Jugend, meint Ehrenburg, habe die Zustände vor der Revolution nicht erlebt, die Revolution nicht und den Krieg nicht. Aber bald gibt er zu, daß diese Erklärung zu dürftig ist; es sei komplizierter. Und da Ehrenburg sich einen Tee (wenn ich nicht irre: Tee) bestellt, offenbar also Zeit hat, frage ich weiter. Ehrenburg: Es ist so. Aber warum? Ehrenburg macht der Jugend keinen Vorwurf; die Schuld, meint er, liege nicht bei der Jugend. Ich weiß nicht, wieweit das Gespräch offen ist; es gibt ja auch eine taktische Schein-Offenheit. Vielleicht irrt man sich, ich weiß es nicht, daraus entsteht die Vorsicht, die hier, wie in Moskau, jedermann gelernt hat wie Orthographie. Ehrenburg fragt, wen ich in Prag getroffen habe? Ich erwähne Professor Goldstücker, der gegen das Verbot von Kafka angetreten ist mit Erfolg, und bringe das Gespräch auf das Kafka-Grab, das ich heute besucht habe. Ehrenburg wird wieder in der Halle ausgerufen. Er bleibt sitzen. Wir müssen die Jugend verstehen, meint er, als der Kellner gegangen ist; wörtlich: »Die Jugend fragt uns natürlich, wie die Stalin-Zeit möglich gewesen ist, ob wir damals Verbrecher oder Idioten gewesen sind, und darauf ist schwierig zu antworten –«

DIAVOLEZZA

Die Gefährten sind bereits bei der Abfahrt, da sie die Piste dreimal genießen möchten; man wird sich später auf dem Bernina-Paß treffen. Beim Anschnallen der Skier schon ein kurioses Gefühl; nicht Sorge, denn die Abfahrt ist nicht schwierig, der Schnee wie gewünscht. Es geht denn auch ohne Sturz, trotzdem bleibt das kuriose Gefühl. Was ist anders als früher? Vielleicht macht es die Brille; also halte ich auf der Strecke an und putze sie. Es bleibt das kuriose Gefühl, bis ich am Ziel bin und die Skier losschnalle, dabei entdecke: ich fuhr die ganze Strecke mit der Pfeife im Mund. Das war vor einem Jahr. Um über das Altern zu schreiben, genügte es für Michel de Montaigne, daß er einen Zahn verlor; er schrieb: „So löse ich mich auf und komme mir abhanden."

VERHÖR I.

A. Wie stehst du zur Gewalt als Mittel im politischen Kampf? Es gibt Brillenträger wie dich, die persönlich schon einem Handgemenge ausweichen, aber die Anwendung von Gewalt im politischen Kampf bejahen.

B. – theoretisch.

A. Hältst du eine gesellschaftliche Veränderung für möglich ohne Anwendung von Gewalt oder verurteilst du die Anwendung von Gewalt grundsätzlich – wie Tolstoj, den du gerade liest.

B. Ich bin Demokrat.

A. Ich sehe, was du bei der Lektüre angestrichen hast. Zum Beispiel: »Die nach Ansicht der herrschenden Klassen schädlichsten Leute sind aufgehängt oder befinden sich in Sibirien, in den Festungen und Gefängnissen... Man könnte meinen, was braucht man noch mehr? Indessen der Zusammenbruch der bestehenden Lebensordnung schreitet dennoch fort, gerade jetzt und bei uns in Rußland.«

B. Geschrieben 1908.

A. Da du dich als Demokrat bezeichnest, nehme ich an, daß dir die Gewalt der herrschenden Klasse im zaristischen Rußland verwerflich erscheint.

B. Ja.

A. Würdest du solchen Zuständen gegenüber die Anwendung von Gewalt, also Gegengewalt, gerechtfertigt finden?

B. Tolstoj war dagegen.

A. Ich frage dich.

B. Wir haben keine solchen Zustände. Können wir überhaupt noch von herrschenden Klassen sprechen, wie Tolstoj, und somit von Leuten, die nach Ansicht der herrschenden Klassen schädlich sind und verfolgt werden mit Gewalt, die Gegengewalt hervorruft? Heute und bei uns geht es glimpflich zu, verglichen mit dem zaristischen Rußland, auch verglichen mit Spanien oder Portugal oder Griechenland, auch verglichen mit der UdSSR. Die nach Ansicht der Mehrheit schädlichen Leute werden nicht gehängt, kaum ins Gefängnis gesteckt, es sei denn, daß sie sich gegen das Gesetz vergehen; aber nicht wegen ihrer Denkart. Was einer wegen seiner Denkart zu gewärtigen hat, sind Unannehmlichkeiten, aber nicht mehr; Erschwerung der Karriere, aber keine Verschikkung nach Sibirien oder Jaros, keine Entrechtung. Vielleicht verliert einer seine Lehrer-Stelle; Entlassung, aber kein Berufsverbot. Verunglimpfung in der staatserhaltenden Presse, infolgedessen Verurteilung an Stammtischen, aber kein Strafvollzug durch staatliche Organe. Die Meinungsfreiheit, wie die Verfassung sie garantiert, bleibt gewahrt. Ebenso das Streikrecht; die Arbeiter können ihre Forderungen vortragen, man verhandelt mit ihnen, sie sind ja keine Leibeigene. Wenn einer überhaupt nicht arbeiten will, kann er auch gammeln; keine Zwangsarbeit. Wer trotzdem eine Veränderung will, kann es sagen in aller Öffentlichkeit; man wird ihn nicht an die Hochschule berufen, auch nicht ans Fernsehen, vielleicht wird sein Telephon überwacht, aber er kann sagen, was er will. Es wird ihm nicht einmal der Paß entzogen. Wie gesagt: keine Entrechtung. Wo der Staat als Gönner auftritt, kommen solche Leute natürlich nicht in Betracht; das ist Pech, aber nicht Gewalt; es geschieht ihnen nichts, wenn sie über die Straße gehen. Die nach Ansicht der herrschenden Mehrheit schädlichen Leute behalten sogar das Stimmrecht; die Mehrheit entscheidet. Und vor dem Gesetz sind alle gleich, die Machtlosen und die Mächtigen. Hofft einer von diesen Leuten, daß er Richter wird, so irrt er sich, aber er wird deswegen nicht verhaftet, nicht verfolgt usw., kurzum: die Repressalien bleiben durchaus im Rahmen des Rechtsstaates.

A. Bist du für den Rechtsstaat?

B. Ich bin für den Rechtsstaat.

A. Was verstehst du darunter?

B. Daß niemand der Willkür und Gewalt des jeweils Stärkeren ausgesetzt ist, Recht für alle, eine Ordnung, die garantiert, daß gesellschaftliche Konflikte ausgetragen werden ohne Gewalttätigkeit.

A. Du sprichst aber von Repressalien –

B. Es gibt natürlich Gewalt ohne Gewalttätigkeit, ein Zustand, der dem Rechtsstaat sehr ähnlich sehen kann. Gewissermaßen ein friedlicher Zustand: indem nämlich um der Gewaltlosigkeit willen Konflikte geleugnet und die fälligen Auseinandersetzungen verhindert werden. Gewalttätigkeit seitens der herrschenden Klasse, wie Tolstoj sie in seinen Flugschriften brandmarkt, liegt nicht vor. Das garantiert der Rechtsschutz: Schutz vor Gewalttätigkeit. Deswegen bin ich für den Rechtsstaat.

A. Das sagtest du schon.

B. Man kann es nicht genug sagen.

A. Was heißt Repressalie?

B. Die betrifft nicht das Gesetz, sondern lediglich die Betroffenen; also nicht den Rechtsstaat als solchen. Hingegen die Gewalttätigkeit verstößt gegen das Gesetz, Körperverletzung, Beschädigung von fremdem Eigentum usw. Daher kann die Polizei, die den Rechtsstaat schützt, erst einschreiten bei Gewalttätigkeit, nicht bei Repressalien – was dann den Eindruck erweckt, die Polizei schütze nur die herrschenden Klassen. Das stimmt nicht. Sie schützt jedermann vor Gewalttätigkeit. Der falsche Eindruck entsteht nur dadurch, daß die herrschenden Klassen eben nicht gewalttätig sind. Es genügt ihnen das Recht, das ihre Herrschaft garantiert, sie brauchen keine Gewalttätigkeit.

A. Warum liest du gerade Tolstoj?

B. Weil er mich gerade interessiert.

A. Hier hast du angestrichen: »Ich kann und will es nicht, erstens weil für diese Leute, die ihr Verbrechen nicht sehen, die Entlarvung notwendig ist ... zweitens kann und will ich nicht länger dagegen ankämpfen, weil (ich gestehe es offen) ich hoffe, daß ich für meine Entlarvung dieser Leute auf irgendeine Weise aus der Gesellschaft ausgestoßen werde, in deren Mitte ich lebe und in welcher ich mich unmöglich nicht als mitschuldig an den Verbrechen, die um mich her begangen werden, fühlen könnte.«

B. Gemeint sind die Hinrichtungen –

A. Was es bei uns nicht gibt.

B. – und Kriege.

A. »Und wie sonderbar es auch klingen mag, daß all dieses für mich geschieht und daß ich Mitbeteiligter an diesen Taten bin, ich kann dennoch das Gefühl nicht überwinden, daß eine unzweifelhafte Abhängigkeit meines geräumigen Zimmers, meines Mittagsmahls, meiner Kleidung, meiner Bequemlichkeit von diesen schrecklichen Verbrechen besteht, die begangen werden, um jene unschädlich zu machen, die mir nehmen möchten, was mir gehört.«

B. Hier sprach der Graf.

A. »Deswegen schreibe ich dieses und werde es, soweit ich kann, sowohl in Rußland wie im Auslande verbreiten, damit eines von beiden: entweder diese unmenschlichen Taten aufhören, oder daß man meine Verbindung mit diesen Dingen aufhebt, indem man mich entweder ins Gefängnis sperrt, wo es mir klar zum Bewußtsein kommen mag, daß diese Schrekken schon nicht mehr meinetwillen begangen werden, oder, was noch besser wäre (so gut, daß ich von solchem Glück nicht zu träumen wage), daß man mich wie jene zwanzig oder zwölf Bauern in ein Totenhemd steckt und unter meinen Füßen die Bank vorstößt, damit ich durch mein eigenes Gewicht auf meiner alten Kehle die eingeseifte Schlinge ziehe.« Warum hast du das angestrichen?

B. Ich fand es sehr kühn.

A. Nun gibt es aber in unserem Land, wie du selber gesagt hast, keine Verbrechen dieser Art. Ein Satz wie dieser: »daß eine unzweifelhafte Abhängigkeit meines geräumigen Zimmers, meines Mittagsmahls, meiner Kleidung, meiner Bequemlichkeit von diesen schrecklichen Verbrechen besteht«, das könnte sich heute allenfalls auf gewisse Vorkommnisse in der Dritten Welt beziehen.

B. Ja.

A. Hast du daran gedacht?

B. Vielleicht hätte Tolstoj daran gedacht.

A. Hier eine andere Stelle: »Die gewaltsame Revolution hat sich überlebt. Alles, was sie den Menschen geben kann, hat sie ihnen schon gegeben –«

B. Das habe ich nicht verstanden. Geschrieben 1905, angesichts der Verhältnisse, die Tolstoj eben geschildert hat, eine Behauptung, die ich nicht verstanden habe.

A. Wenn ich sehe, was du angestrichen hast, so fällt auf: erstens beschäftigt dich offenbar das Phänomen der Gewalt –

B. Und der Gegengewalt.

A. Tolstoj verwirft beides.

B. Und zweitens?

A. »Jede Revolution beginnt in einem Augenblick, wo die Gesellschaft der Weltanschauung entwachsen ist, auf die sich die bestehenden Formen des gesellschaftlichen Lebens gründen, wo der Widerspruch zwischen dem Leben, wie es ist, und dem Leben, wie es sein sollte und könnte, der Mehrzahl der Menschen so klar wird, daß es ihnen unmöglich erscheint, ihr Leben unter den bisherigen Bedingungen fortzusetzen.«

B. Das ist ein guter Satz.

A. Glaubst du an Revolution?

B. Wo?

A. Hier eine andere Stelle, die du angestrichen hast: »Der Sinn der Revolution, die jetzt in Rußland beginnt und in der ganzen Welt bevorsteht, liegt nicht in der Trennung der Kirche vom Staat oder der Erwerbung gesellschaftlicher Unternehmungen durch den Staat, nicht in der Organisation der Wahlen oder der scheinbaren Beteiligung des Volkes an der Macht, nicht in der Errichtung der allerdemokratischsten, meinetwegen sogar sozialistischen Republik mit allgemeinem Stimmrecht, sondern – in der wirklichen Freiheit.«

B. Was ist das?

A. »Eine nicht nur scheinbare, sondern wirkliche Freiheit wird nicht durch Barrikaden erreicht, nicht durch Mord, nicht durch was für immer mit Gewalt eingeführte Einrichtungen, sondern nur dadurch, daß man aufhört, irgendeiner menschlichen Gewalt, möge sie heißen, wie sie wolle, Gehorsam zu leisten.«

B. Ich glaube nicht an die Anarchie.

A. Dann wärest du also nicht einverstanden mit dieser Stelle, die du auch angestrichen hast: »Zu der Befreiung der Menschen vor dem furchtbaren Übel der Rüstungen und Kriege, unter dem sie gegenwärtig zu leiden haben und das immer mehr und mehr wächst, sind nicht Kongresse, nicht Konferenzen, nicht Traktate und Schiedsgerichte nötig, sondern die Vernichtung jener Gewalt, die sich Regierung nennt und von der die größten Leiden der Menschheit herrühren.«

B. Sätze wie diesen, und davon gibt es ja bei Tolstoj viele, habe ich angestrichen, weil sie mir zum Bewußtsein bringen, wie brav ich bin, wie staatsgläubig.

A. Immerhin sinnst du auf Veränderung.

B. Der Rechtsstaat, so würde ich meinen, schließt nicht aus, daß das Recht, dem seine Maßnahmen dienen, zu ändern ist, wenn die geschichtliche Entwicklung das verlangt. Das bestehende Recht beispielsweise schützt das Eigentum. Wer mehr Eigentum hat als alle andern, hat nicht mehr Rechte, aber Macht durch Recht. Wieso lieben diesen Rechtsstaat gerade die Starken? Die Notwendigkeit, Recht zu ändern, ist immer zuerst eine Notwendigkeit für die Schwächeren und nicht für die andern, denen das Recht ermöglicht, scheinbar ohne Gewalt zu herrschen, indem ihre Macht durch Eigentum ja eine rechtmäßige ist.

A. Du sagst: scheinbar ohne Gewalt.

B. In der Tat geht es heute und hier vollkommen friedlich zu. Das ist wahr. Die Macht, die sich auf unseren Gehorsam stützen kann, ist nie oder fast nie gewalttätig, und solange das Recht, das den einen die Macht über die andern verleiht, nicht in Frage gestellt wird, leben die Schwächeren vollkommen unbehelligt.

A. Was verstehst du unter Macht?

B. Kapital.

A. Du bezeichnest dich als Demokrat. Das heißt, du anerkennst, daß der Wille der Mehrheit den Ausschlag gibt. Wie die Wahlen und Abstimmungen zeigen, will aber die Mehrheit keine Veränderung.

B. Die Mehrheit sind eben die Schwächeren, und das verwundert mich nicht: die Schwächeren wollen unbehelligt sein. Sie wissen schließlich, daß sie die Schwächeren sind, sobald die

Macht sich herausgefordert oder gar bedroht fühlt, also gewaltsam wird. Die Macht verfügt über Militär. Wenn die Schwächeren, obschon sie die Mehrheit sind, einer Minderheit ihre Macht bestätigen, so heißt das: die Mehrheit ist abhängig von dieser Minderheit.

A. Das verstehst du unter Demokratie?

B. Nein.

A. Hier eine andere Stelle bei Tolstoj: »Das Wesen des Irrtums aller nur möglichen politischen Lehren (der konservativsten wie der fortschrittlichsten), welche die Menschen in diese elende Lage gebracht haben, ist stets dasselbe – es besteht darin, daß die Menschen dieser Welt es für möglich hielten und noch halten, die Menschen so durch Gewalt zu vereinigen, daß sie sich ohne Widerspruch einer und derselben Lebensordnung und den aus derselben entspringenden Gesetzen der Lebensführung fügen.« Und weiter: »Es ist verständlich, wenn Menschen, ihrer Leidenschaft folgend, andere Leute, die nicht mit ihnen einverstanden sind, durch Gewalt dazu zwingen, ihren Willen zu tun...«

B. Was willst du mich fragen?

A. Bejahst du die Gegengewalt?

B. Gegengewalt in welcher Situation? Ein Attentat auf Hitler, wenn es gelungen wäre, hätte ich nicht als gemeinen Mord verurteilt. Zum Beispiel.

A. Ich meine: Gegengewalt in der Demokratie.

B. Liest man von Gewalt, so denke ich vorerst nicht an Staatsgewalt, auch nicht an die Gewalt des Kapitals, nicht an Krieg, sondern an Pflastersteine, Schüsse auf die Polizei, Brände usw., also an Gewalttätigkeit, die mich erschreckt. Liest man gleichzeitig von Knüppeln und Tränengas und Wasserwerfern und Schüssen nicht aus der Menge, sondern in die Menge, so erschreckt es mich auch, obschon das nicht Gewalttätigkeit ist, sondern Anwendung der Staatsgewalt zwecks Ruhe und Ordnung. Es ist natürlich schon ein Unterschied: Gewalt ohne Recht, Gewalt mit Recht. In andern Sprachen ist es klarer: »violence«, »power«. Martin Luther

King predigt »Non-violence«, aber nicht »Non-power«, wenn er für die Bürgerrechte der Neger kämpft; was mit Bittschriften nicht in Jahrzehnten zu erreichen ist, das erreicht ein Bus-Streik in Alabama – ohne Gewalttätigkeit, aber durch eine Demonstration möglicher Gewalt.

A. Und diese bejahst du?

B. Sicher.

A. Und die Gewalttätigkeit?

B. Schon auf Fotos oder in der Tagesschau entsetzt mich jeder Akt der Gewalttätigkeit. Daher liebe ich die These, Gewalttätigkeit verändere nichts. Wer zum Schwert greift usw.

A. Hier hast du die folgende Stelle angestrichen: »Sie mögen sich und andere so viel sie wollen zu überreden versuchen, daß die entsetzlichen Verbrechen gegen die göttlichen und menschlichen Gesetze, die sie ununterbrochen begehen, aus irgendwelchen höheren Erwägungen vollbringen, sie können das Verbrecherische, Sündhafte, Niedrige ihres Tuns weder vor sich noch vor andern verbergen ... das wissen auch alle Zaren, alle Minister und Generäle, wie sehr sie sich auch hinter irgendwelchen erklügelten höheren Erwägungen zu verschanzen suchen.« Absatz: »Dasselbe bezieht sich auf die Revolutionäre, ohne Unterschied der Parteien, wenn sie den Mord als zulässig für die Erreichung ihrer Ziele betrachten.«

B. Tolstoj war Christ.

A. Wenn du eine gesellschaftliche Veränderung für unumgänglich hältst und offenbar zu der Meinung kommst, daß Personen, deren Macht sich hinter Rechtsstaatlichkeit verschanzt, jede Veränderung auf rechtsstaatlichem Weg verhindern – bist du dann für Anwendung von Gewalt?

B. Was wäre die Alternative?

A. Verzicht auf Veränderung.

B. Das ist nicht die Alternative. Was die Geschichte lehrt: sie bleibt nie stehen. Oder nicht lange. Das darf man sagen, glaube ich, auch wenn das Telefon abgehört wird ... Ich habe Angst vor der Gewalt, daher liebe ich die These, die Vernunft könne verändern.

A. Deine Parole wäre also: Reform.

B. Dabei sehe ich mich in seltsamer Gesellschaft; daß mit Gewalt nichts zu verändern sei, das sagen auch die Inhaber der Macht, die jede Reform verhindert. Man kann ihren Ärger verstehen, wenn es zu Unruhen kommt; zwar werden sie damit fertig, aber die gewaltlose Unterdrückung, Repressalie in Ruhe und Ordnung, ist ungefährlicher auch für sie, denn die Anwendung von Staatsgewalt hat immer etwas Aufreizendes, etwas Lehrreiches, sie bringt zum Bewußtsein, daß die Botschaft von der Gewaltlosigkeit immer an die Unterdrückten adressiert ist.

A. Rechtfertigst du damit die Gegengewalt?

B. Mein Entsetzen vor der Gewalttätigkeit ist dadurch nicht geringer, daß ich sie unter Umständen verstehen muß – zum Beispiel die zunehmende Gewalttätigkeit der Neger; ihre Lage ist schätzungsweise die Lage der russischen Bauern und Soldaten und Arbeiter zur Zeit von Tolstoj, der ihnen so gern geholfen hätte, aber Tolstoj hat den Zar nicht überzeugen können; sie mußten sich selber helfen.

A. Erwartest du also eine Revolution?

B. Wahrscheinlich hätte ich vor jeder Revolution, die je stattgefunden hat, dasselbe gesagt: Ich sehe keine realistische Chance. Das heißt wohl, daß ich kein Revolutionär bin.

A. Glaubst du nicht, daß durch Verbreitung von Wohlstand sich jede Revolution überhaupt erübrigt?

B. Das erschwert sie.

A. Bedauerst du das?

B. Wenn ich gerade Tolstoj lese, frage ich mich zum Beispiel, was geschehen wäre, wenn die Zaren damals durch Verbreitung eines gewissen Wohlstandes dafür gesorgt hätten, daß die Revolution sich erübrigt. Wir hätten heute noch das Zarentum.

A. Aber ein anderes.

B. Aber Zarentum.

A. Du meinst nicht, daß die Drohung mit Gegengewalt auch ein verhinderndes Element sein kann, indem sie zwangsläufig die Haltung der derzeitigen Inhaber der Macht versteift?

B. Wenn Fidel Castro, statt kubanische Dörfer zu erobern und die fremden Inhaber zu enteignen, in die amerikanischen Lobbies gegangen wäre, so wäre Washington zweifellos weniger steif (was das Experiment möglicherweise zum Scheitern bringt) und die amerikanischen Ausbeuter säßen noch immer in Kuba.

A. Bleiben wir in unserer Gegend.

B. Die Fragen sind dieselben.

A. Du bist also für Veränderung –

B. Ja.

A. Du meinst aber, daß die Inhaber der Macht sich jeder Veränderung des Rechts widersetzen und zwar mit Gewalt, wenn es anders nicht geht, im Namen des Rechtsstaates.

B. Das ist natürlich.

A. Du meidest den Satz: Es geht nur mit Gegengewalt. Meidest du den Satz, weil du, wie du sagst, Angst hast vor jedem Akt der Gewalt oder weil du immer noch hoffst, eine gesellschaftliche Veränderung sei möglich ohne die Androhung von Gegengewalt?

Ende April 1967

Militär-Putsch zur Verhinderung demokratischer Wahlen in Griechenland. König Konstantin, aus dem Bett geholt zur unterschriftlichen Genehmigung des Umsturzes, soll gezögert haben, bis die Königinmutter, die deutschstämmige, dem jungen Monarchen dann Beine gemacht hat. Papandreou und andere Politiker verhaftet, Deportationen, Liquidation des Rechtsstaates mit der Begründung: Kommunistische Gefahr. Alles wie gehabt, Militär-Junta zwecks Ruhe und Ordnung, die gewählten Parteien verboten zwecks Vaterland. Volk läuft nach Piräus und hofft auf die 6. amerikanische Flotte im Mittelmeer, die in Sicht vor Anker liegt: keine militärische Einmischung in die inneren Angelegenheiten eines Landes mit amerikanischen Investitionen. (Unsere NEUE ZÜRCHER ZEITUNG, ebenfalls ohne sich einzumischen in die inneren Angelegenheiten eines Landes mit schweizerischen Investitionen, gibt zu bedenken, daß die Wahlen, demnächst fällig, tatsächlich eine Mehrheit der sozialistischen Parteien hätten bringen können; man muß die Offiziere schon auch verstehen.) Ergebnis: eine faschistische Diktatur als NATO-Mitglied. Fotos: Griechisches Volk ohnmächtig vor NATO-Tanks unter griechischer Flagge.

Zum Stück

Die Fabel, die den Eindruck zu erwecken sucht, daß sie nur so und nicht anders habe verlaufen können, hat zwar immer etwas Befriedigendes, aber sie bleibt unwahr; sie befriedigt lediglich eine Dramaturgie, die uns als klassisches Erbe belastet: Eine Dramaturgie der Fügung, eine Dramaturgie der Peripethie. Was dieses große Erbe anrichtet nicht nur im literarischen Urteil, sondern sogar im Lebensgefühl: im Grunde erwartet man immer, es komme einmal die klassische Situation, wo meine Entscheidung schlichterdings in Schicksal mündet, und sie kommt nicht. Es gibt große Auftritte, mag sein, aber keine Peripethie. Tatsächlich sehen wir, wo immer Leben sich abspielt, etwas viel Aufregenderes: es summiert sich aus Handlungen, die zufällig bleiben, es hätte immer auch anders sein können, und es gibt keine Handlung und keine Unterlassung, die für die Zukunft nicht Varianten zuließe. Der einzige Vorfall, der keine Variante mehr zuläßt, ist der Tod. Wird eine Geschichte dadurch exemplarisch, daß ihre Zufälligkeit geleugnet wird? Es geschieht etwas, es kann verschiedene Folgen haben oder keine, und etwas, was ebenso möglich wäre, geschieht nicht; eine Gesetzmäßigkeit, die sich erkennen läßt für die große Zahl, hat Wahrscheinlichkeitswert, aber nicht mehr, und was geschieht, bedeutet nicht, daß mit den gleichen Figuren nicht auch ein anderer Spielverlauf hätte stattfinden können, eine andere Partie als diese, die Geschichte geworden ist, Biografie oder Weltgeschichte. Es wäre unsinnig zu glauben, daß der 20. Juli nicht auch hätte gelingen können. Kein Stückschreiber heute könnte als Notwendigkeit verkaufen, daß jene Bombe, richtig gelegt, dann zufälligerweise um einige Meter verschoben, vergeblich krepierte. So war es halt. Und dasselbe gilt für irgendeine Geschichte. Jeder Versuch, ihren Ablauf als den einzigmöglichen darzustellen und sie von daher glaubhaft zu machen, ist belletristisch; es sei denn, man glaube an die Vorsehung und somit (unter anderem) auch an Hitler. Das tue ich aber nicht. So bleibt, damit eine Geschichte trotz ihrer Zufälligkeit überzeugt, nur eine Dramaturgie, die eben die Zufälligkeit akzentuiert –

5. 6. 1967
Nachbarn, die zum Einkaufen unten in Locarno gewesen sind, bringen die Nachricht: Krieg in Israel. Radio bestätigt. Angst um Freunde, alles Arbeiten sinnlos, Ohnmacht. Die Meldungen im Lauf des Vormittags sind vage, aber es bleibt: KRIEG. Unfähig zu einem Urteil. Die bekannten Drohungen von Nasser, dann die Sperrung des Golfs von Akaba, dann der Aufmarsch auf Sinai. Wer ist Aggressor? In der Zeitung: das zahlenmäßige Verhältnis der beiden Armeen.

10. 6.
Warten auf Waffenstillstand. Die Gefahr, daß die Weltmächte eingreifen, vor allem die Sowjetunion, die auf der arabischen Seite investiert hat; die Länder der Öl-Scheichs als sozialistische Länder. Es stimmt alles nicht. Front-Berichte, Front-Karten, Fotos, die erschrecken: alles so selbstverständlich. Die im Sand liegen, sind tot; die ihre Hände hochhalten, sind gefangen; die Bewacher, Gewehr umgehängt, sind keine Berserker, nur junge Menschen mit Helm. Der Anblick zerstörter Tanks befriedigt mich immer. Israel

dringt weiter nach Jordanien und Syrien. Die prekäre Grenze. Erinnerungen an die Höhenzüge dort –

16. 6.
Diskussionen. Denkt Israel jetzt an territoriale Expansion? Jubel aus der Bundesrepublik von halbrechts: Lösung durch Blitzkrieg. Auch hier gibt es Leute, die jetzt die Sache für gelöst halten.

25. 6.
Brief aus dem Kibbuz Hazorea. Es fragt sich, wieviele Stimmen dieser Art es gibt; immerhin gibt es sie: Wir leben, auch unser Sohn, der im Sinai ist, aber bitte denken Sie nicht, daß wir hier feiern.

26. 6.
Metamorphose des Antisemitismus? – in der einhelligen Parteinahme für Israel; dafür versetzt man die Araber in die Kategorie von Untermenschen.

Zum Stück

Die einzige Realität auf der Bühne besteht darin, daß auf der Bühne gespielt wird. Spiel gestattet, was das Leben nicht gestattet: daß wir die Kontinuität der Zeit aufheben; daß wir gleichzeitig an verschiedenen Orten sein können; daß sich eine Handlung unterbrechen läßt (Song, Chor, Kommentar usw.) und erst weiterläuft, wenn wir ihre Ursache und ihre möglichen Folgen begriffen haben; daß wir eliminieren, was nur Repetition ist usw. In der Realität können wir einen Fehler, der stattgefunden hat, zwar wiedergutmachen durch eine spätere Tat, aber wir können ihn nicht tilgen, nicht ungeschehen machen; wir können für ein vergangenes Datum kein anderes Verhalten wählen. Leben ist geschichtlich, in jedem Augenblick definitiv, es duldet keine Variante. Das Spiel gestattet sie. Flucht aus der Realität? – das

Theater reflektiert sie; es imitiert sie nicht. Nichts widersinniger als Imitation von Realität, nichts überflüssiger; Realität gibt's genug. Das Imitier-Theater (die Etikette stammt meines Wissens von Martin Walser) mißversteht das Theater; es gibt Regisseure, die es meisterhaft pflegen: Theater, das den Zuschauer in die Position des Voyeurs versetzt und in dieser Position betrügt; ich muß, um in die Position des Voyeurs zu kommen, mein Bewußtsein ausschalten und vergessen, daß da vorne ja gespielt wird, und wenn mir das nicht gelingt, ist es doppelt peinlich. Das ursprüngliche Theater (mit Kothurn, Maske, Vers usw.) war natürlich kein Imitier-Theater; der antike Zuschauer blieb sich bewußt, daß im Ensemble keine Götter engagiert sind... Brecht kultivierte gegen das Imitier-Theater die gezielte Verfremdungs-Geste des Darstellers, das bekannte Inventar mit Songs und Beschriftung usw. Friedrich Dürrenmatt setzt die Groteske dagegen, Samuel Beckett die radikale Reduktion, Martin Walser spricht dringlich von einem Bewußtseins-Theater, und das heißt: Darstellung nicht der Welt, sondern unseres Bewußtseins von ihr. Wie immer die Etikette jeweils lautet: gesucht und auf verschiedene Weise auch gefunden ist Theater, das nicht Realität abzubilden vorgibt (das tut nur eine gewisse Art von Schauspieler-Kunst; Sache der Stückeschreiber ist es, ein Imitier-Theater schon dramaturgisch auszuschließen) –

VULPERA-TARASP

Alle mit dem numerierten Glas in der Hand,
SANKT BONIFACIUS, hilf uns, daß wir nicht
altern, SANKT LUCIUS, vergib uns unsere Jahre.
Eine halbe Stunde später, nach einem besonnenen Spaziergang zum Kurhaus zurück, erfolgt
bei allen Stuhlgang, dann Frühstück, Diät
je nach Fall. Im Lauf des Tages eine Massage,
Blick auf die Waage, nachmittags Spaziergang
auf säuberlichen Wegen durch Wald, Ozon, bis
es wieder Zeit ist für die Trinkhalle,
SANKT BONIFACIUS, sieh unsere Askese, SANKT

LUCIUS, laß uns nicht verkalken. Abends in der großen Halle: Reeder aus Hamburg, Diplomaten in Urlaub, Direktoren, Fabrikanten, Professoren, alle noch im Einsatz. Die Kapelle spielt zum Tanz, Kellner verkürzen ihren Weg über die leere Tanzfläche. Herren kommen in die Halle mit einem Buch in der Hand, Memoiren von Konrad Adenauer. Jung sind nur die italienischen Kellner. Krank sieht eigentlich niemand aus; Gesundheit scheint käuflich zu sein. Alle von der Sonne gebräunt. Im Bridge-Salon ist man allein. Alle Herren in dunklen Anzügen, Damen mit Juwelen; wartend vor dem Lift studieren sie den Diät-Zettel für morgen.

Im Kurhaus wissen sie natürlich nicht, was für ein Club das ist, der aufs Wochenende hundert Betten bestellt hat. Die Direktion, zuvorkommend wie immer und besonders zuvorkommend gegen Ende der Saison (in der Höhe hat es schon geschneit), entschuldigt sich nochmals, daß nur noch ein einziger Masseur am Platz ist –

Treffpunkt: Bridge-Salon.

Heute vormittags in der Trinkhalle habe ich versucht, weitere Mitglieder zu werben. Dabei muß man natürlich vorsichtig sein; sonst erschrecken die Leute. Eine Vereinigung, so sage ich, zur Verjüngung der abendländischen Gesellschaft. Darüber läßt sich reden mit ihnen. Verjüngung; dann meint jedermann, daß er verjüngt werde. Alt-Regierungsrat Huber, zum elften Mal hier in der Kur, wird an der Konferenz teilnehmen; er ist nicht mehr im Amt, aber immer bereit für Konferenzen, bekannt als zäher Vermittler. Ein andrer, den ich in der Trinkhalle angesprochen habe, ein berühmter Pianist, hat abgesagt wegen ärztlich verordneter Liegekur. Ich mache mir keine Illusionen: nicht alle, die zur Konferenz kommen, werden sich als Mitglieder eintragen, wenn sie am Nachmittag hören, wie die Verjüngung der abendländischen Gesellschaft gemeint ist. Das wissen im Augenblick erst der Vorsitzende und ich.

Bis zum Mittagessen sind erst 6 Herren erschienen. Sie unterscheiden sich nicht von den andern Kurgästen. 4 etwas fettleibig, 3 mit Glatze, 5 scheinbar ohne Prothese; niemand würde sagen oder auch nur denken: Greise. Nur einer von ihnen hält sich, wenn er die Treppe herunter kommt, am Geländer.

Denke ich an das Manuskript in meiner Tasche, so werde ich unsicher, ob die Prämisse (»Wir alle, meine Herren, kennen die Symptome der Vergreisung an uns selbst.«) richtig ist. Wenn ich die Herren so in der Halle sehe: gesetzt, vielleicht von der Reise etwas ermattet, gelassen, einer etwas schwermütig, aber nicht unwitzig, alle keine Jünglinge, sie sitzen mit gespreizten Beinen und tragen vermutlich Hosenträger unter der Weste, Männer mit Erinnerungen (»damals während der Grenzbesetzung«) und mit Erfahrungen (»seit vierzig Jahren rauche ich Pfeife«), aber alle noch auf dem Laufenden (»haben Sie heute im Morgenblatt gelesen?«)... es wird schwierig zu sagen: Meine Herren, es geht ohne uns!

M., ehedem ein geschätzter Maler, kommt mit seiner letzten Braut, und ich habe ihm zu sagen, daß das nicht geht. (Warum nicht, das wird noch zu begründen sein; im Augenblick weiß ich bloß: Frauen sind von der Vereinigung auszuschließen auch als Mitwisser.) Der Hotel-Concierge bemüht sich, zeigt ihr auf einer Karte die bequemen Ausflüge, Seilbahn nach Naluns; zum Glück hat sie in ihrem Leben noch nie ein Murmeltier gesehen und verspricht sich etwas davon.

Verlegenheit der immer noch kleinen Schar, die sich im Bridge-Salon zusammenfindet; man setzt sich nicht, hofft, daß die andern Herren sich verirrt haben könnten in diesem grandiosen Kurhaus. Anfrage beim Concierge, ob vielleicht zwei Bridge-Salons. (Um pünktliches Erscheinen wurde schriftlich gebeten.) Auskunft vom Concierge: nur ein einziger Bridge-Salon. Ich schlage eine andere Hoffnung vor: vielleicht Verwechslung von Kurhaus und Waldhaus, man müßte drüben im Waldhaus anrufen. Ich meine: drüben im Kurhaus. Jetzt verwechsle ich auch schon ... Vielleicht war unsere Einladung nicht glücklich formuliert. Vielleicht zu undeutlich, um Interesse zu wecken, oder zu deutlich; eine offene Einladung zum Freitod war es indessen nicht. Daß so viele, die ausbleiben, nicht einmal abgesagt haben, ist bedauerlich; unsere Schar bekommt dadurch das Gefühl, von der Welt nicht ganz ernstgenommen zu werden. Ob man nicht trotzdem anfangen sollte? Ich wäre dafür. Der Vorsitzende, übrigens mein Zahnarzt und der eigentliche Anreger (»Wenn ich eines Tages merke, daß ich senil werde usw.«) möchte unbedingt einen nächsten Bus abwarten. Inzwischen Auskunft vom Kurhaus oder Waldhaus: Niemand im Bridge-Salon dort. Ich bin dafür, daß wir uns setzen.

16.00, draußen beginnt die Kurkapelle.

Die Hoffnung auf den nächsten Bus, der vom Bahnhof zu den Kurhäusern fährt, ist gering; es kommt um diese Zeit kein Zug an. Ich verstehe meinen Zahnarzt nicht; hofft er auf einen Sonderzug? Alt-Regierungsrat Huber wiederholt (wir haben es schon vormittags in der Trinkhalle gehört) seine Anpreisung der Unterwasser-Massage, man fühle sich wie neugeboren, jedesmal wie neugeboren. Ein strammer Siebziger.

Die kleinen Bridge-Tische mit grünem Filz sind aufgereiht zu einem Langen Tisch, Stühle für hundert Teilnehmer; es haben Platz genommen: 11 Herren. Man hat nicht mit einem Ostermarsch gerechnet, immerhin eine gewisse Enttäuschung ist nicht zu verhehlen, auch wenn man sich sagt, daß geschichtliche Umwälzungen oft von kleinen Gruppen ausgegangen sind ... Meine Herren, sagt der Vorsitzende, ich eröffne – mit Bedauern stelle ich fest – trotzdem muß etwas geschehen: denn die Überalterung unsrer heutigen Gesellschaft –

Ein Kellner unterbricht.

Als einer nach dem andern nur Mineralwasser bestellt, als wären wir eine Diät-Sekte, bestelle ich Veltliner. Drei bestellen Kaffee, davon zwei Kaffee Hag. Nur Alt-Regierungsrat Huber, sonst nicht immer mein Freund, bestellt ebenfalls Veltliner.

Also: –

aber der Vorsitzende wartet, bis der junge Kellner endlich die Türe geschlossen hat. Daß draußen die Kurkapelle spielt, ist nicht zu ändern. Gegenüber wird Tennis gespielt. Ich zünde eine Zigarre an, Monte Cristo, um locker zu sein, wenn mir das Wort erteilt wird.

Die Idee: –

aber zuerst verlese ich die Statistik, gefaßt auf Einwände gegen Statistik überhaupt: die Säuglingssterblichkeit zur Zeit um Christi Geburt... Nach einigem Palaver, das der Vorsitzende leider zuläßt, einigt man sich, daß eine gewisse (ich habe gesagt: eine katastrophale) Überalterung unsrer Gesellschaft nicht ohne weiteres in Zahlen auszudrücken, aber Tatsache ist. Ich sage: Schauen Sie hinaus in diesen Kurpark! (Nicht ohne Absicht haben wir für die Konferenz gerade diesen Ort gewählt.) Schauen Sie in diesen Kurpark, meine Herren, und Sie werden verstehen –

Unterbrechung:

der junge Kellner bringt die bestellten Getränke, Schweigen am Tisch, aber da er's nicht mit einem einzigen Tablett erledigen kann, also nochmals gehen und nochmals kommen muß, nochmals Palaver über die Fragwürdigkeit von Statistik allgemein, bis der junge Kellner, Italiener, sodaß es auch noch Verständigungsschwierigkeiten gibt, endlich die drei Kaffee, davon zwei Hag, und die Mineralwasser, vier Henniez und zwei Passugger, richtig plaziert hat. Wieder muß der Vorsitzende bitten, daß er die Türe schließt.

Die Idee: –

angesichts der Tatsache, daß die Zahl der Menschen, die zu lange leben, in katastrophaler Weise zugenommen hat und weiterhin zunimmt – Frage: müssen wir so alt werden, wie die heutige Medizin es ermöglicht?... Tod, der ein Leben in der Fülle abreißt, wird zur Rarität; Angst vor dem Tod hat sich verlagert in Angst vor dem Altern, d. h. vor dem Verblöden... wir regeln den Eintritt ins Leben, es wird Zeit, daß wir auch den Austritt regeln... Meine Herren!... ohne jetzt schon auf die theologische Frage einzugehen, Heiligkeit des Lebens und so weiter, wobei allerdings in erster Linie, wie Sie wissen, das Leben der weißen

Rasse gemeint ist, nicht unbedingt das Leben in Afrika oder Asien, insbesondere das Leben einer bestimmten Klasse, nicht unbedingt das Leben in den Slums... was ich sagen will: da wir heute, wie die Statistik zeigt, die durchschnittliche Lebensdauer der Menschen verlängern können, sodaß heute, im Unterschied zu früheren Epochen, die Mehrheit mit dem Altern zu rechnen hat, ist Altern ein gesellschaftliches Problem geworden wie noch nie – es geht nicht um die Planung von Altersheimen, die bestenfalls die Überalterung unsrer Gesellschaft humanisieren, aber nichts beitragen zur Verjüngung dieser Gesellschaft... auch ein individuelles Problem: ein Problem der Persönlichkeit, die sich nicht der Chirurgie und Pharmacie überlassen kann, sondern in Zukunft, meine ich, ihr Ende selber zu bestimmen hat – Meine Herren! ... Wenn die Vereinigung, die zu gründen wir entschlossen sind, das Ziel hat, Freitod zu einem gesellschaftlich-sittlichen Postulat zu machen, so ist uns bewußt erstens: – Usw.

Er danke für diese einleitenden Worte, sagt der Vorsitzende, und eröffne die Diskussion, wobei die Herren vorerst um grundsätzliche Meinungen gebeten werden; die Statuten der Vereinigung stehen heute noch nicht zur Diskussion.

Schweigen.

Sie trinken.

Kurkapelle draußen.

Da geschwiegen wird – nur der alte Hanselmann, Senior der bekannten Import-Firma HANSELMANN & SÖHNE, möchte wissen, wie die Vereinigung sich nennen soll; ich schlage vor: VEREINIGUNG FREITOD (der Gegenvorschlag des Malers, der sich für witzig hält, seit ihn niemand mehr ernst nimmt, findet keine Zustimmung: HARAKIRI-CLUB, es erinnert an ROTARY-CLUB.) – da also zur Sache selbst geschwiegen wird, erläutert der Vorsitzende, wie der Antrag zu verstehen ist: die Vereinigung soll zur Verjüngung der abendländischen Gesellschaft beitragen, indem sie die neue Idee, Freitod als Pflicht, nicht nur durch Worte vertritt, sondern durch Vorbild, d. h. daß die Mitglieder sich verpflichten, ihrerseits das Postulat zu erfüllen zu gegebener Zeit.

Schweigen.

Wem, fragt der Vorsitzende, darf ich das Wort geben – oder möchten die Herren eine kleine Pause machen?

Nachtrag meinerseits:

die Vereinigung wäre international, offen für jedermann über 50, politisch wie konfessionell nicht gebunden; die Mitglieder treffen sich ein bis zwei Mal im Jahr, um einander auf ihre Alterserscheinungen aufmerksam zu machen; ein Mitglied, das sich der Überalterung schuldig macht, wird ausgeschlossen; dazu dient jeweils die Jahresversammlung, die mit einer Reihe von Prüfungen verbunden ist, Gedächtnis-Test usw.; die Jahresversammlung ehrt jeweils die Mitglieder, die im Lauf des vergangenen Jahres aus eignem Entschluß auf ein weiteres Altern verzichtet haben usw.

UNTERWEGS

Wenn es keine Kioske gäbe, wo man täglich den großen Überblick kaufen kann, ich weiß es wirklich nicht, wie unsereiner sich diese Welt vorstellen würde. Unsereiner sieht kaum um die nächste Ecke, hört um zwei oder drei Ecken und ist schon betroffen, verwirrt, bestürzt oder auch gleichmütig, vorallem aber ohne Überblick. Die Lektüre erstklassiger Zeitungen erleichtert mich immer. Sie wissen einfach mehr. Mag es noch so entsetzlich sein, was die Fernschreiber wieder melden: es erleichtert mich, was die Editoren dazu schreiben, ihre gekonnte Besonnenheit, die jeden Einzelfall, sofern er überhaupt hat erwähnt werden müssen, in den großen Zusammenhang stellt. Wie naiv war wieder meine Anteilnahme, meine Zuversicht oder meine Sorge, mein Zorn, meine Ratlosigkeit. Meistens überschätze ich die Vorkommnisse. Sie denken weiter als unsereiner, das spürt man, je frischer das Papier ist. Wer liest schon vergilbte Zeitungen? Etliches ist langweilig, und man überschlägt es; aber es zeigt: die erstklassigen Zeitungen gehen nicht auf Sensationen; sie melden, was ist, wie es ist, ob langweilig oder nicht. Sie sind gewissenhaft. Man ist immer ein wenig beschämt, wie zufällig sich unsereiner um die Welt kümmert. Vorallem aber: unsereiner verfällt immer in Meinungen, die persönlich bleiben. Zum Beispiel beim Staatsstreich damals in Athen meinte ich sofort, die USA habe ihre Hände im Spiel, und konnte es nicht belegen. Die erstklassigen Zeitungen hingegen, die diesen Namen verdienen, bleiben objektiv. Sie sind nicht nur durch Fernschreiber besser unterrichtet, sondern verfügen über ein Denken, das über den bloßen Meinungen steht oder schwebt. Etwas Überpersönliches, ob mit Namen unterzeichnet oder nicht, kommt auf uns zu; etwas wie Weltgeist, der sich durch die Fakten vom Tage, sofern sie stimmen, Tag für Tag bestätigt findet. Trifft man zufällig (zum Beispiel in einem T.E.E.) den Mann, der das und das geschrieben hat, so ist man nicht enttäuscht; er weiß noch mehr, als er geschrieben hat, sogar sehr viel mehr. Meistens ist er auch persönlich davon überzeugt, d.h. er spricht unter vier Augen nicht sehr viel anders. Nur hat er jetzt eine Physiognomie, meinetwegen eine gute; er kann nichts dafür, daß ich, Leser erstklassiger Zeitungen, beinahe etwas Unsinniges geglaubt habe: ihre Sicht, im Gegensatz zu der unsern, sei unabhängig von aller Person. Ich gebe zu, daß ich nicht so unabhängig denke, so unabhängig sehe. Sonst ginge unsereiner nicht immer wieder an die Kioske. Sie können sich verlassen auf unsere Neugier, unser lebhaftes Vergessen, unsere Anteilnahme nach ihrem Ermessen.

Vereinigung Freitod

Natürlich kann der Freitod eines Mitglieds nicht verlangt werden. Die Jahresversammlung kann lediglich feststellen, wer, wenn er weiterlebt, gegen die Satzungen verstößt. Zweidrittelmehrheit in geheimer Abstimmung. Ein Mitglied, das trotzdem weiterlebt, ist aus der Mitgliedschaft entlassen; die Vereinigung spricht ihr Mitleid aus. Sollte ein Mitglied sich durch die Zweidrittelmehrheit ungerecht beurteilt fühlen, so kommt es zum Einspruchverfahren: das Mitglied hat sich einer zusätzlichen Prüfung zu unterziehen, beispielsweise eine Rede zu halten, Thema nach eigner Wahl, wobei es nicht auf Redner-Fertigkeit ankommt, die gerade bei Greisen oft vorhanden ist, sondern auf Fähigkeit oder Unfähigkeit, ein Problem anders zu sehen als gestern, die eignen Antworten von gestern in Frage zu stellen. Ein Marxist, zum Beispiel, kann noch so sattelfest sein im klassischen Marxismus-Leninismus: wenn in seiner Rede auch nicht ansatzweise ein Gedanke auftaucht, den er bisher für undenkbar gehalten hat, gilt er als Greis.

Jahresversammlung:

vorgesehen sind Wanderungen, ferner Saufgelage, wichtig für die Bewertung vorallem ist der Zustand am andern Tag, der wiederum mit kürzeren Wanderungen beginnt, anschließend Diskussion, Prüfung der Schlagfertigkeit usw., ferner eine schriftliche Prüfung, um festzustellen, ob die Mitglieder noch imstand sind sich in der jeweils heutigen Sprache auszudrücken. (Ein Katalog der Vokabeln, die als überholt zu bezeichnen sind, wird von Jahr zu Jahr nachgeführt werden müssen; auch Vokabeln wie: Lernprozeß, transportieren, Konsensus, polarisieren, denunzieren, Modell, manipulieren, Effizienz, ritualisieren, elitär, Relevanz usw. können eines Tages in diesen Katalog gehören.) Abends geselliges Zusammensein, das auf Tonband aufgenommen wird: wer mehr als dreimal dieselbe Jugenderinnerung erzählt, wird vorgemerkt.

Antrag:

daß neben Vollmitgliedern (Leute über 50) Anwärter aufgenommen werden sollen, Leute unter 50, die noch keine Prüfungen zu bestehen haben, aber an den Diskussionen teilnehmen und zu den Abstimmungen herangezogen werden; dadurch soll verhindert werden, daß die Vollmitglieder, ohne es selber zu bemerken, von Jahr zu Jahr, indem sie eben älter werden, immer mildere Maßstäbe anwenden.

Antrag gebilligt.

Gebisse sowie gefärbtes Haar sind erlaubt, sogar künstliches Haar. Die äußere Erscheinung (»Sie sehen ja fabelhaft aus!«) hat auf die Bewertung keinen Einfluß. Kommt ein Mitglied plötzlich mit einer Krücke, so wird es deswegen nicht vorgemerkt; Bandscheiben-Leiden sind zugelassen, sie besagen nichts über die geistig-seelische Vitalität eines Mitglieds, so wenig wie eine Glatze. Auch eine Trinker-Nase wird in der Wertung nicht berücksichtigt. Anderseits läßt sich die Jahresversammlung, wie erwähnt, von einem gesunden Aussehen nicht täuschen, das durch Kur-Aufenthalte oder durch Arbeit im Garten zu erreichen ist; auch ein vergleichsweise schlankes und sonnengebräuntes Mitglied im Ski-Dreß oder Tennis-Dreß (»Sport-Gaga«) hat sich den Prüfungen zu unterziehen. Maßgebend für die Wertung: Bestand oder Schwund der kombinatorischen Fähigkeit, Ansprechbarkeit, Fähigkeit zu neuen Erfahrungen, Bereitschaft zur Diskussion ohne Berufung auf vergangene Leistungen, vorallem aber Spontaneität, die jeweils durch Happenings auf die Probe gestellt wird.

Antrag:

daß jedes Mitglied in der Jahresversammlung berichten soll, was es im Lauf des Jahres noch beruflich zustande gebracht hat: Erweiterung des Betriebes, Umstellung auf Automation, Gründung von Filialen, in intellektuellen oder künstlerischen Berufen: Übernahme eines Rektorats, Übernahme einer Intendanz usw.

Der Antrag ist abgelehnt.

(Es bestünde die Gefahr eines falschen Ansporns für die Mitglieder; Emsigkeit, die sich als Jugendlichkeit ausgibt. Ziel der Vereinigung kann es aber nicht sein, die Emsigkeit der alten Herren zu steigern; gerade diese führt ja zur Vergreisung unsrer Gesellschaft. Man denke an Wirtschaft, Hochschulen, Staatsführung, Vatikan sowie Generalstäbe.)

PS.

Da ich unter den sieben Vollmitgliedern der einzige Berufsschreiber bin, habe ich den Auftrag erhalten, ein Verzeichnis von Alterserscheinungen anzulegen zuhanden der ersten Jahresversammlung, ein Verzeichnis nicht von körperlichen Beschwerden, denen man medizinisch beikommt, sondern von intellektuellen und emotionalen Symptomen der Senilität. Eine Art Handbuch, das nicht in den Buchhandel kommt, nur für Mitglieder.

Venedig, Oktober

Diesmal ist der Markus-Platz nicht überschwemmt, die Tauben versehen ihren Dienst, die schwarzen Gondeln auch, aber neuerdings torkeln sie im Wellenwurf der Motorboote; das nimmt ihnen etwas von ihrer Würde... Friedrich Dürrenmatt auf Reisen: es scheint ihn überhaupt nicht zu stören, daß wir in Venedig sind, seine Einfälle sind metaphysisch und haben nichts mit dem Ort zu tun.

Interview-Antwort

Wenn wir einem Biologen zuhören, kann uns die Literatur allerdings überflüssig erscheinen, nicht die Musik, aber ein beträchtlicher Teil der Literatur. Die Musiker haben sich nie eine Funktion aufschwatzen lassen, die sie in Konkurrenz bringt mit Biologie, Soziologie, Physik usw.; auch die Maler und Plastiker sind selten angetreten als Verkünder, die mehr verkünden als Kunst... Zuständigkeit der Literatur? Die Erkenntnis-Vorstöße unseres Jahrhunderts verdanken wir nicht der Literatur. Wer von der Literatur erwartet, daß sie das Weltbild bestimme, wird also von einem gewissen Minderwertigkeitsgefühl nicht verschont bleiben. Zwar spiegelt die Literatur, die ihren Namen verdient, die Verwandlungen unseres Bewußtseins, aber sie spiegelt sie nur; die Anstöße zur Verwandlung des Weltbildes kommen anderswoher. Erübrigt sich somit die Literatur? Zuweilen kann man sich fragen, ob es nicht dieses Minderwertigkeitsgefühl ist, was zum sogenannten Engagement nötigt. Keiner von uns läßt sich gerne sagen, er wohne im Elfenbeinturm. Das nötigt auch Schriftsteller, die im Grund kein politisches Temperament haben, zu dem

Postulat, Literatur müsse eine gesellschaftliche Funktion haben. Das ist Selbstrechtfertigung. Auch wenn die Gesellschaft gar nicht überzeugt ist, daß sie unser Engagement braucht, wir brauchen's. Der Biologe, dem ich zuhöre, spricht nicht von Engagement; er kommt mit Entdeckungen... Sie sagen, manche Schriftsteller halten die Literatur gerade in politischen Dingen für untauglich und bevorzugen die direkte Aktion, wenn sie ein politisches Ziel verfolgen. Ich denke: zu Recht. Das geht zugunsten der Politik und zugunsten der Literatur. Das andere ist manchmal nicht ohne Komik; das literarische Werk gibt keine Autorität auf einem Gebiet, wo einer sich nicht ausgewiesen hat. Daß dieser oder jener Schriftsteller intelligenter ist als dieser oder jener Minister, halte ich für möglich, aber das heißt noch nicht, daß er deswegen ein Politiker ist. Es gibt den politischen Schriftsteller, aber häufiger gibt es den politisierenden Schriftsteller... Domäne der Literatur? Fast wage ich zu sagen: das Private. Was die Soziologie nicht erfaßt, was die Biologie nicht erfaßt: das Einzelwesen, das Ich, nicht mein Ich, aber ein Ich: die Person, die diese Welt erfährt als Ich, die stirbt als Ich, die Person in allen ihren biologischen und gesellschaftlichen Bedingtheiten – das ist es, was mir darstellenswert erscheint: die Person, die in der Statistik enthalten ist, aber darin nicht zur Sprache kommt und im Hinblick aufs Ganze irrelevant ist, aber zu leben hat mit dem Bewußtsein, daß sie irrelevant ist. Domäne der Literatur: alles was Menschen erleben, Geschlecht, Technik, Politik, aber im Gegensatz zur Wissenschaft bezogen auf das Wesen, das erlebt.

25. 10. 1967
Unfall auf der Strecke zwischen Cadenazzo und Giubiasco. Wenn die beiden Wagen neben der Straße liegen und beide Fahrer noch leben: Glück, aber so öffentlich –

Vereinigung Freitod

Laut Statistik ist die Überalterung größer bei Reichen als bei Armen. Die Gründe liegen auf der Hand. Folge dieses Tatbestandes: Vergreisung vorallem in den Positionen der Macht. Der Einwand gegen unsere Vereinigung, daß sie hauptsächlich aus wohlhabenden Leuten besteht, ist daher nicht stichhaltig. Ein alter Handlanger, angewiesen auf die Altersversicherung, hat nicht die Macht, der Gesellschaft sein verkalktes Denken aufzuzwingen; ein verkalkter Verwaltungsrat oder Richter ist schädlicher. Ich begrüße es, daß unsere Mitglieder (inzwischen 8) der wohlhabenden Schicht angehören; diese ist der Versuchung, in einem widernatürlichen Grad sich zu erhalten, mehr ausgesetzt als der Arbeiter, nicht nur weil sie die wirtschaftlichen Mittel hat, Altersbeschwerden lang zu mildern (Ferien nach Bedarf, Bedienung nach Bedarf, Seebäder, Behandlung durch medizinische Kapazitäten, Arbeit nach eigner Wahl, Komfort im Wohnen, Unterwasser-Massage, Diät ohne Rücksicht auf Kosten), sondern vorallem: sie halten die Macht, die der Reichtum ihnen verleiht, für einen Beweis, daß die Gesellschaft sie brauche. Ein alter Kellner, der entlassen wird, weil er zittert beim Bedienen, kann diesem Irrtum kaum verfallen.

Vereinigung Freitod

Gestern die erste Jahresversammlung.

Ansprache von Alt-Regierungsrat Huber. Er hat noch immer nicht begriffen. Seine Forderung: Verständnis für die Jugend. Kein Gedanke daran, daß die Jugend unser Verständnis überhaupt nicht brauchen würde, wenn wir nicht immer noch dasäßen. Es war langweilig: Alt-Regierungsrat Huber mit seinem Hör-Apparat hinter dem Ohr, draußen die Kur-Kapelle. Die Prüfungen wurden von allen Mitgliedern bestanden. Sonntags gemeinsame Fahrt mit der Seilbahn in die Höhe, dann Spaziergang hinunter nach Fetan, dort Imbiß.
Jahresbericht:

– – –

Die Zahl der Vollmitglieder beträgt nachwievor 8. Der Schauspieler hat sich entschuldigen lassen, filmt gerade in Jugoslawien; auch ein anderes Vollmitglied, Dr. J. Hauri, hat bedauert, daß er sich gerade auf einer Weltreise befindet. Die im Jahresbericht als besonders erfreulich bezeichnete Zahl der Anwärter darf nicht täuschen; es hat sich herausgestellt, daß es im Restaurant Kronenhalle jemand kurz vor Polizei-Stunde gelungen ist, ganze Tischgesellschaften zur Unterschrift zu überreden. Nicht wenige, die tatsächlich nach Vulpera gekommen sind, haben sich offenbar über den Ernst unsrer Vereinigung gewundert. Übrigens sieht man nicht immer ohne weiteres, wer Anwärter und wer Vollmitglied ist. Auch Anwärter erscheinen morgens in der Trinkhalle, stehen herum mit einem numerierten Glas und nippen laues Schwefelwasser, wobei sie sich den Anschein geben, daß sie's nicht nötig haben; die meisten Anwärter sind einfach zu dick. Immerhin spielen sie nachher Tennis. Ich nur noch Pingpong. Leider steht im Jahresbericht nicht, daß im Lauf des Jahres insgesamt 11 Anwärter kurz vor ihrem fünfzigsten Geburtstag, der sie zu Vollmitgliedern gemacht hätte, ihren Austritt erklärt haben; 9 davon mit der Begründung: Familie. (Einer von diesen ist kurzdarauf bei einem Flugzeugabsturz ums Leben gekommen.)

– – –

Erfahrungen aus der ersten Jahresversammlung.

1.
Das Prüfungsverfahren muß geändert werden. Ein unerwartetes Phänomen: Greisen-Schlagfertigkeit. Wer einmal über 60 ist, hat es gelernt, Fragen zu beantworten mit treffenden Antworten auf Fragen, die nicht gestellt sind; so entsteht der Eindruck geistiger Regsamkeit.

2.
Die Mitglieder befreunden sich. Wie läßt sich das verhindern? Der Export-Senior und der Kristall-Sammler und mein Zahnarzt, dessen Patent in unserem Kreis ohne Konkurrenz ist, haben keinerlei Anlaß, einander nicht zu schätzen; zudem stellt sich heraus, daß alle unsere Mitglieder (außer mir) Offiziere gewesen sind, Unterschiede nur nach Grad und Waffengattung, was zu

Kontroversen nicht ausreicht, im Gegenteil, es fördert die Stammtisch-Plauderei eidgenössischer Prägung. Sobald wir einander schätzen lernen, weil es eben zu keinen Interesse-Konflikten kommt, lügen wir auf Gegenseitigkeit.

3.

Mitglieder, die ohne ihre Frauen erscheinen, sind im Vorteil. (Zwar sind Frauen zu den Sitzungen nicht zugelassen, aber zu Spaziergängen und Mahlzeiten.) Junggesellen oder Witwer werden nicht auf Schritt und Tritt betreut: Hast du dein Halstuch? und wenn ihnen wieder Asche auf den Bauch fällt, putzt sie niemand; sie wirken dadurch selbständig, lebenstüchtig. Die andern hingegen, die mit ihren Frauen kommen, fühlen sich immer durchschaut, sobald sie jünger auftreten, als sie sind. Anderseits sieht man, wie sehr die Betreuerinnen natürlich ihre Männer brauchen. Es entsteht Mitleid mit den Frauen oder auch die Versuchung, Männer vor ihren Gattinnen in Schutz zu nehmen. Beides erschwert ein sachliches Urteil. Ohne Frauen wäre es besser.

4.

Mahlzeiten lösen Disziplin auf.

5.

Betreffend Handbuch der Senilität: ich bitte erneut um schriftliche Beiträge, aber alle tun, als hätten sie aus eigner Erfahrung nichts zu berichten.

ZÜRICH

In der großen Bibliothek von Konrad Farner hängt die Totenmaske von Brecht. Die zu schiefe Nase; man kann ihn nur unter einem einzigen Gesichtswinkel wieder erkennen. Vom Profil her könnte man, einen Augenblick lang, auf Friedrich Schiller raten. Sein irritierendes Lächeln im Tod, nicht Grinsen, ein scharfes Lächeln mit einem generösen Spott ohne Adresse. Die Augen geschlossen in seinen tiefen Augenhöhlen; auch als sie offen waren, lagen sie wie in einem Versteck hart unter der

Stirn weit hinten ... Unser Gespräch in Mänteln (die Bibliothek ist nicht zu heizen) würde die Bundespolizei langweilen.

Vereinigung Freitod

Der Einwand: Warum redet Ihr nur davon und tut's nicht? Ich würde antworten: Weil es damit noch nicht getan ist, daß ein Dutzend sich umbringt, bevor die Freitod-Lehre verbreitet ist. Es hat ja nur einen Sinn, wenn viele der Freitod-Lehre folgen, mindestens 20% der Bevölkerung. Nun kann es allerdings, da es schließlich keine bequeme Lehre ist, lang dauern, bis sie sich einigermaßen durchsetzt – das ist meine Hauptsorge: Die Lehre braucht uns, und so können wir, Kämpfer für die Verjüngung der abendländischen Gesellschaft, sehr alt werden.

Wieder Lust am Theater! – solange sie probieren in irgendeinem Lokal, diesmal in einem Amtsgebäude; im unteren Stock geht es um Aufenthaltsbewilligungen, Eheverkündungen, Stimmrechtsausweise usw., beim Eingang hängen Steckbriefe der Polizei; die Schauspieler tragen ihre Privat-Pullover, Privat-Frisur, wenn sie in die fingierte Situation eintreten, ihre Rolle noch in der Hand, um notfalls daraus abzulesen. Theater ohne Illusion: wobei die fingierte Situation unversehens alles Vorhandene (Amtsmobiliar) an Präsenz übertrifft. Frage an den Autor: Was meint Antoinette, wenn sie das gesagt? So fragt der Regisseur; hingegen die Schauspielerin fragt schon in der Ich-Form: Liebe ich ihn eigentlich an diesem Morgen oder nicht? Schwer zu sagen, bevor Antoinette entstanden ist; sie entsteht in dem Augenblick, da Stimme und Geste uns glauben lassen, daß sie den Kürmann liebt oder daß sie ihn nicht liebt. Später einmal, nach der Aufführung, fragt dann die Schauspielerin: Haben Sie sich denn Antoinette so vorgestellt? Das

```
wäre gelogen; ich kannte sie ja nicht, ich
schreibe Dialoge als Steckbrief, und eines
Tages sitzt sie da, Wort für Wort laut Steck-
brief, also lerne ich sie kennen – von Bühne
zu Bühne: jedesmal eine andere.
```

Vereinigung Freitod

Schon wieder ein Jahr vergangen, und es ist nichts geschehen, ausgenommen eine leidige Sache: die Kur-Direktion von Vulpera (vermutlich hat ein Bar-Kellner geplaudert) schreibt, daß sie unsere Vereinigung nicht mehr in ihren Kurhäusern aufzunehmen in der Lage sei. Prestige der Heilquellen. Die Idee, unsere Jahresversammlung in einem Heilbad abzuhalten, um den Mitgliedern zwanglos die Überalterung unsrer abendländischen Gesellschaft vorzuführen, muß wahrscheinlich aufgegeben werden. Allerdings wurde auch schon vermerkt, daß der Kurpark für die Vollmitglieder und besonders für die Anwärter eine umgekehrte Wirkung habe: manche kommen sich, verglichen mit den Lemuren ringsum, plötzlich jugendlich vor. Wie wäre es mit einem Tagungsort, wo man von lauter Jungen umgeben ist? Zum Beispiel: ein Camping-Platz. (Locarno.) Was dagegen spricht: das Treiben dieser Jugend wirkt nicht immer beneidenswert. Ein andrer Vorschlag, die Jahresversammlung in einer toskanischen Villa abzuhalten, scheint mir bedenklich; in Museen hält man sich immer für lebendig. Besser als Tagungsort wäre ein städtisches Altersheim; aber diese sind alle überfüllt.

PS.

11 bisherige Anwärter haben ihr fünfzigstes Lebensjahr erreicht und sind Vollmitglieder geworden, laut Statuten, da sie ihren Austritt zeitig zu erklären versäumt haben; es wurde ihnen mitgeteilt.

PS.

Zum Freitod eines Vollmitglieds ist es noch nicht gekommen. Aber unsere Vereinigung ist auch noch jung. Hingegen ist Ettore Minelli, Maler, als Anwärter gestorben. Das erste Mal, daß die

Vereinigung einen Kranz zu schicken hatte; der Text auf der Schleife war so formuliert, daß er die Trauergemeinde nicht verletzte, also ohne Glückwunsch. Wir setzten uns in die hinterste Reihe. Der Pfarrer, evangelisch, sagte das Übliche: Staub zu Staub. Wie üblich nutzte er den Anlaß, um für die Kirche zu werben. Wir enthielten uns jeder Werbung. Ein heißer Sommertag. Draußen am Grab hielten sich unsere Mitglieder korrekt; nachher verfielen einige doch dem Klischee: So jung.

PS.

Es bleibt doch bei Vulpera als Tagungsort. Die Firma HANSELMANN & SOEHNE hat ein altes Bündnerhaus erworben, beinahe ein Castello; eine Renovation ist bereits im Gang. Wir sind alle froh um diese Lösung; man hat sich so an Vulpera gewöhnt, die Landschaft, die Trinkhalle, auch an die Kur-Kapelle hat man sich gewöhnt, ab und zu bringt sie eine neue Melodie aus einem Film. Auch wenn man nicht mehr lang wandert, wenn man im Kurpark sitzt oder im nahen Wald nur zur dritten Bank geht, man kennt einfach die Gegend, die Namen ringsum: Laj Nair, Naluns, Fetan, Sent, Guarda, Il Fuorm Scarl usw. Man kann den Anwärtern sagen, wie sie am besten gehen.

STIFTUNG SANKT BONIFACIUS
Schrift in Bronze auf Travertin.

1968

Vereinigung Freitod

Endlich Freitod eines Vollmitgliedes. Es ist der erste Name auf unsrer Ehrentafel: JAKOB HAURI. Gerade in diesem Fall hat es niemand erwartet; niemand hätte es diesem Mann empfohlen, auch nicht in geheimer Abstimmung. Ich erinnere mich an unser letztes Gespräch vor einem Jahr. Er war Physiker, als Mittelschullehrer noch im Amt, 59, von seinen Schülern geschätzt. Es war im Engadin (auf der Rückfahrt von einer Jahrestagung, die wir beide kläglich fanden) in Sils, wo ich meinte, Segelfliegerei müßte man lernen. So haben sich die Alten (die Vorfahren) das Fliegen vorgestellt, Leonardo da Vinci. Hauri erklärte mir die Thermik. Aufsteigen der warmen Talluft gegen Abend; aber so simpel, wie ich es meinte, ist es nicht. Ich erinnere mich noch heute an seine Zeichnungen auf einer Serviette. Anderntags auf dem kleinen Flugplatz von Samedan besichtigen wir die Segelflugzeuge aus der Nähe. Als ich mich erkundigte, wieviel Flugstunden man braucht, Frage des Fluglehrers: Wie alt ist Ihr Sohn? Als Hauri zu verstehen gab, daß wir uns selber meinen, sagte der junge Sportler in seinem blauen Overall: Warum nicht! Er hielt's für einen Scherz –

Wie jetzt bekannt wird, war es sein einundvierzigster Alleinflug. Spitzenhöhe 2900 Meter. Er befand sich bereits im Niederflug, als das Unglück geschah unterhalb des Piz Padela. Laut Flugwacht: Herr Professor Hauri stieg korrekt mit Aufwind bei Muottas Muragl, segelte dann über die Seen, erneuter Aufstieg bei Marmore, kam in guter Höhe später über Corviglia, segelte bereits gegen Madulein, wo er drehte, erneuter Aufstieg bei Munt Gravatatscha und nochmals in großer Höhe hinüber gegen den Piz Padela. Kein Föhn, kein Nebel, Spätnachmittag mit einwandfreier Sicht. Laut Augenzeugen, die bei Trais Fluors wanderten, segelte er geradaus in eine Wand, wo sein Flugzeug hängen blieb. Eine Tragfläche ausgerissen, Kabine nicht zerschellt,

Hauri nur mit leichten Verletzungen. Die Obduktion der Leiche ergab Herzschlag. Insofern kann bestritten werden, daß es sich um Freitod handelt. Ein Brief in seinem Auto, den er bereits frankiert hatte und der bei einer Buchhandlung eine Fachschrift bestellte, sowie die Tischbestellung im Restaurant Bernasconi für diesen Abend, alldies spricht dafür, daß Hauri in der Ebene von Samedan hatte landen wollen wie 40 Mal zuvor. Der Unfall, sagt der Fluglehrer, war unnötig, der Flug korrekt, bis Hauri einfach gradaus in die Wand segelte. Die Vereinigung hat beschlossen, daß sein Name auf die Ehrentafel kommt. Ein Mann, der sich mit 59 in der Segelfliegerei ausbilden läßt, weiß, was er tut.

PS.

Ich werde Antrag stellen, daß die Vereinigung, statt von Jahresversammlung zu Jahresversammlung zu überaltern, eine Segelflug-Sektion gründet; ferner eine Sauna-Sektion usw. Alle diese Sektionen versprechen Ertüchtigung; die Freitod-Idee bleibt dabei unausgesprochen. Ferner wäre zu erwägen, ob nicht sämtliche Vollmitglieder, also auch jene, die weniger Mut haben als Hauri, jedes Jahr zu einer gemeinsamen Reise zu verpflichten sind, Reise mit Charter-Flugzeug.

Aufrufe immer mit einer Liste möglichst bekannter Namen, Nobelpreisträger besonders erwünscht, dabei ist nicht zu vermeiden, daß wieder einmal dieselben Namen erscheinen, von Mal zu Mal wertloser; die Öffentlichkeit weiß jetzt schon: Der ist ja auch gegen die USA-Invasion in Vietnam, gegen die Militär-Junta in Athen, gegen Folterungen wo auch immer, für Amnestie in Portugal und in Spanien und so, kein Wunder, daß der wieder etwas hat gegen die DOW-CHEMICAL in Zürich, weil sie Napalm herstellt für Vietnam und dafür Stipendien an Künstler gibt, schließlich kennt man diese Aufrufer: – Wir, die unterzeichneten Wissenschaftler und Künstler und Schriftsteller, verurteilen das und das, wir fordern . . . Was verspricht man sich von solchem Ernst? Immer das Naive daran: als wäre Moral ein Faktor in der Politik. Effekt? Macht reagiert nur auf Macht, die eben die Unterzeichneten nicht haben; ihr Aufruf manifestiert es. Nachher immer ein fades Gefühl von Wichtigtuerei. Ich beschließe (nicht zum ersten Mal) keinen Aufruf mehr zu unterzeichnen.

Vereinigung Freitod

7 Jahre nach der Gründung:

Unsere Vollmitglieder erreichen jetzt das Alter, das nach Statistik als durchschnittliche Lebenserwartung (in Europa) bezeichnet wird, nämlich 67. Einer sogar, Alt-Regierungsrat Huber, hat es längst überschritten. Manche Vollmitglieder erscheinen nicht mehr zur Jahresversammlung, da ihnen die Reise zu beschwerlich wird; sie erhalten aber den Jahresbericht. Keinesfalls kann man sagen, daß die Vereinigung auseinander falle. Unser Archiv (es enthält die Vorträge bei Jahresversammlungen, sämtliche Prüfungen, die Liste der Fragen und die Antworten dazu, ferner die Ergebnisse der Abstimmungen, Anträge, Beschlüsse des Plenums, Sterbefälle jeweils mit medizinischem Befund, sowie Tonbänder aller geselligen Unterhaltungen) ist allein schon ein Ergebnis, das unsere Vereinigung rechtfertigen würde; ein deutscher Gerontologe zeigt lebhaftes Interesse an unserem Archiv, das wir aber nicht aushändigen. Unsere Ehrentafel trägt immer noch einen einzigen Namen: JAKOB HAURI. (Eine Segelflug-Sektion, wie ich sie seinerzeit angeregt habe, ist nie verwirklicht worden.) Eine bemerkenswerte Tatsache: es sind in diesen sieben Jahren insgesamt 19 Anwärter eines natürlichen Todes gestorben, wogegen nur 2 Vollmitglieder; es scheint, daß die Sterblichkeit nach dem fünfzigsten Lebensjahr eher abnimmt. Austritte aus der Vereinigung Freitod: 9, einer davon mit der aufrichtigen Begründung, daß er sich die Willenskraft zu einem Freitod nicht mehr zutraue. Eine Zweidrittelmehrheit, wie sie nötig wäre, um ein Vollmitglied wegen nachweisbarer Vergreisung auszuschließen, ist in diesen sieben Jahren nie zustande gekommen. Es wirkt sich aus, daß sieben Jahre nach der Gründung die meisten Vollmitglieder über 60 sind, einige schon 70: ihre Maßstäbe ändern sich. Kein Wunder, daß die Zahl der Anwärter jetzt wieder abnimmt; Männer unter 50, der Freitod-Idee zugetan aus gesellschaftlichem Verantwortungsbewußtsein, werden stutzig, wenn sie unsere Jahresversammlung sehen und hören. Kaum einer, der sich als Vollmitglied noch einmal zum Wort meldet, kann eine Viertelstunde lang sprechen, ohne sagen zu müssen: Wie heißt schon wieder der Ort? Wenn es auch nicht so weit geht wie bei Lübke, es ist peinlich. Auch im Gespräch bei Tisch: Jetzt ist mir der Name entfallen, aber Sie wissen schon, also kurz und gut! und zehn Minuten später, wenn man bereits von etwas anderem spricht, kommt es: Jünger heißt er, Ernst Jünger, nicht der andere, das ist sein Bruder. Es ist mühsam. Was die Vereinigung trotzdem zusammenhält: das Alter, wo man keine neuen Freundschaften mehr macht. Alle tragen jetzt schwarze Schuhe mit halbhohem Schaft. Nur Anwärter sitzen noch auf Bar-Hockern. Die gemeinsamen Wanderungen sind inzwischen abgeschafft. Wenn einer aus eigenem Willen wandert, meldet er nachher seinen ganzen Weg, dann reden andere von Wanderungen, die sie früher einmal gemacht haben, und tun, als wäre es vorgestern gewesen. Mein Vorschlag, die Jahresversammlung jeweils zu krönen durch eine Reise mit Charter-Maschine, ist ein einziges Mal verwirklicht worden; die Vereinigung flog nach Las Palmas; man will aber keine Tradition draus machen angesichts der hohen Unfall-Quote bei Charter-Maschinen. Alle hängen am Leben. Eigentlich wird es überflüssig, daß die Gespräche auf Tonband genommen werden; was immer in der Welt geschieht, sie haben es immer schon gesagt. Dabei sind sie über die Weltlage nicht verzweifelt, solange es Leute gibt wie sie. Alles Neue (Unruhe an den Hochschulen) erkennen sie als vorübergehend; auch sie waren einmal jung. Alle sind immer noch gegen Hitler.

10 Jahre nach der Gründung: – alle sieben Gründer sind noch immer am Leben. Ein einziges Mal hat die Jahresversammlung gegenüber einem Gründer (– es war nicht Hanselmann, dem wir ja das Haus zwischen Vulpera und Tarasp verdanken) durch Zweidrittelmehrheit zu verstehen gegeben, daß es an der Zeit wäre. (Ich gab meine Stimme ebenfalls in diesem Sinn, kann aber nicht verschweigen, daß meines Erachtens der alte Hanselmann dann auch an der Reihe wäre.) Als das Ergebnis unsrer geheimen Abstimmung verlesen wurde, herrschte Stille im Raum. Schließlich geschah es, wie gesagt, zum ersten Mal, daß die vereinbarte Formel verlesen werden mußte: Die Vereinigung ist nach sorgsamer Prüfung zu dem Schluß gekommen usw., im Sinn unsrer Statuten usw., steht es im Ermessen des genannten Mitglieds usw., erinnert die Vereinigung an das unterschriftliche Versprechen aller Mitglieder usw., und dankt dem genannten Mitglied heute schon. Natürlich blickte zuerst niemand auf das genannte Mitglied; einige saßen mit verschränkten Armen, Blick hinauf zu der schönen Holzdecke (Arve) oder sonstwohin, andere blätterten im Jahresbericht. Auf die vorschriftsgemäße Frage: Nimmt unser Mitglied diesen Mehrheitsbeschluß an? weiterhin Stille. Der Genannte, ich saß neben ihm, knipste sich gerade eine Zigarre; er hatte seinen Namen nicht gehört. Als ich ihn, nicht ohne ihm zugleich Feuer für die Zigarre zu geben, aufmerksam machte, daß der Vorsitzende noch auf seine Antwort warte, zeigte er sich nicht erschreckt, grinste mit seinen wässerigen Äuglein aus einem immerroten Gesicht: Paß du nur selber auf! und rauchte endlich an seiner Zigarre, die naß war wie ein Lutscher. Es wurde ihm schriftlich beigebracht. Als es zum Rekurs kam, somit zur erweiterten Prüfung am andern Tag, waren es vorallem die jüngeren Vollmitglieder, Anfangfünfziger, die durch milde Wertung auffielen. Warum gerade sie? Ich weiß es nicht. Der Rekurs hatte Erfolg. Vielleicht weil es sich um einen Gründer handelte. Eins ist klar: bei der ersten Abstimmung, deren Ausgang niemand wissen kann, stimmen sie sachlicher; beim Rekurs siegt das Humane. Wie ein Anwärter, der mir den Mantel hielt, richtig bemerkte: Schließlich immer noch ein Mensch! Das

war übrigens unsere erste Jahresversammlung im neuen Haus, also auch schon vor Jahren.

Gestern also das Jubiläum.

Wenn einer der Gründer sagt: Auch Picasso hat noch mit 80, auch Theodor Fontane, wie wir einmal gehört haben – und dazu Baltensperger: Denken wir nur an Tizian! – ich sage: Meine Herren! ich erhebe mich: Unsere Vereinigung steht in Gefahr, meine Herren, ein Jahrgänger-Verein zu werden. (Die Jüngeren, die Anfangfünfziger, protestieren heiter.) Ich bin jetzt 67, jawohl, aber ich glaube sagen zu dürfen – (Zwischenruf: Zur Sache!) – und wenn nicht ein Jahrgänger-Verein, meine Herren, so doch ein Club Methusalem. (Kein Widerspruch, daher verliere ich den Faden, was mich aggressiv macht:) Export und Import in Ehren, Hanselmann, aber wenn Sie, Hanselmann, sich auf Theodor Fontane hinausreden, und wenn Sie, Baltensperger, sich auf Tizian hinausreden, ich muß schon sagen. (Zwischenruf: Bertrand Russell!) Sie sagen es, (rufe ich in den hinteren Saal:) haben Sie denn Bertrand Russell in letzter Zeit gesehen? (Zwischenruf vorne: Was wäre Frankreich ohne General de Gaulle?) Meine Herren, (sage ich ruhig, aber wieder Zwischenruf: Und Albert Einstein? ein ganzer Chor: Einstein, Albert Einstein! ich sage noch ruhiger:) Sie sind Anfang 50, Sie sehen unter uns Älteren keinen Einstein und nicht einmal einen Bertrand Russell, ich finde es widerlich, wenn wir uns mit berühmten Sonderfällen zu trösten anfangen. Ist das der Sinn unsrer Vereinigung? (Schweigen.) Sie alle kennen die Satzungen, noch keiner hat ihnen Folge geleistet, meine Herren, noch keiner von Ihnen. (Zwischenruf: Und Sie?) Meine Herren. (Zwischenruf: Und Sie?) Ich habe sagen wollen: noch keiner von uns. Wenn das so weitergeht, meine Herren, sitzen wir aber noch als Neunzigjährige zusammen und versprechen Verjüngung der abendländischen Gesellschaft. (Kichern bei den Anfangfünfzigern.) Meine Herren, ich finde es nicht zum Kichern – auch nicht zum Kopfschütteln, Herr Alt-Regierungsrat Huber, obschon Sie heute noch wie ein Sechziger aussehen. (Zustimmung.) Darum geht es aber nicht. (Zwischenruf von Alt-Regierungsrat Huber: Sondern?) Ich weiß, meine

Herren, wir sind soweit und nicht nur in dieser kleinen Versammlung, wir sind überhaupt soweit: man hält es einem 75-jährigen zugut, daß er tatsächlich wie ein 60-jähriger aussieht, und wenn ein 90-jähriger aussieht wie ein 75-jähriger, so tun wir, als wäre das Problem wieder einmal gelöst – nebenbei bemerkt, meine Herren, ich halte diesen gestrigen Lichtbilder-Vortrag für verfehlt: Wenn die Georgier sogar 110 und 120 werden, so ist das ihre Sache! Es ist nicht damit getan, (sage ich wieder sachlich:) daß sich die Zahl unsrer Vollmitglieder vermehrt. Übrigens kann ich Ihnen mitteilen, daß es heute nicht 43 sind, wie im Jahresbericht steht, sondern 45, nachdem sich heute Vormittag in der Trinkhalle zwei weitere Herren eingeschrieben haben als Vollmitglieder: Sir Ralph Emerson, ehemals Konsul in Bombay, ich begrüße ihn als ersten Ausländer in unsrer Vereinigung, die immer schon als eine internationale gedacht war. (Der Brite erhebt sich.) Herr Peider Caflisch, ehemaliger Tennis-Lehrer, jetzt Ausschenker in der Trinkhalle, wie Sie wissen. (Es erhebt sich niemand.) Herr Caflisch läßt sich entschuldigen, da er um diese Zeit in der Trinkhalle tätig ist. Ich begrüße aber auch Herrn Caflisch im Namen der Vereinigung Freitod. (Beifall durch Nikken.) Was ich habe sagen wollen: Es ist nicht damit getan, meine Herren, daß wir dasitzen und Churchill-Zigarren rauchen, um einander zu beweisen, was wir noch vertragen, oder daß andere sich schonen. Sie werden trotzdem älter von Jahr zu Jahr. Ziel unsrer Vereinigung ist und bleibt aber die Verjüngung der abendländischen Gesellschaft –

Usw.
Usw.
Usw.

8. 2. 1968
Stück aufgeführt, BIOGRAFIE EIN SPIEL, mit vierfachem Sieg der Bühne (Zürich, München, Frankfurt, Düsseldorf) über den Autor; er bestreitet die Fatalität, die Bühne bestätigt sie – spielend.

Freude

Die frohe Nachricht, daß es sich nachweislich nicht um Krebs handelt, gibt jemand nebenbei; sie betrifft nur ihn. Hingegen die Nachricht, daß jemand an Krebs gestorben ist oder in den nächsten Monaten sterben wird, scheint uns alle anzugehen, auch wenn wir gerade einen Anlaß zur Freude haben. Oft genügt schon eine Wetterlage, das Klima einer Stadt (Berlin zum Beispiel) oder das körperliche Wohlbefinden irgendwo, ein Bewußtsein von eigner Gegenwart, eine Speise, eine Begegnung auf der Straße, ein Brief usw., es gibt zahllose Anlässe zur privaten Freude. Warum notiere ich sie nicht? Die Freudengesänge, die uns überliefert sind, bezogen sich immer auf einen Anlaß zur außerpersönlichen Freude; solcher Anlaß scheint uns zu fehlen. Die Landung auf dem Mond oder Mars wird ihn nicht liefern. Die Revolutionäre versprechen Gerechtigkeit, nicht Freude. Nur die Drogen-Gläubigen sprechen von Freude; gemeint ist die Ekstase auf der Flucht aus einer Welt ohne frohe Botschaft.

FEBRUAR 1968

Enteignung und Entmachtung der wenigen, deren Freiheit auf Kosten des arbeitenden Volkes geht, kann ja nicht das Ziel sein, wenn sich daraus nicht Freiheit für das arbeitende Volk ergibt. Die neuen Männer in Prag sprechen nüchtern, aber ihr Versuch ist kühn, Sozialismus zu entwickeln in der Richtung seines Versprechens. Ob ihnen das Gelingen gegönnt wird? Zu vermuten, daß dieser Versuch nichts anderes bedeute als eine reuige Rückkehr in den Kapitalismus, wäre ein Irrtum, jede Zustimmung in diesem Sinn zudem ein schlechter Dienst, nämlich genau die Auslegung, die die Feinde der Demokratisierung haben möchten, um sie unterdrücken zu können. Noch mehr von diesem falschen Beifall für Dubček (hier und in der Bundesrepublik) ist Denunziation –

aber nicht ahnungslos; „ein Sozialismus mit menschlichem Gesicht", das können sich unsere Macht-Inhaber nicht wünschen.

Um auf Chaplin zurückzukommen

»Jeder Rezensent tut jetzt, als verdurste er auf der Strecke, wenn ihm nicht Schritt für Schritt die gesellschaftliche Relevanz an die Lippen gereicht wird«, sagt einer. »Um auf Chaplin zurückzukommen«, sagt der andere. »Millionen und Millionen haben seine Filme gesehen, Clownerie aus Klassenbewußtsein, und was, meinen Sie, hat Chaplin erreicht?« sagt ein Dritter. »Sie halten sich für einen politischen Menschen, weil Sie nach dem politischen Effekt der Literatur fragen«, sagt jener, aber eigentlich ist alles schon besprochen. »Politik als literarische Mode«, sagt jemand. »Um auf Chaplin zurückzukommen«, sagt wieder der eine. »Oder auf Brecht«, sagt jemand. »Wenn Literatur sich darauf einläßt, daß sie sich durch gesellschaftliche Relevanz rechtfertigen soll, so hat sie schon verspielt; ihr Beitrag an die Gesellschaft ist die Irritation, daß es sie trotzdem gibt«, sagt der erste. »L'art pour l'art?«, fragt der andere. »Sie kommen jetzt mit dem bekannten Ausspruch von Jean-Paul Sartre, daß angesichts eines Hungerkindes und so weiter«, sagt jener. »Womit Sartre recht hat«, sagt dieser. »Gesetzt den Fall, Chaplin habe überhaupt nichts erreicht, obschon noch immer Millionen und Millionen vor seinen Filmen lachen«, sagt wieder der eine. »Ich halte mich für einen politischen Menschen, Sie haben recht, gerade deswegen wehre ich mich ja gegen Politik als literarische Mode«, sagt dieser. »Ich lese gerade Neruda«, sagt jemand. »Philosophie um der Philosophie willen, also das würden Sie verurteilen?« fragt dieser. »Ich frage ja Sie«, sagt jener. »Nur hat Sartre vergessen zu sagen, daß angesichts eines Hungerkindes oder eines Napalm-Opfers schon eine schlichte Mahlzeit obszön wird«, sagt jemand. »Chaplin war groß, solange er stumm blieb«, das weiß aber jeder. »Jede Literatur, die diesen Namen verdient, ist im Grund subversiv«, sagt jemand. »Proust zum Beispiel?« fragt jemand. »Und warum gehen Sie denn nicht in die praktische Politik, wenn Sie, wie Sie meinen, ein politischer Mensch sind?« fragt jemand. »Wir werden schon noch handeln«, sagt einer. »Wann?« lacht jener. »Stimmt für Sie die Nachricht, daß die Literatur tot ist?« fragt jemand. »Was mich betrifft, so handle ich ja seit Jahren«, sagt der andere. »Ich kenne die Personen, die diese Nachricht vom Tod der Literatur verbreiten; einer schreibt Gedichte, die er vorderhand nicht veröffentlicht, und der andere läßt immerhin Samuel Beckett gelten«, sagt jemand. »Um jetzt aber wirklich auf Chaplin zurückzukommen«, sagt wieder der eine. »Der Ruhm habe die Dichtung verlassen, er gebühre den Wissenschaftlern und den Akrobaten; es ist Apollinaire, der das gesagt hat«, sagt jemand. »Müßte man, wenn Sie von Peter Weiss und Jean-Paul Sartre sprechen, nicht unterscheiden (sagen wir) zwischen einem Schriftsteller, der Ideologie hervorbringt, und einem Schriftsteller, der eine vorhandene Ideologie literarisiert?« fragt jemand. »Und was machen denn Sie selber?« fragt ein Student. »War Chaplin, meinen Sie, ein gelernter Marxist oder Marxist par génie?« fragt einer, der bisher geschwiegen hat. »Wie meinst du das?« fragt seine Gefährtin. »Erlaubt ist, was gelingt«, sagt einer, »es ist wenig genug.« Es ist wieder Mitternacht. »Ich habe wirklich nur über Chaplin reden wollen«, sage ich draußen auf der Straße, »ich habe heute wieder einmal CIRCUS gesehen–«

BERZONA, März 1968

Gespräch mit zwei SDS-Leuten in Canero. Sie heißen Wetzel und Amendt; einer sehr schick und fröhlich, der andere mit blondem Ernst, aber auch weltmännisch. Zum Glück habe ich in letzter Zeit einiges in dieser Sache gelesen. Spät genug, aber grad noch zur Zeit – sonst hätten sich die beiden nicht entfalten können. Ihre kanalisierte Intelligenz. Jemand am Tisch hält sich bei Frage oder Widerspruch nicht an die Terminologie, er scheidet aus. Das richtige Bewußtsein hat jetzt sein Vokabular. Die revolutionäre Masse, die Arbeiterschaft, wird viel zu lernen haben, um zu begreifen, daß ihre Erlösung gemeint ist und daß sie für ihre Erlösung unentbehrlich sein wird. Zum Establishment sehr offen: Zur Zeit können Sie uns noch nützen, später natürlich nicht mehr. Abends langes Spaghetti-Essen mit Chianti und Feuer im Kamin. Aufklärer mit Bereitschaft zur Gewalt, dabei die Zauberformel: Gewalt gegen Sachen, nicht gegen Personen. Und wenn die Sachen bewacht werden von Personen? Es wird Tote geben.

Handbuch für Mitglieder

»So löse ich mich auf und komme mir abhanden.« Michel de Montaigne

Niemand will wissen, was ihm im Alter bevorsteht. Wir sehen es zwar aus nächster Nähe täglich, aber um uns selbst zu schonen, machen wir aus dem Altern ein Tabu: der Gezeichnete selber soll verschweigen, wie widerlich das Alter ist. Dieses Tabu, nur scheinbar im Interesse der Alternden, verhindert sein Eingeständnis vor sich selbst und verzögert den Freitod so lange, bis die Kraft auch dazu fehlt.
Das Gebot, das Alter zu ehren, stammt aus Epochen, als hohes Alter eine Ausnahme darstellte. (Siehe Statistik) Wird heute ein alter Mensch gepriesen, so immer durch Attest, daß er verhältnismäßig noch jung sei, geradezu noch jugendlich. Unser Respekt beruht immer auf einem NOCH. (»noch unermüdlich«, »noch heute eine Erscheinung«, »durchaus noch beweglich in seinem Geist«, »noch immer imstande« usw.) Unser Respekt gilt in Wahrheit nie dem Alter, sondern ausdrücklich dem Gegenteil: daß jemand trotz seiner Jahre noch nicht senil sei.

Der Greis als äußere Erscheinung ist bekannt. Er schlurft, die Fersen heben sich kaum noch vom Boden; er macht nur noch

Schrittchen, als gehe er überall auf Glatteis; wenn er sich auf einen Sessel setzt, spreizt er die Beine, und es sieht etwas unanständig aus. Alle seine Bewegungen, die beiläufigen wie die dringlichen, haben ein gleiches Tempo. Wenn er ein Bier getrunken hat, kann er's nicht lang halten. Wenn er nicht hört, was am Tisch ringsum gesprochen wird, so macht's ihm nichts aus. Wir müssen nicht nur lauter sprechen, damit er's versteht, sondern unsere Rede auch vereinfachen, und was er schließlich verstanden hat, bestätigt ihm bloß, daß er vorher nichts verpaßt hat. Wenn er kaut, haben wir keine Lust auf die gleiche Speise. Wenn er noch raucht, so lutscht er; seine Zigarre ist immer naß, die Asche fällt auf seinen Bauch oder auf die Schenkel. Er kann einen guten Kopf haben, vorallem wenn er hager ist; auch dann hat er meistens einen ballonartigen Bauch, daher die gespreizten Schenkel beim Sitzen. Wenn mehrere zusammensitzen, so denkt man an Lurche; sie haben nichts mit uns zu tun. Hilft man einem Greis auf der Straße oder auf der Treppe, so ist man verlegen; man berührt ungern seinen Körper. Wenn er schläft, sieht er wie ein Toter aus; er tut uns gerade dann nicht leid. Auf einer Bank im Park stört er nicht. Kennt man ihn von früher, so ist man im Gespräch mit ihm zerstreut; man sieht ihn nur noch von außen: die Adern seiner Hand, die wäßrigen Augen, die Lippen –

Weil Altern in unsrer Gesellschaft ein Tabu ist, daher als innere Erfahrung kaum zur Sprache kommt, hingegen mit allen körperlichen Indizien öffentlich in Erscheinung tritt, neigen wir dazu, in erster Linie die körperlichen Indizien zu fürchten – die bekannten Alters-Erscheinungen: Ausfall der Zähne, Glatze, Säcke unter den Augen, Runzeln, Gebrechen usw., eben was der Umwelt sichtbar wird trotz Tabu. Lassen diese sich durch Medizin oder Kosmetik beheben, so erliegt der Gezeichnete gern der Täuschung, daß Jugend zu verlängern sei. Senilität ist aber ihrem Wesen nach nicht ein körperliches Gebrechen, sondern ein geistiger Zerfall.

Senilität kann früher oder später einsetzen. Ihr Eintritt ist nicht nach Jahrgängen zu bestimmen. Sicher ist nur, daß Senilität nicht ausbleibt.

Eine zeitlang ist Selbsttäuschung möglich. Merken die andern nach und nach den Zerfall einer Person, so zeigen sie es der Person meistens nicht, im Gegenteil: sie ermuntern zur Selbsttäuschung auf alle Arten (Reden zum Geburtstag, Wahl zum Ehren-Präsidenten usw.) teils aus Mitleid, teils weil der Umgang mit einem Gezeichneten bequemer ist, solange er seine Vergreisung zu verhehlen genötigt ist. Kommt er eines Tages nicht mehr um das Geständnis herum, daß er ein alter Mann werde – was er schon seit Jahren ist – so wird er entdecken, daß sein Geständnis niemand überrascht; es berührt nur peinlich.

Der Gezeichnete beginnt Sätze zu bilden: »Schließlich haben wir schon einmal erlebt, daß / Auch unsereiner hat einmal / Wenn Sie einmal erfahren haben, was es heißt / Zu meiner Zeit / Zu unsrer Zeit / Heutzutage meint jeder / In Ihrem Alter, wissen Sie, hätte ich mich geschämt / Nach meiner Erfahrung gibt es nur eins / Man muß den Jungen eine Chance geben / usw.

Der Gezeichnete erkennt sich daran, daß ihn niemand beneidet, auch wenn er Ansehen genießt oder Vermögen besitzt, also Möglichkeiten hat, die sie, die Jüngeren, nicht haben; trotzdem möchte niemand mit ihm tauschen.

Wenn von jemand die Rede ist, der etwas Außerordentliches geleistet hat oder demnächst zu leisten verspricht, erkundigt sich der Gezeichnete sofort nach dem Alter der betreffenden Person. (Sehr frühes Stadium). Der Gezeichnete beginnt Zeitgenossen immer weniger um ihre Leistung zu beneiden als um ihren Jahrgang: um ihnen Vorrat an Zukunft.

Der Gezeichnete merkt es oder merkt es nicht, daß seine Anwesenheit die andern hemmt; man reicht ihm die Hand, wenn er kommt, und es braucht kein verlorener Abend zu werden, nur wird es ein andrer Abend; es wirkt sich sofort aus, wenn ein Gezeichneter zugegen ist: irgendetwas ist anstrengend – er will keine Schonung und es geht nur mit Schonung.

Der Gezeichnete ertappt sich auf einem neuen Spiel-Ehrgeiz: ein Sieg in einem körperlichen Spiel (Pingpong, Federball usw.) befriedigt ihn mehr als ein Schach-Sieg.

Die sichtbare Veränderung, die ihn am meisten irritiert, ist nicht die Veränderung seiner Haarfarbe – das weiß er nun schon: das Haar wird grau, auch sein Haar. Nur beim Coiffeur ist es noch ein kleiner Schock: sein Haar auf dem Linol, wo sie es später zusammenwischen, ist grauer als am Kopf; eigentlich sind's Büschel von schmutzigem Weiß, keine Spur von Blond oder Braun, er glaubt's kaum, aber was auf dem Linol liegt, kann nur sein Haar sein, und wenn der Coiffeur auch noch den Handspiegel bringt und hält, damit der Kunde sich von hinten sehe (so wie die andern ihn sehen) und sich bedanke für den Ansatz von Glatze (was der Rasierspiegel zuhause nicht zeigt), erhebt er sich, als habe er Eile ... Die sichtbare Veränderung, die am meisten irritiert: wo er hinkommt durch Beruf oder der Geselligkeit halber, ist die Mehrzahl der Zeitgenossen jünger als er; nicht alle sind jünger als er, aber vorallem jene Zeitgenossen, die ihn interessieren.

Sein Bedürfnis, Ratschläge zu geben.

Sucht des Gezeichneten, Aktuelles sofort unter historischen Vergleich zu stellen; ob der Vergleich ergiebig sei oder nicht, das Damals muß erwähnt werden: damit der Gezeichnete im Gespräch auf der Höhe ist.

Bringt jemand eine Zote, so lacht er mit knapper Verspätung, da er prüfen muß, ob sie ihn nicht trifft; dann lacht er um einen Grad zuviel, der ihn entlarvt.

Der Gezeichnete pocht auf seine Leistungen –

Der Gezeichnete erkennt sich an einer neuen Art von Langeweile. Hat er sich früher manchmal gelangweilt, so meistens infolge der Umstände: in der Schule, im Büro, beim Militär usw. … Eigentlich konnte er sich in jedem Augenblick (früher) eine Situation denken, wo er sich gar nicht langweilen würde. Was neu ist: es beginnt ihn auch die Verwirklichung seiner Wünsche zu langweilen –

Kommt er in Gesellschaft, so zeigt er, um sich nicht zu langweiligen, oft eine übertriebene Munterkeit; der Gezeichnete verkauft Witzigkeit als geistige Frische.

Es langweilt ihn nicht nur die Verwirklichung seiner Wünsche; der Gezeichnete weiß, welche seiner Wünsche nicht zu verwirklichen sind. Das nennt er seine Erfahrung. Was ihn langweilt: Die Bestätigung seiner Erfahrung – Zukunft als déjà vu …

Schwund der Neugierde.

Der Gezeichnete wird teilnahmsvoll. (Mittleres Stadium). Er erkundigt sich bei jeder Gelegenheit, was die andern, die Jüngeren, grad machen. Was er gemacht hat, weiß man schon. Es ist an ihm zu fragen. Es ist rührend, wie er sofort Anteil nimmt oder sich mindestens bemüht. Dabei neigt der Gezeichnete, obschon noch bei kritischem Verstand, zusehends zum Lob. Nämlich durch ernsthaftes Loben kommt er noch an die Jüngeren heran. So meint er. (Es ist bekannt, daß Greise ungern anerkennen, was nach ihnen kommt; also gilt es zu zeigen, daß er kein Greis ist: indem er lobt.) Gelegentlich wagt er auch Kritik, aber nur Kritik, die Hoffnung macht. Was der Gezeichnete sich in keinem Fall leistet: die offene Gleichgültigkeit gegenüber Jüngeren … Er täuscht sich: – sein Lob hat wenig Wert; die Gelobten spüren, daß der Gezeichnete es als Köder braucht.

Einen Witz, der offensichtlich nicht ankommt, macht jeder; der Gezeichnete erschrickt darüber. (Frühes Stadium.)

Handelt es sich um Meinungen, so kann es dem Gezeichneten nicht entgehen, daß ihm immer weniger widersprochen wird. Das gibt ihm das Gefühl, eine Autorität zu sein – während die andern, die Jüngeren, in den Aschenbecher blicken oder unter dem Tisch einen Hund streicheln, solange er redet. Meinungen interessieren in dem Grad, als die Person, die sie vertritt, eine Zukunft hat. Nach einer höflichen Pause, die ihn durch Andacht ehrt, erzählt jemand einen Witz, um das Thema zu wechseln. Da er merkt, daß er sich neue Freunde nicht mehr machen wird, und da er keinesfalls Mitleid erregen will, erzählt der Gezeichnete gern von seiner Freundschaft mit einem Toten, die er ins Sagenhafte überhöht; der Tote widerspricht nicht (außer wenn ihr Briefwechsel veröffentlicht wird) und die Jüngeren können nur staunen, daß es so großartige und wirkliche Freundschaften wie damals (»Bauhaus« usw.) heutzutage kaum noch gibt.

Hat er Anlaß zur Freude, so weiß der Gezeichnete, wie er sich bei solchem Anlaß früher gefreut hätte –

Auch wenn er wider Erwarten etwas Neues erlebt hat, erzählt er weniger als früher. Lang bevor er denkmüde wird, zeigt der Gezeichnete sich stoff-unlustig; er will nur noch Essenz. (Aphorismus als Altersform.) Erst später, wenn er auch denkmüde ist, wird er geschwätzig.

Familiensinn und Senilität. Zumindest läßt sich kaum bestreiten, daß der Familiensinn wächst mit der Senilität. Ebenso der Heimatsinn. (Rückkehr aus dem Ausland in späteren Jahren.) Der Gezeichnete in seiner Angst vor Vereinsamung betont jede Art von Zugehörigkeit, die er nicht herstellen muß, sondern die schon da ist.

Bedürfnis nach Tradition.

Angst davor, daß man eines Tages auf Hilfe angewiesen sein wird, meldet sich auf widersprüchliche Art: Sucht des Gezeichneten, seine Nächsten jetzt schon durch Güte zu verpflichten – anderseits neigt der Gezeichnete dazu, alles selber zu bestimmen und die Leute, deren Hilfe er demnächst braucht, solange wie möglich zu entmündigen.

Der Gezeichnete braucht weniger Speise, als er genießen könnte, und neigt daher zu Fettleibigkeit, die er fürchtet, weil sie ihn verrät auf den ersten Blick – dabei gibt es ja auch hagere, die gezeichnet sind, und umgekehrt wieder Fettleibigkeit bei Jungen ... Tatsächlich verrät der Gezeichnete sich dadurch, daß er jetzt alles, was ihm an seiner Person auffällt, sogleich auf die Altersfrage bezieht.

Der Gezeichnete klagt gern über sein schlechtes Gedächtnis – in Fällen, wo es erstaunlich wäre, wenn überhaupt ein menschliches Hirn, auch ein siebzehnjähriges, nicht versagen würde. (Koketterie überhaupt in den frühen Stadien der Senilität.) Das Gedächtnis läßt nicht nach; nur ist es besetzt. Der Gezeichnete erinnert sich wortgenau an ein Gespräch im Zweiten Weltkrieg, hingegen schon schlechter an ein Gespräch von gestern Abend.

Einsturz des natürlichen Selbstvertrauens in den Wechseljahren des Mannes kann auch dann, wenn er seine Familie ernährt, die Familie verleiten zu den ersten Versuchen der Entmündigung. Er versucht sie vorerst nicht zu bemerken. Daß er aus lebenslanger Erfahrung weiß, wie man einen Büchsenöffner anzusetzen hat, hindert sie nicht zu sagen: Komm, laß lieber mich!

Daß er an einem Donnerstag meint, es sei Mittwoch, ist schon immer einmal vorgekommen; jetzt aber erschrickt er, wenn es vorkommt –

Der Gezeichnete verbirgt immer eine Angst. Wenn seine Serviette unter den Tisch gefallen ist, empfindet er es als Entblößung. Das teilt sich den Tischgenossen mit. Je näher die Leute ihm stehen, umso öfter fallen sie ihm ins Wort; vorallem die Gattinnen, auch wenn sie nichts anderes zu sagen haben, zeigen uns auf diese lebhafte Art, daß der Mann gezeichnet ist.

Weiß der Gezeichnete beispielsweise, wann Chruschtschow gestürzt worden ist, so bezweifeln seine Lieben, ob das Datum wirklich stimmt. Es kommt, obschon das Datum in diesem Zusammenhang eigentlich unwichtig ist, zu einer familiären Rechthaberei. Zeigt es sich anhand eines Lexikons, daß er tatsächlich im Recht ist, so lassen sie das Datum gelten: Der Gezeichnete hat Glück gehabt. Daß es ihm so wichtig gewesen ist, Recht zu behalten, verrät ihn trotzdem –

Der Gezeichnete versteift sich jetzt auf Marotten, um sich als Persönlichkeit zu manifestieren wenigstens vor sich selbst; was seine Umwelt nicht überzeugt, tut er grad zum Trotz. (Spätes Stadium). Alterseigensinn.

Angst vor dem Verblöden –

Der Gezeichnete erwacht immer öfter schon vor Tagesanbruch – zur Stunde der Hinrichtungen – er erwacht daran, daß er überhaupt nicht müde ist. Er wird Frühaufsteher – wozu?

Neigung zur Panik – meistens handelt es sich um Bagatellen, es fällt ihm ein, daß er die Feuerversicherung noch nicht bezahlt hat, oder er stellt sich vor, daß ihm die Wohnung gekündigt werden könnte, und alles erscheint ihm ausweglos für einen Augenblick, nie und nimmer zu bewältigen. Paniken solcher Art auch am hellichten Tag.

Der Gezeichnete, obschon er in seinem Leben viel gereist ist, wird vor dem Zoll nervös. Dabei hat er das Schmuggeln längst gelassen. Kommt es trotzdem zu Stichproben, so kann er rabiat werden: seit 40 Jahren dieselbe Frage, und man glaubt ihm seine Antwort noch immer nicht.

Da er weiß, wie oft er sich mit Leuten, die sich infam verhalten haben, später wieder versöhnt hat, neigt der Gezeichnete bei Anlässen, wo er früher in Zorn explodierte, eher zur Verachtung.

Der Gezeichnete hat ein erstaunliches Gedächtnis. So scheint es. Tatsächlich findet kaum ein Erinnern statt. Der Gezeichnete reproduziert Anekdoten, die er sich gemacht hat. Seine Gattin merkt es am ehesten: er wiederholt wortwörtlich. Hin und wieder kommt etwas hinzu, was sie noch nie gehört hat, aber selten. Sein Repertoire ist groß genug, um ihn noch gesellschaftsfähig zu erhalten: er überrascht die Zuhörer immer wieder, aber sich selbst fast nie. Er verfügt über ein Album präziser Souvenirs: Tapete im Elternhaus; das Gebiß eines tobenden Lehrers auf dem öligen Boden des Klassenzimmers; Details aus der Kriegsgefangenschaft oder von einem Lawinenunglück; die hanebüchenen Aussprüche seines ersten Arbeitgebers; das Wetter am Vormittag seiner Ehescheidung usw., man staunt, wie genau er berichten kann. Vorallem sein Gedächtnis für Pointen, die ihm einmal gelungen sind, ist erstaunlich... Der Gezeichnete erkennt sich daran, daß er sich eigentlich nicht an das Gebiß seines Lehrers auf dem öligen Boden des Klassenzimmers oder an das arkadische Wetter am Vormittag seiner Ehescheidung erinnert, sondern er erinnert sich an seine Erinnerung daran.

Der Gezeichnete ist verwundert, wie wenig Energie die Jungen haben. Sobald sie zu etwas keine Lust haben, ist von jungen Leuten wenig zu erwarten; zum vollen Einsatz bringt sie immer nur die Erwartung von Lust. Meint der Gezeichnete, daß er an Energie die meisten Jungen übertreffe, so täuscht er sich nicht. Mehr und mehr Dinge, die einfach getan werden müssen, damit man lebt, tut der Gezeichnete nicht nur ohne Lust, sondern auch ohne

Erwartung von Lust; dadurch wird ihm seine Energie bewußt (die er für Vitalität hält) –

Wie könnt Ihr, denkt er mit Vorwurf, tagelang so herumlungern! Das könnte der Gezeichnete nicht: nur dem Genuß nachgehen – dazu reicht seine Genußfähigkeit nicht mehr.

Er sitzt auf dem Bettrand und weiß es Minuten lang: eigentlich lebt er nur noch aus Energie. Obschon ihm vieles mühsam wird, nicht nur Koffertragen und Treppensteigen, manchmal schon das Ankleiden, im Grunde vorallem die Gewißheit, daß ihm dieser Tag und alle weiteren Tage keine neue Erfahrung bringen werden, kommt es nicht in Frage, daß er länger im Bett bleibt und wie die Jungen den halben Tag verschläft; der Gezeichnete verrät sich durch gesteigertes Pflichtbewußtsein.

Wohlstand beschleunigt die Senilität.

Wohlstand tarnt sie länger.

Der Gezeichnete sieht sich immer öfter angewiesen auf Nachsicht; dabei kommen noch lange nicht alle Fehler und Irrtümer, die ihm unterlaufen, an den Tag. Hat er wirklich, wie er behauptet, die Wohnungstüre geschlossen? – er kann sich nicht mehr auf sich verlassen.

Macht er Geschenke, so kommt es immer öfter vor, daß sie umgetauscht werden; sein Geschmack ist überholt. Was den Gezeichneten allenfalls rettet: Großzügigkeit in bar.

Würde: der Schlupfwinkel des Gezeichneten.

Was einem Menschen, wenn die Fähigkeit zur spontanen Kommunikation schwindet, unentbehrlich wird: Gesinnung. Sie bringt auf einen gemeinsamen Nenner ohne persönliche Kommunikation. Zünfte, Vereine, Akademien usw., deren wesentli-

che Funktion insgeheim darin besteht, daß die Senilen sich nicht vereinsamt fühlen. Der Gezeichnete verrät sich nicht durch diese oder jene Gesinnung (links oder rechts), aber durch seinen zunehmenden Bedarf an Gesinnung.

Der Gezeichnete hat immer wieder einmal (vorallem im Morgengrauen) sehr helle Augenblicke; dann denkt er wie in seinen besten Jahren – er erkennt es daran, daß er plötzlich, ohne ersichtlichen Anlaß, seine Zukunft nur mit Entsetzen sieht.

Angst vor dem Hirnschlag.

Kann er's nicht lassen oder hält er's für seine Pflicht, immer noch in Gesellschaften zu erscheinen, so erkennt der Gezeichnete sich nicht nur daran, daß man ihm mehr Platz macht, als einer braucht – es entgeht ihm vielleicht, daß die Leute, die mit ihm sprechen, einander wie von einem Dienst ablösen, aber er ertappt sich, daß er eigentlich niemand vermißt...

Die Wahrscheinlichkeit, daß der Zug entgleist oder das Schiff untergeht oder ein Jet abstürzt, erhöht sich ja nicht mit dem Lebensalter des Passagiers; trotzdem hat der Gezeichnete vor einer Reise mehr und mehr das Bedürfnis, seine Sachen zu ordnen.

Oft, wenn wir einen Alten schließlich im Sarg sehen, empfinden wir Beschämung; das Toten-Gesicht zeigt fast immer, daß dieser Mensch einmal mehr gewesen sein muß als in seinen letzten Jahrzehnten.

·

Als erstes empfinden wir natürlich Erleichterung: es werden seit heute in Nord-Vietnam keine Bauern auf ihren Feldern getötet und keine Kinder in den Schulen... Daß Völkermord, wenn er nicht rentiert, eines Tages abgebrochen wird, ist aber noch kein Wunder. Es rentiert eben nicht, weder militärisch noch politisch. Auch läßt sich ausrechnen, daß der tägliche Prestigeverlust in der ganzen Welt, seit sie informiert ist, die Zerstörung vietnamesischer Dörfer zu kostspielig macht. Man hat sich verrechnet und zieht die Konsequenz, das ist alles. Saigon wartet auf den nächsten Angriff; im Dschungel mehren sich die verlorenen Posten, auf denen uns die amerikanischen Soldaten leid tun; der Entschluß von Präsident Johnson ist patriotisch: die Teilkapitulation, die sich als Friedensangebot gibt, erfolgt zur Erhaltung der imperialistischen Macht, die anderswo, z. B. in Lateinamerika, ohne allzu offenen Krieg wirtschaftet. Bombenstopp gegen den Norden als amerikanisches Entgegenkommen, das verdankt sein will: dafür soll die amerikanische Okkupation im Süden unbehelligt bleiben. Das vietnamesische Volk wird sich aber weiterhin in seine eigenen Angelegenheiten einmischen. Somit wird kein Friede sein, bevor die Invasionsarmee sich einschifft.

Wer wird übrigens dieses Vietnam, das sich für die USA nicht rentiert hat, wieder aufbauen? Da die amerikanische Invasion in Vietnam nicht ein persönlicher Fehler von Kennedy oder Johnson gewesen ist, sondern die Konsequenz eines Herrschafts-Systems, das die Unterdrückung anderer Völker braucht, um zu bestehen, ändert der Rücktritt von Johnson wenig; ein System hat sich entlarvt, und die Revolutionen gegen dieses System werden wachsen.

»C'est pire qu'un crime, c'est une faute«, sagte Talleyrand und meinte vermutlich: ein Fehler rächt sich, ein Verbrechen nicht unbedingt. Die Nachricht von heute zeigt an, daß der Krieg in Vietnam ein Fehler gewesen ist, die Eskalation eines System-immanenten Fehlers... Unsere Erleichterung ist flüchtig.

In einer Rundfrage der WELTWOCHE vom 5. 4. 1968

PARIS

Paris hat immer etwas von einer früheren Geliebten; richtiger gesagt: es hätte eine Geliebte werden können, doch hat man sich seinerzeit verpaßt. Es war schon die Allerweltsgeliebte und voll Literatur. Man nickt ihr zu, als kenne man sich, und es ist gar nicht wahr. Sie hat sich nie mit Barbaren eingelassen, und wer kein sehr richtiges Französisch spricht, bleibt ein Barbar. Das zeigt uns jeder Kellner schon nach drei Worten. Man macht sich lächerlich mit seinem stillen Anspruch wie gegenüber einer Dame, die nicht

wissen kann, daß man von ihr geträumt hat.
Was sollen meine Blicke! Man tut besser dran, nicht zu nicken, sondern eine fremde Zeitung auszuspannen, FRANKFURTER ALLGEMEINE, wie eine weiße Fahne. Auch wenn man die Namen ihrer Boulevards kennt, die Denkmäler der Dame, ihre Seine zu allen Jahreszeiten, das eine oder andere Restaurant, ihre Galerien, die schwärzlichen Fassaden mit den Trikolore-Garben, ihre Metro usw., diese Stadt weiß einfach, daß sie nie etwas mit dir gehabt hat.
Ich kann mich noch so lange hinsetzen, sogar Erinnerung hervorholen: dieser Quatorze Juillet kurz nach dem Krieg, dieser linkische Parfum-Kauf bei der Vendôme, Proben im Theater, die Begegnung mit Samuel Beckett, eine Nacht in den Hallen, als Paar zwischen morgendlichen Metzgern mit Schürzen voll Blut, alldies geht Paris nichts an, diese Stadt mit jungen Gesichtern, die müde ist von Erinnerung an ihre Größe. Übrigens bin ich in dieser Stadt meistens froh gewesen; meine Sache. Es bleibt ihre Place des Vosges, ihr Jardin Luxembourg, ihre Seine, ihr Arc de Triomphe, ihr Goya im Louvre, ihr Café Flore usw., ihre Weltmitte.

Politik durch Mord

Der große Mann der gewaltlosen Opposition, Kämpfer gegen die Armut im reichsten Land der Welt und für die Bürgerrechte der amerikanischen Neger, wird von einem Weißen erschossen. Es wäre leichtfertig zu sagen oder auch nur zu vermuten, daß die Staatsmacht der USA diesen Mord veranstaltet habe. Erstens sieht es anders aus, wenn die Staatsmacht mordet; zweitens kann es der Staatsmacht alles andere als erwünscht sein, daß gerade dieser Mann, Prophet der Gewaltlosigkeit, ermordet worden ist; man ist gerade jetzt angewiesen auf die Gewaltlosigkeit der Unterdrückten im eignen Land; man weiß, was der Vietnam-Krieg kostet, und die Armen im eigenen Land werden gerade jetzt, wie schon immer, Geduld haben müssen. Der Marsch gegen die Armut, den Martin Luther King in diesem Frühjahr hat führen wollen, sollte friedlich sein wie alle seine Reden und Taten zuvor. Sein Tod kann die Armut der amerikanischen Neger nicht abschaffen, möglicherweise aber ihre Geduld, ihre Hoffnung auf einen friedlichen Einzug in das Gelobte Land, wie der unerschrocken-sanfte Dr. Martin Luther King ihn predigte. Was sollen die Neger tun? Sie sollen nicht die Nerven verlieren, weil ein Weißer geschossen hat, ein Einzelner. Der schon mehrmals ein Attentat gegen Martin Luther King versucht hat: der die Steine geworfen hat in Chicago: der die Drohungen verbreitet in diesem weiten Land, so daß jeder Pilot, wenn dieser Priester in der Maschine sitzt, befürchten muß, diesmal sei die Zeitbombe dabei: der die andern Führer der Bürgerrechtsbewegung telephonisch wissen läßt, sie werden auch drankommen: das ist immer dieser Einzelne von Memphis gewesen? – der so schwer zu finden ist in diesem Land, das bei Rassenkrawallen über ein immer wieder imposantes Polizeikorps verfügt. Das Gewehr, das man gefunden hat, kann nur von einem Einzelnen bedient werden; die Darstellung aber, Martin Luther King sei von einem Einzelnen ermordet worden, wäre trotzdem eine Lüge. Man wußte in Memphis von den Drohungen. 40 Mann dieses Polizeikorps, bewährt im Einsatz gegen renitente Neger, bewachen in Memphis das Motel des bedrohten Priesters, offenbar nicht das Haus gegenüber; der Schuß ist zu hören, der Zielfernrohr-Schütze in 70 Metern Entfernung nicht zu ergreifen: nämlich die Hinterausgänge sind nicht bewacht. Ein günstiges Land für Mörder. Das Weiße Haus mahnt die Nation: mit Gewalt könne nichts erreicht werden. Es ist erreicht: Martin Luther King ist still.

Die Neue Zürcher Zeitung schreibt:

»Nach vergeblichem Warten auf die Durchführung der bahnbrechenden Entscheidung des Obersten Bundesgerichts über die Aufhebung der Rassentrennung in den Schulen, die, wenn überhaupt, an allzuvielen Orten nur symbolisch befolgt wurde, organisierte der damals als Pfarrer tätige King in den

späten fünfziger Jahren in Montgomery im Staat Alabama den Autobus-Boykott der Neger. Es ging um ihr Recht, im öffentlichen Autobus der Stadt jeden freien Platz einzunehmen. Bis dahin war es im ganzen Süden Vorschrift, daß Neger nur die hintersten Plätze besetzen durften, selbst wenn die vorderen Plätze frei waren.«

Das sind Fortschritte. In einer Gesellschaft, hier in Zürich, hörte ich einmal eine Dame sagen: kaum gibt man ihnen den kleinen Finger, wollen sie die ganze Hand. Da ist etwas dran. Auch Martin Luther King, scheint es, wollte zu viel, als er sich, statt in Atlanta zu predigen, einmischte in das Problem der nördlichen Gettos: Harlem, Chicago, Baltimore, Los Angeles...

Die NEUE ZÜRCHER ZEITUNG schreibt:

»– das Problem der nördlichen Gettos, das viel schwerer zu lösen ist, weil es ein wirtschaftliches und soziales Problem ist, das sich in der Form eines Rassenproblems präsentiert. (...) Mehr und mehr blieben die Erfolge (von Martin Luther King) aus. Und mehr und mehr gewannen die radikaleren Negerführer Gehör, die die schwelende Not der Gettos auszubeuten begannen.«

Womit gesagt ist, wer in diesen Gettos die Ausbeuter sind, nicht jene, die die Arbeitskraft der Neger ausbeuten in einer Weise, daß es zur schwelenden Not der Gettos kommt, sondern die Negerführer, die diese Not abschaffen wollen.

»In Memphis streiken die Kehrichtabfuhrleute – alles Schwarze – seit langem, und zwar nicht nur, weil sie von der Stadt eine Lohnerhöhung wollen, sondern auch weil sie sich gewerkschaftlich zu organisieren wünschen.«

Der Bericht gibt zu:

»Am nächsten Montag sollte ein zweiter Protestmarsch durchgeführt werden, obschon ein lokales Gericht dagegen eine sogenannte ›injunction‹ eingelegt hatte. Der Weg aller amerikanischer Sozialreformbewegungen, vor allem auch der Gewerkschaften, ist mit solchen ›injunctions‹ gepflastert. Sie sind immer wieder mißachtet worden.«

Memphis ist also kein Sonderfall, sondern Muster: man unterdrückt Recht, und da die Unterdrückten, aufgeklärt von Pfarrer King, die Mißachtung ihres Rechts mißachten, herrscht Erbitterung bei den Unterdrückern.

»In der heutigen im Lande verbreiteten Stimmung tiefen Unbehagens, ja des Hasses und der Bitterkeit, führte Kings Herausforderung des weißen ›Establishments‹ von Memphis nun zu seiner Ermordung.«

Unser Gewährsmann in Washington, der einer links-tendenziösen Darstellung kaum zu verdächtigen ist, schreibt über die Gewerkschafts-Bewegung in den USA allgemein:

»Es war ein opferreicher Weg. Er bedeutete Gefängnis und oft Schlimmeres, allzu oft den Tod für die, die sich an diesen Aktionen beteiligten.«

Das betrifft nicht die Neger allein. In den zwanziger Jahren wurden zwei italienische Einwanderer, Sacco und Vanzetti, verhaftet unter dem Verdacht, Angestellte mit Lohngeldern ermordet zu haben. Während des Prozesses in Boston, der 63 Tage dauerte, meldeten sich zahlreiche Augenzeugen: sie hatten Vanzetti mit seinem Fischkarren gesehen, 32 Meilen vom Tatort entfernt. Das Todesurteil wurde trotzdem gefällt. Sacco und Vanzetti gehörten einer politischen Opposition an, einer Arbeiter-Bewegung. Ein Protest ging durch die zivilisierte Welt. Sacco und Vanzetti kamen trotzdem auf den elektrischen Stuhl. Politik durch Mord und Politik durch Justizmord ist keine Spezialität der amerikanischen Herrschaftsform; der Stalinismus zeigte diese Methode in Perfektion. Der Justizmord ist immer ein Test; er zeigt auf eklatante Art, was einer herrschenden Schicht besonders gefährlich erscheint, also vernichtet werden muß: in den USA ist es von jeher der Sozialreformer, der Anwalt der Arbeiter. Joe Hill, eigentlich Hillström, kam 1907 aus Schweden in die USA und wurde bald zum populären Sänger der amerikanischen Gewerkschaftsbewegung, INDUSTRIAL WORKERS OF THE WORLD. Im Januar 1914 verhaftete man Hill im Staate Utah, wo sich die großen Kupferminen befinden, heute noch sehenswert für jeden Touristen, und verurteilte Hill wegen eines Mordes, den er nicht begangen hatte, zum Tode. Nach einer Haft von 22 Monaten, während ein weltweiter Protest stattfand, wurde das Urteil, das die Kupferminen-Besitzer forderten, vollstreckt am 19. November 1915. Es gibt verschiedene Verfahren. Am 24. April 1963 befand sich der Briefträger William Moore auf dem US-Highway 11. Moore, geboren in Mississippi, war unterwegs, um dem Gouverneur Ross Barnett eine persönliche Bittschrift zur Anerkennung der Bürgerrechte der Neger zu überreichen. Moore war Weißer. Er wurde von hinten erschossen, Täter unbekannt.

Oh, Bill Moore walked the lonesome Highway,
He dared to walk there by himself,
None one of us here were walking with him,
He walked the highway by himself.
Yes, he walked to Alabama,
He walked the road for you and me,
In his life there was the purpose:
That Black and White might both be free.
They shot him down in cold blood murder,
Two bullet holes were in his head,
His body lay upon the road-way,
Where lynchers left him cold and dead.

In Talladega, Alabama, marschierten 200 College-Studenten zum Rathaus: sie protestierten wider die Ausschreitungen gegen die Anhänger der Bürgerrechts-Bewegung und wider die Brutalität der Polizei gegenüber den Anhängern der Bürgerrechtsbewegung. Der friedliche Marsch wurde von 40 Staatspolizisten gestoppt, die mit Tränengas schossen; die Studenten blieben stehen und sangen:

We shall not, we shall not be moved.
We shall not, we shall not be moved,
Just like a tree, planted by the water,
We shall not be moved.
We are fighting for our freedom,
We shall not be moved,
We are black and white together,
We shall not be moved,

We shall stand and fight together,
We shall not be moved.

Songs ohne eigentliche Kampfansage, sogar ohne Anklage; der Protest besteht allein in der singenden Hoffnung aus Gläubigkeit; es ist legitim, daß die Melodie oft aus Spirituals übernommen wird. Anläßlich eines Streiks in Charleston, 1945, NEGRO FOOD AND TOBACCO UNION WORKERS, entsteht ein Song für Jahrzehnte, seine Tonart: with quiet determination:

We shall overcome, we shall overcome,
We shall overcome someday.
Oh, deep in my heart, I know that,
I do believe, oh, we shall overcome someday.

Was folgt auf die Ermordung von Martin Luther King? Präsident Johnson, um die Welt zu beruhigen, hat sofort seinen Justiz-Minister, Ramsey Clark, nach Memphis geschickt zwecks Untersuchung des Mordes. Unser Glaube wird zögernd sein. Nicht nur weil man den Warren-Bericht kennt; nicht nur weil der Polizei-Bericht zu den schweren Krawallen 1966 in Watts, dem Neger-Getto von Los Angeles, dem Bericht von Augenzeugen widerspricht – sondern weil sogar der Bericht der amerikanischen Rassen-Kommission, eingesetzt von Präsident Johnson, nach der Vernehmung von 1200 Zeugen zu dem Schluß kommt:

»Unser Volk zerfällt in zwei Teile, in zwei verschiedene Gesellschaften: die eine schwarz, die andere weiß. Was die weißen Amerikaner nie begriffen haben, können die Neger niemals vergessen: daß die weiße Gesellschaft entscheidend zur Bildung des Gettos beigetragen hat. Weiße Institutionen haben es geschaffen, weiße Institutionen erhalten es aufrecht, eine weiße Gesellschaft billigt es.«

Im Jahr 1966 sind in amerikanischen Slums, laut offizieller Untersuchung, 14000 Babies und Kleinkinder von Ratten gebissen worden. Ein Entwurf, der zur Rattenbekämpfung in den Slums einen Bundeszuschuß von 40 Millionen Dollar vorsah, wird gestrichen. Ein Kriegstag in Vietnam kostet 79,795 Millionen Dollar. 1964 beschließt der Kongreß in Washington ein bedeutendes

Bürgerrechtsgesetz: es verbürgt den Negern gleiches Recht an den Wahlurnen. Die Praxis im Süden sieht so aus: um seine Stimme abgeben zu können, muß der Neger 30 Dollar zahlen; oder er muß eine Prüfung bestehen, und die seinen Bildungsgrad prüfen sind Weiße; drittens braucht er vielleicht einen Autobus, um an die Urne zu gelangen, und die über den öffentlichen Autobus-Verkehr entscheiden, sind Weiße. Aber es steht dem Neger natürlich frei, einen Tag lang zu Fuß zu gehen, wenn er wählen will. Wie steht es mit dem Bildungsgrad? 1966, zwölf Jahre nach einem Grundsatzurteil des Obersten Gerichtshofs in Washington, sind es von drei Millionen Negerkindern erst 10 Prozent, die eine integrierte Schule besuchen. 1965, anläßlich der Unterzeichnung der VOTING RIGHT BILL, sagt Präsident Johnson:

> *»Heute zählt ein Triumph der Freiheit so viel wie alle Siege auf dem Schlachtfeld der Vergangenheit ... Heute brechen wir die letzte große Fessel bedrohlicher und altertümlicher Versklavung.«*

Was auf diese feierliche Unterzeichnung folgt: im Lauf eines Jahres werden in den Südstaaten zahlreiche farbige und weiße Anhänger der Bürgerrechts-Bewegung ermordet; die Prozesse gegen die Mörder, sofern sie gefunden werden, enden meist nach kurzem Verfahren mit Freispruch.

(Auch der Kriminalobermeister Kurras, der in Berlin den Studenten Ohnesorg niedergeschossen hat, ist freigesprochen worden.)

Worauf soll der Neger hoffen?

SAN BERNARDINO

Siebenmal im Jahr fahren wir diese Strecke, und es tritt jedesmal ein: Daseinslust am Steuer. Das ist eine große Landschaft. Vorallem in den Kurven: der Körper erfaßt Landschaft durch Fahrt, Einstimmung wie beim Tanzen.

Wenn einer in Gesellschaft es darauf anlegt, daß wir schätzen, wie alt er sei, und scheinbar vergnüglich auf unsere Schätzungen wartet – ich schätze: So Ende 30. Sein Lächeln zeigt leichte Enttäuschung; offenbar hat er auf einen krasseren Irrtum gehofft. Jemand liefert ihn höflich: 35. Der Mann treibt's wie bei einer Auktion: 35 zum letzten? Schließlich könnte man es ausrechnen, aber so groß ist unsere Neugierde nicht, und der Mehrheit würde es genügen: So Ende 30. Er trägt eine Hornbrille, das macht ihn vielleicht etwas älter; er nimmt die Hornbrille ab. Eine reifere Frau schmeichelt: 39. Jetzt wird's Zeit, sonst steigert noch jemand; jetzt muß er mit dem Geständnis heraus: 40! Er sagt es mit Ausrufzeichen... Der Vor-Gezeichnete genießt es, wenn man ihn jünger schätzt, und sei's auch nur um ein Jahr, und er genießt es auch wieder nicht. Er ist nämlich trotzdem 40.

Der Vor-Gezeichnete verrät sich dadurch, daß er öfter als bisher von diesem oder jenem Zeitgenossen sagt: Der ist ja senil! Umgang mit Greisen wird ihm lästiger als bisher; er kann sie nicht mehr komisch finden –

Treibt er Sport (beispielsweise Ski), so ertappt sich der Vor-Gezeichnete dabei, daß er, wenn Junge zugegen sind, schneller fährt, als er eigentlich Lust hat –

Es freut ihn nicht, Leute seines Jahrgangs begrüßen zu müssen, ehemalige Mitschüler mit Bauch und Glatze; er ist bei solchen Anlässen etwas verlegen, vorallem wenn ihn eine Freundin begleitet, eigentlich auch sonst.

Sicheres Symptom: Alkoholismus –

Intellektuelle machen die Erfahrung, daß ihre ersten Reaktionen auf eignes Altern primitiver sind als ihre sonstige Verhaltens-

weise: plötzlich gefällt sich ein Intellektueller darin, daß er auf öffentlichen Treppen leichthin zwei Tritte wie einen einzigen nimmt.

Die jüngeren und jüngsten Zeitgenossen gelten zu lassen, wenn sie in seinem Fach auftreten, fällt dem Vor-Gezeichneten schwerer als dem Gezeichneten. Er ertappt sich dabei, daß er alles, was von Jüngeren kommt, als bloße Mode bezeichnet – wobei dieser Begriff für ihn genau dort beginnt, wo er trotz versuchter Anpassung nicht mehr Schritt hält.

PS.
Der Gezeichnete neigt wieder zum Gegenteil: er wittert in manchem, was nur Mode ist, sofort das Epoche-Machende und gefällt sich als Vorkämpfer.

Früh-Senilität bei ehemaligen Wunderkindern.

Neigung zur Hypochondrie: der Vor-Gezeichnete hofft noch allen Ernstes, daß dieses oder jenes Zeichen von Senilität, das ihn erschreckt, bloß ein Zeichen von Krankheit sei – heilbar oder unheilbar, jedenfalls bloß körperlich.

Da er von der Umwelt vorderhand nicht auf sein Altern aufmerksam gemacht wird (nicht wie später, wenn jeder Kellner, sobald es ans Zahlen geht, keinen Hehl daraus macht, wer da am Tisch der Alte ist), hält der Vor-Gezeichnete es für ein top-secret, daß er altert – Ausreden für seine Depression: es deprimieren ihn die politischen Verhältnisse, die Kultur-Industrie, die Ohnmacht der Intelligenz in einer verwalteten Gesellschaft usw.

Ein 40-jähriger, der überall die exquisite Küche sucht (sofern er es sich leisten kann) und beim Speisen unentwegt über Speisen redet: ein Feinschmecker – ein Vor-Gezeichneter.

Seine Angst, keine Einfälle mehr zu haben – dabei hat er Einfälle wie eh und je, nur ergibt er sich ihnen nicht ohne weiteres: der Vor-Gezeichnete kennt schon die Art seiner Einfälle.

Er läßt es keinesfalls zu, daß man ihm den Mantel hält. Wo es bei einer gemütlichen Zusammenkunft einmal an Sesseln fehlt, gehört er zu jenen, die sich auf den Boden hocken. Er benutzt keinesfalls die Leiter ins Schwimmbecken, sondern springt. Wenn man Smoking tragen muß, zeigt er eine burschikose Haltung, Hände in den Hosentaschen. Beim Wandern mit Jüngeren trägt er den Rucksack usw. – zugleich macht er auf seine ersten grauen oder weißen Haare aufmerksam: als sei das Natürliche in seinem Fall sozusagen eine Kuriosität.

Das Verhältnis zwischen Gezeichneten und Vor-Gezeichneten ist für den Gezeichneten leichter als für den Vor-Gezeichneten, der auf jede Anbiederung von Geronten, selbst von verdienstvollen, allergisch ist – der Vor-Gezeichnete betont dann gerne die Distanz, indem er sich bescheiden gibt.

Er kann Altherren-Witze nicht leiden. Das ist nicht neu. Nun fallen sie ihm bereits selber ein.

Schaut er sich nach Jahr und Tag wieder einmal einen Stierkampf an, so vergißt er sich im Augenblick: der Matador ist gestürzt, Schrei der Arena-Menge – der Vor-Gezeichnete ist aufgesprungen wie alle andern, aber indem man sich wieder setzt, sagt er: Einmal, in Bilbao, habe ich einen Matador gesehen usw.

Sein Stimulans: Aktivität.

Zukunft... Für den jungen Menschen: eine Summe vager Möglichkeiten (irgendwann einmal wird er heiraten, später einmal, vielleicht auch nie, vielleicht wird er einmal ein Star, vielleicht auch nicht, vielleicht wird er irgendwohin auswandern.) ... Für den Vor-Gezeichneten ist die Zukunft ebenfalls ungewiß, aber schon eine absehbare Zeit, keinesfalls hoffnungslos, eine Summe abschätzbarer Möglichkeiten (er kann noch Bundesrat werden, aber dann müßte es bald geschehen)... Für den Gezeichneten ist die Zukunft alles, wofür er nicht mehr in Frage kommt, eine Summe definitiver Unmöglichkeit (er wird nicht mehr Segelflieger werden, er wird die Landung auf dem Mars nicht mehr sehen, nicht einmal den neuen Hauptbahnhof in Zürich usw.)... Der Vor-Gezeichnete spricht am meisten von der Zukunft, von seinen Plänen.

Er verrät sich zuweilen durch Taktlosigkeit; gegenüber Leuten, die um Jahrzehnte älter sind, betont der Vor-Gezeichnete, daß er nicht mehr der Jüngste sei – wogegen er gegenüber Jungen gerne betont, was er schon geleistet hat. Der Vor-Gezeichnete bringt immer die Altersfrage hinein.

Blick für die Alters-Veränderungen bei andern. Bisher konnte er sich einen Greis immer nur als Greis vorstellen; neuerdings meint er, wenn er einen Greis anschaut, ungefähr zu erraten, wie dieses Gesicht vor 30 Jahren ausgesehen hat... Er sieht sich selbst ungern in einem Album: als Student, als Lehrling, als Rekrut usw.

Lange bevor von Senilität die Rede sein kann, erkennt sich der Vor-Gezeichnete an seinem Interesse dafür, wie er im Gedächtnis bleiben wird. Bisher war es ihm wurscht, was man später einmal über ihn sagen mag. Der Künstler, der bei der Arbeit bereits seinen Nachruhm berücksichtigt: – ein Vor-Gezeichneter.

In seinem Beruf kann er mehr als früher, weiß mehr und hat Möglichkeiten, die er früher nicht hatte; er wird befördert. Zugleich erkennt er sich daran, daß er von Jüngeren zu lernen hat. Darauf war er nicht gefaßt; bisher lernte er stets von Älteren, was leichter fällt... Der Vor-Gezeichnete widersetzt sich dem Neuen nicht; nur kommt es nicht von ihm.

Hat er einen schweren Unfall überstanden (Totalschaden, aber wie durch ein Wunder überlebt er) so berichtet er wieder und wieder den genauen Hergang seines Beinahe-Todes; der Vor-Gezeichnete weiß: in einigen Jahren ist es nicht mehr dasselbe – unsere Chance, einen tragischen Tod zu haben, ist befristet.

Vor-Senilität erweist sich in den meisten Lebensläufen als die Epoche der besten Leistungen im Beruf. (»Reife«, »Beherrschung seiner Mittel«, »Meisterschaft«, »Souveränität« usw.)

Er macht eine Entdeckung – beim Gespräch auf einer Straße oder in Gesellschaft, wenn später getanzt wird, oder beim Eintreffen einer schlechten Nachricht, erinnert er sich plötzlich an den alten O., der längst verstorben ist: wie der alte O. beim Eintreffen einer schlechten Nachricht überhaupt kein Wort dazu sagte, sondern sogleich das Gespräch fortsetzte (was ihm, dem Jüngeren, damals imponierte); wie der alte O. in Gesellschaft, wenn getanzt wurde, durch besondere Anteilnahme jemand fesselte, um nicht allein sitzen zu bleiben, und dabei seine volle Hilfe anbot (was ihm, dem Jüngeren, damals großzügig erschien); wie der alte O. beim Gespräch auf der Straße öfter stehen blieb, um so das Wort an sich zu reißen... Die Entdeckung: daß es Merkmale eines Alten sind, was er für Merkmale einer Person gehalten hat. Er selber macht es genau so.

Als Vater weiß der Vor-Gezeichnete, daß seine Kinder durchaus Erwachsene sind, sozusagen Zeitgenossen – er erwartet infolgedessen, daß sie auch ihn als Zeitgenossen betrachten, und gibt sich (was bleibt ihm andres übrig) nicht mehr als Erzieher und Besserwisser, sondern als Kamerad, bis er merkt, daß sie ihn nicht als Zeitgenossen betrachten, sondern als ihren Vater.

Ist er gesund, so glaubt der Vor-Gezeichnete, so oft der Arzt es bestätigt, leicht an Wunder: daß man nicht vergreise, wenn man gesund bleibt.

Da die Gattin ebenfalls altert (was ihm zuhause nicht auffällt, aber in Gesellschaft), schätzt es der Vor-Gezeichnete, allein in Gesellschaft zu sein – er fühlt sich dann freier, altersfrei... Zwar färbt sie ihr Haar, was er nicht tut, und ist in der Konversation muntrer als er, aber sie erwähnt jedesmal den Schwiegersohn oder wie man sich damals (im Zweiten Weltkrieg) getroffen hat oder wann man auch in Kairo gewesen ist usw., das tut sie vorallem, wenn jüngere Frauen zugegen sind, mag sein: unbewußt.

Kommt es zum 50. Geburtstag, den er seit Jahren gefürchtet hat, so ist er erstaunt: er hat immer gemeint, einer mit 50 sei ein älterer Mann. So fühlt er sich gar nicht. Es ist ein Witz, wie alle seine Bekannten auf diese Zahl hereinfallen. HAPPY BIRTHDAY TO YOU, dabei zeigt er's, daß er selber nichts daran findet. Vielleicht war es früher einmal so, daß man mit 50 ein älterer Mann war. Noch hat er sich in der Hand (nicht wie Michel de Montaigne: »So löse ich mich auf und komme mir abhanden«.), darauf läßt sich anstoßen... Ein bewußtes Verhältnis zum Altern hat er trotz allen heimlichen Ängsten noch immer nicht; er widersetzt sich nur jeder Resignation.

BERZONA

Eine Ehefrau sagt beim Boccia-Spiel zu ihrem Mann: Du bist schwach wie immer. Er sagt später: Jetzt gibt's nur eins, jetzt knalle ich meine Frau einfach weg. Er meint natürlich nur ihre Kugel in der Bahn. Alles in vergnüglichem Ton. Als er es versucht hat, lacht sie: Können muß man! . . . Es gibt zwei Möglichkeiten: das Paar spielt zusammen als Partei oder wir mischen, sodaß Mann und Frau, spielhalber mit einem andern Partner vereint, gegeneinander antreten. Als Gastgeber lasse ich die Wahl. Die meisten Paare, ob verheiratet oder nicht, möchten lieber nicht eine Partei bilden, vorallem Paare, die sich schon einmal im Spiel erfahren haben.

Tatsächlich sind sie dann weniger vergnügt; da hilft auch kein Wein dazwischen. Dann sagt er: Jetzt tu doch endlich einmal, was ich dir sage. Oder: Entschuldige, das ist mir ausgerutscht. Und da sie nichts sagt, wiederholt er: Entschuldige. Da wir erwachsene und gebildete Leute sind, geht es natürlich nicht ums Gewinnen. Sie sagt: Schau, wie er das macht! Sie meint den Mann in der Gegenpartei. Er sagt: Du hast eben eine Flasche geheiratet. Es kommt vor, daß das Paar, eben noch in bester Laune, lange nicht miteinander spricht, bis sie sagt: Du bist an der Reihe, aber spiele nicht wieder wie ein Idiot. Alles in vergnüglichem Ton. Das Spiel läßt kein ernstes Gespräch zu. Er will es nämlich gut machen. Sie sagt: Gut, sehr gut! worauf er sagt: Aber jetzt mach du nicht wieder alles kaputt. Fast hat man den Eindruck, sie verlieren lieber, zumindest macht der Sieg keine gemeinsame Freude . . . Spielen sie gegen einander, vereint mit einem andern Partner, so wird es leichter, lustiger. Sie sagt zum fremden Partner: Wir gewinnen! Er sagt zu seiner fremden Partnerin: Fabelhaft! oder wenn es daneben gegangen ist: Das war der Boden. Aber sie reden auch als Mann und Frau zueinander, jetzt von Partei zu Partei; er sagt: Gib's auf, Helene, da ist nichts mehr zu machen. Alles im vergnüglichen Ton. Sie sagt zu ihrem fremden Partner: Hauen Sie ihn einfach weg! und schon ist es geschehen, aber es kränkt niemand, es ist ein Spiel. Sie necken sich nur. Sie sagt: Siehst du! oder sie sagt jetzt gar nichts, ihre Kugel liegt genau, wo sie liegen sollte; er fragt: Hast du geworfen? Natürlich hat sie diese Kugel geworfen; er fragt ja nur. Ihr fremder Partner macht ihr Mut, wenn er ihr die Kugel reicht (schon das tut ihr Mann nicht): Und jetzt machen Sie noch einen Punkt! Ihr Mann sagt: So ein Glück! Es geht wirklich nicht ums Gewinnen. Sie sagt allgemein: Leo kann es nicht vertragen, wenn er verliert. Darauf geht er nicht ein, sondern sagt zu seiner fremden Partnerin: Ihr Mann ist unschlagbar. Zwischenhinein läßt sich auch über Kinder sprechen, über die Straßenverhältnisse, über das Zürcher Schauspielhaus usw., schon nicht über Hochschulfragen; er sagt oder sie sagt: Spiel jetzt! . . . Also eine Partei hat tatsächlich gewonnen, was sogleich unwichtig ist, ein schöner Abend, dann wieder Gespräch; später einmal gehen sie, wie sie gekommen sind: ein glückliches Paar, eine gute Ehe.

VERHÖR II

A. Du hast die Tagesschau gesehen.

B. Die brennenden Autos, die Phalanx der Studenten, der Rauch über dem Boulevard usw., natürlich sind es Bilder, die mich aufregen, aber ich gestehe, daß sie mich nicht erschrekken.

A. – als Fernseher in der Stube.

B. Ich bin nicht am Ort gewesen, das ist richtig, aber wenn ich Bilder von den ordentlichen Kriegsschauplätzen sehe, so bin ich trotzdem erschreckt: als Fernseher in der Stube.

A. Wie erklärst du den Unterschied?

B. Was zurzeit in Paris geschieht, ist Unordnung und Unruhe, Gewalttätigkeit in einer Revolte. Die Bilder von den Kriegsschauplätzen, ob aus Vietnam oder Nah-Ost, haben dagegen etwas Übliches. A la guerre comme à la guerre. Bomben-Ruinen, da und dort Leichen, Gefangene im Verhör mit gefesselten Armen und barfuß zwischen Uniformen und Helmen und Maschinenpistolen, das hält sich an die Regel, die man kennt.

A. Lassen wir den Krieg beiseite –

B. Warum?

A. Studenten und andere, die auf gesetzlichem Weg nicht erreichen, was sie fordern, verüben Gewalt gegen den Staat, besetzen die Sorbonne, zerstören, was ihnen im Weg steht, nötigen die Polizei zur Gewalt. Wenn du eine solche Straßenschlacht siehst, wessen Partei ergreifst du?

B. Viel macht natürlich die Uniform. Ich kann mich mit dem Einzelnen leichter identifizieren als mit einer Kompanie, obschon die ja auch aus Einzelnen besteht, aber eigentlich erst, wenn sie verwundet sind... Ich weiß nicht, wie ich mich an Ort und Stelle verhalten hätte.

A. Identifizierst du dich mit den Studenten?

B. Dafür bin ich zu alt.

A. Auch in deinem Alter nimmt man Partei. Ich nehme an, du hast dich nicht in den Reihen der Polizei gesehen.

B. Ich bin Zivilist.

A. Wie hast du dir den Ausgang gewünscht?

B. Ich gestehe, daß sich diese Frage nicht gestellt hat, als ich die Wasserwerfer sah, dann diesen Hagel von Pflastersteinen, die Knüppel, die Tragbahren; der Ausgang war von vornherein klar – auch den Demonstranten, glaube ich – Sie haben demonstriert, daß es nichts zu wünschen gibt.

A. Bezeichnest du die Polizei als brutal?

B. Ihr Verhalten hat etwas Berufliches. Etwas Geübtes. Übrigens sind sie heute nicht zu Pferd gekommen, was viel ausmacht; wenn sie zu Pferd kommen, ist der Zivilist schon degradiert... Vielleicht habe ich gelacht, weil die Polizei mit ihren runden Schilden mich an Shakespeare-Inszenierungen erinnert, wo die Schlacht komisch wird: so dekorativ. Natürlich gibt es nichts zum Lachen. Ich habe Angst vor der Gewalt.

A. Schildere deinen Eindruck.

B. Plötzlich ein Boulevard voll Studenten –

A. Als sie plötzlich zum Angriff übergingen, die Studenten, dachtest du an die Bastille oder hattest du zeitweise den Eindruck: So fängt Faschismus an?

B. Bei wem?

A. Bei den Studenten.

B. Darauf kam ich nicht. Faschisten machen es besser; sie machen es mit dem Militär und nicht gegen das Militär. Das ist kein Vorwurf an die Studenten, das liegt am Militär.

A. Tatsache ist: Studenten oder was immer das Boulevard gefüllt hat mit dem Anspruch, das fortschrittliche Volk zu sein, haben angefangen mit Verkehrsstörung, Besetzung der Sorbonne, Hissen von Emblemen, als wäre da schon ein Sieg zu feiern, Aggression gegen Hüter der Verfassung, also Gewalttätigkeit. Verurteilst du das oder nicht?

B. Es ist mir aufgefallen, daß es angefangen hat mit einer gewissen Fröhlichkeit, Jugend singend Arm in Arm, Plausch mit Parolen, Enthusiasmus ohne Taktik usw., jedenfalls mit einer gewissen Fröhlichkeit: anders als ein Bataillon vor dem Einsatz im Mekong-Delta. Man hat nicht den Eindruck, diese Leute müssen töten.

A. Immerhin werfen sie dann Pflastersteine.

B. Die meisten sehen sehr jung aus, zugleich müde, man hat den Eindruck, sie wissen nicht, wohin mit ihrer Jugend in dieser Gesellschaft.

A. Sie haben so ziemlich alles.

B. – was ihren Vätern kostbar scheint.

A. Was fehlt ihnen?

B. Zum Beispiel dieser eine mit der Lederjacke, der gegen die Wasserwerfer lief, ich weiß nicht, was er sich verspricht außer Lustgewinn. Einmal habe ich mich gefragt, was sich eigentlich ereignen würde, wenn es keine Polizei gäbe.

A. Wie reagierst du auf Sachschaden?

B. Wie schon gesagt: anders als auf die ordentlichen Kriegsspuren. Der Sachschaden, den man gesehen hat, ist beträchtlich, zugleich hat er eine gewisse Ironie: Warum soll man Menschenwerk grad im eignen Land nicht zerstören dürfen? Der Sachschaden entsetzte mich weniger, offen gestanden, als auf den täglichen Kriegsbildern. Überhaupt hat alles, auch wenn Blut geflossen ist, ein Element von Ulk: wie wenn ich mir vorstelle, daß ich einmal in einen Kristall-Leuchter schieße oder mit einer Dampfwalze durchs Warenhaus fahre. Eigentlich seriös und dadurch komisch, weil sie mit Maschinengewehr und Flammenwerfer sofort Herr der Lage sein könnte, wirkt nur die Polizei, erbitterter als die schwächeren Manifestanten und frustriert. Offensichtlich hat sie die Order, als Staatsgewalt so lang wie möglich sich nicht gewalttätig zu zeigen. Sie stellt sich als Beschützer auf, wobei der Beschützte unsichtbar bleibt. Plötzlich sperrt sie ein Boulevard ab. Warum eigentlich? Um deutlich zu machen, wo der Staat beginnt: da wo jetzt die Polizei steht in Hundertschaften. Es könnte auch anderswo sein, es kommt auf zwei oder drei Kilometer nicht an; vorher sah man nur Jugend singend Arm in Arm, aber irgendwo muß der Staat beginnen. Um losschlagen zu können, braucht es Ungehorsam, und dieser ist zu haben, indem man ein Boulevard sperrt. Dabei wirkt die Polizei selbst konsterniert. Jede Aktion, die sie erfolgreich durchführt, kostet sie die Gloriole des Beschützers. Es zeigt sich, daß Fallschirmtruppen nicht nur besser geschult sind in der Anwendung von Gewalt, besser ausgerüstet als die Studenten und was sonst das Boulevard füllt; jeder einzelne, so hatte ich den Eindruck, ist einer ganzen Studentenschaft überlegen: er handelt auf Befehl. Das gibt ein unbefangenes Verhältnis zur Gewalttätigkeit; er prügelt oder schießt ja nicht als Person, und der Staat wird mit der Gewissensfrage immer fertig.

A. Du nimmst also Partei?

B. Theoretiker der Revolution sagen, es fehlt die Massen-Basis usw., also ist es ein falsches Unternehmen; so macht man keine Revolution.

A. Offenbar haben sie recht.

B. Vielleicht ist das Unternehmen trotzdem wichtig für die Gesellschaft, die an der Macht ist; sie sieht, daß sie sich nur halten kann durch Gewalt – was der Bürger gern vergißt.

ROM, Juni 1968

Der Mann am Kiosk, PIAZZA DI SPAGNA, kennt einen nicht mehr. Die Kellner sofort: Come sta? Die verrotzte alte Bettlerin mit Zigarette im Mund noch immer da. VIA GIULIA. Wie bei jedem Wiedersehen mit einem früheren Wohnsitz: man wird sich unglaublich. In der VIA CORONARI polstern und polieren sie immer noch Antiquitäten, Settecento-Sessel, Truhen aus den Abruzzen, Tische aus der Toscana. VIA MARGUTTA: jetzt mit beat-shops. VIA DELLA CROCE, die sich nicht verändert hat: Obst, Eier, Gemüse, Weine, Pasta, Blumen. Ein römischer Freund hat immer noch seinen Uhu. Ein andrer, Sizilianer, ist immer noch Professor. SPERLONGA: es ist ja nicht zu erwarten, daß das Meer sich verändert hat, trotzdem eine leichte Verblüffung, daß es sich tatsächlich nicht verändert hat. Die gleichen Wellen. Wir setzen uns auf die gleichen Sessel, wir essen denselben Fisch: Dentice al forno. CERVETERI: die Etrusker sind noch genauso tot. PIAZZA VENEZIA: nur die Polizisten werden jünger, der Verkehr noch toller. GIANICOLO, Blick auf die Stadt: man bleibt überall zu lange . . .

Fragebogen

1.
Tun Ihnen die Frauen leid?

2.
Warum? (Warum nicht?)

3.
Wenn in den Händen und Augen und Lippen einer Frau sich Erregung ausdrückt, Begierde usw., weil Sie sie berühren: beziehen Sie das auf sich persönlich?

4.
Wie stehen Sie zu Männern:

a. wenn Sie der Nachfolger sind?
b. wenn Sie der Vorgänger sind?
c. wenn Sie dieselbe Frau gleichzeitig lieben?

5.

Haben Sie Ihre Lebensgefährtin gewählt?

6.

Kommt es nach Jahr und Tag zum freundlichen Wiedersehen mit früheren Gefährtinnen: überzeugt Sie dann Ihre einstige Paarschaft oder verwundert es Sie, d. h. haben Sie dann den Eindruck, daß Ihre berufliche Arbeit und Ihre politischen Ansichten sie wirklich interessiert haben, oder scheint es Ihnen heute, daß man sich alle diesbezüglichen Gespräche hätte sparen können?

7.

Befremdet Sie eine kluge Lesbierin?

8.

Meinen Sie zu wissen, wodurch Sie die Liebe einer Frau gewinnen, und wenn es sich eines Tages herausstellt, wodurch Sie die Liebe einer Frau tatsächlich gewonnen haben: zweifeln Sie an ihrer Liebe?

9.

Was bezeichnen Sie als männlich?

10.

Haben Sie hinreichende Beweise dafür, daß sich die Frauen für bestimmte Arbeiten, die der Mann für sich als unwürdig empfindet, besonders eignen?

11.

Was hat Sie am häufigsten verführt:
a. Mütterlichkeit?
b. daß Sie sich bewundert wähnen?
c. Alkohol?
d. die Angst, kein Mann zu sein?
e. Schönheit?
f. die voreilige Gewißheit, daß Sie der überlegene Teil sein werden und sei es als liebevoller Beschützer?

12.

Wer hat den Kastrationskomplex erfunden?

13.
In welchem der beiden Fälle sprechen Sie liebevoller von einer vergangenen Paarschaft: wenn Sie eine Frau verlassen haben oder wenn Sie verlassen worden sind?
14.
Lernen Sie von einer Liebesbeziehung für die nächste?
15.
Wenn Sie mit Frauen immer wieder dieselbe Erfahrung machen: denken Sie, daß es an den Frauen liegt, d. h. halten Sie sich infolgedessen für einen Frauenkenner?
16.
Möchten Sie Ihre Frau sein?
17.
Woher wissen Sie mehr über die intimen Beziehungen zwischen den Geschlechtern: aus dem Gespräch mit andern Männern oder aus dem Gespräch mit Frauen? Oder erfahren Sie das meiste ohne Gespräch: aus den Reaktionen der Frauen, d. h. indem Sie merken, was Frauen gewohnt sind und was nicht, was sie von einem Mann erwarten, befürchten usw.?
18.
Wenn Sie das Gespräch mit einer Frau anregt: wielange gelingt es Ihnen, ein solches Gespräch zu führen, ohne beiläufig auf Gedanken zu kommen, die Sie verschweigen, weil sie nicht zum Thema gehören?
19.
Können Sie sich eine Frauenwelt vorstellen?
20.
Was trauen Sie der Frau nicht zu:
a. Philosophie?
b. Organisation?
c. Kunst?
d. Technologie?
e. Politik?
und bezeichnen Sie daher eine Frau, die sich nicht an Ihr männliches Vorurteil hält, als unfraulich?

21.
Was bewundern Sie an Frauen?
22.
Möchten Sie von einer Frau ausgehalten werden:
a. durch ihre Erbschaft?
b. durch ihre Berufsarbeit?
23.
Und warum nicht?
24.
Glauben Sie an Biologie, d. h. daß das derzeitige Verhältnis zwischen Mann und Frau unabänderlich ist, oder halten Sie es beispielsweise für ein Resultat der jahrtausendelangen Geschichte, daß die Frauen für ihre Denkweise keine eigene Grammatik haben, sondern auf die männliche Sprachregelung angewiesen sind und infolgedessen unterlegen?
25.
Warum müssen wir die Frauen nicht verstehen?

BERZONA

Hippie-Überfall – er ist 19, sie gerade 15, beide haben sich der Repression entzogen, indem sie aus der Schule gelaufen sind, er schon vor Jahren. Geld vom Vater nimmt er nicht (so sagt er wenigstens), Studium oder Lehrlingsstelle kommen nicht in Frage; alles repressive Institutionen. Lieblingsgespräch: wie blöd die Polizei. Und wie blöd die Lehrer. Und überhaupt. Alles nur Leistungsprinzip. Frustration durch Tabus, die Aggressivität hervorbringt usw., das muß man denunzieren, Gesellschaft verändern, vorerst zerstören. Viel Jargon, eigentlich nichts außer Jargon, Vokabeln aus dritter Hand; alles ins Bequeme übersetzt. Ihr Wohlbefinden in laxer Protest-Allüre. Der junge Mann verspricht mir Haschisch; als Entgelt und so. Er trägt zwischen den Lenden einen Kranz von Blümchen. Ihre Sachkenntnis `beschränkt sich auf LSD. Die 15jährige, sonst stumm wie ein Fisch, erzählt uns, wie das ist: Farben, die das Leben noch lebenswert machen. Wahrscheinlich befinden sie sich auf einem trip...`

Moskau, 17. 6.

Bummel um den Roten Platz allein. Sommernacht. Viel Volk, das sich ergeht in einer Weltstadt; Landvolk. Hochhäuser jetzt wie im Westen. Mädchen in nicht allzu kurzen Röcken, aber kürzer als vor zwei Jahren; Männer tragen weiße Hemden ohne Jacke. Sonntag. Ich finde kein einziges Café im Freien. Man kann nur schlendern. Dann und wann ein Liebespaar auf einer öffentlichen Bank; sie halten einander schweigsam die Hand. Keine Licht-Reklame, aber die Straßen sind hell; es ist schade, daß ich Durst habe. Einmal ein Faß auf zwei Rädern mit einem Esel davor, Leute stehen Schlange, Ausschank von Quas. Die schicke Uniform junger Soldaten mit asiatischem Gesicht; sie sind hier auch nicht zuhause.

18. 6.
L. ist aus der Partei ausgestoßen, weil er gegen die Schriftsteller-Prozesse protestiert hat, und seines Lehramtes enthoben, vom Sowjetischen Schriftstellerverband gerügt. Ebenso K. Wieder Verschärfung: als Reflex auf Prag? Wir speisen öffentlich in einem Restaurant, wo man die beiden Gerügten kennt, und sprechen deutsch.

Hotel Rossija:
Blick auf den Kreml. Hilton-Komfort; nur daß die Spannteppiche sich wellen. Frühstück: ich setze mich an einen Tisch, ich bin keine Delegation, Kellner geben keine Auskunft, was einer machen soll, wenn er keine Delegation ist. Ich ärgere mich nicht. Schließlich bin ich nicht in Moskau, um zu frühstücken.

Sofija:
Ihr Deutsch ist tadellos, sie erledigt alles; ich sehe, was der Ausweis vom Schriftstellerverband vermag: wir müssen nicht Schlange stehen. Was Sofija auch nicht zustande bringt: daß die an den Schaltern hilfsbereit wären, nicht untertänig, nur vielleicht höflich oder wenigstens nicht grämlich. Sofija scheint es nicht anders gewöhnt zu sein. Sie fragt nicht, wen ich gestern in Moskau getroffen habe. Natürlich bin ich vollkommen frei. Wir trinken – als wir es schließlich bekommen – ein Bier; ich lobe das russische Bier. Was nicht zu besprechen ist: Paris, die Lage nach den Straßenschlachten und dem großen Streik. Sobald vom Ausland die Rede ist, fällt ein Vorhang. Also erkundige ich mich, wie es in der Sowjetunion mit dem Trinkgeld ist. Sofija bestätigt: Keine Trinkgelder, man lebt hier nicht von Almosen nach herrenhafter Laune. Eine Stunde später, als mein Freund mit dem Taxi-Fahrer einen Streit hat, erfahre ich: der Taxi-Fahrer war mit dem Trinkgeld nicht zufrieden. Abendessen in der Küche: Was genügt, um aus der Partei ausgestoßen zu werden? Diesmal ohne Kerker; insofern spricht er von Fortschritt. Wenig Bitterkeit. Geduld.

Adresse der schweizerischen Botschaft in russischer Schrift, ich zeige den Zettel, aber der Taxi-Fahrer: Njet. Ich weiß nicht. Der zweite: Njet. Der dritte: Njet. Erst der Vierte bequemt sich, wie ein Dulder, in einem Straßenverzeichnis nachzusehen.

Hotelhalle:
Das könnte auch in Mailand sein, in Hamburg, in Genf, dieselbe Architektur, aber es sind nicht Herren, die aus dem Lift kommen, sondern Arbeiter. Es ist ihnen selbstverständlich, daß sie auf Marmor gehen. Der bürgerliche Prunk als Vorbild: Das können wir genauso! Kein eigener Stil in der Architektur –

Einschiffung nach Gorki:
Ein Schiff voller Schriftsteller, aber: ein Schiff ist immer etwas Schönes, und das ist meine erste Schiffahrt auf einem Strom.

Heißer Sommerabend. Ich kenne niemand an Bord außer Günther Weisenborn. Ich begrüße Christa Wolf (DDR) und spüre Mißtrauen. Der Lautsprecher liefert Musik aus einem französischen Film. Möwen. Wir gleiten –

WOLGA, 19./20. 6.

Kabine zusammen mit einem finnischen Schriftsteller, der russisch spricht; keine gemeinsame Sprache. Er weckt mich und zeigt mit dem Finger nach oben, dann in den offenen Mund: Frühstück.

Wolga –

Schriftsteller aus aller Welt, aber kein bekannter Name außer Alberti. Leider gibt es keine Liste. Man fragt sich langsam herum. Niemand aus Frankreich. Ein Gorki-Übersetzer aus Italien; kein Moravia, kein Pasolini, kein Sanguinetti. Ein altes Faktotum aus den USA, ein anderes aus Norwegen. Keine Jungen. Niemand aus England; ein Dichter aus Island, der schweigt. Kein Schriftsteller aus der Tschechoslowakei; eine frohe Gorki-Übersetzerin und ein alter Herr aus Prag, Kritiker, glaube ich. Inder in ihrer schönen Tracht; ihre Würde, der Ernst ihrer dunklen Augen. Ein Schriftsteller aus Australien, der sich anschließt, da ich Englisch verstehe. Einer aus Uruguay; eine kleine Gruppe, die spanisch spricht, bleibt unter sich und scheint sehr lebhaft. Ungarn laden nach Ungarn ein, Bulgaren nach Bulgarien. Mitteilungen durch den Lautsprecher nur russisch. Sofija sorgt für Kontakt mit sowjetischen Schriftstellern; es sind Funktionäre. Die sowjetischen Schriftsteller, deren Namen uns geläufig sind, fehlen alle... Betriebsausflug; die Firma bittet um Begegnung von Mensch zu Mensch. Aber dazu fehlt's an gemeinsamer Sprache, es rotten sich Sprachgruppen zusammen. Der Vorsitzende des Schriftstellerverbandes von Weimar, der nur deutsch spricht, ist trotzdem glücklich, daß er dabei ist; er gibt seine Kamera, damit jemand ihn fotografiert, wie er zwischen Indern sitzt, ich muß mich dazusetzen: Schriftsteller aus aller Welt.

Wodka-Nacht.
Die Wolga ist braun und langsam und breit, ihr Ufer kaum besiedelt, Felder, Ebene, Wälder, dann und wann eine Gruppe von Holzhäusern, ich genieße die Weite. Einmal ein Stausee, stundenlang sieht man kein Ufer; dann eine Schleuse, dann wieder Ufer, die menschenleer erscheinen, die flache Einsamkeit mit Kirchen von Sonnenaufgang bis Sonnenuntergang, viel Kirchen außer Betrieb, Land unter Himmel, das beinahe lautlose Gleiten auf dem braunen Wasser, Möwen, es ist nicht langweilig, wenn man auf Deck sitzt und schaut.

Gespräch:
Mihalkov (Gesamtauflage 75 Millionen) erklärt mir, wie der sowjetische Schriftsteller bezahlt wird. Ich verstehe: die sowjetische Literatur wird nicht von kapitalistischem Profit-Denken manipuliert; nicht die Nachfrage, sondern die Behörden bestimmen die Auflage. Im Westen, sagt er, ist der Schriftsteller immer abhängig vom Publikum; hier nicht. Mihalkov ist ein leutseliger Mann. Kein sowjetisches Kind wächst ohne seine Kinderbücher auf. Mihalkov schreibt auch für die Bühne und das Fernsehen. Und dazu noch ein Amt innezuhaben, wie er es innehat, ist natürlich eine Belastung, der sich der sowjetische Schriftsteller aber unterzieht; Dienst an der Gesellschaft. Mihalkov spricht deutsch. Das Papier ist immer noch zu knapp, um jedes Buch in großer Auflage herauszubringen. Der sowjetische Schriftsteller wird nach der Auflage bezahlt, die, wie gesagt, die Behörde bestimmt und zwar im voraus; es schadet ihm nicht, wenn das Publikum ein anderes Buch vorziehen würde. Ich verstehe. Mihalkov ist Vorsitzender des Schriftsteller-Verbandes von Moskau. Ich nicke viel... Es hat keinen Sinn, daß man widerspricht. Ich habe es versucht. Ich lobe nur Löbliches; das gibt es ja auch. Ich gebe keine Antworten, die ich nicht anderswo auch geben würde. Die Lüge beginnt im Verschweigen. Natürlich kann ich als Ausländer ohne weiteres sagen, was ich will; langsam gibt man es auf. Das Richtige ist das Offiziöse. Da es jeweils bekannt ist, gibt es nichts zu diskutieren. Am besten ist es, wenn man sich

in Rußland einfach wohlfühlt. Ich lobe die Breite der Wolga; ich hüte mich, Erinnerungen an den Mississippi auszusprechen; Vergleiche verdrießen sie. Am Mittagstisch, als Gast zwischen Funktionäre gesetzt, lobe ich den grusinischen Wein, der sehr gut ist; ich zeige unablässig, daß ich mich wohlfühle. Ich werde nicht gefragt: Wie sehen Sie die Unruhen in Berlin, die Lage in Paris, die Zwischenfälle in Rom? Man ist nicht neugierig auf Information. Ich lobe die sowjetischen Gurken. Man kann auch die alten Ikonen loben. Wenn man ihnen nicht zuvorkommt, loben sie ihre Gurken selbst, und das ist auch mühsam. Natürlich verschweige ich, was ich vermisse; ich bin ja nicht gekommen, um zu kränken. Meine arme Sofija: sie verkürzt meine Fragen schon in der Übersetzung, um das Ungehörige zu mildern, und leidet vor ihren Vorgesetzten wie eine Mutter mit einem tolpatschigen Kind. Wer dann auf meine Frage antwortet, spielt kaum eine Rolle; sie widersprechen einander nie. Sie kennen Kritik nur als Kritik am Westen, diese ist hemmungslos und einfach, unbekümmert um Tatsachen; Kritik an sowjetischen Verhältnissen steht niemand zu – sie üben sie selbst nicht, die Funktionäre jedenfalls nicht.

Plenum auf Deck:
Man sitzt mit Kopfhörern; Möwen; jeder Redner sagt dasselbe über Maxim Gorki, die Übersetzung aus dreizehn Sprachen erübrigt sich, Maxim Gorki als proletarischer Schriftsteller, Meister des sozialistischen Realismus, nach und nach verstehe ich's (ohne Kopfhörer) auf Spanisch, Rumänisch, Portugiesisch, Finnisch, sogar wenn ich nicht einmal errate, welche Sprache. Maxim Gorki und sein Konflikt mit Lenin, sein Exil nach der Revolution, Maxim Gorki und Stalin, Schriftsteller und Staatsmacht, davon kein Wort. Als ich weggehe aufs vordere Deck, bin ich nicht der einzige, der das Plenum schwänzt; auch Funktionäre finden's langweilig, aber die Firma verlangt das.

Abends wieder Wodka.
Gespräch mit Christa Wolf und ihrem Mann bis vier Uhr mor-

gens, draußen die helle Nacht über Wolga und Land. Labsal: daß man Widerspruch gelten lassen kann. Lange Zeit saß ein sowjetischer Genosse dabei, der zuhörte, aber mich nicht störte. Er scheint berichtet zu haben: heute wissen meine Funktionäre, daß es ein sehr interessantes Gespräch gewesen sein soll, das wir geführt haben.

Empfang in Gorki:
auf der Mole stehen Kinder mit Blumen, Frohsinn in festlichem Weiß mit roten Schleifen, jeder progressive Schriftsteller aus aller Welt bekommt einen Strauß, ich bekomme auch einen, Pfingstrosen, dazu Angina.

GORKI, 20. 6.

Gestern bei der Ankunft wartet eine russische Studentin, die mündlich-persönlichen Rat sucht für ihr Examen; ein kindliches, etwas zu großes Gesicht mit kugelrunden und sehr hellen Augen. Sie ist von Moskau hierher gekommen. Aufwand ihrer Reise voll Erwartung; ich stehe mit Schüttelfrost und Pfingstrosen. Warum habe ich ihr nicht wenigstens die Pfingstrosen gegeben? Sofija hat sie nach Moskau verwiesen; das Mädchen gehört nicht ins Programm.

21. 6.
Ich habe jetzt drei russische Mütter: das dicke Zimmermädchen und eine Krankenschwester, die zum Hotel gehört, und dann die Ärztin, die sich aufs Bett setzt und mich beklopft, alle aus Besorgnis zärtlich, ein Zimmer voll molliger Mütter. Keine gemeinsame Sprache. Man wäscht mir den Nacken, und ich brauche nur das Bein zu strecken, um eine Fußwaschung zu haben. Später bringt das Zimmermädchen ein Geschenk: drei russische Puppen. Der Sowjetische Schriftsteller-Verband wird ebenfalls mütterlich; mein Funktionär: Sie verpassen nichts, wenn Sie das Plenum verpassen. Auch Sofija kommt öfter und bringt Grüße.

Die lange Geschichte, die das mollige Zimmermädchen erzählt, und ich verstehe kein Wort, aber es verdrießt sie nicht. Herr Wolf bringt Lektüre, SINN UND FORM, ich lese Prosa von Christa Wolf. Ein sowjetischer Kritiker (der bei jenem Nachtgespräch mit Christa Wolf zugehört hat) besucht mich mit einer Frau: beide sehr informiert über die Literatur der kapitalistischen Welt. Plötzlich ein offeneres Gespräch. Ich sollte, so meint er, Novosibirsk sehen, die Stadt der Wissenschaftler, das fortschrittliche Rußland. Er spricht deutsch, sie dagegen spricht englisch; dabei tut er, als verstehe er nicht englisch, sie tut, als verstehe sie nicht deutsch; so spricht sie und so spricht er sozusagen unter vier Augen: nicht offiziös. Sie bleiben lang, ich habe den Eindruck, sie sind froh um diese Stunde abseits des Verbandes. Als Sofija kommt, wird das Gespräch wieder offiziös; ich kann nicht leugnen, daß ich Schluckweh habe, leider.

22. 6.
Stadtrundfahrt mit dem Oberbaumeister der Stadt Gorki. Es wird viel gebaut, aber ich hätte Fragen. Stattdessen wird dasselbe und nochmals dasselbe gezeigt und nochmals. Ich sehe: Wohnblock neben Wohnblock wie Kisten für Bienen, alles fünfstökkig, eine gigantische Öde. Ich frage: Wie sind Ihre Erfahrungen mit Hochhäusern? Aber ja, aber sicher, aber natürlich: Hochhäuser sehr gut. Warum sehe ich keins? Als Entgegenkommen gestehe ich, daß ich in einem Hochhaus wohne und darin nicht glücklich bin; es bleibt der Verdacht, daß ich, Gast aus dem kapitalistischen Westen, dem Sozialismus wohl keine Hochhäuser zutraue. Also: viele Hochhäuser in der Sowjetunion, aber ja, Hochhäuser sehr viel. Dazwischen ein Werk unseres Oberbaumeisters: eine Schule; er hat's noch immer mit Pilastern und Baalbek-Säulen. Weitere Belehrung: Hochhäuser bieten Vorteil, nämlich mehr freie Sicht bei gleicher Wohndichte. Das weiß ich, das ist im Westen auch so, aber ich sage nichts. Wozu! Ein schöner Blick auf die Wolga, während schon am vierten Beispiel erläutert wird, was man seit Jahrzehnten begriffen hat: Vorfabrikation der Elemente. Es ist ärgerlich. Beim ersten Beispiel habe

ich genickt, um dem Mann nicht die Freude zu nehmen; beim zweiten Beispiel mit der unveränderten Erläuterung habe ich genickt, um ihm eine dritte Erläuterung zu sparen; beim dritten Beispiel lasse ich durch den Übersetzer daran erinnern, daß ich einmal Architektur studiert habe. Übrigens sind es keine Varianten der bekannten Bauweise, sondern genaue Wiederholungen, was der Oberbaumeister zeigt: als Errungenschaft des Sozialismus. Beim vierten Beispiel schaue ich nach der andern Seite: zur Wolga: Ich nicke, ich nicke. Ich bin nicht erpicht auf alte Kirchen, aber da ist eine, und sie wird gezeigt auch von innen; man ist stolz auf die schönen alten russischen Kirchen. Zu Recht. Wir fahren weiter: Siedlungen wie gehabt, Siedlungen im Bau, ich schaue und schaue, wie es sich gehört, und schweige und sollte gelegentlich etwas sagen. Ich schwitze. Was ich sehe, ist leider nicht zu loben: stur und scheußlich und ohne Einfall, ungenügend für eine Diplom-Arbeit, aber ausgeführt. Ich lobe die Bäume an der Straße und vernehme, sie wurden gepflanzt, alle gepflanzt. Einmal eine große Fabrik: hier werden also die Wolga-Autos hergestellt. Man zeigt auf ein Gebäude: Laboratorium! und da ich nicht verwundert bin, noch einmal: Laboratorium! Ich erfahre, daß die sowjetischen Ingenieure, bevor ein Auto in der Serie hergestellt wird, viele Versuche machen und Berechnungen und so. Als sie auf der Rückfahrt wieder sagen: Laboratorium! bin ich verlegen; Schweigen wird als Mißtrauen empfunden, wenn nicht als verstockter Neid. Ich frage, was ein Wolga-Auto kostet. 5200 Rubel. Da man Verblüffung erwartet, wieviel billiger die Wagen sind als im kapitalistischen Westen, beginne ich zu rechnen. Nach dem schwarzen Kurs: 6000 Franken, also ein Volkswagen. Aber dieser Kurs, ich weiß, kommt nicht in Frage. Nach dem offiziellen Kurs: 22 000 Franken, also ein Porsche; aber ich kenne den Wolga-Wagen, wir fahren in einem Wolga-Wagen, ich gestehe meine Verblüffung, wie teuer er ist, wenn ich die Löhne bedenke: 100 bis 170 Rubel im Monat. Aber dafür, so höre ich, ist das Benzin viermal billiger als im Westen –

Versuch einer Diskussion:
Das Wohnen im Grünen ist seit Anfang dieses Jahrhunderts als Ideal verkündet und in aller Welt schon mehrmals verwirklicht; ist es richtig oder führt es zu einem Zerfall der Stadt? Lebendigkeit der früheren Städte: Wohnplatz – Arbeitsplatz – Feierabendplatz als örtliche Einheit; dagegen heute die örtliche Trennung von Wohn-Stadt und Kultur-Stadt. Wie stellen sich die sowjetischen Soziologen dazu? Die Satelliten-Stadt, wenn auch versehen mit Kino und Schule und so weiter, wird nie ein gesellschaftlicher Brennpunkt; die City anderseits, nicht mehr bewohnt und nur noch besucht, verliert notwendigerweise an Intensität. Das ist die Erfahrung, daher die Frage: ist in der Industrie-Gesellschaft, wo der Arbeitsplatz nicht mehr in der City sein kann und auch der Wohnplatz nicht mehr am Arbeitsplatz, überhaupt die Stadt noch möglich? Und wenn nicht, womit ersetzen wir die Stadt als gesellschaftlichen Brennpunkt? Ich frage. Keine Diskussion. Hier gibt es nur Lösungen; was einmal ausgeführt wird, ist die Lösung.

Abends großes Bankett an langen Tischen, Flaschen in Griffnähe überall, Trinksprüche, die trotz Lautsprecher niemand hört, alle trinken sofort, die Stadt Gorki und der Schriftsteller-Verband der Stadt Gorki begrüßen die Schriftsteller aus aller Welt, Hitze im Saal, man zieht die Jacken aus, Kaviar, Sulze zerfließt, schätzungsweise fünfhundert Leute in Turner-Frohsinn, ich sitze bei den Deutschen, die stiller sind, Georgier dröhnen vor Leben, Umarmungen, ein beflissener Rumäne erinnert durch den Lautsprecher nochmals daran, daß Maxim Gorki ein proletarischer Schriftsteller war und ist und bleibt, der alte Herr aus Prag versichert dasselbe, ein Inder bestätigt es, Selbstbedienung, eine Kapelle spielt Wien um die Jahrhundertwende, mein Funktionär hebt sein Glas auf meine Genesung. Beifall für den Inder, viele gehen umher, um anzustoßen, der Weimarer will auch ans Mikrophon, Grüße an die Brudervölker, aber er muß warten, zuerst das Faktotum aus den USA, Gesang der Georgier unter sich, ein Ungar setzt sich neben mich, aber man versteht kein Wort, also stoßen wir an, der Weimarer kommt ans Mikrophon, Grüße an die Brudervölker, man versteht kein Wort, aber er kommt zufrieden an den Tisch zurück, er hat in der Geburtstadt von Gorki gesprochen, meine Betreuerin trinkt, Weisenborn ersetzt Wodka insgeheim durch Wasser, ich beobachte Christa Wolf, manchmal versinkt sie, dann gibt sie sich wieder Mühe, wir heben das Glas auf Distanz, ohne es zu leeren, ein Kinderfest, aber es sind nicht Kinder, sondern Bären, Trinkspruch auf Trinkspruch, Wodka gut, der Mensch auf Urlaub vom Staat, Du ein Mensch, ich ein Mensch, es ist nicht Suff, aber Feierabend vom Katechismus, lauter gute Menschen, plötzlich die Frage: Was ist ein anständiger Mensch? Ich schlage vor: Ein anständiger Mensch ist ein tapfrer Mensch, einer, der sich und andern die Treue hält, das ist hierzuland ein tapfrer Mensch. Einverständnis, wir kippen das Glas, und ein Funktionär füllt sofort nach, kommt um den Tisch herum, während die andern weiterreden, und nennt den Namen eines Menschen, ja, wir kennen ihn beide; der Funktionär sagt: Ein anständiger Mensch! wir trinken auf einen, der in Ungnade ist, weil er sich für Daniel und Siniawsky eingesetzt hat, ausgestoßen aus der Partei und aus seinem Lehramt entlassen und von dem Schriftsteller-Verband, der hier feiert, schwerstens gerügt; der Funktionär: Ihr Freund auch mein Freund! ... Es ist unheimlich. Ich reise vorzeitig nach Moskau zurück, um eine Aufführung zu sehen. Sofija hängt ihren Arm ein. Eine ältere Genossin, die im selben Nachtzug reist, betreut meine Betreuerin; sie nimmt die Beschwipste in ihr Abteil und füllt sie vollends mit Wodka.

Moskau, 23./26. 6.

Gerücht: ein sowjetischer Physiker habe an den Kreml geschrieben, Kritik am status quo, Warnung vor Neo-Stalinismus. Notwendigkeit einer Zusammenarbeit von Ost und West, Behinderung der Wissenschaft und überhaupt des Geisteslebens durch Funktionär-Bürokratie, Wahnsinn der atomaren Aufrüstung usw., Notwendigkeit von Reform.

Aufführung im Satirischen Theater, DON JUAN ODER DIE LIEBE ZUR GEOMETRIE, ohne grobes Mißverständnis. Mirinov ist ein Schauspieler ersten Ranges. 35 Grad im vollen Saal; vorwiegend junge Zuschauer. Nachher zusammen mit Regisseur und drei Hauptdarstellern; diese Leute, im Gegensatz zu den Funktionären, sind begierig auf Informationen. Die Aufführung, seit anderthalb Jahren im Spielplan, ist von offiziöser Seite mißbilligt.

Wahlen in Frankreich, aber man erfährt nichts. Kioske mit ausländischen Zeitungen gibt es nur in den drei oder vier großen Hotels; ich kaufe L'HUMANITÉ und PAESE SERA: sie sind neun und elf Tage alt.
Reise nach Sibirien bewilligt.

Die Studentin, die nach Gorki gereist ist, taucht wieder auf; sie hat Deutsch im Selbstunterricht erlernt, viel gelesen, ihre Fragen sind genau und klug, somit schwierig. Leider ist Sofija dabei, aber es stört die Studentin überhaupt nicht, wenn Sofija mit einer Miene der Mißbilligung dolmetscht; Sofija ist nicht dumm von Natur, nur geschult: Fragen zu Kierkegaard oder zum Bildnis-Gebot oder zu Pirandello sind in ihrem Raster nicht unterzubringen, der Name Sartre ist nicht genehm. Offenbar hört die Studentin immer wieder, daß ich Eile habe, was aber, wie sie sieht, nicht der Fall ist. Im Gegenteil; man könnte zusammen einen Tee trinken. Aber wo? Natascha (so heißt die Studentin) könnte, auf Taille gekleidet, bei Tschechow vorkommen: eine seiner russischen Seelen, die warten und verkümmern.

Gorki-Institut:
Germanisten stellen Fragen, bis man sich die Fragen selber stellt, nämlich andere, die einen Schreiber wirklich beschäftigen. Sie lassen sich aber nicht provozieren. Eine Ketzerei, die sie aufmerksam hinnehmen, wird abgefangen mit einem Zitat von Majakowskij. Aber wenn ein heutiger Genosse das sagen würde?

Nachher Besichtigung des Museums: Dokumente aus dem Leben von Maxim Gorki. Elend des zaristischen Rußland; das erhellt die Revolution mehr als der Vergleich mit dem heutigen Westen; Notwendigkeit dieser Revolution, auch ihrer Grausamkeit.

Rast in einem Park: wenn man Bäumen und Wolken nicht ansieht, wo in der Welt man sich grad befindet – Erholung von einem Spuk. –

Bibliothek für ausländische Literatur. Frauen leiten die verschiedenen Abteilungen. Stichproben im Bezirk meiner Kenntnisse: Kein potjomkinsches Dorf. (So mißtrauisch wird man leider.)

Bankett in der Schweizerischen Botschaft: drei Literatur-Funktionäre und drei Männer in Ungnade, sie geben einander die Hand; die in Ungnade sind, wirken freier, gelöst. Nur Ljublinow, der in diesen Tagen vernommen hat, daß sein Theater (sie spielen Brecht) geschlossen werden soll, hat Mühe mit der Geselligkeit. Wiedersehen mit Tamara, meiner Übersetzerin. Der melancholische Aksionow; wie ich später vernehme: Liebeskummer. Mein Funktionär: In diesen Räumen fühlen wir uns immer wie zuhaus. Ich komme diesmal nicht um einen Trinkspruch herum; so danke ich denn nicht zuletzt meinem Freund, der aus der Partei ausgestoßen ist, und Funktionäre heben ihr Glas: fast gerührt, mindestens ohne Animosität. Sie mögen ihn ja, ich weiß. Auch wenn sie ein noch härteres Urteil gegen einen Genossen aussprechen oder billigen müssen, ein lebenvernichtendes, so nur, weil sie müssen. Ich frage Andrei Voznesensky, warum er nicht auf der Wolga dabei gewesen ist; er lächelt ohne Anzüglichkeit: How did you enjoy it? Ein junger Weltmann, etwas zu elegant; dann Gespräch über das End-Theater von Bekkett. Nachher mit Botschafter Lindt allein. »Nehmen Sie Ihr Glas, sprechen wir lieber draußen im Garten.«

Frage an meine Betreuerin, warum Voznesensky und Jevtuschenko eigentlich in Ungnade sind. Antwort: sie sind nicht in

Ungnade, sie sind nur zu oft im Ausland gewesen und müssen wieder lernen, ihre Heimat richtig zu verstehen.

Das Böse: Faschismus, Maoismus.

Meine Eindrücke von der ersten Reise (1966: Moskau, Leningrad, Odessa) bisher kaum widerlegt. Ohne Kenntnis der russischen Sprache hat die Reise wenig Sinn; ein Stummfilm mit Titeln, die uns die Funktionäre geben. Man verläßt sich schließlich nur noch auf seine Augen und weiß, daß man an der Oberfläche bleibt, verdrossen über sich selbst; der Verdruß überträgt sich auf das Land. Man richtet mehr als man wahrnimmt. Da sie alles, was erfreulich ist, sofort auf ihr System beziehen, verfällt man schweigend auf den Gegenfehler, daß man auch alles, was übel ist, sofort auf das System bezieht.

Abflug nach Sibirien. Reise allein mit meiner Betreuerin. Fliegen ist für Einheimische sehr billig; fünf Stunden im Jet: 48 Rubel. Viel Volk in der großen Halle, Arbeiter, Bauern. Reisen mit behördlicher Bewilligung.

NOVOSIBIRSK, 27./29. 6.

Der sibirische Schriftsteller, der mich trotz Morgenfrühe am Flughafen abholt, ist schwerhörig, drum seine überlaute Stimme, wenn er, ohne mich je anzublicken, Angaben macht über West-Sibirien: Größe des Landes, Länge und Breite der Ströme, Höhe der Berge, Temperatur im Winter, Temperatur im Sommer, Bevölkerungszunahme, Bodenschätze, Länge und Breite und Tiefe und Inhalt von Stausee usw. Es ist alles sehr enorm. Breite des Ob im Norden: 45 km. Meine Antwort auf seine kurze Zwischenfrage, wie breit Flüsse in Schweiz, braucht Sofija nicht zu übersetzen: das Lächeln eines Geschlagenen. Einmal überqueren wir zwei Geleise, denen man nichts ansieht, aber das sind sie: die Geleise der Transsibirischen Bahn. Fortsetzung des Unterrichts, der mir willkommen ist; der Akzent liegt auf der Quantität wie überall bei Pionieren. Hotelzimmer wie ein Tanz-Salon. Frühstück (ich kämpfe gegen Schlaf) mit Wodka und Ablösung der Eskorte, dann Fahrt hinaus zur Stadt der sowjetischen Forscher. Industrie-Landschaft am Ob; Eindruck, daß hier der Himmel noch weiter sei als an der Wolga. Meine neue Kollegen-Eskorte: zwei sibirische Lyriker, ein älterer und ein junger, den offensichtlich das Ehrenamtliche noch freut, beide in dunklem Anzug mit weißem Hemd und Kravatte, der Junge mit einem blonden Vogelgesicht, immer genau senkrecht, ob er sitzt oder geht, immer fröhlich und liebenswürdig-wortkarg. Stausee (Länge 200 km.) in blassem Morgenblau, Ufer mit Birken oder Föhren; wie ich mir die skandinavische Landschaft vorstelle. Militär-Lastwagen. Der ältere Lyriker erkundigt sich, wie lang man Militär-Dienst leistet in meinem Land. Er ist der erste, der nach unsern Verhältnissen fragt –

Campus in Birkenwald. Wohnhäuser der Gelehrten mit Gartenzaun. Wohnblocks mit Kindergarten. Stille, wenig Autos. Zentrum mit Kino und Restaurant, Hotel, Warenhaus usw., viel niedrige Bauten. Hier keine Universität, nur Forschung. Ich sehe hauptsächlich Menschen zwischen zwanzig und dreißig. Keine Hast, etwas Klösterliches. Bis wir zwei oder drei Institute besuchen können, Bummel hinunter zum großen See: Badende, man fröstelt beim bloßen Anblick, Ballspiele am Strand, auch Mädchen, Brillenträger beim Waldlauf im blauen Trainer.

Hier keine Lenin-Bilder.

Mittagessen in einer Art von Cafeteria oder Snack-Bar; zum ersten Mal russische Kellnerinnen, die es nicht verargen, wenn man etwas bestellt. Die beiden Lyriker: kein Wort von Propaganda für das sowjetische System. Es erübrigt sich hier. Institut für Genetik. Auskunft über Gen-Forschung. Englisch; sobald es einmal ohne Dolmetscher geht, sofort ein andres Vertrauen. Auskunft über ein neues Virus-Medikament; ich glaube wenigstens das Prinzip zu verstehen als Laie.

Hier keine Ost-West-Hysterie.

Abendbummel mit meiner Betreuerin in der alten Stadt, aber es gibt kaum noch alte Häuser in Holz. Opernhaus vor einem viel zu großen Platz. Bogenlampenleere. Wand mit Foto-Porträts: Arbeiter und Arbeiterinnen, die ausgezeichnet worden sind. Plakate eines Theaters: Gastspiele aus Moskau; Bilder von einer eignen Inszenierung: offenbar ein Hitler-Stück. Darsteller in Hakenkreuz-Uniform, Hitler in Person realistisch-melodramatisch. Menschen im Park. Mitternachthelle.

Institut für Geologie.
Was Sibirien an Bodenschätzen hat: Kohle, Erdöl, Erdgas, Kupfer, Silber, Gold, Diamanten usw. Problem: Transport.

Institut für Mathematik.
Wie sie die Auslese der Talente betreiben. Schüler in allen sowjetischen Republiken können sich jedes Jahr an einem Wettbewerb beteiligen, Lösung mathematischer Aufgaben, die der Lehrer aus Novosibirsk erhält; sie werden auch in den Zeitungen veröffentlicht. Dabei geht es nicht um das richtige Ergebnis, sondern vorallem um die Art, wie einer zum Ergebnis kommt oder nicht. Wer dabei Begabung verrät, kommt nach Novosibirsk, wo ihm wieder Aufgaben gestellt werden; er hat seine Lösungen in einem Auditorium zu vertreten; Diskussion mit den andern Aspiranten und mit den Wissenschaftlern. Wer sich hier bewährt, kommt an die Elite-Schule von Novosibirsk, später an die Universität; die Besten übernimmt das Forschungs-Institut.

Wodka-Unfall im Hotel:
DDR-Vertreter für Straßenbau-Maschinen holen mich an ihren Tisch; ich weiß nicht, was ich gesagt habe; Sofija bringt mich ins Zimmer, sie mag diese Leute nicht –

Moskau, 30. 6.

Abschied von Freunden.

BERZONA

Jemand berichtet von einer verbürgten Begegnung zwischen Robert Walser und Lenin an der Spiegelgasse in Zürich, 1917, dabei habe Robert Walser eine einzige Frage an Lenin gerichtet: Haben Sie auch das Glarner Birnbrot so gern? Ich zweifle im Traum nicht an der Authentizität und verteidige Robert Walser, bis ich daran erwache – ich verteidige Robert Walser noch beim Rasieren.

ZÜRCHER MANIFEST (unterzeichnet)

WIR STELLEN FEST:
In Zürich ist es zwischen Jugendlichen und der Polizei zu Kämpfen gekommen. Damit brachen auch in unserer Stadt Konflikte auf, wie sie sich gegenwärtig in Ost und West zeigen.
WIR FOLGERN:
Die Zürcher Ereignisse dürfen nicht isoliert beurteilt werden. Sie sind eine Folge unzulänglicher Gesellschaftsstrukturen. Sie als Krawalle abzutun und die Beteiligten nur als randalierende Taugenichtse und Gaffer hinzustellen, ist oberflächlich.
WIR SIND ÜBERZEUGT:
Eine Ursache der Krise ist die Unbeweglichkeit unserer Institutionen. Diese Unbeweglichkeit wendet sich gegen den Menschen. Sie verhindert die Anpassung an die sich wandelnden Bedürfnisse der Menschen und die Entfaltung schöpferischer Minderheiten.
WIR ERINNERN:
Wesentliche Umwälzungen sind immer von Minderheiten ausgegangen. So fand 1848 der Liberalismus gerade in der Jugend leidenschaftliche Anhänger. Diese Minderheit – damals Revoluzzer genannt – bewahrte die Unabhängigkeit der Schweiz und schuf unseren Bundesstaat.
WIR WARNEN:
Einen kulturellen Konflikt lösen weder Prügel und Verbote noch Besänftigung durch gönnerhafte Angebote. »Wohltätigkeit ist das Ersaufen des Rechts im Mistloch der Gnade« (Pestalozzi). Unterdrückung der Konflikte treibt die Jugend auf die Barrikaden.

WIR FORDERN:

1. Bereitstellung eines zentral gelegenen, autonom verwalteten Diskussionsforums für Jung und Alt.
2. Verzicht auf Sanktionen wie Relegation von Studenten und Schülern, Entzug von Stipendien, Ausweisung von Ausländern, Entlassungen, sofern nicht schwerwiegende Delikte vorliegen.
3. Wiederherstellung des verfassungsgemäßen Demonstrationsrechts.
   (Forderung 3 inzwischen erfüllt)
4. Fortsetzung der Gespräche mit allen Minderheiten.
5. Einladung zur Meinungsäußerung aller Konfliktparteien durch Presse, Radio und Fernsehen.
6. Unverzügliche Bildung einer wissenschaftlichen Arbeitsgruppe mit dem Auftrag, die tieferen Ursachen des Konflikts zu erforschen und praktische Vorschläge auszuarbeiten.

PROTOKOLL

Meine jüngste Tochter ist dabei gewesen, aber nicht verprügelt und nicht verhaftet worden. Sie sagt: es war ein Plausch, alle ganz fröhlich, man saß mitten auf der Straße (Bellevue), das war der Plausch.

EINS ZWEI DREI, GLOBUS FREI! der Ruf der Jugendlichen vor dem ehemaligen Warenhaus GLOBUS, das leer steht. Ein behördlicher Anschlag: »Wer unrechtmäßig in dieses Gebäude eindringt oder dazu anstiftet, macht sich strafbar.« Ein solches Eindringen ist aber nicht geplant, hingegen eine Demonstration vor dem Gebäude, Kundgebung des Protestes, weil es mit dem geforderten und von der Behörde versprochenen JUGENDZENTRUM nicht vorangeht. Polizei auf Pikett. Was die Demonstranten nicht haben erwarten können: die Polizei sperrt das Trottoir vor dem Gebäude, wo sie sich versammeln wollen, dadurch werden die Demonstranten auf die Fahrbahn gedrängt. Verkehrsstörung. Die Polizei (Dr. R. Bertschi) verlangt Abzug in wenigen Minuten, was selbst bei gutem Willen nicht möglich ist; auch kommt der eigene Ordnungsdienst nicht gegen die stärkeren Lautsprecher der Polizei an. Es entsteht Unwillen. Einsatz der Polizei nach Plan, Einsatz von Wasserwerfern, Gegenwehr mit Pflastersteinen und Bierflaschen und Holzlatten, Einsatz von Knüppeln, Verhaftungen, Verletzte auf beiden Seiten. Verhaftete werden in den GLOBUS-Keller gebracht, wo sie, auch wenn sie keinerlei Gegenwehr leisten, nochmals mit Knüppeln zusammengeschlagen werden, Ohnmächtige bekommen Fußtritte in die Hoden. Ein Polizist findet, ein Verwundeter müßte ins Spital gebracht werden; sein Kamerad in Uniform: Der Sauhund soll verrecken. Später auf der Hauptwache werden die Verhafteten neuerdings mit Knüppeln empfangen. Strafvollzug durch Polizei.

Tod eines Kindes. Schlagzeilen und Meldungen der ersten Stunden geben den Demonstranten sofort die Schuld, daß ein sechsjähriger Knabe in einem Krankenwagen gestorben ist. Folge der Verkehrsstörung. Erst nach drei Tagen muß Stadtrat A. Holenstein die verbreitete Empörung etwas dämpfen: »Die Darstellung, die man im Fernsehen und in verschiedenen Zeitungen sehen konnte, war übrigens falsch... Der Fahrer sagte aus, daß er durch diesen Umweg fünf bis acht Minuten langsamer gewesen sei... Ich möchte aber noch einmal betonen, daß der Tod dieses Kindes nicht ohne weiteres den Demonstrationen zugeschrieben werden kann.«

In der ersten Sondersitzung des Stadtrates erwägt Stadtpräsident Dr. Sigmund Widmer, ob man Militär einsetzen soll.

Die Jugendlichen (Studenten, Mittelschüler, Lehrlinge) wollen eine Vollversammlung einberufen, um die Situation zu diskutieren. Sie bekommen keinen Saal dafür von der Stadt. Auch Wirte, die über Räumlichkeiten als Eigentum verfügen, verweigern sie den Geächteten. Schließlich bekommen sie das VOLKSHAUS unter der Bedingung: 10000 Franken Garantie für allfälligen Sachschaden. Wir garantieren mit drei Schecks. Teach-in, sie hocken auf dem Boden, Diskussion bis Mitternacht, dazwischen Gitarren, dann putzen sie den Saal, gehen nachhause. Die städtischen Detektive auch. Kein Stuhlbein ist zu bezahlen.

Jugendliche (mit Bärten) berichten, daß Polizisten eine Woche vor dem Krawall zu ihnen gesagt haben: Wartet nur, am nächsten Samstag bekommt ihr's! Man hat ihren Krawall programmiert.

Ein Student namens Thomas Held, bekannt als Sprecher der FORTSCHRITTLICHEN STUDENTENSCHAFT ZÜRICH, nicht verhaftet, da er sich keines tatsächlichen oder angeblichen Hausfriedensbruchs schuldig gemacht hat, wird sofort aus seiner Lehrerstelle entlassen; eine anonyme Morddrohung nötigt ihn zurzeit, sich zu verstecken.

Beim Sammeln von Unterschriften (ZÜRCHER MANIFEST) oft die Antwort: Ich bin vollkommen einverstanden, aber das kann ich mir nicht leisten, ich bin Staatsangestellter / ich bin Assistent / ich bin Redaktor / ich bin beim Fernsehen usw.

Die Polizei erscheint jetzt in Zivil. Wenn auf der Bahnhofbrücke fünf Leute zusammenstehen, sagt ihnen ein Detektiv, was sie zu tun haben: verschwinden. Eine kleine Gruppe, die verspricht, daß sie keinerlei Widerstand leisten wird, versucht einen Marsch in einer Gegend, wo dadurch keinerlei Verkehrsstörung entsteht; sie lassen sich von Detektiven sofort ihre Transparente abnehmen.

Ein Zivilist, der auf die Hauptwache kommt, wird niedergeknüppelt; danach weist er sich als Rechtsanwalt aus, Automobilist, der seine Park-Strafe bezahlen will.

Ein Lehrling, der nicht dabei gewesen ist, hat seine langen Haare zu schneiden, wenn er die Stelle behalten will.

Verhaftete, die verhört werden, haben nicht das Recht, die Vorgänge nach ihrer Wahrnehmung darzustellen; sie haben lediglich auf die gestellten Fragen zu antworten: ob sie einer Vereinigung angehören, einem Club usw.

Eine junge Bühnenbildnerin kam von Frankfurt, wußte von nichts, als sie beim Hauptbahnhof in die Wasserwerfer geriet, lief weg, wurde von drei Polizisten niedergeknüppelt und in den GLOBUS-Keller geschleift; dort Schläge mit dem Knüppel zwischen die Beine.

Ein ausländischer Student sofort abgeschoben: ohne Untersuchung, was er wirklich getan oder nicht getan hat.

Ärzte bestätigen, daß zahlreiche Verletzungen, die sie zu behandeln haben, »sicher nicht im Handgemenge entstanden sind«, sie sind zu erklären nur aus »systematischen Prügeln«. Der Chef der Kriminalpolizei, Dr. Hubatka, bestreitet gegen Augenzeugenbericht, daß er bei Mißhandlungen daneben gestanden hat, ohne Einhalt zu gebieten.

Ein erwachsener Zivilist (aber in kurzer Hose, da er gerade von seinem Segelboot kam) mischte sich auf der Quaibrücke ein, als ein jugendlicher Demonstrant, der bereits auf dem Boden lag, mit Fußtritten in alle Körperteile behandelt wurde; er wollte die Namen der betreffenden Polizisten wissen, wurde mit Knüppeln niedergeschlagen und ebenfalls auf die Hauptwache gebracht, wo er sich später als Arzt auswies.

NEUE ZÜRCHER ZEITUNG: »Verkehrsstörungen und Sachbeschädigungen in großem Ausmaß und ein noch nicht abzuschätzender Vertrauensverlust der Zürcher gegenüber ihrer Jugend«. / »Wer da randalierte, war richtiges Schlägergesindel.« / APPELL DES STADTPRÄSIDENTEN: »Die überwältigende Mehrheit der Zürcher Bevölkerung ist empört über die von Jugendlichen hervorgerufenen Unruhen während der letzten Nacht. Auch ich bin empört... Wenn es nötig ist, werden die Ordnungskräfte verstärkt... Zum Schluß: Die Jugend wird durch Trotz und Gewalt nicht an ihr Ziel gelangen...« / NEUE ZÜRCHER ZEITUNG, No.

395: »Harter, aber korrekter Einsatz der Polizei.« / VATERLAND, Luzern: »Unseres Erachtens ist von der Zürcher Polizei vollständig zu Recht scharf eingegriffen worden, und jene Randalierer, die Prügel erhielten, mögen nun heulen und mit den Zähnen knirschen... Man sehe sich vor! Wir kennen nun die Methoden der Gesellen, die ewig von Rechtsansprüchen reden und von Reformen, die aber im Grunde nichts anderes sind als schlimme Aufwiegler und brutale Anarchisten.« / ZÜRCHER WOCHE: »Man kann diese Gruppe nicht verbieten. Aber man kann sie ächten.« / DIE FREISINNIGE PARTEI: »– sie fordert die Behörden insbesondere zu folgenden Maßnahmen auf: ... Gegen die Randalierer und ihre Rädelsführer ist die ganze Strenge des Gesetzes anzuwenden... Studenten und Mittelschüler, die von einem Gericht in Strafe verfällt werden, sind von den zürcherischen Lehranstalten wegzuweisen... Ausländer, die sich an den Unruhen beteiligten, sind über die Grenze abzuschieben.« / ERKLÄRUNG DES STADTRATES: »Die Behauptung, wonach Übergriffe durch einzelne Funktionäre vorgekommen seien, wird abgeklärt. Der Stadtrat tritt ohne Ansehen der Person für die rechtsstaatliche Ordnung ein.« / POLIZEI-RAPPORT: »– sind im Verlauf der Straßenschlacht in der Nacht auf den Sonntag 41 Personen verletzt worden, nämlich 15 Polizisten, 7 Feuerwehrleute und 19 Demonstranten. Mit Ausnahme eines Brandwächters und eines Polizisten haben alle Verletzten aus dem Spital entlassen werden können. Insgesamt sind 169 Personen festgenommen worden. 55 dieser Demonstranten sind noch nicht 20 Jahre alt. 19 der jugendlichen Festgenommenen befinden sich gegenwärtig noch in Haft.« / NOTSTAND: der Stadtrat von Zürich erläßt ein Demonstrationsverbot »bis auf weiteres«. Zuwiderhandlungen werden gemäß den Bestimmungen des schweizerischen Strafgesetzbuches bestraft. / NEUE ZÜRCHER ZEITUNG: »Die Herrschaft des Pöbels auf Zürichs Straßen.« Text zu Foto von einem jungen Mann: »Der kräftige Wasserstrahl läßt keine heldenhafte Haltung mehr zu.« Zu einem andern Foto: »Ein verletzter Polizist wird von seinen Kameraden vom Platz geführt.« / REGIERUNG: »Der Regierungsrat ließ sich in seiner Sitzung vom 4. 7. durch die zuständigen Direktionsvorsteher über die Situation, die als Folge der Unruhen in Zürich entstanden ist, orientieren. Staatsanwaltschaft und Bezirksanwaltschaft haben zahlreiche Strafuntersuchungen eingeleitet, um die Schuldigen dem Richter zu überweisen. Die Fremdenpolizei ist angewiesen, Ausländer, die sich festgestelltermaßen aktiv an den Unruhen beteiligten, auszuweisen. Die Behörden der Universität und der Mittelschule werden gegen Studenten und Schüler, die sich strafbar gemacht haben, Disziplinarmaßnahmen ergreifen. Der Regierungsrat wird zusammen mit den Behörden der Stadt Zürich alle seine Mittel einsetzen, um die Aufrechterhaltung der öffentlichen Ordnung und Sicherheit der Bürger zu gewährleisten. Die Kantonspolizei ist einsatzbereit.« / NEUE ZÜRCHER ZEITUNG: »Wehret den Anfängen!« / »Positive Auswirkung des Demonstrationsverbotes.« / »Spielregel der Demokratie.« / »eine winzige Minderheit und eine überwältigende Mehrheit.« / »die Jugendlichen und ihre Hintermänner« / »ihre Drahtzieher im Ausland« / »Eine fehlgeleitete Jugend« / »Die Bewertung der Tatbestände wird den Richtern obliegen, die in voller Unabhängigkeit und unberührt vom Druck der Straße zu urteilen haben.« / »In diesem Zusammenhang verdient festgehalten zu werden, daß in den letzten Tagen von sämtlichen einschlägigen Körperschaften der Verzicht auf ein Referendum gegen die Hochschulvorlage ausgesprochen worden ist.« / »Es ist zu hoffen, daß die Justiz über die Steine- und Flaschenwerfer hinaus zu den geistigen Urhebern der Gewalttaten durchzugreifen vermag, die man mit Namen und Vornamen kennt.« / »Sympathiekundgebungen für die Stadtpolizei. Ein Mädchen brachte eine Tafel Schokolade auf die Hauptwache. Ein Landwirt aus Herrliberg anerbot sich, bei Bedarf sämtliche Landwirte der Umgebung im Kampf gegen die Demonstranten zu mobilisieren. Ein Akademiker wünschte als Passivmitglied im Turnverein der Polizei aufgenommen zu werden. Ein Männerchor aus dem Kreis 4 teilte mit, daß der ganze Verein zu Hilfe eile, wenn dies gewünscht werde. Ein Anrufer versicherte, daß er und seine Metzgerkollegen sich als Freiwillige zur Verfügung stellen würden.«

PS.

Extra-Ausgabe der NEUEN ZÜRCHER ZEITUNG vom 24. 9. 1933 mit Schlagzeile: »Der Fackelzug der vaterländischen Parteien das Opfer eines organisierten marxistischen Überfalls. Nächtliche Kämpfe in den Straßen Zürichs. Sozialdemokraten und Kommunisten provozieren und überfallen den bürgerlichen Fackelzug. Steinbombardements. Aufruf zur Ruhe.« Parole der vaterländischen Kundgebung 1933: »In Zeiten der Not gilt es unsere Stadt einem klassenkämpferischen und nur auf das eigene Wohl bedachten sozialdemokratischen Klüngel zu entreißen.« Sprecher in der Kundgebung: Niklaus Rappold, FREISINN, Robert Tobler, NATIONALE FRONT, die mit Hitler sympathisierte. »Der Kampf um ein vaterländisches Zürich.«

Reminiszenz

1936, als ich eine Studentin aus Berlin, Jüdin, heiraten wollte und im Stadthaus Zürich die erforderlichen Papiere abholte (Geburtsurkunde, Heimatschein usw.), erhielt ich unverlangt einen amtlichen Arier-Ausweis mit dem Stempel der Vaterstadt. Leider habe ich das Dokument damals auf der Stelle zerrissen. Die Schweiz war nicht von Hitler besetzt; sie war, was sie heute ist: unabhängig, neutral, frei usw.

Handbuch für Mitglieder

Der Gezeichnete sieht mehr begehrenswerte Frauen als früher. Dabei wechselt er den Gegenstand seines Entzückens mehrmals am Tag. Er ist nicht mehr auf einen bestimmten Typ beschränkt. Neigung zum Panerotischen. (Frühes bis spätes Stadium.) Die Anzahl der Frauen, die ihn entzücken, verhält sich reziprok zu seinen realen Chancen.

Der Vor-Gezeichnete erkennt sich daran, daß er auch Frauen zu gefallen wünscht, die ihm eigentlich nicht gefallen, und daß er sich auf seine Erfolge einläßt – mindestens bis er die Gewißheit zu haben meint, daß seine Männlichkeit angenommen würde.

Es kommt zum Beischlaf bloß um der Bestätigung willen, daß er kein Gezeichneter ist; er weiß im voraus, daß es eine dumme Geschichte ist, aber sie mußte sein –

Der Vor-Gezeichnete, wenn er sich wirklich nochmals verliebt: rücksichtslos gegen alles, was sich der Erfüllung widersetzt – er kann sich das Wunder nicht versagen…

Der Gezeichnete versteht nicht, daß diese Wesen einmal so wichtig gewesen sind. Trotzdem schaut er jede an, ärgert sich über seine Obsession: er kann kaum noch eine junge Frau sehen, ohne wenigstens einen Augenblick lang zu denken, wie es wäre –

Sehnsucht nach der Begierde…

Dabei hat der Gezeichnete lange Zeiten, wo ihn Beischlaf überhaupt nicht interessiert; mehr als das: er findet das (wenn er trotzdem daran denkt) einen absurden Akt.

Der Gezeichnete ertappt sich dabei, daß er sich in Filmen, wenn es zur Umarmung kommt, besonders langweilt; er findet diese Stellen immer zu lang –

In Gesellschaft entwickelt er vorallem jungen Frauen gegenüber eine Artigkeit, die alle seine einstigen Gefährtinnen (wenn sie es sehen könnten) verblüffen würde: der Gezeichnete als vollendeter Kavalier. Auch wenn sie nicht gescheit reden, sind sie seiner Aufmerksamkeit gewiß. Der Gezeichnete behandelt sie in Gesellschaft so, wie sie es von den Männern wünschten, die mit ihnen schlafen.

Lange bevor seine Chancen gänzlich ausfallen (der Gezeichnete unterschätzt sie zuweilen, weil er lächerlich würde, wenn er sich irrt), unterläßt er Werbung auch bei günstigen Voraussetzungen… Er sieht, daß die Tennis-Spielerin, wenn sie ihr Haar aus der Stirne wirft oder nach einem Doppelfehler übermäßig den Kopf schüttelt, bereits für den Zuschauer spielt. Nicht zum ersten Mal schaut er eine Weile zu. Sie gefällt ihm. Einmal wirft er ihr einen Ball über das hohe Netz zurück, um dann seines Weges zu gehen. Im Lift weiß er schon, welchen Etage-Knopf er für sie drücken darf, spricht sie aber nicht an. Sitzt sie abends in der Bar, so setzt er sich weitab; dabei hat er gesehen, was sie liest: das Thema läge auf dem Tisch – der Gezeichnete kennt die langen Gespräche, die zu führen sind, Konversation zwecks Entdeckung gemeinsamer Interessen, er scheut diese langen Gespräche, weil ihn sein eigner Text dabei langweilen wird. Der Gezeichnete schläft lieber einmal mit einer Bar-Dame. (Mittleres Stadium.) Ist er verliebt, so erkennt er sich daran, daß ihm immer noch die Wahl bleibt, er reist ab.

Der Vor-Gezeichnete, wenn seine Werbung ohne Erfolg bleibt, bezieht es sofort auf sein Altern – als wäre er früher, als junger Freier, nie erfolglos gewesen.

Der Vor-Gezeichnete wird ein besserer Liebhaber als früher, weiß, daß es mit körperlicher Leidenschaft nicht getan ist, und ist seinerseits dankbar dafür; das macht ihn zärtlicher...

Im Gegensatz zum Vor-Gezeichneten, der Angst hat vor der endgültigen Entlassung aus der Virilität, weiß der Gezeichnete, daß es diese endgültige Entlassung nicht gibt. Er wäre froh darum...

Junggesellen halten sich etwas länger.

Mitglieder, die sich von handelsüblichen Präparaten erhoffen, daß diese das Altern aufhalten, steigern vorallem ihre Angst vor dem Altern. Das Bett als Ort der Bewährung. Sie bekommen etwas von Strebern.

Entdeckung, daß er sich beim Akt langweilt –

Der Gezeichnete erkennt sich daran, daß ihm Frauen einfallen, die er vor 30 oder noch vor 10 Jahren hätte verführen können; er bereut jetzt jede versäumte Gelegenheit – und es wären viele gewesen, so scheint es ihm; dabei vergißt der Gezeichnete, was ihn in den meisten dieser Fälle verhindert hat: sein Geschmack.

Onanieren mit Erinnerung. (Frühes bis mittleres Stadium.) Er traut sich Eroberungen nicht mehr zu oder sie sind ihm zu mühsam nur schon in der Fantasie.

Wieso dem Gezeichneten vieles mühsam wird (ein Gang durch die Stadt, Einkäufe, Gesellschaft, Bus-Fahrten, das Warten am Flughafen usw.): seine Erscheinung löst keinerlei weibliche Reflexe aus: er ist wie nicht vorhanden... Kommt ihm auf der Straße eine junge Frau entgegen, so tut sie nicht wie früher, als blicke sie handbreit an ihm vorbei, sie sieht den Gezeichneten wirklich nicht. Ohne Koketterie. Er kann sich umdrehen nach ihr, sie merkt es nicht; er sieht es an ihrem Gang, daß sie auch das nicht merkt. Am Kiosk wird er nur als Käufer behandelt; die Person blickt auf die Journale, die er sich genommen hat, und dann auf das Geld. Nichts weiter. Im Flugzeug wird es auch anders; das stereotype Lächeln der Hostessen beginnt ihm zu gefallen, aber nicht einmal das bleibt ihm: erkundigt er sich nach der Ankunftszeit, so werden sie mütterlich, sogar krankenschwesterlich. Gibt es sich in der Bahn, daß der Gezeichnete im gleichen Abteil sitzt mit einer jüngern Frau, so entsteht keine Verlegenheit; früher blickten sie krampfhaft zum Fenster hinaus oder versteckten sich hinter ein Magazin, um nicht angesprochen zu werden. Neuerdings sitzen sie einfach da, tun, als wäre nur sein Gepäck hinzugekommen, was nicht stört. Bückt er sich im Bus, weil ihre Handschuhe auf den Boden gefallen sind, so ist die weibliche Person verblüfft, daß ihr jemand gegenübergesessen hat. Die Kellnerin, wenn sie seine Person endlich wahrgenommen hat, kommt an den Tisch, um den Aschenbecher zu wechseln, nebenbei nimmt sie seine Bestellung auf: blicklos; wenn sie das Bier hinstellt, blickt sie über ihn hinweg; später kassiert sie: blicklos. Der Gezeichnete fragt sich, was er außer Bier eigentlich erwartet. Sieht er nachher in der Toilette, die Hände trocknend, sich zufällig im Spiegel, so kann er's verstehen und legt seine Münze in den Teller...

Wenn eine Frau (Schauspielerin) von einem Mann (Regisseur) sagt, er sei Gaga: – der Mann hat kein Gegenwort dazu. (Ziege oder Hexe ist kein Gegenwort, insofern es auch junge Ziegen und junge Hexen gibt.) Der Gaga-Begriff als Quittung dafür, daß er die Frau nur als Geschlechtswesen bestimmt hat, und als solches urteilt sie jetzt; zu Recht.

Der Gezeichnete unterläßt es bereits, seiner Tochter einen Kuß zu geben, oder er ironisiert den Kuß; ebenso scheut er sich gegenüber jungen Frauen, wenn der gesellige Anlaß (Geburtstag, Silvester usw.) eigentlich zu einem Kuß berechtigen würde. Er empfindet seine Lippen als Zumutung. Ergibt es sich bei solchem Anlaß, daß jüngere Frauen auch ihm wie allen andern einen arglosen Kuß geben, so erkennt der Gezeichnete sich an seiner Betroffenheit –

Fälle von Greisen-Charme – es kommt vor, daß ein jüngerer Mann dabei eifersüchtig wird, obschon er weiß, was er nicht zu befürchten hat; es genügt dem Gezeichneten schon, daß der jüngere Mann eifersüchtig wird.

Indem er entdeckt, daß er jetzt, da er Versagen zu fürchten hat, für Frauen attraktiver wird als bisher, entdeckt der Vor-Gezeichnete seinen bisherigen Irrtum: er hielt sich für einen Frauenkenner – dabei unterstellte er den Frauen immer nur die Erwartung, die er meinte erfüllen zu können, und ahnt jetzt, was sie noch alles von einem Mann erwarten, d. h. was er den Frauen schuldig geblieben ist; allein diese Ahnung macht ihn attraktiver.

Der Gezeichnete als Frauenkenner... Indem er sich in Gesellschaft nicht mehr als Mann erlebt, sondern lediglich als Teilnehmer am Gespräch, kommt der Gezeichnete öfter zur Ansicht, daß die meisten Frauen für das Gespräch nicht nur überflüssig sind, sondern daß sie ein ergiebiges Gespräch sogar verhindern; er zieht Männer-Gesellschaft (Klub, Stammtisch, Fachmannschaft usw.) vor. Bewahrt er sich die geistige Frische, so erkennt sich der Gezeichnete daran, daß die Jüngeren über alles sprechen mit ihm, ausgenommen das eine. Ihre Diskretion wird perfekt: dazu möchte man von ihm nichts vernehmen.

Im Taxi mit einer jungen Frau hütet er sich zwar, unter irgendeinem Vorwand plötzlich seine Hand auf ihren Arm zu legen oder auf ihre Schulter. Er tut gut daran. Daß er sich hütet, heißt aber: er denkt daran. Daß er daran denkt, macht ihn unfrei. Spürt sie es, so rückt sie, obschon der Gezeichnete sich hüten wird, höflich zur Seite. Der Gezeichnete ist insofern frei, als er tatsächlich nicht verliebt ist; er findet die Person nur sehenswert. Sein Bewußtsein, daß er ein ungenügender Bettgenosse wäre, irritiert ihn, gerade weil keinerlei Anlaß zu solchen Voraussichten besteht. Gibt sie ihm einen Blick, so ist der Gezeichnete verlegen: wie ein ertappter Hochstapler. Er denkt immer schon ans Bett. Dabei genügt es ihm eigentlich, daß man im Taxi sitzt. Er weiß: seine Hand würde sie nicht elektrisieren. Auch für ihn (so stellt er fest, indem er zum Fenster hinausblickt) ist es nicht unumgänglich. (Mittleres Stadium.) Er ist froh, wenn diese Taxi-Fahrt zu Ende ist... Noch vor kurzem hat der Gezeichnete es für unumgänglich gehalten, seine Hand auf ihre Schulter zu legen; es ist sogar vorgekommen, daß dann ihr Haar plötzlich an seiner Brust lag, wobei er die Erfahrung machte: in der Berührung zerfällt ihm die Erwartung. (Frühes Stadium.) Später hütet sich der Gezeichnete auch vor dieser Erfahrung nicht mehr. (Letztes Stadium: man sollte ihm die Pfoten auf den Rücken binden.)

Senilität feit nicht vor Hörigkeit.

Verliebte kommen ihm komisch vor.

Wenn er sich an eine bestimmte Mann-Frau-Geschichte erinnert: Wohnung, Landschaft, Wetter, Jahreszeit, eine bestimmte Speise, ihre Kleidung schon weniger, ihr Körper nur allgemein – der Gezeichnete ertappt sich, daß er sich vorallem an die Umstände erinnert, oft sehr genau: an die Holzfäller, die das Paar überrascht haben, und an die genaue Stelle im Wald... Der Rest ist Sage.

21. 8. 1968
Der Rucksack ist gepackt, der Weißwein gekühlt, alles bereit für die Wanderung. Unser Verhalten erinnert mich an einen andern Tag, der auch sofort als historischer Tag zu erkennen war: Einmarsch von Hitler in die Tschechoslowakei. Jene Nachricht erreichte einen Freund und mich in einer Badanstalt; wir waren eben dabei, die Kleider abzulegen. Eine Viertelstunde danach gingen wir trotzdem schwimmen, nicht ahnungslos, nur hilflos.
Golo Mann wollte uns heute das Valle Verzasca zeigen, und es hätte wenig gefehlt, daß wir ohne Wissen auf die Wanderung gegangen wären; ich beginne den Tag nicht am Radio, ein Bekannter hat angerufen. Was wissen wir in diesem Augenblick? Wie gesagt: Sowjetischer Einmarsch in die CSSR seit heute Nacht, ein paar Einzelheiten von der Methode des Überfalls, Besetzung des Flughafens usw., Dubček von den Sowjets verhaftet und verschleppt. Von unseren Freunden in Prag wissen wir nichts; ich komme nicht auf die Idee, sie anzurufen. Es wäre noch möglich gewesen.
Unsere Wanderung, lange schon geplant, scheint das einzige zu sein, was wir unternehmen können an diesem Tag, Wanderung mit dem kleinen Transistor unter dem Arm. Der Historiker vom Fach versagt sich Spekulationen; er berichtet, daß er kürzlich in der CSSR gewesen ist wegen Dokumenten zu Wallenstein. Ich sehe das Valle Verzasca: Felsen, Bach, Flora, Schmetterlinge, lauter unvergeßliche Nebensachen. Der kleine Transistor erübrigt sich; er krächzt nur.
PS.
Beim Wiederlesen der Kafka-Tagebücher: „2. August (1914). Deutschland erklärt Rußland den Krieg. – Nachmittag Schwimmschule."

Fragebogen

1.

Wissen Sie in der Regel, was Sie hoffen?

2.

Wie oft muß eine bestimmte Hoffnung (z. B. eine politische) sich nicht erfüllen, damit Sie die betroffene Hoffnung aufgeben, und gelingt Ihnen dies, ohne sich sofort eine andere Hoffnung zu machen?

3.

Beneiden Sie manchmal Tiere, die ohne Hoffnung auszukommen scheinen, z. B. Fische in einem Aquarium?

4.

Wenn eine private Hoffnung sich endlich erfüllt hat: wie lange finden Sie in dcr Regel, es sei eine richtige Hoffnung gewesen, d. h. daß deren Erfüllung so viel bedeutete, wie Sic jahrzehntelang gemeint haben?

5.

Welche Hoffnung haben Sie aufgegeben?

6.

Wieviele Stunden im Tag oder wieviele Tage im Jahr genügt Ihnen die herabgesetzte Hoffnung: daß es wieder Frühling wird, daß die Kopfschmerzen verschwinden, daß etwas nie an den Tag kommt, daß Gäste aufbrechen usw.?

7.

Kann Haß eine Hoffnung erzeugen?

8.

Hoffen sie angesichts der Weltlage:

a. auf die Vernunft?

b. auf ein Wunder?

c. daß es weitergeht wie bisher?

9.

Können Sie ohne Hoffnung denken?

10.

Können Sie einen Menschen lieben, der früher oder später, weil er Sie zu kennen meint, wenig Hoffnung auf Sie setzt?

11.
Was erfüllt Sie mit Hoffnung:
a. die Natur?
b. die Kunst?
c. die Wissenschaft?
d. die Geschichte der Menschheit?

12.
Genügen Ihnen die privaten Hoffnungen?

13.
Gesetzt den Fall, Sie unterscheiden zwischen Ihren eignen Hoffnungen und den Hoffnungen, die andere (Eltern, Lehrer, Kameraden, Liebespartner) auf Sie setzen: bedrückt es Sie mehr, wenn sich die ersteren oder wenn sich die letzteren nicht erfüllen?

14.
Was erhoffen Sie sich von Reisen?

15.
Wenn Sie jemand in einer unheilbaren Krankheit wissen: machen Sie ihm dann Hoffnungen, die Sie selber als Trug erkennen?

16.
Was erwarten Sie im umgekehrten Fall?

17.
Was bekräftigt Sie in Ihrer persönlichen Hoffnung:
a. Zuspruch?
b. die Einsicht, welchen Fehler Sie gemacht haben?
c. Alkohol?
d. Ehrungen?
e. Glück im Spiel?
f. ein Horoskop?
g. daß sich jemand in Sie verliebt?

18.
Gesetzt den Fall, Sie leben in der Großen Hoffnung (»daß der Mensch dem Menschen ein Helfer ist«) und haben Freunde, die sich aber dieser Hoffnung nicht anschließen können: verringert sich dadurch Ihre Freundschaft oder Ihre große Hoffnung?

19.
Wie verhalten Sie sich im umgekehrten Fall, d. h. wenn Sie die

große Hoffnung eines Freundes nicht teilen: fühlen Sie sich jedesmal, wenn er die Enttäuschung erlebt, klüger als der Enttäuschte?

20.

Muß eine Hoffnung, damit Sie in ihrem Sinn denken und handeln, nach Ihrem menschlichen Ermessen erfüllbar sein?

21.

Keine Revolution hat je die Hoffnung derer, die sie gemacht haben, vollkommen erfüllt; leiten Sie aus dieser Tatsache ab, daß die große Hoffnung lächerlich ist, daß Revolution sich erübrigt, daß nur der Hoffnungslose sich Enttäuschungen erspart usw., und was erhoffen Sie sich von solcher Ersparnis?

22.

Hoffen Sie auf ein Jenseits?

23.

Wonach richten Sie Ihre täglichen Handlungen, Entscheidungen, Pläne, Überlegungen usw., wenn nicht nach einer genauen oder vagen Hoffnung?

24.

Sind Sie schon einen Tag lang oder eine Stunde lang tatsächlich ohne Hoffnung gewesen, auch ohne die Hoffnung, daß alles einmal aufhört wenigstens für Sie?

25.

Wenn Sie einen Toten sehen: welche seiner Hoffnungen kommen Ihnen belanglos vor, die unerfüllten oder die erfüllten?

In Moskau, vor sieben Wochen, hörte man von einer Botschaft, die ein Wissenschaftler an die Machthaber im Kreml adressiert hat: sie wurde nicht veröffentlicht, aber offenbar unter Intellektuellen verbreitet. Inzwischen ist die ausführliche Schrift, deren Inhalt man nur gerüchtweise kannte, in Übersetzungen erschienen (»New York Times«, »Die Zeit«): ihr Verfasser, Andrej D. Sacharow, ein sowjetischer Physiker, Mitglied der Akademie der Wissenschaften und 1958 Nobelpreisträger, ist Kommunist. Seine Botschaft verurteilt die stalinistische Periode, deren Opfer er auf mindestens zehn Millionen schätzt, und untersucht das Erbe dieser Periode, die Situation heute. Sacharow schildert den sterilen Bürokratismus, der sich für Sozialismus ausgibt und daher als ein Tabu gilt; er spricht offen vom idiotischen Dogmatismus der Funktionäre, der die Probleme der Welt-Zukunft zu lösen nicht imstande ist, also von einer tödlichen Gefahr für die kommunistischen Länder selbst und für die Welt. Seine Kritik, die Sacharow als Eingeweihter zu begründen vermag, hat den Ernst des Alarms und führt zu einer nüchternen Mahnung: daß beide Lager, Ost und West, aus ihrem erstarrten Denkschema herausfinden zu einer globalen Kooperation (was mehr ist als die bloße Koexistenz, wie sie sich heute versteht: Übereinkunft der atomaren Großmächte, die ihre Machtinteressen aushandeln auf Kosten Dritter) als der einzigen Chance für eine Zukunft der Menschheit. Sacharow verweist auf Prag; seine Hoffnung deckt sich mit der unseren: daß Sozialismus sich endlich entwickle in der Richtung seines großen Versprechens.

Ist dieser Versuch gescheitert?

Die sowjetischen Panzer in der Tschechoslowakei erinnern, so heißt es, an den 17. Juni in Berlin und an Ungarn 1956, nur ist der Vergleich verfehlt: in Prag war kein Aufstand, sondern die kommunistische Partei selbst hat den Versuch unternommen, Sozialismus zu demokratisieren, und die tschechoslowakische Regierung hat keinen Tag lang die Kontrolle verloren über diesen Versuch. Die sowjetischen Truppen verteidigen nicht, wie vorgegeben wird, den Sozialismus gegen Konterrevolution; sie verteidigen lediglich das heutige sowjetische Establishment, das Furcht hat vor einer Evolution des Sozialismus, die unabwendbar ist auf die Dauer, unabwendbar auch für die Sowjetunion; ihr militärischer Aufmarsch ist die Manifestation dieser Furcht, die aber nicht die Furcht des russischen Volkes ist, sondern die Furcht der Funktionäre vor dem eigenen Volk. Der tschechoslowakische Versuch ist nicht gescheitert, aber unterdrückt.

WELTWOCHE, Zürich, 30. 8. 1968

Handbuch für Mitglieder

Als Friedrich Hölderlin im Alter von 71 hörte, daß von Goethe die Rede war, sagte er: »Ach – Herr von Goethe!« Er erinnerte sich sofort an seinen Besuch bei Goethe am 22. 8. 1797, also vor 44 Jahren; der überlieferte Seufzer von Friedrich Hölderlin stammt aus dem Jahr 1841 ... Der Gezeichnete erkennt sich nicht nur an seiner Vergeßlichkeit, sondern ebenso sehr an einer Unfähigkeit, gewisse Vorkommnisse vergessen zu können.

Hispano-Suiza verkauft Geschütze, die Hitler bestellt und nicht mehr abgeholt hat, und dazu Ausschuß-Munition nach Afrika. Die Schweiz bietet ihre guten Dienste an, Botschafter August Lindt aus Moskau. Zeitungen melden einen gesetzwidrigen Waffenhandel von Bührle-Oerlikon. Schlagzeilen: Der Bundesrat fordert Untersuchung. Zuerst heißt es: 10 Millionen, dann sind es 90 Millionen für Waffen nach Nigeria, Israel, Ägypten, Südafrika. Fälschung von Unterlagen zur behördlichen Bewilligung der Waffenausfuhr; Dr. Dietrich Bührle hat nichts davon gewußt, Strafklage gegen zwei Vize-Direktoren. Bundesrat und Bührle, Oberst in der schweizerischen Armee, deren Lieferant er ist, sind sich in einem Punkt einig: ohne Waffen-Export wäre eine schweizerische Rüstung nicht möglich. Einige Wochen nach dem Skandal, der die Öffentlichkeit betrübt, als wäre Derartiges noch nie vorgekommen, bestellt der Bundesrat bei Bührle-Oerlikon militärisches Material im Betrag von 490 Millionen. Wo sollte er sonst bestellen? Eine Verstaatlichung der Waffen-Industrie kommt aber nicht in Frage; Verstaatlichung wäre das Ende jener Freiheit, die unsere Armee zu verteidigen hat. Plakate fordern Hilfe für Biafra. Der Bundesrat spendet eine Million Franken für Biafra. Kinder auf der Straße sammeln mit Büchsen für Biafra.

Handbuch für Mitglieder
(Korrespondenz)

Dr. U. B., 53, Bern
Die bildliche Darstellung der Lebensalter-Pyramide, wie man sie

auf alten Blättern findet (»mit 10 Jahr ein Kind« usw., »mit 100 Jahr im Grab«), ist mit Vorsicht zu betrachten. Daß Sie sich nach solcher Darstellung gerade auf der Höhe des Lebens befinden, verdanken Sie einem naiven Symmetrie-Bedürfnis des Zeichners.

A. W., 55, Luzern
Das Foto, das Sie beilegen, ist glaubhaft; daß Sie als Wellenreiter hinter einem Motorboot zu sehen sind, kann man nur als erfreulich bezeichnen... Es wird in unserem Handbuch nie behauptet, daß sportliche Ertüchtigung nicht empfehlenswert sei; je gesunder er ist, umso wohler fühlt sich der Gezeichnete.

G. U., 76, Ascona
Tod ist in jedem Lebensalter möglich, d. h. der Gezeichnete erkennt sich nicht unbedingt an einer Zunahme der Todesangst – in Altersheimen vermindert sie sich eher. (Spätes Stadium.)

M. S., 43, Zürich
Sie sind nicht der erste, den es beschäftigt, daß er schon 10 Jahre älter ist als Mozart bei seinem Tod – das hat nichts mit Senilität zu tun; Sie werden sehen: Senilität meldet sich an, wenn es Sie tröstet, daß ein Genie 10 Jahre älter ist als Sie.

Professor O. P., 65, Basel
Daß Sie jetzt, emeritiert, Zeit haben für Ihr Standard-Werk, sei für Sie (so schreiben Sie) auch ein Anlaß zur Freude. Es wurde in diesem Handbuch nie bestritten, daß man im Alter besonders dankbar wird für jeden Anlaß zur Freude.

O. Sch., 63, Melbourne
Unser Handbuch hat niemals unterstellt, daß Heimatliebe (Sie sind Ausland-Schweizer) ein Symptom der Senilität sei. Hier muß ein Mißverständnis vorliegen. Tatsächlich sind Patriotismus wie Chauvinismus auch bei jungen Menschen festzustellen; umgekehrt kennen wir Fälle, wo die natürliche Heimatliebe gerade im Alter schwindet... Sie leben seit 40 Jahren in Melbourne; Ihre

ungebrochene Heimatliebe hat weniger mit der Altersfrage zu tun als mit dem Umstand, daß Sie in Melbourne leben.

H. H., 37, Stuttgart
Ihr Einwand als Pfarrer ist unwiderlegbar. (»Ich betreue selber ein Altersheim, ich leugne keineswegs die Verblödung, aber ich betreue diese Menschen mit der Gewißheit des Glaubens, daß sie am Tag der Auferstehung nicht als Verblödete vor unsern Schöpfer treten.«)

Frau Dr. A. St. (–), Konstanz
Es stimmt nicht, daß ich bei der erwähnten Stelle insbesondere an Sie und Ihren geschätzten Mann gedacht habe; nicht jeder Mann, der in Gesellschaft sich von seiner Frau entmündigen läßt, ist deswegen ein Gezeichneter. Das muß in Ihrem Fall andere Gründe haben. Soviel ich weiß, sind Sie, wenn auch etwas älter als er, einfach ein Temperament, und ich habe nie den Eindruck, daß Ihr geschätzter Mann sich entmündigt fühlt; vielleicht meint er, daß Sie uns dann auf die Nerven gehen, was aber nicht der Fall ist. Glauben Sie mir! Die erwähnte Stelle bezieht sich auf einen Industriellen aus Pittsburg (USA), dessen Frau sagt: Don't speak but think, honey! und dabei hat auch sie nicht unrecht. Noch einmal: Glauben Sie mir! Ich schätze Ihren stillen Mann sehr.

A. G., 55, Herrliberg
SENIL und SENILITÄT sind keine Schmähwörter, sondern Bezeichnungen; nur weil der Tatbestand, den sie bezeichnen, auch bei Ihnen noch unter Tabu steht, reagieren Sie wie auf Schmähwörter. Als solche werden sie auch in der Umgangssprache gebraucht aus dem genannten Grund.

Prof. Ch. V., 47, Princeton, USA
Ihre Hinweise sind äußerst wertvoll. Ohne Zweifel wäre ein wissenschaftliches Handbuch für unsere Mitglieder zu wünschen; einschlägige Publikationen, die ich kenne, stammen vorallem

von Soziologen und sind für manche Mitglieder nicht unverständlich, nur habe ich festgestellt, daß kein Mitglied sich von soziologischen Darlegungen persönlich betroffen zeigt, eher wieder von medizinischen, wobei unsere Mitglieder allerdings nur den Schluß ziehen, daß sie sich schonen müssen.

V. O., 68, Berlin/Wien
Wie Senilität sich je nach Beruf manifestiert, wäre zu untersuchen. Ich habe Sie in letzter Zeit nicht auf der Bühne gesehen. Die all-abendliche Konfrontation mit dem Publikum, so sagen Sie, erhält jung; als Beweis erwähnen Sie, daß Sie heute noch Lampenfieber haben vor jedem Auftritt. Unser Handbuch hat nirgends behauptet, daß der Gezeichnete, wenn sein Beruf ihn zu öffentlichen Auftritten nötigt, kein Lampenfieber mehr habe und keinen Grund dazu.

H. P., 23, Frankfurt
Erfahrung macht dumm... Diese Parole, die oft von Studenten zu hören ist, hat eine gewisse Richtigkeit; sie beruht auf Erfahrung.

Frau Ch. G., 50, Kilchberg
Selbstverständlich erachte ich die Frau als gleichberechtigt. Wenn in diesem Handbuch nicht von der alternden Frau die Rede ist, so keinesfalls aus Nachlässigkeit oder Takt, sondern aus einem einzigen Grund: ich erfahre die Frau nur als ein Wesen, das sich auf den Mann bezieht (nicht unbedingt auf den anwesenden, aber auf den Mann überhaupt) als Geschlechtspartner. Eine Ahnung von Versäumnis befällt daher den Mann in dem Grad, als bei der Frau nicht nur die Tarnung durch Kosmetik versagt, sondern ihr Selbstverständnis zunimmt, das sie bisher dem Mann geopfert hat. Ihr spätes Selbstverständnis beschämt ihn – mag sein, daß sie ihn für Augenblicke noch an das Mädchen erinnert, das sie einmal gewesen sein muß, aber er sieht sich jetzt gestellt von einem außergeschlechtlichen Partner, der nicht mehr auf seine Imponier-Geste eingeht oder kaum: bei

gleicher Intelligenz ist sie jetzt die Überlegene. Frauen altern besser.

PS.

Auch nicht immer.

PS.

Wenn man sagt, daß die Frau früher alt werde, so meint man, daß sie früher aus der Geschlechtlichkeit entlassen ist – wogegen der Mann sich immer noch als Geschlechtswesen zu verstehen hat oder zu verstehen sucht, somit als solches altert; der Greis ist eher lächerlich als die Greisin. (Mittleres bis spätes Stadium.) Die Macht der Matrone über das Immer-noch-Männchen.

Monsignore G. C., 69, Rom

Das Motto von Michel de Montaigne finden Sie im Essai VON DER ERFAHRUNG, *nicht im Essai* ÜBER DAS ALTER, *dessen erste Sätze sich auch geeignet hätten: »Ich kann mich nicht in die Weise finden, in der wir die Dauer unseres Lebens bestimmen. Ich sehe, daß die Weisen sie im Vergleich zur gewöhnlichen Meinung ganz erheblich verkürzen. Wie, erwiderte der jüngere Cato denen, die ihn daran hindern wollten, sich zu entleiben, bin ich denn jetzt in einem Alter, in dem man mir vorwerfen könnte, zu früh aus dem Leben zu gehen? Und doch hatte er erst achtundvierzig Jahre.« (Montaigne wurde 59.)*

H. Z., 81, z. Z. Bad Ragaz

Sicher gibt es immer Ausnahmen.

Manifeste, Mauer-Texte an der Sorbonne, Plakate, Karikaturen mit Kreide oder Kugelschreiber, Parolen der französischen Studenten im Mai, Flugblätter – jetzt erschienen als Buch, ich kann's zu Hause in Ruhe durchblättern und als Farbdruck genießen, vom Tatort abgelöst, Kunst. BOURGEOIS VOUS N'AVEZ RIEN COMPRIS. Ich lese mit verschränkten Beinen: FEU LA CULTURE. Oder: L'ART C'EST MERDE.

»Das ist nicht möglich«, sage ich zur Dolmetscherin, »das ist ein Witz – fragen Sie ihn, ob er es wirklich ist.« Natürlich verstehe ich ihr Zögern, meine Frage zu übersetzen; wenn er es ist, so war er einmal der mächtigste Mann der halben Welt. »Warum fragen Sie nicht?« sage ich und denke, es könnte ja möglich sein. »Ich denke«, sagt sie, »wir müssen weiter.« Immer diese Bemuttерung, und dann sagt sie es vermutlich auch zu dem alten Towarisch, daß wir keine Zeit haben. Ihr kalter Respekt vor ihm widerlegt immerhin ihre Rede an mich: »Er ist ein gewöhnlicher Bauer, ich sage es Ihnen, hier sehen viele so aus.« Sicher ist nur, daß der Alte kein Benzin hat, nicht weiß, wo in der Gegend man Benzin findet... Vor Tagen, in Moskau, habe ich einmal seinen Namen erwähnt und von Sofija erfahren, daß Hochachtung nicht erwünscht ist, sogar ungehörig, jede Erwähnung seines Namens eine schwere Taktlosigkeit. Ich verstehe, daß die Begegnung an diesem Gartenzaun, wenn der Alte es tatsächlich ist, für meine Dolmetscherin sehr unliebsam ist, eigentlich nicht wahr. Was kann ich dafür? Wenn er es ist, so hält er sich großartig; er muß sofort gemerkt haben, daß ich ihn erkannt habe, und versteht auch Sofija, will sie nicht in Verlegenheit bringen, diese brave und beflissene Genossin von heute, die dem alten Mann zum zweiten Mal vermutlich unser Mißgeschick erzählt. »Er weiß nicht, wo es Benzin gibt, sagt er, aber es gibt Benzin«, sagt Sofija und betont: »natürlich gibt es Benzin!« als zweifle ich daran. Obschon er kein Deutsch versteht, nickt er. Er stützt sich noch immer auf seine Harke, hemdärmlig, ein Alter im Ruhestand. Einmal mehr ist es ein Jammer, daß ich nicht russisch verstehe. Ich würde ihm schwören, daß ich im Ausland nichts berichte, kein Wort; auch habe ich ja keine Kamera, nur einen leeren Kanister in der Hand. Warum Sofija jetzt lacht, keine Ahnung; ich bin aber froh. Als wir an den Gartenzaun gekommen sind und als der Alte gesehen hat, wie verschwitzt wir sind auf unserer Suche nach Benzin, hat er irgendetwas zu trinken angeboten; Sofija hat sofort abgelehnt. Warum? Jetzt lacht sie wenigstens; ich sehe nur, wie der Alte mich daraufhin anschaut. Der Fremde heißt in der russischen Sprache (soviel ich weiß) der Stumme. Wie er mich anschaut: beinahe gerührt. »Er hat gefragt, woher Sie kommen«, sagt Sofija pflichtgemäß, »ich habe ihm gesagt, Sie seien Schriftsteller.« Was sie daraufhin zum Lachen gebracht hat, erfahre ich nicht. Ich lächle aufs Geratewohl. Eine nächste Frage, die der Alte jetzt an den Stummen richtet, wird von Sofija nicht übersetzt (das macht sie öfter so) und bleibt also ohne Antwort. Ob er Englisch versteht, finde ich nicht heraus; jedenfalls geht er nicht darauf ein, als ich probeweise frage: »Do you have many visitors?« Eine ungeschickte Frage, weiß Gott; zum Glück versteht Sofija nicht Englisch. Man hat den Eindruck, er lebe ohne Bewachung, nicht unzufrieden mit der Gegend und bei robuster Gesundheit, wenn auch alt. Ich überlege gerade, wann eigentlich die Kuba-Krise gewesen ist, die Drohung mit den Raketen, während er sich offenbar noch immer wundert, was ein westlicher Schriftsteller in dieser Gegend verloren hat. »Er habe großen Respekt vor Schriftsteller«, sagt Sofija, und damit ich nicht wieder meine, was nicht stimmt: »unsere Bauern haben großen Respekt vor Schriftsteller.« Sonst spricht sie erstaunlich korrekt. Als er offenbar fragt, was sie dem Fremden eben gesagt habe, gibt sie auch dem Alten keine Antwort, sondern blickt auf ihre Uhr, und wir blicken einander an, der Alte und ich, zwei Entmündigte. Ich lobe jetzt die flache Gegend, die Üppigkeit seines Salates, eine Birke usw., um Sofija wieder zum Übersetzen zu verleiten. Er ist übrigens kleiner als erwartet, nicht fett, aber gedrungen, sein Rundschädel fast ohne Haar. Je überzeugter ich bin, daß er es tatsächlich ist (im allerersten Augenblick habe ich nur meine Sofija foppen wollen), umso verlegener bin ich natürlich auch. »Sagen Sie ihm, Sofija, daß ich Gast des Sowjetischen Schriftstellerverbandes bin«, sage ich, damit er, wenn er es wirklich ist, nicht einen Spion vermutet, »sagen Sie es ihm bitte.« Es scheint ihn nicht zu überraschen, nicht zu enttäuschen, nicht zu freuen; ein Bauer oder ein Eingeweihter, das bleibt undurchsichtig. »Wir müssen jetzt gehen«, sagt Sofija wieder, und der Alte, der vielleicht einmal über Krieg und Frieden entschieden hat, legt auch keinen besondern Wert darauf, daß das Intourist-Fräulein, das die Sowjetunion zu schützen hat, und der Ausländer mit dem leeren Kanister in der Hand länger vor seinem Gartenzaun stehen. Er hat keine Tankstelle. Er hat Solschenyzin damals zur Veröffentlichung zugelassen, Novi Mir, er hat die Stalin-Leiche aus dem Mausoleum versetzt. Wie er vor uns steht, seine etwas klumpigen Hände auf den Griff der Harke gelegt, traut man es ihm nicht ganz zu. »Sagen Sie ihm«, sage ich, »daß wir uns leider verirrt haben in der Gegend.« Wir haben keine Erlaubnis hier zu sein und sind es trotzdem; Sofija tut mir leid. Sie hat Augen wie ein Vogel, ich weiß nicht immer, wohin sie eigentlich blickt. Manchmal übersetzt sie auch, wenn der Towarisch nichts gesagt hat. »Ob Sie zum ersten Mal in der Sowjetunion seien«, sagt Sofija, »aber ich habe es ihm schon gesagt.« Ich sage trotzdem: »Zum dritten Mal!« was nicht wahr ist. Warum sage ich das? Sofija übersetzt es auch nicht, sondern zeigt auf ihre Uhr, und ich verstehe. Als wir gekommen sind und den alten Towarisch angesprochen haben, hat man sich die Hand gegeben, ein Volk von Brüdern; jetzt ist es schwieriger. »Fragen Sie ihn doch«, sage ich, »ob er Nikita Chruschtschow ist.« Eigentlich müßte er den Namen verstanden haben trotz meiner Aussprache. Ein schwieriger Augenblick für die brave Sofija; sie tut jetzt, als habe sie ihrerseits den Namen nicht verstanden. Ich schätze sie Mitte dreißig, das würde heißen: als Sofija irgendwo zur Schule ging, hat sie diesem Mann noch mit Pfingstrosen gewinkt und ohne Zweifel. »Warum fragen Sie nicht?« sage ich leise; Sofija kann doch nichts dafür, wenn er es ist. Als der Alte mich anblickt, zögere ich ihm die Hand zu geben. »Sagen Sie ihm, wir danken ihm«, sage ich, »wir werden schon eine Tankstelle finden.« Sofija scheint jetzt verwirrt: »Möchten Sie noch etwas wissen?« fragt sie, statt zu übersetzen. Sicher weiß der Alte (ob er's nun ist oder nicht) von Maßnahmen in der Tschechoslowakei, von Vietnam, während er hier Salate pflanzt; er wirkt nicht verkalkt, und falls er Nikita Chruschtschow ist: nicht verbittert darüber, daß er kaum mit einem Staatsbegräbnis rechnen kann. »Was hat er eben gesagt?« frage ich Sofija; sie findet es aber belanglos, keiner Übersetzung wert, Plauderei über den Gartenzaun. »Gehen wir«, sagt sie, »er kann uns nicht helfen.« Es macht sie immer nervöser, daß wir noch immer ohne Benzin sind. »Towarisch«, sagt sie zu dem Alten mit dem bäuerlichen Rundschädel ohne Haar, aber den Rest verstehe ich wieder nicht. Er lacht wie früher auf Bildern in der Weltpresse: kleinäugig. Als man sich die Hand gibt, glaube ich doch nicht, daß er's gewesen ist.

BERZONA

Das Schweizer Fernsehen, das um eine Stellungnahme zum Hochschulgesetz bittet, kommt mit Equipe und dreht honorarlos, kann aber den Beitrag nicht senden: es sei denn, daß der Herr Bundesrat, der darin kritisiert wird, darauf antworten möchte, und das möchte der Herr Bundesrat, ein Sozialdemokrat übrigens, nicht. Dafür senden sie jetzt 100 Franken...

REMINISZENZ

Einer unsrer Hauptlehrer in Architektur, Schweizer, war erklärter Anhänger des Nationalsozialismus. Corbusier erwähnte er nur als Exempel für »Kultur-Bolschewismus«. Die Schweiz gehöre natürlich zum Reich, so sagte er, und in Sachen Juden: Jesus kann nicht Jude gewesen sein, lesen Sie wieder einmal das Testament, das Neue, und Sie werden sehen, wie tief und weise das ist, und Jesus war blond, Sohn eines Zimmermanns wahrscheinlich aus dem Norden. Dieser gemütvolle Mann, Professor Friedrich Hess, war nicht untragbar; darüber entscheidet der Bundesrat auf Antrag des Hochschulrates, der vom Bundesrat bestellt wird. Ein andrer Lehrer zur gleichen Zeit, Professor Hans Bernoulli, unterrichtete Städtebau, was bekanntlich zu soziologischen und ökonomischen Problemen führt; er vertrat damals die Freigeld-Theorie und übte einmal Kritik am Bundesrat. Dieser Mann war untragbar und wurde entlassen.

22. 12. 1968
Apollo 8 im Fernsehen: die drei Menschen auf der Flugbahn zum Mond. Zur Zeit sind sie ungefähr 200 000 Kilometer von der Erde entfernt. Bild: unsere Erde als greller Ball, leider verschwommen. Einmal ein Rudel kleiner Meteoriten, dazu Stimme von Borman, der mit den Leuten in Houston (Texas) spricht. Kein Grund, hier die Pfeife nicht weiter zu rauchen. Ihre langsamen und fischhaften Bewegungen in der Schwerelosigkeit. Einer von ihnen, anzusehen wie ein weißer Embryo, winkt mit der Hand. Das Oben und Unten hat keine Geltung für sie, das ist offensichtlich und erzeugt im Zuschauer vor dem Fernsehschirm, gerade weil er Boden unter den Füßen hat, ein leichtes Gefühl von Schwindel. Technisch bisher alles in Ordnung. Einer leide unter Übelkeit; sein Arzt berät ihn von der Erde aus. Nach der Übertragung sagt man sich: Zum ersten Mal in der Geschichte der Menschheit usw., dann Sport vom Sonntag.

23. 12. 1968
Heute gute Erdbilder. Wie man es sich hat vorstellen können: unsere Erde ist ein Planet.

24. 12. 1968
Sie sind auf ihrer Ellipse um den Mond. Sehr klare Bilder vom nahen Mond; Krater im Seitenlicht, daher mit Schatten deutlich zu sehen, gleiten langsam über den Fernsehschirm, es kommen immer neue, bis man sich zugibt: eigentlich eher trostlos. Aufregung ergibt sich nur aus der Vorstellung, man wäre dort Was man sieht, bestätigt wieder nur die Vorstellung.

25. 12. 1968
Die Zündung, die sie nach der Umkreisung wieder aus dem Schwerefeld des Mondes bringt und in die Flugbahn zur Erde, hat stattgefunden. Nochmals Bilder vom Mond, jetzt

sozusagen schon bekannt. Alle im Haus und auch Nachbarn schauen es sich an; es fällt niemand viel dazu ein. Erleichterung, daß das Unternehmen glückt, aber man weiß nicht, was man sich davon verspricht. Prestige für die USA. Man sagt sich wieder: Zum ersten Mal in der Geschichte der Menschheit usw., aber nun wissen wir's schon.

26. 12. 1968
Geselligkeit im Haus, draußen Winter, ich sitze vor der unerledigten Post des Jahres und beschließe Amnestie.

27. 12. 1968
Apollo 8. Heute glückliche Rückkehr zur Erde, die drei weißen Männer wohlauf im Fernsehen. Auf dem Flugzeugträger gehen sie auf einem roten Teppich; indem wir sie sehen, denken wir an Wissenschaft und Technik, an Computer, die das Unternehmen haben gelingen lassen, aber nicht an Helden. Der Sprecher im Fernsehen (Monte Ceneri) versucht mit Emphase, die drei Namen für immer in unser Gedächtnis und das Gedächtnis unsrer Kindeskinder zu pflanzen: Borman - Anders - Lovell. Kein Mensch ist je so weit geflogen wie diese drei harten Männer, wir gönnen ihnen jetzt Ruhe und Gesundheit und Beförderung. Unterschied zwischen Borman - Anders - Lovell und beispielsweise Nansen. Das Unternehmen, das uns in Atem gehalten hat, steht in keinem Verhältnis zur Persönlichkeit. Übrigens geben sich die drei weißen Männer auch keineswegs als Helden; sie zeigen sich nur froh, daß sie endlich wieder aus der Kapsel heraus sind: drei Techniker, die den gefährlichsten Job in dem anonymen Abenteuer übernommen haben; es hätte ja auch mißlingen können, und dann verhungerten sie jetzt in einer Umlaufbahn um die Sonne; aber da es gelungen ist, sind nicht sie es, die den Mond umkreist haben, sondern (wie der Sprecher richtig sagt): der Mensch!

Der Traum des Apothekers von Locarno

Das ist eine Gemeinheit! sagt er ruhig, aber laut, sodaß er daran erwacht und gerade noch seine Stimme von außen hört: – Gemeinheit! und jetzt erst italienisch: Una Vergogna! È una Vergogna!... Was er in diesem Augenblick weiß von seinem Traum: ein Schlotterich von Bischof, der auf beiden Beinen hinkt, vielleicht ein Komödiant, der einen Bischof spielt, aber ein Krüppel ist, und alles in einer Turnhalle.

. . .

Zu jener Zeit ist er Landarzt, Il Dottore, als kennten sie seinen Namen nicht; alle im Dorf sagen nur: Il Dottore, obschon der Name jahrelang im Telefonbuch steht, am Briefkasten usw., Il Dottore, wogegen er natürlich ihre Namen zu kennen hat, sogar die Vornamen ihrer Kinder.

Die Gemeinheit muß eine andere sein.

. . .

Nachdem er an der eignen Stimme erwacht ist und als er auf dem Bettrand sitzt, eigentlich erschöpft, aber im Finstern aufgerichtet, damit der Traum sich nicht fortsetze, und als er Licht macht, ist er nicht mehr Landarzt und eine Weile unsicher, ob er je Landarzt gewesen ist; aber kurzdarauf (es dauert jeweils nur wenige Minuten) ist alles wieder im Klaren.

. . .

Gemeinheit im Dorf, man braucht sich nicht darum zu kümmern, es geschieht sozusagen nichts, kein Mord seit Jahrzehnten. Tagsüber erscheinen sie freundlich. Gemeinheit aller gegen alle, das ist es, was sie zusammenhält, abgesehen von der Landschaft, die im Winter nur wenig Sonne bekommt. Aber man braucht sich nicht darum zu kümmern, wenn man nicht hier geboren ist. Übrigens hat das Dorf keine Turnhalle.

. . .

Il Dottore! Es tönt höhnisch-höflich.

. . .

Er ist ein Trinker, das weiß er jedesmal, wenn er aufwacht und vergessen hat, was nicht im Klaren ist, und soeben ist es noch klar gewesen, vollkommen klar. Eigentlich ein glücklicher Traum.

Der Schlotterich von Bischof, der gar nichts von ihm will, und die Turnhalle haben nichts zu tun mit ihm, ein Scherz sozusagen, ein Zwischenfall; dieser Schlotterich geht ihn überhaupt nichts an, ein Bischof, der auf beiden Beinen hinkt, es ist schauerlich und lächerlich, eine Störung, insofern eine Gemeinheit.

. . .

Er ist katholisch-ungläubig.

. . .

Am Abend davor meint er, daß sie ihn betrogen haben, die Leute vom Dorf, sie haben ihn seit Jahren betrogen, angefangen mit der Wasserrechnung. Er vertraut diesen grünen Scheinen immer aus Bequemlichkeit. Sie sind unverständlich, aber wahrscheinlich gerecht und genau, lochkartengerecht, sie tragen seinen Namen.

. . .

Sie ist natürlich kein Mädchen mehr. Ihre Backenknochen, ihr strenges Haar wie vor zwanzig Jahren. Sie scheint fröhlich, wie er sie gar nicht kennt, und dann hat sie irgendetwas vor. Sie hat keine Angst. Sie redet, aber man ist nicht allein, eine Unordnung ringsum, wofür er sich entschuldigt; es liegen Kinder herum, viele Kinder, nicht ihre Kinder, nicht seine Kinder.

. . .

Er hat nur zwei Mal mit ihr geschlafen.

Sie scheint zu wissen, was aus ihm geworden ist, ein Landarzt, was aber unwichtig ist. Sie ist sehr zutraulich. Es hat gar nichts mit ihm zu tun, was sie redet. Es ist irgendwo. Er kennt den Ort nicht, die fremde Wohnung. Es ist Unsinn, daß er sich für die Unordnung entschuldigt. Man berührt einander aber nicht.

. . .

Beim Erwachen hat er Kopfweh.

. . .

Das Dorf weiß genau, was er in Wirklichkeit tut, IL DOTTORE. Vielleicht reden sie hintenherum. Was eigentlich. Zum Beispiel setzt er sich dafür ein, daß die Fabrik (Gerberei) endlich eine Kläranlage bauen muß; bisher vergeblich. Es stinkt noch heute. Vielleicht lügen sie, aber er kümmert sich nicht darum. Das ist nicht die große Gemeinheit.

. . .

Als plötzlich der Schlotterich von Bischof in die Turnhalle hinkt, um sich in einen prunkvollen Sessel zu setzen, ist sie weg. Schade. Er hätte sie etwas fragen wollen, was außer ihr niemand wissen kann und was ihn etwas angeht, ihn ganz allein.

. . .

Sein Kopfweh kommt wie immer vom Grappa.

. . .

Er hat sie seit vielen Jahren nicht gesehen und nie an sie gedacht, weiß nur, daß sie in ihrer Ehe einmal ein totes Kind geboren hat. Sonst nichts. Als er sie vor Jahren zufällig an der Bahnhofstraße in Zürich getroffen hat: eine Dame, bürgerlich von Herkunft und nur noch bürgerlich.

. . .

Sie kommt zum ersten Mal in seinen Traum.

. . .

Wie meistens wenn er erwacht ist, erinnert er sich nur an die dummen Ränder des Traums; dann ist er eine Weile wie geschlagen. Später geht er an seine Tagesarbeit, IL DOTTORE, der ein Trinker geworden ist, was das Dorf ebenfalls weiß.

. . .

Wieso ein glücklicher Traum?

. . .

Tagsüber in der Apotheke, wenn er die dicke Hornbrille auf seinem schmalen Gesicht trägt, erinnert er sich an Wirklichkeiten, die der Traum benutzt hat, aber die nicht gemeint sind. Zum Beispiel die Turnhalle; als Gymnasiasten haben sie einmal Theater gespielt in einer Turnhalle, nichts weiter.

. . .

Die Wasserrechnung dürfte stimmen.

. . .

Er ist überhaupt nie Landarzt gewesen in seinem Leben; es

beunruhigt ihn, daß er eine Weile nach dem Erwachen hat meinen können, früher sei er Landarzt gewesen. Es stimmt einfach nicht.

. . .

Hingegen stimmt es, daß er sich seit Jahr und Tag für eine Kläranlage einsetzt, IL DOTTORE; das weiß nicht nur das ganze Dorf, das weiß man auch in Bellinzona – man kennt ihn und sein Ungeschick mit der italienischen Sprache. Er stammt aus Winterthur.

. . .

Die Gerberei kommt im Traum nicht vor.

. . .

UNA VERGOGNA! das sagt er erst, als er seine Stimme schon von außen hört; das Dorf spricht nur italienisch.

. . .

Später erinnert er sich an einen Spaziergang mit Leny, genauer gesagt: er erinnert sich an eine Erinnerung, die er schon erzählt hat: wie eine Frau mit einem wackligen Leiterwagen kam, und im Leiterwagen saß ein verkrüppeltes und schwachsinniges Kind, und die Studentin lachte ihn aus, als er mit ernstem Entsetzen sagte, das sei sein Gesicht oder könnte sein Gesicht sein. Was er nie erzählt: nachher im Wald hat er die Studentin verführt, zum ersten Mal, und es war lächerlich.

. . .

Tagsüber ist alles wieder selbstverständlich.

. . .

Es ist ein glücklicher Traum, bis dieser Bischof kommt, der alles verdrängt, dieser violette Schlotterich, dieser alte Komödiant mit dem Hirtenstab und das Publikum, die Touristen von Locarno, seine Kunden.

. . .

Dabei weiß er schon längst, daß bei der Gerberei nichts zu erreichen ist, obschon sie den kleinen Fluß versaut; er hat Expertisen verlangt, IL DOTTORE, man weiß es ohne Expertisen; die Kinder baden im Fluß. Was geht's ihn an. Seine Kinder baden nicht im Fluß.

. . .

Es ist ein sonniger Tag, Winter.

. . .

Es hat alles einen andern Zusammenhang oder überhaupt keinen; es ist nur klar, solange er träumt, vollkommen klar. Es stimmt nicht, was er sich nach dem Erwachen dazu denkt; alles ist anders und wahrer als alles, was er in seiner Apotheke denkt.

. . .

Als er den Schlotterich von Bischof sieht, der mit beiden Beinen hinkt, weiß er übrigens schon, daß er nur geträumt hat. Das war die Gemeinheit.

. . .

Als er nicht mehr daran denkt (er ist inzwischen mit dem Wagen nach Locarno gefahren und hat mit den Angestellten sprechen müssen, vorher das Frühstück mit der Familie, jetzt diktiert er Bestellungen), denkt er plötzlich an E., den er lang nicht mehr gesehen hat. Wahrscheinlich hat es damit angefangen: – E. sitzt auf Asphalt, also öffentlich auf dem Boden, Beine verschränkt wie ein Buddhist, klug und witzig wie immer, aber nackt, viel kleiner als ein wirklicher Mensch und leider ohne Arme. Es ist rührend, nicht entsetzlich: der bekannte Revolutionär, aber lächelnd, ein Krüppelchen.

. . .

Gegen Mittag verbröckelt alles in Sinn.

. . .

Als seine Frau ihn fragt, was denn die Gemeinheit in seinem Traum gewesen sei (sie hat seinen lauten Ausspruch gehört), sagt er: Sie sind Gauner, das ganze Dorf, sie sind einfach Gauner.

. . .

E. glaubt nicht an Reformen. Das ist immer ihr Streit gewesen. Aber wie er auf dem Asphalt sitzt ohne Arme: ohne Rechthaberei, nackt und liebenswert.

Die Mitte im Traum bleibt leer.

. . .

Sobald die Kinder einmal zur Schule müssen, werden sie das Dorf verlassen, das ist schon seit einiger Zeit fast ein Beschluß, nicht dringlich; trotzdem redet er beim Frühstück davon. Es sei kein Leben hier.

. . .

Er liebt die Studentin, die eine Dame geworden ist, im Traum zum ersten Mal; sie weiß jetzt alles. Keine Zärtlichkeiten, wie gesagt. Hingegen weiß er im Traum nicht zum ersten Mal von einer heimlichen Liebesgeschichte, die dann jedesmal, wenn er erwacht, nie gewesen ist. Was er sie fragen möchte: ob sie sich daran erinnert. Dann wäre sie's gewesen.

. . .

IL DOTTORE, so nennen sie hier alle akademischen Berufe; wenn er ein Arzt wäre, so würden sie sagen: IL MEDICO.

. . .

Langsam verrutscht alles.

. . .

Zum Beispiel fällt es ihm jetzt ein, wer in der Tat als Gauner zu bezeichnen ist: die Unfallversicherung, die seit Jahr und Tag einfach nicht zahlt. Aber davon hat er nicht geträumt.

. . .

Es bleibt die Studentin mit den Backenknochen und dem strengen Haar. Ein Mops-Gesicht eigentlich. Sie sitzt an einem langen Tisch (Grotto) in einem braunen Kleid aus Seide, eine Bürgerin, übrigens sonnengebräunt; erst später ist es eine Wohnung mit fremden Kindern auf Kommoden, Unordnung, aber bürgerlich; sie hat nichts mit alledem zu tun. Sie redet nur zu ihm. Es spielt keine Rolle, daß er verheiratet ist. Sie nimmt an, daß es seine Freunde sind, die immer ein und aus gehen und unterbrechen. Es stört sie aber nicht. Es sind wohl seine Freunde, nur kennt er sie nicht. Sie sagt, sie sei jetzt sehr stark, sehr stark.

. . .

Er meint sich an Korridore zu erinnern.

. . .

Es war eine verkrampfte Affäre damals.

. . .

Tiere im Korridor, aber ungenau.

. . .

Einige Tage zuvor erzählt er in einem Grotto, warum er gegen die Gerberei nichts mehr unternehme, groß geredet: man könne die Welt nicht ändern, er jedenfalls nicht, es sei auch nicht sein Beruf usw., er sei kein Idiot.

. . .

Meistens träumt er sexuell-anonym. (Er ist Mitte vierzig). Er ist sehr glücklich, als er sie erkennt; ihr Mops-Gesicht hat eine gewisse Ähnlichkeit mit dem Gesicht seiner dänischen Assistentin; aber es ist Leny.

. . .

Er mag die Dänin übrigens nicht.

. . .

Auch E. weiß schon alles, und es gibt gar nichts zu sagen. Ein gutes Wiedersehen, ein unverhofftes Wiedersehen. Es scheint dem E. nichts auszumachen, daß er gar keine Arme hat, fast keine Arme. Kein Unfall; nur zum ersten Mal sieht man ihn nackt. Alles ist leicht. Wie er auf dem Asphalt sitzt (sit-in) und grinst, möchte man ihn streicheln. Eigentlich grinst er kaum oder nicht. Er ist kindlich, das ist alles, er ist liebenswert.

. . .

Vielleicht spielt auch Fernsehen hinein.

. . .

Es ist nicht so, daß der andere Tag sozusagen unter dem Traum steht; er braucht nichts davon zu vergessen; es kommt gegen den Tag nicht auf (jedenfalls nicht gegen den Tag in der Apotheke) und verliert sich nur ins Privat-Lächerliche: Glück, das dem Tageslicht nicht standhält.

Warum ist er kein Landarzt.

. . .

Widerlich bleibt nur der Bischof.

. . .

Manchmal trinkt er gegen Abend (dabei sagt er sich jeden Morgen, das müsse jetzt aufhören) zuerst Wein, dann Grappa, weil er nur weiß, daß es nicht stimmt, was er denkt, was er sagt, was er tut, was er weiß.

NEUJAHR 1969

Die Schläger der zürcherischen Polizei, deren Vergehen (Mißhandlung von Verhafteten) nicht geleugnet werden kann, sind nach 7 Monaten noch nicht ermittelt. Sie werden nie ermittelt werden. Das Polizei-Korps hält dicht. Ein Film, der die Schläger identifizieren würde, ist verschwunden. Die Männer, die diesen Korps-Geist ausgebildet haben, bleiben im Amt.

BERZONA

Einmal im Flugzeug meinte ich, daß ich das Haus erkenne: ein graues Klötzchen in einem Nebental. Es tat mir leid; es steht oft ohne Bewohner. Dann bewahrt es unsere Bücher, die zivilen Dokumente, Briefe, Notizen, das Geschirr, auch Wein. Kommt man eines Tages wieder, so schaut es sehr sachlich. Alles noch da. Es erzählt nichts. Vermutlich hat ab und zu das Telefon geklingelt. Es ist nicht eingestürzt, nur eine Stunde lang unglaubwürdig: Hier also hausen wir. Winter südlich der Alpen: Schneewasser rinnt über Granit, der durch die Nässe violett-schwarz wird; dazwischen das verwelkte Farnkraut, Stämme von Birken, Schnee auf den Höhen, darüber Mittelmeer. Auf Wanderungen trifft man jetzt keinen Menschen, ab und zu ein paar Ziegen; die Bäche sind vereist, aber an der Sonne ist es warm. Nirgends kann es jetzt schöner sein. Ohne die Gäste, die je an unserem Granit-Tisch gegessen oder im Haus geschlafen haben, wäre es nicht unser Platz; es bliebe eine Landschaft – sehr schön an einem Tag wie heute.

LESERBRIEFE ZU ARTIKELN

»Meinen Sie vielleicht, daß der Vietkong keine Morde verübt?« / »Wenn Sie die USA meinen kritisieren zu müssen, warum wohnen Sie denn nicht endlich in einem kommunistischen Land, wenn Sie dort alles wunderbar finden?« / »Sind Sie denn überhaupt ein Schweizer?« / »Ist der Verfasser dieses Artikels bereit uns Neutrale in einem nächsten Aufsatz über die wahren Verhältnisse und die Tätigkeit auf der andern Seite aufzuklären?« / »– weiß ich von Lenin nur einen Satz, aber der stimmt: die nützlichen Idioten. So einer sind Sie genau. Wie lang noch?« / »Das ist die sogenannte Jugend, die Ihresgleichen unterstützt, Kriminelle, Vorbestrafte, Homosexuelle, Asoziale, Tagediebe. Dafür zahlen wir Steuern.« / »Daß Sie auch noch ein Wort einlegen für die Dienstverweigerer, war ja nach allem zu erwarten.« / »Ihr ganzer Artikel ist Dreck, aber Sie verdienen einen Haufen Geld damit, und das ist Ihnen die Hauptsache.« / »Sauhund! Sie sind ein verreckter Sauhund! Mit Ihrem Schwanz soll man beim Globus die Möwen füttern! Sie ekelhafter Idiot, aber Ihre Hütte wird bald in Flammen stehen! Sauhund!« / »Warum immer nur Kritik?« / »Die amerikanischen Soldaten in Vietnam sterben nämlich auch für Sie, Herr Frisch, das vergessen Sie offenbar, als Neutrale haben wir daher überhaupt kein Recht –« / »Man kann sich des Eindrucks nicht erwehren, daß Sie ein richtiger Schuft des geistigen Lebens sind, auch wenn man sich angesichts des Guten, das Sie auch noch haben, dieses Eindrucks wirklich erwehren möchte. Soviel Zersetzendes und Verneinendes ist in einer solchen Zeit und Welt einfach unverantwortlich... Das widerliche, perfide, unterminierende Wesen, das Sie zeigen, deutet auf einen unedlen Charakter, von dem man spüren muß: Mit ihm läßt sich nicht reden.«

HASS

Wenn ich gerade Bilanz machen müßte: – keine Person, die ich im Augenblick hasse; nur etliche, denen ich nicht begegnen möchte, da es sein könnte, daß es nochmals zum Haß kommt. Ich hasse nicht selten, aber kurzatmig. Vielleicht ist es meistens nur Zorn. Kein Fall von lebenslänglichem Haß. Vor allem meine ich sicher zu sein, daß mein Haß mich mehr geschädigt hat als sie, die ich haßte. Haß als Stichflamme, die plötzlich erhellt; aber dann verdummt er mich. Vielleicht kommt es daher, daß dem Hassenden eher an Versöhnung gelegen ist als dem Gehaßten. Wenn ich feststelle, daß jemand mich haßt, kann ich mich leichter entziehen; ich halte mich eben an andere, die mich nicht hassen. Trotz einer natürlichen Dosis von Selbsthaß bin ich vorerst irritiert, wenn ich mich von jemand (ohne daß ich ihm ein Bein gestellt hätte) gehaßt finde. Habe ich mit Sympathie gerechnet? Eigentlich nicht. Was irritiert, ist die unerwartete Intensität einer einseitigen Beziehung; der Reflex ist nicht Gegen-Haß, vielleicht Verwirrung, vor allem aber Wachheit. Ich habe das Gefühl, er fördere mich (zu einem gewissen Grad) durch Wachheit, oder ich kann den Hassenden vergessen. Umgekehrt nicht; als der Hassende halte ich mich an den Gehaßten, und es hilft mir nichts, daß er sich entzieht, im Gegenteil. Je seltener ich ihn sehe oder von ihm höre, umso gründlicher mein Haß, d. h. meine Selbstschädigung. Ferner stelle ich fest: Haß auf eine Person nötigt mich zu einem Grad von Gerechtigkeit, den ich nie erreiche, und überanstrengt mich. Meistens braucht es nicht einmal eine Versöhnung; mein Haß wird mit der Zeit zu kostspielig, das ist alles, mit der Zeit steht er in keinem Verhältnis zu der betreffenden Person, die mir eigentlich, was immer sie getan haben soll, gleichgültig geworden ist... Anders ist es mit dem Haß, der sich nicht auf eine Person bezieht, sondern auf ein Kollektiv oder insofern auf eine Person, als sie ein Kollektiv repräsentiert. Mein einziger lebenslänglicher Haß: Haß auf bestimmte Institutionen. Da wird der Haß selbst eine Institution. Auch da schädigt der Haß vorallem mich selbst, aber ich bleibe meiner Selbstschädigung treu, weil dieser Haß sich als Gesinnung versteht und Gleichgültigkeit wie Versöhnung ausschließt –

Man ist bewegt, hilft, gibt Rat und Möbel und
Geld; das Bewußtsein persönlicher Ohnmacht
gegenüber der Zeitgeschichte läßt uns die
Gelegenheit ergreifen, wo man etwas tun kann:
man geht ans Telefon und zaubert Verbindungen,

erreicht auch etwas, verspricht zwar keine Wunder, aber man ist da – das täuscht die Flüchtlinge immer in der ersten Zeit. Jetzt haben sie eine Wohnung, sogar einen Job, nach einem halben Jahr fühlen sie sich einsam; ihr Problem bleibt nicht unser Problem.

Uraufführung TURANDOT ODER DER KONGRESS DER WEISSWÄSCHER, Regie: Benno Besson. Warum in Zürich? Die Parabel stimmt weder für den westlichen noch für den östlichen Teil so recht, gibt aber wie jede Parabel vor, irgendeinen Nagel auf den Kopf zu treffen. Was für den Westen, den Brecht gemeint hat, nicht stimmt: Wir nämlich werden nicht zu Kongressen befohlen, um beispielsweise den Vietnam-Krieg gutzuheißen, wir können sogar protestieren, ohne enthauptet zu werden – nur nützt unser Protest eben nichts, im Gegenteil, unser Protest attestiert den Machthabern bekanntlich, daß sie tolerant sind. Wieweit stimmt sie im Osten, diese Parabel von den Tuis, die anzutreten haben zum ideologischen Applaus für den Einmarsch in die Tschechoslowakei? Bekanntlich hat Brecht, als er das Stück zu schreiben begann, die Intellektuellen unter dem Faschismus gemeint; warum hat er's nicht zu Ende geschrieben und auf der Bühne erarbeitet? Sein China-Chicago liegt wie immer vor dem Sozialismus, der eben erst im Anmarsch ist, also unschuldig wie der alte Bauer mit dem Kind, der, pfiffig aus gesundem Menschenverstand, verstanden hat, was im Büchlein steht. (Es müßte ein rotes Büchlein sein, aber das geht jetzt nicht mehr...) Das Stück läßt keinen Zweifel: Die Wahrheit kommt, die Wahrheit siegt, Vorhang, als kämen die Intellektuellen nicht mehr in Schwierigkeit mit der Wahrheit nach dem Vorhang. Leider weiß der Zuschauer inzwischen zuviel. Der sprichwörtliche Brotkorb, der, sobald du den Machthabern nicht huldigst, schwupps in die Höhe geht: wie wahr, wie wahr! – schon ein Entzug des Passes, Ausschluß aus der Partei, Verbannung in ein Arbeitslager oder Einlieferung in eine Irrenanstalt (weil du den Machthabern nicht huldigst) wären so simpel-allegorisch nicht darzustellen. Überhaupt dieses Kinder-Theater für Intellektuelle. Wenn ich die abgeschlagenen Köpfe auf der Mauer sehe, weiß ich natürlich, welche Köpfe nicht gemeint sind; sie fallen mir trotzdem ein. Und da hilft kein Matterhorn-Plakat, wie Benno Besson es an die Wand wirft, um Mißverständnissen zu wehren. Aber Zürich hat gejubelt; das tut keine Gesellschaft, die sich entlarvt sieht. Es war schlimm, ein Theater-Ereignis. Schon durch die Zuversicht, daß es dann im Sozialismus kein Tui-Problem mehr gebe, wirkt alles antiquiert. Es ist eine Sache mit der Parabel –

ZÜRICH, Februar 1969

Brandstiftung in der Telefon-Zentrale Hottingen. Der Täter namens Hürlimann, seit Jahrzehnten angestellt bei der PTT und Kenner der Anlage, hat die Brandherde so verteilt, daß die Brandwache nicht mehr viel hat verhindern können; das Gebäude ist erhalten, aber die meisten Kontakt-Anlagen sind ausgebrannt. Schlagzeilen melden Riesenschaden; vor allem wird es mehrere Wochen dauern, bis die Telefon-Zentrale wieder funktioniert. Der Täter, der sich sofort der Polizei gestellt hat, scheint mit seiner Tat zufrieden; ein erstes psychiatrisches Gutachten schildert ihn als bisher ordentlichen Mechaniker, als älteren Familienvater, als kontaktarm. Er gesteht, daß seine Arbeit ihn anödete; ferner kränkte ihn in letzter Zeit auch das Ausbleiben einer Beförderung; es wurde ihm ein jüngerer Mechaniker vorgesetzt, so daß eine Veränderung für ihn nicht mehr in Aussicht stand. Eine Erwägung, ob die bestehenden Arbeitsverhältnisse zumutbar sind oder vielleicht nicht, gehört nicht in das psychiatrische Gutachten, das sich mit der Feststellung begnügt: Psychopath. Das technische Ergebnis seiner technisch-präzisen Revolte: 30 000 Telefon-Apparate sind taub. Unterhaltung mit Leuten in einer Wirtschaft; auch solche, die jetzt viel Ungemach haben, zeigen sich nicht ohne Sympathie für diesen Hürlimann.

Fragebogen

1.

Wenn Sie jemand dazu bringen, daß er den Humor verliert (z. B. weil Sie seine Scham verletzt haben), und wenn Sie dann feststellen, der betroffene Mensch habe keinen Humor: finden Sie, daß Sie deswegen Humor haben, weil Sie jetzt über ihn lachen?

2.

Wie unterscheiden sich Witz und Humor?

3.

Wenn Sie spüren, daß Ihnen jemand mit Antipathie begegnet: was gelingt Ihnen dann eher, Witz oder Humor?

4.

Halten Sie's für Humor:

a. wenn wir über Dritte lachen?
b. wenn Sie über sich selbst lachen?
c. wenn Sie jemand dazu bringen, daß er, ohne sich zu schämen, über sich selber lachen kann?

5.

Wenn Sie alles Lachen abziehen, das auf Kosten von Dritten geht: finden Sie, daß Sie oft Humor haben?

6.

Woran merken Sie es zuerst, wenn Sie in einer Gesellschaft alle Sympathie verspielt haben: verschließt man sich Ihrer ernsten Argumentation, Ihren Kenntnissen usw., oder kommt einfach die Art von Humor, die Ihnen eigen wäre, nicht mehr an, d. h. daß Sie humorlos werden?

7.

Haben Sie Humor, wenn Sie allein sind?

8.

Wenn Sie von einem Menschen sagen, er habe Humor: meinen Sie damit, daß er Sie zum Lachen bringt oder daß es Ihnen gelingt, ihn zum Lachen zu bringen?

9.

Kennen Sie Tiere mit Humor?

10.
Was gibt Ihnen unversehens das Vertrauen, daß Sie sich mit einer Frau intim verstehen könnten: ihre Physiognomie, ihre Lebensgeschichte, ihre Glaubensbekenntnisse usw. oder ein erstes Zeichen, daß man im Humor übereinstimmt, wenn auch keineswegs in Meinungsfragen?

11.
Was offenbart Affinität im Humor:
a. Gleichartigkeit des Intellekts?
b. daß zwei oder mehrere Menschen übereinstimmen in ihrer Fantasie?
c. Verwandtschaft in der Scham?

12.
Wenn Ihnen bewußt ist, daß Sie im Augenblick tatsächlich keinen Humor haben: erscheint Ihnen dann der Humor, den Sie zuweilen haben, als ein oberflächliches Verhalten?

13.
Können Sie sich eine Ehe ohne Humor vorstellen?

14.
Was versetzt Sie eher in Eifersucht: daß die Person, die Sie lieben, eine andere Person küßt, umarmt usw. oder daß es dieser andern Person gelingt, Humor zu befreien, den sie an Ihrem Partner nicht kennen?

15.
Warum scheuen Revolutionäre den Humor?

16.
Können Sie einen Menschen oder eine Gesellschaftsschicht, die Sie aus politischen Gründen hassen, mit Humor sehen (nicht bloß mit Witz), ohne dabei den Haß zu verlieren?

17.
Gibt es einen klassenlosen Humor?

18.
Wenn Sie ein Untergebener sind: halten Sie es für Humor, wenn der Vorgesetzte über Ihre ernsten Beschwerden und Forderungen lächelt, d. h. für einen Mangel an Humor, wenn Sie nicht auch lächeln, oder lachen Sie dann, bis der Vorgesetzte sei-

nen Humor einstellt, und womit erreichen Sie noch weniger?

19.

Kommt es vor, daß Sie sich im Humor als ein anderer entpuppen, als Sie gerne sein möchten, d. h. daß Sie der eigene Humor erschreckt?

20.

Entsteht Humor nur aus Resignation?

21.

Gesetzt den Fall, Sie haben die Gabe, jedermann zum Lachen zu bringen, und Sie gebrauchen diese Gabe in jeder Gesellschaft, sodaß Sie nachgerade als Humorist bekannt sind – was versprechen Sie sich davon:

a. Kommunikation?
b. daß Sie's mit niemand verderben?
c. daß Sie eine Infamie loswerden und nachher sagen können, es sei Humor gewesen und wenn der Betroffene keinen Humor verstehe usw.?
d. daß Sie sich selber nie langweilen?
f. daß Ihnen in einer Sache, die mit Argumenten nicht zu vertreten ist, die Lacher trotzdem rechtgeben?

22.

Was ertragen Sie nur mit Humor?

23

Wenn Sie in der Fremde leben und erfahren müssen, daß Ihr eigentlicher Humor sich nie mitteilt: können Sie sich damit abfinden, daß es eine Verständigung nur im Ernst gibt, oder werden Sie sich dadurch selber fremd?

24.

Verändert im Alter sich der Humor?

25.

Wie meinen Sie im Humor zu sein:

a. versöhnlich?
b. frei von Ehrgeiz?
c. angstlos?
d. unabhängig von Moral?

e. sich selbst überlegen?
f. kühner als sonst?
g. frei von Selbstmitleid?
h. aufrichtiger als sonst?
i. lebensdankbar?

26.

Gesetzt den Fall, Sie glauben an einen Gott: kennen Sie ein Anzeichen dafür, daß er Humor hat?

5. 3 1969
Ganzer Tag vor dem deutschen Fernsehen. Wahl des Bundespräsidenten. Gesichter in ihrem Image-Krampf vor der Kamera: nach dem ersten Wahlgang, nach dem zweiten Wahlgang. CDU gibt sich locker-munter, wie Herren sich im Urlaub treffen, eigentlich gäbe es Dringlicheres als dieses Urnenspiel, nur muß das heutzutage der Demokratie zuliebe auch sein, Gedränge in den Wandelhallen, im Gedränge nicht vergessen, daß die Fernseh-Wähler vielleicht gerade zuschauen, die Umständlichkeit so eines Verfahrens verdrießt sie nicht, Partie mit sicherem Ausgang, so Gott will, und man hat von Gott nichts Gegenteiliges gehört, der erste Wahlgang ist wie erwartet (wenn auch etwas knapp) überstanden, Kanzler Kiesinger wie gewohnt, Schmunzelvater„ Minister Heck und die andern CDU-Herren zeigen ein spürbares Entgegenkommen, wenn sie sich auf Abstimmung einlassen. Gegen Abend endlich das Ergebnis: also doch Heinemann. Nach der Niederlage, die Kanzler Kiesinger als demokratisches Ergebnis hinzunehmen sich ausdrücklich bereit erklärt, Demokrat seit eh und je und bis ins Mark, auch wenn die Demokratie eben immer wieder einmal ihre Havarien hat, erklärt der erbitterte Minister Strauß kurz und bündig: „Keine glorreiche Wahl."

Skizze eines Unglücks

Er hatte Vorfahrt, insofern keinerlei Schuld. Der Lastwagen mit Anhänger kam von links in die Allee kurz vor Montpellier. Es war Mittag, sonnig, wenig Verkehr –

. . .

Sie trägt kurzes Haar, blond, Hosen mit einer Messing-Schnalle auf einem breiten Gurt, dazu eine violette Pop-Brille. Sie ist 35, Baslerin, witzig. Sie kennen einander bereits ein Jahr.

Ihre Frage: Oder fahre ich jetzt? ist nicht ihr letztes Wort vor dem Unfall (wie er später vielleicht meint); das hat sie auf dieser Reise öfter gesagt.

. . .

In Avignon, allein im Badezimmer, das er abriegelt, obschon sie noch schläft, ist er entschlossen: So nicht weiter! Er will es ihr beim Frühstück sagen (ohne Streit): Kehren wir um! Es ist vernünftiger.

. . .

Sie hat ihn im Bürgerspital kennengelernt als Arzt, dem sie sozusagen ihr Leben verdankt; seinetwegen ist sie in Scheidung.

. . .

Bettnächte mit anschließender Besichtigung von Romanik oder Gotik, jeder Tag wie ein Examen: Geschichte der Päpste, nur weil man gerade in Avignon ist – sie fragt mit Vorliebe, was er nicht weiß oder nur ungefähr weiß, sodaß er unsicher wird. Warum der Papst im 14. Jahrhundert nach Avignon emigriert ist, läßt sich ja nachlesen, wenn es sie wirklich interessiert. Aber es geht nicht um die Päpste. Nachher im Bett macht sie ihn wieder sicher.

. . .

Er ist Junggeselle.

Sie findet die Reise gelungen. Das sagt sie seit Genua, wo es in Strömen geregnet hat. Später hat das Wetter sich gebessert. Sie sagt: Du schaust ja gar nicht! Vorallem die Provence begeistert sie, es kommt vor, daß sie auf der Fahrt singt.

. . .

Er hat eine Glatze, das weiß er.

. . .

Aix-en-Provence, natürlich findet er's schön, sogar sehr. Aber sie traut es ihm nicht zu, weil er anderswohin schaut als sie.

. . .

Es heißt nicht CAVILLION, sondern CAVAILLON, der berühmte Spargel-Ort. Übrigens hat sie es ihm schon gestern gesagt. Sie hat recht. Es heißt tatsächlich CAVAILLON, kurzdarauf steht es auf einem Schild: CAVAILLON. Dann schweigt er, kurzdarauf überfährt er ein rotes Stop-Licht.

. . .

Hotelzimmer mit grand-lit, wo sie nachher die Zeitung liest, LE FIGARO LITTERAIRE, wovon er, wie sie beide wissen, nichts versteht. Sie ist Romanistin, Dr. phil.

. . .

In Nizza speisen sie mit Freunden, ein netter Abend, nur findet sie nachher, er habe während dieses ganzen Essens (Bouillabaisse) über Essen geredet. Das darf man einem Partner wohl sagen. Er hat sich vorgenommen, nie wieder über das Essen zu reden, und übertreibt jetzt, schweigt mit Nachdruck, wenn Marlis ihrerseits über das Essen redet, wie es vorallem in Frankreich natürlich ist.

. . .

Es ist nicht ihre erste gemeinsame Reise. Früher hatte er Humor, solange er davon zehrte, daß sie ihn als Arzt bewunderte. Ihre erste Reise, als sie genesen war, führte ins Elsaß.

. . .

Er hat noch nie einen ernsten Unfall gemacht, trotzdem wäre er froh, wenn Marlis sich anschnallen würde. Sie tut's nicht, sonst hat sie Angst, daß er noch schneller fährt. Er verspricht, daß er sich an sein Versprechen hält. Das tut er auch. Seit Cannes. Wenn er merkt, daß sie trotzdem auf die Sicherheitslinie schaut, ohne etwas zu sagen, weiß er nicht mehr, was er eben hat erzählen wollen. Er ist langweilig und weiß es.

. . .

In Avignon, nachdem er das Badezimmer verlassen hat, sagt er: Ich warte unten. Was los sei? Sie weiß es wirklich nicht. Vielleicht ist er überarbeitet.

. . .

Sie bewundert kluge Menschen, vorallem Männer, weil sie Männer für klüger hält als Frauen. Wenn sie von jemand spricht: Er ist sehr klug. Oder: Klug ist er gerade nicht. Dabei zeigt sie's niemand, wenn sie ihn nicht klug findet. Sie hält es für ein Zeichen ihrer Liebe, daß es sie kränkt, wenn er, Viktor, in Gesellschaft nicht klüger spricht als sie.

. . .

Er gedenkt nicht zu heiraten.

. . .

Jetzt fährst du 140! Darauf hat er gewartet. Schrei mich bitte nicht an! Erstens schreit er nicht, sondern sagt nur, darauf habe er gewartet. Immer ihr Blick aufs Tachometer. Zweitens fährt er, wie das Tachometer zeigt, genau 140. Das sagt sie ja. Gestern ist er 160 gefahren (Autobahn zwischen Cannes und St. Raphaël), einmal 180, wobei Marlis ihr Kopftuch verloren hat. Man hat sich geeinigt: Maximum 140. Jetzt sagt sie: Es ist mir einfach zu schnell. Dabei überholt sie jeder Volkswagen. Sie sagt: Ich habe einfach Angst. Er versucht's mit Spaß: Maximum gestern 140, Maximum heute 120, das ergibt bei Bilbao ein Maximum von 30. Bitte! Da er es selber einen blöden Spaß findet, findet er's unnötig, daß Marlis es einen blöden Spaß findet. Sie singt nicht mehr, er überholt nicht mehr, sie schweigen.

. . .

Ihr Mann, der erste, war (ist) Chemiker.

. . .

Daß sie in Marseille nicht die Schuhe gekauft hat, weil er dort ungeduldig war, nimmt sie nicht übel; sie sagt nur, daß ihre Schuhe sie drücken, daß es in Arles, wo er sich geduldig zeigt, keine Schuhe gibt für sie.

. . .

Eigentlich würde er lieber allein frühstücken. Er weiß auch nicht, was eigentlich los ist. Er kennt keine Frau, die er zum Frühstück lieber erwarten würde als Marlis. Das weiß sie.

. . .

Wie klug ist Marlis?

. . .

Er weiß, daß es an ihm liegt.

. . .

Später meint er vielleicht, er sei schon mit der Ahnung erwacht, daß dieser Tag mit einem Unfall endet; schon unter den Platanen in Avignon habe er's geradezu gewußt.

. . .

Ihre kindliche Freude an Käufen; auch wenn sie nichts braucht, bleibt sie vor Schaufenstern stehen und unterbricht das Gespräch. Das war aber bei andern Frauen kaum anders.

. . .

Er stammt aus Chur, ein Sohn eines Eisenbahners, Akademiker cum laude, demnächst soll er Oberarzt werden.

. . .

Die berühmte Ortschaft, wo die Zigeuner zusammenkommen, heißt nicht SAINTES MARIES SUR MER, sondern SAINTES MARIES DE LA MER. Sie sagt es ihm nicht. Sie vermeidet sogar den Namen, um Viktor nicht zu korrigieren, bis er es vielleicht selber merkt.

. . .

Sie nennt ihn Vik.

. . .

Sie will nicht die Überlegene sein, das verträgt kein Mann, Viktor schon gar nicht; er ist Chirurg, also daran gewöhnt, daß die Leute ihm vertrauen müssen, und auch Marlis hat ihm damals vertraut.

. . .

Redensart von Marlis: Bist du sicher? Ob C., ein gemeinsamer Bekannter in Basel, eigentlich homosexuell sei, möchte sie wissen; kaum äußert er dazu seine Meinung, sagt Marlis: Bist du sicher?

. . .

In Avignon, wo er unter den Platanen auf sie wartet, fühlt er sich plötzlich wie früher, als er noch Humor hatte. Es kommt ihm wie ein Spuk vor. Sonne in den Platanen, Wind, wahrscheinlich Mistral. Vielleicht geht es heute besser. Er wird seinen Vorschlag, diese Reise abzubrechen, nicht machen. Im Grunde ist es lächerlich. Er sitzt unter Platanen an einem runden Tischchen und studiert den GUIDE MICHELIN, um nachher zu wissen, wie man am besten nach Montpellier fährt.

. . .

Er ist 42.

. . .

Einmal, als Student, hat Viktor eine Woche in der Provence verbracht. Er meint die Arena von Arles zu kennen, als sie gegen Arles fahren und als Marlis aus dem GUIDE MICHELIN vorliest:

Angaben betreffend Durchmesser der Arena, Zahl der Plätze, Höhe der Fassade, Baujahr usw. Sie liest es französisch. Es ist französisch geschrieben, Marlis kann nichts dafür, daß er, sobald er französisch hört, sich wie im Examen fühlt; dabei versteht er's. Wenn sie im GUIDE MICHELIN liest, schaut sie nicht auf die Sicherheitslinie. Als Student, damals, war er mit einer Hamburgerin; was davon geblieben ist: seine Erinnerung, wie sie oben auf der Kranzmauer gesessen haben, eine sehr genaue Erinnerung an diese Arena von Arles. Er schildert sie im voraus. Ein guter Abend in Arles, Viktor erzählt mehr als sonst und lebhaft. Sie mag es, wenn er so erzählt. Sie trinken (was er sonst, wenn er im Dienst ist, nicht tut). Am andern Morgen besuchen sie die Arena von Arles – er stellt fest, daß er sich an die Arena von Nîmes erinnert hat, was Marlis nicht bemerkt, aber er.

. . .

Sie ist schlank. Sie hat ein großes Gebiß und volle Lippen, die, auch wenn sie nicht lacht, ihre Zähne immer sichtbar lassen. Wer ihr sagt, sie sei schön, ist durchgefallen; anderseits tut sie nicht wenig, um schön zu sein für den Mann, der sie als klug erkennt.

. . .

Eine Stunde nach Arles gesteht er, daß er die Arena von Arles und die Arena von Nîmes verwechselt habe.

. . .

Sie weiß, daß Viktor wartet. Sie findet, man habe Zeit. Warum geht er immer voraus, sodaß er dann warten muß? Sie kann nicht schneller. Es ist immer dasselbe. Als er unter den Platanen an dem runden Tischlein sitzt, sagt er sich selbst, daß es an ihm liegt: weil er immer vorausgeht. Sie hat recht; er kann ja Avignon genießen. Das tut er. Sonne in den Platanen. Als er sieht, daß Marlis wieder vor einem Schaufenster steht und nicht loskommt, obschon sie weiß, daß Viktor wartet, beschließt er: Geduld. Sie sagt, daß es auch in Avignon, wie sie eben gesehen habe, keine Schuhe gebe für sie. Ferner: daß sie viel zu leicht angezogen sei. Ob es in Spanien wärmer wird? Das vermutet er, sagt aber nichts, um für den Fall, daß diese Reise wirklich nach Spanien führt, nichts Falsches gesagt zu haben. Hingegen sagt er: Nimmst du ein Brioche? und was er anbietet: ein Croissant. Er merkt es gerade noch, verbessert sich aber nicht, da sie seine Frage überhört hat. Er bemerkt jetzt jeden Fehler, den er macht. So meint er. Dabei merkt er beispielsweise nicht, daß sie auf Feuer für ihre Zigarette wartet. Entschuldige! sagt er und gibt Feuer. Entschuldige. Die Wiederholung ist zuviel.

. . .

In Basel lebt sie nicht mehr bei ihrem Mann, aber auch nicht bei VIK; das würde, wie man weiß, ihre Sache bei der Scheidung belasten.

. . .

Wie er plötzlich, nachdem er Feuer für ihre Zigarette gegeben hat, sie anblickt: nicht böse, nur unpersönlich, wie man einen Gegenstand anblickt. Sie fragt, ob ihm denn ihre Kette nicht gefalle. Dann ruft er: Garçon! plötzlich so entschlossen. Als seine Hand über ihre Wange streichelt, bleibt es unklar, was diese Geste soll. Leider kommt aber der Garçon nicht, der nur fünf Schritte nebenan einen andern Tisch abwischt. Die Geste seiner Hand hat sie verwirrt. Er ist entschlossen, munter und locker zu bleiben. Er sagt: Ein herrliches Wetter! Sie fragt: Hast du noch immer nicht bezahlt? Eine Frage ist kein Verweis; er klopft mit einer Münze an das Blech, bis Marlis ruft: Garçon? Jetzt kommt er. Daß sie, während er zahlt, den Garçon ausführlich befragt, wie man nach Montpellier fahre, brauchte ihn nicht zu verdrießen; Marlis kann ja nicht wissen, daß er vorher die Karte genau studiert hat. Als der Garçon endlich verschwunden ist, sagt sie: Du hast verstanden?

. . .

Wovor hat er Angst?

. . .

Einmal (nicht auf dieser Reise) hat sie im Halbscherz gesagt: Du bist nicht mehr mein Chirurg, Vik, daran mußt du dich gewöhnen.

. . .

In der Garage allein mit dem Mann, der den Wagen gewaschen hat, sagt er BENZIN (nasal) statt ESSENCE; es macht nichts aus, wenn Marlis nicht zugegen ist. Er bekommt, was er meint.

. . .

In Basel ist alles anders.

. . .

Ein einziges Mal auf der ganzen Reise, in Cannes, sagte sie: Idiot! weil er gegen ihren Hinweis in eine Einbahnstraße fährt. Warum nimmt Viktor es ernst? Dann wartet er auf die nächste Zensur.

. . .

Sie freut sich auf Spanien.

. . .

Schließlich ist sie Romanistin; wenn sie hin und wieder sein Französisch verbessert, sollte Viktor dankbar sein.

. . .

In Avignon wartet er im offenen Wagen, raucht, während sie noch etwas kaufen muß. Man hat Zeit. Ferien. Er raucht, er will sich Mühe geben. Als sie endlich kommt, empfängt er sie wie ein Kavalier, steigt aus dem Wagen und öffnet ihr die Türe, sagt: Ich habe deine Sonnenbrille gefunden! Sie lag unter dem Sitz. Marlis sagt: Siehst du! als habe er ihre Sonnenbrille verloren, die zweite auf dieser Reise. Was Marlis noch hat kaufen wollen, eine andere Nagelfeile, hat sie nicht gefunden; dafür Strandschuhe, die er lustig findet. Warum ist sie verstimmt? Sie hat immer das Gefühl, Viktor sei ungeduldig. Wie in Marseille. Sie hat einen halben Koffer voller Schuhe, und er versteht nicht, warum sie seit Marseille nur noch die Schuhe trägt, die sie drücken. Sein Vorschlag, nochmals über Marseille zu fahren, sollte nicht ironisch sein, aber das glaubt sie ihm nicht. Jetzt sind beide verstimmt.

. . .

Schade um die Bettnächte.

. . .

Daß die MANCHA nicht, wie Marlis behauptet hat, im Norden von Madrid liegt, weiß jedermann; immerhin hat er, bevor sie zum Frühstück gekommen ist, nochmals auf der Karte nachgesehen. Nicht um darauf zurückzukommen! Nur um sicher zu sein.

. . .

Man fährt im offenen Wagen, nachdem er versprochen hat, daß er keinesfalls rast. Es ist eben etwas anderes, ob man am Steuer sitzt oder daneben. Daß er dann (wie zwischen Cannes und St. Raphaël) überhaupt nicht mehr überholt, sondern hinter jedem Lastwagen bleibt, ist in der Tat lächerlich; nachher findet er sich selber unmöglich.

. . .

Er haßt seinen Namen: VIKTOR, aber mag es auch nicht, wenn sie sagt: VIK, vorallem wenn die Leute am andern Tisch es hören.

. . .

Daß Europa zu einer einheitlichen Währung kommen muß und wird, ist seine Meinung; Marlis ist nicht überzeugt, hört sich aber seine Begründungen an und sagt nichts dazu. Warum wird er gereizt? Es ist nicht die Begründung, was sie nicht überzeugt.

. . .

Sie ist vollkommen genesen.

. . .

Wenn sie schweigt, gibt er sich selbst die nächste Zenzur. Warum spricht er jetzt von den Spargeln im Elsaß (also wieder vom Essen!) statt Ausschau zu halten, wo die Ausfahrt nach Montpellier ist? Sie setzt die Sonnenbrille auf, sagt: Hier kommen wir nach Lyon! und da er schweigt: Ich denke, du willst nach Montpellier. Er hängt seinen linken Arm aus dem Wagen, um sich locker zu geben. Kurzdarauf ein Wegweiser: TOUTES LES DIRECTIONS. Im Elsaß, damals auf ihrer ersten Liebesfahrt, hatte sie einfach Vertrauen. Nochmals ein Wegweiser: TOUTES LES DIRECTIONS. Noch immer kein Fehler.

. . .

Wenn er meint, er habe Humor, findet sie es meistens nicht; dann wieder kommt es vor, daß sie über eine Bemerkung von ihm auflacht, und er weiß nicht warum.

. . .

Sie knotet sich das Kopftuch, ein neues, das sie sich statt der Nagelfeile gekauft hat; Viktor bemerkt es erst, als sie fragt: Wie gefällt es dir? Plötzlich sagt er: Du hast recht! als habe sie etwas gesagt nach seiner Bemerkung, er sei ohne sie schon einmal von Bagdad nach Damaskus gefahren durch die Wüste und habe es gefunden; jetzt sagt er: Wir sind am Arsch! was Marlis verwundert, da es sonst nicht seine Ausdrucksweise ist. Er lacht, als stehe man auf dem berühmten Pont d'Avignon, der in der Mitte abbricht; tatsächlich befindet man sich nur in einem Industrie-Areal mit dem Schild: PASSAGE INTERDIT. Er schaltet in den Rückwärtsgang, sie sagt: Sei nicht nervös. Als er nach einer Serie von Fehlern (man hört sie aus dem Getriebe) die Straße gefunden hat, die jeder Idiot findet, hat Viktor noch immer nicht gesagt, ob ihr neues Kopftuch ihm gefällt.

. . .

Sie ist klug ohne Begründungen.

. . .

Wenn er jetzt seinen weißen Klinik-Mantel anziehen könnte, wäre es sofort anders; die Vorstellung, daß er im weißen Klinik-Mantel durch die Provence und nach Spanien fährt –

. . .

Warum erzählt er nichts?

. . .

Es stimmt nicht, daß er noch nie einen Unfall hatte. Marlis weiß es nur nicht, es ist lange her. Unfall mit viel Glück. Er selber hat es sozusagen vergessen. Als es ihm einfällt, blickt er Marlis von der Seite an: als habe sie ihn daran erinnert durch ihr Schweigen, nachdem er gerade einen Deuxchevaux überholt hat.

. . .

Was heißt eigentlich Plexus? Er ist Chirurg, und es wäre komisch, wenn er's nicht wüßte. Trotzdem wartet er darauf, daß sie sagt: Bist du sicher? Sie schweigt aber. Erst als Viktor meint, die Route über Aigues Mortes sei die kürzere, sagt sie: Bist du sicher?

. . .

Marlis sitzt barfuß im Wagen, da ihre Schuhe sie drücken, aber sie spricht nicht davon. Er nimmt Anteil – statt daß er irgend etwas erzählt.

. . .

Warum legt er seine Hand auf ihren Schenkel?

. . .

In Antibes hat er sie angebrüllt, erinnert sich aber nicht mehr, wie es dazu gekommen ist. Später will er sich entschuldigt haben, indem er sagte: Also gut! – bleich vor Wut, ohne zu glauben, daß er im Unrecht war: Ich bitte um Entschuldigung!

. . .

Ob die flache Landschaft, die Marlis entzückt, als Provence oder als Camargue anzusprechen sei, ist eigentlich doch gleichgültig. Wieso beharrt er auf Camargue? Vielleicht hat er ja recht.

. . .

Kein Wort bis AIGUES MORTES.

. . .

Er kommt entgegen ihrer Warnung, die er nicht einmal mit der Miene beantwortet, tatsächlich in einen sehr knappen Parkplatz. Ohne Kratzer und sogar auf den ersten Anhieb. Wortlos. Hundert Schritt weiter sind lauter leere Parkplätze und sogar im Schatten. Nur hat auch Marlis das nicht wissen können. Sie sagt auch nichts.

. . .

Apéritif unter Platanen allein, während sie sich im Städtchen umsieht. Plötzlich fühlt er sich wie in den Ferien. Dieses Licht unter den Platanen, dieses Licht usw.

. . .

Daß sie ihm ihr Leben verdanke, hat er, Vik, nie gemeint. Es ist eine Operation gewesen, die in der Regel gelingt. Vielleicht hat sie es gemeint –

. . .

Hier könnte man bleiben. Es ist elf Uhr, zu früh zum Mittagessen. Trotzdem könnte man hier bleiben. Die alten Festungsmauern halten den Mistral ab. Wenn Marlis zurückkommt, wird er wie verwandelt sein: heiter, gelassen – es liegt an ihm, nur an ihm.

. . .

Manchmal möchte er ein Kind von ihr.

. . .

Sie weiß nicht, warum Viktor solche Geschichten macht wie in Antibes. Erst brüllt er sie an, dann schlägt er ein Restaurant vor, BONNE AUBERGE, Drei-Stern. Sie glaubt nicht an diese Sterne. Er besteht darauf. Schon wieder verstimmt, daß sein Vorschlag nicht entzückt, läßt er sie eine Stunde allein in Antibes bummeln. Was macht er? Als man sich wieder trifft, nochmals dasselbe Palaver, wo man speisen will; ihr Einwand, aber es gebe Restaurants in der Nähe, wozu Drei-Stern usw. Die Gegend, wo er hinfährt, sieht nicht nach Restaurants aus; als sie endlich fragt: Bist du sicher? fährt er wortlos weiter, zweigt ab, zweigt nochmals ab, und da steht es: BONNE AUBERGE. Der Oberkellner führt zum Tisch auf der Terrasse, den der Herr vor einer Stunde persönlich ausgesucht hat. Leider ist es jetzt auf der schönen Terrasse zu kühl, drinnen Kulisse, Bedienung in Folklore, das Essen ist mäßig, aber teuer, aber es macht nichts. Marlis ist lieb, obschon er sie vor einer Stunde angebrüllt hat; er tut ihr leid.

. . .

Mistral ist auch der Name eines Dichters – was Viktor gewußt hat. Hingegen kommt der Wind, der ebenfalls Mistral heißt, nicht vom Meer her, wie Marlis meint. Das nebenbei. Hingegen hat sie natürlich recht: LETTRES DE MON MOULIN, das ist von Alphonse Daudet, das hat er in der Schule gelesen, aber nicht von

Mistral. Das nebenbei. Eigentlich hat sie nur gesagt: Mistral ist ein Dichter, das weißt du.

. . .

Er fährt einen Porsche.

. . .

Unter den Platanen von AIGUES MORTES: sein Griff in die Joppe, um sich zu versichern, daß er seinen Paß nicht verloren hat. Viktor hat seinen Paß noch nie verloren. Sein Schrecken, als sein Paß nicht in der Joppe ist; aber im gleichen Augenblick erinnert er sich: er ist im Wagen, sein Paß. Er ist sicher, erinnert sich genau, wie er den Paß in das Fach gesteckt hat; aber er wird nachsehen. Er ist nicht sicher.

. . .

Wenn er seinen Entschluß im Badezimmer, heute diese Reise abzubrechen, durchgeführt hätte, wären sie jetzt in Lyon, abends in Basel – während es hier so schön ist: Dieses Licht unter den Platanen, dieses Licht usw. Wenn sie kommt, wird er einen Vorschlag machen: Bummel ans Meer.

. . .

Hoffentlich findet sie ihre Schuhe.

. . .

Unter den Platanen von Aigues Mortes: eine Stunde vor dem Unglück möchte er noch einen schwarzen Kaffee. Ob er zu müde sei, um zu fahren? Er lobt das Licht unter den Platanen, dieses Licht usw., Tauben gurren um das Denkmal des SAINT LOUIS. Marlis möchte weiter, sie hat wirklich keinen Hunger, sie möchte nicht einmal einen Apéritif. Jetzt findet Viktor, man habe ja Zeit. Ein Alter mit drei langen französischen Broten unter dem Arm.

. . .

Spanien war ihre Idee.

. . .

Er hält sich nicht für einen Egoisten. Er ist nur glücklich, wenn er meint, er könne jemand glücklich machen. Gelingt das nicht, so ist er entsetzt; er bezieht alles auf sich.

. . .

Wer die beiden von außen sieht, findet nichts daran, daß sie LE PROVENÇAL liest, während er, seine langen Beine auf das Trottoir gestreckt, Kaffee trinkt und auf das Wunder wartet – es müßte von außen kommen, von den gurrenden Tauben... Er wäre bereit zu heiraten. Nur eine Frage des Humors. Willst du hier noch lange sitzen? fragt sie. Entschuldige! sagt er: Du liest ja die Zeitung, nicht ich. Er meint's nicht so, wie es tönt, und daß er dann ihre Handtasche trägt, Kavalier aus Bedürfnis, ist sie gewohnt. Also kein Wunder.

Zum ersten Mal ist es Viktor, der einen Kreuzgang besichtigen möchte. Romanik. Sie mag nicht.

. . .

Sie gehen Arm in Arm.

. . .

Zum ersten Mal ist es Viktor, der überall stehen bleibt. Markt mit Früchten und Gemüse. Es ist rührend, wenn Viktor sagt: Hier gibt's Schuhe! und offenbar noch immer nicht weiß, was sie sucht.

. . .

Warum muß man nach Spanien?

. . .

Er wartet in einer Gasse, Marlis hat ihr Kopftuch vergessen, er wartet eigentlich nicht auf Marlis. Was würde er machen, wenn er allein wäre? Als er sieht, daß sie kommt, daß sie wieder vor einem Schaufenster stehen bleibt, kauft er eine HERALD TRIBUNE, um zu wissen, was in der Welt geschieht. Nach einer Weile, als er von der Zeitung aufblickt, ist Marlis verschwunden –

. . .

Touristen beim Mittagessen.

. . .

Später sagt sie: Entschuldige! Sie hat eine lustige Mütze gekauft. Nein! lacht sie: Für dich! Marlis in bester Laune. Als er den Wagen öffnet, ihre Frage. Oder fahre ich jetzt? Er fährt. Warum immer nur er? Er bittet dringlich, daß sie ihn ans Steuer läßt. Das läßt sich jetzt nicht erklären. Gefällt sie dir nicht? Sie meint die bunte Mütze. Zum ersten Mal hat er Angst vor der Straße.

. . .

Sie ist ein Kind.

. . .

Sein Paß ist im Fach.

. . .

Du siehst lustig aus! Sie hat ihm die bunte Mütze aufgesetzt, damit er nicht so ernst sei. Er wundert sich, daß Marlis sich anschnallt. Ohne Aufforderung. Er läßt die Mütze auf dem Kopf, als er schaltet, Blick zurück, um hinten nicht anzustoßen. Nur jetzt kein Fehler –

. . .

Das also ist Aigues Mortes gewesen.

. . .

Sie hat einen Sohn, der zur Schule geht; sie hat in Paris studiert; sie ist in Scheidung; sie ist eine Frau, kein Kind.

. . .

Pferde der Camargue. Manchmal sagt sie etwas, manchmal sagt er etwas. Zum Glück wenig Verkehr. Dann wieder versucht er beruflich zu denken: Wann ist ein Mensch tot? Die Frage bei Herzverpflanzungen. Er ertappt sich im Augenblick, als er sagt: Morgen muß ich Öl wechseln! statt daß er sagt, was er denkt. Er macht es sich zu einfach.

. . .

Früher, als Kind, ist sie geritten.

. . .

Fahrt hinter einem belgischen Wohnwagen, ohne zu überholen; als er endlich überholt, reicht es gerade noch, aber es war gefährlich. Sie sagt nichts.

. . .

Patienten schätzen ihn: seine Ruhe, seine Sicherheit, seine Zuversicht usw.

. . .

Jetzt trägt sie die lustige Mütze. Dir steht alles! sagt er, aber er schaut auf die Straße. Hört er überhaupt zu? Sie liest aus dem GUIDE MICHELIN vor, damit er sich auf die Höhlenmalerei von Altamira freue, damit er nicht nur an seinen Ölwechsel denkt, damit er weiß, warum sie nach Altamira fahren. Sie meint's lieb.

. . .

Er hatte immer Glück, verglichen mit andern Leuten, gesundheitlich und beruflich und überhaupt, nicht nur als Alpinist (Piz Buin) –

. . .

Sie sagt: Denkst Du schon wieder ans Essen! Er denkt überhaupt nichts, sondern schaut auf die Straße; er hat nur irgend etwas sagen wollen, was mit Montpellier zu tun hat, weil er ein Schild sieht: MONTPELLIER 12 KM. Er hätte besser nichts gesagt.

. . .

Viktor kommt mit leichten Verletzungen davon, Schnittwunden an der Schläfe, erinnert sich aber an keinen Lastwagen mit Anhänger. Sie stirbt auf dem Transport ins Hospital von Montpellier. Er erinnert sich nicht einmal an die Allee, wo es passiert ist, wo jetzt der gekippte Anhänger zwischen den Platanen liegt; beim Augenschein kommt es ihm vor, als befinde er sich zum ersten Mal in dieser Allee mit der Kreuzung, wo er verhört wird (französisch) und erfährt, daß er Vorfahrt hatte, also keine Schuld.

. . .

Später wird er Oberarzt.

. . .

Ein Jahrzehnt lang spricht er nie von dem Unglück bei Montpellier; er weiß nicht, wie es dazu gekommen ist.

. . .

Einige Bekannte wissen es ungefähr.

. . .

Er wird Chef einer Klinik, Vater von zwei Kindern, reist viel, aber nie nach Spanien.

. . .

Ein Arzt, der am Vorabend einer Operation von sich selber erzählt, ist eine Zumutung, das weiß er; trotzdem erwähnt er plötzlich seinen Unfall bei Montpellier in Frankreich: – Ich hatte Vorfahrt, wie gesagt, insofern keinerlei Schuld... Nachher sagt er: Wie sind wir eigentlich auf diesen Unfall gekommen? Der Patient weiß es auch nicht. Warum sagt er nicht einfach Gutnacht, das Übliche: Sie werden schlafen, sonst klingeln Sie der Nachtschwester. Aber das hat er schon vorher gesagt. Dann hat er eines der Bücher vom Nachttisch genommen, ohne mehr als den Titel zu lesen. Er legt es wieder auf den Nachttisch. Was er eigentlich hat sagen wollen: Kein Grund zur Sorge, er werde morgen dabeisein, nicht selber operieren, aber dabeisein, kein Grund zur Sorge usw.

. . .

Er hatte nie wieder einen Unfall.

. . .

Der Patient, offensichtlich enttäuscht, wagt nicht zu fragen, warum der Chef nicht selber die Operation vornimmt.

. . .

Ihre Frage: Bist du sicher?

. . .

Mehr über den Unfall berichtet er nie.

. . .

Marlis hat den Lastwagen gesehen, sie hat ihn gewarnt, er hat den Lastwagen gesehen, aber nicht gebremst; er hatte Vorfahrt. Es kann sein, daß er sogar Gas gegeben hat, um zu zeigen, daß er sicher ist. Sie hat geschrien. Die Gendarmerie von Montpellier gab ihm recht.

VULPERA-TARASP, Juni 1969

Was man so in einer Kur alles tut! – seit einer Woche täglich die NZZ (Neue Zürcher Zeitung und schweizerisches Handelsblatt, 190. Jahrgang) gelesen... Kann man sagen, daß diese Zeitung lügt?

Hotel im guten alten Stil. Nichts großkotzig. Lift zu klein, um auch noch einen Liftboy hineinzustellen; mit hölzernem Scherengitter; wenn man auf den Knopf drückt, so geht's nicht sofort los, und wenn es dann losgeht, so wackelt's; ein technisches Faktotum, man darf vermuten, daß es schon Hoheiten geliftet hat. Aber Bad und Klo sind modern. Nicht wie Hilton-Hotels für Großverdiener ohne Tradition; diese Hotellerie weiß, wie Aristokraten zu Hause leben – so wie hier: schlicht und zuverlässig und unaufdringlich bedient, eben nicht großkotzig, wenn auch von Kindsbeinen an gewohnt, daß uns jemand die Wagentüre öffnet und abends unser Pyjama aufs Bett legt mit gefalteten Ärmeln, als bete es schon.

Was nicht am ersten Tag zu erraten ist: die Branche. Sofort zu erraten, auch wenn über das Wetter gesprochen wird, über Diät, über einen Schwiegersohn in Lissabon, über Hunde, über Verstorbene usw.: sie sind die Inhaber. Kennzeichen dieses Tons: es ist selbstverständlich, daß sie wählen können, sie fordern ohne Zögern – nichts Ungehöriges, nur Dienstleistungen, die sie angemessen bezahlen, Freundlichkeit macht sie freundlich; ihre Gewißheit, daß sie nur gefragt werden können, was sie wünschen. Ihr Ton des selbstverständlichen Anrechts –

Jugendliche besudeln das Zürcher Obergericht mit roter Farbe, vorher gelingt ihnen noch eine Verkehrsstörung. (11. 6.) Die Presse sehr ernst; sie mahnt die Behörde. Nur ein entschlossenes Eingreifen der Polizei, sonst ist Volkszorn (gegen die Jugendlichen) nicht aufzuhalten, „Bürgerwehren". Dabei kein Wort zum Anlaß: daß jugendliche Demonstranten vom Sommer 68 heute vor Gericht stehen, wogegen die Polizei-Täter vom Sommer 68 nicht vor Gericht zu stellen sind; sie können nicht ermittelt werden. Immerhin wird jetzt die Mißhandlung von Verhafteten nicht mehr bestritten, aber davon hat man, laut NZZ, nachgerade genug gehört.

Wanderungen im National-Park.

Man kann nicht sagen, daß ihre Zeitung lügt; sie verhindert nur dreimal täglich die Aufklärung. Ihr Kniff: die Inhaber als die Verantwortungsbewußten. Nicht nur in Wirtschaft und Industrie, auch in der Armee. Die Inhaber sind von der Arbeitskraft abhängig, aber nicht von deren Meinung; hingegen ist die Mehrheit abhängig von der Meinung der Inhaber: Das ergibt das Verantwortungsbewußtsein der Inhaber. Es spricht fast aus jedem NZZ-Artikel, oft zwischen den Zeilen. Man gibt sich in der mise-en-page so langweilig wie möglich, das wirkt seriös. Es überträgt sich auf die Leser; sie kommen sich seriös vor, schon wenn sie die NZZ in der Hand halten. Ihre Mienen, wenn sie lesen: noch seriöser. Und nachher wissen sie's, wie unseriös jeder anderslautende Bericht wäre; daher brauchen sie ihn gar nicht. Ab und zu ein kleiner Rufmord, humorig oder gediegen durch Herablassung; nur wer den Fall genauer kennt, sieht die Gemeinheit. Die besseren Schreiber halten sich streng an die Tatsachen, soweit sie die Meinung des Blattes bestätigen, d. h. sie lassen die Tatsachen sprechen. Vor allem aus dem Ausland. Die schweizerische Neutralität verpflichtet zwar nicht den Staatsbürger in seinem Denken, aber den Staat in seinen Verlautbarungen; daher zu einem gewissen Grad auch dieses Blatt, das die Stimme der Schweiz ist. Die stilistische Neutralität (ein Ulbricht wird in der Berichterstattung nicht anders präsentiert als ein Obrist in Athen, der an der Macht ist; ein Breschnew nie als Person diffamiert; Kiesinger oder Strauß werden ohne Einmischung zitiert; die Probleme der italienischen KP nicht ohne Verständnis berichtet, Nixon für einen kleinen Truppen-Abzug aus Vietnam nicht getadelt usw.) bewirkt immerhin, daß für den Leser gelegent-

lich das Wesen der Politik durchsichtig wird: Kampf zwischen Macht-Interessen – im Ausland, wogegen es im Inland wesentlich um die offiziöse Moral geht. („Wehret den Anfängen.")
Da lokale Tatsachen, dem Leser möglicherweise bekannt, sich nicht ohne weiteres eignen für den Informations-Stil, der einfach Tatsachen sprechen läßt, muß das Urteil dann und wann adjektivisch angesteuert werden: „unverantwortlich", „nach ausländischen Mustern", „linksintellektuell", „Drahtzieher", „Randalierer und deren Hintermänner", „sogenannt fortschrittlich", „wer im Hintergrund untergründig die Fäden zieht", „Unfug", „Radaubrüder und Gaffer", „Scharfmacher", „auf Kosten der Steuerzahler", „der Verharmlosungsversuch des bekannten Linkssozialisten", „destruktiv", „unschweizerisch" usw. Eine Darstellung, die der eigenen Tendenz zuwiderläuft, ist „tendenziös". Oft auch wieder eine belustigende Lektüre: „Es hat sich in der Tat erwiesen, daß mit Toleranz und Langmut – entgegen ursprünglicher Erwartung – das wünschbare Ziel leider nicht mehr zu erreichen ist." Hiemit ist nicht nur das Wesen der Toleranz definiert, sondern ich weiß, was einzig und allein wünschbar ist. Die Kunst der feinen Lüge besteht lediglich darin, daß die Meinung, die dreimal täglich die Macht der Inhaber sanktioniert, nicht eine Klassen-Meinung sei, sondern Ethos schlechthin und somit im Interesse der Mehrheit.

National-Park: – obschon die Menschen sich an die ausgepflockten Pfade halten, pfeifen die Murmeltiere und verschwinden, Hirsche bleiben auf der andern Talseite, die Gemsen in Feldstecher-Ferne.

Daimler-Benz verzeichnet Riesengewinn. Was legal ist: Gratis-Aktien an die Aktionäre; ein Hauptinhaber gewinnt 140 Millionen. Um den Arbeitsfrieden zu erhalten, der diesen Gewinn ermöglicht hat, wird die Belegschaft ebenfalls am Gewinn beteiligt: 320 Mark für jeden Arbeiter einmalig.

Belletristik: Wenn es möglich ist, daß Leute, deren gesellschaftlicher Gegner man ist, sich unumwunden als Verehrer vorstellen.

Wie sich die Griechen den Hades vorgestellt haben: – ein ältliches Paar aus Zollikon, das Mühle spielt, anderswo eine Familie mit keuschen Töchtern, in der Nische ein dicker Finne (liest Malraux) immer allein, andere vereint die Langweile nach unaufdringlicher Verbeugung, dann rücken sie die Sessel zusammen. Was sie reden? Vom Nebentisch höre ich: wo man am besten kauft. Dazu trinken sie Kaffee wie im Leben. Später in der Bar: wo man in Hongkong am besten speist. Aber dann weiß die Dame einen Rabbi-Witz; Lachen wie im Leben. Die Gattinnen erhalten sich besser, ihre Geschlechtlichkeit hat sie auch verlassen, aber sie sprechen mehr und flinker, sitzen ohne Buckel. Einer ohne Stock schlurft langsam Schuh vor Schuh, man hat immer Angst: Und wenn eine Schwelle kommt? Eine Gattin, die ihren Lebensgefährten nach seinem Hirnschlag betreut, trägt Schmuck pfundweise wie Beute, sagt ihm ab und zu, was er früher gewußt hat. Das Ehepaar aus Zollikon, nachdem es einen langsamen Walzer getanzt hat, ist jetzt schlafen gegangen. Kenner am Nebentisch: sie sammeln also Perser-Teppiche, Werte, die Werte bleiben. Es ist zehn Uhr. Morgen ist auch Tag. Es wird sich nichts verändern.

Wie sie vor dem Essen noch die Nachrichten hören, Herren im dunklen Anzug, die Damen mit Pelzumhang, die nicht zuhören: Breschnew verflucht China, Husak säubert weiter, aber die tschechischen Schriftsteller noch immer standhaft, sogar die tschechischen Arbeiter scheinen für die Freiheit zu sein, Pompidou bildet sein Kabinett, Israel vergilt weiter, Fischsterben im Rhein, der schweizerische Bundesrat wird prüfen, zum Schluß die allgemeine Wetterlage – nicht alles ist erfreulich, aber alles in allem eine Bestätigung: Lauf der Welt. Im Prinzip verläuft sie schon richtig für die Inhaber.

„Der Stadtrat ist nicht bereit, weitere Ausschreitungen zu dulden ... Das Recht der Bevölkerung auf freie Meinungsäußerung und auf Durchführung von Demonstrationen bleibt unangetastet ... Die Polizei ist auf Grund einer Wegleitung des Stadtrates über das einzuschlagende Vorgehen genau instruiert." Dazu ag-Meldung: „Die motorisierten Wasserwerfer sollen nicht nur mit gewöhnlichem Wasser gefüllt werden, sondern es wird ihnen eine chemische Substanz beigemischt, die das Wasser noch nasser macht. In einer weiteren Alarmstufe werden normale Armeeflammenwerfer zum Einsatz kommen, die von den eingesetzten Polizeimännern am Rücken getragen werden und mit Wasser und flüssigem Tränengas gefüllt sind. Wie von der Polizei zu erfahren war, wurde die chemische Zugabe zum Wasser bereits in Deutschland erprobt."

Ofenpaß; wo ich 1945 eine Baracke heizen mußte für deutsche Überläufer, ihre Schnauze in der Kapitulation. Bahnhof Schuls: die Waggons mit Geretteten aus Theresienstadt. Überall diese Souvenirs, auch wenn ich sie nicht erwähne.

Mehrheit (nicht erst die Mehrheit bei Wahlen, sondern die öffentliche Meinung auch in Fragen, worüber nie abgestimmt wird), wie entsteht sie? Nicht nur der Briefträger, Angestellter beim Bund, hat eine Familie; auch der Professor, Angestellter beim Bund, hat eine Familie und darüber hinaus eine gesellschaftliche Aufgabe: Forschung, die Kredite braucht. Soll er diese Kredite gefährden durch eine Unterschrift oder Rede? Man kann's nicht verlangen. Duckmäuser? Der Einzelne verhält sich zum gesellschaftlichen Klima, das er vorfindet; es ist zumindest ein Risiko, wenn einer der öffentlichen Meinung widerspricht. Meistens steht es nicht dafür; die Chance, daß ein persönlicher Einsatz mehr verursacht als Repressionen gegen die Person, ist gering. Je mehr Leisetreter in einem Land, um so verwöhnter wird allerdings das Ohr der Macht-Inhaber, um so kränkbarer; ein verfassungsmäßiges Referendum der Studenten gilt bereits als „Zwängerei" (NZZ). Was der herrschenden Meinung widerspricht, ist skandalös. Infolgedessen werde ich vorsichtig. Soll ich mir das Leben denn schwerer machen? Infolgedessen gebe ich dem Sozial-Druck nach; dabei erliegt der einzelne leicht einer Täuschung: ich halte es bei allen andern für Gesinnung, was bei mir nur Vorsicht und Duckmäuserei ist, bestenfalls Meinungslosigkeit. Die Summe aller Duckmäuser, die sich das Leben nicht schwerer machen wollen, ergibt endlich den Popanz der öffentlichen Meinung, die sich die Macht-Inhaber formulieren; dazu haben sie die Mittel: Schule, Presse, Fernsehen, Universität, Kirche. Eben weil sie im Grunde nicht Ausdruck eigenen Bewußtseins ist, sondern entstanden aus Sozial-Druck, reagiert die öffentliche Meinung gereizt auf jedes andere Bewußtsein; die Mehrheit empfindet Bewußtsein schlechthin als subversiv: WEHRET DEN ANFÄNGEN. Sehen die Leisetreter sich in der Mehrheit, so brauchen sie aber nicht mehr leisezutreten, sie werden kollektiv-aggressiv: BÜRGERWEHREN. Begreiflicherweise bangen sie um den Lohn ihrer lebenslänglichen Vorsicht. Die öffentliche Meinung als Konsensus aller, die der Sozial-Druck korrumpiert hat, gibt sich immer moralisch; sie muß kompensieren. Das ist in jedem System so. Die Angst vor Repressalien mausert sich zur Gesinnung. Zwar übernimmt diese Mehrheit nicht die Macht, daran hindert sie eben die Gesinnung, ihr Einverständnis mit den Macht-Inhabern; sie nimmt jetzt den Macht-Inhabern lediglich die Repressalie ab. RUHE UND ORDNUNG, dafür tritt der Stammtisch ein;

daß ein andersdenkender Lehrer aus der Schule fliegt, dafür müssen die Macht-Inhaber kaum noch sorgen, das besorgt die Mehrheit, die sich die Macht-Inhaber durch Repressalie geschaffen haben, auf demokratische Weise. Man bezeichnet das Volk in der Schweiz gerne als SOUVERÄN: weil ja die Mehrheit entscheide. Wie souverän ist die Mehrheit?

Wanderung durch den National-Park.
Viel zum Lachen, wie immer, wenn Friedrich Dürrenmatt das thematische Menü bestimmt ... Neulich gab es Dschingis-Khan, frisch von der Lektüre, üppig garniert mit chinesischen Dynastien, Historie gespickt mit Flunkern, auf Witz gegrillt. Heute gab es DER NACKTE AFFE, ebenfalls köstlich zubereitet: Mensch am Spieß der Zoologie, geröstet auf Fakten (Blutdruck beim Coitus: 200) und gespickt mit Spekulationen aus seinem eignen Garten. Kommt man mit thematischen Wünschen, so ist es schade; es ist immer am köstlichsten, was der Koch sich selber wählt. Unlängst im Spital zu Bern gab es Proust, eingelegt in schlaflosen Essig, dann mit frischem Gedächtnis serviert und am Krankenbett flambiert mit Witz. Das war Vier-Stern! So etwas kann man nicht nochmals bestellen, um auch seine Frau in den Genuß zu bringen; heute gibt es keinen Proust, nicht einmal kalt. Heute also Berner Platte: DER NACKTE AFFE, verkocht mit Ulk über Ärzte, Innereien aus Konolfingen, schmackhaft durch Dramaturgie, dazu Kalbskopf aus der einschlägigen Literatur-Kritik, gepfeffert mit Zitat. Dazu Veltliner. Nachher gibt er mir das Taschenbuch, dem er seine Kenntnisse verdankt. Ich werde mich hüten das Taschenbuch zu lesen. Erstens ist es immer besser, was er draus gemacht hat, und zweitens fasziniert ihn nicht mehr, was auch der andere kennt. Neulich kam das Gespräch auf einen Godard-Film, den er nicht gesehen hat; er wechselte auf einen andern Film, den er gesehen hat, und als sich zeigte, daß wir den betreffenden Film eben-

falls kennen, unterbrach er das Gespräch: jetzt schilderte er einen japanischen Film, den außer ihm niemand gesehen hat. Er braucht den Vorsprung, dann wird es großartig und gemütlich. Früher war es jahrelang die Astronomie, ich war jedesmal fasziniert von seinen Darstellungen. Ein dickes Buch, das er mir gab, nahm ich nach Korsika ins Zelt als einzige Lektüre für drei Wochen, und als ich ihn das nächste Mal besuchte, wußte ich wenigstens das Einmaleins, meinte besser gerüstet zu sein für die Gespräche über Astronomie; er sagte: Was interessant ist, weißt du, das ist die Biochemie. Er braucht meine Unkenntnisse, und an solchen fehlt es nicht. Mein Interesse an Astronomie hat sich trotzdem erhalten, seines natürlich auch; nur unterhalten wir uns kaum noch darüber. Komme ich zur Super-Nova, so ist er längst bei den Pulsaren. Einmal in Neuenburg gab es sich, daß Teo Otto, der Bühnenbildner, sich ausgiebig für Architektur interessierte; Friedrich Dürrenmatt hörte zwar lange zu, aber es machte ihn trübsinnig; er schlug vor, daß wir Boccia spielen. Er gewann über alle Maße. Am andern Tag, als er wieder ein Boccia vorgeschlagen hatte, schien er weniger Glück zu haben, und die Partie kam nicht zu Ende, er hatte jetzt Lust auf einen Apéritif, viel zu sagen über Dramaturgie. Er bleibt der Gebende. Auch neulich in Bern, im Spital, gab es einen sehr alten LATOUR-Bordeaux; die Krankenschwester entkorkte für den Besucher, der wie sie den Spital-Ernst wahrte, während Friedrich Dürrenmatt lachte. Zum Beispiel über das Versagen eines Arztes; ohne Beschwerde, er erzählt es ganz als Komödie. Das ist mehr als Humor. Wir kennen uns über zwanzig Jahre. Es stimmt nicht, daß er nicht zuhören könne. Als der Wirt in Schuls sich an unsern Tisch setzt und einiges zu melden hat (wie die Bündner etwa einen Aga Khan ausnehmen) und dann allerdings nur noch quatscht, ist Friedrich Dürrenmatt ein Herkules im Zuhören; es kommt auf den Partner an.

Dankbarkeiten

Keine Instanz verlangt jährlich oder zweijährlich (wie die Steuerbehörde) eine Liste der Dankbarkeiten... Gestern auf der Straße habe ich von fern einen Mann gesehen, dem ich viel zu verdanken habe, sogar sehr viel. Es ist zwar lange her. Er scheint es zu wissen, daß ich ein Gefühl der Dankbarkeit nie loswerde; Gefühl ist es eigentlich nicht mehr, aber ein Bewußtsein. Lebenslänglich. Hingegen hatte ich das Gefühl, er habe mich vorher schon erkannt, aber er ging weiter, tat, als habe er mich nicht gesehen. Was soll er mit meinem Bewußtsein von Dankbarkeit? Ich hätte ihm gerade noch nachlaufen können, tat es nicht und war betroffen, daß ich es nicht tat. Er hat nicht allein mein Studium der Architektur ermöglicht; Schopenhauer, Mozart und Beethoven, Nietzsche, Psychologie, Riemenschneider, Oswald Spengler, Bruckner, die Khmer-Kunst und so vieles verdanke ich diesem Mann, auch das Engadin. Seine Anzüge allerdings, Mäntel, alle noch in gutem Zustand, wenn er sie dem Freund vermachte, waren immer etwas zu groß, vorallem die Ärmel zu lang... Gäbe es eine Instanz, die eine Liste der Dankbarkeiten binnen einer Woche verlangt, so würde ich ferner auf die Liste setzen:

a.

die Mutter

b.

die Tatsache, daß ich sehr früh einem jüdischen Menschen begegnet bin, einem sehr deutsch-jüdischen

c.

der frühe Tod des Vaters

d.

die Erfahrung der praktischen Armut

e.

daß ich nicht nach Stalingrad befohlen worden bin oder in die Reichsschrifttumskammer

f.

eine leichtsinnige Gesundheit

g.
die Begegnung mit Peter Suhrkamp
h.
die Begegnung mit Brecht
i.
daß ich Kinder habe
k.
daß ich die Germanistik aufgegeben habe
l.
alle Frauen, ja, eigentlich alle
m.
das damalige Schauspielhaus Zürich (Kurt Hirschfeld).
n.
die Freude an Speisen
o.
daß ich eine Zeit lang Architektur ausübte. Was dabei wertvoll war: die Erfahrungen mit Bauherrschaft, mit Unternehmern, mit Arbeitern
p.
die Spannung zwischen Mundart und Schriftsprache
q.
ein Rockefeller-Stipendium
r.
die Späte des Erfolgs
s.
Freundschaft mit Kollegen
t.
die wirtschaftliche Unabhängigkeit in späten Jahren, d. h. mit dem Bewußtsein, daß sie nicht die Regel ist
u.
die Nachbarn im Dorf
v.
Zeiten eines schlechten Gedächtnisses für die eignen Fehler und Versäumnisse
w.
Der Partner, der mit mir lebt

x.
daß Ehrgeiz nachläßt
y.
Träume, auch die schweren
z.
allerlei Glück mit dem Auto

Die Instanz gibt es nicht, die unsere Dankbarkeiten wissen will, ihren derzeitigen Stand, ihren Verbrauch, ihre Zunahme usw. Vermutlich würde man das Formular (A bis Z) alljährlich etwas anders ausfüllen.

21. 7. 1969
Landung auf dem Mond (Armstrong und Aldrin).

Nachricht von einem Hund, der von Calabrien, wo er verloren gegangen ist, in neun Wochen nach Turin läuft, wo er seine Herrschaft glücklich wiederfindet. Jemand vom städtischen Jugendamt berichtet: ein 15-jähriges Mädchen, Waise, verläßt die Ortschaft Cognac (Frankreich) aus Verwirrung, weil sie vom Arbeitgeber vergewaltigt worden ist, und geht zufuß nach Basel, wo sie noch eine Tante hat; der Mann dieser Tante vergewaltigt sie. Eine unbekannte Dame, die keine Ruhe läßt, bittet um Rat: ihr Bruder soll demnächst verurteilt werden, weil er einen Juwelier-Laden geplündert hat, vielleicht auch Rauschgift geschmuggelt, und ich sei doch gegen Ungerechtigkeit; ihr Bruder, im Grunde auch Künstler, werde fünf Jahre im Gefängnis nicht ertragen. Nina, unsere Katze, hat wieder ein Junges geworfen; sie hat es gefressen.

Skizze eines Unglücks (ii)

In der Nacht stoßweise Wind. Kein Regenrauschen, aber es tönt so. Eine Jalousie, kaputt, schlägt Alarm. Rauschen in den trokkenen Bäumen. Er ist wach. Kein Grund, das Bett zu verlassen. Die Fensterscheiben halten stand. Um zwei Gartensessel, die ohnehin kaputt sind, ist es nicht schade. Kein Wetterleuchten, nur Stöße von Wind, wahrscheinlich ist es sternenklar über dem Meer. Was kann schon geschehen? Der Wagen ist in der Garage. Keine Lampe, die baumelt; kein Erdbeben. Später fällt das elektrische Licht aus. Die Vorstellung, daß die Insel am nächsten Morgen überschwemmt sei, das Haus allein auf dem Hügel mit den Oliven. Später sitzt er barfuß im Wohnzimmer, wo er nochmals einschläft, allein im Haus, das standhält. Der Morgen ist blau und gewöhnlich. Ein Sonnenschirm ist gekippt und gebrochen, die Insel nicht überschwemmt. Er erinnert sich nicht, was er in der Nacht alles gedacht hat. Da und dort Äste auf der trokkenen Erde. Er frühstückt im Pyjama, überlegt, wer die Jalousie reparieren könnte. Später sammelt er die Äste von dem trockenen Boden, bevor er sich ankleidet, barfuß. Das Telefon ist auch ausgefallen, aber das entdeckt er erst jetzt. Später kommt Post, die zeigt, daß alles weitergeht. Boden unter den Füßen. Es kommt ihm vor, als gebe es Dringlicheres. Die Idee, das Haus zu verkaufen. Er weiß nicht, womit es zu tun hat. Alles ohne Zusammenhang: seine Frau, die auf seinen Anruf wartet, der Sonnenschirm, die Briefe, der blaue und gewöhnliche Tag, seine Schuhe, die er anziehen sollte. Gegen Mittag geht er barfuß zum Strand. Erinnerung an den Wind in der Nacht und an die Allee von Montpellier, die Kreide auf dem Asphalt, die Touristen, das Dorf, kein Grund zum Schrecken. So geht er schwimmen. Kein Boden unter den Füßen, der wolkenlose Himmel über dem Meer. Einmal möchte er es wissen. Er schwimmt hinaus, solange die Kräfte reichen, und sie reichen so weit, bis man kein Land mehr sieht.

BERZONA

Schon der fünfte Sommer hier. Nur noch selten nehme ich das Beil, um die Bäume auszuholzen, oder die handlichere MACCHETTA (Eisen in der Form eines Fragezeichens); wir verdschungeln. Heute mit der Sense, die auch rostet, gegen die Brennesseln-Flut. Das sind Anfälle; sie enden mit der Schweiß-Dusche-Bier-Einsicht: ein rechter Dschungel macht sich gar nichts aus unseren Anfällen –

SPIEGEL, 28. 7. 1969

»Rund 2380 westdeutsche Unternehmer und Kapitaleigner hatten 1965 ein Monatseinkommen von durchschnittlich je 190000 Mark. Im gleichen Jahr verdiente ein Drittel der Lohn- und Gehaltsempfänger höchstens 500 Mark: binnen zwölf Monaten so viel wie die Millionäre in 23 Stunden.«

INSERAT DER SCHWEIZERISCHEN VOLKSBANK

»Ist es wahr, daß immer nur die Reichen reicher werden? Das behauptet eine Theorie aus dem 19. Jahrhundert. Sie hat sich als falsch erwiesen. Denn es ist schon lang nicht mehr so, daß sich die Gesellschaft in wenige Reiche (die immer reicher werden) und in viele Arme (die immer ärmer werden) teilt. In unseren Verhältnissen kann heute fast jeder Erwerbstätige Vermögen bilden, er muß nur wollen. Und verglichen mit früheren Zeiten und Zuständen sind wir praktisch alle reich.«

AFFICHE IN EINER ANDERN BANK
»Hassen Sie Bargeld?«

FRAGEBOGEN

1.
Hassen Sie Bargeld?
2.
Warum?

3.
Haben Sie schon ohne Bargeld leben müssen?

4.
Wenn Sie einen Menschen in der Badehose treffen und nichts von seinen Lebensverhältnissen wissen: woran erkennen Sie nach einigem Gespräch (nicht über Geld) trotzallem den Reichen?

5.
Wieviel Geld möchten Sie besitzen?

6.
Gesetzt den Fall, Sie sind bedürftig und haben einen reichen Freund, der Ihnen helfen will, und er gibt Ihnen eine beträchtliche Summe (zum Beispiel damit Sie studieren können) und gelegentlich auch Anzüge von sich, die noch solid sind: was nehmen Sie unbefangener an?

7.
Haben Sie schon gestohlen:
a. Bargeld?
b. Gegenstände (ein Taschenbuch am Kiosk, Blumen aus einem fremden Garten, eine Erstausgabe, Schokolade auf einem Camping-Platz, Kugelschreiber, die umherliegen, ein Andenken an einen Toten, Handtücher im Hotel usw.)?
c. eine Idee?

8.
Solange Sie kein Vermögen und ein schwaches Einkommen haben, reden die Reichen vor Ihnen ungern über Geld und umso lebhafter über Fragen, die mit Geld nicht zu lösen sind, z. B. über Kunst: empfinden Sie dies als Takt?

9.
Was halten Sie von Erbschaft:
a. wenn Sie eine in Aussicht haben?
b. wenn nicht?
c. wenn Sie einen Säugling betrachten und dabei wissen, daß er, wie immer er sich entwickle, die Hälfte einer Fabrik besitzen wird oder eine Villa, ein Areal, das keine Inflation zu fürchten braucht, ein Ferienhaus auf Sardinien, fünf Miethäuser in der Vorstadt?

10

Sind Sie ein Sparer? Und wenn ja:

11.

Erklären Sie, wieso die Staatsbank bestimmt, wieviel das Geld wert ist, das Sie als Lohn erhalten und gespart haben, und zu wessen Gunsten sich Ihre Ersparnisse plötzlich verflüchtigen?

12.

Gesetzt den Fall, Sie stammen aus einfachen Verhältnissen und verfügen unversehens über ein großes Einkommen, sodaß das Geld für Sie sozusagen keine Rolle mehr spielt: fühlen Sie sich als Person unverändert? Und wenn ja: finden das Ihre bisherigen Freunde auch oder finden sie, das Geld spiele wohl eine Rolle, indem es Sie als Person deformiert?

13.

Was kostet zurzeit ein Pfund Butter?

14.

Wenn Sie in der Lage sein sollten, von Zinsen leben zu können: halten Sie sich deswegen nicht für einen Ausbeuter, weil Sie, obschon Sie von den Zinsen leben könnten, selber auch arbeiten?

15.

Fürchten Sie sich vor den Armen?

16.

Warum nicht?

17.

Gesetzt den Fall, Sie sind ein großer Mäzen, d. h. Sie verteilen an Leute, die Sie persönlich schätzen, teilweise die beträchtlichen Zinsen aus der Arbeit andrer Leute: verstehen Sie die öffentliche Hochachtung, die Sie als Mäzen genießen, und Ihre eigene Unbefangenheit dabei?

18.

Was tun Sie für Geld nicht?

19.

Timon von Athen hat eines Tages, um die Freundschaft seiner Freunde zu prüfen, nur Schüsseln voll Wasser aufgetischt; er erfuhr dabei, was er eigentlich schon wußte, und gab sich bitter vor Enttäuschung über die Menschen, denn siehe, sie kamen immer nur seines Reichtums wegen und waren keine wahren Freunde. Finden Sie seine großen Flüche über die andern berechtigt? Offenbar hatte der reiche Timon von Athen gemeint, Freundschaft kaufen zu können.

20.

Möchten Sie eine reiche Frau?

21.

Wie erklären Sie es sich, daß Sie als Reicher es gerne zeigen, wenn Sie sich etwas versagen, was Sie sich ohne weiteres leisten könnten (z. B. eine Yacht), und daß Sie sich fast kindlich freuen, wenn Sie irgend etwas besonders billig erworben haben, geradezu spottbillig, sodaß jedermann es sich hätte leisten können, und warum sind Sie zugleich erpicht auf unersetzbare Objekte, beispielsweise Ikonen, Säbel, Porzellan aus der Ming-Zeit, Kupferstiche, Werke toter Meister, historische Münzen, Autographen, Gebetsteppiche aus Tibet usw.?

22.

Was mißfällt Ihnen an einem Neureichen:

a. daß er ohne Heraldik auskommt?
b. daß er vom Geld spricht?
c. daß er nicht von Ihnen abhängig ist?

23.

Wie rechtfertigen Sie eignen Reichtum:

a. durch Gotteswillen?
b. daß Sie es einzig und allein Ihrer persönlichen Tüchtigkeit verdanken, d. h. durch die Annahme, daß andere Fähigkeiten, die sich nicht in Einkommen umsetzen, minderwertig seien?
c. durch würdiges Benehmen?
d. indem Sie sich sagen, daß nur die Reichen überhaupt eine Wirtschaft in Gang bringen können zum Gedeihen aller, d. h. durch Unternehmergeist?
e. durch Caritas?
f. durch Ihre höhere Bildung, die Sie einem ererbten Reichtum verdanken oder einer Stiftung?
g. durch asketische Lebensart?
h. durch vorbildliche Gewissenhaftigkeit in allen sittlichen Be-

langen, die das bürgerliche Profit-System nicht berühren, sowie durch Verinnerlichung der Gegebenheiten, Sensibilität für Kulturelles, Geschmack usw.?

i. indem Sie beträchtliche Steuern zahlen?

k. durch Gastgeberschaft?

l. indem Sie sich sagen, daß es seit Menschengedenken immer Arme und Reiche gegeben hat und also immer geben wird, d. h. daß Sie gar keine Rechtfertigung brauchen?

24.

Wenn Sie nicht aus eignem Entschluß (wie der Heilige Franziskus), sondern umständehalber nochmals arm werden: wären Sie den Reichen gegenüber, nachdem Sie als Gleichgestellter einmal ihre Denkweise kennengelernt haben, so duldsam wie früher, wehrlos durch Respekt?

25.

Haben Sie einmal eine Banknote mit dem Porträt eines großen Dichters oder eines großen Feldherrn, dessen Würde von Hand zu Hand geht, angezündet mit einem Feuerzeug und sich angesichts der Asche gefragt, wo jetzt der verbürgte Wert bleibt?

BERZONA, August 1969

Besuch von zwei sehr jungen Mädchen, die sofort, kaum haben sie sich am Granit-Tisch gesetzt, ihre Frage stellen: Wie ist Freiheit möglich? Die eine, Barbara, hat eben mit ihrem Vater (Lehrer) diskutiert; die andere, Verena, kann oder will mit ihrem Vater (Bankier) nicht diskutieren, „sonst stecken sie mich in ein Heim". Was beide wollen: „die absolute Unabhängigkeit, ohne dabei auf Kosten anderer zu leben." Das Bankiers-Kind sieht nur einen Weg: nach Amsterdam oder London, untertauchen ohne Adresse, ohne väterliches Geld, gammeln. Das Lehrers-Kind will sich der falschen Ordnung auch verweigern, nicht in die Abhängigkeit vom Geld geraten, „aber etwas Sinnvolles machen"; sie will auf der Schule bleiben, Lehrerin werden und unabhängig, indem sie sich nichts aufschwatzen läßt, was sie nicht braucht. Verena: „Und das geht eben einfach nicht." Barbara: „Du brauchst doch ein Minimum an Geld." Verena: „Dann bist du schon drin." Barbara: „Ich nicht, wenn ich nicht will; ich brauche eben kein Tonband-Gerät." Verena: „Mein Tonband-Gerät, darauf kann ich sofort verzichten." Barbara: „Wovon lebst du denn als Gammlerin?" Verena: „Ich hasse meinen Vater ja nicht, aber zu Hause gehe ich kaputt, das versteht er nicht." Barbara: „Du hast ja gehört, mein Vater ist auch dagegen, daß du einfach gammelst." Verena: „Meiner versteht nicht einmal, wovon ich rede. Ich spinne, meint er" usw. Diskussion bei Himbeersaft. Was ich für den richtigen Weg halte? Beide, von Herkunft und Temperament verschieden, sind sich einig im Ekel vor dem Wohlstand einer Umwelt, die zum Wohlstand nötigt. Barbara: „Nur gammeln, das ist auch kein Ziel." Verena: „Du hast ja gehört, was mein Vater sich unter meinem Leben vorstellt." Barbara: „Das mußt du ja nicht machen. Nach der Schule machst du, was du richtig findest, aber du hast etwas gelernt. Beim Gammeln verkommst du nur." Verena: „Ich mache jede Arbeit, wenn ich grad Geld brauche, aber ich will einfach wenig Geld brauchen. So wenig wie möglich." Barbara: „Ich doch auch." Verena: „Ich habe ihren Vater gefragt, was gegen das Gammeln spricht, und das frage ich auch Sie, Herr Frisch", und nach meiner Antwort: „Und wenn ich in einem Sportwagen herumfahre und Kunstgeschichte lerne und heirate, das ist doch auch Parasitentum, dabei verkomme ich ja auch. Schließlich ist es mein Leben. Das sagen Sie auch. Ich glaube, in so einer Kommune lernt man sich wenigstens selber kennen."

29. 9. 1969
Wie Landgrafen, die es noch nicht fassen, daß das Gottesgnadentum auch auf deutschem Boden

irgendwann einmal abgeschafft worden ist: hochherrschaftlich in der Arroganz, daß nur ihresgleichen regieren kann, dann konsterniert vor der Nachricht, daß die Stallknechte tatsächlich ins Palais wollen, nachher gekränkt, daß die versuchte Bestechung nicht gelingt (Kiesinger bietet der FDP sechs Minister-Posten statt drei, die ihr allerhöchstens zukommen, und verzichtet auf Mehrheitswahlrecht, verspricht den Überläufern schon für die nächste Bundestagswahl, daß man ihnen die nötigen Wahl-Kreise schenken werde), schließlich das verlorene Lächeln: „die Sozialdemokratie hat sich an die Macht gemogelt", „machtgeil", „Regierung ohne Programm" usw.

Notizen zu einem Handbuch für Mitglieder

Ist sein politisches Befinden von je her konservativ gewesen, so zeigt der Gezeichnete sich befriedigt, indem ihn das Weltgeschehen eigentlich nicht erschreckt; die täglichen Nachrichten bestätigen sein politisches Befinden: er hat sich von Entwicklungen nie viel versprochen. Äußert er sich zum Weltgeschehen, so keineswegs trostlos; sein Alter hat eine Aura von Weisheit. Er hat sich keine Illusionen gemacht; daher braucht er nicht anders zu denken als vor 40 oder 50 Jahren, als er jung war: insofern fühlt der Konservative sich länger jung als die Revolutionäre.

Warum ein Greis, der sich das revolutionäre Pathos erhalten hat, bestenfalls liebenswert erscheint, aber nicht überzeugt: die Jüngeren rechnen nicht damit, daß ihre Sprechweise sich einmal, gemessen an ihrer Geschichte, als Pathos entlarvt. Man läßt in einer Versammlung, die Revolution diskutiert, solche Apostel-Köpfe besser nicht auftreten; ihr Auftritt wirkt erheiternd – lähmend durch die Demonstration, wie Sprechweisen sich verbrauchen.

Eine gewisse Versuchung, liberal zu werden, ergibt sich für den Vor-Gezeichneten daraus, daß er, im Gegensatz zu den Jungen, bereits mit dem Bewußtsein seiner Irrtümer zu leben hat – er braucht aber dieser Versuchung nicht zu erliegen; je weniger er dieses Bewußtsein erträgt, umso eher drängt es manchen zur politischen Macht, die ihm die Unfehlbarkeit verschafft. Die großen Säuberer sind meistens Vor-Gezeichnete.

In zahlreichen Fällen hat das politische Befinden sich ergeben aus der natürlichen Revolte gegen die Vater-Macht; ist der Vater begraben, so zeigt sich erst, wieweit dieses politische Befinden tatsächlich der eignen Konstitution entspricht, d. h. wieweit es je ein politisches Befinden gewesen ist. Das Alter siebt.

Wenn er sich zur Linken rechnet, ertappt der Gezeichnete sich dabei, daß die meisten Texte (Flugblätter, Broschüren, Manifeste, Schülerzeitungen usw.) ihn langweilen trotz Partei-Einverständnis; was ihn kein anderes Denken lehrt als jenes, das er auswendig kennt, empfindet er als hoffnungslos.

Wenn ein Junger politisch von Zukunft spricht und wenn ein Vor-Gezeichneter politisch von Zukunft spricht: beim letzteren entsteht der Eindruck, daß ihn die Zukunft tatsächlich interessiert.

Es gibt überhaupt weniger politisches Temperament, als die Demokratie es voraussetzt. Die meisten haben es für ein politisches Befinden gehalten, wenn sie sich, um gesellig zu sein, eines politischen Vokabulars bedienen; als Gezeichnete sind sie allenfalls von ihrem Leben enttäuscht, nicht aber politisch, nur privat.

Ausgebeutete werden im Alter, obschon sie jetzt außer dem Altersheim nichts mehr zu fürchten haben, in ihrem politischen Befinden meistens nicht fortschrittlicher, im Gegenteil; wenn einer über die Ausbeutung, die er sein Leben lang erfahren hat, noch so flucht – trotzdem tönt es, als packe ihn bei der Kunde, daß diese Verhältnisse jetzt verändert werden sollen, zugleich eine Art von Neid.

Was noch nicht für den Vor-Gezeichneten gilt, aber für den Gezeichneten: indem seine Lustfähigkeit schwindet, bleibt Politik zuweilen das letzte Ressort, wo einer sich überlegen fühlt gerade als Gezeichneter. Es verführt ihn kaum noch eine Spontaneität; das verkalkte Hirn ist kaum zu irritieren; seine politischen Entschlüsse fallen ihm leicht nicht aus Unbesonnenheit, sondern aus Verkalkung; er funktioniert wie ein Apparat; weder ist er ins Risiko verliebt, noch fürchtet er ein Risiko; er hat schon so manchen Fehlentscheid überlebt; der Schwund an Einbildungskraft erlaubt ihm ein sachliches Erwägen ohne Entsetzen vor den Folgen, er kann das Leben von Leuten nicht so wichtig finden, nicht ausschlaggebend, er selber hat kaum noch Leben zu verlieren und eignet sich immer mehr als Staatsoberhaupt. (Gerontokratie.)

Greise als Staatsoberhäupter stehen unter dem Alter-Tabu; wissen die Untertanen aus eigner Erfahrung, was Altern mit sich bringt, so beziehen sie dieses sichere Wissen nie auf die Staatsoberhäupter.

Im Gegensatz zum Arbeiter, dessen einziges Vermögen, seine Arbeitskraft, aus physiologischen Gründen schwindet; im Gegensatz zum Intellektuellen, der die Regression umso früher wahrnimmt, je intelligenter er ist; im Gegensatz zum Künstler, der zu erkennen hat, daß jedes kreative Vermögen offenbar mit Hormonen zu tun hat, fürchtet sich der Politiker am wenigsten vor dem Altern; vermutlich liegt es im Wesen der politischen Macht, daß sie, ohne kreativ zu sein, die größte Wirkung haben kann.

JAPAN, NOVEMBER 1969

Was mache ich morgens um 5 Uhr auf einem Boulevard in Tokyo? Die kleinen Arbeiter mit gelben Helmen im Blitzschein der Schweißbrenner. Kein Obst. Die Versuchung, daß man Menschen, die kleiner sind, deswegen für naiv hält.

Sie kichern, wenn ich sie anspreche, Marionetten mit Fleisch unter der weißen Schminke, Mandel-Augen, ich weiß nie, wohin sie blicken. Sie können ihre Handrücken wie knochenlos auch rückwärts biegen.

Schnellbahn fährt mit 220 Stundenkilometer sanft; Reisfelder nach der Ernte, man bekommt einen Frottier-Lappen: dampfheiß, um sich Gesicht und Hände zu erfrischen – erfrischt stelle ich fest, daß das meiste, was mich zuhause zu beschäftigen pflegt, belanglos ist.

Diskussion in der Universität mit japanischen Studenten: „Vernichtung des Bestehenden", „Wer nach einem Ziel fragt, macht keine Revolution", inbegriffen Selbstvernichtung. 64 % der Studenten an dieser Universität kommen aus der Arbeiterklasse. Ein Agitator erklärt sich durch Metaphern: Wie Kaki-Frucht am winterlichen Kaki-Baum usw. Sie denken nicht in Begriffen, sondern in Bildern; antirational.

Wenn man keine Schrift lesen kann: als habe man nicht gelebt. Es sieht immer wie ein Gedicht aus, dabei sind's Reklamen.

Vorher immer das Ausziehen der Schuhe; die Straße bleibt draußen (wir sind Barbaren), Mahlzeit im Hocksitz. Sofort ein anderes Verhältnis zum Raum; man besetzt ihn und hat Anspruch auf Anmut. Zwei Geishas, die den niedrigen Tisch bereiten. Alles muß schön sein. Man ißt so nach und nach, man huldigt den Speisen; die beiden Geishas auf ihren Knien dazwischen so lautlos, daß niemand laut wird. Als nehme man die deutschen und englischen Vokabeln ebenfalls mit Stäbchen. Ein Brite, rothaarig und Poet, kann sich Rückkehr in die westliche Welt nicht mehr denken; er ist 40. Sie bieten nicht an, sie wachen nur über unsern Wunsch, HEI, sie nicken schon, wenn man sie anblickt, HEI, HEI, sie wischen jeden Tropfen vom Tisch und verbeugen sich dafür, HEI, in stiller Anmut. Später bereiten sie die Betten auf dem Boden; sie verschwinden lautlos hinter ihrer Verbeugung. Ich schlafe begeistert.

Vorlesung aus dem Handbuch über Alter.

Polizei in der City; Hundertschaften warten mit Schilden, Knüppel am Gurt, Gas-Pistole, Helm mit Visier aus Plexiglas. Ein schwerer Helikopter kreist über der GINZA-Avenue als Lärmschleuder mit Scheinwerfer, der die Jugend sucht. Geschäfte lassen Rolladen herunter. Hundertschaften im Laufschritt mit ihren blinkenden Schilden, Rauch aus der Untergrundbahn, Jugend ebenfalls mit Helmen und Stangen, snake-dance, vorerst nur fröhlich; dann Sirenen, Hundertschaften wieder im Laufschritt in der entgegengesetzten Richtung. Einer stolpert über seinen Schild. Knüppel auch gegen die Menge, die keine Partei ergreift. Molotow-Cocktails schaffen Räume. Fackelschein, Lautsprecher. Ich gerate in ein Warenhaus, MERRY CHRISTMAS, Kymono-Puppen unter deutschen Weihnachtsliedern; der Konsum geht weiter. Im Fernsehen (eine Stunde später) sieht man mehr.

Abend mit Zen-Buddhist; indem er die bekannte Geste des Denkers von Rodin macht, lacht er: So kann man nicht denken!

Vormittag bei NŌ-Übungen, Gespräch mit dem Leiter der Schule: er sitzt aufrecht wie Buddha, schön wie Buddha; Hölzchen-Architektur mit Ausblick auf Hochbahnen, Kamine, Industrie usw.; er spricht leise, nebenan übt einer auf der Trommel; Sohn aus einer NŌ-Dynastie: „Ich bin 40, langsam verstehe ich, was NŌ ist."
Die japanische Höflichkeit, keine Widerrede, sie nicken bei jeder Frage, HEI, sie verbeugen sich, um ihr Geheimnis zu schützen.

Box-Kampf mit Fußtritten in die Leber und an

den Kopf hinauf; der Getroffene fällt wie ein Toter und muß abgeschleppt werden, während der Sieger hüpft und jauchzt.

Wochenende im japanischen Haus meines Übersetzers, KOJI NAKANO, Fischerdorf; die Kinder fragen, ob ich, weil so dick, ein General sei. Geschwätzigkeit der Frau ist in Japan ein gesetzlicher Scheidungsgrund. Ihr Kicher-Lachen: Zeichen höflicher Zustimmung oder was ist es? Wenn ich etwas Alltägliches sage („Ich habe keinen Durst"), plötzliches Kichern; mit der japanischen Frau vor einem Berg toter Fische, die zerhackt sind und blutig und stinken, sie blickt eine Weile, dann kichert sie.

Steingärten, Moosgärten

Der stille Herr mit großer Glatze im kaiserlichen Garten: JUAN MIRO, er sitzt lange und schaut, sie sammeln das Herbstlaub unter den Bäumen und legen drei besonders schöne Herbstblätter wieder unter den Baum.

Mütter mit Kind auf dem Rücken, der kleine schwarze Haarschopf wackelt vogelhaft aus dem Bündel, das Kind ist asiatischer als die Umwelt; Eindruck im Bus: die Zukunft wird asiatischer.

OSAKA, Besichtigung der Werft, wo sie die größten Tanker der Welt bauen. Die Firma ersetzt den Clan. Ich stehe in Helm und Werkjoppe, eine Nummer größer für Besucher aus dem Abendland; ich frage und nicke, verstehe das eine und andere, weiß nicht, was das Wissen mir frommt.

Tourismus als Existenz-Urlaub.

Berge klein, Inseln klein, Krusel-Wald mit niedrigen Kiefern, Bambus, Dickicht überragt von vereinzelten Zedern; die bizarre Silhouette des Vordergrunds, Astwerk vor Ferne, die wie leere Seide ist. Wenn man die Malerei eines Landes kennt und endlich das Land sieht; Natur als Plagiat. Karpfen-Teiche, Lotos, Schwäne, Kraniche, Zwergbäume in Töpfen. Kunst und Natur sei eines nur.

Industrie-Landschaft fast ohne Landschaft; Hütten-Städte, Baracke an Baracke, Slum.

Massage japanisch: das Mädchen spaziert barfuß auf der Wirbelsäule, nachher fühle ich mich herrlich –

1969

»Einst hat man die Völker nach ihrer Hautfarbe, der Breite ihrer Nasenwurzel, der Schädelform und dem Körperwuchs katalogisiert. Die moderne Völkerkunde interessiert sich für solche Äußerlichkeiten weniger; man hat herausgefunden, daß sich die Völker viel genauer auf Grund der Ideen und Wertvorstellungen, die ihnen besonders wichtig sind, unterscheiden lassen. Für uns steht die Idee der Freiheit des Menschen in selbstgewählter Gemeinschaft an erster Stelle.«
(S. 15)
»Die soziale Landesverteidigung besteht in der Erhaltung gesunder sozialer Zustände, damit das Leben im freiheitlichen Staat für alle Menschen lebenswert ist und einem Gegner zur Aufhetzung unsres Volkes und zur Untergrabung unsrer politischen Ordnung keine Angriffsflächen geboten werden.«
(S. 31)
»Lange bevor es zu einer gewaltsamen Auseinandersetzung kommt, schon mitten im Frieden arbeitet der Feind unermüdlich daran, Mißtrauen und Zwietracht zu säen, unser natürliches Selbstgefühl zu zerstören und unsere innere Widerstandskraft auszuhöhlen.«
(S. 145)
»Wir haben im Frieden alles vorgekehrt, was in unsern Kräften steht. Wir dürfen der Gefahr entgegenblicken. Wir sind bereit. / Diejenigen, die uns verderben wollen, säen planmäßig Zweifel und Angst. Wir glauben ihnen nicht. / Wir erschrecken nicht vor sogenannten wissenschaftlichen Theorien, die Untergang von

Völkern und Kulturen oder gar der Welt voraussagen. Niemand kann das wissen. Wir sind kritisch. / Unser Leben und Schicksal steht in der Hand Gottes. Er allein weiß um unsere Zukunft. Wer an ihn glaubt, fürchtet sich nicht.«
(S. 146)
»Die Schweiz reagiert, wie ein kräftiger und gesunder Organismus auf Infektionen reagiert.«
(S. 152)
»Der Feind arbeitet mit allen Mitteln daran, unsere innere Kraft zu brechen... Bei allem, was wir hören, sehen oder lesen, überlegen wir gründlich, ob es stichhaltig sein kann. Wir glauben nichts, von dem wir nicht wissen, woher es kommt und wer es ausgestreut hat... Wir lassen uns von nichts beeindrucken, das wir nur aus gewissen Zeitungen und Büchern, fremden Radios, Fernsehen und Film kennen.«
(S. 175)
»Die Schweiz kennt für Friedenszeiten die Todesstrafe nicht. Da es in Notzeiten um die Sicherheit des Landes, der Bevölkerung und des kämpfenden Soldaten geht, kann sie in dieser Lage auf die Todesstrafe nicht verzichten... Allein hartes Durchgreifen kann das Land vor schwerer Gefährdung bewahren.«
(S. 186)
»Im Krieg sich bewähren heißt in der Hingabe an das Ganze seinen Auftrag erfüllen, auch wenn vieles anders geht, als man erwartet hat.«
(S 191)
»Regierung und Partei des Angreifers lassen sich von folgenden Überlegungen leiten: – Als äußeren Rahmen gründen wir eine politische Partei. Sie braucht nicht groß zu sein. Sie stützt sich auf einen kleinen Kern zuverlässiger und zu allem bereiter Mitglieder. Es geht weniger darum, die Macht in demokratischen Wahlen zu erlangen. Im gegebenen Zeitpunkt wird mit Terror und einem kleinen Staatsstreich nachgeholfen. Die Partei hat den Schein der Legalität zu wahren... In Ländern mit hohem Lebensstandard ist es nicht leicht, die Massen zu gewinnen; deshalb müssen die Unzufriedenen herausgesucht werden. Intellektuelle eignen sich gut als Lockvögel und Aushängeschilder...«
(S 228)
»Wir achten Wissenschaftler und Künstler ohne Ansehen ihrer politischen Anschauungen. Wir wissen aber, daß totalitäre Systeme die Unterscheidung zwischen Politik und Kultur nicht machen.«
(S. 231)

»Der Feind, der jedem Glauben Hohn spricht, scheut sich nicht, Zitate der Bibel für seine Propaganda auszuschlachten.«
(S. 235)
»Der Feind will Parteigänger gewinnen.«
(S. 230)
»Es gelingt ihm nicht.«
(S 231)
»Der Feind will uns einschläfern.«
(S 238)
»Wir schlafen nicht.«
(S. 239)
»Der Feind will uns einschüchtern.«
(S. 240)
»Wir geben ihm keine Gelegenheit.«
(S. 241)
»Der Feind will unsere Wirtschaft schwächen.«
(S. 244)
»Wir durchschauen ihn.«
(S. 245)
»Er treibt einen Keil zwischen Volk und Behörden.«
(S. 256)
»Volk und Behörden stehen Schulter an Schulter.«
(S. 257)
»Auch in dieser Phase des Kampfes sind Zeitungen, Radio und Fernsehen unsere wichtigsten Waffen. Aber Achtung! Wenn der Gegner sie nicht einschüchtern kann, versucht er es durch Infiltration.«
(S. 259)
»Ein Kleinstaat ist mit den Mitteln des revolutionären Krieges nicht angreifbar, solange er innerlich geschlossen und stark bleibt. Die Schweiz reagiert auf den Umsturz im Nachbarland ohne Nervosität, aber rasch und fest.«
(S. 263)
»Er kreist die Schweiz ein.«
(S. 266)
»Wir machen den Igel.«
(S. 267)
»Er zieht die Schlinge zu.«
(S. 268)
»Die Schweiz nimmt vom Ausland keine Befehle entgegen.«
(S. 269)
»Wir halten zusammen und bleiben stark. Wir schenken unseren

Bundesräten das Vertrauen für eine ganze Amtsdauer, Regierungskrisen, wie sie das Ausland kennt, die das Vertrauen des Volkes erschüttern und die das Land einer handlungsfähigen Regierung berauben, gibt es bei uns nicht. Es gibt viel weniger Ansatzpunkte für die Unterwühlung. Wir sind ein Volk, das politisch urteilsfähig und wehrhaft ist. Jeder hat seine Waffe und Munition zu Hause... Der kalte Umsturz ist unmöglich. Wir kämpfen unter allen Umständen.«
(S. 271)
»Nach der Besetzung des größten Teils unseres Landes treten irgendwo im Ausland schweizerische Persönlichkeiten zusammen und gründen die Schweizerische Widerstandsbewegung. Unter ihnen sind die überlebenden Mitglieder der Regierung, der Eidgenossenschaft, höhere Offiziere der Armee, die der Gefangenschaft entgingen, Parlamentarier, Partei- und Gewerkschaftsführer und Vertreterinnen der Frauenverbände. Sie gründen im Exil, gestützt auf den staatsrechtlichen Notstand, eine Exilregierung. Zum ersten Mal hört man den FREIHEITSSENDER SCHWEIZ.«
(S. 280)
»Kurzdarauf findet man in der Schweiz Millionen von Flugblättern. Sie sind nächtlicherweise von Raketen abgeworfen worden. Darin heißt es: Schweizerinnen und Schweizer! Wir sind noch nicht stark genug, und die internationale Lage erlaubt uns noch nicht, den Widerstandskampf aktiv zu führen. Es kann dies noch lang dauern. Die Parole heißt deshalb: Schweigen und auf die Zähne beißen.«
(S. 282)
»Keine Dummheiten machen. / In Buchgraben sind betrunkene Soldaten in die Kirche eingedrungen und haben sie geschändet. Sie johlten und grölten, zerschlugen Gemälde und Kulturgegenstände und schossen auf das Kruzifix. Da wurde ein Mann, der in der Nähe wohnte, von Wut gepackt. Er holte das Gewehr, das er unter dem Heustock versteckt hatte, und schoß auf die Übeltäter. Dabei wurde einer der Soldaten der Besetzungsmacht verwundet. Am Tag darauf ließ der Kommandant der Besetzungstruppe eine Ordnungskompanie der Parteimiliz in Buchgraben einmarschieren. Alle Männer wurden vor der Kirche zusammengetrieben und mit Maschinengewehren zusammengeschossen. Frauen und Kinder wurden verschleppt und das Dorf angezündet.«
(S. 286)
»Widerstandskampf ist keine Sache sentimentaler Aufwallung,

sondern bedarf nüchterner und scharfsinniger Planung.«
(S. 287)
»Schließlich wagt sich diese (Besetzungsmacht) auch an die Kirche. Die Religion wird zwar nicht ausdrücklich verboten, aber ihre Anhänger werden überall benachteiligt. In der Schule wird der Religionsunterricht untersagt. Die Ausbildung von Pfarrern und Priestern wird unterbunden, sodaß viele Gemeinden keinen Seelsorger mehr haben.«
(S. 289)
»Geistige Freiheit hochhalten. / Zwei jüngere Schriftsteller und eine Journalistin stehen in einem großaufgezogenen Schauprozeß vor den Schranken eines Gerichtes der Besetzungsmacht. Sie hatten vor der Besetzung zu den Avantgardisten gehört und europäischen Ruf genossen. Da sie die Zustände in der Schweiz oft zynisch glossiert hatten, schrieb man ihnen Sympathien zur Ideologie der jetzigen Besetzungsmacht zu. Nach der Besetzung hatte der Kulturkommissär der Besetzungsmacht versucht, die zwei Schriftsteller und die bekannte Journalistin vor den Wagen seiner Propaganda zu spannen, indem er ihnen gut bezahlte Stellen im Kulturkommissariat anbot... Sie blieben ihrer Aufgabe treu, auch unter der neuen Ordnung die Wahrheit zu sagen, so wie sie sie unter der alten Ordnung gesagt hatten. Sie wurden der Gefährdung der Staatssicherheit schuldig befunden und zu langjährigen Zuchthausstrafen verurteilt.«
(S. 290)
»Das Beispiel zündet. Jeder weiß nun, was er zu tun hat. Niemand fällt auf den Kulturköder der Besetzungsmacht herein. Jeder steht an seiner Stelle für die Wahrheit: Mütter, Lehrer, Pfarrer, Schriftsteller... Niemand paßt sich an.«
(S. 291)
»Viele Schweizerinnen und Schweizer werden erschossen oder in Konzentrationslager verschleppt. Dörfer werden zerstört. Doch diese Opfer haben einen Sinn – weil jeder Schlag gegen den Gegner uns der Freiheit näher bringt. Wer in diesem Kampf fällt, hat sein Leben für die Heimat und für die Freiheit hingegeben, wie ein Soldat an der Front. Die Widerstandsregierung hat sich verpflichtet, für seine Angehörigen zu sorgen; auf Umwegen, solange das Land besetzt ist, offen, nach der Befreiung des Landes.«
(S. 295)
»Es mag sein, daß am Tag des Vorstoßes aus dem Alpenraum der Oberbefehlshaber der schweizerischen Widerstandsarmee durch Flugblätter einen Tagesbefehl in der folgenden Art an die

Bevölkerung der Schweiz erläßt: Schweizerinnen und Schweizer! Die Stunde der Freiheit ist gekommen. Die Armeen der Befreiung stoßen vom Ausland und aus dem Alpenraum vor. In wenigen Tagen sind wir bei euch... Begeht keine Handlungen des Hasses gegen Schweizer, die ihr für Mitarbeiter des Feindes gehalten habt. Viele von ihnen waren unsere getarnten Agenten...«
(S. 299)
»Wir haben das Bild des Krieges an uns vorbeiziehen lassen, damit wir uns im Geiste mit seiner Wirklichkeit vertraut machen. Nur so werden wir innerlich stark und brechen in der Gefahr nicht zusammen.«
(S. 300)
NOTGEPÄCK
(S. 304)
In Rucksäcken, in der Wohnung griffbereit:
Starke, warme, regensichere Bekleidung, Leibwäsche, Socken und Strümpfe zum Wechseln, Kopfbedeckung, Halstuch und Handtuch (Strahlenschutz), Taschentücher, hohe Schuhe, Pantoffeln, Wolldecke oder Schlafsack, Toilettenartikel, Klosettpapier, Gasmaske, Schutzbrille, Ersatzbrille für Brillenträger, Taschenlampe mit Ersatzbatterien, Nähzeug, Taschenapotheke, Schnüre, Schuhriemen, Sicherheitsnadeln, Kerzen und Zündhölzer, Kochgeschirr, Gamelle oder Campingkocher, Feldflasche, Taschenmesser und Besteck, Batterie-Radio mit Ersatzbatterien, Plastictücher.
Notvorrat für zwei Tage, staub- bzw. gasdicht verpackt:
Leichte konzentrierte Lebensmittel wie Knäckebrot, Zwieback, Suppenkonserven, Schachtelkäse, Trockenfleisch, Fleisch- und Fischkonserven, Schokolade, Zucker, Tee, Sofortkaffee, Dörrfrüchte, Milchpulver oder Kondensmilch.
Mäppchen, enthaltend:
Persönliche Ausweispapiere, AHV-Ausweis, Rationierungskarten, Versicherungspolicen, Krankenkassenbüchlein, Berufsausweise, Geld und Wertpapiere, Zivilverteidigungsbuch, Erkennungsmarken des Roten Kreuzes für Kinder.
SCHUTZRAUMVORRAT
(S. 305)
Für den Kriegsfall und bei radioaktiver Verstrahlung:
. . .
Die Lebensmittel sind im Schutzraum in Originalpackungen, Plasticbeuteln oder Büchsen strahlensicher und trocken zu lagern. Sie sind gelegentlich zu wenden und jährlich oder nach

Vorschrift auf den Packungen auszuwechseln. Die Schaffung spezieller Vorratspakete ist in Prüfung. Genauere Informationen darüber erfolgen zu gegebener Zeit über Presse, Radio und Fernsehen.

VATERLANDSLIEDER

(S. 314)

»Rufst du, mein Vaterland
sieh uns mit Herz und Hand
all dir geweiht.
Heil dir, Helvetia!
Hast noch der Söhne ja
wie sie St. Jakob sah,
freudvoll zum Streit.
Da, wo der Alpenkreis
dich nicht zu schützen weiß –
Wall dir von Gott –
stehn wir, dem Felsen gleich,
nie vor Gefahren bleich,
froh noch im Todesstreich,
Schmerz uns ein Spott.«

(Aus: ZIVILVERTEIDIGUNG, herausgegeben vom Eidgenössischen Justiz- und Polizeidepartement im Auftrag des Bundesrates, Geleitwort von Bundesrat L. von Moos. Das handliche Buch in einem haltbaren Leineneinband wird kostenlos an sämtliche Haushaltungen verschickt in allen Landessprachen.)

Japan

Kein Geheimnis; aber wie erkläre ich es genau: – Abflug von Kopenhagen noch bei Tageslicht; Grönland unter den Wolken, man erfährt es durch den Lautsprecher; es wird einfach nicht dunkel; einmal eine Stunde lang Arktis; die Dämmerung kann Morgen oder Abend meinen, und ich weiß nicht, wo jetzt Norden ist, ob es heute oder gestern ist; Gebirge von Alaska, aber die Sonne steht nie, wo ich sie erwarte; in Anchorage zeigen die Uhren schlichterdings Mittag; dann fliegen wir weiter, aber wieder in der Zeit zurück; wieder nur Wolken viele Stunden lang; ich schreibe Dir einen Brief, bis er plötzlich da ist; der FUJI, seine weiße Spitze im blauen Himmel wie auf Plakaten; auch Japan unter Wolken; wieder einmal soll man sich anschnallen... Einen Monat später, als die Maschine (sie melden es nicht durch den Lautsprecher) über Vietnam fliegt, ist es Nacht und Nacht in Bombay, eine warme Nacht, immer noch Nacht in Athen, und als sie in Kloten landet, geht gerade die Sonne auf: pünktlich im Osten, wo ich herkomme. Erzähle! Das tue ich; plötzlich gewinnt die Reise ihren Sinn.

Zeitungen gelesen, nachher das Gefühl: Es geschieht eigentlich nichts. Getrost an die Arbeit; nochmals Versuche mit dem Theater ... Die TV-Nachrichten abends bestätigen, daß nichts geschehen ist: Am Suez ist wieder geschossen worden, Tote; die Vietnam-Konferenz in Genf. Das alles weiß man. Endlich der Wetterbericht, Hochdruck verschiebt sich wie üblich, Aussichten für Donnerstag und Freitag, nachher wieder das Gefühl: Es geschieht nichts, wenigstens nichts, wovon ich überhaupt keine Ahnung habe –

Lektüre:

Zehn Jahre kubanische Revolution. Daten. Es beginnt mit dem 25. 11. 1956, Einschiffung im mexikanischen Hafen Tuxpan, eine Jacht mit 82 Revolutionären überquert den Golf, unbemerkt von aller Welt. Landung am Strand von Las Coloradas in der kubanischen Provinz Oriente am 2. 12. 1956. Sie werden bemerkt und versprengt; am 5. 12. 1956 bleibt noch eine Gruppe von 12 Partisanen, die Kuba befreien wollen. Später habe ich vermutlich in der Zeitung gelesen von Banditen, von rechtmäßiger Regierung als Herr der Lage; drei Jahre später, 1959, vermutlich auf der ersten Seite: Flucht von Batista. Irgendwann einmal das erste Foto von dem bärtigen Banditen. (Ich überlege während der Lektüre, was mich 1959 beschäftigt hat.) Ab und zu wieder Nachrichten aus Kuba: Hinrichtungen. So prägt sich der Name ein: Castro. Offenbar ein wilder Diktator, diesmal kommunistisch; daher der USA-

Boykott gegen Kuba, alles durch Kommentare verständlich: Castro verstaatlicht, aber das bewirtschaftete Land (Tabak, Zucker) gehört meistens amerikanischen Staatsbürgern, Castro spricht von langfristiger Entschädigung, aber nicht von einer Garantie, daß Kuba eine Profit-Kolonie bleibt; die amerikanischen Investitionen in Gefahr, Enteignung durch Gewalt, Gefahr für die freie Welt. Ab und zu wieder Nachrichten, die nicht überraschen, nur bestätigen: die katastrophale Wirtschaftslage infolge Kommunismus, Terror. Langsam weiß man's. Nichts Neues. Nur einmal halten wir den Atem an: Kennedy gibt der US-Navy den Schießbefehl, falls die sowjetischen Raketen-Transporter ihren Kurs auf Kuba fortsetzen; Chruschtschow dreht ab. Wir atmen auf. Aber Kuba gilt als Gefahr für die Welt ... Ich frage mich, seit wann ich eigentlich weiß, was in Kuba geschehen ist. Nicht erst seit heute. Aber 1956, als es in Oriente mit 12 Mann begann, konnte man keine Ahnung haben; auch kaum in den drei Jahren des Guerilla-Kampfes. Ich frage mich, wovon ich an einem Tag wie heute keine Ahnung haben kann. War heute ein Datum?

Kabusch

Kabusch ist kein Einwandrer, nicht fremdstämmig; daran kann es nicht liegen. Was nehmen sie Kabusch übel? Wenn er gelegenheitshalber eine Krawatte trägt, so ist es nicht ausgeschlossen, daß Kabusch in einer Gesellschaft johlt, die Kunst sammelt und von Löwenjagd in Afrika erzählt; plötzlich johlt er wie ein Senn. Kabusch ist Maler. Wenn von Kabusch die Rede ist, so findet sich kaum jemand, der ihm die Stange hält. Es nützt auch nichts, wenn ich mich als seinen Freund bezeichne. Es überzeugt nicht. Wer sich über Kabusch beiläufig lustig macht, tut es in der leichten Gewißheit, daß nicht widersprochen wird; Kabusch ist bekannt. Wofür? Einmal spielt er Gitarre auf einem Waschbrett und singt Nonsense dazu; man hat sich gekrümmt vor Lachen, nein, das muß man zugeben. Warum zugeben? Manche halten Kabusch für arrogant. Ist jemand dabei, der Kabusch zum erstenmal trifft und von diesem Mann eigentlich entzückt ist, zum Beispiel von seinem Temperament, von seinem uneigennützigen Interesse nach vielen Seiten, von seiner Spontaneität usw., so erfährt er auf dem Heimweg bloß, daß sein Entzücken nicht geteilt wird; es steckt auch niemand an. Eigentlich liegt gegen Kabusch nichts vor. Man kann nur nichts dafür, daß Kabusch nicht überzeugt, Kabusch als Person. Warum malt er? Dabei war Kabusch in seinem früheren Beruf sehr erfolgreich. Warum kümmert sich Kabusch immer wieder um öffentliche Angelegenheiten? Schon sein Name genügt, daß sein Einsatz vergeblich ist. Weiß er das nicht? Manchmal hat er es satt, verzieht sich nach Paris; kein Verlaß auf Kabusch, sagen sie. Immer wenn man einen Kabusch brauchen könnte, sitzt er gerade in Paris. Kommt er ins Land zurück, so finden sie, Kabusch machte sich wichtig. Kabusch ist ein Enthusiast; wenn er eine Sache verficht, so kann er wie Savonarola aussehen, dann wieder wie ein Gärtner, manchmal wie ein Uhu mit Menschenlachen. Er lebt gerne. Er ißt mäßig und trinkt nicht, Asket mit Neigung zum Übermut. Es kommt vor, daß er sagt: Wir sind Könige, wir sind Könige! Kabusch ist naiv, dabei ein Mann um 50, ohne Ironie als Selbstschutz. Was er immer ernst nimmt: die Kunst, die neuesten Erkenntnisse der Wissenschaftler. Er war begeistert vom Pariser Mai. Im Atelier, einer großen Baracke, trägt er Stiefel wie ein Erdarbeiter, die blaue Schürze eines Handwerkers; es besuchen ihn Sammler aus Chicago. Kabusch verkauft, aber auch daran kann es nicht liegen; andere verkaufen auch. Es ist nicht Neid, was Kabusch neuerdings kaltstellt; seine Erfolge in der Welt beglänzen ihn nicht, im Gegenteil, sie machen ihn eher verdächtig. Manchmal sitzt er da und zuckt die Achsel, dann wieder holt ihn sein Humor, aber er weiß, daß Kabusch irgend etwas falsch macht –

. . .

Sein Vater war Arbeiter, stämmig und immer etwas zu groß für die Demut, die einem Zeugen Jehovas ansteht, wenn er vor die Haustüren tritt und Traktate verteilt. Als er später zu Geld kam, vermachte er seinen Glaubensgenossen einen kleinen Tempel und wurde seiner frommen Ämter enthoben wegen Mangel an Demut.

. . .

Kabusch hat jemand sein Haus zur Verfügung gestellt, einem jungen Schriftsteller, der Pech hat; zum Beispiel hat er die simple Heizung nicht bedienen können, Röhren sind eingefroren, das Klosett. Das kann es ja geben. So ist er eben ausgezogen, der Pechvogel, um nicht im Haus von Kabusch zu schlottern: ohne Meldung an Kabusch, hingegen mit einer Hinterlassenschaft von beträchtlichen Telefon-Rechnungen. Was macht Kabusch, als er zurückkommt? Er schlottert eine Woche lang, bis die Reparaturen erledigt sind, und spricht nicht davon. Die Anekdote hingegen, die der Beschädiger sich macht, hört man mit Vergnügen; sie ist komisch. Sie paßt zu Kabusch. Auch ein andrer, dem Kabusch einmal nach Paris verholfen hat, weil es ihm dreckig ging, kann leider nicht für Kabusch eintreten; es ging ihm dreckig auch in Paris, ganz dreckig. Wer für Kabusch eintritt, überzeugt nicht. Ich habe es wieder einmal versucht. In einer Gruppe, die noch Genossen braucht, schlage ich unter anderem (so viele gibt es ja nicht am Ort) auch Kabusch vor, und der diesen Vorschlag strikte ablehnt, geradezu wild, ist der junge Beschädiger; er sagt bloß: Kabusch?! Das genügt schon; auch Leute, die Kabusch nicht persönlich kennen, finden Kabusch unmöglich und erheben sofort ihre Hand gegen diesen Antrag. Natürlich weiß Kabusch nichts von dem Vorfall, als der junge Schriftsteller, ein liebenswerter Freund auch er, kurz darauf bei Kabusch auftaucht und sich erkundigt, ob denn sein Haus nicht wieder einmal für einen Monat frei wäre –

Usw.

Was macht Kabusch falsch?

ZÜRICH, DEZEMBER 1969

Im großen Haus eines Kunstsammlers (Rechtsanwalt, ungefähr 80facher Verwaltungsrat, Honorar-Konsul der Republik Südafrika, auch Mitglied des Verwaltungsratsausschusses der NEUEN SCHAUSPIEL AG ZÜRICH) findet ein Empfang zu Ehren von Varlin statt. High Society. Ein Herr v. Kastelberg wundert sich aufrichtig, als er auf der Tischkarte den Namen seiner jüngeren Nachbarin liest, sagt es auch offenherzig: das habe er aber nicht für möglich gehalten, nein, sie sehe ja nicht unglücklich aus, obschon sie mit einem Psychopathen verheiratet ist. Es beschäftigt ihn menschlich. Ob sie mit diesem Psychopathen lebe. Nachdem er etwas getrunken hat, geht er in sich und findet: dann könne ihr Mann aber kein Psychopath sein, wenn er so eine Frau hat, im Ernst, und das freue ihn jetzt. Um dieser Freude auch Ausdruck zu verleihen, bittet Herr v. Kastelberg, sie möge ihrem Mann, den er leider nicht kenne, diese Zigarre überreichen. Sie tut's am andern Tag. Ich rauche die Zigarre, HOYO DE MONTEREY, meine Marke.

Was hat die Linke in diesen Jahren versäumt? Was sie erreicht hat: eine Isolation der Intelligenz – das Bewußtsein ihrer Ohnmacht, solange sie mit dem Arbeiter nur umgeht wie mit einem Begriff.

Kabusch II

Er ist kein Maler, kein Savonarola, kein Uhu mit Menschenlachen usw. Daran kann es nicht liegen. Er johlt nicht in einer besseren Gesellschaft und überhaupt nicht. Er trägt eine randlose Brille. Gitarre spielen auf einem Waschbrett, das kann er lassen. Was macht Kabusch trotzdem verkehrt? Ein belesener Mann, das muß man zugeben, und dabei nicht vorlaut; man muß ihn erst fragen, damit er spricht. Ob es denn auch stimmt, was Kabusch zu diesem oder jenem Thema weiß, bleibt allerdings fraglich, solange nicht irgend jemand dazu nickt, und das ist nicht immer der Fall; nicht immer ist jemand da, der auch einigermaßen Bescheid weiß. Dann läßt man dieses Thema. Er ist Bibliothekar. Neuerdings hat er einen Lehrauftrag an der Universität, was seine Bekannten etwas verwundert, aber man gönnt es ihm; offenbar braucht Kabusch solche Bestätigung.

. . .

Was Kabusch (wer immer er ist) sich nicht leisten kann: Stolz. Dann wirkt es bloß, als sei er beleidigt, also peinlich.

. . .

Unter besonderen Umständen vergißt er, daß er Kabusch ist; zum Beispiel hat er einmal eine Totenrede zu halten, da er den Verstorbenen gekannt hat wie kein andrer. Ein jüngerer Kollege sagt ihm nachher, seine Rede sei gar nicht peinlich gewesen, Ehrenwort, nicht im mindesten peinlich. Solcher Zuspruch erschreckt ihn am offenen Grab.

. . .

Kabusch ist sein Spitzname als Schüler. Das Gerücht, seine Mutter sei beim Zirkus gewesen, ist nicht aus der Klasse zu bringen. Seine Anfälle von Jähzorn deswegen. Meint Kabusch vielleicht, er sei etwas Besonderes, weil seine Mutter beim Zirkus gewesen ist? Er merkt lange nicht, was Kabusch heißt. Zum Beispiel sorgt er für einen Fußball, einen aus Leder, ferner sorgt er für die Erlaubnis, die Wiese benutzen zu dürfen für das Ereignis des Jahres. Will er auch noch für gutes Wetter sorgen? Als die Klasse, der er mit Stolz angehört, die Mannschaft zusammenstellt, scheint es nur Kabusch zu verwundern, daß er weder als Torhüter noch als Stürmer gefragt ist; auch die andern Posten sind schon vergeben worden, während Kabusch, übrigens der einzige mit regelrechten Fußballschuhen, die Strafraumgrenze ausgemessen und mit Sägemehl sorgsam markiert hat. Vielleicht braucht man einen Ersatzmann? Man wird sehen. Wer bestimmt eigentlich? Eigentlich niemand; es ergibt sich so. Kabusch soll sich jetzt nicht wichtig machen, weil er den Fußball geliefert hat; er kann ihn nach dem Spiel wiederhaben. Nichts weiter.

. . .

Jedermann macht in Gesellschaft einmal einen Witz auf Kosten andrer, die nicht zugegen sind; nur Kabusch kann sich das nicht leisten. Zwar wird gelacht, nur weiß er sofort, daß sein Witz ungerecht ist und erschrickt; Kabusch ist auf Gerechtigkeit angewiesen.

. . .

Ein andrer, der ungefähr die gleichen Voraussetzungen hat und sich in der gleichen Gesellschaft bewegt, schlägt einfach zurück und wird Großunternehmer, Großwerbefachmann, Großverwaltungsrat usw. Er denkt nicht daran, sein Haus freundschaftlich beschädigen zu lassen oder sich anzuhören, daß seine Rede durchaus nicht peinlich gewesen sei, oder die Rechnung für alle zu bezahlen, bloß weil er empfindlich ist, oder zu verstummen, wenn niemand nickt, oder überhaupt etwas verkehrt zu machen; er denkt ja nicht dran und ist ein Emporkömmling auch, Sohn eines Hauswartes, Rotary-Member, eine frohe und gewinnende Persönlichkeit.

. . .

Tut Kabusch sich selber leid?

. . .

Als Lehrling protestiert er gegen Überstunden für außerfachliche Dienstleistungen. Es bekommt ihm nicht, wenn Kabusch protestiert; dann kann es geschehen, daß er stottert. Hingegen gewinnt er den Preis in einem Lehrlingswettbewerb der Stadt; das spricht für seinen Lehrmeister.

. . .

Es hat nichts mit Herkunft zu tun. Sein Vater ist kein Arbeiter gewesen, seine Mutter nicht einmal gerüchtweise beim Zirkus. Daran kann es nicht liegen. Noch Ende des 19. Jahrhunderts spielte seine Familie eine nationale Rolle. Er fährt einen Volkswagen. Warum keinen Bentley? Das nimmt man Kabusch nicht ab, dies nebenbei. Ein ungeduldiger Schauspieler ruft laut ins Atelier: Wer ist denn hier der Kamera-Mann? Dabei steht er neben der Kamera, seit einer Stunde bereit. Kabusch kommt nicht an (wie es im Jargon der Schauspieler heißt); zum Beispiel muß er die Arbeiter im Atelier dreimal bitten, wenn Kabusch etwas braucht; brüllt er, so entsteht lediglich der Eindruck, Kabusch sei seiner Sache nicht sicher. Dann macht er's lieber eigenhändig. Werden später die Aufnahmen zur Probe vorgeführt, so entschuldigt er sich: es sei natürlich erst ein Rohschnitt, die Kopie leider zu dunkel usw. Man zeigt Nachsicht: Bitte! Nachher sagt der Schauspieler: Mensch, das ist ja prima! Eines Tages erscheint er mit einer neuen Freundin, die Aufsehen erregt: eine blackbeauty. Man macht ihr den Hof, als gehöre Kabusch nicht zu ihr. Man glaubt das einfach nicht. Unser Kamera-Mann soll sich nicht übernehmen. Als sich erwiesen hat, daß diese Frau trotzdem zu Kabusch gehört, behandelt man sie allmählich wie Kabusch. Er kann das nicht verhindern. Believe it or not, das hat nichts mit Rassismus zu tun.

. . .

Es gibt Kabusche in jedem Beruf. Ich beobachte einen Kellner. Die andern Kellner, die doch die gleichen Speisen aus der gleichen Küche servieren, hören von den Gästen nie eine Beschwerde; nur Kabusch eignet sich dafür. Sogar von Tischen, wo er gar nicht bedient, wird Kabusch gerufen: wegen Durchzug, es fehle noch immer der Senf usw. Er mißversteht das auch nicht; sie mögen Kabusch, das weiß er. Als er Oberkellner wird, ändert sich eigentlich nichts; immer die Flasche, die Kabusch entkorkt, riecht leider etwas nach Korken.

. . .

Es kann sich auch um eine weibliche Person handeln. Zum Beispiel glaubt man nicht, daß ihre Berufstätigkeit (Psychiatrie) etwas anderes als Ersatz sei. Was sie so sagt, ist klug. Das muß man zugeben. Wieso zugeben? Übrigens kocht sie auch ausgezeichnet, obschon sie neuerdings an Kongressen spricht. Man rühmt sie für ihre Hilfsbereitschaft, die auch ausgenutzt wird, und umgibt sie mit einer Mischung von Wohlwollen und Mitleid, das sie unsicher macht, manchmal auch steif. Was macht sie verkehrt? Sie hat Kinder. Wenn grad von Kindern die Rede ist, wird es sofort anders; man läßt sie reden, und Lisbeth kann sich entfalten, und es überzeugt, bis sie wissenschaftlich argumentiert. Nichts gegen die Argumente, aber man nimmt ihr den Jargon nicht ab, den man selber spricht, Jargon als eine Ausdrucksweise, die dem Sprechenden selber Eindruck macht. Wie gesagt, sie kocht ganz ausgezeichnet. Natürlich weiß sie in ihrem Fach mehr als die Gäste; das schon. Man hört ja auch zu. Nur ihr Mann zeigt sich dann nervös, hütet sich aber, das Thema zu wechseln. Merkt Lisbeth es nicht? Je länger sie spricht, umso weniger ist sie vorhanden, und es ist nichts zu machen; ihr Wissen, bestätigt durch zwei Diplome, steht ihr nicht. Sie kleidet sich durchaus elegant; dann immer die Frage: Wo haben Sie bloß diesen tollen Mantel her? mit der Versicherung: Das steht Ihnen aber! und mit einer Rückfrage an ihren Mann: Oder finden Sie denn nicht? als sei das von Mal zu Mal verwunderlich, ein Glücksfall, als könne die Psychiaterin keinen eignen Geschmack haben. Irgendwann im Lauf des Abends, spätestens in der Garderobe kann ihr Mann es nicht unterlassen, offensichtlich gegen ihren Wunsch beiläufig zu erwähnen, was sie, als Psychiaterin, alles leistet, zum Beispiel im Institut, ganz zu schweigen von den Konferenzen und Kongressen, ferner schreibe sie ein Buch usw. Wieso ist es ihr peinlich? Dann faltet sich ihre Stirne über dem Ansatz einer schönen Nase; es sei kein Buch, eher eine Broschüre. Es ist peinlich; die Gäste stehen bereits in ihren Mänteln und möchten sich bedanken.

. . .

Irrtum von Kabusch: er meint sich durch Leistung rechtfertigen zu müssen, zu können. Das gerade entwertet seine Leistungen von vornherein. Er geht nicht ohne Erfolge aus; nur geben sie ihm, Kabusch, keinen Glanz.

. . .

Es ist besser, wenn er nicht trinkt wie die andern; dann vergißt er, daß er Kabusch ist, und wird mit Schrecken erwachen am andern Tag.

. . .

Er ist Sprecher beim Fernsehen. Die Nachrichten, die er mit seiner korrekten Aussprache versieht, sind in der Regel so wichtig, daß man sie auch Kabusch abnimmt. Das spürt er, ohne seinerseits das Publikum zu sehen, die Leute in den Stuben und in den Wirtschaften. Was man weniger abnimmt: die bunte Krawatte, Maßanzug, Siegelring (neuerdings verzichtet er auf diesen Siegelring, offenbar hat man es Kabusch gesagt) und seine Frisur, überhaupt die Person. Dabei gibt er sich alle Mühe, nicht persönlich zu erscheinen. Es geht um Staatsbesuche, Katastrophen, Staatsstreiche, Gipfeltreffen, Verbrechen, Reisen des Papstes usw. Er vermeidet jede Miene dazu, die Kabusch sich nicht leisten kann, ausgenommen vielleicht eine unwillkürliche Miene der Erleichterung, wenn er zu den Wetteraussichten kommt. Für Augenblicke verdeckt ihn dann die Wetterkarte mit den vertrauten Landesgrenzen. Als er zum Schluß, wieder allein im Bild und jetzt mit Blick gradaus, wie üblich Gutenacht wünscht, sagt jemand in der Bar: Dir auch! Alle lachen.

. . .

Es ist nicht leicht für die Kinder, Kabusch als Vater zu haben. Zumindest meint er das; seine Großmütigkeit erscheint wie Werbung, wenn nicht sogar wie eine Art von Wiedergutmachung.

. . .

Ab und zu bezeichnet er sich als Idiot.

. . .

Es kommt auch vor, daß er sich stellt, daß er es uns zeigen will: er blickt aus Wahl-Plakaten und wird Bürgermeister. Die Wähler haben Kabusch erkannt; er wird sich Mühe geben, dieser Mann, er wird sie nicht erschrecken, dieser Mann, er wird sich nichts leisten können.

. . .

Was er sich anrechnet: daß er kein Hochstapler ist. Dabei hat Kabusch diesbezüglich gar keine Chance; es wirkt schon wie Größenwahn, wenn er, Kabusch, sich etwas nicht gefallen läßt.

. . .

Der Concierge im Hotel, der Kabusch erkannt hat, nickt freundlich, fast familiär; nachdem er allen andern den Schlüssel überreicht hat, fragt er gar: Wie geht's, Herr Doktor, wie geht's? und nachdem er sich mit dem Portier noch unterhalten hat, gibt er Kabusch den Schlüssel.

. . .

Es hilft nichts, daß Kabusch, der Kamera-Mann, in Cannes eine Auszeichnung bekommt; man weiß, wie derlei zustande kommt, und es ist freundlicher, wenn man nicht davon spricht. Er selber spricht auch nicht davon und tut gut daran.

. . .

Wie ehrgeizig ist Kabusch?

. . .

Habe ich ein Argument, das eben noch einigermaßen überzeugt hat, und Kabusch kommt dazu, Kabusch bringt dasselbe Argument (mit seinen Worten), so habe ich fortan ein Argument weniger. Es überträgt sich.

. . .

Manchmal meint er, es würde genügen, daß er, Kabusch, beispielsweise um die nächste Straßenecke geht, dort eine Weile wartet, dann zurückkommt: ohne Kabusch. Wie irgendeiner.

Ohne Erinnerung an alles, unbefangen. Nichts weiter. Ohne sich zu entschuldigen, daß er sie eine Weile hat warten lassen, eine Viertelstunde oder ein Vierteljahr. Darauf käme es vermutlich an: ohne sich zu entschuldigen für Kabusch.

. . .

Vielleicht meint ein andrer, es liege daran, daß sein Vater eine bekannte Persönlichkeit am Ort gewesen ist. Noch als Fünfzigjährigen fragt man ihn: Und was machen Sie? Dann sagt er's. Warum zuckt Kabusch dabei die Achsel? Eine Weile lang ist man aber besonders nett zu ihm.

. . .

Jemand erzählt gerade von einem Mann, der eines Tages alles aufgegeben hat, seine Lehrerstelle, sein Einkommen, seine Ehe. Wer von uns wagt das? Kabusch sitzt schweigsam dabei; er braucht sich nicht zu erwähnen, tut es auch nicht mit einer Miene. Es ist nie dasselbe, wenn Kabusch dasselbe tut.

. . .

Selbstmord würde man Kabusch nicht abnehmen, d. h. den Tatbestand schon; nur fände man es in seinem Fall eher peinlich.

. . .

Ein andrer versucht es mit Auswanderung. Kabusch in Canada. Obschon er gemeint hat, er mache sich keine Illusionen, kommt er ins große Geschäft. Zum Beispiel als Architekt. Sein Sommersitz mit Wäldern, mit einer eigenen Meeresbucht, mit Rindern usw. ist sagenhaft und verwundert ihn mehr als seine Gäste, die derlei gewohnt sind. Eines Tages sagt jemand: Das hätten Sie sich auch nicht träumen lassen, wie? Er erkennt seine Illusion, Kabusch werde in Canada nicht erkannt.

. . .

Hält er sich für ausweglos?

. . .

Ich beobachte es nicht an ihm, aber an den andern: neuerdings fühlen sie sich freier in seiner Gegenwart, ungenötigt, er ist nicht mehr Kabusch. Dabei hat er dieselben Marotten, dieselben Fähigkeiten; er kleidet sich auch nicht anders, und dabei nähme man es ihm sogar ab. Sie wissen nicht, was vorgefallen ist; kaum jemand klopft ihm noch auf die Schulter, oder wenn es aus Gewöhnung nochmals geschieht, so merkt man, daß er sich nicht dafür eignet – er lacht... Wir müssen uns einen andern Kabusch finden.

BERZONA

Wird das Telefon abgehört? Und wenn ja: lohnt sich das? Es ist das Beste, diese Frage am Telefon zu besprechen.

Lunch im Weissen Haus 2. 5. 1970

Der Offizier, der wachsam im Vorraum sitzt, zeigt sich freundlich wie ein Concierge, dem unsere Pässe genügen; wir sind angemeldet. Der schwarze Taxi-Fahrer war eher mürrisch, als wir ihm unser Ziel nannten. Wir müssen warten. Der Offizier scheint sich zu langweilen, Mütze auf dem Tisch, Revolver am Gurt. Ich merke, daß ich mich nicht setzen kann; ich bin nervös, obschon an Ort und Stelle die Neugierde geringer ist, als ich sie mir eingeredet habe. Eine Sekretärin geht auf die Toilette; ein alter Neger leert die Aschenbecher im Korridor. Kein Zeichen von

Alarm. Ab und zu gehen junge Männer hemdärmlig durch den Korridor, um sich ein Coca-Cola aus dem Automat zu holen; ihr small-talk dabei. Die Stimmung im Haus ist keineswegs nervös. Administration. Alltag bei der Weltmacht –

Seit vorgestern US-Einmarsch in Kambodscha, heute im Fernsehen die üblichen Bilder: Tanks von hinten, Helikopter in Schwärmen, Soldaten mit schiefen Helmen und mit schwerer Packung, Material, Waffen, Munition, Material; sie arbeiten oder stehen etwas verloren in der Gegend, warten auf Order, wohin in den Dschungel. Laut Sprecher wissen sie noch nicht, daß sie eine Grenze überschritten haben; das sieht man der Vegetation nicht an; als sie's von dem Sprecher erfahren, zeigt sich in ihren Mienen keinerlei Regung. Erst auf die Frage, was sie dazu meinen, sagt einer ins Mikro: »This is a mistake, I'm sure.« Ein anderer: »We're going to make history, that's all I know.«

Wir warten im Korridor, der eng ist, nicht zu vergleichen mit einem Korridor bei IBM. Weder Chrom noch Leder. Man sitzt in gepolsterter Kleinbürgerlichkeit. Keine Spur von Reichskanzlei. Es könnte das Wartezimmer eines Zahnarztes sein, abgesehen von den Fotos: Nixon in Hawaii mit einem Blumenkranz um den Hals, er lacht, Nixon mit den Männern von APOLLO 13 nach der gemeisterten Havarie, er lacht und winkt; Nixon mit Gattin auf einer Treppe, er winkt und lacht; Nixon beim Verlassen seines Flugzeuges, er winkt; Nixon im Garten als Haupt einer Familie, er winkt nicht, aber lacht; dann wieder Nixon öffentlich, er schüttelt Kinderhände; Nixon bei einem Gala-Dinner mit Negern links und rechts, lauter Onkel Tom, alle in Smoking; dasselbe Gala-Dinner nochmals –

Niemand kann angeben, wie groß die BLACK PANTHER PARTY ist. »The BLACK PANTHER PARTY regards itself as a socialist organisation and believes that means of production should be in the hands of the people. They declare that men only live creatively when free from the oppression of capita-

lism.« Man soll nicht mehr nach Harlem gehen als Weißer; wir fahren trotzdem nach Harlem und gehen zufuß; als einzige Weiße im Apollo-Theater. Keinerlei Belästigung; auch auf der Straße keine feindseligen Blicke, wenn man als Weißer nicht gafft. Ungefähr dieselben Konsum-Güter, dazu dieselbe Sprache: aber ein anderer Kontinent. Keine Kampf-Parolen an den Mauern. Es ist schwer zu sagen, was sich in 20 Jahren verändert hat; aber sehr viel. Im Kino: Gelächter über den weißen Helden.

Unser Gastgeber läßt sich entschuldigen, daß er noch einige Minuten beschäftigt ist, was wir leicht verstehen: seit vorgestern ein neuer Kriegsschauplatz. Ich wundere mich noch immer über diesen Korridor; abgesehen von den Nixon-Fotos, die in ebenso billigen wie geschmacklosen Rahmen hängen, brächte mich nichts auf die Idee, daß man sich in der Firma befindet, die Milliarden umsetzt in Krieg. Erst als ich die Toilette suche, finde ich in einem Seitengang auch ein Foto von Nixon in Vietnam: Soldaten bei der Entgegennahme seines väterlichen Ernstes –

Ich bin als Tourist im Land, hauptsächlich um die amerikanische Malerei zu sehen in ihrer Umwelt, Ateliers in der Lower East Side. Unterwegs kommt man in Demonstrationen: Fahnen des Vietcong wehen vor der Public Library, Lautsprecher, ein dicker Helikopter kreist über dem Park, wo sie auf dem Boden hocken oder auf Balustraden, andere liegen unter den Bäumen, Jugend mit Guerilla-Bart und Jesus-Haar, lauter Jugend, männlich und weiblich, Gruppen mit Gitarre, die Polizei steht um den Park, die Jungen rufen: PEACE NOW, PEACE NOW, die Polizei schweigt und schaut niemand an, ihre Knüppel hängen mit einer Schlaufe an ihrer Hand, PEACE NOW, PEACE NOW, PEACE NOW. Niemand wird bedroht, die Polizei wirkt überflüssig, die Wolkenkratzer ringsum brauchen keinen Schutz. Einige rufen: REVOLUTION NOW, aber sie berufen sich auf die Verfassung. Es geschieht nichts; nur die Heilslehre, die Krieg führt, verfängt nicht mehr. Einige rufen: ALL POWER TO THE PEOPLE, dazu das Zeichen mit den zwei Fingern, dann rufen plötzlich fünfzehntausend: PEACE, PEACE NOW, PEACE, PEACE, PEACE.

Henry A. Kissinger, unser Gastgeber, begrüßt uns herzlich und bittet in sein Vorzimmer. Wir kennen ihn aus Harvard; damals als Professor für politische Wissenschaft war er gelegentlich schon Berater von Präsident Kennedy. Heute gehört er vollamtlich zum Weißen Haus, Berater für Militär-Politik. Er ist Mitte 40, untersetzt, auf eine weltmännische Art unauffällig; Akademiker nach deutscher Tradition, auch wenn er seine Hände in die Hosentaschen steckt. Der Anruf, der ihn nochmals eine Weile aufhält, kommt von Nelson Rockefeller, und also warten wir nicht nur verständnisvoll, sondern verlegen im Bewußtsein, wie kostbar seine Zeit ist. Zwei Sekretärinnen sitzen in seinem Vorzimmer und essen gerade ihren hot-dog. Auch hier ein Foto von Nixon: der Präsident, wie er Henry A. Kissinger, seinen stehenden Berater, im Sitzen anhört, umgeben von Flaggen; Szene wie aus einem Kipphardt-Stück – Henry A. Kissinger, jetzt dienstfrei, stellt uns eine Dame vor, die nicht zum Weißen Haus gehört, eine Schauspielerin; dabei scherzt er mit Bezug auf Siegfried Unseld: »my friend and leftwing-publisher«. Auch hier ein Foto von Nixon, Porträt mit Widmung an Henry A. Kissinger: »grateful for ever«, das Datum kann ich nicht lesen, da Henry A. Kissinger sich erkundigt, was ich zurzeit arbeite: Roman oder Drama? Sehr hungrig ist eigentlich niemand, aber es gibt noch andere Gründe für einen Lunch; schon das Bestellen ist ein willkommener Aufschub der Fragen, die unumgänglich sind, Fragen zur amerikanischen Invasion in Kambodscha. Wir einigen uns auf Mineral-Wasser. Nachdem der Weiß-Haus-Kellner uns verlassen hat, eröffnet Henry A. Kissinger mit einem Bericht zur persönlichen Situation: täglich Briefe mit Morddrohung. Der Mann vom Secret Service, der ihn infolgedessen beschattet, ist aber nicht zu sehen. Ist es der Kellner oder sind wir vollkommen vertrauenswürdig? Dann zum Generationen-Konflikt: es sei unsere Schuld, das Versagen der Väter und Lehrer, die jeder leeren Drohung nachgeben, resignieren, kapitulieren usw., statt zu vertreten, was sie als richtig erkennen, und Leitbilder zu geben. Henry A. Kissinger erzählt, wie er in einer Universität, zur Diskussion mit Studenten bereit, als »Kriegsverbrecher« angesprochen wird; ungefähr die Hälfte der versammelten Studenten stimmt dieser Beschuldigung zu, indem sie sich von den Sitzen erhebt und stehen bleibt; als er, Henry A. Kissinger, trotzdem zu einer akademischen Diskussion bereit ist, fällt wieder das Wort »Kriegsverbrecher«, daraufhin verläßt er den Hörsaal. Nicht wenige von den Jungen, sagt er, haben ihm brieflich für seine Haltung gedankt und sich für den Vorfall entschuldigt.

WAR CRIMES AND INDIVIDUAL RESPONSIBILITY, ein Memorandum von Richard A. Falk behandelt das Massaker von Song-My am 16. 3. 1968, wobei mehr als 500 Zivilisten niedergemacht worden sind: »The U.S. prosecutor at Nuremberg, Robert Jackson, emphazised that war crimes are war crimes no matter which country is guilty of them.« Die Charta des Nürnberger Tribunals bezeichnet als Verbrechen nicht allein Massaker, Deportation, Folter usw., sie enthält auch einen Artikel VI: *»Crimes against peace: Planning, preparation, initiation or waging of a war of aggression in violation of international treaties, agreements or assurances.«*

Was die Invasion von Kambodscha betrifft, sind wir nicht nur Laien, sondern uns dessen auch bewußt; Henry A. Kissinger hat seit Jahrzehnten theoretisch auf dem Gebiet gearbeitet, das der Laie schlichthin als Krieg bezeichnet, daher seine Gelassenheit zwei Tage nach der Invasion von Kambodscha. Das Essen: familiär-ordentlich, es lenkt also nicht ab. Was sollte ich denn erzählen: bloß um Henry A. Kissinger nicht die Frage zu stellen, die Millionen amerikanischer Bürger stellen? Er ist freundlich, vielleicht froh um einen Lunch mit Laien, fragt meinen Verleger nach seinem Verlag; aber Siegfried Unseld, sonst in jeder Lebenslage bereit, sofort und gründlich über die Pläne seines Verlages zu berichten, macht es kurz, um seinerseits eine Frage zu stellen, die Henry A. Kissinger (sie duzen einander aus der Zeit des Harvard-Seminars) leicht beantwortet; die Kambodscha-Aktion werde 14 Tage dauern, dann Regenzeit. Auch der Versuch unseres Gastgebers, das Gespräch auf Ehen zu bringen, gelingt nicht. Wieder entsteht eine Pause. Wer Präsident Nixon berät, hat es schwerer als ein Verleger oder ein Schriftsteller; er kann nicht, um von seinem Beruf zu schweigen, auf ein allgemeineres und wichtigeres Thema wechseln, zum Beispiel auf Krieg. Das ist ja sein Beruf, und da hilft auch keine persönliche Bescheidenheit, kein Takt unsererseits. Henry A. Kissinger sagt, daß ihnen der Kambodscha-Entscheid natürlich keine Freude macht. Man hat das kleinere Übel zu wählen (kleiner für wen?), und offenbar habe ich nicht richtig gehört: das kleinere Übel wird höchstens sechs Wochen dauern. Henry A. Kissinger, der seine Diät hält, spricht ohne Eifer und nicht viel; es drängt ihn nicht. Der Präsident weilt heute in seinem Landhaus. Um etwas zu sagen, könnte ich berichten, wie die Amerikaner, die ich getroffen habe, darüber denken; aber Henry A. Kissinger errät es, bevor ich es sage: das sind Studenten, Professoren, Maler, Schriftsteller, Intellektuelle. Er sagt: »Cynicals have never built a cathedral.« Der Protest im Land kann die Verantwortlichen nicht verwirren; sie allein kennen die Fakten, die geheim sind. Henry A. Kissinger ist ein Intellektueller, der Verantwortung übernommen hat, wobei er sich darauf beruft, daß nicht »wir« diesen Krieg in Vietnam begonnen haben; er meint: nicht die Regierung Nixon. Ein undankbares Erbe. Was nochmals die Invasion von Kambodscha betrifft: die USA haben überhaupt kein Interesse an Kambodscha, es geht lediglich darum, eine Position für Verhandlungen zu schaffen. Er fragt, was wir zum Nachtisch wünschen. Meinungsforschung hat ergeben, daß heute 63% die Kambodscha-Invasion gutheißen, 25% sind dagegen. (Die New York Times ist dagegen.) Ich bestelle also Fruchtsalat und bin froh, daß ein Hemdärmliger kommt mit der leisen Meldung: »The President is calling.« Wir, eine Viertelstunde allein, löffeln unsern Nachtisch schweigsam; was unser Gastgeber uns sagen kann, hat Nixon schon im Fernsehen gesagt: –

Keine Verletzung der Neutralität von Kambodscha, denn diese Neutralität hat der Vietcong schon verletzt. Keine Aggression gegen Kambodscha, denn im vorgesehenen Bezirk befindet sich keine Bevölkerung, nur Vietcong, dessen Stützpunkte zerstört werden. Die Regenzeit wird sechs Monate lang verhindern, daß der Vietcong diese Stützpunkte wieder erstellt. Keine Eskalation des Krieges, im Gegenteil, es handelt sich um eine Vorbereitung für den Abzug der amerikanischen Truppen; nach der Regenzeit werden die südvietnamesischen Truppen allein imstande sein usw.

Das Restaurant im Weißen Haus: traulich-gediegen wie eine Zunftstube, Gemütlichkeit in dunklem Holz, man könnte sich am Bodensee befinden. Hier kein Foto von Nixon, dafür vier Ölgemälde von alten Schiffen; drei davon in Seenot ... »The President is calling« ... Ich esse Fruchtsalat, wo Millionen amerikanischer Bürger nicht zum Wort kommen. Was ist komisch daran? Ein Gastgeber unter täglicher Morddrohung; er zeigt keine Angst, auch keine Empörung darüber. Berufs-Risiko. Vielleicht schmeichelt es ihm sogar; es erinnert etwas an Caesar. Was sie jetzt am Telefon wohl sprechen? Ich stelle mir vor: Henry A. Kissinger, die rechte Hand in der Hosentasche, stehend, während wir Fruchtsalat essen. Ich überlege, warum ich einem Mann, der unter Morddrohung steht, ungern widerspreche: als schütze es ihn, wenn ich schweige, was immer er sagt. »Intellectuals are cynical and cynicals have never built a cathedral.« So denken auch Männer in unseren Behörden; es paßt zu dieser bräunlichen Zunftstube.

Professoren von Harvard besuchen Henry A. Kissinger wenige Tage später, um ihre bisherige Zusammenarbeit zu kündigen; sie bezeichnen die Kambodscha-Invasion als unverantwortbar und die Art, wie der Entscheid gefällt worden ist, als antidemokratisch.

Natürlich möchten wir das Weiße Haus besichtigen, aber es könnte uns ja irgendeiner führen, dessen Zeit weniger kostbar ist; offenbar möchte unser Gastgeber, nachdem der Kaffee getrunken ist, kein weiteres Kambodscha-Gespräch am Tisch, und wir nehmen's als Ehre, daß Henry A. Kissinger uns jetzt die Residenz zeigt. (Zu gewissen Zeiten kann jedermann sie besichtigen.) Die Palastwache, nicht zahlreicher als Wächter in einem Museum, grüßt nicht militärisch; unser Gastgeber mit der linken oder rechten Hand in der Hosentasche grüßt kurz-familiär, sodaß die Uniformen, gerade im Begriff sich zu erheben, sich schon wieder setzen. Das gibt auch uns eine leichte Aura des Familiären. Trotzdem wage ich nicht die gestopfte Pfeife anzuzünden, halte sie in der Hand oder im Mund, ohne zu rauchen. Wände weiß, Teppich rot. Ich bin unsicher, was ich denken soll... Hier also haust die Macht. Sie gibt sich als ein Wesen, das Ruhe liebt, Sauberkeit, die beim Aschenbecher anfängt; ein Wesen mit Tradition; ein Wesen, das die stillen Parke liebt, die grünen Rasen und Blumen je nach Jahreszeit; wahrscheinlich liebt es keine Straßenschlachten, auch wenn die Opfer selber schuld sind, und Massaker wie in Song-My müssen ihm ein Greuel sein. Schon den gewöhnlichen Straßenverkehr mag es nicht. Überhaupt keinen Lärm, der seine Meditation stören könnte; es schätzt den Blick auf einen fernen Obelisk, das Geräusch eines Springbrunnens. Wer zum Haus der Macht gehört, ob als Militär-Berater oder als Wächter, geht ohne Hast, offensichtlich ohne Sorge, sodaß man nur mit einem Lächeln an die Rufe denken kann: REVOLUTION NOW. Lincoln und andere sind erschossen worden, zuletzt Kennedy; was hat das erschüttert? Ihre Porträts in Öl schaffen jene Stimmung, daß man als Besucher sofort leise spricht; selbst das Porträt von L. B. Johnson, der noch nicht aus dem Jenseits auf uns blickt, gibt uns das Gefühl, daß uns Bescheidenheit ansteht. Nur Henry A. Kissinger, der weniger erläutert als die gewöhnlichen Fremdenführer, nimmt einfach die Hände nicht aus den Hosentaschen, um ohne Worte zu versichern, daß es im Haus der Macht vollkommen natürlich zugeht, zivil, human, nämlich unsteif. Er macht sogar einen Witz über die Jacqueline, das darf man. Vorallem ist die Macht, so scheint es, immer aus guter Familie, ein Wesen, das Geschmack hat; Geschmack beispielsweise an Porzellan und Stil-Möbeln. Das verleiht allem, was hier geschieht, etwas Aristokratisches. Jeder Präsident hat sein Porzellan, das später, wenn er nicht mehr im Amt ist, in Vitrinen ausgestellt wird; so achtet jeder das persönliche Porzellan seiner Vorgänger, und alle sind verbunden durch ihren Sinn für Porzellan. Wir gehen, ohne viel zu fragen, nicht eigentlich in Andacht, aber schicklich; wenn wir die Marmor-Treppe hinaufgehen, lege ich beispielsweise meine Hand nicht aufs Geländer. Die Malerei, die zur Möblierung der Macht gehört, hält sich an das vorige Jahrhundert; kein Rothko oder Roy Lichtenstein oder Stella oder Jim Dine, kein Calder usw. Bedürfnis nach Tradition, aber sie beginnt mit Lincoln und Washington; daher keine Ritterrüstungen. Nixon liebt vorallem Vögel. Es gibt keine Gobelins, die militärische Siege darstellen, oder ich habe sie nicht gesehen; man protzt hier nicht militärisch und überhaupt nicht. Die Macht gibt sich als dezentes Wesen, das niemand erschrecken möchte; kolossal ist nur die Realität, aber nicht die Villa, wo dieses Wesen wohnt und empfängt. Wieder ein Blick auf den Park; schon ein Jumbo-Jet, den man gerade hört, paßt eigentlich nicht dazu. Hier geht Historie auf Spannteppich. Nichts erinnert an Erdöl, nichts an die Computer im Pentagon, nichts an die CIA, nichts an die United Fruit Company usw. Hier steht ein großer Tisch, und ich nehme die Pfeife aus dem Mund: Hier also – ich glaub's – arbeitet der Präsident, zur Zeit Richard Nixon. Hinter dem leeren Sessel steht das Sternenbanner, zur Seite die Flaggen aller Waffengattungen. Der Arbeitstisch ist leer und aufgeräumt, aber authentisch. Der einzige Gegenstand, der glaubhaft macht, daß von diesem Platz historische Verfügungen ausgehen, und zugleich der einzige, der nicht antiquarisch ist: ein Telefon-Apparat, weiß. Und so stehen wir denn wie in Escorial, wenn man sich sagen muß: Hier also –!

Nixon vor der Presse (8. 5.) zur US-Invasion in Kambodscha: »Decisions, of course, are not made by a vote in the Security Council or in the Cabinet. They are made by the President with the advice of those, I, as Commander in Chief, I alone am responsible ... I made the decision. I take the responsibility for it. I believe it was right decision. I believe it works out. If it doesn't then I am to blame.«

Um nicht zu fragen: Was haben im Fall einer Katastrophe, Bürgerkrieg oder Weltkrieg, die Opfer davon, daß Richard Nixon, Commander in Chief, persönlich die Verantwortung übernimmt und sich allenfalls umbringt wie Hitler? frage ich seinen Berater, welcher Art die Intelligenz des Präsidenten sei. Sie sei groß, so höre ich, größer als bei Kennedy oder Johnson. Aber welcher Art? Ich höre, daß es eine analytische Intelligenz sei; die Besichtigung geht weiter ...

Zwei Tage später, 4. 5. 1970, werden in der Universität Ohio, Kent State, bei einer anti-war-demonstration vier Studenten erschossen von der National Guard, die aus Notwehr gehandelt habe, so heißt es, gegen Heckenschützen, was von sämtlichen Augenzeugen bestritten wird; die Fotos hingegen (LIFE) zeigen die National Guard, wie sie aus 30 Meter Entfernung, also nicht einmal von Steinwürfen bedroht, in die Menge schießt. Ohne Warnung. Sie hatten die Nerven verloren, so heißt es, weil ihr Vorrat an Tränengas zu Ende ging. Nixon sagt dazu: »The needless death should remind us all once more that when dissent turns to violence it invites tragedy«, wozu die NEW YORK TIMES bemerkt: »which of course is true, but turns the tragedy upside down by placing the blame on the victims instead of the killers.« Nixon schreibt persönliches Beileid an die Eltern.

Als nächstes besichtigen wir ein kleines Zimmer, wo der Präsident sich ausruhen kann, nicht größer als die Garderobe eines Schauspielers; eine schmale Couch, Sessel und Schrank, Waschbecken. Was hier fehlt: der Schminktisch. Ich sehe: Hier also ruht Nixon zwischen seinen Auftritten ... Langsam verliert sich meine Befangenheit; was wir sehen, hat nichts mit der Realität zu tun. Wozu besichtigen wir's eigentlich? So groß ist das Weiße Haus nicht; trotzdem das Gefühl, unser Gang sei endlos. Wände weiß, Teppich rot, es gibt den Korridoren etwas Heiteres; es ist fast schade, wenn unser Gastgeber unterbricht: Hier ist zum Beispiel gerade Bundeskanzler Willy Brandt empfangen worden. Dabei bin ich noch immer bei seinem Satz, der beim Lunch gefallen ist: Was in Kambodscha geschieht, wenn wir Vietnam verlassen, das ist nicht unser Problem! Ich nicke: Hier also mußte Willy Brandt speisen. Gegenüber einem Mitarbeiter, dem er uns vorstellt, wieder der scherzhafte Ton: »my friend and leftwing publisher«. Ich weiß jetzt, daß in diesem Haus ein offener Geist lebt. Wie die jungen Herren, die wir im Warteraum gesehen haben, ist auch dieser Mitarbeiter hemdärmlig-adrett-lässig; die ersten Nachrichten aus Kambodscha scheinen erfreulich zu sein, wie nicht anders erwartet. (Damals in Harvard, 1963, konnte Henry A. Kissinger noch offener sein, ein Intellektueller, der nicht die große Verantwortung trägt; damals redete er besorgter.) Eigentlich hätte ich eine Frage, aber es kommt nicht dazu; wir besichtigen einen Salon, wo Henry A. Kissinger und der Botschafter der UdSSR zu sitzen pflegen. Ich nicke, als bedürfe es meiner Bestätigung. Der Salon erinnert mich an das Kurhaus Tarasp: viele Fauteuils in kleinen Gruppen, alle unbequem, aber gediegen, Stil, vermutlich sind es echte Antiquitäten. Jetzt hat Henry A. Kissinger beide Hände in den Hosentaschen, um zu zeigen, daß er für die Innen-Architektur nicht verantwortlich ist. Das ist auch Nixon nicht. Die Wohnung, die der jeweilige Präsident sich nach eigenem Geschmack einrichtet, befindet sich ein Stockwerk höher; wir sehen lediglich die Staatsräume, die, wie gesagt, jeder amerikanische Bürger besichtigen kann zu gewissen Zeiten. Demokratie kennt kein Geheimnis vor den Wählern... Hier also (jetzt nicke ich schon, bevor ich weiß, was es zu bestätigen gilt) versammelt sich das Kabinett. Ein überzeugender Saal. Um einen langen und breiten und schweren Tisch stehen Sessel aus Leder, nicht allzu prunkvoll, gerade richtig: Sessel, die zum aufrechten Sitzen verpflichten. Hier ließe sich verhandeln, ob Kambodscha überfallen werden soll oder nicht. Es sei aber, so höre ich, nicht oft der Fall, daß das Kabinett hier zusammenkommt, und dann sei es nur langweilig. Henry A. Kissinger lächelt; er wollte uns nur den Saal zeigen. Die Entscheidungen fallen nicht hier, sagt er –

Walter J. Hickel, Interior Secretary, beklagt in einem veröffentlichten Brief, daß ihn der Präsident in einem Jahr nur dreimal konsultiert hat; er schreibt: »Permit me to suggest that you consider meeting, on an individual and conversational basis, with members of your Cabinet. Perhaps through such conversations we can gain greater insight into the problems confronting us all–«

Meine Frage wäre gewesen, was Nixon mit der Macht eigentlich will. Es gibt Ziele, die man nur verwirklichen kann, indem man an die Macht gelangt. (Abschaffung der Armut im reichsten Land der Welt, Integration der Neger, Frieden ohne Ausbeutung anderer Völker usw.) Was ist das Ziel dieses Richard Nixon? – aber meine Frage erübrigt sich; es war sein Ziel, Präsident der Vereinigten Staaten zu werden, und er hat sein Ziel erreicht, indem er kein anderes hatte, Macht als Ziel der Macht, und daß Nixon durchaus den Frieden will, wenn es kein anderes Mittel gibt, um an der Macht zu bleiben, glaube ich ohne Frage –

Alles nimmt überhand: der Kehricht, die Jugend, das Haar, die Drogen, die Neger, die Unruhen, die Studenten, der Protest auf der Straße, die Angst vor Amerika. Die neuen Wolkenkratzer, auch die Gitarre nimmt überhand. Im Herbst, als sie wieder einmal nach Washington zogen, soll es eine Viertelmillion gewesen sein, die sich um das Weiße Haus versammelte, PEACE NOW, STOP THE WAR, PEACE NOW, es gab keine Toten; Präsident Nixon ließ sein Fenster schließen und schaute (wie er selber bekanntgab) Baseball im Fernsehen. Ein halbes Jahr später, 9. 5. 1970, lagern sie wieder um den Park, OUT OF CAMBODIA, diesmal nur Hunderttausend, viele glauben nicht mehr, daß sie gehört werden, aber Nixon hat eine schlaflose Nacht, laut Presse: in der Morgenfrühe begibt der Präsident sich zum Capitol, wo er mit einigen Studenten spricht und verlangt, daß sie ihn verstehen müssen, denn er trägt die Verantwortung dafür, daß die Vereinigten Staaten die führende Macht bleiben. Die Studenten sagen: Dann redete er über Sport. Laut Presse: Der Präsident frühstückte Schinken mit Ei. Gegen Krise hilft Krieg, aber was hilft gegen die Jugend, die überhand nimmt? 400 Universitäten treten in Streik wegen der erschossenen Studenten von Kent State.

Im Park, der, wie wir durchs Fenster schon mehrmals bemerkt haben, sehr schön ist, aber keine Frage beantwortet, sagt Henry A. Kissinger, er werde nicht allzu lange in seinem Amt bleiben; er habe kaum noch ein privates Leben. Das Weiße Haus jetzt von außen: wie man es von Bildern kennt. Hier im Freien zünde ich endlich meine Pfeife an, während wir gehen und nur unsere Schritte im Kies hören. Was reden? Ein sommerlicher Tag. Wer Entscheidungen fällt oder zu Entscheidungen rät, die Millionen von Menschen betreffen, kann sich nachträgliche Zweifel, ob die Entscheidung richtig ist, nicht leisten; die Entscheidung ist gefallen, das weitere abzuwarten. Man könnte jetzt durchaus einen Witz erzählen, aber es fällt mir keiner ein.

Heute früh in Jimmy's Coffee-shop: das Gespräch mit dem munteren Kellner, der mich für einen Deutschen hält und daher sagt, daß er nicht für Hitler sei, aber auch nicht gegen Hitler, »but perhaps we have to see that Hitler was a great philosopher.« Da er mein Zögern sieht, wechselt er auf McCarthy, »who was considered to be a fool«, aber heute sieht man es: hätte man damals auf McCarthy gehört, »we would not have all the trouble with Vietnam«. Er selber, der Kellner, ist eigentlich Grieche, Patriot auch dort; er findet Pattakos schon richtig, »only some communists can't stand him«. Wir sind übrigens nicht allein; der Mann, der nebenan Tabak verkauft, ist für Hitler. Warum? Hitler hatte einen großen Glauben. Nämlich? »He believed that the Germans are a superior race.« Er selber, der Tabakmann, ist Puertoricaner mit Kruselhaar, übrigens der Meinung, die Vereinigten Staaten hätten nach dem Krieg eben Europa besetzen sollen. Das erinnert mich an ein Gespräch in einem kalifornischen Motel, 1952, der Wirt versi-

cherte: »depression is worse than war«, wobei er allerdings einen Krieg im alten Europa meinte. Warum in Europa? »because they are used to have wars over there«.

Im Park ist nichts zu besichtigen und Schweigen umso auffälliger; ich bin froh, daß Siegfried Unseld jetzt von seinem Verlag berichtet. Jede Firma hat ihre Probleme. Henry A. Kissinger, bescheiden wie meistens die außerordentliche Intelligenz, fast eitel-bescheiden, ein Fachmann, der alle Möglichkeiten mit Vernichtungswaffen durchdacht hat und das beste will, nämlich die allergeringste Vernichtung der Welt, er weiß, was in dieser Stunde nur wenige in der Welt wissen (erst die Historiker werden's einmal wissen), und hört lieber einem andern zu, wenn auch etwas geistesabwesend. Ich habe noch keinen Mann getroffen, dessen möglicher Irrtum ein entsprechendes Ausmaß annehmen könnte; ein Chirurg, der einmal pfuscht, ein Lokomotiv-Führer, ein Bundesrat sogar, der versagt, ein Polizei-Chef, der sich irrt, ein Pilot mit 160 Passagieren oder ein Herbert Marcuse, ein Verleger usw., das alles sind ja Verantwortungen, die einer übernehmen kann. Aber Berater eines Weißen Hauses? Ich verstehe immer mehr, daß Henry A. Kissinger, so oft es nur geht, seine Hände in die Hosentaschen steckt; seine Verantwortung steht in keinem Verhältnis mehr zur Person, die einen Anzug trägt wie wir. Je mörderischer der Irrtum sein kann, umso weniger kann einer dafür. Ohne daß ich ein Wort durchlasse, sagt Henry A. Kissinger, er ertrage Verantwortung lieber als Ohnmacht. Einen Nachsatz, zur andern Seite gesprochen, habe ich nicht genau gehört. Wir gehen sehr langsam. Was er machen wird nach seinem Rücktritt aus dem Weißen Haus, weiß Henry A. Kissinger noch gar nicht. Zurück zur Universität? Das dürfte, meint er, kaum möglich sein. Unser Gang über Kies wird bald zu Ende sein, und es scheint, daß es nichts mehr zu fragen gibt. Warum ist Henry A. Kissinger, vor der Wahl noch ein erklärter Gegner von Richard Nixon, trotzdem dessen Berater geworden? Schicklich hingegen ist die Frage meiner Frau: wie hat seine wissenschaftliche Theorie sich bewährt oder verändert durch Praxis? Das sei eine Frage, sagt Henry A. Kissinger, die er oft zu hören bekomme; er habe keine Zeit, um darüber nachzudenken. Ein schrecklicher Satz, aber wir befinden uns gerade in einer Pendeltüre; ich höre nur noch: Wenn man einmal auf dem Seil steht, gibt es kein Zurück – nach der Pendeltüre: – keine Politik ohne das Risiko einer Tragödie. Tragödie für wen?

Wieder einmal geträumt: die Lösung für ein Stück. Erwacht vor Glück (Ei des Kolumbus, Gott gibt's den Seinen im Schlaf!) könnte ich die Sätze einfach hinschreiben – Lösung für ein Stück, das es nicht gibt, das ich nie in Arbeit genommen habe und das ich nicht einmal von der Lösung her, die der Traum geschenkt hat, zu erraten vermag.

Was den Zeitgenossen als erstes in den Sinn kommt, wenn sich bei Gelegenheit herausstellt, daß ich nicht ein deutscher Schriftsteller bin, sondern ein schweizerischer, ist fast immer dasselbe: THE GNOMES OF ZURICH. Sie scheinen ziemlich verpönt zu sein, aber dazu kann ich nichts sagen. Kurz nach unseren Bankiers, die im Bewußtsein der Zeitgenossen unser Land repräsentieren, kommt die FONDUE, dann lange nichts mehr, und ich warte auch nicht darauf. Jeder verehrte Landsmann, jetzt zur Ehrenrettung aufgeboten, täte mir leid. Ich warte nur auf einen natürlichen Wechsel des Themas.

Malerei und Plastik am Ort ihrer Entstehung; plötzlich überzeugt es, daß Bilder zwölf oder neunzehn Meter lang sind, Plastiken von einer Kubatur, die in keine Galerie mehr zu stellen ist. Keine Verinnerlichung der Umwelt, sondern ein Gegenschlag. Und Paris ist nicht mehr der Ort, wo die Krönungen stattfinden –
Öffentliche Fragestunde in der Columbia-Universität. Was wollen sie wissen? Keine politische Frage; wenn einmal die Antwort

trotzdem ins Politische weist, so schweigen sie tolerant-irritiert. Die Älteren fragen aus dem Bezirk um Freud oder C.G.Jung, die Jüngeren aus dem Bezirk um Lévi-Strauss.

Von einem Lehrer aus Queens gehört: eine Schülerin weigert sich, die Nöte der Anna Karenina zu verstehen, weil sie sowieso nicht so alt werden wolle wie diese Anna Karenina, denn in zwölf Jahren oder so gebe es in ihrer Gegend sowieso keinen Sauerstoff mehr –

Vom Schreiben in Ich-Form

Bemerkenswert das Verfahren von Norman Mailer in Heere aus der Nacht: er beschreibt sich als Demonstrant vor dem Pentagon, wo er verhaftet wird, in ER-Form. Norman Mailer schreibt: Norman Mailer lachte, in diesem Augenblick zögerte er, auch Norman Mailer ließ sich jetzt von der Menge drängen usw. Nach der Verhaftung meldet er sein Erstaunen darüber, daß der Polizist seinen Namen nicht kennt, er buchstabiert ihn: M.A.I.L.E.R. Das Verfahren gibt dem Schreiber unter anderem die Freiheit, auch noch die Selbstgefälligkeit zu objektivieren. Das leistet die direkte ICH-Form nicht, die, wenn sie dasselbe lieferte, einen Zug von Masochismus hätte.

. . .

Vielleicht empfiehlt sich die ICH-Form gerade bei Ich-Befangenheit; sie ist die strengere Kontrolle. Man könnte, um der Kontrolle willen, in der ICH-Form schreiben, dann in die ER-Form übertragen, um sicher zu sein, daß die letztere nicht nur eine Tarnung ist – aber dann gibt es Sätze, die nur in der ICH-Form ihre Objektivität gewinnen, wogegen sie, Wort für Wort in die arglose ER-Form übersetzt, eben feige wirken; der Schreiber überwindet sich nicht in der ER-Form, er kneift nur.

. . .

Meine ich denn, daß mein Befinden (wie ich heute erwacht bin usw.) von öffentlichem Interesse sei? Trotzdem notiere ich es ab und zu und veröffentliche es sogar. Das Tagebuch als Übung im eignen Befinden bei vollem Bewußtsein, was dran irrelevant ist–

. . .

Was man gemeinhin als Indiskretion bezeichnet: Mitteilungen aus dem privaten Bezirk des Schreibers, die den Leser nichts angehen. Und was die eigentliche Indiskretion ist: wenn einer mitteilt, was den Leser etwas angeht und was der Leser selbst weiß, aber seinerseits nie ausspricht –

. . .

Daß der Leser trotzdem Autobiographie vermutet gerade dort, wo Erfahrung sich in Erfindung umsetzt, verhindert auch die ER-Form nicht.

. . .

Unterschied zwischen dem erzählerischen ICH und dem direkten ICH eines Tagebuches: das letztere ist weniger nachzuvollziehen, gerade weil es zu vieles verschweigt von seinen Voraussetzungen, dadurch eine Zumutung: – keine Figur: nämlich zu einer Figur gehört auch, was sie verhehlt, was sie selber im Augenblick nicht interessiert, was ihr nicht bewußt ist usw.

. . .

Im Sinn der Beicht-Literatur (maximale Aufrichtigkeit gegenüber sich selbst) vermag die ER-Form mehr.

. . .

Zu Anfang ist es leichter mit der ER-Form als später, wenn die bewußten oder unbewußten Ich-Depots in mannigfaltiger ER-Form notorisch geworden sind; nicht weil der Schreiber sich als Person wichtiger nimmt, aber weil die Tarnung verbraucht ist, kann er sich später zur blanken ICH-Form genötigt sehen.

. . .

Die unverblümten ICH-Schreiber wie Henry Miller, Witold Gombrowicz u. a. machen ja keine Beicht-Literatur und sind dadurch erträglich, daß das ICH eine Rolle wird. Schreiber solcher Art wirken eher unschuldig, sie dichten am eignen Leib und leben ihre Dichtung auf Schritt und Tritt, und kaum je entsteht der peinliche Eindruck, daß sie Privat-Intimes auskramen; sie sind eben ihr literarisches Objekt, ihre Figur, daher gibt es keine Eitelkeit zu verbergen, sie gehört zur Figur mit allem andern.

. . .

Warum sind – im Gegensatz zur Arroganz, die sich jede Nacktheit leisten kann – Zeichen von Resignation immer indiskret? Zum Beispiel der alte Gide: er schreibt nicht indiskreter als der frühere Gide, aber in der Resignation wirkt er indiskreter.

. . .

Was an einem öffentlichen Tagebuch fragwürdig bleibt: die Aussparung von Namen und Personalien aus Gründen des Takts. Die Brüder Goncourt haben sich nicht gescheut: wer mit ihnen speiste, geriet durch ihr Tagebuch in die Öffentlichkeit. Warum scheue ich mich? Dadurch entsteht der Eindruck, der Tagebuchschreiber sehe nur sich selbst als Person, seine Zeitgenossen als anonyme Menge. Wenn jemand der Öffentlichkeit schon bekannt ist, erübrigt sich zwar die Scheu; nur entsteht dann der Eindruck, der Tagebuchschreiber lebe ausschließlich mit berühmten Zeitgenossen oder halte nur sie für buchenswert.

Warum also nicht die Namen und Personalien aller Leute, die den Tagebuchschreiber beschäftigen? Es brauchte ja keine üble Nachrede zu sein, aber auch das Gegenteil wäre indiskret. Woher nehme ich das Recht, die andern auszuplaudern? Der Preis für diese Diskretion: die Hypertrophie der Egozentrik, oder um dieser zu entkommen: eine Hypertrophie des Politischen?

SCHAUSPIELHAUS ZÜRICH

Im vergangenen Winter wäre es beinahe wieder eine rühmliche Bühne geworden, eine politische. Sein Ruhm, allerdings schon lange verblaßt, begründete sich zur Hitler-Zeit; man weiß es noch: ein antifaschistisches Theater. Später dann wurde auch die Bourgeoisie darauf stolz; heute sagt sie: Unser Schauspielhaus! Nicht zu Unrecht, wie sich jetzt zeigt. Der Verwaltungsrat hat es sofort gemerkt, das neue Gefälle nach links, und nachdem die bürgerliche Presse dafür gesorgt hat, daß die Kasse zu wünschen übrigläßt, erfolgt die Kündigung des Direktors und des Dramaturgen (Peter Löffler, Klaus Völker) im dritten Monat ihrer ersten Spielzeit. Der Verwaltungsrat, dem übrigens kein einziger Theatermann angehört, hingegen der eine und andere Bankier neben Vertretern der städtischen Behörde, hat allerdings Pech: der neue Direktor, bereits gewählt, kann die Verdächtigung, daß er zur Hitler-Zeit keine lautere Figur gewesen sei, nicht entkräften. Das wußte allerdings niemand. Auch kann ein Mann, so meinen wir, seine Gesinnung ändern. Was nichts damit zu tun hat: die Kündigung des Vorgängers wegen Gefälle nach links, wobei den Herren des Verwaltungsrats schon Eduard Bond als Marxist erscheint, eine Kündigung übrigens, der auch die sozialdemokratischen Vertreter zugestimmt haben. Unsere öffentlichen Bemühungen, vorerst diesen Verwaltungsrat zu entmachten, der über öffentliche Gelder verfügt nach dem Kunstbedürfnis der Bankiers, sind jetzt gescheitert: Friedrich Dürrenmatt hat sich zur Verfügung gestellt (wie ich heute aus der Tagespresse erfahre) als Künstlerischer Berater und Mitglied dieses Verwaltungsrats.

Nachtrag zur Reise

Sagt man, es sei nicht der erste Besuch in den Vereinigten Staaten, so kommt fast immer die Frage: Finden Sie's verändert? Dabei erwarten sie alles andere als die Antwort, es habe sich zum Guten verändert. Das finde ich aber... Damals war ihre Frage in jedem Langstrecken-Bus: How do you like America? eine leutselig-frohe Frage, die auf Beifall wartete selbstverständlich; eigentlich wunderte sie nur, was uns am meisten imponiere. Am meisten imponierte mir damals die Wüste. Es war die Zeit von McCarthy. Ein Antikommunismus ohne Kenntnis, was Kommunismus will, in Verbindung mit einem repressiven Patriotismus (nicht viel anders als bei uns), ist nicht geschwunden; im Schwinden ist trotzallem die Arroganz der Macht, auch wenn sie sagen: Wir sind das reichste Land der Welt. Das stimmt ja. Sie sind erschreckt. Luftverschmutzung ist ja nur eine Metapher für alle andern Realitäten, die sie erschrecken. Zumindest ist man nicht mehr sicher, daß alles, was größer und größer wird, auch erfreulich sei. Kaum ein Abend, ohne daß Sorge sich ausdrückt; nicht selten die offenherzige Frage: Sind wir auf dem Weg zum Faschismus? Einiges spricht dagegen, z. B. das puritanische Erbe; die Debatten über Amerika, die sie unter sich selber führen, werden länger und enden nicht in Zuversicht, meistens nicht einmal in Gutheißung der Geschichte. Die Vernichtung der Indianer erscheint kaum noch als glorreiche Erfüllung eines göttlichen Auftrags, sondern als Genocid; das Jäger-Selbstverständnis der Vorfahren ist zwar zu erklären, aber das Ergebnis heißt heute Genocid. Es stimmt, was der Präsident sagt: die USA haben seit ihrem Bestehen, also sei 190 Jahren, nie einen Krieg verloren. Nur bleibt der Sieg aus. Was man aus Vietnam weiß, bleibt ein

Schock, selbst wenn die Truppen einmal abziehen: man ist nicht mehr sicher, daß man die moralische Großmacht ist wie in Nürnberg. Es sind Dinge geschehen und geschehen täglich weiter, die man bisher nur andern zugetraut hat. WHAT WE ARE DOING IN INDOCHINA, sagen Leute, die mit Kriegsverbrechen auch nicht auf Umwegen zu tun haben; sie vorallem sind verändert, so scheint mir, bis in den Alltag hinein. Sie wundern sich, daß wir freiwillig in diesem Land sind. Ein schreckliches Land, so nennt es mehr als einer, wenn auch sofort mit dem Nachsatz: Dabei wären wir das reichste Land der Welt. Bauarbeiter schlagen einen Umzug von Blumenkindern zusammen; auch das kann den Amerikanischen Traum nicht wiederherstellen. Was es vor zwanzig Jahren nicht gegeben hat: Skepsis, daß Amerika auf dem rechten Weg ist. Nur in der Reklame und in den offiziellen Reden, die ja auch Reklame sind, findet sich jener Ton zuversichtlicher Selbstgerechtigkeit, nicht mehr im privaten Gespräch. Amerika hat Angst. Die Macht-Inhaber unterstellen: Angst vor Rußland, Angst vor China, also Angst, die ihre Strategie rechtfertigt und die Kosten dieser Strategie. In den kleinen Bars oder in den Ateliers oder unter Wissenschaftlern oder in einem öffentlichen Park oder wo immer man ins Gespräch kommt, das sie selber anfangen, tönt es anders: Amerika hat Angst vor Amerika... Ich meine im Ernst, es habe sich zum Guten verändert, verglichen auch mit 1956, als ich zum zweitenmal dieses große Land durchreist habe; eine System-Kritik habe ich zwar nie gehört, auch nicht bei Leuten, die gegenüber Präsident und Administration in offenem Protest stehen; aber die Angst vor sich selbst macht sie als einzelne humaner.

UNTERWEGS

Mundart zu sprechen ist bequemer. Fühle ich mich dabei wohler? Nach einem Gespräch in der Schriftsprache erinnere ich mich genauer, wie ich formuliert habe; im allgemeinen sprechen wir die Mundart unbewußter, fühlen uns sicherer und unverkrampft. Sind wir das? Schweizerdeutsch ist (was man Ausländern immer wieder erklären darf) kein Slang, kein Kauderwelsch, sondern eine intakte Sprache, wenn auch ungeschrieben, unsere Muttersprache in allen gesellschaftlichen Schichten. Ihre Syntax ist bescheiden, eine Mundsprache eben; es kommt kaum zu komplexen Sätzen. Sie eignet sich vor allem zum Erzählen. Wieviel haben wir uns zu erzählen? Im Grunde sind wir uns alle ziemlich verleidet, wenn wir unter uns sind, familiär durch Mundart von vornherein. Es wird fast immer Stammtisch, Kumpanei durch Mundart; ob Widerspruch oder Einverständnis, jedenfalls kommunizieren wir durch Hemdärmligkeit, womit keiner ganz identisch ist – wir haben uns nur daran gewöhnt wie an eine Rolle... Auch Landsleute, die beruflich auf Schriftsprache angewiesen sind und ihr Wissen aus der Schrift beziehen, sie sind geniert, wenn sie sich der Schriftsprache bedienen sollen in Gegenwart eines Landsmannes, und verfallen sofort wieder in unsere Mundart, obschon Höflichkeit gegenüber Fremden es eigentlich verbietet; wir kennen uns eben mundartlich. Hören wir einander in der Schriftsprache, so stimmt etwas nicht; jeder tut, als wäre er in der Mundart er selbst, nur in der Mundart, obschon sich seine Gedanken in der Schriftsprache genauer ausdrücken lassen. Die Mundart hingegen betont, wie echt man ist. Wieso ist das nötig? Ich setze mich in einen französischen Speisewagen; der Herr gegenüber fällt in keiner Weise auf, bis er mich als Landsmann erkannt hat, also Mundart spricht und echt wird: anders als zuvor, bodenständig, sofort stimmt unser Ton für beide nicht...

BERZONA

Begegnung mit einem Kollegen aus der DDR, den ich seit 1945 nicht mehr gesehen habe. Warum wird es, auch bei Freundlichkeit von beiden Seiten, ein Eiertanz? Sie sind geschult, wissen, was sie keinesfalls sagen werden, und geben sich dennoch sehr offen. Das Kind, das mit einer Eisenbahn spielt, erkennt schon an den Häusern, daß Faschisten drin wohnen. Wir sprechen über anderes. Stolz der Eltern auf ihre antiautoritäre Erziehung. Plötzlich sagt das Kind, das den Vater mit seinem Vornamen anspricht, und es ist rührend: Ich kann nicht mehr! Es ist müde und will nach Hause. Einverständnis des Vaters: In fünf Minuten. Er will noch zu Ende erzählen, sagt es mit zärtlichem Entgegenkommen: In zwei Minuten. Das Kind will sofort, nicht in zwei Minuten, sondern jetzt; es sagt: Sonst lasse ich dich verhaften! Man lacht. Kindermund.

Notizen zu einem Handbuch für Mitglieder

Der Aberglaube, daß hohes Alter sogar ein Gewinn sein könne (»geistig«), beruft sich mit Vorliebe auf Künstler, Schriftsteller, Philosophen usw., allerdings immer nur auf die berühmten. Die Präsenz oder gar Virulenz ihres Werkes im öffentlichen Bewußtsein verführt uns dazu, die Person zu verwechseln mit ihrem Ruhm, der langsamer altert.

Angst des Künstlers vor dem Alter: daß er nicht mehr kreativ sein wird; und einen Beruf, eine Existenz, wo dies keine Rolle spielt, hat er meistens nicht gelernt.

Exposition eines Lebenswerkes in drei Sälen ... Wir gehen rascher von Bild zu Bild, je älter der Maler wird; sein Können nimmt überhand, unsere Neugierde läßt nach, auch wenn wir's nicht zugeben, wir loben nur immer rascher. Dies schon im zweiten Saal. Hier versucht er uns zu überraschen, und es gelingt ihm auch beinahe; nur hat man den Eindruck, daß er selbst kaum noch überrascht ist. Als wir durch den letzten Saal gehen, steht der Maler persönlich da; wir sind in der Tat überrascht: daß er noch lebt. Kein Greis. Er unterhält sich munter. Schon der Vor-Gezeichnete kann sich darauf ertappen, daß ihm sein Gelingen verleidet ist; er weiß jetzt bei der Arbeit immer rascher, was nicht gelingen kann, und verirrt sich kürzer. Insofern arbeitet er effektiver (Epoche der raschen Produktivität). Aber früher, im Anfang, fühlte er sich freier; im Mißlingen war mehr Hoffnung.

Es gibt Alterswerke, die mehr sind als nur eine Verlängerung in die Perfektion (Matisse). Sie sind selten.

Wie seine Nächsten mit Igor Strawinsky umgehen, habe ich nur von andern gehört, die zugegen waren: es tönt unglaublich, und doch glaubt man es sofort. Ruhm schützt die Person nur auf Distanz.

Es gibt berühmte Greise, die alles, was ihnen früher gelungen ist, als sinnlos bezeichnen (Ezra Pound); es gibt andere, die vor sich selbst kapitulieren wie vor einem Klassiker; das letztere Verhalten ist auch schon bei Vor-Gezeichneten zu finden.

Der Vor-Gezeichnete erklärt sich seine Kunst-Krisen gerne damit, daß er mit den Jahren und auch mit dem Erfolg selbstkritischer geworden sei. Das stimmt nicht unbedingt; der Trieb irgend etwas zu erzeugen, ist schwächer geworden als sein kritischer Verstand, der sich gleichgeblieben ist und erst beim Gezeichneten ebenfalls abnimmt.

Das Bedürfnis zu lehren, Schüler zu haben, ein Institut zu leiten, Preisrichter zu werden usw. kann nicht unbedingt als Symptom der Senilität gewertet werden.

Ein Gezeichneter, der uns sein Atelier zeigt und nicht merkt, daß er alles, was er mit Begeisterung vorhat, schon vor Jahrzehnten gemacht hat; er vibriert vor Kopier-Sucht, die er für Schaffensdrang hält, er fühlt sich gar nicht alt, überhaupt nicht, im Gegen-

teil; er führt uns unentwegt sein Temperament vor, seine Vitalität, seine Freßlust usw.

Der Gezeichnete erkennt sich an Ruhmsüchtigkeit, die sich von seinem früheren Ehrgeiz unterscheidet: sie ist empfindlicher als Ehrgeiz, der noch mit unserer Erwartung rechnen darf.

Dilettanten altern unauffälliger.

Der Gezeichnete entdeckt zum Beispiel, daß er, auch wenn er lang in einer Wirtschaft sitzt, nichts mehr mit den Bierdeckeln anzufangen versucht, er türmt keine Pagode aus Bierdeckeln, die dann zusammenfällt; es lockt ihn nicht einmal, die Bierdeckel in den See hinaus fliegen zu lassen. Bierdeckel, See, es fällt ihm nichts dazu ein, was ihn lockt, und so bricht er Brot und füttert Schwäne, weil er annimmt, das locke die Schwäne. Würde man seinen Gang durch die Stadt mit einer Kreide nachzeichnen, so verliefe diese Kreide-Spur anders als früher: weniger Zickzack, der durch Verlockungen entsteht. Sogar einen Unfall (Scherben auf dem Pflaster, Polizei, Menschen, die sich drängeln, um zu gaffen) kann er beiseite lassen wie die Schaufenster. Der Gezeichnete braucht nicht müde zu sein; auch sieht er nicht wie ein Greis aus, nur drängt es ihn immer weniger, Hand anzulegen, wo keine Notwendigkeit besteht. Zum Beispiel kann er ein Calder-Mobile sehen, ohne es anzublasen oder mit seinem Finger in Bewegung zu bringen. Dabei gefällt es ihm, wenn jemand das tut. Er kennt das. Auch wenn er etwas nicht kennt, wenn er in einer fremden Wohnung einen sonderbaren Gegenstand sieht, ein Material, das er zum ersten Mal sieht, benimmt er sich wie in einem Museum: ne touchez pas les objets. Man muß es ihm in die Hände geben, damit sie es fühlen. Fühlen sie es? Der Gezeichnete wundert sich: er hat ein Stück Draht in der Hand, Kupfer-Draht, der sich ohne Zange biegen läßt, und kann ihn in der Hand halten, ohne damit zu spielen, ohne ihn so oder andersherum zu verbiegen – er weiß, was das heißt, und erschrickt darüber.

Daß Alterswerke (Theodor Fontane) bedeutend sein können, steht außer Frage; es trösten sich damit vorallem Leute, die keine Kreativität zu verlieren haben, und man sollte es ihnen lassen.

Ein Gezeichneter, dessen Bilder heute in jedem nennenswerten Museum hängen – eines Tages meint er, daß er einen neuen Mantel brauche, getraut sich aber nicht mehr auszugehen und bittet, daß ihm eine Auswahl von neuen Mänteln nachhause gebracht werde; er probiert ein Dutzend, kann sich aber nicht entscheiden, behält drei Mäntel zur engeren Wahl und stellt fest, daß er keinen braucht; er arbeitet noch eine Woche, dann öffnet er (66) sich die Pulsader auf der Höhe seines Ruhms.

Abgesehen von der Armut, die damit verbunden ist, hat der Verkannte es mit seinem Alter leichter; er lebt unverbraucht in seinem Anspruch, ein Kommender zu sein.

Maler oder Bildhauer, denen eine Katastrophe (höhere Gewalt) Werke für immer vernichtet hat, kommen sich dadurch immer etwas jünger vor als ihre Altersgenossen –

Im allgemeinen, abgesehen von Wunderkindern, mag es stimmen, daß Kunst-Macher später vergreisen als andere Menschen; anderseits bemerken sie die Vergreisung, wenn sie sich anzeigt, früher – lange bevor die Umwelt sie bemerkt –, es kann einen Kunst-Macher schon erschrecken, was wir als Meisterschaft bezeichnen.

Indem der Tastsinn nachläßt, das Gehör nachläßt, die Sehkraft nachläßt, das Hirn weniger aufnimmt und langsamer arbeitet, die Emotionalität schwindet, die Neugierde schwindet oder sich zumindest verengt, die Reflexe sich wiederholen oder überhaupt ausfallen, die Assoziation stockt, die Fantasie verdorrt, die Begierde jeder Art nachläßt usw., kann es sein, daß der Gezeichnete es leichter hat mit seiner Kunst: es fällt ihm nur noch ein, was er meistert (Alters-Stil).

Es gibt Kunst-Blüten der Senilität. Damit hängt es wohl zusam-

men, daß Gezeichnete nicht selten ihre Kunst verfluchen, die Kunst überhaupt; der Rest ist Kunst.

Der Blick des greisen Rembrandt: –

> Das National-Drama der Schweiz (im Zweiten Weltkrieg) ist nicht der WILHELM TELL, dann eher DER GUTE MENSCH VON SEZUAN. Nur mag man nicht, daß dann der Böse Vetter, der die guten Taten erst ermöglicht, auch Schweizer wäre. So bleibt es denn beim WILHELM TELL.

Fragebogen

1.
Halten Sie sich für einen guten Freund?
2.
Was empfinden Sie als Verrat:
a. wenn der andere es tut?
b. wenn Sie es tun?
3.
Wie viele Freunde haben Sie zurzeit?
4.
Halten Sie die Dauer einer Freundschaft (Unverbrüchlichkeit) für ein Wertmaß der Freundschaft?
5.
Was würden Sie einem Freund nicht verzeihen:
a. Doppelzüngigkeit?
b. daß er Ihnen eine Frau ausspannt?
c. daß er Ihrer sicher ist?
d. Ironie auch Ihnen gegenüber?
e. daß er keine Kritik verträgt?
f. daß er Personen, mit denen Sie sich verfeindet haben, durchaus schätzt und gerne mit ihnen verkehrt?
g. daß Sie keinen Einfluß auf ihn haben?
6.
Möchten Sie ohne Freunde auskommen können?

7.
Halten Sie sich einen Hund als Freund?
8.
Ist es schon vorgekommen, daß Sie überhaupt gar keine Freundschaft hatten, oder setzen Sie dann Ihre diesbezüglichen Ansprüche einfach herab?
9.
Kennen Sie Freundschaft mit Frauen:
a. vor Geschlechtsverkehr?
b. nach Geschlechtsverkehr?
c. ohne Geschlechtsverkehr?
10.
Was fürchten Sie mehr: das Urteil von einem Freund oder das Urteil von Feinden?
11.
Warum?
12.
Gibt es Feinde, die Sie insgeheim zu Freunden machen möchten, um sie müheloser verehren zu können?
13.
Wenn jemand in der Lage ist, Ihnen mit Geld zu helfen, oder wenn Sie in der Lage sind, jemand mit Geld zu helfen: sehen Sie darin eine Gefährdung der bisherigen Freundschaft?
14.
Halten Sie die Natur für einen Freund?
15.
Wenn Sie auf Umwegen erfahren, daß ein böser Witz über Sie ausgerechnet von einem Freund ausgegangen ist: kündigen Sie daraufhin die Freundschaft? Und wenn ja:
16.
Wieviel Aufrichtigkeit von einem Freund ertragen Sie in Gesellschaft oder schriftlich oder unter vier Augen?
17.
Gesetzt den Fall, Sie haben einen Freund, der Ihnen in intellektueller Hinsicht sehr überlegen ist: tröstet Sie seine Freundschaft darüber hinweg oder zweifeln Sie insgeheim an einer Freund-

schaft, die Sie sich allein durch Bewunderung, Treue, Hilfsbereitschaft usw. erwerben?

18.

Worauf sind Sie aus dem natürlichen Bedürfnis nach Freundschaft öfter hereingefallen:

a. auf Schmeichelei?
b. auf Landsmannschaft in der Fremde?
c. Auf die Einsicht, daß Sie sich eine Feindschaft in diesem Fall gar nicht leisten können, z. B. weil dadurch ihre berufliche Karriere gefährdet wäre?
d. auf Ihren eignen Charme?
e. weil es Ihnen schmeichelt, wenn Sie jemand, der gerade Ansehen genießt, öffentlich als Freund bezeichnen können (mit Vornamen)?
f. auf ideologisches Einverständnis?

19.

Wie reden Sie über verlorene Freunde?

20.

Wenn es dahin kommt, daß Freundschaft zu etwas verpflichtet, was eigentlich Ihrem Gewissen widerspricht, und Sie haben es um der Freundschaft willen getan: hat sich die betreffende Freundschaft dadurch erhalten?

21.

Gibt es Freundschaft ohne Affinität im Humor?

22.

Was halten Sie ferner für unerläßlich, damit Sie eine Beziehung zwischen zwei Personen nicht bloß als Interessen-Gemeinschaft, sondern als Freundschaft empfinden:

a. Wohlgefallen am andern Gesicht
b. daß man sich unter vier Augen einmal gehenlassen kann, d. h. das Vertrauen, daß nicht alles ausgeplaudert wird
c. politisches Einverständnis grosso modo
d. daß einer den andern in den Zustand der Hoffnung versetzen kann nur schon dadurch, daß er da ist, daß er anruft, daß er schreibt
e. Nachsicht

f. Mut zum offenen Widerspruch, aber mit Fühlern dafür, wieviel Aufrichtigkeit der andere gerade noch verkraften kann, und also Geduld
g. Ausfall von Prestige-Fragen
h. daß man dem andern ebenfalls Geheimnisse zubilligt, also nicht verletzt ist, wenn etwas auskommt, wovon er nie gesprochen hat
i. Verwandtschaft in der Scham
k. wenn man sich zufällig trifft: Freude, obschon man eigentlich gar keine Zeit hat, als erster Reflex beiderseits
l. daß man für den andern hoffen kann
m. die Gewähr, daß der eine wie der andere, wenn eine üble Nachrede über den andern im Umlauf ist, zumindest Belege verlangt, bevor er zustimmt
n. Treffpunkte in der Begeisterung
o. Erinnerungen, die man gemeinsam hat und die wertloser wären, wenn man sie nicht gemeinsam hätte
p. Dankbarkeit
q. daß der eine den andern gelegentlich im Unrecht sehen kann, aber deswegen nicht richterlich wird
r. Ausfall jeder Art von Geiz
s. daß man einander nicht festlegt auf Meinungen, die einmal zur Einigkeit führten, d. h. daß keiner von beiden sich ein neues Bewußtsein versagen muß aus Rücksicht?
(Unzutreffendes streichen.)

23.
Wie groß kann dabei der Altersunterschied sein?

24.
Wenn eine langjährige Freundschaft sich verflüchtigt, z. B. weil die neue Gefährtin eines Freundes nicht zu integrieren ist: bedauern Sie dann, daß Freundschaft einmal bestanden hat?

25.
Sind Sie sich selber ein Freund?

Theater mit Puppen? Ohne Physiognomie; sie sind etwas größer als ein Mensch. Ihre lapidare Gestik wird von einer Bühnenperson (stumm, Arbeitskleidung) während der Szene eingestellt. Manchmal bleibt eine Gestik, wenn sie dem Text gar nicht mehr entspricht. Zum Beispiel der zürnende Kläger mit ausgestrecktem Arm, Finger gegen den Verklagten: wenn dessen Unschuld schon erwiesen ist. Oder umgekehrt: die Gestik empörter Unschuld, nachdem der Text ihn längst überführt hat. Es schadet auch nichts, wenn eine Puppe einmal umfällt, eine Zeitlang liegenbleibt, bis der Text sie wieder braucht: ihre Gestik großen Jubels. Da die Puppen sich nicht selber bewegen und bedient werden müssen, kommt ihre Gestik immer wieder in Verzug. Während die Nachricht eintrifft, daß zum Jubel leider kein Grund ist, im Gegenteil, daß der Ersehnte nie wiederkehren wird, bleibt die Puppe mit der Gestik großen Jubels. Die Bühnenperson arbeitet nach einer Partitur, die sie in der Hand hält, ohne Teilnahme und ohne Hast, aber exakt, sei es, daß sie die Gestik einer Puppe vorbereitet, ehe der Text sie begreiflich macht, oder daß sie erst nachträglich dazu kommt, die vermißte Gestik einzustellen. Sie selber, die Bühnenperson, so unauffällig wie möglich; man vergißt sie wie einen Kellner, wenn alles klappt. Text über Lautsprecher; er ist so zu verfassen, daß wir ohne Mühe erraten, welcher Puppe der jeweilige Text unterstellt ist. Während ihr ein Text unterstellt ist, wird die betreffende Puppe nicht bedient; die Bühnenperson wartet das Ende eines klagenden Textes ab, bevor sie der Puppe etwa den Kopf senkt, beide Hände vor das Gesicht legt. Es gibt auch Text-Pausen; alle schweigen, und es wird die Gestik verschiedenartigen Schweigens hergestellt, z. B. das beschämte Schweigen, das fordernde Schweigen, das gelangweilte oder das verstockte oder das erwartungsvolle Schweigen. Vielleicht wird dann der Text, der zu diesem Schweigen aller geführt hat, nochmals wiederholt. Eine Puppe, die sich laut Text plötzlich zum Anführer macht, wird in aller Ruhe nach vorne oder auf einen Sessel gestellt, ihre Hand zur Faust geballt, dann ihr Arm erhoben. Sie bleibt in dieser Gestik, obschon ihr der Text der andern nicht beistimmt. Dabei kann es vorkommen, daß die Puppe, sofern wir sie überhaupt noch beachten, in hohem Grad komisch wird; sie scheint nicht zu kapieren, was inzwischen vorgefallen ist. Anderseits kann es vorkommen, daß die Gestik einer Puppe, lange Zeit vollkommen sinnwidrig, plötzlich wieder mit dem Text übereinstimmt. Ihre Klage-Gestik bekommt recht, ihre Jubel-Gestik bekommt recht, und sie allein ist jetzt auf der Höhe des Bewußtseins. Der Text ist nuanciert; die Puppen verharren dazu in Grundmustern des Reflexes, reduzieren die Szene auf die wenigen Wendungen, die nicht verbal, sondern faktisch sind...

Album

Hier ist er auf dem Album-Deckel, wie jedermann ihn kennt, der im letzten Jahrzehnt die deutsche Presse oder die übrige Weltpresse verfolgt hat.

. . .

Hier sein Werkverzeichnis.

. . .

Hier ist er noch jung, 1955, schnurrbärtig auf den ersten Blick. Die Schlägermütze trägt er bei Tisch natürlich nicht, hingegen ein himbeerrotes Hemd, Kragen offen. Abend in einer Villa am Zürichberg. Er ist hier Neffe, nicht verschüchtert von dem bürgerlichen Porzellan und Silber, nur nicht zu haben für Konversation; da macht er sich nichts draus. Bildhauer. Was er von der derzeitigen Literatur hält, ist schon seit der Suppe ziemlich klar; ein neues Stück von Friedrich Dürrenmatt, BESUCH DER ALTEN DAME, sieht er sich gar nicht an. Er schreibe selber Stücke. Man speist vor sich hin. Da ich das freundliche Haus von früheren Besuchen kenne, trage ich eine Kravatte, was sich als Nachteil erweist, als ich kapiere, zu welchem Zweck ich heute eingeladen bin; ich kann mich nur gediegen wehren gegen den Hausherrn, als er ankündigt, der Neffe werde nachher vorlesen. Noch ist man bei Käse und Früchten. Der junge Mann, bisher in einer lauernden Haltung, scheint jetzt belustigt über die Verlegenheit des Älteren. (Ich bin an diesem Abend ungefähr so alt, wie er heute ist.) Er überläßt uns weiterhin die Konversation; er stellt keine Frage. Als man sich vom Tisch erhebt und eine Treppe hinaufgeht zum schwarzen Kaffee, nimmt er sein Manuskript, wartet auf dem zierlichen Sofa schweigsam, bis alle ihren Cognac haben. Ich wiederhole meine Bitte, das Stück zuhause lesen zu dürfen. Immerhin erklärt er sich bereit, nur den ersten Akt zu lesen. Es gibt Leute, die ihr literarisches Urteil sofort formulieren können; dazu gehöre ich leider nicht, wie schon gesagt. Da seine Akte, wie ich zugeben muß, sehr knapp sind, liest er alle Akte. Ein trefflicher Vorleser; nachher fühlt er sich wohl, obschon ich wenig begriffen habe.

. . .

Das ist ein Jahr später. Hier sitzt er in meiner ländlichen Bude in Männedorf, wo ich auch keine Kravatte trage. Das neue Stück, das er zur Lektüre geschickt hat, gefällt auch mir. Mehr will er eigentlich nicht wissen. Er kommt von Paris, wo er seinen Roman schreibt. Vormittags hatte ich die militärische Inspektion; Helm und Tornister und Gewehr liegen noch im engen Korridor. Später in Paris erzählt er belustigt von dem Schweizer, der jahrein und jahraus seinen Helm und sein Gewehr draußen im Korridor bereit habe.

. . .

Hier dreht er sich eine Zigarette, dann leckt er langsam das bräunliche Papier. Das ist in Berlin. Auf einen einzelnen Bewunderer ist er nicht mehr angewiesen. Er trägt seinen Ruhm als etwas, das vorauszusehen war.

. . .

Hier lacht er. Das bedeutet nicht Einverständnis, auch nicht Gemütlichkeit. Meistens lacht er nicht mit, sondern gegen.

. . .

Das ist wieder in Berlin. Eine Kneipe. Es gibt Bier und dazu einen Klaren, dann dasselbe. Dazu das Bewußtsein von geteilter Stadt, Danzig im Hintergrund, auch Mecklenburg, Kollegialität zwischen Wahl-Berlinern; es gibt wieder eine Literatur. Hier trägt er die Schlägermütze. Wer sich nicht in Berlin niederläßt, ist selber schuld.

. . .

Das ist 1961, BONNE AUBERGE, Nachmittag zu zweit; hier spricht er zum ersten Mal von Politik, aber nicht literarisch, sondern beinahe helvetisch: Politik nicht als Utopie, sondern pragmatisch. Ich muß trotzdem zu einer eigenen Aufführung ins Schiller-Theater.

. . .

Hier schweigt er, Pause im Foyer.

. . .

Das ist am selben Abend, BONNE AUBERGE, der Hauptdarsteller fragt rundheraus: Sie sind drin gewesen? Schauspieler sind natürlich: von jedermann, der drin gewesen ist, erwarten sie Beifall, zumindest Kritik als Nettigkeit. Er dreht sich eine Zigarette, leckt dann das bräunliche Papier usw., kein Wort über die Aufführung (Lietzau) oder das Stück. Er mag nicht lügen.

. . .

Hier mit Kollegen, Gruppe 47.

. . .

Hier verstehe ich seinen schmalen Blick nicht. Zufällige Begegnung in Sperlonga, Italien. Es scheint zwischen uns etwas vorgefallen zu sein; da hilft keine Einladung ins Haus, kein Blick aufs nächtliche Meer. Hier spricht er als Richter in fremder Ehesache, aber nur kurz, denn ich werfe ihn hinaus. Er bleibt sitzen und sagt besonnen: Lassen Sie uns wenigstens diesen Grappa austrinken.

. . .

Hier, am andern Tag, spielen wir Boule am Strand.

. . .

Das ist wieder im Schiller-Theater, Berlin, eine Hauptprobe; außer dem Regisseur (Lietzau) und ihm, dem Autor, ist niemand da, viele Kamera-Leute, aber kein einziger seiner deutschen Kollegen.

. . .

Hier sieht man unter dem Schnurrbart nur die Unterlippe, den Mund erst, wenn er lacht; er lacht weniger ausfällig als früher.

. . .

Hier tanzt er gerade.

. . .

Hier sitzt er, auch als Koch berühmt, an unserem Tisch, errät jedes Gewürz; im übrigen anerkennt er die Küche, indem er ißt und von eigenen Rezepten berichtet, insbesondere für Innereien schwärmt er; auch Hoden, zum Beispiel, habe ich noch nie gegessen.

. . .

Hier steht er wohl in Frankfurt. Die junge Linke hat ihn ausgepfiffen; er dreht sich wieder eine Zigarette, dann leckt er langsam das bräunliche Papier usw., kein Geschlagener, er hat keine Angst vor Feinden, er sucht sie auf, dazu sind sie da.

. . .

Hier eine Silvester-Nacht im Tessin; andere sind übermütiger als er. Es ist nicht seine Art, alles plötzlich auf die leichte Schulter zu nehmen.

. . .

Hier steht er am eignen Herd, schmeckt ab; man sieht es von hinten, daß er sich in seinem Körper wohlfühlt.

. . .

Das ist in Zürich, er spricht zu tschechoslowakischen Schriftstellern, Freunden aus Prag, nach dem Einmarsch der Russen; hier hört er gerade zu, Hände in den Hosentaschen, Kopf gesenkt, ein Verantwortlicher, der auf praktische Hilfe sinnt.

. . .

Hier am Kamin: nicht familiär, nur entspannt. Auch dann schmeichelt er nicht und steckt nicht zurück. Wenn man getrunken hat, kommt er auf sein Thema zurück (Entwicklungshilfe). Ich könnte mir denken, daß Jeremias Gotthelf nicht minder hartnäckig war.

. . .

Hier spricht er zur Nation im Fernsehen. Ein Schriftsteller mit persönlicher Haftung. Er spricht der Nation ins politische Gewissen, das er voraussetzt.

. . .

Hier redet er über Literatur: Alfred Döblin.

. . .

Hier schwimmt er in der kalten Maggia. Wenn er aus dem Wasser kommt, wird er von Willy Brandt sprechen; er weiß, was man eben wissen müßte, nämlich Fakten, die jeden Gegner widerlegen; ich bin zwar kein Gegner.

. . .

Hier mit Gershom Scholem. Wenn jemand nicht auf sein Thema eingeht, zeigt sich seine große Belesenheit auf vielen Gebieten.

. . .

Soll ein Schriftsteller usw.? Seine Antwort: sein Beispiel. Kann einer als Wahlkämpfer eindeutig sein, als Schriftsteller offen bleiben? Das ist zuhause; er liest vor.

. . .

Hier im Auto; er fährt nicht selber.

. . .

Hier streitet er öffentlich in einem großen Saal gegen Widersacher, gewöhnt an ihr Buh, standfest, aber behindert durch einen angeborenen Mangel an Zynismus; er debattiert beschlagen und unerschrocken, aber dann meint er immer, was er sagt.

. . .

Hier ist er nicht auf dem Bild zu sehen, aber wir sprechen von ihm, und insofern ist er da: stark genug, um Einträchtigkeit zu verhindern, nachdem sein Name gefallen ist.

. . .

Hier schweigt er unter vier Augen undurchlässig, nicht unherzlich, aber nicht willens, die Zone öffentlicher Thematik zu verlassen; er stellt auch keine persönliche Frage unter vier Augen, bleibt geballt, bis ich eintrete in die Zone öffentlicher Thematik.

. . .

Hier fragt er, was ich arbeite.

. . .

Hier schweigt er vor sich hin, ein Mann, der als unverwundbar gilt; man weiß von einer Infamie gegen ihn, er erspart uns die private Klage. Er wird sich öffentlich wehren.

. . .

Hier freut er sich. Worüber? Wenn ein politischer Erfolg zu verzeichnen ist, sieht er anders aus; dann ist er zufrieden, sehr ernst im Bewußtsein, wie vieles noch zu tun ist. Hier freut er sich offenbar über ein Zeichen von Sympathie.

. . .

Hier ist er eher still; er fühlt sich wohl im Häuslichen. Zwar hat er uns als Besucher in der großen Stube; es gibt Pilze aus dem Grunewald. Morgen muß er nach Bonn.

. . .

Hier wird er von der Weltpresse ausgefragt: GERMANY'S GÜNTER GRASS, er antwortet nicht als Sprecher der Regierung, aber auch nicht als Privat-Schriftsteller, sondern als Staatsbürger mit besonderer Reputation. Dabei lächelt er nicht nach Art der Diplomaten; die Frager sind ihm nicht lästig, im Gegenteil, und er kneift vor ihren Fragen nicht, seine Antworten sind nicht geheimnisvoll. Seine zähe Allergie gegen deutsche Verstiegenheit stiftet Vertrauen gegenüber Deutschland.

. . .

Hier hört er zu.

. . .

Hier schweigt er sich aus, ohne daß er sich dazu eine Zigarette dreht; nachträglich fällt mir ein: über sein Stück, das Bertolt Brecht auf die Szene schickt, habe ich mich bis heute auch ausgeschwiegen.

. . .

Sein Gesicht ist schmaler geworden, meine ich, nicht weniger kräftig als in der Villa am Zürichberg; damals war es, von vorne gesehen, zugleich weicher und aggressiver. Hier schneit es; sonst trägt er die Schlägermütze nur noch selten. Hingegen das Profil, meine ich, hat sich verschärft.

. . .

Hier habe ich einen Namen erwähnt, dem er seine Achtung verweigert; er läßt sich über den traurigen Fall nicht mehr aus. Pause. Es gibt anderes zu besprechen. Eine Zusammenkunft mit Herbert Wehner. Er wird die deutsche Seite veranlassen, ich soll die schweizerische Seite veranlassen. Dabei duzen wir uns: 60 Millionen zu 6 Millionen. Aber der Unterschied ist nicht bloß numerisch. Er repräsentiert. Was er nicht ganz versteht: die Situation des Privat-Schriftstellers.

. . .

Hier im Freien, Sommer, er dreht das Spanferkel am Spieß, schwitzt und ordnet an, wo noch Glut hingehört, während wir in der nächtlichen Wiese hocken oder um das Feuer stehen in kulinarischer Zuversicht; ab und zu streut er Gewürz auf das Spanferkel.

. . .

Hier, glaube ich, weiß er nicht, daß jemand ihn sieht; daß er es nicht weiß, verändert ihn nicht.

. . .

Hier ein Bild, wie ich ihn nicht kenne, eines von vielen; ausreichend für einen Steckbrief: Stirn, Nase, Schnurrbart, Kinn usw., alles zu eindeutig, vorallem der Blick.

. . .

Hier seine Handschrift: barock-graziös.

. . .

Das kann irgendwo sein, ich weiß nicht, ob in einem Flughafen oder in einem Grotto, es spielt keine Rolle: er ist sich bewußt, eine öffentliche Figur zu sein wie kein anderer deutschsprachiger Schriftsteller; weder legt er Wert darauf, von Leuten erkannt zu werden, noch stört es ihn, so scheint es.

. . .

Hier spricht er über die MELANCOLIA I von Dürer.

. . .

Hier trägt er einen leichten Bart, was bedeutet, daß er sich gerade im Tessin befindet und an einem Buch arbeitet; er zeigt uns die gesammelten Schnecken auf Granit, Signet der Sozialdemokratie, ferner Skorpion in Grappa, den er als Hausvater gefangen und unschädlich gemacht hat. (August 1970)

SEPTEMBER 1970

Drei Verkehrsflugzeuge (SWISSAIR, BOAC, TWA) werden von palästinensischen Freischärlern gekapert und nach Amman und Kairo entführt. Ein vierter Handstreich gegen eine EL AL-Maschine ist nicht gelungen; die Luftpiratin („Leila") wurde in der Maschine überwältigt durch bewaffnete Sicherheitsbeamte, einer erschossen, und im übrigen hatte man Glück; eine entsicherte Handgranate, die in der Kabine umherrollte, explodierte nicht. Die Passagiere der andern Maschinen, insgesamt 650, sowie die Besatzungen sitzen in der Wüste als Geiseln unter der Drohung, daß die Maschinen mitsamt Passagieren in die Luft gesprengt wer-

den, wenn nicht sämtliche Palästinenser, die im Ausland wegen früherer Attentate rechtskräftig verurteilt sind, sofort freigelassen werden. Ultimatum 72 Stunden.

Verhör III

A. Unser Verhör hat seinerzeit begonnen, als du die politischen Schriften von Leo Tolstoj wiedergelesen hast, seine bedingungslose Verurteilung jeder Gewalt. Du hast dich dieser Verurteilung damals nicht anschließen können. Die Bauern im zaristischen Rußland, so sagtest du damals, hatten kein anderes Mittel, um ihr Lebensrecht in Kraft zu setzen –

B. Das meine ich nachwievor.

A. Wie waren deine Reaktionen auf die Luft-Piraterie der palästinensischen Freischärler, die ebenfalls meinen, daß sie kein anderes Mittel haben als die Gewalt, um ihr Lebensrecht zu verteidigen?

B. Ich weiß von Landsleuten, die angesichts dieser Verletzung des Völkerrechts eine schweizerische Fallschirm-Operation bei Zerka für die einzigrichtige Maßnahme halten. Andere hingegen, die Mehrheit, würden sich begnügen, wenn Israel diese militärische Aufgabe übernähme. Ich glaube, die Empörung ist allgemein. Die Schweizer ertragen kein Unrecht gegenüber Schweizern. In Thalwil bei Zürich soll eine brave Hausfrau eine andere Hausfrau, die sie wegen ihrer Hautfarbe für eine Araberin hielt, öffentlich zu Boden geprügelt haben mit einem Schirm –

A. Ich frage nach deiner Reaktion.

B. Als ich die Nachricht hörte, wunderte ich mich, wie leicht solche Entführungen immer wieder gelingen. Offenbar braucht es nur eine Pistole, dazu zwei Personen, die nicht um ihr Leben bangen, und alles funktioniert auf anderem Kurs. Es gibt eine Art von Missetat, die insgeheim auch fasziniert – was aber Empörung nicht ausschließt … Als ich die Nachricht hörte, war ich froh, daß ich nicht in dieser Maschine war. Das heißt: ich empfand Mitleid mit den Passagieren. Ferner erinnerte ich mich an die arabische Wüste bei Amman. Wir fuhren damals in einem Opel; eine Begleiterin, die versehentlich ihre Hand auf die Karosserie legte, hatte Brandwunden – so heiß kann es dort sein.

A. Der Bundesrat ist auf das Ultimatum eingegangen, das heißt, er hat sich bereit erklärt, die drei arabischen Attentäter von Zürich zu entlassen –

B. Es geht um schweizerisches Leben.

A. Was hättest du als Bundesrat getan?

B. Es hängt davon ab, wie heilig man das Recht einschätzt, das Recht als solches. Wäre es so heilig, wie es sich üblicherweise ausgibt, so wäre das Opfer von 143 Passagieren unumgänglich gewesen. Ich war enttäuscht und erleichtert.

A. Wieso enttäuscht?

B. Ich halte es für möglich, daß die Feddayin nicht vor einem Massaker zurückgeschreckt wären. Der Bundesrat mußte damit rechnen, daß sie die Maschine mitsamt den Passagieren und der Besatzung in die Luft sprengen – ich war enttäuscht, weil ich erzogen bin in dem Glauben, daß der Rechtsstaat, zumindest der schweizerische, nicht kapituliert.

A. Und wieso erleichtert?

B. Es scheint, daß es ohne Menschenopfer geht. Die Maschine ist zum Nennwert versichert. Die drei palästinensischen Attentäter in Zürich, nach unserem Recht verurteilt zu zwölf Jahren Gefängnis, werden auf freien Fuß gesetzt, sobald die Geiseln ebenfalls auf freien Fuß gesetzt werden, und können ihren Terror gegen den Luftverkehr jederzeit fortsetzen... Man verurteilt zwar die Gewalt, aber das rechtskräftige Urteil wird nicht vollstreckt; der Rechtsstaat kapituliert vor der Gewalt, sobald seine Gewalt nicht ausreicht. Was blieb dem Bundesrat anderes übrig? Übrigens hat nicht nur der schweizerische Rechtsstaat kapituliert, sondern auch der britische und der deutsche. Es blieb nichts andres übrig. Der Rechtsstaat nämlich setzt voraus, daß es ein Völkerrecht gibt. Um aber ein Völkerrecht in Kraft zu setzen, dürfte man es selber nicht verletzen; man dürfte nicht einmal Gewinne daraus ziehen, daß andere es verletzen. Ein Land beispielsweise, das Waffen liefert, und sei's bloß um des Geschäftes willen, gehört zum jeweiligen Kriegsschauplatz. Das ist ein Schock. Der Bundesrat, der den Waffenhandel nicht zu unterbinden gedenkt, ist in einer peinlichen Lage, wenn er sich auf's Völkerrecht beruft. Wer hätte an seiner Stelle anders handeln können? Man kann nicht Geschäfte machen mit dem Krieg, ohne sich seinem Gesetz unterwerfen zu müssen, Recht hin oder her: Es ging um die Geiseln in der Wüste von Zerka, um die Rettung von Menschenleben – auf Kosten der Rechtsstaatlichkeit.

A. Im Februar dieses Jahres explodierte eine Bombe in einer SWISSAIR-Maschine nach Israel. Es ist nicht erwiesen, aber wahrscheinlich, daß es sich um ein palästinensisches Attentat handelte. Alle Passagiere, 47, sowie die Besatzung kamen ums Leben –

B. Damals hatte der Bundesrat nichts mehr zu entscheiden. Es genügte die tiefe Trauer. Das ist der Unterschied; diesmal hatten wir zu entscheiden. Sollen 143 Passagiere und dazu die Besatzung sterben für die Rechtsstaatlichkeit? Die Antwort aus Bern scheint mir klar: das bestehende Recht ist nicht heiliger als das Leben. Das wiederum meinen die Revolutionäre auch.

A. Inzwischen sind die Maschinen gesprengt worden –

B. Aber die Geiseln leben.

A. Was hast du daraus gelernt?

B. Das bestehende Recht ist offenbar kein absolutes Recht, sonst könnte die Behörde, ob Bund oder Kanton, nicht je nach Umständen verzichten auf den Vollzug eines rechtskräftigen Urteils. Man hätte Menschen dafür zu opfern, es ginge nicht ohne Tragödie, nicht ohne das Opfer... Ich habe gelernt: unser bestehendes Recht ist ein menschliches Recht. Diese Einsicht verdanken wir der Gewalt, auch wenn wir sie verurteilen.

A. Wie kannst du erleichtert sein?

B. Ich verstehe die Empörung. Man ist immer empört, wenn es nicht genügt, im Recht zu sein. Vermutlich meinen auch die palästinensischen Flüchtlinge, im Recht zu sein, und sie sind empört, daß es nicht genügt, im Recht zu sein.

A. Einmal angenommen, du wärest in dieser DC-8 gesessen, Flugnummer SR 100, um nach New York zu fliegen: Was kannst du für die Lebensverhältnisse der palästinensischen Flüchtlinge?

B. Geiseln sind meistens unschuldig.

A. Meinst du, daß mit der attentäterischen Gefährdung des friedlichen Luftverkehrs, wobei es auch schon Todesopfer gegeben hat, die Lebensverhältnisse der palästinensischen Bevölkerung zu verbessern sind?

B. Das wird verneint.

A. Und was meinst du?

B. Immerhin muß ich gestehen, daß mich die palästinensische Sache vorher kaum beschäftigt hat.

A. Braucht es also ein Verbrechen, damit dich eine Sache beschäftigt? – oder hältst du Dr. Habasch, der diesen Terror gegen den Luftverkehr leitet, nicht für einen Verbrecher?

B. Es kommt darauf an, wen wir sonst noch als Verbrecher bezeichnen. Ich habe die Kommentare gelesen. In der Sprachreglung unserer Presse ist Terror immer eindeutig: Erpressung durch Gewalt – von Seiten der Unterdrückten.

A. Und was hältst du für Terror?

B. Erpressung durch Gewalt.

A. Du bist für den Rechtsstaat.

B. Ich bin für den Rechtsstaat.

A. Trotzdem scheust du dich vor der Verurteilung der Gewalt. Sie erschreckt dich, und zugleich bist du erleichtert, daß unsere Behörde, wie du sagst, kapituliert hat vor der Gewalt.

B. Um den Eindruck zu löschen, daß der Rechtsstaat sich unter Umständen beugt vor der Gewalt, ist ja bereits überlegt worden, ob und wie man die verurteilten Attentäter in Zürich einfach begnadigen könnte; das soll den Glauben wieder herstellen, es sei mit Gewalt nichts zu erreichen – tatsächlich aber genügt, wie wir sehen, eine Pistole im Cockpit.

A. Daß ein Recht außer Kraft gesetzt worden sei, um die Geiseln aus der Wüste zu befreien, stimmt natürlich nicht. Das Strafrecht, nach welchem damals die Attentäter von Zürich verurteilt worden sind, ist durch die bundesrätliche Bereitschaft, Verbrecher zu tauschen gegen Geiseln, weder aufgehoben noch abgeändert. Der Bundesrat handelte im Notstand: im Notstand geht Menschenleben vor Recht.

B. Einverstanden.

A. Bejahst du die Gewalt: Ja oder Nein?

B. Es gibt eine Recht-erhaltende Gewalt, ohne die auch der Rechtsstaat nicht auskommt, und es gibt eine Recht-schaffende Gewalt; die letztere antwortet auf die erstere, aber die erstere ist immer hervorgegangen aus der letzteren.

A. Bejahst du die Pistole im Cockpit?

B. Es steht mir nicht zu, die Pistole im Cockpit zu verurteilen, weil ich ohne sie auskomme. Was ich zum Leben brauche, habe ich ohne Gewalt, das heißt, ich habe es durch die Recht-erhaltende Gewalt. Andere sind in einer anderen Lage; meine Recht-Gläubigkeit ernährt sie nicht, kleidet sie nicht, behaust sie nicht, versetzt sie nicht in den Luxus, auszukommen ohne Gewalt.

A. Willst du also sagen, daß die Anwendung von Gewalt gerechtfertigt ist, wenn es ohne Gewalt nicht geht?

B. Es kommt darauf an, was ohne Gewalt nicht geht... Ich befinde mich nicht in der Lage, die eine Anwendung von Gewalt rechtfertigt.

A. Es geht aber nicht um dich.

B. Eben.

A. Du hast gestanden, daß Akte der Gewalt dich entsetzen. Du bist aber noch immer nicht bereit, die Anwendung von Gewalt grundsätzlich zu verurteilen –

B. Es steht mir nicht zu.

BERZONA

Überfall am Abend. Wer seid Ihr? Dabei sehe ich's: Die Jugend. Ihrer fünf in Windjacken, Pullovern, Blusen usw., viel Haar. Nur jetzt nicht fragen: Was wünscht Ihr? Es sind aber, unter der Lampe besehen, keine Guerillas, sondern Basler Schüler, die sich mehr oder weniger unbefangen ausbreiten, ohne Floskeln; Chianti bringen sie mit, Käse ist auch noch auf dem Tisch, aber sie haben schon gegessen. Pause. Ihre Namen? Es sind Bürgersöhne, deren Eltern, wie zu vermuten ist, kein Verständnis haben, hingegen Häuser, eins in Basel, eins im Tessin. Sie sind dieser Tatsache gegenüber frei. Der Ältere, der soviel Haar hat wie die andern zusammen, kein fallendes oder lockiges Haar, sondern das schwarze Kruselhaar eines Abessiniers, Brillenträger, lernt Kontrabaß am Konservatorium. In einem Sinfonie-Orchester unterzugehen auf Lebenszeit hat er nicht vor, Musik ist Provokation. Ich entkorke und verstehe. MOTHERS OF INVENTION, ich darf erwähnen, daß wir sie neulich gesehen und gehört haben. Kommerzialisierung der Provokation, HAIR usw., auch das hat er nicht vor. Aber was kannst du machen, wenn das Plattengeschäft sich auf deine Musik wirft? fragt ihn der jüngere Bruder, der Vierzehnjährige. Es ist einfacher als erwartet; ich bin hier zuhause, aber von Meinungen dispensiert. Der Abessinier wird immer progressiv bleiben. Ein anderer gedenkt Lehrer zu werden, ist aber noch nicht sicher, hat auch noch drei Jahre bis zur Matur. Da alles, ausgenommen Provokation, überhaupt keinen Sinn hat, wozu ein Beruf? Ihre Diskussion wird immer lebhafter, offensichtlich störe ich nicht, nur der Vierzehnjährige schweigt und kratzt in seiner schwarzen Pfeife herum, die er dann wieder im Mund hält wie ein Alter, nur zieht sie schon wieder nicht. Ich habe Streichhölzer. Sagt meine Frau etwas, so sprechen sie wieder Hochdeutsch, was nicht nötig wäre; es erinnert sie an die

Schule. Kafka zum Beispiel, sagt der mittlere Bruder, könne er einfach nicht lesen. Er ist siebzehn, der Witzigste am Tisch. Schon der Abessinier, der sich auf Kontrabaß versteift hat, scheint sie zu langweilen; vielleicht trägt er deswegen sein Haar, das mich nicht stört, nur steht's ihm nicht. Einmal erwähnt er sein Haar: was man deswegen von Lehrern oder auf der Straße zu hören bekomme. Was sie erwartet haben, als sie an der Türe klingelten, weiß ich nicht, die Frage stellt sich nicht. Sie sitzen da und sind die Gegenwart. Was sie denken, geht sie an. Politik? Was auch nicht mehr interessant ist: Marxismus, d. h. daß alle Leute gleichviel verdienen. Solcher Unsinn unterläuft, aber ich darf korrigieren. Was hingegen interessiert: Zappa und andere, die ich weniger kenne, ihre Musik, vorallem die Person, die hinter solchen Platten steht, ihre Lebensweise als Vorbild: Exzeß mit frühem Tod. Der Vierzehnjährige muß austreten, es ist ihm übel, wie ich vermute, von der Pfeife, aber er besteht darauf, daß er nur den Wein (zwei Glas) nicht verträgt. Nachdem er gekotzt hat, bette ich ihn draußen in die Nachtluft; Gesicht von einem älteren Gelehrten, aber mit Kinderhaut. Je länger der Abend an dem schmalen Tisch dauert, umso weniger störe ich; mein Beitrag: Käse und Zuhören, einmal die Frage, wie sie es mit Haschisch halten. Sie diskutieren ganz unter sich. Haschisch als der Bezirk, wo ihnen kein Opa kommt mit Erfahrung, und plötzlich gilt sie denn doch, die Erfahrung. Dabei wollen sie mich nicht belehren; wozu auch. Ihre füllenhafte Intelligenz; das eben entdeckte Denken, das dem Denken (ohne Machen) alles zutraut. Unter sich sind sie offen für jedes Argument; es geht nur um Argumente, nicht um die heimliche Rechtfertigung schon begangener Irrtümer. Ihr Eifer bleibt heiter. Die Irrtümer, leicht zu erkennen, sind Irrtümer der Vorfahren. Ihr Verdacht, daß ein Alter, wenn er denkt, im Grunde immer irgend etwas verteidigt, d. h. er ist nicht frei für Argumente. Ironie befremdet sie. Das ist die andere Art belasteten Denkens, eine schlaue Übereinkunft unter Verbrauchten, oft ganz und gar unverständlich; der Jugendliche spürt nur, daß da ein Hund begraben ist, der ihn nichts angeht. Dann reagiert er mit Ernsthaftigkeit. Der Vierzehnjährige (er hat unterdessen in der Küche aufgewaschen) entpuppt sich jetzt als Drogen-Experte, hat ungefähr alles darüber gelesen, kennt Statistiken auswendig. Und warum brauchst du Hasch? Einer macht den Einwand: Flucht in eine parasitäre Existenz. Der Witzige, jetzt durchaus ernsthaft, tritt dafür ein: lieber kurz und schön, das Recht eines jeden, sich kaputt zu machen. Er zum Beispiel will ja nicht alt werden – Entschuldigen Sie! – nicht älter als 25, und wenn alle fixen, dann ist's mit eurer Gesellschaft eben aus, na und? Der vierzehnjährige Gelehrte, der seine Pfeife aufgegeben hat und jetzt Zigaretten raucht, unterscheidet zwischen Hasch und Rauschgift, unterrichtet medizinisch, juristisch, soziologisch. Was ich gegen Mitternacht noch wissen möchte: ihre Erfahrung nach 10 Jahren, nach 30 Jahren – gerade das interessiert sie überhaupt nicht –

Fragebogen

1.
Sind Sie stolz darauf, Vater zu sein?

2.
Mögen Sie Kinder allgemein?

3.
Sind Sie sicher, daß Sie von Ihren erwachsenen Kindern keine Dankbarkeit erwarten? Und wenn nicht: Dankbarkeit wofür? (Stichworte genügen)

4.
Wollten Sie damals Vater werden?
5.
Wenn Sie meinen, Ihre Kinder haben es besser, als Sie es gehabt haben: beglückt Sie das oder meinen Sie es als Vorwurf?
6.
Wie stehen Sie zum Säugling?
7.
Hatten Sie das väterliche Verantwortungsbewußtsein schon vor der Zeugung oder während der Zeugung oder wann hat es sich bei Ihnen eingestellt?
8.
Was macht Sie an Kindern traurig?
a. Ähnlichkeiten mit der Mutter?
b. Ähnlichkeiten mit Ihnen?
9.
Inwiefern fühlen Sie sich durch ein ungeborenes Kind lebenslänglich verbunden mit der betreffenden Frau?
10.
Wenn andere Leute (Gäste, Nachbarn, Lehrer usw.) durchblikken lassen, daß sie Ihr Kind nicht außerordentlich finden: wem nehmen Sie's übel, dem Kind oder den Leuten? Oder der Mutter?
11.
Fühlen Sie Blutsverwandtschaft?
12.
Bis zu welchem Alter des Kindes?
13.
Haben Sie Kinder je geschlagen? Und wenn nicht: weil Sie durch eine bessere Methode erreichten, was Sie wollten, oder aus Prinzip?
14.
Wenn Sie eigene Kinder unter ihresgleichen sehen, z. B. bei einem sit-in, haben Sie den Eindruck, daß Sie den eignen Kindern näherstehen als ihren Altersgenossen, und woraus schließen Sie das?

15.
Was beglückt Sie als Vater vorallem?
16.
Glauben Sie sich als Erzieher? Z. B. wenn Sie einen neuen Wagen haben und die Kinder betrachten ihn als ihr Eigentum: verweigern Sie ihnen die Benutzung des Wagens aus erzieherischen Gründen?
17.
Wann fühlen Sie sich als Vater wohler:
a. allein mit dem Kind?
b. wenn die Mutter dabei ist?
18.
Wenn Sie mit einer andern Frau ins Bett gehen, empfinden Sie sich dann als Vater?
19.
Nimmt bei Ihnen die Väterlichkeit ab:
a. wenn das Kind selber Geld verdient?
b. wenn das Kind sich verheiratet?
c. wenn es sich herausstellt, daß das Kind mehr weiß als Sie oder geschickter ist als Sie, lebenstüchtiger usw.?
20.
Was erschreckt Sie mehr: wenn die Kinder daran leiden, daß Sie ihr Vater sind, oder wenn Ihnen die Kinder von andern Leuten insgeheim besser gefallen?
21.
Ist es Ihnen bewußt, daß Sie sich immer etwas anders verhalten, wenn Ihre erwachsenen Kinder zugegen sind, und was verhehlen Sie vor ihnen?
22.
Warum?
23.
Gesetzt den Fall, daß Sie sich der Mutter nicht mehr verbunden fühlen als Mann: überzeugt es Sie, daß Sie der Vater ihres Kindes sind?
24.
Können Sie sich ohne Kinder vorstellen?

25.
Ist es Ihnen schon gelungen, die eignen Kinder kennenzulernen, d. h. sie nicht als Söhne oder Töchter zu sehen?

KATALOG

Kastanien, die aus ihrem grünen Igel springen und glänzen / Schneeflocken unter der Lupe / Steingärten japanisch / Buchdruck / Karawane mit Kamelen am gelben Horizont / Regen am Eisenbahnfenster nachts / eine Jugendstil-Vase beim Antiquar / die Fata Morgana in der Salzwüste, wenn man meint, Lachen von blauem Wasser zu sehen, überhaupt die Wüste / Turbinen / Morgenlicht durch grüne Jalousien / Handschriften / Kohlenhalden im Regen / Haar und Haut von Kindern / Baustellen / Möwen auf dem schwarzen Wattenmeer bei Ebbe / das blaue Blitzlicht von Schweißbrennern / Goya / Was man mit dem Teleskop sieht / Späne unter einer Hobelbank / Lava in der Nacht / Fotos aus dem Anfang dieses Jahrhunderts / Pferde im Jura bei Nebel / Landkarten, alte und neue / Beine einer Mulattin unterhalb ihres Mantels / Spur von Vogelfüßen auf Schnee / Wirtschaften in der Vorstadt / Granit / ein Totengesicht am Tag nach dem Tod / Disteln zwischen Marmor in Griechenland / Augen, Münder / das Innere von Muscheln / Spiegelung eines Wolkenkratzers in der Fassade eines andern Wolkenkratzers / Perlenfischerinnen / Kaleidoskope, die man schütteln kann / Farnkraut verwelkt und verblichen / die Hände von alten Menschen, die man liebt / Kiesel in einem Bergbach / ein Maya-Relief an seinem Ort / Pilze / ein Kran in Bewegung / Wände mit Plakaten, die nicht mehr gelten / Schlangen im Wasser schwimmend mit gerecktem Kopf / Theater, einmal aus dem Schnürboden gesehen / Fische auf dem Markt, Fischernetze zum Trocknen auf dem Pflaster, Fische aller Art / Wetterleuchten / Flug der schwarzen Berg-Dohlen, wenn man auf dem Grat steht, ihr Flug über die Schlünde / ein Liebespaar in einem stillen Museum / das Fell gewöhnlicher Rinder in Griffnähe / Sonnenkringel in einem Glas

voll Rotwein (Merlot) / ein Steppenbrand / das Bernstein-Licht im Zirkuszelt an einem sonnigen Nachmittag / Röntgen-Bilder, die man nicht versteht, das eigene Skelett wie in Watte oder Nebel / Brandungen, ein Frachter am Horizont / Hochöfen / ein roter Vorhang, von der nächtlichen Straße her gesehen, Schatten einer unbekannten Person darauf / Glas, Gläser, Glas jeder Art / Spinnweben gegen Sonne im Wald / Kupferstiche mit gelben Flecken auf dem Papier / viele Leute mit Schirmen, Scheinwerferglanz auf dem Asphalt / Mädchenbildnis der eigenen Mutter, in Öl gemalt von ihrem Vater / die Gewänder der Kirche, der ich nicht angehöre / das olivgrüne Leder auf einem englischen Schreibtisch / der Silser-See / Blick eines verehrten Mannes, wenn er die Brille abgenommen hat, um sie zu putzen / das Geschlinge von blinkenden Geleisen vor einem Großbahnhof in der Nacht / Katzen / Mondmilch über dem Dschungel, wenn man in der Hängematte liegt und Bier trinkt aus Büchsen und schwitzt und nicht schlafen kann und nichts denkt / Bibliotheken / ein gelber Bulldozer, der Berge versetzt / Reben beispielsweise im Wallis / Filme / ein Herrenhut, der über die Spanische Treppe hinunter rollt / wenn man mit breitem Pinsel eine Wand anstreicht, die frische Farbe / drei Zweige vor dem Fenster, Winterhimmel über roten Backstein-Häusern in Manhattan, Rauchwirbel aus fremden Kaminen / der Nacken einer Frau, wenn sie sich kämmt / ein russischer Bauer vor den Ikonen im Kreml / März am Zürich-See, die schwarzen Äcker, Föhn-Bläue über Schattenschnee –
usw.
usw.
usw.
Freude (Bejahung) durch bloßes Schauen.

BERLIN

Seit langer Zeit zum ersten Mal am Alexander-Platz. Vorher durch die Schleuse der Verdächtigung; die grünen Uniformen erinnern mich ungerechterweise an die Hitlerzeit. Befangenheit meinerseits. Warum eigentlich? Ich gehöre einem Staat an, der diesen Staat nicht anerkennt; ich anerkenne. Gang durch die Hauptstadt mit preußischer Geschichte, Plakate mit Lenin vor der Architektur eines Wirtschaftswunders. Meine Befangenheit verliert sich auf der Fahrt durch märkisches Land, Ebene mit Wald, großer lichter Himmel. Besuch bei Peter Huchel in Potsdam (22. 9.), der, einst anerkannt als Kämpfer gegen den Faschismus, noch immer keine Ausreisebewilligung bekommt.

FRANKFURT

Buchmesse. Der Unterschied zwischen einem Pferd und einem Autor: das Pferd versteht die Sprache der Pferdehändler nicht.

ZÜRICH

Heimatgefühle im COOPERATIVO, Restaurant an der Militärstraße; das Haus wird demnächst abgerissen ... Hier verkehrte Lenin, bis er nach Rußland abreiste. Später speiste hier unter italienischen Arbeitern auch Mussolini: als Sozialist. Ein Bildnis von Mateotti, den der faschistische Mussolini ermorden ließ, und über der braunen Täfelung an der verrauchten Wand ein frisches Plakat der Sozialdemokratischen Partei der Schweiz; der Text liest sich wie eine Selbstverständlichkeit, die allerdings noch immer nicht verwirklicht ist. Eine juke-box zeigt an, daß wir uns in der zweiten Hälfte des Jahrhunderts befinden, und die jungen Männer tragen wieder Bärte.

Über der juke-box in glänzendem Rahmen das verblichene Foto-Porträt von dem bärtigen Urahn: CARLO MARX. Arbeiter essen an den langen Tischen mit weißem Tischtuch, bedient von Kellnern in weißen Kitteln. Die Kost ist italienisch. Hier wurden damals antifaschistische Zeitungen redigiert, die man nach Italien schmuggelte. Wir trinken ein Bier unter der verrauchten Büste von Dante. Ein familiäres Lokal, dabei ein hoher Raum, ein Ort historischer Hoffnungen –

VERHÖR IV

A, Einmal angenommen: eine Gruppe von Leuten, die sich auf die Handhabung von Waffen verstehen, besetzen die Fabriken in Oerlikon und drohen mit Sprengung der Anlagen des Bührle-Konzerns, falls das Geschäft mit dem Krieg nicht verboten wird – was würdest du dazu sagen?

B. Leo Tolstoj verurteilt jede Anwendung von Gewalt – also auch den Krieg, den er als Verbrechen bezeichnet. Ich denke nicht, daß der Bührle-Konzern sich auf Tolstoj berufen könnte.

A. Hältst du Herrn Bührle für einen Verbrecher?

B. Ich sehe, daß diese Frage weder vom Gericht noch von der Öffentlichkeit gestellt wird; das Recht auf Geschäfte mit dem Krieg, sofern sie ohne Urkundenfälschung auskommen, steht außer Frage.

A. Du hast die Strafanträge gelesen?

B. Die Delikte, nämlich fortgesetzte Urkundenfälschung und Waffenschmuggel im Betrag von 90 Millionen, sind erwiesen. Der Bundesanwalt verlangt Gefängnisstrafen – bedingt erlassen – dazu Geldstrafen, die für keinen der betroffenen Herren ins Gewicht fallen. Das ist der Strafantrag, der einige Leute im Land entrüstet.

A. Dich nicht?

B. Gesetz ist Gesetz, wir sind ein Rechtsstaat, ich würde sogar sagen, ein Muster von Rechtsstaat: auch der mächtige Mann, Herr Dr. Dietrich Bührle, der ein deklariertes Einkommen von 3,4 Millionen und ein deklariertes Vermögen von 125 Millionen hat, kann hierzulande vor Gericht kommen.

A. Wird er ins Gefängnis kommen?

B. Herr Dr. Dietrich Bührle, Chef des Konzerns, ist Oberst im Generalstab der schweizerischen Armee.

A. Was willst du damit sagen?

B. Wie der Bundesanwalt betont, genießt der Bührle-Konzern das besondere Vertrauen unseres Bundesrates, weswegen dem Bundesrat diese fortgesetzten Urkundenfälschungen peinlich sind, obschon es sich, wie die Verteidiger betonen, lediglich um ein Kavaliersdelikt handelt, da das 90 Millionen-Geschäft keineswegs aus Gewinnsucht getätigt wurde, sondern aus Vorsorge für die schweizerische Landesverteidigung, für die schweizerische Wirtschaft usw. Wie Herr Dr. Dietrich Bührle selbst gesteht, kann er sich bei einem Umsatz von 1,7 Milliarden nicht um alles kümmern. Zwar hat er seinerzeit davon gewußt, sonst könnte er nicht, wie die Verteidigung hervorhebt, zu seinem langjährigen Mitarbeiter gesagt haben, »daß solche illegalen Geschäfte künftig nicht mehr getätigt werden dürfen«. Ich halte mich an den Satz: »Es besteht kein Anlaß, die Glaubwürdigkeit von Dr. Dietrich Bührle irgendwie in Frage zu stellen.« Ich habe lediglich sagen wollen: wenn es anders wäre, so könnte der Angeklagte nicht Oberst im Generalstab sein.

A. Und sein Vize-Direktor?

B. Ich kenne die Herren nicht, ich verlasse mich auf die Berichterstattung der bürgerlichen Presse. Herr Dr. Lebedinsky ist nicht Oberst. Wie die Verteidigung sagt, war der Gewissenskonflikt für den langjährigen Mitarbeiter ganz bedeutend, obschon es sich nur um 7% des Umsatzes mit Kriegsmaterial handelt. »Er hat im bestgemeinten Interesse seiner Arbeitgeberschaft die zur Beurteilung stehenden Taten begangen oder gebilligt.« Dafür bezieht er trotz Entlassung weiterhin sein Jahresgehalt. Auch Herrn Dr. Gelbert muß man verstehen: »Wie die andern leitenden Persönlichkeiten der WO stand er vor dem Dilemma, ob man die behördlichen Erlasse streng beachten soll oder ob man im Interesse der Wahrung bewährter geschäftlicher Beziehungen zu retten versuche, was zu retten war«, nämlich den Profit des Bührle-Konzerns.

A. Wir sind ein Rechtsstaat –

B. Ja.

A. Es gibt ein Volksbegehren auf Verbot der Waffenausfuhr. Ich nehme an, du hast ebenfalls deine Unterschrift dazu gegeben. Wenn es zu einer Volksabstimmung kommt, so kannst du für ein Verbot des schweizerischen Waffenhandels stimmen. Das ist ein rechtsstaatliches Verfahren.

B. Ohne Zweifel.

A. Was ist also nicht in Ordnung?

B. Der Mann, der heute mit seinen langjährigen Urkundenfälschern vor dem Bundesgericht in Lausanne sitzt, ist ein großer Arbeitgeber: der Bührle-Konzern, der ja nicht nur Waffen herstellt, beschäftigt 14000 Arbeitnehmer. Der Bührle-Konzern, wie gesagt, macht ja nicht nur Zwillingsgeschütze und Munition dazu, man darf nicht übertreiben. Geschütze und Munition verkauft er nur, um unserem Land eine eigene Waffenindustrie zu erhalten, was der Bundesrat zu schätzen weiß. Wir nötigen die andern nicht zum Krieg; wir verkaufen ihnen die Waffen nur, weil sie die Waffen sonst anderswo kaufen. Sie könnten unsere Geschütze und unsere Munition, wenn sie bezahlt sind, auch verrosten lassen. Um zu zeigen, daß die Schweiz sich in die Kriege der andern nicht einmischt, beliefern wir Israel und Ägypten zugleich. Das war übrigens immer schon so. Im Zweiten Weltkrieg, der uns nahe ging, schossen sich in Tobruk die Deutschen und die Engländer mit der gleichen Oerlikon-Kanone ab. Unser Waffenhandel, ganz abgesehen davon, daß er auch mit Entwicklungshilfe verbunden ist, bedeutet keinesfalls eine Einmischung in Nigeria oder Südafrika; es ist ein reines Geschäft im Sinn des freien Marktes. Hätte der Bundesrat, besorgt um die Glaubwürdigkeit der schweizerischen Neutralität, damals kein Waffen-Embargo verfügt, so hätte das reine Geschäft auch keiner Urkundenfälschungen bedurft. Das sagt der Verteidiger vor dem Bundesstrafgericht... Was das Volksbegehren betrifft, so muß man bedenken, daß Herr Dr. Dietrich Bührle sich nicht alles gefallen lassen wird: er könnte seinen Konzern jederzeit ins Ausland verlegen, sodaß seine Steuern verloren gehen, seine Kunstsammlung auch. Ich verstehe, daß Herr Dr. Dietrich Bührle mit größtem Respekt behandelt wird; er durfte vor Gericht, im Gegensatz zu dem Schwindler v. Däniken, nicht fotografiert werden. Im Grunde hat man diesem Mann dankbar zu sein. Eine Verstaatlichung der Waffen-Industrie würde alles nur erschweren.

A. Wieso?

B. Dann wäre der Bundesrat verantwortlich, das Parlament. Herr Dr. Dietrich Bührle nimmt uns diese Verantwortung ab; als freier Unternehmer liefert er nach seinem Gewissen, unser Land ist am Profit beteiligt durch Steuern, aber nicht moralisch: wir sammeln für Biafra und schicken Krankenschwestern, die von Bührle-Munition getroffen werden. Caritas ist Caritas, Industrie ist Industrie –

A. Soeben wurde das Urteil gesprochen.

B. Es kann nur ein Urteil betreffend Urkundenfälschung sein. Es steht nichts anderes in Frage. Der Tatbestand erwerbsmäßiger Beihilfe zum Völkermord ist nicht verfassungswidrig. Daher sind die Herren des Bührle-Konzerns im Sinne unsrer Gesellschaft keine Verbrecher.

A. Entgegen dem Antrag des Bundesanwaltes, der nur bedingte Strafen verlangt hat, müssen ins Gefängnis: Herr Dr. Lebedinsky, Herr Dr. Gelbert, übrigens Ritter der Ehrenlegion, sowie Herr Meili, wobei das Gericht auch die Strafzeit verlängert hat. Man kann also nicht sagen: Ein mildes Urteil. Einzig der Konzern-Herr muß nicht ins Gefängnis: 8 Monate bedingt, dazu ist die Buße auf 20000 Franken herabgesetzt, da ihm Gewinnsucht nicht nachzuweisen ist.

B. Ich verstehe sein pralles Lachen.

A. Der Tatbestand erwerbsmäßiger Beihilfe zum Völkermord, wie du's als Laie nennst, steht nicht zur Diskussion. Daher kann dich das Urteil des Bundesgerichts nicht verwundern.

B. Nein.

A. Es verwundert dich auch nicht, daß das Bundesgericht, übrigens durch besondere Maßnahmen der Polizei geschützt, zwar den Tatbestand fortgesetzter Urkundenfälschungen verurteilt, aber in keinem einzigen Fall genau aufzuklären vermag, wie diese Urkundenfälschungen zustande gekommen sind, welche Mittelsleute sie ermöglicht haben und welche Bundesbeamten, die solche Urkunden prüfen, jahrelang nichts gemerkt haben?

B. Nein.

A. Das verwundert dich nicht?

B. Unserem Volk, das an seinen Rechtsstaat glaubt, genügen drei oder vier Schuldige, im übrigen geht es um die Wahrung bewährter Beziehungen zwischen Wirtschaft und Behörden und Vaterland.

A. Hältst du unser Volk für dumm?

B. Ich halte mich für dumm, wenn ich das pralle Lachen des Konzern-Herrn auf dem Presse-Foto betrachte. Er hat recht. Die gerichtliche Geldbuße, die er auf freiem Fuß zu bezahlen hat, ist unter Spesen zu verrechnen, übrigens eine Lappalie im Vergleich zu den Schmiergeldern, die der Konzern schon bezahlt hat - Spesen für die Rechtsstaatlichkeit, die ihn schützt vor jeder Gewalt.

ZÜRICH

Kleine Demonstration, Besammlung beim Kunsthaus (da hat Bührle einmal eine Million gestiftet), Marsch durch die Bahnhofstraße zur Börse; dann und wann Zuschauer mit einem mitleidigen Lächeln, Kopfschütteln; eine Frau sagt: Bravo! aber sie schließt sich nicht an; ein Mann sagt unentwegt: Ihr tut mir leid,

```
Ihr tut mir leid! Die meisten, wenn sie die
Transparente lesen, gehen sofort weiter; ein
junger Mann sagt: Kommunisten, so geht doch
nach Moskau! Etwa tausend Marschierer.
```

Ehrenwort

Sir, wo möchten Sie denn leben? Erstens bin ich kein Sir, zweitens sage ich: Nehmen Sie bitte diese Hand weg! Ich kenne den Mann nicht. Sir! sagt er, hält jetzt eine längere Rede, ohne die Hand von meinem Mantelkragen zu nehmen, in mehreren Sprachen durcheinander und nach einer Weile, da er mich hinreichend verwirrt hat, plötzlich in Mundart. Ein Landsmann also. Wo auf der Welt ich am liebsten leben möchte? Die Frage, so sagt er, stelle sich nämlich nur einem Sir. 97 von 100 Erdenbewohnern haben keine Wahl, wo sie leben, und ziehen daraus ihre fortpflanzende Kraft unter jeglichen Umständen. Das ist richtig; ich denke an tschechische Freunde, an griechische Flüchtlinge, an Millionen von Indern. Als ich sage, ich sei gerne, wo ich grad bin, schüttelt er mich in meinem Regenmantel herum, spricht im Gangster-Ton: Come on, man, come on! und das auf der Helmhaus-Brücke in Zürich. Wir behindern den Verkehr. Was ihn das überhaupt angehe, frage ich, ohne nochmals an seine Hand zu fassen; sonst schüttelt er mich wieder. Schon sind wir nicht mehr allein; ein paar Leute, einer mit Aktentasche, aber auch einfache Leute, die zuerst mit der Miene von Helfern stehengeblieben sind, stimmen ein, als er fragt: Warum leben Sie denn nicht in Moskau, warum nicht in Havanna usw.? Ich sei hier geboren, sage ich mit einer Kopfbewegung, hier in dieser Gegend. Es tönt linkisch. Um glaubwürdig zu sein, gebe ich den Namen des Quartiers, beginne mich zu verteidigen: Habe ich denn gesagt, daß ich nicht gerne hier lebe? Wenigstens hat er inzwischen seine Hand von meinem Mantelkragen genommen, als genüge jetzt seine Frage: Warum nicht in Havanna, warum nicht in Peking usw.? Wir stehen jetzt, um den Verkehr nicht zu stören, am Straßenrand, während ich den Kragen meines Regenmantels ordne, ohne mich nach Helfern umzusehen; sie finden die Frage nur berechtigt, und ich weiß natürlich, welche Antwort ich der Mehrheit schulde. So viele sind es gar nicht, aber sie haben die Physiognomie der Mehrheit. Was ich jetzt rede, wird von Satz zu Satz unglaubwürdiger: Ehrenwort, ich möchte nicht anderswo leben, Ehrenwort, ich bin hier geboren und aufgewachsen und zur Schule gegangen, ferner lebe ich ja hier. Soll ich gar meinen Paß zeigen? Soll ich die Nummer meiner Altersversicherung angeben oder die ungefähre Anzahl meiner Armeediensttage ohne Auszeichnung und ohne Strafe? Da es keine Schlägerei geben wird, bleiben nur wenige. Warum schon zum drittenmal: Ehrenwort! Es dauert noch eine Weile, bis ich zugebe, daß ich mir die Frage, wo in der Welt ich leben möchte, tatsächlich schon selber gestellt habe. Das genügt, so scheint es, das genügt. Ich kann gehen.

BERZONA

Schnee, viel Schnee. Die Zweige sind weißflaumig wie Pfeifenputzer. Tagsüber schaufeln wir uns frei, dann schneit es wieder in der Nacht. Nur das Fernsehen, TELEVISIONE SVIZZERA ITALIANA, bestätigt, daß die Welt weitergeht mit Staatsmännerbesuchen, Raumfahrt, Papst, Vietnam, Musik und Sport. Kein Grund zur Panik also. Auch kommt noch die Post: Soziologie reihenweise.

GLÜCK

»Ich hatte Glück, Fjodor Iwanowitsch, ich wage kaum dran zu denken. Ein unheimliches Glück. Sie sehen, ich fahre in der ersten Klasse. Ich habe einen Paß, ich habe einen Titel, ich bin frei. Warum ich nicht nach Sibirien gekommen bin, verstehe ich heute noch nicht, denn es fehlte wenig, Gott weiß es, sehr wenig«, sagt er, indem er Tabak nicht in die Nase stopft, sondern in eine Charatan-Pfeife; es summt auch kein Samowar, aber es ist Winter und in der Eisenbahn, und nachdem die Pfeife endlich zieht, sagt der Reisende, indem er zum Fenster hinausschaut: »Es schneit«. Es ist aber nicht Rußland, was man dadraußen sieht. »Ich hatte keinen Grund zur Eifersucht«, sagt er, als wolle jemand seine Geschichte hören, »nicht den mindesten Grund. Natascha war verheiratet, aber das wußte ich von Anfang an. Vielleicht war ich sogar froh, daß Natascha verheiratet war. Jetzt denken Sie gewiß, das gehört sich nicht, weil Natascha verheiratet war. Aber das ist heutzutage anders, Fjodor Iwanowitsch. Ihr Mann war ein stiller und sanftmütiger Mensch, sogar jünger als ich, ein gerechter und bedrückter Mensch. Mag sein, daß Natascha ihn verkannt hat. Ihretwegen aber hatte ich Weib und Kinder verlassen. Das hielt ich damals nicht für moralisch, aber es machte mich doch glücklich. Ich liebte sie, Fjodor Iwanowitsch, ich liebte Natascha.« Es ist auch niemand im Abteil, der Fjodor Iwanowitsch heißen könnte oder Wassily Wassilikow oder irgendwie, und trotzdem muß er es einmal erzählen. »Sehen Sie, ich denke selten daran, um nicht zu erschrecken, eigentlich nie«, sagt er: »Ich war damals ein erwachsener Mensch, ein geachteter Mensch sozusagen, und ich glaube, Sie haben es erraten, Fjodor Iwanowitsch, ich könnte sehr wohl ein Mörder sein!« Auch der Schaffner, der einmal vorbeikommt und ins Abteil schaut, ist offenkundig kein Russe, sondern ein Kondukteur, ein junger und rosiger Bursche mit einer roten Tasche, die um sein Knie baumelt, kein unfreundlicher Mensch, aber auch er hat keine Zeit wie einst die Menschen in den russischen Eisenbahnen, die sich halbe Romane anhörten, und nachdem er das Abteil verlassen hat, sagt der Reisende: »Aber interessiert es Sie auch wirklich?« Vorher war er im Speisewagen; da blicken sie auf den Teller oder am andern vorbei, und wenn sie dann die Rechnung beglichen haben, nicken sie vielleicht, aber dann ist es zu spät, um sagen zu können: »Ich bin ein kranker Mensch... ein schlechter Mensch... Ein abstoßender Mensch bin ich. Ich glaube, ich bin leberleidend.« Wer will das wissen? »Gott weiß es, ich hatte das kleine Beil schon erhoben, und Natascha saß vor mir, ich wollte sie spalten wie ein Scheit. Ich wollte es natürlich nicht, aber das Beil wollte es, das kleine Beil, Fjodor Iwanowitsch, in meiner Hand.« Das sagt man nicht in einem Speisewagen, auch nicht im Abteil, nachdem ein Herr zugestiegen ist, der kaum Gutentag sagt und seine Zeitung lesen möchte. Vielleicht heißt er Hubacher oder Vogelsanger, ein einheimischer Herr, und es war ja auch nicht in Rußland, wo das Entsetzliche stattgefunden hat, sondern in Graubünden. »Kennen Sie die Gegend von Bivio?« Das läßt sich sagen, auch wenn der andere sich dann wundert und sagt: Wieso? Es summt kein Samowar, wie gesagt, es bruzzelt nur in seiner Charatan-Pfeife. »Eine schöne Pfeife«, sagt er, »nicht wahr?« Sicher ist der Herr, der hinter seiner offenen Zeitung nicht zu sehen ist, kein schlechter Mensch; sein Mantel ist ein guter Mantel mit feinem Futter. »Ich bin ein kranker Mensch, was ich vielleicht gar nicht bin, ich bin ein lächerlicher Mensch«, sagt er draußen im Korridor: »Übrigens habe ich vorher gelogen, Fjodor Iwanowitsch. Vielleicht haben Sie es bemerkt. Nicht ihretwegen habe ich Weib und Kind verlassen. Das ist Unsinn. Sondern meinetwegen! – später habe ich ja auch Natascha verlassen – und Wassa... Sie halten mich jetzt für einen gewissenlosen Menschen, Fjodor Iwanowitsch, aber das Gegenteil ist wahr. Sie war zu gut für mich, ich meine jetzt meine erste Frau. Ich prügelte sie nie, Gott sei mein Zeuge, aber es war ein Segen für sie, daß ich sie verlassen hatte. Heute geben alle es zu. Sie waren immer zu gut für mich, und ich mußte eines Tages erkennen, daß sie litten, Sie verstehen, früher oder später. Jedesmal gab es Geschwätz, das gleiche Geschwätz. Drum bin ich viel gereist. Heute weiß ich: Das Gegenteil ist wahr. Was heißt Gewissen! Im Gegenteil, die Frauen wurden entweder glücklicher, nachdem ich sie verlassen hatte, oder zumindest nicht unglücklicher – so viele sind es übrigens nicht gewesen, Fjodor Iwanowitsch, falls Sie das meinen... Jetzt sind wir in Biel, glaube ich«, sagt er und verbessert sich: »Bienne.« Es schneit noch immer. Heutzutage halten die Züge nicht lange; die Reisenden können nicht aussteigen, um sich heißes Wasser zu holen, und im Speisewagen gibt es auch keinen Tee mehr, nur noch das Menü. »Ich hatte keinen Grund zur Eifersucht«, sagt er, um in seiner Erzählung fortzufahren, »denn es waren ihre Brüder... Ich weiß nicht, wie es in jener Nacht über mich kam. Es war in einer Ski-Hütte. Sie machte also ihren Brüdern einen Glühwein, weil es kalt war, sie redete diesen ganzen Abend nur zu ihren Brüdern und die Brüder redeten nur zu ihr, denn ich gehörte nicht zur Familie. Ich fand es komisch, das heißt, ich versuchte es komisch zu finden, es war komisch, Fjodor Iwanowitsch, aber ich bin ein eitler Mensch. Denn ich konnte es nicht haben, daß Natascha ihren Brüdern verbundener wäre als mir. Bin ich ein habsüchtiger Mensch? Ich war nicht betrunken, denn sie machte ja den Glühwein für ihre Brüder; ich wollte nichts davon. Sie können sich denken, wie fröhlich es zuging. Ich sagte kein Wort, denn sie redeten jetzt nur französisch, Sie verstehen, das kam noch hinzu.

Es ist lächerlich. Plötzlich haßte ich sie, beobachtete sie von der Seite und haßte sie vollkommen nüchtern. Oder so meinte ich wenigstens; tatsächlich liebte ich sie, aber ich haßte die Sippe in ihr. Die Sippe! – ich finde eine Sippe immer gemein, zum Umbringen... Es kam über mich, als wir uns zum Schlafen legten, alle nebeneinander, Natascha und ihre Brüder und ich. Genau gesagt: Natascha zwischen ihren Brüdern und mir. Es war kalt. Ich hatte den ganzen langen Abend das Holzfeuer besorgt, aber den Glühwein machte sie für ihre Brüder. Sie schnarchten bereits, als die Wut mich packte, ich spürte, wie sie plötzlich meine Decke wegriß und mich packte wie von außen, die Wut, und wie sie mich aufsetzte im Dunkeln... Sagte ich schon, daß ihr Bruder, der ältere, ein Offizier war? Er war der dümmere, aber Natascha wies ihn nie zurecht. Der jüngere aber war ein Tänzer, Choreograph oder so etwas, ein Artist also. Vorallem ihn bewunderte Natascha sehr – ich begriff zum ersten Mal, wer ich war: ihr Liebhaber... Es ist wohl möglich, daß Natascha jetzt im Dunkeln fragte, ob mir unwohl sei, im Flüsterton, damit die Brüder weiter schnarchen konnten; ich hörte sie nicht. Ich bin auf hohe Schulen gegangen, aber ich bin und bleibe ein primitiver Mensch. Natascha traute es mir nicht zu. Und ihre Brüder, ohne mehr zu wissen als die Tatsache, daß ich Natascha liebte, trauten es mir ebenfalls nicht zu... Es war Winter, das sagte ich schon, und es war Nacht, ich wußte nicht wohin. Hinaus in den tiefen Schnee. Ich wollte erfrieren, Sie verstehen, während sie in der Hütte schnarchten«, sagt er und hält inne, da wieder jemand durch den engen Korridor geht. »Fjodor Iwanowitsch, glauben Sie an Gott?« fragt er, ohne eine Antwort zu erwarten: »Jetzt wäre ich schon fünfzehn Jahre in Sibirien für einen blöden Mord. Vielleicht hätte ich's gelernt. Es braucht wenig, das ist alles, was ich genau weiß. Vielleicht hätte ich gelernt, Fjodor Iwanowitsch, an die Gnade zu glauben. Jetzt glaube ich bloß an Glück«, sagt er und kratzt die Charatan-Pfeife aus, während der Herr, der Vogelsanger heißen könnte oder Bärlocher oder so, seine Ledermappe nimmt und das Abteil freigibt, nicht ohne zu nicken. »Kurz und gut«, sagt er, als er sich wieder ins gepolsterte Abteil gesetzt hat, »ich wollte also erfrieren. Ich haßte mich, Fjodor Iwanowitsch, ich schämte mich. Es war nicht kalt genug, um zu erfrieren, nur unerträglich. Sternennacht. Meine steife Leiche im Schnee am andern Morgen, das war nicht nur ein lächerlicher und niederträchtiger Vorsatz, sondern auch undurchführbar, denn ich schlotterte bloß, als es im Osten über den Bergen schon dämmerte. Natascha schlief. Sie wußte nichts von meinem Vorsatz, niemand unter dem Sternenhimmel wußte von meiner Lächerlichkeit. Nur ich!... Jetzt sind wir in Brugg, glaube ich«, sagt er, Blick zum Fenster hinaus, »Brugg oder Baden«. Das sind keine epischen Distanzen. »Ich langweile Sie vielleicht, Fjodor Iwanowitsch, aber Sie sind der erste Mensch, dem ich meine Geschichte erzähle... Als ich endlich in die Hütte zurückging, dünkte ich mich vollkommen bei Sinnen, vernünftig und kalt in meinem Entschluß, lautlos meine Skier zu nehmen und in der ersten Dämmerung abzufahren ins Tal, um Natascha einen Brief zu schreiben. Auch sie war zu gut für mich. Ein Engel!... Ich weiß ja nicht, Fjodor Iwanowitsch, ob Sie es kennen, dieses Bewußtsein der Lächerlichkeit, dieses Bewußtsein der Niedrigkeit, das grimmiger ist als eine Sternennacht im Schnee, oder so empfand ich es wenigstens, als ich die Brüder über mir schnarchen hörte. Was hatten sie mir denn getan, der Offizier und der Artist? Ihre Schwester hatte sie mit Glühwein bedient, und ich verstehe einigermaßen französisch... Ich nahm also das kleine Beil, um Holz zu hacken, weil ich fror in meiner Lächerlichkeit nach zwei Stunden im Schnee. Ich fror in den Knochen. Ich hatte Feuer gemacht für sie, jetzt machte ich Feuer für mich. Das kracht natürlich, so ein Kloben, wenn das Beil drin stecken bleibt und wenn man den Kloben mit Beil auf den Block haut. Das Schnarchen der Sippe ließ nach. Ich freute mich jetzt, daß ich schlotterte, denn das gab mir das Recht, die Kloben zu hauen und Scheite zu machen, Brennholz, wie unsereiner das tut, nicht ohne Selbstgefährdung. Es muß lustig ausgesehen haben, aber es war gar nicht lustig, Fjodor Iwanowitsch. Als Natascha herunter kam und fragte, was ich um Gotteswillen denn mache, sagte ich: Glühwein. Sie war schläfrig und nicht so schön wie sonst, wie am ganzen Abend zuvor, und da sie schläfrig war, wurde ich deutlicher: Glühwein für mich! Dabei schämte ich mich. Ihre Vernünftigkeit, Fjodor Iwanowitsch, ihre weibliche Vernünftigkeit! – Sie kennen Natascha ja nicht. Wir liebten uns schon drei Jahre, ich meine, sie ist die Unvernunft in Person, ein wahrer Mensch, aber jetzt ihre Vernünftigkeit um fünf Uhr morgens war aufreizend. Glühwein, schrie ich, geh weg! Natascha meinte mich zu kennen, sonst hätte sich Natascha nicht auf den Block gesetzt, als sei er dafür gemacht, Natascha in einem blauen Overall und mit offenem Haar und schlafwarm. Die Brüder, nachdem meine Hackerei sie geweckt hatte, hörten natürlich zu; sie sagte: Qu'est-ce que tu fais? Ich sagte es noch einmal: Glühwein! so mit einer Betonung, Sie kennen das, Natascha hielt es für Ulk, ich weiß nicht, oder für eine sture Rücksichtslosigkeit gegenüber den andern, nicht nur gegenüber ihren beiden Brüdern. Ich habe vergessen zu sagen, daß auch noch andere in der Hütte waren, Töchter und Söhne und was weiß ich, eine ganze Sippe, als ich sagte: Geh weg! und das kleine Beil erhob«, sagt er, »um Brennholz zu machen, Kleinholz –«, sagt er und kratzt wieder die Pfeife aus, um zu schweigen, aber dann kann er's doch nicht: »Jetzt sind wir in Schlieren«, sagt er, Blick zum Fenster hinaus: »Fjodor Iwanowitsch, haben Sie schon einen Sessel auf die Straße hinuntergeworfen? und dann noch einen und noch einen? – ich habe mich nie gebessert, sehen Sie, das war mit Wassa, das war später, ich hatte Grund zur Eifersucht und war besoffen, ein besoffenes Schwein, es waren Sessel aus Eisen, die meine Wut packte und von der Terrasse hinunterschleuderte auf die Straße, und ich wurde kein Mörder, Fjodor Iwanowitsch. Wie erklären Sie das?« Er schweigt, bis die Pfeife wieder zieht. »Sie glauben an Gott, Fjodor Iwanowitsch, sonst würden Sie nicht über mich lächeln. Sagen Sie's ehrlich, daß ich Ihnen leidtue, Fjodor Iwanowitsch, als ein dummer und oberflächlicher Mensch. Ich tue mir nicht leid ... Ich war nicht wahnsinnig, ich wußte in diesem Augenblick genau, daß alle meine Lächerlichkeit nichts zu tun hatte mit Natascha, die mich anblickte, und nichts mit ihren Brüdern, nur konnte ich das kleine Beil jetzt nicht mehr halten, obschon Natascha vor mir saß und mich anblickte. Ich glaube, ich konnte nicht einmal ihren Namen aussprechen, ihren so geliebten Namen, ich hörte bloß: Qu'est-ce que tu fais? Dann stak das kleine Beil in dem Block, sie stand daneben, ich hatte das Scheit noch in der Hand, das ich hatte spalten wollen – das war alles, Fjodor Iwanowitsch: Glück!« sagt er und blickt noch immer zum Fenster hinaus, wo die gelben Lichter einer Station vorüberfliehen: »Das war schon Altstetten«, sagt er gleichgültig, und es wird langsam Zeit, den Mantel herunterzuholen und was der Reisende sonst noch hat, nicht viel, ein kleines Paketchen, Parfum für seine Frau. Sein Mantel hat nie oder selten einen Aufhänger, sodaß er ihn ins Gepäcknetz zu werfen pflegt, und als er sich umsieht, wo sein Mantel sich befinde, scheint es ihn zu verwundern, daß Fjodor Iwanowitsch gegenüber sitzt, gerade unter seinem Mantel, etwas lächelnd: »Väterchen, das ist deine ganze Geschichte?« Im Korridor drängen sich schon die Leute. »Nein«, sagt der Reisende, ohne jetzt seinen Mantel herunterzuholen, ebenfalls spöttisch: »Fjodor Iwanowitsch«. Dieser ist ein kleiner Herr, noch nicht alt, aber mit offenbar vorzeitig ergrautem krausem Haar und mit auffallend blitzenden Augen; er sitzt in einem abgetragenen, doch offenbar von einem sehr guten Schneider angefertigten Mantel mit Pelz am Kragen, Persianer, und trägt die Pelzmütze auf dem Kopf; wenn er den Mantel aufgeknöpft hat, sieht man darunter eine Poddiowka und ein russisches Hemd mit bunten Stickereiborden: »Ich heiße Posdnyschew«, sagt er, als müßte man den Namen kennen, und dann: »Darf ich Ihnen meinen Tee anbieten? Er ist allerdings sehr stark.« Der Tee, den er auf der vorletzten Station aufgebrüht hat, ist wirklich wie Bier. »Posdnyschew«, wiederholt er bitter; er spricht mit einer hüstelnden Stimme: »Väterchen, warum erzählst du nicht deine ganze Geschichte, deine wirkliche Geschichte, wenn du doch siehst, daß jemand zuhört?« Man spürt jetzt in den Füßen, daß der Zug zu bremsen beginnt. »Gut«, sagt der Reisende, »ich will's Ihnen erzählen«, als habe er den Kondukteur nicht gehört, der in jedes Abteil sagt: Zürich Hauptbahnhof, alles aussteigen! – er schweigt einen Augenblick, reibt sich das Gesicht mit den Händen und fängt an: »Wenn ich erzählen soll, muß ich alles von Anfang an erzählen. Ich muß erzählen, wo ich geboren bin und wer mich erzogen hat, wer meine Freunde gewesen sind, was ich gelernt habe und alles, was zu meiner armseligen Geschichte geführt hat –«

NEW YORK, Februar

Wir haben gemietet: Wohnung einer Kinder-Psychiaterin, die ich nicht kenne; ihre Diplome an der Wand. Ein Psychiater-Sessel: man sitzt nicht und liegt nicht, man entspannt sich mit Ergebnis – ich habe also verdrängt:

a) meinen Vater.
(Gestorben 1932.)
b) Generalstreik 1918.
(Studenten mit Couleur-Mütze als Straßenbahnführer, dahinter Soldaten mit Helm und aufgepflanztem Bajonett, die den Streikbrecher beschützten.)
c) meine erste Zeitungslektüre.
(Ich wollte herausfinden, ob der Motorradfahrer, den wir durch eine Kalberei mit unserem Leiterwagen zum Sturz gebracht hatten, dabei gestorben war.)
d) Armut.
(Diebstahl von Fallobst.)
e) Kriegskinder aus Wien.
(Ich spielte lieber mit ihnen, sie wußten andere Spiele, aber es ging nur heimlich, und als ich ertappt wurde, war es eine Schmach; ich war ein Abtrünniger.)
f) Gottesfurcht.
(Mit Badehose in der Badewanne.)
g) Menschenfurcht.
(Man mußte durch ein Rohr der Kanalisation gehen, um in den Freundesbund aufgenommen zu werden, barfuß im Abwasser, Gestank, in der Ferne das kleine Loch mit Tageslicht.)
h) Lenin.
(Das schmale Männchen, das im Nachbarhaus

```
    ein und aus ging; mein Vater sagte, der
    wolle alles in dieser Welt kaputtmachen.)
  und einiges mehr.
```

VORKOMMNIS

Kein Grund zur Panik. Eigentlich kann gar nichts passieren. Der Lift hängt zwischen dem 37. und 38. Stockwerk. Alles schon vorgekommen. Kein Zweifel, daß der elektrische Strom jeden Augenblick wieder kommen wird. Humor der ersten Minute, später Beschwerden über die Hausverwaltung allgemein. Jemand macht kurzes Licht mit seinem Feuerzeug, vielleicht um zu sehen, wer in der finsteren Kabine steht. Eine Dame mit Lebensmitteltaschen auf beiden Armen hat Mühe zu verstehen, daß es nichts nützt, wenn man auf den Alarm-Knopf drückt. Man rät ihr vergeblich, ihre Lebensmitteltaschen auf den Boden der Kabine zu stellen; es wäre Platz genug. Kein Grund zur Hysterie; man wird in der Kabine nicht ersticken, und die Vorstellung, daß die Kabine plötzlich in den Schacht hinunter saust, bleibt unausgesprochen; das ist technisch wohl nicht möglich. Einer sagt überhaupt nichts. Vielleicht hat das ganze Viertel keinen elektrischen Strom, was ein Trost wäre; dann kümmern sich jetzt viele, nicht bloß der Hauswart unten in der Halle, der vielleicht noch gar nichts bemerkt hat. Draußen ist Tag, sogar sonnig. Nach einer Viertelstunde ist es mehr als ärgerlich, es ist zum Verzagen langweilig. Zwei Meter nach oben oder zwei Meter nach unten, und man wäre bei einer Türe, die sich allerdings ohne Strom auch nicht öffnen ließe; eigentlich eine verrückte Konstruktion. Rufen hilft auch nichts, im Gegenteil, nachher kommt man sich verlassen vor. Sicher wird irgendwo alles unternommen, um die Panne zu beheben; dazu verpflichtet ist der Hauswart, die Hausverwaltung, die Behörde, die Zivilisation. Der Scherz, schließlich werde man nicht verhungern mit den Lebensmitteltaschen der Dame, kommt zu spät; es lacht niemand. Nach einer halben Stunde versucht ein jüngeres Paar sich zu unterhalten, so weit das unter fremden Zuhörern möglich ist, halblaut über Alltägliches.

Dann wieder Stille; manchmal seufzt jemand, die Art von betontem Seufzer, der Vorwurf und Unwillen bekundet, nichts weiter. Der Strom, wie gesagt, muß jeden Augenblick wieder kommen. Was sich zu dem Vorkommnis sagen läßt, ist schon mehrmals gesagt. Daß der Strom-Ausfall zwei Stunden dauert, sei schon vorgekommen, sagt jemand. Zum Glück ist der Jüngling mit Hund vorher ausgestiegen; ein winselnder Hund in der finsteren Kabine hätte noch gefehlt. Der Eine, der überhaupt nichts sagt, ist vielleicht ein Fremder, der nicht genug Englisch versteht. Die Dame hat ihre Lebensmitteltaschen inzwischen auf den Boden gestellt. Ihre Sorge, daß Tiefkühlwaren tauen, findet wenig Teilnahme. Jemand anders vielleicht müßte auf die Toilette. Später, nach zwei Stunden, gibt es keine Empörung mehr, auch keine Gespräche, da der elektrische Strom jeden Augenblick kommen muß; man weiß: So hört die Welt nicht auf. Nach drei Stunden und elf Minuten (laut späteren Berichten in Presse und Fernsehen) ist der Strom wieder da: Licht im ganzen Viertel, wo es inzwischen Abend geworden ist, Licht in der Kabine, und schon genügt ein Druck auf die Taste, damit der Lift steigt wie üblich, wie üblich auch das langsame Aufgehen der Türe. Gott sei Dank! Es ist nicht einmal so, daß jetzt alle beim ersten Halt sofort hinaus stürzen; jedermann wählt wie üblich sein Stockwerk –

EMERGENCY DIAL 911. OBSERVE THE FOLLOWING RULES OF SAFETY WHILE WALKING THE STREETS:

1. Try not to walk alone at night – have someone accompany you through the streets.
2. Have a friend or relative meet you at the subway or bus station.
3. When you arrive at home, ring your bell to alert a relative or neighbor and have a key ready in your hand to open the door.
4. DO NOT enter an elevator with a stranger of any age.
5. Walk in an area that is well lighted, don't take shortcuts.
6. Know location of Police call boxes and public phone booths in your area.
7. If there are doormen in your neighborhood, know when they are on duty; they may be helpful.

8. Remain ALERT while walking, LOOK AROUND YOU.
9. If you observe any person or group that appear suspicious, do any of the following:
   a) Use a Police call Box and call for assistance.
   b) Go to a public phone booth and dial 911.
   c) If no phone is available, enter any store or residence and call Police. Your neighbors are willing to help.
10. DO NOT carry large sums of money, conspicuous jewelry or other valuables; when you cannot avoid this, secrete the cash and other valuables on your person, NOT in your wallet or handbag.
11. DO NOT place your house key together with other keys. Keep them separate. If you lose identification papers together with your house keys, someone may have access to your home.
12. Carry a whistle or a cheap battery-operated alarm when possible.
13. Carry your purse close to your chest. Don't dangle it loosely at arm's length.
14. If you hear screams, day or night, try to pinpoint location and help your neighbor by calling 911 immediately.
15. DO NOT answer downstairs bell unless caller is expected and known to you.

Ptl. Charles E. Delaney
Community Relations Office
26th Precinct

NEW YORK, Februar

Es scheint zu stimmen: ein Landsmann erzählt, daß er an der 10. Straße (wo wir wohnen) um acht Uhr abends plötzlich drei Messer auf dem Leib hatte, zwei hinten, eins vorn. Es waren Schwarze; ihre einzige Frage: „Where is it?" Als sie in seinem Portemonnaie nur 10 Dollar fanden, wurden ihre Messer gefährlicher. Zum Glück rührte er sich nicht, bis sie in seiner Brieftasche noch 20 Dollar gefunden hatten; dann warfen sie seine Brieftasche mit Paß hinaus auf die Straße, damit er sie holen mußte, während sie verschwanden. Ein Passant, dem der Verstörte sich mitzuteilen versuchte, zuckte die Achsel –

Seminar an der Columbia Universität, PROBLEMS OF STYLE AND EXPRESSION, in deutscher Sprache. Wer sind die Studenten? Ihr Schulgeld beträgt jährlich: 1200 Dollar; ein Student kostet die Eltern im Jahr: 4000 bis 5000 Dollar. Wer sind ihre Eltern?

Demonstration am Times Square: gegen denselben Krieg mit denselben Transparenten wie im letzten Frühjahr, aber der Aufmarsch ist kleiner. Sie gehen in einem Gehege kreisum, das die Polizei errichtet hat, ordentlich getrennt von den ordentlichen Straßenbenützern. Wie in einem Laufgitter, PEACE NOW. Die Polizei, zwar zahlreich und ausgerüstet mit Helm und Knüppel und Radio, sagt gelassen zur Majorität: KEEP MOVING, PLEASE KEEP MOVING. Die Majorität, so liest man, ist heute zu 70% gegen den Krieg. Das Mittel der Demonstration ist verbraucht.

Ein alter Taxi-Fahrer erklärt, warum er nach dieser Fahrt nachhause gehe, warum er in der Nacht nicht mehr fahre: „too many caracters, you know!" Aber er versteht sie, sagt er: Da kommen sie von Vietnam zurück, jetzt wissen sie nicht, wie leben, und dann fixen sie eben, Heroin ist teuer, dann überfallen sie ihn und nehmen sein ganzes Tageseinkommen. Deswegen geht er um diese Zeit lieber nachhause. Es gibt auch liebe Leute, sagt er: dann sagen sie am Ende der Fahrt, sie haben kein Geld, und dann gibt er ihnen seine Adresse, manchmal schicken sie wirklich die drei oder vier Dollar.

ALCOHOLICS ANONYMOUS, sie treffen sich dreimal in der Woche. Eine jüngere und attraktive Frau erzählt ihre Geschichte mit dem Alkohol, eine Geheilte. Sehr unbefangen, direkt, durchaus unpfäffisch. Einzige Bedingung für die Mitgliedschaft: der Wunsch, nicht mehr zu trinken. Es sind ungefähr 150 Männer und Frauen verschiedenen Alters, Arme und Bessergestellte auch, Weiße und Schwarze. Wer in der Diskussion teilnimmt, stellt sich vor: „Joe, I am an alcoholic." Dann fragt er, wie es aber der Sprecherin ergangen ist bei Rückfällen. Man versteht einander. Einer ist schwerbetrunken, sagt etwas und geht nach einer Weile, was nicht verübelt wird; jeder weiß hier, wie schwer es ist. Ich sehe, daß er sich sogar noch einen Dollar pumpt. Nur wenigen ist anzusehen, daß sie Trinker sind. Im Nebenraum lärmen Kinder bei einem Ballspiel. Es gibt Gratis-Tee. Wer einmal die Gnade erfahren hat, daß er nicht mehr dem Alkohol verfallen ist, begleitet einen andern am Feierabend; ohne Herablassung, wenn er den Süchtigen abzuhalten versucht, denn er selber kennt den Alkohol und den Satan, der verspricht, daß es bei einem Gläschen bleibe, und die Ausrede, heute gebe es irgend etwas zu feiern. Der alte Neger, den ich um Traktate bitte, gibt vorerst die Hand und sagt: Bobby. Ich sage: Max.

Women's Liberation

– und zum Schluß sagt er jedesmal, er sei ja dafür, durchaus dafür; nur müßten wir Frauen es selber machen. Dann zieht er die Decke über seine nackte Schulter, dieser Mann des neunzehnten Jahrhunderts. Ich könnte ihn umbringen, nur weil er weiß, daß ich's nicht kann. Wieso eigentlich nicht? Ein Mensch, der schnarcht, ist keiner. Jetzt hatten wir monatelang Frieden. Der Mythos vom vaginalen Orgasmus, das gibt er zu, um seine Ruhe zu haben. Wenn ich ihn umbringen wolle, sagt er, müsse ich vorher noch lernen, wie der Motor unsres Wagens funktioniert, und anderen Nonsense. Ich habe ja nicht gewußt, was ich geheiratet habe. Der weibliche Körper, sagt er, sei eben anders, was ich auch sage, aber anders als er. Ob ich Norman Mailer gelesen habe? Dann kämpft er nicht einmal, wenn man widerspricht, sondern sagt wieder, er sei durchaus dafür. Die Frau als Neger, das gibt er alles zu, aber was tut er dagegen? Diese June, die ihm den Hof macht, hat gerade noch gefehlt, diese June mit ihren Wurstbeinen, die nicht einmal merkt, daß dieser Mann sie nicht ernst nimmt. Wieso ich ihn überhaupt ernstnehme? Das fragt er, bevor er einschläft. Ich frage mich auch. Ich lese Norman Mailer nicht. Sie lernen es nie. Auch Lysistrata ist von einem Mann erfunden, dieser antike Herrenwitz, daß der geschlechtliche Streik der Frauen immer scheitern wird, weil es Weiber wie diese June gibt, Streikbrecherinnen aus unterbelichtetem Bewußtsein. Das Fortschrittlichste, was er zu denken vermag: daß die bisherige Emanzipation der Frau sich als Bumerang erwiesen habe, indem sie die Frau nicht befreit, im Gegenteil sie gerade in die Kategorien männlichen Denkens einordnet. Das sagen wir ja. Wenn er sich überhaupt zum Ernst bequemt, gibt er zu, daß es so nicht weitergeht. Einiges hat er sich immerhin schon abgewöhnt; er sagte: Deine Kinder. Dann beruft er sich beiläufig auf Margret Mead: Die menschliche Vaterschaft als eine gesellschaft-konstituierende Erfindung (ob ich höre) Erfindung, keine Naturgegebenheit wie beispielsweise die Menstruation (ob ich höre?), gesellschaft-konstituierende und somit repressiv. Ich finde ja nicht, daß das lange Haar ihm besonders steht; vielleicht weil ich ihn kenne. Joe ist kein Löwe. Sie tun nur so progressiv, diese Künstler, und dann verrät er sich doch: Frauen seien nicht kreativ. Helen hat's ihm gesagt, besser als ich es kann; sie regt sich nicht auf, wenn er widerspricht. Mir widerspricht er schon nicht mehr, sondern ist lieb; übrigens auch nicht immer, nur wenn er das Bedürfnis hat oder meint, ich habe das Bedürfnis. Immerhin gibt er zu, daß er keine Frau sein möchte. Ich bin aber eine. Oder wenn eine Frau, so sagt er, dann schon lesbisch. Das bin ich aber nicht. Wenn er sich in mich versetzt, kommt es zum Vorschein: ich sei eben faul (gemessen an ihm), weil er's für Arbeit hält, wenn er bastelt an seinem Plexiglas; ich sei emotional, weil er sich für rational hält, sobald er nicht einverstanden ist. Immer dasselbe. Ich sei mütterlich und identifiziere mich mit den Kindern, wenn er sie aus dem Atelier wirft; ich sei nicht dumm (immer gemessen an ihm), umso dümmer findet er es von mir, daß ich etwas nicht einsehe, was ihm recht gibt. Ich könnte ihn umbringen. Es gibt eine einzige Frau, der er sich unterwirft: LA MAMMA in Bologna. Daß junge Frauen, nicht nur June, die er selber nicht ernstnimmt, auf ihn hereinfallen, macht mich nicht eifersüchtig, es verhindert bei ihm nur jeden Lernprozeß. Ich sei possessiv; dabei verlange ich gar nicht, daß er sich in mich versetzt; dann sagt er, ich habe Qualitäten (gemessen an ihm), beispielsweise findet er's eine Qualität, daß ich animalisch sei usw. und irisch. So etwas spricht er aus. Die Frau, sagt er öffentlich, sei ihrem Wesen nach konservativ. So etwas glaubt er tatsächlich noch. FREE OUR SISTERS, da macht er wieder mit, wenn sie im Gefängnis sind. Ich sei ja frei. Und wenn ich drohe, daß ich ihn verlasse? Plötzlich kommt er mit Strindberg, was für mich das Letzte ist, die Briefe ausgenommen. Helen sagt: wir müssen nicht diskutieren, wir müssen Fakten schaffen. Jetzt schnarcht er, dieser einunddreißigjährige Patriarch, einverstanden mit Norman Mailer, den ich nicht lesen werde. Man weiß seit dreitausend Jahren, wie sie denken. Sie haben nichts dazu gelernt. Joe jedenfalls nicht. Gertrude Stein findet er groß, aber er würde sie nicht aushalten, sage ich; schon mit mir hält er's kaum aus. Jetzt schnarcht er, weil er, sobald er schläft, den Mund nicht schließen kann – wie ein Baby.

NEW YORK, Februar

Die amerikanische Television (Channel 2) sowie die NEW YORK TIMES melden heute, 8. 2. 1971, daß in der Schweiz, „world's oldest democracy", gestern das Frauenstimmrecht eingeführt worden ist.

NEW YORK, März

Man erwacht, geht auf die Straße und überlebt. Das macht fröhlich, fast übermütig. Es braucht nichts Besonderes vorzufallen; es genügt die Tatsache, daß man überlebt von Alltag zu Alltag. Irgendwo wird gemordet, und wir stehen in

einer Galerie, begeistert oder nicht, aber gegenwärtig, und es ist nicht gelogen, wenn ich antworte: THANK YOU, I AM FINE!

Um 03.30 erwacht wegen einer Detonation. Doppelknall durch Echo. Wenige Minuten später die Polizei in der andern Straße; ich bin zu müde, um lang am Fenster zu stehen; auch sieht man ja nichts, nur an den Fassaden diesen Widerschein des blauen Kreisellichts. Im Halbschlaf meine ich: jemand hat jemand niedergeschossen. Stimmen. Dann ein Geräusch, das fast eine Stunde lang anhält: Glas, das in Scherben fällt, und Scherben, die geschaufelt werden. Schlafen gelingt nicht; wenn ich die Augen aufmache: an der Zimmerdecke noch immer das Kreisellicht von den Polizei-Wagen, bis ich doch einschlafe ... Es war in der NEW SCHOOL an der 11. Straße, eine kleinere Bombe, Zerstörung im Vestibül; im Foyer, wie täglich, die Schüler (Erwachsene) an der Bücherausgabe. Als ich den Türmann frage nach dem möglichen Bombenzweck, zuckt er die Achsel. Nichts Neues. Das kommt vor.

Im FILLMORE-EAST, vor einem Jahr, wurde plötzlich eine psychedelische Lichtschau unterbrochen, ein Rocker trat an die Rampe mit der Bitte, wir möchten unter den Sesseln nachsehen, ob irgendwo eine Bombe liege. Es sei ein Anruf gekommen. Das Theater faßt 2884 Zuschauer. Die meisten beugten sich kurz, um unter ihren Sessel zu gucken, wie wenn eine Dame ihre Handtasche vermißt; andere blieben in ihren Sesseln liegen, offensichtlich in Trance. Nach drei Minuten setzte die Band wieder ein. Ich fragte den jungen Nachbarn mit Jesus-Haar und lieben Augen, wieso eine Bombe gerade hier. Antwort: „For no rational reason", und als ich noch nicht verstand: „You know, in these days – ".

Seminar über Erzähler-Position:
a) Homer
b) Evangelisten
c) Don Quixote
d) Anna Karenina
e) heute.

Wo politisch nichts zu machen ist: Sekten aller Art, Krischna-Kinder usw., Eklektizismus der Heilslehren. Man kann nicht mit dem Kopf durch die Wand; aber man kann ihn schmücken mit dem bunten Indios-Bändel. Sie sehen malerisch aus. Was ein revolutionärer Impuls gewesen ist, verkommt in Verinnerlichung, Verwahrlosung des Willens, Verwahrlosung des kritischen Bewußtseins. Wäre nicht die wachsende Kriminalität infolge Drogensucht, die Macht-Inhaber brauchten sich nicht zu sorgen: ihre revolutionären Kinder zerstören sich selbst.

Gestern in der Nachbarschaft (9. Straße) ein junger Mann ermordet. Heute wieder unter Soziologen. Es gibt wenig, was sie nicht sofort in ihre Sprache übersetzen. Der Mensch hat die Wahl zwischen Lehren.

Wanderung nach der Tagesarbeit durch das Dickicht der Städte, „von denen bleiben wird, der durch sie hindurchging: der Wind –" er fegt und wirbelt den Kehricht durch die Straßenzüge, die aussehen wie nach einer Schlacht. Rost und Vergammelung, Häuser als Unrat. Anderswo sprießen neue Hochhäuser, nicht weit von hier. Trotz der Öde in diesen Straßen hat man keine Angst; ab und zu eine Limousine. Die Angst wohnt dort, wo auf Spannteppich der Türhüter steht mit weißen Handschuhen. Hier keine Verkehrsampeln, man kann wirklich wandern. Ein blauer Abend; Flugzeuge ziehen ihren braunen Schleier von Düsen-Gift über Manhattan. Hier ist nicht einmal Slum; Ruinen am Rand der Verzinsung, es lohnt sich da der Abbruch nicht; das Kapital verzinst sich zurzeit anderswo. Hier ist nur Boden, Eigentum an Boden, den die Natur sich zurückholt mit Unkraut. Lagerschuppen von einst, sie sind längst eingestürzt, teils ausgebrannt. Nicht einmal Hunde machen sich hier noch eine Hoffnung. Eine Hochstraße; daran sieht man, daß man in der Weltstadt ist und nicht am Ende der Zeit. Ich weiß nicht, was es ist; alles zusammen macht mich fröhlich, wenn ich hier wandere. Wir kommen ans glitzernde Wasser, aber aus der Nähe ist es eine schwärzliche Kloake, Kähne mit Bagger gegen die Verschlammung; Namen erinnern noch an die Holländer, die einmal hier gelandet sind; die Mole ist verfault, Sonnenuntergang hinter braunem Rauch.

Wenn es klingelt, öffne ich einfach die Türe. Noch immer nichts gelernt. Mann mit Werksack, den ich frage, was er wünsche; und als ich ihn nicht verstehe, tritt er ein. WINDOWCLEANER! Er putzt zehn Minuten lang, verlangt 9 Dollar. Vermutlich schickt ihn die Hausverwaltung. Nachher höre ich, daß ich Glück hatte; aber er hat tatsächlich nur Fenster geputzt.

Man weiß von den Kriegsverbrechen durch Zeugen, die im Fernsehen (Channel 13) befragt werden und berichten, was sie in Vietnam verrichtet haben unter der Order: Es werden keine Gefangenen gemacht. FREE FIRE ZONE: es darf alles getötet werden, inbegriffen Kinder. Belohnung für drei getötete Vietnamesen: eine Woche Urlaub am Meer. Als Beleg dafür, daß man Tote gemacht hat, bringt man Ohren oder Genitalien. Keiner der Zeugen, die ihren Namen und ihren jetzigen Wohnort angeben, kann sich erinnern, daß jemand für Schändung an Gefangenen bestraft oder auch nur verwarnt wird. Die öffentliche Versammlung leitet ein Columbia-Professor für Rechtslehre. Wenn nicht getötet wird, so nur aus einem einzigen Grund: zwecks Verhör, wobei jede Art von Folter vorkommt, übrigens auch sexuelle Befriedigung an

Frauen und Männern, bevor sie erschossen werden. Die Vorkommnisse, von den jungen Zeugen als übliche Vorkommnisse geschildert, werden datiert: 1967, 1968, 1969, 1970. Obschon sie jetzt aus einem andern Bewußtsein sprechen (alle sehr sachlich), bleibt ihnen, wenn sie von Vietnamesen sprechen, der Ausdruck: THE GOOK. Auf die Frage von Presseleuten, ob ihnen der verbrecherische Charakter solcher Kriegführung bewußt gewesen sei, geben alle zu: man gewöhne sich bald daran. Was geschieht, wenn einer nicht mitmacht? Der junge Mann, jetzt kaufmännischer Angestellter, zuckt die Achsel: Strafversetzung, ein weiteres Halbjahr in Vietnam. Man werde eben ein Tier. Es ist ihren Gesichtern nichts anzusehen davon. Im allgemeinen werden die Gefangenen von vorn erschossen, aber zur Abwechslung kann man sie auch an einen Helikopter binden und aus einer gewissen Höhe fallen lassen. Ein alter Herr protestiert gegen die Zeugen: Sein Sohn, sein einziger Sohn, sei in Vietnam gefallen, er wollte den Dienst verweigern damals, aber er, der Vater, habe ihm gesagt, daß er für sein Land und für die Freiheit kämpfe, und das habe er getan, sein einziger Sohn. Dann weint er. Der Vorsitzende bittet um weitere Fragen –

Wall Street

Lunch im sechzigsten Stock... Schon im Lift (Türen in Chrom oder Messing?) lauter Herren zur täglichen Arbeit gekleidet wie zu einem Konzert: dunkelgrau bis schwarz, kaum blau. Trotz Gedränge im Lift (es ist gerade Mittagspause) Physiognomie der unverbrüchlichen Korrektheit. Ihre Haut ist glatt-rosig und meistens straff, ihr Blick sehr wach, ihre Stimme nicht sanft, aber gediegen-männlich; ein gelegentliches Lachen kann kräftig ausfallen, jungenhaft im Gegensatz zu ihren sehr gelassenen Gesten. Auch mit den Händen in den Hosentaschen sind sie Herren. Empfang in der Lobby:

Ich habe es zum Schriftsteller gebracht, daher diese Einladung, die andern sind Herren vom diplomatischen Dienst, wir blicken gemeinsam auf die niedrigeren Wolkenkratzer von Wall Street zwischen den beiden Flüssen, sofort einig: Ein grandioser Blick. Unser Gastgeber, obschon an diesen Blick gewöhnt, läßt uns Zeit zu staunen. Leider ein dunstiger Tag; sonst sähe man auch Brooklyn usw. Wer hier zum Lunch antritt, muß schwindelfrei sein; Leute in den Straßen, wenn man hinunter schaut, bewegen sich wie Maden oder Läuse. Eigentlich muß man nicht hinunterschauen. Spannteppich, Glas, Blattpflanzen. Hier ist es still: Manhattan als Panorama hinter Glas. Lauter Herren treffen hier lauter Herren, eine intakte Welt, übrigens keine alten Herren, kein Dicker außer mir; offensichtlich haben sie wenig Zeit, dennoch keine Hast. Sie sind an das Bewußtsein gewohnt, daß ihre Zeit sehr kostbar ist. Ich bin nervöser; man wagt hier nicht zu zweifeln. Die Unterstellung, daß man irgendwie einverstanden sei, ist lautlos wie das Gehen auf Spannteppich. Nur meine Hose, Manchester ohne Bügelfalten, paßt nicht so recht; das erhöht aber die Ehre meiner Zulassung. Man geht gruppenweise zum Lunch. Chambre séparée mit einem runden Tisch, Kunst an der Wand, wieder Ausblick auf Manhattan. Leider ein dunstiger Tag, aber das sagten wir einander schon; immerhin sieht man die Freiheits-Statue. Es gibt Wasser mit Eis, keinen Alkohol; die Finanz hier ist puritanisch, dabei munter. Neuigkeit vom Tag (nebenbei): die russische Zaren-Familie sei nicht umgebracht worden, sie lebe noch heute, heißt es, irgendwo in Amerika. Wenn das stimmen sollte, so handelt es sich um Vermögenswerte, die in London liegen, Millionen von alten Rubeln. Das Menü weiß ich schon nicht mehr. Vier der Gäste sind Deutsche; die Frage: wer wird Kanzler, Barzel oder Schröder? Dabei kein unartiges Wort gegen Bundeskanzler Willy Brandt; man hält es für möglich, daß die sozialdemokratische Regierung sich hält bis zu den Wahlen. Trotz der Ost-Politik. Es sei denn, daß sie vorher an der Wirtschaft strauchelt. Franz Joseph Strauß kommt nicht ins Gespräch, obschon er neulich hier war und von zwei Dirnen ausgeraubt wurde. Schröder liegt im Rennen vor Barzel, so höre ich und kann dem amerikanischen Gastgeber versichern, daß mich das Thema durchaus nicht langweilt; die Herren wissen viel, was man als Zeitungsleser nicht ohne weiteres weiß. Die Kunst, die THE CHASE MANHATTAN BANK sammelt, habe ich schon bemerkt. Liechtenstein, Lindner, Dine, Fontana, Glarner, Bonnard, Dali, De Koning, Sam Francis, Hartung, Segal, Albers, Calder, Goya, Vasarely, Steinberg, Pomodoro, Beckmann, Nevelson usw. kenne ich aus Galerien. Was mich mehr überrascht: daß von einem USA-Imperialismus nicht die Rede sein kann. Habe ich etwas gesagt? Nach den Erfahrungen in Indochina sei eher zu befürchten, daß das amerikanische Volk wieder zum Isolationismus neigt, d. h. daß die amerikanische Hilfe in Latein-Amerika sich vermindern könnte. Was dann? Über Theater habe ich wenig zu berichten. Wenn Imperialismus, dann mache ihn die UdSSR (was ich nicht bestreite) und verliere Unsummen in den arabischen Ländern, wie der Gastgeber sagt: Zum Glück. Eigentlich ist das nicht unser Lunch-Thema. Wir haben keins. Zum WORLD TRADE CENTER im Bau, 432 Meter hoch, ist auch nicht viel zu sagen, obschon es vor dem Fenster steht; es holt 85 000 weitere Pendler herein, Leute, die ihre Lebenskraft im täglichen Verkehr verbrauchen. Wer sollte das verhindern können? Dann habe ich immer die Frage an die Fachleute: Warum ist Gold eine Deckung? Was vermag Gold, verglichen mit Öl oder Arbeitskraft usw.? Die Antwort fällt verschieden aus; einmal sagte ein schweizerischer Bankier, Gold sei ein reiner Mythos. Heute die Antwort: nichts in unserer Welt sei sicher außer Gold, das seit Menschengedenken seinen Wert bewahrt und bewahren wird. Wieso? Wirtschaft ohne Gold sei nur denkbar mit einer Staatswirtschaft, also Diktatur; die freie Wirtschaft hingegen verlangt einen Hort, Stabilität, auch eignet sich Gold (nicht zu vergessen) für Juwelen usw. Mein Unverständnis ist der Unterhaltung nicht förderlich. Was ich zurzeit schreibe? Daß es unter den Hippies auch Idealisten gebe, bestätige ich ohne Umschweife; auch daß die Schweiz keine Unruhe hat. Wir speisen mit Pausen. Es wäre tolpatschig, Vietnam zu erwähnen. Sie wissen mehr. Keiner an diesem Tisch repräsentiert die Macht; sie sind nur eins mit ihr, insofern klug. Befragt nach den Erfahrungen mit »meinen« Studenten, kann ich versichern, sie sind artig, keine Kontestation. Ich nehme Kaffee. Am andern Bogen unsres Tisches sind sie gerade bei Japan: Eroberung des Marktes durch niedrige Preise, aber auch in Japan werden die Löhne steigen. Sie wissen Zahlen. China? Sie wissen Zahlen. Sie sind sicher, daß es in der Weltgeschichte keine andern Motive gibt als Profit. Leider gibt es keine Zigarren, auch müssen die Herren wieder an die Arbeit. Ich bedanke mich redlich; es war interessanter für einen Schriftsteller, als sie meinen. Der Gastgeber läßt es sich nicht nehmen und bringt uns noch in eigner Person zur Subway hinunter; Marmor bis zum Schalter, dann geht man durchs Drehkreuz – hinaus.

AUSTIN, TEXAS, Ende März

Zum ersten Mal gesehen ein Stinktier in Freiheit, das nachts im Park umherläuft; man soll ihm aber nicht zu nahe kommen, sagt der freundliche Gastgeber, Germanist am Rand der Prärie, Dekan. Der Flug war lang, wie von Zürich nach Moskau, aber dann landet man bei der gleichen Bier-Marke. Austin ist also die Hauptstadt von Texas; nicht Dallas, wie ich gestern noch gemeint habe. Die klassizistische Capitol-Kuppel, nachts von Scheinwerfern erhellt, bezeugt das. Wann gebaut? Hier schon Sommer, Oleander im Verblühen. Alles ist Park. Nicht eigentlich eine Stadt; die Vergeudung von Fläche ergibt nichts Urbanes, nur eine Oase des Komforts.

Unlängst, vor einem Jahr, ist ein junger Mensch auf die Kuppel gestiegen. ein Irrer mit Maschinenpistole, um blindlings auf den weiten Platz hinunter zu schießen in die Menge und Kommilitonen zu töten –

Verlegenheit in dem schönen Motel; alles ist da, wovon der Mensch sich einreden lassen könnte, daß er's braucht. Sie sind alle so freundlich, die Menschen, dann auch die Einrichtungen. Nichts bequemer als leben. Draußen (so stelle ich mir vor) die Prärie; aber hier gibt es alles und sauber, Park auch hier, Sommernacht mit glänzenden Wagen reihenweise und Lichtschriften. Alles sehr bekannt, nicht vertraut, aber durchaus bekannt; ich weiß nicht, wo ich bin. Kein Hier. Ich habe keine Wünsche (sie haben mich nochmals gefragt), nur eine gelassene Panik.

Lieutenant Calley wird schuldig befunden, bei My Lay mindestens 22 vietnamesische Zivilisten ermordet zu haben. Ohne Befehlsnotstand. Es bleibt noch die Frage: Todesstrafe oder Gefängnis? Schon gegen den Schuldspruch erhebt sich nationaler Protest. Einer schreibt auf seine Limousine: I KILLED IN VIETNAM, HANG ME TOO. Der junge und auf Fotos weiche Lieutenant hat nicht mit Schuldspruch gerechnet, kann nur beteuern, daß er seinem Land gedient habe, und dem Gericht wird heute vorgeworfen, es verletze die Ehre der Soldaten, 60.000 Telegramme in diesem Sinn, nachdem die Todesstrafe nicht verhängt worden ist. Zuerst Agnew, dann Nixon ermahnen die Justiz.

Vortrag über Bertolt Brecht.

Fragebogen

1.
Wenn Sie sich in der Fremde aufhalten und Landsleute treffen: befällt Sie dann Heimweh oder dann gerade nicht?

2.
Hat Heimat für Sie eine Flagge?

3.
Worauf könnten Sie eher verzichten:
a. auf Heimat?

b. auf Vaterland?
c. auf die Fremde?

4.

Was bezeichnen Sie als Heimat:
a. ein Dorf?
b. eine Stadt oder ein Quartier darin?
c. einen Sprachraum?
d. einen Erdteil?
e. eine Wohnung?

5.

Gesetzt den Fall, Sie wären in der Heimat verhaßt: könnten Sie deswegen bestreiten, daß es Ihre Heimat ist?

6.

Was lieben Sie an Ihrer Heimat besonders:
a. die Landschaft?
b. daß Ihnen die Leute ähnlich sind in ihren Gewohnheiten, d. h. daß Sie sich den Leuten angepaßt haben und daher mit Einverständnis rechnen können?
c. das Brauchtum?
d. daß Sie dort ohne Fremdsprache auskommen?
e. Erinnerungen an die Kindheit?

7.

Haben Sie schon Auswanderung erwogen?

8.

Welche Speisen essen Sie aus Heimweh (z. B. die deutschen Urlauber auf den Kanarischen Inseln lassen sich täglich das Sauerkraut mit dem Flugzeug nachschicken) und fühlen Sie sich dadurch in der Welt geborgener?

9.

Gesetzt den Fall, Heimat kennzeichnet sich für Sie durch waldiges Gebirge mit Wasserfällen: rührt es Sie, wenn Sie in einem andern Erdteil dieselbe Art von waldigem Gebirge mit Wasserfällen treffen, oder enttäuscht es Sie?

10.

Warum gibt es keine heimatlose Rechte?

11.
Wenn Sie die Zollgrenze überschreiten und sich wieder in der Heimat wissen: kommt es vor, daß Sie sich einsamer fühlen gerade in diesem Augenblick, in dem das Heimweh sich verflüchtigt, oder bestärkt Sie beispielsweise der Anblick von vertrauten Uniformen (Eisenbahner, Polizei, Militär usw.) im Gefühl, eine Heimat zu haben?
12.
Wieviel Heimat brauchen Sie?
13.
Wenn Sie als Mann und Frau zusammenleben, ohne die gleiche Heimat zu haben: fühlen Sie sich von der Heimat des andern ausgeschlossen oder befreien Sie einander davon?
14.
Insofern Heimat der landschaftliche und gesellschaftliche Bezirk ist, wo Sie geboren und aufgewachsen sind, ist Heimat unvertauschbar: sind Sie dafür dankbar?
15.
Wem?
16.
Gibt es Landstriche, Städte, Bräuche usw., die Sie auf den heimlichen Gedanken bringen, Sie hätten sich für eine andere Heimat besser geeignet?
17.
Was macht Sie heimatlos:
a. Arbeitslosigkeit?
b. Vertreibung aus politischen Gründen?
c. Karriere in der Fremde?
d. daß Sie in zunehmendem Grad anders denken als die Menschen, die den gleichen Bezirk als Heimat bezeichnen wie Sie und ihn beherrschen?
e. ein Fahneneid, der mißbraucht wird?
18.
Haben Sie eine zweite Heimat? Und wenn ja:

19.
Können Sie sich eine dritte und vierte Heimat vorstellen oder bleibt es dann wieder bei der ersten?

20.
Kann Ideologie zu einer Heimat werden?

21.
Gibt es Orte, wo Sie das Entsetzen packt bei der Vorstellung, daß es für Sie die Heimat wäre, z. B. Harlem, und beschäftigt es Sie, was das bedeuten würde, oder danken Sie dann Gott?

22.
Empfinden Sie die Erde überhaupt als heimatlich?

23.
Auch Soldaten auf fremdem Territorium fallen bekanntlich für die Heimat: wer bestimmt, was Sie der Heimat schulden?

24.
Können Sie sich überhaupt ohne Heimat denken?

25.
Woraus schließen Sie, daß Tiere wie Gazellen, Nilpferde, Bären, Pinguine, Tiger, Schimpansen usw., die hinter Gittern oder in Gehegen aufwachsen, den Zoo nicht als Heimat empfinden?

Zum zweiten Mal hört man von einem intellektuellen Amerikaner: die einzige Chance für ihre Nation, daß sie sich finde, sei die militärische Niederlage in Indochina, kein diplomatisches Arrangement, sondern die evidente Niederlage.

Dichter aus Chile, bislang Diplomat, aber unter der linken Regierung von Allende nicht mehr tragbar, sucht ein Haus im Tessin, Schweiz, bis wieder bessere Zeiten kommen, oder bei Salzburg –

Ein junger amerikanischer Schriftsteller, Sohn aus reichem Haus, Navy-Lieutenant in Vietnam, wünscht Rat, ob Irland oder Provence oder Sizilien; er muß weg. Als er aus Vietnam zurückkam, machte er ein Vermögen im stock market. Kein Kunststück, sagt er, wenn man die Einlage hat. Er erzählt nicht, was er in Vietnam gesehen hat; nur dies: die Offiziere haben nicht mehr zu ihm gesprochen, auch die Mannschaft nicht, nachdem er, in einem humanistischen Elite-College erzogen, nicht hat fassen können, was dort erlaubt ist. Darüber also will er schreiben; nicht über die Vorkommnisse, die als Krieg bezeichnet werden und bekannt sind, sondern über seinen Schock. Hier, so meint er, verliert man auch noch den Schock; er möchte unter fremde Leute, die es nicht glauben (wie er es nicht glaubte) oder denen es wenigstens nicht selbstverständlich ist.

WASHINGTON SQUARE, das erste Grün an den Bäumen, man hat es ihrem grauen Skelett nicht mehr zugetraut. Frühling, ja, du bist's ... Gestern sah ich nur Zerfall, Aussatz, lauter Gesichter mit kranker Haut, Gesichter von jungen Leuten, die Stadt eine einzige und gigantische Schwäre – es stimmt nie, was ich denke, nie länger als einige Stunden oder höchstens einen Tag lang. Heute zum Beispiel: dieser Morgen in diesem schütteren Park vor diesen zierlichen Fassaden, wo Patricia wohnt, und dieses Licht, diese Leichte der Wolkenkratzer im blauen Dunst, vorher die Liebenswürdigkeit beim Drugstore-Frühstück, heute schwänze ich, froh, daß wir hier sind. Hier sitzen und lesen auf einer öffentlichen Bank; ein Alter spaziert, bleibt stehen und spricht mich an, um seine Pfeife mit meiner zu vergleichen, dann tauschen wir Tabak. Einige jüngere Schwarze lungern an der Sonne. Lungern sie? Es ist ungewiß, ob irgendetwas los ist. Einer setzt sich neben mich, nahe wie in einem Bus, obschon die Bank leer und lang ist. Zigaretten habe ich leider nicht. Er bleibt aber, holt eine zerknüllte Zigarette aus seiner Tasche, wortlos. Feuer habe ich. Unter seiner schekkigen Joppe: ein Foto-Apparat erster Klasse mit Tele-Objektiv. Was will er? Ein Mädchen führt seinen Hund aus, ein Edeltier, das Mädchen von letztem Schick, blond mit violetter Sonnenbrille. Jetzt ist er aufgestanden, der Schwarze neben mir, schlendert rechts um den Brunnen, so daß das Mädchen auf ihn zukommen wird. Was will er? Aber er irrt sich; der Hund will jetzt einen andern Weg, und die Einkreisung mißlingt unauffällig. Keine Polizei. Das Mädchen beschleunigt übrigens die Schritte nicht, bleibt sogar stehen, wo der Hund einmal schnuppert, und jetzt stehen die andern ebenfalls falsch im Park; sie müßten laufen, um dem damenhaften Mädchen noch in den Weg zu treten, bevor es durch den Torbogen entschwindet. Ich gehe auch; vielleicht ist mein Buchladen jetzt offen. Hier, in der 8. Straße, wieder eine Halbwüchsige mit kranker Haut, die bettelt: nicht aus Hunger. Marihuana tät's auch. Sie blickt verschwommen: YOU KNOW, DON'T YOU. In einem Schaufenster (unter anderem) die Vagina-Vibratoren aus Plastik mit elektrischer Batterie.

Abend bei einem Studentenpaar. Er, der Gedichte schreibt, arbeitet tagsüber in Brooklyn: Kampf dem Analphabetismus. Gibt es das? Immer mehr, sagt er, heute 7%. Hauptsächlich Puertoricaner, Staatsbürger der USA, Muttersprache zu Hause spanisch; die Lehrer verstehen aber nur englisch. Nachher können sie weder lesen noch schreiben. NO EXIT, WALK, STOP, BUS, NO ENTRANCE, CLOSED usw., sie wissen natürlich aus Erfahrung, was diese Schilder bedeuten, aber buchstäblich können sie nichts lesen, Leute von 20 und 30 Jahren. Was bleibt ihnen als Arbeit? Sie können gerade das Schriftbild ihres eigenen Namens nachzeichnen. Um ihre Intelligenz zu testen, gibt er ihnen beispielsweise eine Kamera; das Ergebnis sei oft erstaunlich: was sie sehen, wie sie sehen. Aber von Jahr zu Jahr, wie gesagt, gibt es mehr Analphabeten in Greater New York.

6. 4. 71. Dinner mit Jorge Luis Borges. Der Dichter ist 72 und blind, monologisch; wenn die andern am Tisch sprechen, sieht er ja nicht, wer jetzt zu ihm spricht, und so ist es ihm wohler, wenn er wieder selber spricht. Dann und wann fragt er höflich, wer jemand sei, sein offenes Auge ins Leere gerichtet. Sein großes Wissen. Grandseigneur. Er trägt seinen Ruhm wie einen Ruhm von Geburt, unbeflissen und selbstverständlich. Die Tischnachbarin zeigt ihm, welches Glas mit Wasser gefüllt ist, welches mit Wein; dann macht er's mit dem Gedächtnis. Als es auskommt, daß ich Schweizer bin, weiß er sogar Mundartliches: „Das isch truurig." Überhaupt ein manischer Linguist. Er hat Gottfried Keller im Original gelesen. Er schätzt (indem er mich anzublicken meint) mein Land: Gstaad, Wengen, Grindelwald, was alles ich nicht kenne. Aber eigentlich spricht er ausschließlich über Literatur in einem sehr guten Englisch.

School of the Arts

Die schwarzen Studenten fühlen sich in der Klasse unverstanden und ungerecht kritisiert von den weißen Lehrern und Schülern. Zusammenkunft in einem überheizten Saal. Schon vor der Aussprache trennen sich die Schwarzen demonstrativ von den Weißen. Der Leiter der Schule, Frank MacShane, muß bitten, die Sessel näher zu rücken, damit sich ein Kreis bildet. Es sind nur 6 schwarze Studenten da; sie entschuldigen die Säumigen mit dem Vorwurf, man habe eine unmögliche Zeit gewählt. Ein anderes Datum, das allen schwarzen Klägern passen würde, ist nicht auszumachen. Was ist vorgefallen? Sie kichern, die schwarzen Studenten, und geben einander Blicke der Einigkeit, daß schon die Frage lächerlich ist. Die Lehrerin, eine gebürtige Jüdin aus Wien, könne ihre literarischen Arbeiten nicht beurteilen, weil sie keine Schwarze ist. Ich habe früher eine Klasse besucht: die eingereichten Texte waren konventionell, nicht ungeschickt, die literarische Kritik äußerst zurückhaltend. Wortführer der schwarzen Studenten ist vorerst ein schwarzer Lehrer, Schriftsteller ohne Erfolg; seine These: Alle Kunst ist Propaganda, alle Propaganda ist Kunst. Was die Weißen nicht verstehen können. Eine gescheite und (wie ich von der Lehrerin höre) sehr begabte schwarze Schülerin gibt jetzt Beispiele: ihre Arbeit wurde gelobt – sie lacht; gelobt! – wogegen die Arbeiten ihrer Rassengenossen oft kritisiert werden. Was ist literarische Qualität? Ein weißer Begriff. Der Einwand, daß es objektiv-literarische Kriterien gebe, löst wie jeder Einwand nur ein dünnes Kichern aus, Kichern mit kaltem Blick an den Partnern vorbei. Auch wenn sie sprechen, blicken sie die Weißen nicht an. Shakespeare ist ein Rassist, ein Weißer, untauglich für sie. Die Bemerkung eines weißen Schülers, schließlich gehe es doch um Sprache, nicht um das Inhaltliche, bringt Sturm. Als die Lehrerin wenigstens um Vertrauen in ihren guten Willen bittet, ist das Gelächter offen. Jetzt wird die Aussprache unverblümt, aber unverblümt nur von der Seite der schwarzen Studenten. Jeder Weiße kann sagen, was er will; er ist ein Nachfahre der Sklavenhalter. Immer wieder: Ein Weißer kann einen Schwarzen nicht kritisieren, denn wir stammen aus einem Erdteil, wo der weiße Mann nie gelebt hat. Was sie in der Klasse also tun soll, fragt die Lehrerin; Antwort: »We don't have to solve your problem!« mit einem Gelächter, das eher behaglich tönt. Vom Leiter der Schule aufgefordert, vielleicht auch ein Wort zu sagen, versuche ich zu sagen, wie Brecht sich Literatur im Klassenkampf vorgestellt hat. Sie wissen von Brecht, daß er ein Weißer ist. Auch die Zustimmung, daß l'art pour l'art immer die Kunst der herrschenden Klasse ist, bringt es nicht zustande, daß sie den Sprechenden je anblicken. Sie sind keine Linken; sie sagen: Auch ein schwarzer Millionär ist einer von uns. Einige sagen übrigens gar nichts; Statisten der Arroganz. Wie weiter? Wie sie nach langem Hin und Her zugeben, hat die Lehrerin nie gesagt, es gebe keine schwarze Literatur; trotzdem bleibt der Tatbestand, daß sie sich gedemütigt fühlen. Kritik an ihren Texten sei nur zum Schein literarisch, im Grund aber rassistisch. Forderung nach schwarzen Lehrern.

Nur gibt es sie zurzeit nicht. Dann wieder Hohn über die weißen Kollegen, deren Problem nur die Literatur selbst ist: »your short stories about nothing«. Die Rechtfertigung des jungen Weißen, daß auch er (sofern die schwarzen Kollegen ihn ausreden lassen) – daß auch er einen Konflikt darzustellen versucht habe, nur nicht gerade den Rassen-Konflikt, erzeugt ein kollektives Ausatmen stummen Hohnes: Das ist es ja! Jetzt dreht es sich nur noch im Kreis. Die bedrängte Lehrerin verteidigt sich unerheblich, erstens: daß sie sich keiner demütigenden Bemerkung bewußt sei; zweitens: daß sie einen weißen Studenten mit den gleichen Worten auf den gleichen Kunstfehler aufmerksam gemacht habe; drittens: daß sie das Mädchen, das gescheite, sehr gelobt habe. Das Mädchen: Haben die Weißen darüber zu befinden, was uns verletzt, was nicht? Auch das Lob, das sie bekommen hat, ist rassistisch: man ging nämlich nicht auf die Erfahrung der Schwarzen ein, sondern lobte bloß literarisch. Und dann macht sie die Handbewegung der Lehrerin nach: eine weiße Handbewegung. Ihre Rassengenossen lachen wie die Kinder. Warum sie trotzdem diese Schule besuchen, erfahre ich nicht. Übrigens sprechen sie selber von Paranoia; da arbeitet jemand, ein Schwarzer, an seinem ersten Roman, und dann geschieht etwas auf der Straße (YOU KNOW), tagelang kann er nicht weiterarbeiten an seinem Roman, wie gelähmt... Zum Schluß verbröckelt die Zusammenkunft; die Weißen stehen ratlos; das scheint den schwarzen Studenten für heute zu genügen.

P. S.

Wochen später Party bei Frank MacShane; der schwarze Lehrer ist auch dabei, ein handgroßes Afrika-Emblem auf der Brust. Was er von jenem Treffen denke? Seine Schadenfreude, daß ich den Weißen wenig nützlich war –

23. 4. 71
Junge Männer mit und ohne Bart, Vietnam-Veteranen, warfen ihre Medaillen auf die Treppe des Capitols in Washington; jeder einzelne meldet seine Dienstzeit, seinen Namen, dann

reißt er sich die Auszeichnung vom Hals und spricht einen Fluch oder nichts.

24. 4. 71
Aufmarsch der Kriegsgegner in Washington; man schätzt 300.000. Hauptsächlich Leute zwischen zwanzig und dreißig. Zwischen den Reden ein Song von Pete Seeger: THE LAST TRAIN TO NUREMBURG. Massentreffen ohne Schlägerei, ohne Zerstörungen. Die Reden sind einhellig Protest gegen den schmutzigen Krieg, gegen die Verarmung der Armen durch den Krieg, gegen Ungerechtigkeit. Attacken gegen Nixon und Agnew und FBI-Hoover, aber Glaube an die amerikanische Demokratie, ALL POWER TO THE PEOPLE, Hoffnung ohne politische Doktrin; der Tenor bleibt moralisch, und die Menge harrt aus, brüllt nicht, manchmal hebt sie wieder die Hände mit dem Friedenszeichen, dazwischen vereinzelte Fäuste, PEACE NOW, Forderungen werden freundlich beklatscht. Es sprechen die Witwe von Martin Luther King, sein Nachfolger, die Mutter von Angela Davis, ein weißer Senator, Studenten. Die Gesichter aus der Menge, die das Fernsehen zeigt, sind brav und ordentlich, naiv. Keine revolutionäre Menge, nein, das ist es nicht; es tönt eher wie in einer Sekte: BROTHERS AND SISTERS, ernst angesichts von Kriegsverbrechen und Luftverschmutzung, alles in allem rührend. Ohne radikale Kritik am System. Präsident Nixon weilt in seinem Landhaus weit weg; kein Vertreter der Administration stellt sich einer Gruppe von Kriegskrüppeln aus allen Teilen des großen Landes.

Statik

Eines Morgens, kurz nach acht Uhr, meldet er sich an irgendeinem Schalter. Ein Gendarm unten beim Eingang hat ihn nicht beraten können. Als er, lange schon mit dem Hut in der Hand, endlich an die Reihe kommt und sich in den Schalter beugt, um zu wiederholen, daß er Anzeige erstatten müsse gegen sich selbst, blickt der Beamte ihn gar nicht an, sondern heftet Papiere zusammen, Rapporte. Er möge im Vorzimmer warten wie andere auch, die auf einem verbotenen Platz geparkt haben und mit den üblichen Ausreden kommen. Er setzt sich aber nicht auf die gelbe Bank, da er ja keine Vorladung hat, keine Hoffnung, je aufgerufen zu werden. Um sein Gesicht nicht zu zeigen, blickt er zum Fenster hinaus, Hut in der Hand. Er schreit nicht.

Es kommt schubweise. Oft dauert es nur eine Stunde, nachher begreift er sein Entsetzen nicht – der Beamte hätte gelacht oder auch nicht; man hätte nicht verstanden, was denn dabei ist, daß er eine verheiratete Schwester in Schottland hat, ferner einen Sohn, dem er regelmäßig Geld schickt.

. . .

Er trinkt keinen Alkohol.

. . .

Seine Studenten bemerken zu jener Zeit überhaupt nichts. Es belustigt sie seine kalligraphische Gewissenhaftigkeit mit der Kreide, wenn er die Tafel vollschreibt, immer den Schwamm in der andern Hand, um einen allfälligen Fehler sofort tilgen zu können. Er hat wenig Haar, von hinten eine Glatze mit kleinen verschwitzten Locken. Wenn er sich wieder zur Klasse wendet, putzt er sich jedesmal die Hände verlegen mit gesenktem Blick.

. . .

Später setzt er sich auf die gelbe Bank wie vorher die andern auch. Vermutlich ist das Stockwerk nur teilweise zuständig für seinen Fall. Unten beim Eingang hängen in vergitterten Kasten die üblichen Steckbriefe mit Fotos von der jeweiligen Mordwaffe (Messer), Belohnung 5000 Franken, später 10000 Franken; je länger sie einen nicht finden, umso teurer wird man. Er blickt auf seine Uhr: es ist Samstag. Er fragt sich, ob in Anbetracht der

Tatsache, daß das Kommissariat offensichtlich überlastet ist, seine Selbstanzeige gerade heute stattfinden muß –

. . .

Seine Frau hält es noch für Vergeßlichkeit, für Zerstreutheit. Da es den ganzen Tag geregnet hat, müßte er doch bemerkt haben, wann und wo er ohne Hut in den Regen hinaus getreten ist – dann hat er keine Ahnung, einen nassen Kopf, aber keine Ahnung.

. . .

Sein Fach: Statik für Architekten. In der Praxis werden die statischen Berechnungen ohnehin einem Ingenieur-Büro überlassen, und es genügt, daß der Architekt sozusagen ein Gefühl für Statik hat. Er zeigt immer Lichtbilder: Risse im Beton.

. . .

Sein Spitzname: Der Riß.

. . .

Der Besuch beim Kommissariat wiederholt sich nicht; hingegen sagt er zu seiner Frau einige Wochen darauf, er müsse sein Amt niederlegen. Er ist 53.

. . .

Er hat niemand umgebracht, nicht einmal im Straßenverkehr. Bei einem Bau-Unfall, der einem Arbeiter das Leben gekostet hat, war er Augenzeuge, aber nicht der verantwortliche Ingenieur, der übrigens freigesprochen worden ist. Er selber, damals Praktikant, war nur zufällig zur Stelle, weil er Meßgeräte hatte mitbringen müssen – trotzdem hat er jetzt Angst, es könnte ihm plötzlich einfallen, daß er jemand umgebracht hat.

. . .

Nicht daß er an Gericht glaubt –

. . .

Architektur in Ehren, aber Schub ist Schub. Was man nie vergessen darf; jede Last, die wir in unsrer Rechnung vergessen, rächt sich, siehe Lichtbild: Risse über dem Auflager, Schub, Torsion im Pfeiler, Einsturz. Dann sagt er jedesmal: Sehen Sie! In der Pause bleibt er im Auditorium, schreibt und zeichnet auf Vorrat. Wenn er sich, um Hilfe zu leisten, neben die Studenten auf die Bank setzt, riecht er immer nach altem Schweiß.

. . .

Das erste, was seine Nächsten bemerken, ist ein Tick – er sagt bei jeder Gelegenheit: Das weiß ich nicht! auch wenn er gar nicht befragt wird, ob er schon wisse und was er denn dazu meine. Man achtet kaum darauf oder nimmt es wie eine andere Floskel; wie wenn jemand immer sagen muß: Ach so, ach so. Oder: Genau. Es ist aber keine Floskel; es ist ihm vollkommen bewußt, wenn er sagt: Das weiß ich nicht! Meistens fällt sein Unwissen gar nicht ins Gewicht. Wozu muß er wissen, wo die größte Meerestiefe sich befindet? Natürlich ist es kaum möglich, jedes Unwissen sofort anzumelden; die andern reden schon in der Annahme weiter, man wisse ja, und erst nach einer Weile, wenn das Thema erschöpft ist, kann er zusammenfassen: Das habe ich nicht gewußt! Wie gewissenhaft er zuhört und wie wenig es eine Floskel ist, wäre daran zu erkennen, daß er zum gleichen Punkt nie zweimal sagt: Das weiß ich nicht! Einmal genügt; dann ist sein diesbezügliches Unwissen registriert, und er vergißt nichts, wovon er nichts weiß.

. . .

Er lehnt es ab, Dekan zu werden.

. . .

Sein Gedächtnis läßt nicht nach, im Gegenteil, sein Gedächtnis richtet sich gegen ihn – er erinnert sich plötzlich, daß er eigentlich seiner Schwester in Schottland noch immer ihren Anteil an der Erbschaft schuldet. Eine komplizierte Geschichte, aber was ihm einfällt: 80000 Franken. Plus Zinsen. Oder es fällt ihm ein: ein Fremdwort, das er im Augenblick nicht braucht; es fällt ihm nur ein, daß er jedesmal nicht weiß, was es heißt.

. . .

Meistens hängt dann der verlorene Hut in seinem Vorzimmer. Einmal wundert sich ein Student, der dem Professor den Mantel hält und dann auf den Hut verweist: der Professor behauptet, es sei nicht sein Hut. Er geht ohne.

. . .

Die Studenten mögen ihn.

. . .

Nicht nur liegen auf seinem Tisch die gelben Bleistifte alle gespitzt nebeneinander, alles ist so. Er fürchtet sich vor Unordnung. Er gehört zu den Menschen, die immer schmutzige Fingernägel haben und nichts dagegen machen können.

. . .

Im Kommissariat, als nach einer Stunde ein jüngerer Gendarm ihn fragt, was er wünsche, bleibt er sitzen auf der gelben Bank: wie jemand, der nicht weiß, wieso er an diesem Ort erwacht –

. . .

Nur sein Gesicht ist eingestürzt.

. . .

Seine Frau, die ihn seit 19 Jahren verehrt, leidet weniger unter seinem Unwissen als unter seinem Tick, daß er's jedesmal meint melden zu müssen. Manchmal legt sie schon vorher ihre Hand auf seinen Arm, um ihn wenigstens vor Leuten abzuhalten von seinem Satz: Das weiß ich nicht! Sie tut es ohne Erfolg; vielmehr erschrickt er schon über ihre freundliche Hand, als habe sie ihn aufmerksam machen wollen: Das weißt du nicht! und er bestätigt: Das weiß ich nicht!

. . .

Es sind Lappalien, die ihm einfallen vorallem gegen Morgen, wenn es draußen noch finster ist. Dann geht er barfuß in die Küche, um irgendetwas zu verspeisen, Käse, Kompott, notfalls kalte Spaghetti. Es hilft wenig, wenn Vorkommnisse, die sein Gedächtnis plötzlich freigibt, als komisch zu bezeichnen sind. Er erschrickt trotzdem. Oft kommt es dadurch, daß er erschrickt, zu ganzen Serien ... Daß er dem Friedhofamt auf die Mitteilung, das Grab seiner Mutter werde demnächst aufgehoben, nicht geantwortet hat, ist ein Versäumnis, das ihm nicht zum ersten Mal einfällt; statt sich aber hinzusetzen und sofort zu schreiben, daß er selbstverständlich für eine Urne aufkomme, erinnert er sich, daß er damals, 1940, eigentlich richtig gehandelt hat, einem Major gegenüber sogar mutig. Sein Gedächtnis gibt plötzlich (während er barfuß in der Küche steht) den ganzen Wortwechsel heraus, und was er diesem Major gesagt hat: lauter Schwachsinn. Manchmal fällt ihm auch nur ein Gefühl ein, das man in seinem Lebensalter nicht mehr hat, oder ein Geruch.

. . .

Eines Tages stellt er sein Rücktrittsgesuch –

. . .

Es fällt ihm ein: ein gestohlener Fußball. Es fällt ihm ein: das sogenannte Doktor-Spiel im Keller, Homosexualität, die Angst hinterher, und wie dann der Detektiv in den Keller kommt, da er's der Mutter gesagt hat, sein Verrat an dem jungen Gärtner. Es fällt ihm ein: daß er von dem jungen Gärtner ein Taschengeld bezogen hat. Es fällt ihm ein: daß er im Gymnasium durchgefallen ist.

. . .

Später hört sein Tick wieder auf – er senkt nur sofort den Kopf, wenn er etwas nicht weiß, und hört zu. Vögel haben zuweilen diese schiefe Haltung des Kopfes, dann hat man keine Ahnung, wohin sie blicken. Er sagt fast nie: Das weiß ich nicht! sondern schweigt nur mit dieser schiefen Haltung des Kopfes –

. . .

Aber von alledem kann er nicht reden, oder wenn er zu reden versucht, so ist es sofort mißverständlich; man kann ihm sofort belegen, daß er ein ordentlicher Professor ist, kein Schwindler, ein Vater zumindest guten Willens, kein Antisemit, als Kollege geschätzt für seine bescheidene Art. Auch ist er (um Gotteswillen) kein Mörder usw. Er widerspricht dann nicht und nickt auch nicht, sondern blickt vor sich hin. Sie meinen es moralisch. Er ist trotzdem bestürzt –

. . .

Sein Rücktrittsgesuch wird nicht angenommen, da er es nicht hat begründen können; er ist gesund; der Hochschulrat bewilligt ihm eine Sekretärin.

. . .

Er begreift nur, daß es unaufhaltsam ist.

. . .

Seine verheiratete Schwester aus Schottland hat er am Flughafen nicht erkannt und kehrt unverrichteter Dinge zurück; sie sitzt in seiner Wohnung, als habe sie immer da gesessen, nur eben älter. Dann aber geht es ordentlich, sogar herzlich, ohne Riß.

. . .

Statik für Architekten, ein Handbuch, das seinen jahrzehntelangen Unterricht zusammenfaßt, wird kurz nach Erscheinen in drei Sprachen übersetzt, darunter Japanisch.

. . .

Eigentlich geht überhaupt alles in Ordnung –

. . .

Seine Frau findet es verrückt, als er ihr eröffnet, er habe seinen Prozeß damals zu Recht verloren... Das ist lang her, ein Fall, worüber jedermann nur den Kopf schütteln kann. Ein Skandal. Er hatte gegen eine Firma geklagt; man hatte eine statische Expertise, die er, damals noch nicht Professor, auf Bestellung geliefert hatte, zwar zum Teil honoriert, aber bei der Ausführung (Industrie-Bau mit großen Hallen) aus Spargründen nicht beachtet. Er klagte aus Verantwortungsbewußtsein. Die Firma hatte aber, wie sich herausstellte, Steuersitz im Fürstentum

Liechtenstein, Gerichtsort war Vaduz. Er mußte einen zweiten Anwalt nehmen, einen aus Liechtenstein, der, wie sich vorerst nicht herausstellte, die Firma in Steuerangelegenheiten beriet. Das alles hatte er nicht gewußt. Als dann die Hallen bereits standen und ein sogenannter Vergleich vorgeschlagen wurde, Auszahlung des restlichen Honorars bei Rückzug der Klage, war nicht nur sein Honorar bereits für Justiz-Spesen verbraucht, sondern auch seine Karriere zu bedenken; die Firma nämlich, um den Vergleich zu erzwingen, hatte sich inzwischen andere Expertisen verschafft, während er seine Habilitation einreichte. Der SCHWEIZERISCHE INGENIEUR- UND ARCHITEKTEN VEREIN, der für solche Fälle ein Schiedsgericht hat, warnte ihn, auch noch Klage zu erheben gegen Kollegen wegen ihrer Expertisen, zumal diese Kollegen bei der Wahl eines Professors zwar keine direkte Stimme haben, aber natürlich einen kollegialen Einfluß. War es nun (nach seinen Begriffen damals) feige, daß er gewisse Kollegen schonte, um seine Professur nicht zu gefährden, so lehnte er umso entschiedener jeden Vergleich mit der Firma ab, koste es, was es wolle, nämlich jenen Teil der Erbschaft, den er seiner Schwester schuldig blieb... Jetzt kommt er beim Frühstück plötzlich mit der Erkenntnis, daß er den Prozeß damals zu Recht verloren habe. Tatsächlich stehen die fraglichen Hallen noch heute. Das aber ist nicht seine Begründung. Er hat keine.

. . .

Dann wieder Wochen ohne Schub –

. . .

Die Lichtbilder für den Unterricht ordnet er jedesmal eigenhändig in die Kassette, hält jedes einzelne vorher gegen das Fensterlicht, als könnte sich eines einschleichen, das ihn zum Gespött macht. Es wurde schon einmal gelacht; es war dunkel im Auditorium, und so konnte er für das Gelächter keinen Grund sehen. Das Lichtbild (Einsturz eines Hangars mit Dreigelenkbogen, ein

Beispiel dafür, was ein nicht kalkulierter Wind vermag) hat er für immer aus der Kassette genommen.

. . .

Seine Schwester ist durch Heirat vermögend; als er die Geschichte mit der Erbschaft erwähnt, legt sie lediglich Wert darauf, daß ihr Mann, ein Bankier, nie davon erfährt. Im übrigen meidet er alle Erinnerungen familiärer Art. Zum Glück ist das Grab der Mutter noch nicht aufgehoben. Übrigens bleibt sie, die Schwester aus Schottland, nur zwei Tage (im Hotel) und begreift in dieser kurzen Zeit nicht genau, warum der Bruder ihr leidtut – er hat eine Professur, eine sehr liebe Frau, einen Sohn, der gerade Leutnant wird, eine staatliche Pension usw.

. . .

Dann kommt dieser Kongreß in Brüssel, das er von früher kennt. Als das Hotel, das er ebenfalls kennt, schon bestellt ist, das Tikket usw., gesteht er plötzlich: er sei nie in Brüssel gewesen – seine Frau hat Briefe von ihm aus Brüssel, sogar Fotos, die sie ihm zeigen kann; er glaubt es sich trotzdem nicht.

. . .

Es ist jetzt nur noch die Frage, wann sie es merken, daß er nichts von Statik versteht, eine Frage der Zeit. In 9 Jahren wird er pensioniert. Sein Sohn scheint es schon zu wissen.

. . .

Wie er im Kommissariat auf der gelben Bank sitzt mit dem Hut in der Hand, weiß er nicht, was in der Nacht sein Gedächtnis freigegeben hat – er nimmt an, daß sie es wissen, hofft es fast.

. . .

Dann wieder kommt es vor, daß er denselben Hut auf den Kopf setzt. Ohne Zögern. Wenn er nachhause kommt, hat er einfach seinen Hut wieder. Das Klischee vom vergeßlichen Professor ärgert ihn; tatsächlich vergißt er immer weniger.

. . .

Einmal mitten auf der Straße nimmt er seinen Hut vom Kopf, bleibt stehen und schaut sich um, ob jemand ihn sehe, dann hängt er den Hut auf die eiserne Spitze eines Gartenzauns und geht weiter.

. . .

Manchmal wundert es ihn jetzt, wie hoch sein Kopf sich über seinen eigenen Füßen befindet, die da gehen auf dem Asphalt.

. . .

Als er krank wird, ist er froh.

. . .

Nach der Genesung sieht man ihn am Arm seiner Frau. Er nickt verschüchtert, wenn man ihn grüßt, erinnert sich aber an seine ehemaligen Schüler, die es weit gebracht haben, sogar an ihre Namen. Er sei genesen, sagt er höflich mit schiefer Haltung des Kopfes. Er trägt noch immer dieselbe Art von Hut, Filz, das Band verschwitzt. Sein Amt hat er nicht wieder angetreten. Seine Frau, die ihn über die Straße steuert, tut ebenfalls, als sei nichts geschehen. Die sichtbare Tatsache, daß die Bauten seiner Schüler (Siedlungen, Hallen für Kongresse, Krankenhäuser, Büro-Türme aus Stahl und Glas) allesamt nicht einstürzen, ändert nichts an seiner Selbsterkenntnis: – er verstehe nichts von Statik, habe nie verstanden, was er gelehrt habe –

Ausflug aufs Land, UPSTATE NEW YORK, und wie immer bei solchen Ausflügen: Wo ist man jetzt eigentlich? Landschaft der Indianer, aber nur Schlangen soll es noch geben. Paradies ohne Leute. Ein Schild an Bäumen: Verbrechen auf diesem Eigentum werden von der Polizei geahndet. Haus aus Holz, weiß auf grünem Rasen in einem Park, der ringsum übergeht in Wildnis, ein großer Teich vermutlich mit Fischen und wieder das Schild: Verbrechen auf diesem Eigentum usw. Nach einer friedlichen Weile sehen wir tatsächlich einen Fisch, sogar zwei. Der Besitzer reist in Europa. Oder in Ägypten? Das Schild meint nicht uns; wir haben den Schlüssel zum Haus, Erlaubnis, all diese Natur zu benützen. Einiges blüht gerade. Unser Begleiter, ein jüngerer Professor der Soziologie, war schon öfter als Gast hier, findet auch einen Büchsenöffner. Wenn man vor dem Haus sitzt: einmal ein Hase, sehr schöne Vögel, ein weißes Pferd grast allein in der Gegend. Alles Eigentum, soweit man sieht. Zwei Stunden von Manhattan. Nacht mit Pfiffen einer Eisenbahn, aber keine Schritte: keine Diebe. Am andern Morgen sind alle Hügel noch da, auch der Teich, die Vögel usw.

Fragebogen

1.
Können Sie sich erinnern, seit welchem Lebensjahr es Ihnen selbstverständlich ist, daß Ihnen etwas gehört, beziehungsweise nicht gehört?

2.
Wem gehört Ihres Erachtens beispielsweise die Luft?

3.
Was empfinden Sie als Eigentum:
a. was Sie gekauft haben?
b. was Sie erben?
c. was Sie gemacht haben?

4.
Auch wenn Sie den betreffenden Gegenstand (Kugelschreiber, Schirm, Armbanduhr usw.) ohne weiteres ersetzen können: empört Sie der Diebstahl als solcher?
5.
Warum?
6.
Empfinden Sie das Geld schon als Eigentum oder müssen Sie sich dafür irgendetwas kaufen, um sich als Eigentümer zu empfinden, und wie erklären Sie es sich, daß Sie sich umso deutlicher als Eigentümer empfinden, je mehr Sie meinen, daß man Sie um etwas beneidet?
7.
Wissen Sie, was Sie brauchen?
8.
Gesetzt den Fall, Sie haben ein Grundstück gekauft: wielange dauert es, bis Sie die Bäume auf diesem Grundstück als Eigentum empfinden, d. h., daß das Recht, diese Bäume fällen zu lassen, Sie beglückt oder Ihnen zumindest selbstverständlich vorkommt?
9.
Erleben Sie einen Hund als Eigentum?
10.
Mögen Sie Einzäunungen?
11.
Wenn Sie auf der Straße stehenbleiben, um einem Bettler etwas auszuhändigen: warum machen Sie's immer so flink und so unauffällig wie möglich?
12.
Wie stellen Sie sich Armut vor?
13.
Wer hat Sie den Unterschied gelehrt zwischen Eigentum, das sich verbraucht, und Eigentum, das sich vermehrt, oder hat Sie das niemand gelehrt?
14.
Sammeln Sie auch Kunst?

15.
Kennen Sie ein freies Land, wo die Reichen nicht in der Minderheit sind, und wie erklären Sie es sich, daß die Mehrheit in solchen Ländern glaubt, sie sei an der Macht?
16.
Warum schenken Sie gerne?
17.
Wieviel Eigentum an Grund und Boden brauchen Sie, um keine Angst zu haben vor der Zukunft? (Angabe in Quadratmetern.) Oder finden Sie, daß die Angst eher zunimmt mit der Größe des Grundeigentums?
18.
Wogegen sind Sie nicht versichert?
19.
Wenn es nur noch das Eigentum gäbe an Dingen, die Sie verbrauchen, aber kein Eigentum, das Macht gibt über andere: möchten Sie unter solchen Umständen noch leben?
20.
Wieviele Arbeitskräfte gehören Ihnen?
21.
Wieso?
22.
Leiden Sie manchmal unter der Verantwortung des Eigentümers, die Sie nicht den andern überlassen können, ohne Ihr Eigentum zu gefährden, oder ist es die Verantwortung, die Sie glücklich macht?
23.
Was gefällt Ihnen am Neuen Testament?
24.
Da zwar ein Recht auf Eigentum besteht, aber erst in Kraft tritt, wenn Eigentum vorhanden ist: könnten Sie es irgendwie verstehen, wenn die Mehrheit Ihrer Landsleute, um ihr Recht in Kraft zu setzen, Sie eines Tages enteignen würde?
25.
Und warum nicht?

YALE UNIVERSITÄT, 5. 5. 71

Ohne Fernsehen im Hotel befände man sich in einem Idyll mit gotischer Architektur. Gang durch Buchläden; alles zu haben: Georg Lukács zum Beispiel, Germaine Greer (THE FEMALE EUNUCH), Beckett, Solschenizyn, Borges, James Baldwin, Freud, Hermann Hesse, Fanon usw. Es ist ein Land der Denkfreiheit ... Im Fernsehen: wieder eine Antikrieg-Demonstration in Washington. Keine Gewalttätigkeiten; nur blokkieren sie, die Andersdenkenden, den Zugang zum Kongreß und zum Justiz-Palast, worauf die Ordnungskräfte (Polizei, Nationalgarde, Fallschirmtruppen) weiter verhaften: „without making specific individual charges of wrongdoing". Eine Hochzeitsgesellschaft, zum Beispiel, kommt auch in das Massenlager, sie feiern da ihre Hochzeit. Seit vier Tagen insgesamt 12.700 Verhaftungen.

This morning, immediately after the Swiss National Bank gave up its attempt to maintain the standard exchange of 4.2950 francs to the dollar, Swissair announced that it would not longer sell tikkets for dollars... The central banks of Switzerland, the Netherlands, Belgium and Austria followed suit. They had been deluged with so many dollars that they could no longer absorb them under present conditions. In accepting the surplus dollars up to today, the Europeans, in effect, had been helping the United States finance the war in Vietnam and helping American companies buy European industries.

THE NEW YORK TIMES, 5. 5. 71

BROWNSVILLE

Leute wohnen hinter Pappe, die die eingestürzte Hauswand ersetzt, ringsum Trümmer, Schutt, Tümpel usw., Gewimmel von schwarzen Kindern auf dem Schutt oder in einem Fenster mit Fliegengitter. Man kennt es von Foto-Büchern. Was heißt Slum? Da sind bürgerliche Fassaden (Brownstone) wie in einer Menschenstadt, einmal sogar eine Allee; da und dort eine öffentliche Schule, Spielplätze mit Gerät beispielsweise für Korbball; am Horizont sieht man Manhattan. Ehedem ein Bezirk jüdischen Mittelstands; Orthodoxe aus dem Osten, die ausgezogen sind, aber es gehören ihnen noch die Häuser, die Läden, der Boden, der durch die Armut der Schwarzen entwertet ist. Der Entwertung folgt der Zerfall. Es gibt Ruinen, die keinen Eigentümer mehr haben, so wertlos sind sie. Die Synagogen sind vermietet für andere Zwecke. Nur die Schwarzen, die ein Einkommen finden, können die Häuser instand halten; das sind wenige. Geblieben ist das JEWISH BROOKLYN HOSPITAL für 90000 verwahrloste Einwohner, COMPREHENSIVE APPROACH TO CHILD HEALTH, eine gute Sache, ein tapferes Unternehmen – man kann nur nikken; ich weiß nicht, wo ich alldies schon gesehen habe, jeweils geführt von einer weißen Ärztin ober einem Arzt, denen ich in Hochachtung folge – 4000 Kinder werden hier betreut; eins ist gerade im Spielzeugzimmer zu sehen, ein Junge mit Kruselhaar und den großen Augen, der zu der blonden Ärztin, wie ich sehe, Zutrauen hat. Im Korridor lerne ich etwas Sozial-Pathologie: Bevölkerung ohne Identität, Alkoholismus, Elend weniger durch Hunger als durch Verwilderung, Arbeitslosigkeit, da keine Ausbildungsmöglichkeiten bestehen, Zerfall der Familie, Analphabetismus usw., und was man hier zu behandeln sich bemüht: die mentalen Schäden der Armut. Ich merke mir: FEDERAL PROGRAM, begründet mit Bundesgeldern, dann sollen die einzelnen Staaten es weiterführen; aber New York hat dafür keine Mittel; Ungewißheit, ob das Unternehmen im nächsten Jahr fortgeführt werden kann... Es fehlt in der Gegend nicht an Kirchen: ALL ARE WELCOME, ohne Kirchen-Architektur; meistens erkennt man sie nur an einem Kreuz. Auch gibt es Ansätze zu Wohnungsbau, der scheinbar die Lage der hoffnungslosen Klasse verbessert. Die Straßen sind breit, aber voller Löcher, und wenn es geregnet hat, so sind es Tümpel; der Asphalt schwindet, aber man ist nicht auf dem Land, es gibt Verkehrsampeln. Stadt mit Unkraut. Wenn sie, wie neulich, die Wut packt, legen sie Feuer nicht an die Häuser in den fernen Herrschaftsvierteln, sondern an die Häuser hier; da und dort steht wieder eine verkohlte Ruine. Es kann Taktik sein; es kommt aber auch vor, daß Kinder ein bewohntes Haus anzünden. Was heißt Obdachlosigkeit. Familien in einem Zimmer. Wie es darin aussieht, kennt man ebenfalls aus Foto-Büchern. Unsere Begleiterin nennt Zahlen; die Ämter wissen sie. Ein sommerlicher und heißer Tag; wir verlassen aber den Volkswagen nur, wo die Begleiterin, die seit Jahren hier arbeitet, jemand kennt. WINSTONS CHICKEN BAR; was man bekommt ist ordentlich. Ein Bier kostet im Ghetto mehr als anderswo. Die Kunden haben ja keine Wahl. Was die Menschen den ganzen Tag machen, ist nicht ersichtlich; keine Fabriken, keine Büros, keine Produktion. Was nichts mehr taugt, bleibt am Straßenrand oder in Höfen, Autos mit offener Motorhaube, ausgeweidet und verrostet, Wracks ohne Pneu, Glas, Polster usw., das Metall verfault leider nicht. Man befindet sich nicht außerhalb der Industrie-Gesellschaft, nicht in Afrika; man wundert sich nicht, wenn die blanken Jumbo-Jets über diese Gegend fliegen. Auch hier eine Avenue mit Schaufenstern; man ist nicht in einem andern Land: die Marken sind die bekannten Marken. Es gibt sogar Banken, kleiner als drüben, aber auch in Marmor, SAVINGS BANK. Kinder haben einen Hydranten öffnen können und freuen sich an der Überschwemmung – am Horizont wieder die Silhouette von Manhattan... Früher sind sie gekommen, um eine Arbeit zu suchen, Schwarze aus dem Süden; jetzt kommen sie, um von Unterschlupf zu Unterschlupf zu verwahrlosen, frei, ungelernt und arbeitslos. Brownsville ist nicht Harlem; die Nachbarn hier kennen einander nicht. Alle sind Flüchtlinge, wenn auch auf Lebenszeit. Hier gibt es kein Heraus. Es gibt nicht einmal den Traum davon. Rassentrennung durch Elend. Was nicht im Säuglingsalter stirbt, lebt weiter und vermehrt sich, ohne zu wissen, warum es so ist, wie es ist, und Millionen leben von der Wohlfahrt, die zur Fütterung reicht. Der Staat zahlt die Mieten in verrotzten Wohlfahrt-Hotels, die privates Eigentum sind; daran ist nicht zu rütteln: Profit muß sein, sonst geschieht gar nichts in der Welt –

Das alles weiß man.

Einmal zwei weiße Polizisten, die nicht einzugreifen haben; sie gehen so für sich hin, übrigens hier die einzigen Weißen, die zu sehen sind, ausgenommen die weißen Doktoren im Hospital, die ich bewundere; ich frage nach Zahlen: wieviel Tuberkulose, wieviel Selbstmord (wenig), wieviel Alkoholiker, wieviel geistesgestörte Kinder. Es wird ja etwas getan, nein, so ist es nicht, daß gar nichts getan wird; es fehlt nur das Geld, es fehlen ausgebildete Lehrer, es fehlt die Aufklärung; übrigens sind die schweren Krawalle seltener, seit Drogen im Umlauf sind, die Verbrechen zahlreicher. Dann gibt es wesentliche Unterschiede: zwischen puertoricanischen Kindern und schwarzen Kindern, die letzteren können ihre Aggression nicht sprachlich loswerden, nur körperlich.

Sonst noch Fragen?

Besuch bei einer puertoricanischen Familie in einem Turmhaus. Das ist nicht mehr Brownsville, sondern Manhattan. Drei Zimmer mit Küche und Bad, Ausblick in einen Hof. Mutter mit sechs Kindern; vier Töchter in zwei Betten. Ein Sohn hat Hirnschaden, möchte gerne lesen, wird es aber nie lernen können. Der andere Sohn geht zur Schule und arbeitet. Was? Das sagt er nicht genau. Hingegen will er wissen, worüber ich Romane schreibe. Wir werden mit Bier bewirtet. Ein portugiesischer Sankt Martin auf dem Eisschrank, ein blonder Jesus über dem Sofa mit geplatztem Polster. Der Vater ist abgehauen nach Puertorico, und die Familie lebt von Wohlfahrt. Eine Tochter, fünfzehnjährig, ist gekämmt wie für einen Ball und schön; sie hat aber nichts vor; ihr kindliches make-up für einen Traum. Der Sohn will etwas lernen, sagt er, irgendeinen Beruf. Unter sich sprechen sie spanisch. Sie sind Amerikaner; aber zuhause, in Puertorico, gebe es keine Hoffnung.

Wir werden siegen, denn die Vereinigten Staaten haben nie einen Krieg verloren. Wehe den Friedensrufern, die nicht mehr an Gott glauben und an den Auftrag, den Gott der amerikanischen Nation erteilt hat!, sagt ein Pfarrer mit Doppelkinn und mit der Bibel in der Hand: Schon Jesus hat gesagt. Sobald der junge Mann, Vietnam-Veteran, sachlich diskutieren will, liest er aus der Bibel, z. B. die Parabel vom guten Samariter: gleichgesetzt der US-Army in Vietnam, in Kambodscha, in Laos oder wo immer; sie helfen den Wehrlosen dort, die von Räubern überfallen werden. Was ist denn das für eine Jugend, die langhaarig vor dem Capitol herumlungert? Und jetzt das Mao-Büchlein aus der Tasche; hier steht's, was Kommunismus ist: sie wollen siegen, um die Welt zu zerstören durch Materialismus. Mao („this guy") sagt es ganz offen: sie wollen die USA schwächen. Vergeblich legt jetzt der jüngere Mann einiges dar, historische Fakten betreffend Indochina, die man wissen kann. Was aber sagt Jesus? Zum Beispiel: Wer zum Schwert greift, wird fallen durch das Schwert. Das ist gleichfalls bekannt, aber es bedarf der Auslegung: Zum Schwert gegriffen hat der Kommunismus, und es ist Gottes offenbarter Wille, daß die USA, als das stärkste Land der Welt, sein Gericht vollstrecken muß. Das sagt kein eifernder Prediger, nur ein gelassener Pfarrer im Fernsehen, daran gewöhnt, daß seine Gemeinde ihm beipflichtet. Zum Fall des Lieutenant Calley: Auch Frauen und Kinder und Greise sind unsere Feinde (was der junge Vietnam-Veteran zugibt, aber auch begründet mit der Erfahrung, die das vietnamesische Volk mit den Weißen gemacht hat), und Feinde muß man töten, sagt der Pfarrer, also hat Calley richtig gehandelt, brav und gottesfürchtig, und die Feiglinge im Land, die nach Frieden rufen, helfen nur dem Antichrist, denn es gibt nur Frieden durch Waffen, Frieden durch Sieg der US-Army, denn die Freiheit hat uns Gott geschenkt, und eines Tages wird auch Cuba wieder frei sein, wenn wir an Gott glauben wie unsere Väter, die deswegen nie einen Krieg verloren haben. Der Pfarrer läßt sich von einem bärtigen Intellektuellen, der die Ausrottung der indianischen Bevölkerung erwähnt, nicht irre machen; das waren Siege, Gottes Wille. Ein dritter Mann am Tisch, ehemals Botschafter in Asien, versucht's mit Spaß: ob Gott seine Gnade nur auf ein einziges Volk ausschütte? dann mit der Frage: soll man also Cuba und Chile überfallen? Der Pfarrer ist bescheiden, er will dem Präsidenten nicht dreinreden; als Christ kann er nur hoffen, daß Gott einen unbeugsamen Präsidenten wählt, und betreffend die Gnade-Verteilung auf Völker, Spaß beiseite: jedenfalls kann Gott nichts übrig haben für die Sowjetunion. Denn Gott ist für Freiheit und Anstand und Moral. Wie heißt es in der Bibel? Es gibt nur eins, was den Pfarrer jeweils zu unterbrechen vermag, die nächste Fernseh-Reklame: THE BEER THAT MADE MILWAUKEE FAMOUS. Also die Bibel sagt, und die Pflicht eines jeden Amerikaners ist offenbar: Kommunisten müssen getötet werden, die amerikanischen Gefangenen erlöst, die Bombenangriffe auf Nord-Vietnam fortgesetzt und verstärkt. Ein Hinweis darauf, daß Kriegsgefangene immer erst bei einem Friedensvertrag oder gegen Austausch freigelassen werden, ist für den Pfarrer leicht zu widerlegen: es gibt keinen Vertrag mit Kommunisten, solange sie die amerikanischen Gefangenen („American lives") nicht freigeben. Übrigens wird der Wortwechsel nie unerbittlich; der Diplomat und der Pfarrer, obschon nicht einverstanden, finden sich immer wieder in einem jovial-loyalen Lachen. Nur der junge Bärtige bleibt humorlos, kommt mit Zahlen oder mit der Genfer Konvention. Auch der Moderator hat Sinn für neutralen Scherz; schließlich haben die Millionen von Fernsehern, wenn sie schon alle sieben Minuten wieder Reklame sehen müssen, ein Recht auf Unterhaltung. Daß es in Vietnam bekanntlich Zonen gibt, wo die amerikanische Armee ihrerseits keine Gefangenen macht, sondern alle tötet, findet der Pfarrer militärisch gerechtfertigt, denn das amerikanische Volk geht in einen Krieg, um ihn zu gewinnen, sonst gibt es auf der Welt, „die Gott uns geschenkt hat", weder Frieden noch Freiheit noch Anstand noch Moral ... Nach einer Stunde stelle ich ab.

THE NEW YORK TIMES

Mrs. Georg C. Barclay is a silver-haired, 67-year-old Manhattan housewife who wants to die with dignity. So she recently signed the Euthanasia Educational Fund's »living will«, in which she requested that, if she becomes ill and there is no reasonable expectation for her recovery, she be allowed to die and not be kept alive by »artificial means« or »heroic measures«.

Her husband, a retired banker, and their three children know of the will, and have told Mrs. Barclay they agree with her decision and will try to see that it is carried out.

Mrs. Sydney Appel, 54, is a Brooklyn housewife who also signed the document. But her four children are vehemently opposed to the will, because they don't believe such a death could be handled in »a responsible manner«.

»What about the woman whose children felt she was an inconvenience?« asked Mrs. Appel's son, Douglas, 17. »If she had already signed the will, it would be no great difficulty for the children to do away with her.«

To the people who are active in this country's two major euthanasia groups (the Euthanasia Educational Fund and the Euthanasia Society of America), euthanasia generally means one thing: The right to die with dignity. Indignity, to them, means deterioration, dependence and hopeless pain. But to many other people, euthanasia (derived from the Greek for »good death«) means »mercy killing«.

Proponents of euthanasia predict that family discussions such as those that occurred in the Barclay and Appel families are going to become quite common in the next few years as the subject of death, and whether the patient has the right to decide how and when he wants to die, is brought out into the open.

There are indications that this is on the verge of happening now. A »right to die with dignity« bill was recently introduced in the Florida Legislature, stating that a patient suffering from an incurable, fatal and severely painful illness should have the right to ask that his life be painlessly terminated. The bill is now in committee.

Courses on death have been filled to capacity this year at both New York University and Union Theological Seminary. The technical advances in the medical arts (new life-sustaining drugs, organ transplants, artificial kidneys, auxiliary hearts, defibrillators, pacemakers and respirators) have resulted in dialogues among young medical students, who do not always agree with these artificial means of keeping dying patients alive.

Making own decisions

And the recent liberalization of abortion laws in several states has added fuel to the arguments of those who believe that people should have the right to make their own decisions regarding life and death.

»All of my friends like to talk abouth death nowadays«, said Mrs. Henry J. Mali, 67, of Manhattan, president of the Euthanasia Educational Fund. »It's even a subject of conversation at cocktail parties. People seem charmed to find somebody else who wants to talk about it.«

Almost 20000 persons have requested the »living wills« in the 18 months that they have been available, according to Mrs. Elizabeth T. Halsey, executive secretary of the Euthanasia Educational Fund, at 250 West, 57th Street. She said that she received 50 requests a day for the wills, which are not legally binding, and recently ordered 10000 more.

How does one die with dignity? One of the lines in the »living will« says: »I ask that drugs be mercifully administered to me for terminal suffering even if they hasten the moment of death.«

At present, doctors who carried out this wish could legally be charged with murder. This is perhaps the major reason why people consider euthanasia abhorrent – or because it is often used interchangeably with the term, »mercy killing«, which in turn is usually associated with the killing of babies who are born with mental or physical defects. (To many others, euthanasia is equated with Hitler's program of killing mentally and physically handicapped persons.)

»It is a common misunderstanding that we advocate mercy killing«, said Jerome Nathanson, chairman of the board of leaders of the New York Society for Ethical Culture, and a strong proponent of euthanasia. »But actually, mercy killing is the complete antithesis of what we seek.«

»The question ist not one of killing people«, he added, »It is the question of letting one die.«

Mr. Nathanson, whose wife died of cancer in 1968, said he believed that the new honesty and openness among American youth might help change public attitudes about euthanasia.

»Sexual relations are one's private affair«, he said, »and one's attitudes on death should be a private affair.«

Mr. Nathanson said he knew of a doctor who, if a patient is suffering from a terminal illness, leaves three pills on the bedside table and tells the patient, »Take one every four hours. If you take them all at once, they will kill you.«

»I don't know why all doctors can't be that way«, he said, »and leave the decision up to the patient.«

Many doctors make a distinction between »active euthanasia«, where a drug or other treatment is administered to hasten death, and »passive euthanasia«, in which therapy is withheld and death is hastened by omission of treatment.

Most religious groups condemn active euthanasia, especially the Roman Catholic Church. Last October, Pope Paul VI said in a statement to Roman Catholic physicians that euthanasia, without the patient's consent, was murder; and with his consent, suicide. »What is morally a crime cannot, under any pretext, become legal«, he added.

But the Pope also seemed to espouse the religious community's more lenient attitude towards passive euthanasia when he said that while doctors have the duty to fight against death with all the resources of science, they are not obliged to use all the survival techniques developed by science. Prolonging life in the terminal stage of incurable disease could be »useless torture«, he said.

A statement by Pope Pius XII is included in the literature distributed by the Euthanasia Educational Fund. It says: »The removal of pain and consciousness by means of drugs when medical reasons suggest it, is permitted by religion and morality to both doctor and patient; even if the use of drugs will shorten life.«

The Euthanasia Educational Fund is a nonprofit, educational organization that finances studies and seminars on euthanasia for physicians, clergymen, social workers, nurses and lawyers. Contributions to the fund are tax deductible, while contributions to the Euthanasia Society of America, an action organization seeking political change, are not. Both groups have offices in the same room at the West 57th Street address, and claim 1200 joint members. Last year, the membership was 600.

The Rev. Donald W. McKinney, pastor of the First Unitarian Church of Brooklyn and vice president of the Euthanasia Educational Fund, said he believed that the fact that the »living will« was not legally binding was »rather irrelevant«.

»Its great value«, he said, »is that a tremendous burden of guilt is lifted from the family and children when a person signs the will. And it is also a great deal of help to doctors.«

He said that more and more clergymen had to wrestle with the moral question posed by euthanasia: Whether it can be reconciled with the commandment, »Thou shalt not kill.«

»The primary commandment is reverence for life«, he said. »It is not a question of killing, but a question of honoring life, a question of dignity.«

»The process of dying is changing today«, he went on. »With all the new medical advances we have, we have to determine if life is really being served by prolonging the act to dying.«

The fact hat there is no clear definition of death that is acceptable to everyone is one reason why many doctors are opposed to euthanasia. Some doctors consider death to occur when the brain dies; others, when the heart stops functioning. Sidney D. Rosoff, legal advisor for both euthanasia groups, said: »A patient is dead when a doctor says he is.« But even this definition has not always helped up in court cases.

»I tend to be basically moved toward it (euthanasia)«, said Dr. Barry Wood, a Manhattan internist who is also a ordained Episcopal priest, »but I become more conservative as I see the possibilities. One possibility is to declare certain people unfit – and this has happened in the past.«

Dr. Fred Rosner, director of hematology at the Queen's Hospital Center and a leading critic of euthanasia, said: »If euthanasia were legalized, the next logical step would be the legalization of genocide and the killing of social misfits.« »And who can make the fine distinction between prolonging life and prolonging the act of dying?« he added.

Another argument

Other opponents of euthanasia frequently argue that a dying patient should be kept alive as long as possible because a cure for his illness could be just around the corner.

»There is a paucity of overnight miracles«, Mr. Nathanson rebutted, »Physicians generally know what's going on in the field.«

»And what if a person can't stand the pain for five years? If I say, ›I can't stand it‹, and the doctor says, ›Look, your suffering may help other people‹, that's the worst ethical indignity that can be done to a person.«

The Hippocratic oath that all physicians take when they graduate from medical school is used as an argument by both proponents and oppenents of euthanasia. The oath states that it is a physician's duty to relieve suffering, but it also says he must preserve and protect life.

In Great Britain, which has an active Euthanasia Society, there have been two recent controversal proposals by doctors that an age limit should be set at which doctors should stop »resuscitating the dying«. Dr. Kenneth A. O. Vickery suggested the age of 80; another said that anyone over 65 should not be resuscitated if his heart stopped.

Dr. Vickery, who said he thought geriatric patients were overloading hospital and welfare services in Britain, recalled the frequently quoted lines of Arthur Hugh Clough, the 19th-century English poet, who wrote:

Thou shalt not kill; but need'st
not strive
officiously to keep alive.

This country's two euthanasia groups are opposed to age limits. »The people in Britain are thinking of society«, the Rev. McKinney said, »we're thinking of the individual. We believe that even people in their twenties and thirties should have euthanasia, if they need it.«

Mrs. Appel, whose children are opposed to her desire for euthanasia, said she came to her decision after watching her senile, 87-year-old mother die a painful death after suffering a broken hip.

»I made up my mind I didn't want my children to see me that way«, the darkhaired woman said. »I don't want to leave them with the mental image of deterioration.«

Mrs. Appel's son's argument that families might let a patient die for ulterior motives is another frequently used argument against euthanasia. Some family members, the opponent reason, may wish to believe their own suffering rather than the patient's; or else the heirs may have their eyes on the patient's estate.

Most people who have signed the »living will« have chosen doctors who are sympathetic to their wishes. Mrs. Barclay said she picked her doctor because she knew he was a contributor to the Euthanasia Society of America. Mrs. Mali, who is the wife of a retired textile executive, said her physician was a man who had promised he would let her die »peaceably, rather than having my arms stuck full of tubes«.

»Now, that I'm old, the next celebration is death«, Mrs. Mali said in her East Side town house. »And what I'm most interested in is how my death can be made an honorable estate, like matrimony.«

By Judy Klemesrud

Notiz zum Handbuch

Was allenfalls für die Alten spricht: da sich die Rücksichtnahme nicht mehr lohnt, bedarf es nicht des Zornes, der Unbesonnenheit des Zornes, damit der Alte sagt, wie etwas sich verhält – manchmal verhält es sich tatsächlich so, und natürlich wissen die andern es auch; nur nehmen sie noch Rücksicht auf sich selbst. Der Alte ist deswegen noch kein Seher, nur gelassen-furchtlos. Was die antiken Seher, meistens blind, zu sagen hatten, war auch selten mehr als das Offenbare, was zu sehen aber die andern sich nicht leisten können – aus Rücksicht auf sich selbst und zu ihrem Schaden.

So sehen sie also aus, die kleinen Verbrecher, die Diebe vom heutigen Tag, die Einbrecher und die Drogen-Krämer und die Wegelagerer und die Räuber im Lift usw., das Volk, das die Polizei täglich einfängt – sie warten auf der langen Bank rechts im Saal. Das nächtliche Schnellgericht (NIGHT COURT) ist öffentlich. Sternenbanner hinter dem Richter, darüber in Marmor: IN GOD WE TRUST ... Fast ohne Ausnahme sind es Schwarze oder Puertoricaner, teils in bunten Blusen, teils grau und abgerissen, auch weibliche Delinquenten. Etliche scheinen dieses Verfahren schon zu kennen. Routine beiderseits. Vier Kläger und Anwälte, alle jung und jüdisch, machen kein Aufhebens. Leider bleibt es fast eine Pantomime, man hört kaum, wer jetzt gerade spricht; das Gemurmel der Routine. Nur der Spruch nach fünf oder sieben Minuten ist für das Publikum zu hören: 1000 Dollar, 500 Dollar, Kautionen vermutlich, dann wieder ein Urteil: 5 Tage Gefängnis, 3 Tage Gefängnis. Ein Schläger-Typ, hemdärmlig und verfettet, hält die Rapporte in der Hand; ab und zu sagt er: Ruhe! Es geht ordentlich zu, alltäglich, ohne Zeremonie. Der Sekretär ist ein Afrikaner mit Backenbart, mit weißem Hemd und Kravatte, mit Brille in Pop-Format; irgendwie sieht er historisch aus und sitzt reglos wie ein Denkmal, seine Stirne glänzt wie Bronze, aber ab und zu gähnt er. Nur der Richter trägt Talar. Es sieht wie eine Probe auf der Bühne aus, alles noch ungenau, vorallem der Auftritt der Sünder, es wird dazwischen geredet, ein Hin und Her; aber die Urteile gelten. Dann schauen sie zurück ins Publikum: Ist Familie da, die zahlt? Das kommt vor. Jemand winkt mit einer Hand voll Noten; manchmal auch nur ein Achselzucken, wenn's nicht reicht, oder es ist überhaupt niemand im Saal: dann geht's durch die Türe, dahinter viele Polizisten in blauem Hemd, und einen Augenblick lang sieht man Gitter, die aufgehen und zugehen. Wie die Verschläge für Geflügel. Einzig ein Weißer wird renitent, als der Hemdärmlige mit Kokarde ihn am Arm faßt, um ihm den Weg zu weisen, den er kennt. Wenn die lange Bank sich leert, läßt man die Nächsten herein. Viele Junge. Das Verfahren sieht wie Stellenvermittlung aus. Keine Aufregung. Der nächtliche Richter blättert in den Rapporten, die ihm zugeschoben werden, ohne Blick auf den Delinquenten. Der Anwalt fragt unterdessen den Delinquenten nicht unfreundlich, meldet etwas dem Richter, der nur selten eine Frage stellt; er kennt ja die Antworten. Nur ein schwarzer Schüler behauptet vernehmlich und hartnäckig, aber ruhig, er sei unschuldig. Es scheint aber nicht zu stimmen. Leider; denn die Gefängnisse sind überfüllt, man weiß es: zurzeit vier Personen in einer Einzelzelle.

Es ist Mitternacht. In den meisten Fällen handelt es sich um Drogen, zurzeit die beste Verdienstmöglichkeit für ungelerntes Volk. Ein Alter, schwarz wie die ersten Sklaven, scheint den Anwalt nicht zu verstehen; seinen Hut in der Hand, als fühle er sich durch den Staatsakt geehrt, blickt er bald zum Anwalt, bald zum Kläger, bald zum Richter, gläubig wie in einer Klinik; der Befund: 3 Tage Gefängnis, und er nickt wie ein Patient. Es ist keine Farce; das Verfahren hält sich ans Gesetz. Neben mir schläft das Kind einer schwarzen Matrone, die immer noch auf ihren Sohn wartet. Ein Freispruch kommt auch vor; ein Mädchen, das etwas verkrüppelt ist, schlampig, aber es darf gehen. Es scheint, daß sie aber kein Geld hat für die Subway, und im Gerichtssaal darf man nicht betteln. Wie kommt sie etwa nach Brownsville? Gegen ein Uhr nachts, als wir aufbrechen, geht das Gericht weiter; da liegt noch ein Berg von blauen Rapporten –

PS.

Was ich nicht gewußt habe, was aber Uwe Johnson, der Glaubwürdige, in Berzona mitteilt: außerhalb jenes Gebäudes (Gericht und Gefängnis unter einem Dach!) befinden sich Stellen, wo das Kautions-Geld zu leihen ist zu Wucherzinsen und kurzfristig. Heute 500 Dollar auf den Tisch, dann mußt du nicht ins Gefängnis und beschaffst bis Samstag die 600 Dollar. Wie? Dagegen greift der Sternenbanner-Staat (IN GOD WE TRUST) nicht ein, das ist FREE ENTERPRISE, eine Selbstverständlichkeit: Grundlage der westlichen Freiheit.

Ein Großkaufmann aus Hamburg, seit Jahren hier tätig, begründet seine Hochachtung vor diesem Land: Hier gelten keine Klassenunterschiede und so, nur Unterschiede der Tüchtigkeit.

»Sie haben das Recht sich zu verteidigen. Eine Anklage liegt nicht vor, aber vielleicht wollen Sie sich trotzdem verteidigen. Zum Beispiel haben Sie in einer Gesellschaft gelebt, die Sie als verrucht bezeichnen, Sie haben Veränderungen gefordert usw., das geht aus Ihren zahlreichen Worten hervor, nicht aus Ihren Handlungen. Oder finden Sie, daß Sie nach Ihrem ausdrücklichen Bekenntnis gehandelt haben? Laut Dossier liegt nichts vor. Ihr Bekenntnis als solches steht nicht unter Anklage, ebensowenig der Lebenslauf als solcher. Im Sinn der Gesellschaft, die Sie anklagen, haben Sie keine nennenswerte Straftat begangen; laut Dossier haben Sie kaum anders gelebt als andere Nutznießer, die diese Gesellschaft in Ordnung finden.«

. . .

»Berufen Sie sich auf Resignation?«

. . .

»Die Geschworenen, die Sie hier sehen, haben Sie selber wählen können. Es gäbe andere. Aber Sie haben gewählt: einen alten Schulfreund, dem Sie viel zu verdanken meinen, Tolstoj und Kafka und Brecht und andere Schreiber, Ihre leiblichen Kinder, ferner Nachbarn, die allerlei Alltägliches wissen, einige Kumpane, auch Kollegen, Frauen, einen Juden, einen Arbeiter, einen Neger, kurzum Leute aus allen Schichten, einige Philosophen, soweit Sie diese verstanden zu haben meinen, einen verstorbenen Lehrer, ferner einen Hippie, der nicht gekommen ist.«

. . .

»Sie haben, obschon Sie von einer verruchten Gesellschaft sprechen, nie Macht ausgeübt oder auch nur versucht, Macht auszuüben. Vielleicht wäre es in bescheidenem Rahmen möglich gewesen. Warum haben Sie nie versucht, Macht auszuüben?«

. . .

»Eine Anklage, wie gesagt, liegt nicht vor, wenn Sie sich nicht selber anklagen. Sie haben sich also damit begnügt, vergleichsweise schuldlos zu sein?«

. . .

»Sie schweigen.«

NEW YORK, Mai

Donald Barthelme sagt: Ihr (Europäer) seid glücklichere Menschen. Wieso? Marianne macht ihre erfolgreichen Speck-Zwiebel-Kalb-Rosmarin-Spieße, ich richte das Feuer, wenn auch mit unbekannten Hölzern. Was ist anders als im Tessin? Der Bach nebenan rauscht nicht anders; Vorsicht vor Schlangen empfiehlt sich auch im Tessin ... Neulich tauchte Jürg Federspiel auf, später kam Jörg Steiner auf Besuch; was im Vaterland geschieht, ist bald gemeldet; man hat sich mehr zu sagen in der Fremde... Dann und wann verwundert es mich wieder, wie leicht es einem fällt, alle schon nach einer Stunde nur noch beim Vornamen zu nennen: Donald, Mark, Elisa, Joe, Frank, Lynn, Harrison, Tedd, Patricia, Stanley, Steven usw. Ich könnte nicht sagen, wen ich dabei duze, wen nicht. Ein Landsmann, schon seit Jahren hier ansässig, schaltet mit dem Vornamen (jede andere Anrede käme ihm komisch vor, steif, unnatürlich) sogleich auf Du; es tönt wie eine falsche Übersetzung. So meinen sie es wohl nicht, wenn sie sagen: Max, do you know. Es entspricht einer Redeweise, die wir auch kennen: Jürgen, wissen Sie. Die amerikanische Freundschaftlichkeit ist nicht oberflächlicher, wie immer wieder behauptet wird; ihr Ausdruck dafür ist ambivalenter als das Du in unsrer Sprache, das sich leichter abnutzt in seiner voreiligen Verbindlichkeit ... Es kommt vor, daß man sich auf der Straße trifft, also unter Millionen, wie in einem Dorf; aber es ist kein Dorf: jedermann weiß, daß die andern auch ohne ihn auskommen, und dies ohne Gekränktheit. Das macht beide Teile herzlich. Sie sind hilfsbereiter als in den kleinen Städten, und man wird es selber auch; aus Dankbarkeit wechselseitig. Trifft man sich nach Wochen zufällig in einem Party-Gedränge, so begrüßt man sich wie beim Durchstich eines Tunnels: HOW WONDERFUL TO SEE YOU! und es ist wahr.

Ende des Seminars.

Bar am Hudson nachmittags. Hafenarbeiter beim Billard, Bier, das man aus der Büchse trinkt. Schon beim zweiten oder dritten Besuch, ohne daß man bisher ein Wort gesprochen hat, grüßen sie –

Fragebogen

1.
Haben Sie Angst vor dem Tod und seit welchem Lebensjahr?

2.
Was tun Sie dagegen?

3.
Haben Sie keine Angst vor dem Tod (weil Sie materialistisch denken, weil Sie nicht materialistisch denken), aber Angst vor dem Sterben?

4.
Möchten Sie unsterblich sein?

5.
Haben Sie schon einmal gemeint, daß Sie sterben, und was ist Ihnen dabei eingefallen:

a. was Sie hinterlassen?
b. die Weltlage?
c. eine Landschaft?
d. daß alles eitel war?
e. was ohne Sie nie zustandekommen wird?
f. die Unordnung in den Schubladen?

6.
Wovor haben Sie mehr Angst: daß Sie auf dem Totenbett jemand beschimpfen könnten, der es nicht verdient, oder daß Sie allen verzeihen, die es nicht verdienen?

7.
Wenn wieder ein Bekannter gestorben ist: überrascht es Sie, wie selbstverständlich es Ihnen ist, daß die andern sterben? Und wenn nicht: haben Sie dann das Gefühl, daß er Ihnen etwas voraushat, oder fühlen Sie sich überlegen?

8.
Möchten Sie wissen, wie Sterben ist?

9.
Wenn Sie sich unter bestimmten Umständen schon einmal den Tod gewünscht haben und wenn es nicht dazu gekommen ist: finden Sie dann, daß Sie sich geirrt haben, d. h. schätzen Sie infolgedessen die Umstände anders ein?

10.
Wem gönnen Sie manchmal Ihren eignen Tod?

11.
Wenn Sie gerade keine Angst haben vor dem Sterben: weil Ihnen dieses Leben gerade lästig ist oder weil Sie gerade den Augenblick genießen?

12.
Was stört Sie an Begräbnissen?

13.
Wenn Sie jemand bemitleidet oder gehaßt haben und zur Kenntnis nehmen, daß er verstorben ist: was machen Sie mit Ihrem bisherigen Haß auf seine Person beziehungsweise mit Ihrem Mitleid?

14.
Haben Sie Freunde unter den Toten?

15.
Wenn Sie einen toten Menschen sehen: haben Sie dann den Eindruck, daß Sie diesen Menschen gekannt haben?

16.
Haben Sie schon Tote geküßt?

17.
Wenn Sie nicht allgemein an Tod denken, sondern an ihren persönlichen Tod: sind Sie jeweils erschüttert, d. h. tun Sie sich selbst leid oder denken Sie an Personen, die Ihnen nach Ihrem Hinschied leidtun?

18.
Möchten Sie lieber mit Bewußtsein sterben oder überrascht werden von einem fallenden Ziegel, von einem Herzschlag, von einer Explosion usw.?

19.
Wissen Sie, wo Sie begraben sein möchten?

20.
Wenn der Atem aussetzt und der Arzt es bestätigt: sind Sie sicher, daß man in diesem Augenblick keine Träume mehr hat?

21.
Welche Qualen ziehen Sie dem Tod vor?

22.
Wenn Sie an ein Reich der Toten (Hades) glauben: beruhigt Sie die Vorstellung, daß wir uns alle wiedersehen auf Ewigkeit, oder haben Sie deshalb Angst vor dem Tod?

23.
Können Sie sich ein leichtes Sterben denken?

24.
Wenn Sie jemand lieben: warum möchten Sie nicht der überle-

bende Teil sein, sondern das Leid dem andern überlassen?

25.
Wieso weinen die Sterbenden nie?

NEW YORK, Mai

Bäume grünen in den Höfen, Bäume wie richtige Bäume, man schaut hinunter auf ihr grünes Laub nicht ohne Rührung: diese Tapferkeit des Chlorophylls!

Anruf von einem Landsmann, der hier lebt und den ich, da er ein verwirrtes Englisch spricht, zur heimischen Mundart einlade. Daraufhin fragt er noch verwirrter: „But who are you?" Er spricht im Auftrag eines Freundes aus Gockhausen (Schweiz) und glaubt nicht, daß ich am Apparat bin, und möchte mit meiner Frau sprechen, die aber ausgegangen ist. Er wiederholt: „Who are you?" Trotz Mundart glaubt er's noch immer nicht, möchte lieber meine Frau fragen, ob die Todesnachricht, heute von der UPI gekabelt, wirklich nicht stimmt. Der Ausspruch von Mark Twain in gleicher Lage (– Nachricht stark übertrieben) ist ihm nicht bekannt. Eigentlich haben wir schon eine Weile miteinander geredet, als er nochmals fragt: „But who are you?" Übrigens wohnte Mark Twain in der gleichen Straße gegenüber.

Eine schwarze Haushilfe bei Freunden lernt jetzt Lesen und Schreiben, nimmt vier Unterrichtsstunden in der Woche, bittet um ein Buch, das ich geschrieben habe; ihr erstes Buch. Sie ist 65. Unsere Haushilfe, ebenfalls schwarz, kommt nicht mehr; ich hörte sie laut lachen, dann reden, sie stand im Zimmer und rauchte eine Zigarette in einem beinahe zahnlosen Mund und blickte hinaus durch die Wand; sie hört Stimmen. Die neue Hilfe, eine Schwarze aus Westindien, putzt sehr gründlich, aber ungern, wie sie freundlich sagt; sie komponiert Lieder und singt sie, sucht einen Agenten, um ins Plattengeschäft zu kommen; sie will uns ihre Musik einmal vorführen auf Tonband. Nur Musik habe Sinn in der Welt. Sie ist schätzungsweise 50, wohnhaft in Brooklyn.

Ein Toter auf der Straße (Bowery) am Nachmittag; Polizei schon zur Stelle, zwei Mann, das genügt, wir fahren weiter wie alle.

Rip van Winkle

Es geht ihm aber immer so, wenn er nach einiger Zeit wieder zuhause ist. Dann verwundert ihn alles, was an seinem gewohnten Ort steht.

. . .

Die Schlucht, wo die zechende und kegelnde Herrengesellschaft den verirrten Rip van Winkle jahrelang zu ihrem Kegelknecht und Mundschenk gemacht hat, könnte im heutigen Morningside Park sein oder noch weiter draußen, wo das Rockefeller-Kloster steht. Das Märchen sagt nur: Manhattan.

. . .

Erwacht auf den schwarzen Felsen von Manhattan, die Flinte neben sich, reibt er sich das Gesicht, erschreckt, aber klar im Kopf, obschon sein Atem nach Branntwein riecht. Vermutlich ist es ein fernes Gewitter gewesen, was er im Schlaf gehört hat. Es sind nicht Kegel. Hingegen der Branntwein ist nicht geträumt. Das Gewitter hat sich verzogen. Abend über dem Hudson. Es können nicht Jahre gewesen sein; sein Hund, zum Beispiel, ist noch immer jung.

. . .

Er hat ein Weib und hat es auch im Traum nicht vergessen, hat es den Herren in niederländischer Tracht jahrelang gesagt; nur kam er ja im Traum nicht los.

. . .

Der Pfad (heute Broadway) ist ein langer Pfad; unterwegs wird es Nacht, unterwegs die Angst, daß niemand mehr dort sei, der ihn kennt. Wie das denn wäre.

. . .

Diese kegelnde Herrengesellschaft!

. . .

Als er zurückkommt ins Dorf (New Amsterdam) und sich im Morgengrauen umsieht: nichts verändert. Die Hühner sind auch noch da. Vollzählig. Sie schlafen nur, die Zeitgenossen. Schiffe im Hafen; eines ist inzwischen ausgefahren, ein andres liegt jetzt vor Anker. Was sonst? Die Zeit ist stehengeblieben. Sein Weib glaubt ihm kein Wort, sagt, es sei Mittwoch. Natürlich hat sie sich Sorgen gemacht; es hätte ihm ja wirklich etwas zustoßen können da draußen.

. . .

Niemand glaubt sein Märchen –

. . .

Sein Haus mit den kleinen Fenstern, die steile Treppe, das gewohnte Geschirr usw., er sieht sich nicht um, weiß schon, daß alles an seinem Ort ist. Edamer oder Heringe aus dem Faß oder Wurst, gleichgültig was, er frißt, Blick zum Fenster hinaus. Alles ist so, wie es ist: Hier also ist er zuhaus.

. . .

Nicht einmal Todesfälle im Dorf.

. . .

So ist es nicht, daß sie den alten Rip nicht mehr kennen. Sein Gehilfe sagt, ein Kunde habe schon zweimal Krach geschlagen. Nichts Neues. Man kennt ihn als Säufer; schon öfter haben sie ihm zeigen müssen, wo Rip van Winkle zuhause ist. Jetzt ist er aber nüchtern.

. . .

Warum erzählt er solche Märchen?

. . .

Zwar macht er weiter: Fässer, wie er's gelernt hat. Am Feierabend spielt er Karten, spricht holländisch und trinkt, am Sonntag geht er nach Coney Island, um Hasen zu schießen, oder auf die schwarzen Felsen von Manhattan. Sein Leben. Er wundert sich, wenn sie ihn grüßen, als wäre nichts geschehen. Alle andern, sein braves Weib und die Nachbarn, die Kunden, die Kumpane, die über sein berühmtes Märchen lachen, glauben es, daß das sein Leben ist –

SS. FRANCE, 8. 6. 1971

Europa in Sicht, das Schiff folgt jetzt einem Lotsen, man steht auf Deck, die Koffer sind gepackt, wir fahren aber noch immer, man hat auch keinerlei Eile, man ist froh, zu sehen, daß es immer noch fährt –

Die Säule

Der Große Brockhaus nimmt sich ihrer nicht an. Ab und zu ein Gast, der sie anfaßt, um mit der Hand festzustellen: Granit, ja, Granit. Eine grobe und rührende Säule. Manche fragen auf den ersten Blick: War die schon immer da? Unser Dorf hat keine Chronik, nur Inschriften an der verlassenen Kapelle und an einigen Häusern: 1682, 1664 usw. Wahrscheinlich ein Steinmetz von Beruf, tätig außerhalb seines heimatlichen Tals, das keine Aufgaben hatte für ihn, hat die Säule gehauen für sich selbst. Er hat nichts erfunden, kein Carlo Madermo, der auch aus dieser Gegend stammte. Eigentlich ist nichts zu sagen, nachdem man sie mit der Hand berührt hat und mit Kenntnis: Toskanisch! Am Sockel übrigens ist etwas abgesprengt, nicht schlimm. Sie wird uns überdauern. Ein grauer und spröder Stein aus der Gegend. Der Große Brockhaus meldet zuverlässig: Die dorische Säule, die ionische Säule, die korinthische Säule, wie in der Schule gelernt und später gesehen in Sunion, Korinth, Olympia, Athen, Delphi, Paestum, Selinunt, Baalbek usw.; aber die Säule, die unsere kleine Loggia hält, erinnert mich nie an Reisen. Wenn wir den schwarzen Kaffee trinken, teilt sie für uns das Tal. In ihrer unteren Hälfte ist sie etwas bauchig, überhaupt nicht glücklich in den Proportionen. Man sitzt in Korbsesseln, Nacht mit Wetterleuchten, davor die Säule, von der man nur weiß: Einer hat sie gehauen, denn da steht sie und trägt. In den Sommern, so nehme ich an, hat er bei fremden Herrschaften gehauen oder an Kirchen im Süden, wo er einen Meister hatte; im Winter mußte er nachhause und hatte Zeit, viel Zeit für Granit. Warum er nachhause mußte, weiß ich nicht; wahrscheinlich hatte er hier die

Familie. Granit ist nicht Marmor; die Form, die er im Gedächtnis hatte, bleibt schwächer als der körnige Stein. Und dann vorallem: sie steht allein. Alles andere an dem Haus ist gewöhnlich und recht; das bäurische Gebälk, die Fensterbänke aus dem gleichen Granit, der große Kamin usw. sind nicht verwandt mit ihr. Eine Säule wie ein Gast. Sie ist nicht ganz mannshoch, steht aber auf einer Brüstung; man kann, wenn man steht und mit jemand redet, die Hand an ihr Kapitell legen und tut es auch ab und zu, denn sie ist nicht feierlich. Es kommt vor, daß ich die Pfeife dran ausklopfe. Wir kennen natürlich ihre große Familie, inbegriffen die glatten Bastarde an den Banken in aller Welt. Sie aber kennt ihre Herkunft nicht. Manche bemerken sie auch gar nicht, so scheint es, und dann stelle ich die Säule nicht vor. Später dann, wenn unser Gespräch einmal stockt, wieder die Frage: War diese lustige Säule schon immer hier? Immer nicht; einmal hat einer sie gehauen. Ich könnte mit denken, daß er stolz darauf war. Nur der Kranz unter dem Kapitell liegt klassisch, aber auch er ist zufällig-prall wie eine Wurst. Wenn man die Zeitungen vom Tage gelesen hat und zur Seite legt, eine Weile müßig in dem Bewußtsein unsrer Ohnmacht, steht sie unerschüttert, nicht stolz, aber brav. Faßt man sie an: körnig, die steinerne Wärme des vergangenen Tages. Gegen die Blässe des Abendhimmels zeigt sie ihre Entschuldigung: Verwitterung durch Jahrhunderte, ihr verwaschenes Profil schwarz gegen die präzis-lichte Dämmerung, die gerade den ersten Stern zuläßt.

Vereinigung Freitod
(Schluß.)

Jeder Verein hat seine Zeit. Kommt es bei einer Jahresversammlung vor, daß zuhanden der Anwärter an den Zweck unsrer Vereinigung erinnert werden muß (Freitod als sittliches Gebot), so ist es wie immer, wenn eine Verfassung feierlich in Erinnerung gebracht wird: es ist nichts dagegen einzuwenden, obschon sie noch nie verwirklicht worden ist.

Je greisenhafter die Mitglieder werden, umso weniger erschreckt sie die Überalterung der abendländischen Gesellschaft; sie finden, es gebe junge Menschen genug, mehr als genug –

Die Revolte der Jugend wirkt sich eher ungünstig aus, indem gerade die Mitglieder, die über ihre Söhne erbittert sind, keinesfalls abtreten wollen. Sie fühlen sich unverstanden. Sie meinen durchhalten zu müssen, bis ihnen noch einmal Recht widerfährt, und das heißt: bis ihre Söhne auch über 50 sind.

Auch Mitglieder, die ein schlankes Gesicht haben: ihre Wasserbäuche. Vorallem wenn sie sitzen, so immer mit offener Jacke, die von ihren schmalen Schultern hängt wie von einer Vogelscheuche, und es sieht aus, als tragen sie einen Ballon in der hohen Hose. Die Kellner, die bei unseren Zusammenkünften bedienen, haben eine Geduld wie Wärter im Zoo, oder wenn es Kellnerinnen sind, so sprechen sie wie Kindergärtnerinnen. Wir gehen einander auf die Nerven; jeder hat das Gefühl, daß man ihn nicht zu Wort kommen lasse, und dabei redet er unentwegt; wir hören einander bloß nicht zu. Je mehr einer weiß, umso schlimmer; sie können ihr Wissen nicht mehr halten. Ich kann von BAUHAUS nicht mehr hören, von ZÜRCHER SCHAUSPIELHAUS usw.

Das geplante HANDBUCH kommt nicht zustande; es fällt mir nichts mehr dazu ein, und wie ich einmal die Notizen lese, kommen mir diese Beobachtungen und Mutmaßungen, die mich vor Jahren beschäftigt haben, unzutreffend vor; auch der Schrecken vor dem Alter nutzt sich ab. Das kommt noch dazu.

Laut Statistik hat sich das durchschnittliche Lebensalter weiter erhöht; als ich 73 bin, beträgt das durchschnittliche Lebensalter bereits 74 – ich erkläre meinen Austritt...

Handbuch für Mitglieder

Wer alt wird, ist selber schuld.

Wilhelm Tell für die Schule

(1970)

Wahrscheinlich Konrad von Tillendorf, ein jüngerer und für seine Jahre dicklicher Mann, damals wohnhaft auf der Kyburg, vielleicht auch ein anderer, der Grisler hieß und in den gleichen Diensten stand, jedenfalls aber ein Ritter ohne Sinn für Landschaft ritt an einem sommerlichen Tag des Jahres 1291 durch die Gegend, die heute als Urschweiz bezeichnet wird. Wahrscheinlich herrschte Föhn; das Gebirge, das der dickliche Ritter vor sich sah, schien näher als nötig. Um dem jungen Rudenz gegenüber, der ihn nach Uri führen sollte, nicht unhöflich zu sein, gab er sich Mühe und lobte mehrmals die blühenden Kirschbäume. Es war heiß und blau. Je länger er ritt, desto schweigsamer wurde der dickliche Ritter, denn die Berge zu beiden Seiten nahmen überhand. Oft wunderte er sich, daß es in dieser Gegend überhaupt einen Pfad gab; aber es gab tatsächlich einen Pfad, der, wie der dickliche Ritter wußte, sogar nach Rom führte, wenn auch immer wieder um Felsen herum. Es wunderte ihn, daß hier Menschen wohnen[1]. Das sagte er nicht. Je enger die Täler, desto kränkbarer sind die Leute, das spürte der dickliche Ritter schon und lobte nochmals einen blühenden Kirschbaum. In Brunnen am See, zu Mittag, mußte man wieder einen Nauen besteigen. Eine mühsame Gegend. Ritter Konrad oder Grisler fühlte sich in dem Nauen nicht wohl; beide Hände an die Bank geklammert, obschon der schwere Nauen kaum schaukelte, saß er und blickte beklommen in das Tal von Uri, das ihm als das Ende der Welt erschien. Diese Flühe links und Flühe rechts. Er reiste nicht zum Vergnügen, sondern als Vertreter von König Rudolfs Erben[2], also dienstlich; daher trug er diese Mütze aus Samt. Sogar auf dem See war es heiß. Kein stürmischer Föhn, aber Föhn. Der Schiffer ruderte hart und wortkarg, tat, als habe er diese gräßlichen Felsen persönlich gemacht, und zeigte überhaupt keinen Humor. Natürlich wußte der dickliche Ritter, daß Uri damals reichsfrei war, das heißt, daß er sich jetzt im Ausland befand; er verschwieg, daß er nicht in Uri leben möchte. Er sagte lediglich, er habe Kopfweh. Der Nauen kam nur langsam voran. Der junge Rudenz, Neffe des Freiherrn von Attinghausen, ließ es sich nicht nehmen und zeigte dies und das, was den Einheimischen besonders sehenswert vorkam. Ab und zu tauchte der dickliche Ritter, während er höflich nickte, die Hand ins kalte Wasser des Vierwaldstättersees, damit sein Kopfweh vergehe; er beachtete weder die sommerliche Wiese des Rütli[3] noch den Fels, der später berühmt wurde als Tellenplatte[4], sondern blickte geradeaus, wo er plötzlich den Sankt Gotthard zu sehen meinte. Das war das einzige Mal, daß der Schiffer, der wahrscheinlich Ruodi hieß, kurz und bündig grinste. Schnee auf den Bergen im Sommer, das sah man bei klaren Tagen schon von der Kyburg aus; jetzt verwunderte es ihn trotzdem: Schnee im Sommer. Er äußerte sich nicht dazu. Die Leute von Uri schienen stolz zu sein auf diesen Schnee. Einmal fragte er den braven Schiffer, wie lange er denn nach Flüelen noch brauche. Keine Antwort. Der junge Rudenz, dem es peinlich war, wenn seine Waldleute sich unartig zeigten, packte jetzt einen Imbiß aus dem Lederbeutel, um den habsburgischen Beamten abzulenken von dieser Eigenart der Waldleute, wahrscheinlich Käse und Brot, auch harte Eier, die aber, als Ulrich von Rudenz sie vor dem hohen Gast auf die Bank legte, sofort herunterfielen und in dem Nauen hin und her rollten. Auch darüber vermochte der brave Schiffer nicht zu lächeln, denn er galt als der wackerste Schiffer auf dem Urner-See, und daß der fremde Fötzel ihn gefragt hatte, wie lange er bis Flüelen noch brauche, vergaß er sein Lebtag nicht. Leider hatte der Vertreter von König Rudolfs Erben überhaupt keinen Appetit, was aussah, als verachtete er den einheimischen Käse. Die Fahrt in diesem Nauen kam ihm endlos vor. Immer öfter schloß er die Augen, um wenigstens keine Berge zu sehen, und hörte nur den harten Wellenschlag, das Klatschen unter dem Nauen, dazu das Ächzen der Ruder. Er versuchte an seine diplomatische Mission zu denken, beide Hände an die Bank geklammert; dabei wurde er das Gefühl nicht los, man fahre in der verkehrten Richtung, genau in der verkehrten Richtung... Herr Vogt! sagte der junge Rudenz: Wir sind da! – ein Rudel von Hütten in grünen Wiesen mit Apfelbäumen, das also war Flüelen. Der Vertreter von König Rudolfs Erben hatte sich Flüelen überhaupt nicht vorgestellt, und insofern überraschte es ihn gar nicht. Er dankte dem wackeren Schiffer; dieser aber war noch immer beleidigt wegen der Frage, wie lange er nach Flüelen brauche, und blickte geradezu unheimlich. Es war, als hätte der Mann mittlerweile einen Kropf bekommen. Ein anderer, der die Pferde bereithielt, hatte einen wirklichen Kropf. Als sie entlang der Reuß gegen Altdorf ritten, fragte der dickliche Ritter, ob es in diesen Tälern viel Inzucht gebe. Die Auskunft des jungen Rudenz ist nicht überliefert. Hingegen soll der Herr Vogt kurz darauf sein Pferd angehalten haben, um zu sagen: Diese Berge, ringsum diese Berge! Sein Kopfweh war noch nicht vergangen, als man in Altdorf ankam.

1.
»Vernehmt den Anfang der drei Länder Uri, Schwyz und Unterwalden, so wie sie in Ehren hergekommen sind; Uri ist das erste Land, das von einem Römischen Reich die Gunst empfangen hat, dort zu reuten und zu wohnen. Danach sind Römer nach Unterwalden gekommen; auch diesen gönnte das Römische Reich, dort zu roden und zu wohnen. Das ward ihre Freiheit und ihr Recht. Hernach sind Leute von Schweden nach Schwyz gekommen, da ihrer daheim zuviel waren. Auch die empfingen vom Reich die Freiheit und das Recht, sich allda niederzulassen, zu reuten und zu wohnen. Also saßen die Länder durch lange Zeit und während vieler Jahre in guter Ruhe, bis daß in die Nähe dieser Länder die Grafen von Habsburg kamen.« (Das weiße Buch von Sarnen, *um 1470) Hiezu Karl Meyer: »Der Bericht von der römischen Abkunft der Urner und Unterwaldner hält wohl die Erinnerung an eine romanische Vorbevölkerung fest; die vermeintliche Abstammung der Schwyzer von den Schweden hingegen beruht einzig auf der Ähnlichkeit der Namen Schwiter (so nannten sich die Schwyzer noch um 1350) und Schweden.« Lateinisch: Svitenses und Svetenses. Noch in unseren Tagen trifft man Leute in Texas oder in der Türkei, die Schweiz und Schweden verwechseln, zumal man sich beide Länder verschneit und demokratisch vorstellt.*

Vergl. ferner Hans Tschäni, Profil der Schweiz: *»Im Gebiet der heutigen Schweiz lebten die ersten Menschen vermutlich seit der letzten Eiszeit (50000 bis 40000 v. Chr.). Sie waren Jäger und Höhlenbewohner. Im 6. Jahrhundert v. Chr. von den Ligurern bewohnt. Hier handelte es sich um Pfahlbauer. Die nächsten Bewohner des Jura und des Mittellandes waren die Helvetier, ein Keltenstamm. Sie wurden nach ihrem Auszug 58 v. Chr. bei Bibracte von Cäsar geschlagen und Helvetien wurde von den Römern besetzt. Nach 500 stießen die Alemannen in die Nord- und Ostschweiz vor.«*

2.
König Rudolf von Habsburg starb am 15. Juli 1291; sein einziger

Bruder, Herzog Albrecht, weilte in den Ländern der Donau. Unter solchen Umständen halten es Forscher (Karl Meyer, Die Urschweizer Befreiungstradition, *1927) für denkbar, daß Ritter Konrad von Tillendorf, der nachweislich im Jahre 1290 das Kloster Steinen bei Schwyz für sich und seinen Herrn Rudolf in Schutz und Schirm genommen hatte, zu ähnlichen Reichsaufgaben herangezogen worden sein könnte wie sein Vorgänger Hartmann von Baldegg und Dietrich Wetzel, d. h. daß er der berüchtigte Landvogt war, den Tell erschossen hat.*

3.
Rütli: nach der Überlieferung (allerdings ohne Beweis) der Ort des Bundesschwurs vom 1. 8. 1291. Siehe Aegidius Tschudi: »Also ward dise obgemelte Pundtnuß von den gemelten dryen tapffern Personen in dem Land Uri erst gemacht und geschworen, davon die Eidtgnosschafft entsprungen, und das Land Helvetia *(jetz Schwitzerland genannt) wider in sin uralten Stand und Fryheit gebracht worden.«*

4.
Heute noch ein beliebtes Ziel für Schulreisen. Vgl. hiezu Karl Meyer: »Wenn wirklich der Name Tellenplatte ein bloßer Flurname und älter wäre als der Name des Schützen Tell und erst nachträglich auf den Befreier gedeutet worden wäre, so läge darin noch kein Beweis gegen die Geschichtlichkeit des Schützen, sondern nur gegen die Richtigkeit des Schützennamens Tell: man hätte dann dem Schützen den Namen Tell zugelegt im Glauben, es trage diese Rettungsstelle den Namen Tellenplatte von ihm.«

Als Ritter Konrad oder Grisler, auch schon verwechselt mit einem Grafen von Seedorf[5], am andern Morgen erwachte und an das niedrige Fenster trat, keinen Himmel erblickte, sondern nur Felsen und Tannen und Geröll, machte er sich Mut, indem er Milch trank. Wahrscheinlich hatte er's auf der Leber, ohne es zu wissen; daher sein Hang zur Melancholie. Er lobte die Milch. Die Leute, die in diesem Tal geboren waren, taten ihm leid; Sonne schien an die Felsen hochoben, das Tal aber lag im Schatten, und wenn er zum Himmel schaute, kam es ihm vor, als wäre er in eine Zisterne gefallen. Er schickte sofort, noch ehe er seine Milch getrunken hatte, einen Knecht hinüber nach Attinghausen[6], um sich als Reichsvogt anzumelden. Es eile. Der dickliche Ritter wünschte sich seinen Aufenthalt in Uri so kurz wie möglich. Schon die erste Stunde, während er auf die Antwort aus Attinghausen wartete, wurde ihm lang. Eine Ahnung, was ihn in diesen Waldstätten erwartete, hatte der dickliche Ritter offenbar nicht; nämlich als er in der Kapelle kniete, betete er nicht für seine Person, sondern bekreuzigte sich in der allgemeinen Hoffnung auf bessere Zeiten. Sein Kopfweh war vergangen, was er schon für ein gutes Zeichen hielt. Leider meldete der Knecht, der Freiherr von Attinghausen fühle sich nicht wohl, könne den Reichsvogt erst in der kommenden Woche empfangen. Auch dies hielt er noch für ein gutes Zeichen, denn es hätte ja auch sein können, daß der Greis von Attinghausen gerade gestorben war. So machte er denn, um nicht müßig zu sein, einen ersten Ritt in die Umgebung, besuchte dienstlich eine Baustelle zwischen Silenen und Amsteg, wo zur Zeit ein Turm erstellt wurde, um den Pfad zum Gotthard zu sichern[7]. Inzwischen war die Sonne auch ins Tal gekommen, aber die Laune auf der Baustelle war mißlich. Ein alter Bauführer, damals Fronvogt genannt, ein Tiroler, der den Leuten von Uri schon seines andern Tonfalls wegen verhaßt war, hatte vermutlich aus persönlicher Rankünne, weil sie ihn Fötzel nannten, den schnöden Namen der Burg erfunden: TWING-URI. Das mußte, wie Ritter Konrad oder Grisler verstand, die braven Urner reizen. Der Tiroler wurde auf der Stelle entlassen – zu spät; der Name blieb im Gerücht für alle Zeit[8].

5.
»Die Namensverschüttung ist schon deshalb naheliegend, weil der Name des Hauptvogts, der nach den Chroniken über Schwyz und Uri waltete, uns weder durch die Urner noch durch die Schwyzer Historiographie, sondern einzig durch die ausländische Geschichtsüberlieferung mitgeteilt wird.« (Karl Meyer, Die Urschweizer Befreiungstradition, *1927) »Es läßt sich kaum verkennen, daß im Vogt Geßler eigentlich zwei Gestalten verschmolzen sind, nämlich ein Zwingherr im Lande Schwyz, der auf Schwanau sitzt und in jener Gegend (d. h. bei Küßnacht) erschlagen wird, und ein Tyrann im Lande Uri (der* Graf von Seedorf *in der Luzerner Chronik des Diebold Schilling), der den Apfelschuß erzwingt und an der Tellenplatte erschossen wird.« (August Bernoulli, 1881.)*

6.
Freiherr von Attinghausen, selber Grund- und Leibherr und reichsfrei, somit dem Haus Habsburg rechtlich gleichgestellt, war Landammann von Uri, Inhaber der stärksten Burg im Tal. »Die Eidgenossen stellten nur zum Teil jenes Volk freier Bauern dar, mit dem unsere patriotische Phantasie die Urschweiz besiedelt. Die dortige Gesellschaft entsprach der Sozialstruktur des Mittelalters, das heißt: sie war nach Ständen gegliedert. Ihre Mehrheit setzte sich – auf der untersten Etage – aus Grundhörigen zusammen: Leibeigenen, die zwar nicht wie Sklaven verkauft werden durften, ihrer Gutsherrschaft aber mit Frondiensten und Abgaben dienstbar waren.« (Marcel Beck, 1970) Infolgedessen hat der Reichsvogt korrekterweise mit dem Freiherrn von Attinghausen zu verhandeln, nicht mit dessen Leibeigenen.

7.
»Da König Rudolf bzw. seine Söhne in diesen Paßtälern das Geleitrecht hatten, dienten die Burgen auch zur Sicherheit der Kaufleute, als Stützpunkte der habsburgischen Verkehrs- und Zollpolitik, die fiskalisch sehr wichtig war.« (Karl Meyer,

ebenda.) Über die Bedeutung der Burgen für den Ausbau der Landeshoheit vgl. K. Lamprecht: Deutsches Wirtschaftsleben, *ferner E. Schrader:* Das Befestigungsrecht in Deutschland bis zum Beginn des 14. Jahrhunderts.

8.

Friedrich Schiller übernahm das Gerücht, das Bauvorhaben bei Silenen-Amsteg sei unrechtmäßig gewesen, aus der patriotischen Chronik des Aegidius Tschudi (1502–1572).

Schlimm waren die Abende in Altdorf, diese Abende mit einem Fräulein von Bruneck und dem jungen Rudenz, der für die ältliche Jungfer viel zu jung war, aber geil auf ihr Erbe. Abende mit Fledermäusen in einem Turm. Sie würfelten. Auch wenn er kein Kopfweh hatte, ging der dickliche Ritter oft schon um neun Uhr ins Bett. So langweilig hatte er sich diese Dienstreise nicht vorgestellt. Offenbar ahnte er nicht, daß er sich in der Urschweiz[9] befand, also an der Geburtsstätte unserer Freiheit[10]. Als Ausländer, der er in jedem Fall war, ob Ritter Konrad oder Grisler, wunderte er sich über mancherlei. Der Senn, der täglich die Milch brachte, tat's mit einer Miene, daß man sich fragen mußte, ob er nicht in die Milch gepißt hatte. Wie es Ausländern heute noch eigen ist, bemerkte der dickliche Ritter lauter Eigentümlichkeiten, die nicht typisch sind oder die nur die Einheimischen zu würdigen wissen[11]. Manchmal fürchtete er sich vor diesen Berglern; ihre Seele blieb ihm verschlossen[12]. Fragte er unterwegs einen Hirten nach dem Wetter, so redete dieser plötzlich mit seinem Vieh, schlug mit einem Stock auf das stumme Vieh, um es weiterzutreiben, und blickte nach einer Weile zurück, als gehe es einen fremden Fötzel[13] nichts an, das Wetter in Uri. So ritt er tagelang ohne jemand anzusprechen. Er sah ihre Hütten zwischen den Felsen; es dünkte ihn aberwitzig, daß Menschen in einer solchen Gegend wohnten, und sie taten ihm leid. Wenn er die sturen Felsen sah und das Geröll, überall Hänge von Geröll, verstand er, daß sie mürrisch waren, obschon er, Ritter Konrad oder Grisler, ihnen nichts zuleide getan hatte. Er lobte ihr Vieh. Im Durchschnitt waren sie klein und kräftig. In den ersten Tagen meinte er, alle hätten Kröpfe. Sie hatten diese kurzen und dicken Hälse, diese stämmigen Hälse, diese kurzen und stämmigen Nacken, wenig Hinterkopf, eine niedrige und kantige Stirn, darunter zwei Augen mit einem stechenden Blick. Eigentlich blickten sie einen nicht an, sie musterten. Sie hatten ein hartes Leben, aber sie waren stolz darauf. Sie waren Christen. Die Männer trugen das Heu auf dem Kopf, ganze Wolken von Heu, dann sah man nur ihre Beine, krumm vor Kraft der Waden. Sie wußten, wie man Käse macht, und brauchten sich von der Welt nicht belehren zu lassen. Ein Scherz konnte genügen, um es mit ihnen zu verscherzen. Genügsam wie ihre Väter und Großväter bauten sie ihre Hütten wie ihre Väter und Großväter; was nicht so war wie schon immer, schien ihnen bedenklich, geradezu des Teufels, der in diesen Tälern überhaupt eine große Rolle spielte[14]. Schon daß einer sich in ihre Täler wagte, machte ihn verdächtig; die Sennen, die einen Sommer allein auf ihrer Alp verbrachten, redeten lieber mit den Geistern als mit einem Unbekannten[15]. Ein einziges Mal kam der dickliche Ritter auf eine Alp und wunderte sich verständnislos: Kein einziger Baum, nur Kot von Kühen, Moor, Disteln, Gras zwischen Geröll, Wind, Fliegen auf dem schwarzen Kot, Bach mit Kieseln, vor allem Geröll, und nicht nur das Vieh glotzte ihn an, sondern auch der Senn, den er um Milch bat; der Senn glotzte und unterbrach seine Arbeit am Herd und glotzte, ohne zu sprechen[16]. Seither blieb der höfische Ritter unten im Tal. Ein stattlicher Bauer namens Walter Fürst, Inhaber eines großen Hofes im Tal, sagte wenigstens guten Tag und bot einen Sessel an; er selber, der Bauer, blieb stehen in Mißtrauen. Sie hatten einen Freibrief[17] und waren im Recht. Sie konnten sich unter einem Reich nichts vorstellen, was ihnen Nutzen bringt. Schon der fremde Schnitt eines Bartes mißfiel dem Bauern, denn in Uri trug man die Bärte anders und war im Recht. Gaben sie's zu, daß ihnen der Pfad über den Sankt Gotthard viel Nutzen brachte, Gewinn durch allerlei Handel mit habsburgischen Ländern, so verdankten sie es Gott, keinem anderen als Gott, der ab und zu eine Lawine fahren ließ, im übrigen aber sich nicht einmischte wie die Herren von Habsburg. Ritter Konrad oder Grisler oder wie immer er hieß, der dickliche Vertreter von König Rudolfs Erben, brauchte gar nicht zu reden; sie wollten nicht. Schließlich nahm er seine ritterliche Mütze von der Bank, nicht gewohnt, daß einer sich das Brusthaar kratzte, wenn man mit ihm redete, und erhob sich lächelnd – ohne Grund zu einem Lächeln – und wollte dem Bauern die Hand geben; nicht einmal das wollten sie[18], der Urner kratzte noch immer sein Brusthaar.

9.
Urschweiz, urschweizerisch usw. ist eine postume Bezeichnung. Die Verschwörer gegen Habsburg (Stauffacher-Gesellschaft) bezeichneten sich nicht als Schweizer, sondern als Eidgenossen. Schweizer wurde erst im österreichischen Lager der Schimpfname für sämtliche Waldleute, auch für die Nicht-Schwyzer. Vgl. hiezu Felix Hemmerli, De nobilitate et rusticitate dialogus, *1449: »Die Schwyzer waren eben die ersten Frevler gegen ihren Herrn, und so bekamen alle, welche der Reihe nach mit ihnen frevelten, auch ihren Namen.«*

10.
Freiheit im Sinn von staatlicher Souveränität.

11.
Würdigung der schweizerischen Eigenart, d. h. die positive Interpretation von Verhaltungsweisen, die den Ausländer enervieren, findet sich in der schweizerischen Literatur wie auch in der schweizerischen Publizistik.

12.
Vgl. hiezu Eduard Renner: Goldener Ring über Uri, *1954.*

13.
Fötzel ist in der Innerschweiz heute noch, trotz Tourismus, ein gebräuchlicher Ausdruck; er bezeichnet eine apriori-Minderwertigkeit des Ausländers. Über Xenophobie und Hotellerie besteht meines Wissens noch kein Standard-Werk. Die bäuerliche Xenophobie, vor allem in engen Tälern ein natürliches Phänomen, ist trotz Fremdenverkehr (1964: 32325000 Übernachtungen auf dem Gebiet der Eidgenossenschaft) keineswegs verlorengegangen; Devotheit gegenüber dem Ausländer, sofern er zahlungstüchtig ist, steht nicht im Widerspruch zur schweizerischen Eigenart.

14.
Siehe Josef Müller: Sagen aus Uri, *1926.*

15.
»Zu Rinderbüel im Madranertal, da liegt unter mächtigem Steingeröll begraben ein ganzes Sennten (Sennerei). Dort rief es eines Abends, als die Älpler die Kühe molken, von der jähen, unheimlich über den Hütten drohenden Felswand: I lah's la gah (Ich laß es fallen). Der Senn setzte beide Hände in Trichterform an den Mund und rief durch dieses Sprachrohr zurück: Du magsch scho na g'ha! (Du kannst es schon noch halten.) Am nächsten Abend erscholl die Stimme wieder: I müess la gah! und noch einmal antwortete der unerschrockene Senn: Mal jetz häb nu ä chly! (Jetzt halte das nur einmal ein bißchen.) Der dritte Abend war eingezogen in die stille Alp, die letzte Kuh wurde gerade gemolken, aber das ganze Sennten stand noch wiederkäuend beieinander, da schrie es wieder von der überhängenden Felswand herunter mit furchtbar drohender und doch fast bittender Stimme: Jäh, i müess la gah! (Jesses, ich muß es fallen lassen.) Der Senn rückte eben den einbeinigen Melkstuhl unter der Kuh weg, stellte sich mit dem vollen Eimer in der Hand auf und rief hinauf: So lach's äbä la chu! (So laß es eben kommen.) Und im Augenblick berstete krachend der Fels, fiel donnernd und Funken sprühend herunter und begrub das ganze herrliche Sennten mit dem Senn und den Knechten unter haushohen Trümmern und Steinblöcken.« (Josef Müller, Sagen aus Uri *)*

16.
»Ein Alpsenn hatte soeben erwellt, und ein großer Kessel voll der köstlichen milden Ziegenmilch lachte ihn an. Da dachte er: Jetzt gäbe ich doch gern einem armen Mensch genug z'saufen! Kaum gedacht, kam einer in die Hüttentüre, stützte seine Hände so auf das Halbtürchen und schaute in die Hütte hinein. Der Senn aber scheute sich, ihn anzureden. Nach einiger Zeit entfernte sich der Unbekannte, und als er neben der Hütte hinaufging, schrie er furchtbar. Der Senn hätte ihn anreden und ihm Ziegenmilch an-

bieten sollen, meinte die Erzählerin, dann hätte er ihn vielleicht erlösen können.« (Ebenda)

17.
Gemeint ist die Freiheitsurkunde, die König Heinrich, Sohn von Friedrich II. und dessen Reichsverweser in Deutschland, am 26. Mai 1231 den Urnern ausgestellt hat; vorher war das Tal Uri unter der hohen Gerichtsbarkeit der Reichsvogtei Zürich.

18.
Der Wille der Eidgenossen von 1291, keine Verpflichtungen gegenüber einem Völkerverein einzugehen, sondern sich auf die Nutznießung der Pässe zu beschränken, hat sich nicht ungebrochen bis ins 20. Jahrhundert erhalten. Erst nach einer Epoche kriegerischer Aggression und Expansion, die Macht vor Recht setzte, und erst nach der Niederlage bei Marignano 1515 siegte wieder die urschweizerische Denkart, der Verzicht auf Partizipation, ihr Anspruch auf Unabhängigkeit durch strikte Nicht-Integration (Neutralität); noch 1970 ist die Schweiz bekannt als Goldhort ersten Ranges und Nicht-Mitglied der UNO. Vgl. hiezu James Schwarzenbach, Begründer der Nationalen Aktion, 1. August 1970: »Unabhängigkeit ist unvereinbar mit der Integration, mit EWG, mit der UNO.«

Obschon die Untat sich nicht auf urnerischem Boden ereignet hatte, wußte jeder Urner davon, und wie Pfarrer Rösselmann sie zu berichten verstand, war der Bauer zu Altzellen natürlich im Recht, als er den habsburgischen Vogt, der splitternackt in einem Bottich saß und gerade sein verschwitztes Haar wusch, meuchlings mit einem Spaten erschlagen hatte[19]. Ohne Zweifel war der dickliche Ritter entsetzt, als er diese Geschichte von seinem Kollegen hörte, und schwieg vorerst... Beamte für diese Waldstätte zu finden war eben schwierig; wer sich irgendwie auszeichnete, daher bei den Herren von Habsburg in Gunst stand, so daß er einigermaßen einen Posten wünschen konnte, ging lieber nach Innsbruck oder Zürich, allenfalls nach Baden, nicht aber nach Sarnen oder Lowerz oder auf Rotzberg. Dieser Herr von Wolfenschießen, das wußte man damals in ritterlichen Kreisen, war zur Strafe nach Unterwalden versetzt worden, weil er's mit den Pagen trieb[20]. Es verwunderte daher den dicklichen Ritter, daß ausgerechnet dieser Wolffenschießen, in seiner Art ein liebenswürdiger Kollege, eine Unterwaldnerin habe verführen oder sogar vergewaltigen wollen. Ob es dafür, so erkundigte er sich vorsichtig bei Pfarrer Rösselmann, einen weiteren Zeugen gebe außer Gott. Denn er konnte es sich einfach nicht erklären[21]. Auch dünkte es den dicklichen Ritter, wenn er sich die Untat vorzustellen suchte, rätselhaft, daß ein Mann, der ein Weib will, sich selber entkleidet und dann im Bottich sitzt. Aber Pfarrer Rösselmann bestand darauf, als wäre er selber zugegen gewesen, und kein Urner zweifelte dran, daß es sich um versuchte Hurerei handelte, in Tateinheit mit Tyrannei; sonst hätte der Bauer von Altzellen, bekannt als frommer Mann, nicht zum Spaten gegriffen und dem badenden Vogt meuchlings den Schädel gespaltet, was, wie Pfarrer Rösselmann durchblicken ließ, jederzeit wieder geschehen könnte... Er war also gewarnt, der Vertreter von König Rudolfs Erben, von Christ zu Christ... Es gebe der habsburgischen Untaten mehr, sagte Pfarrer Rösselmann, als er spürte, daß der dickliche Ritter zwar erschüttert war, aber im stillen noch immer zweifelte, wer bei dem Vorkommnis im Recht war, es gebe der habsburgischen Untaten mehr. Ob er, Vertreter von

König Rudolfs Erben, beispielsweise die Geschichte von dem ebenfalls braven und frommen Melchtal kenne? Er kannte sie nicht. Sollte Melchtal, der Sohn, sich gefallen lassen, daß König Rudolfs Erben ihm die Ochsen vom Pflug spannten? Da wehrte er sich eben, wobei er einem Habsburger-Waffenknecht versehentlich den kleinen Finger brach. Was aber tat der Vogt darauf? Er wütete, er holte den greisen Vater und ließ ihm beide Augen ausstechen[22]. Auch diese Geschichte, nicht minder schauerlich, berichtete Pfarrer Rösselmann, als wäre er zugegen gewesen, und es war nicht Zweifel, sondern Ausdruck des Entsetzens, als der dickliche Ritter sagte: Ist das wahr? Er hielt die Hand vor seine eigenen Augen, so entsetzt war er, wie sehr diese Waldleute immer im Recht sind[23], und daran änderte es auch nichts, daß die Geschichte von Melchtal schon damals, 1291, eine ziemlich alte Geschichte war.

19.
*»Zu der Zeit hauste auf Altzellen ein wackerer Mann, der hatte eine hübsche Ehefrau. Aber der damals dort Herr war, der wollte diese haben, ob es ihr lieb wäre oder leid. Und das sagte er ihr. Sie aber tat wie eine rechtschaffene Frau tut, und bat ihn, er möchte sie damit unbelästigt lassen, denn sie wollte ihm niemals gehören. Aber ihre Worte halfen nichts. Der Herr meinte, seinen Mutwillen mit ihr treiben zu können, und kam auf Altzellen in ihr Haus. Ihr Mann war ins Holz gegangen. Der Herr zwang die Frau, ihm ein Bad zu bereiten und sprach, sie müsse mit ihm baden. Das Weib bat Gott, daß er sie vor Schanden behüte, doch der Vogt ging ins Bad und befahl ihr, zu ihm hinein zu sitzen. Sie war verzweifelt, daß ihr Mann nicht kam, und da Gott die Seinen, die ihn in Not anriefen, noch nie verließ, kam der Mann und fragte, was sie bedrücke. Sie sprach: Der Herr ist da und hat mich gezwungen, ihm ein Bad zu machen. Dort sitzt er jetzt und will, daß ich zu ihm komme, damit er mit mir tun kann, was er gerne möchte. Das wollte ich aber nicht und habe Gott gebeten, mich vor Schande zu behüten. Der Mann ward zornig, ging hin und schlug den Herrn sogleich mit der Axt tot, und bewahrte das Weib vor Schanden. Das wollte Gott, daß er heimkam.« (*Das weiße Buch von Sarnen, *um 1470.) Vergleiche die Chronik von Aegidius Tschudi hundert Jahre später: »Do begert Er, Sie sölt Im ein Wasserbad zubereiten, denn Er wäre vom Wandeln schweissig und müd worden«, was also noch kein unsittliches Ansinnen wäre; trotzdem erschrickt die brave Bäuerin auch bei Aegidius Tschudi, nur schickt Gott nicht ihren braven Mann nach Hause, sondern sie holt ihn draußen auf dem Feld. »Je älter die Erzählungen sind, je einfacher erscheinen sie; je jünger, desto umständlicher. Ja die späteren Schriftsteller wissen mehr zu erzählen als die früheren.« (Georg von Wyss, 1858, zur Geschichte der Urschweiz.) In keiner Chronik erwähnt wird das Herbergsrecht, das der landesherrliche Vogt hatte; alle Chroniken stimmen darin überein, daß der Vogt, Herr von Wolffenschießen, im Wasserbad saß, während die Bäuerin angekleidet blieb, und der*

einzige Zeuge dafür, daß der Vogt mehr begehrte als ein Wasserbad, bleibt die brave Bäuerin selbst.

20.
Chronikalisch gibt es keinen Hinweis auf die Homosexualität des genannten Vogtes, was allerdings auch daraus zu erklären wäre, daß Homosexualität in der Urschweiz ein Tabu war.

21.
Noch 1943 kam es in dieser Gegend, da wir als verschwitzte Soldaten an einem Dorfbrunnen unsere Hemden auszogen und wenigstens den nackten Oberkörper waschen wollten, zu einem Aufruhr; der Priester lief zum Hauptmann, beschwerte sich über unser lasterhaftes Treiben, das die Weiber des Dorfes verderben würde, und als der Hauptmann, ein Städter, darauf bestand, daß wir nach einem Tagesmarsch uns waschen dürften, versicherte der Priester, er und seine Gläubigen hätten in ihrem Leben noch niemals gebadet und stünden unter dem Segen Gottes.

22.
»Nun war auf Sarnen ein Herr von Landenberg im Namen des Reichs. Der vernahm, daß im Melchi einer wäre, der ein hübsch Gespann Ochsen hätte. Da fuhr der Herr zu und sandte einen seiner Knechte, ließ die Ochsen ausspannen und ihm bringen. Dem armen Mann ließ er sagen, die Bauern sollen den Pflug selber ziehen, die Ochsen wolle er haben. Der Knecht tat nach des Herrn Geheiß, ging hin und wollte die Ochsen ausspannen und sie nach Sarnen treiben. Der arme Mann aber hatte einen Sohn, dem gefiel das nicht. Er wollte die Ochsen nicht gerne lassen, und als des Herren Knecht das Joch ergriff, da schlug er mit dem Stock drein und brach dem Knecht seines Herrn einen Finger. Der Knecht ward böse darüber, ging heim und klagte dem Herrn, wie es ihm ergangen. Der ward zornig und drohte den Bauern Übles an. Der Sohn entfloh, doch der Vogt ließ seinen Vater holen, ließ ihn nach Sarnen auf seine Burg führen und blendete ihn dort, nahm ihm, was er hatte, und tat ihm also großes Leid an.« (Das

weiße Buch von Sarnen.) *Auch hier weiß Aegidius Tschudi hundert Jahre später zu präzisieren: »von einer geringen Ursachen wegen, da sin Sun Arnold von Melchtal söllt übertretten haben, und in Straff gefallen sin«, d. h. die Beschlagnahme der Ochsen erfolgte als Strafe für ein Vergehen vorher. Ferner wird bei Tschudi erkennbar, warum der arme Vater (»Heinrich von Melchtal, ein wiser, verständiger, ehrbarer, hablicher Mann«) geblendet wird: er verschweigt, wo sein unbotmäßiger Sohn sich aufhält. »Die Blendung, womit der greise Melchi-Bauer bestraft wurde, ist eine der gebräuchlichsten Strafarten des Mittelalters.« (Karl Meyer, ebenda.)*

23.
Die Tendenz der mündlichen Überlieferung, das eigene Kollektiv zu rechtfertigen, ist natürlich. Vgl. hiezu Johannes Dierauer, 1887: »der Eigenliebe des Volkes schmeichelnde Geschichten«. Vgl. ferner die mündliche Überlieferung in der Neuzeit, z. B. wie die Schweiz sich im Zweiten Weltkrieg meint verhalten zu haben. Schon nach einem Vierteljahrhundert werden Vorkommnisse vergessen oder zumindest nicht überliefert, die etwa unsere Gewißheit, die Schweiz sei immun gegen Faschismus, erschweren könnten. Die mündliche Überlieferung setzt sich sogar gegen Dokumentationen durch, wie sie dem mittelalterlichen Chronisten nicht zur Verfügung standen; die Publikation von Dokumenten bringt daher nicht selten einen Schock, wie z. B. der sog. Bonjour-Bericht über die Neutralität der Schweiz im Zweiten Weltkrieg, verfaßt zuhanden des Bundesrates und 1970 dem Volk erst nach einigem Zögern vorgelegt. Hätten auch wir, wie damals die Urschweiz, nur die mündliche Überlieferung (Stammtisch, Volksschule usw.), so gäbe es in der Schweiz von 1933 bis 1945 beispielsweise keine hitler-freundlichen Großbürger und Offiziere usw. und dies schon nach einem Vierteljahrhundert mündlicher Überlieferung. – Das weiße Buch von Sarnen, *die früheste Chronik des Schwurbundes in den Waldstätten, wurde erst 180 Jahre nach den Vorkommnissen verfaßt. (Vgl. hiezu* Quellenwerk zur Entstehung der Schweizerischen Eidge-

nossenschaft, *herausgegeben von der Geschichtsforschenden Gesellschaft der Schweiz, Abteilung III Chroniken, Band 1, »Das Weiße Buch von Sarnen«, 1947.)*

Zu einer ersten Begegnung mit dem Mann, der später als Wilhelm Tell durch zahlreiche Dichtungen berühmt wurde, kam es wahrscheinlich oberhalb Amsteg, wo Ritter Konrad oder Grisler, eher aber Konrad von Tillendorf[24] sich eines Tages auf der Jagd befand. Der dickliche Ritter, der an diesem Tag wieder sein Kopfweh hatte, saß an der Reuß und ließ die andern jagen. Gern hätte er die Stiefel ausgezogen, seine Füße nackt in das eisige Wasser gehängt; das war im 13. Jahrhundert das beste Mittel gegen Kopfweh. Leider war er nicht allein, und das Fräulein von Bruneck, das ihm wieder Gesellschaft leistete, redete pausenlos in die rauschende Reuß. Er nickte ab und zu, wußte schon ungefähr, was sie gesagt haben könnte, und sammelte zwischen seinen Stiefeln kleine und größere Steine, um sie in den reißenden Bach zu werfen, als wollte er die Berge abtragen. Auf den Bristen oder auf die Windgälle zu klettern, das fiel einem mittelalterlichen Mann noch nicht ein. So saß man denn bei Amsteg, was bekanntlich ein Loch ist. Hochoben ein blauer Tag. Einmal sagte er: Nichts gegen die Leute von Uri! und da sie ihn ebenfalls nicht verstehen konnte, mußte er's fast brüllen: Nichts gegen die Leute von Uri! Es war einfach nicht der Ort für ein Gespräch, und eigentlich war Herr Konrad (so nannte ihn die gesellige Jungfer) froh darum. Er wußte nicht, was mit ihm los war. Er sah nur noch Tannen und Geröll. Wieder fragte er das Fräulein, ob heute Föhn sei. Dann versuchte er irgend etwas zu denken. Das Fräulein fand den Platz mit Moos sogar entzückend, überhaupt die Gegend, diese Tannen und dieses Geröll und diese Wasserfälle und diese Luft. Es war, als stehe die Zeit. Als er nach langem Schweigen feststellte, daß er immer noch Steine, jetzt aber größere, in den stiebenden Bach warf, erfaßte ihn die Panik: nicht weil er seine bevorstehende Ermordung ahnte, sondern weil ihm zu diesem Geröll einfach nichts einfiel. Es machte ihn stur. Daher sein Ausspruch: Nichts gegen diese Leute von Uri!... Sein Knecht, Rudolf der Harras, der die beiden Pferde betreute, hatte sich für den Fall, daß der Herr Vogt sich dem freien Fräulein nähern sollte, in geziemender Entfernung niedergelassen und war offenbar eingeschlafen, so daß er den einheimischen Heuer oder

Senn nicht bemerkte, der breitbeinig den steilen Hang herunterkam, eine Armbrust auf der rechten Schulter, dazu einen Bub an der andern Hand. Es war das Fräulein von Bruneck, das flüsterte: Es kommt jemand! Es ist anzunehmen, daß der Ritter, als er sich jetzt umdrehte, nicht als erster grüßte. Ob Heuer oder Senn oder Wilderer, jedenfalls war's ein Einheimischer: ein untersetzter Mann, stämmig mit nackten Knien und in einem weißlichen Kittel mit Kapuze, wie die Heuer sie brauchen, damit das Heu, wenn sie es auf dem Kopf tragen, nicht im Nacken kitzelt; er trug aber kein Heu an diesem Tag, sondern nur eine Armbrust leicht auf der Schulter. So kam er breitbeinig und mit einem Bart und stämmig über den steilen Hang herunter; der Bub an seiner Hand wirkte fröhlich. Konrad von Tillendorf, verblüfft über die Erscheinung, wartete auf einen schlichten Gruß nicht dringlich, aber vergeblich; der Einheimische blieb stehen, nahm seine Armbrust von der Schulter und spannte sie mit Hilfe seines Fußes, nahm einen Pfeil aus dem Köcher und zeigte dem Bub, wie man den Pfeil auf die Armbrust legt, dann hielt er Ausschau nach Vögeln. Da flog aber nichts. Es war schade; der Ritter hätte gerne einmal gesehen, wie ein Pfeil und ein Vogel flugs zusammenfliegen. Als jetzt der aufgeweckte Bub bemerkte, daß da ein Ritter und ein Fräulein an der Reuß saßen, konnte Konrad von Tillendorf nicht umhin: er nickte – und der Armbrust-Vater schaute jetzt auch[25]. Er nickte seinerseits nicht, sondern steckte den Pfeil in den Köcher wie ein ertappter Wilderer und ging weiter, als wäre nichts gewesen, breitbeinig die Wiese hinunter, wieder die Armbrust auf der Schulter. Der Bub blickte noch zweimal zurück… Gern hätte er den stämmigen Wilderer gefragt, wie es weiter droben aussieht, wenn man zum Sankt Gotthard steigt; ob da Schnee sei usw. Er wäre kein Wilderer, meinte das Fräulein, sondern Jäger, Schütze von Beruf. In allem meinte sie Bescheid zu wissen, diese Bertha, die auch nicht verbürgt ist[26]. Sie hielt sich für schick in ihrem Kleid aus Luzern, saß aufrecht, zog Halme durch ihren schmalen Mund.

24.
Urkundliche Formen: Tilndorf, Tilendorf, Tillendorf, Thillingsdorf, Tellindorf, Dillendorf. Hiezu Karl Meyer: »In diesem Fall nannte man in der Urschweiz den verhaßten Vogt kurzerhand Tillen und seinen Bezwinger den Tillenschützen oder Tillentöter oder Tillen-Willi.« (Die Urschweizer Befreiungstradition.)

25.
Zum Streit der Gelehrten über die Geschichtlichkeit der Figur, deren Armbrust bekanntlich zum Signet für schweizerische Qualität wurde, schreibt August Bernoulli um 1872: »Der Umstand, daß wir den wirklichen Namen weder des Schützen noch des Getöteten kennen, ist doch sicher kein Grund, um die Sache an sich zu bezweifeln.« Vgl. hiezu auch Robert Walser: »Ich bin zum Beispiel überzeugt, daß, um auf Wilhelm Tell zurückzukommen, der Schweizer, der die Freiheit liebt, dem eine verhältnismäßig interessante Behausung bewohnenden Landvogt viel zu verdanken hat, indem letzterer ersteren zu Taten usw. anspornte.«

26.
Friedrich Schiller ging bei der Erfindung eines Fräuleins von Bruneck davon aus, der berüchtigte Vogt habe Geßler (oder Gesler) geheißen (was nicht stimmt) und infolgedessen Brunegg innegehabt. Trotzdem ist es nicht ausgeschlossen, daß es in Uri ein Fräulein von Bruneck oder Brunegg gegeben hat; nur spielte sie für den Schwurbund von 1291 keine Rolle und kommt in der Urschweizer Befreiungstradition *nicht vor, weil sie den Waldleuten gegenüber keine Schandtaten beging.*

Es wurde Juli, und der dickliche Ritter, der sich Tag für Tag nach dem flachen Lande sehnte, wartete noch immer darauf, daß der Freiherr von Attinghausen ihn endlich empfangen könnte zu den Verhandlungen betreffend Wegrecht, Zölle, Gewaltsverzicht usw.[27]. Persönlich hatte er kein Interesse daran, daß Habsburg sich dieses Tal von Uri untertan machte, im Gegenteil, das hätte bedeuten können, daß er, Ritter Konrad oder Grisler, auf Lebenszeit in dieses Tal versetzt worden wäre – ein Gedanke, der ihn bei hellichtem Tag rücklings aufs Bett warf... So lag er denn, die ritterlichen Stiefel an den Beinen und die Hände unter dem Nacken, Blick zur Decke, als der Knecht ihm meldete, drüben auf Attinghausen weile gerade der Landammann von Schwyz[28]. Ob er sich nicht getäuscht habe, fragte der dickliche Ritter, um nicht vom Bett aufspringen zu müssen vor Zorn über diese Waldleute. Während er, Ritter Konrad oder Grisler, seit Wochen wartete, um empfangen zu werden als Vertreter von König Rudolfs Erben, empfangen sie deren Untertan! Das fand er allerhand, aber er stellte nur seine Stiefel auf den Boden und blieb sitzen auf dem Rand des Bettes, im Augenblick zu müde, um an eine Verschwörung zu glauben[29]. Er schüttelte bloß den Kopf – statt sich sofort aufs Pferd zu setzen und mit seinen Waffenknechten hinüber zu reiten und diesen Stauffacher, der den Habsburgern nachgerade bekannt war, verhaften zu lassen[30]. Er trat vor einen Spiegel, zog mit dem Finger sein unteres Augenlid herab, um zu prüfen, ob die Galle schon das Auge verfärbte – was das bedeutete, wußte er: Gelbsucht...

27.
»Es gab damals keinen Konflikt zwischen der Herrschaft und den Ländern, der nicht gütlich, nämlich vor Gericht, hätte erörtert werden können. Auch der chronische Streit der Schwyzer mit den Klöstern Einsiedeln und Steinen war – vor Morgarten – jeweils auf dem Weg unblutigen Prozesses ausgetragen worden, wobei hier, notabene, meist die Gegenseite zu klagen hatte.« (Marcel Beck, 1970 in einem Interview mit Sonntags Journal, *Zürich.)*

28.
*»Zur selben Zeit war einer in Schwyz, der hieß Stauffacher, und wohnte zu Steinen, diesseits der Brücke. Der hatte sich ein schönes Steinhaus gebaut. Da ritt eines Tages Geßler vorbei, der zu jenen Zeiten dort in des Reichs Namen Vogt war, und rief den Stauffacher und fragte, wem die hübsche Herberge wäre. Der Stauffacher gab Antwort und sprach bedrückt: Gnädiger Herr, es ist euer und mein Leben. Und er getraute sich nicht zu sagen, daß sie sein Eigen sei, so fürchtete er den Vogt, und der ritt weiter. Der Stauffacher aber war ein weiser Mann und hatte auch eine kluge Frau. Er beschäftigte sich mit der Sache, und er fürchtete, daß der Vogt ihm Leib und Gut nehmen möchte.« (*Das weiße Buch von Sarnen, *um 1470.) Vgl. hiezu A. Coulin: »Befestigungshoheit und Befestigungsrecht«. Irgendeine Maßnahme oder auch nur ein Wort des Vogtes, wodurch Stauffacher sich bedroht fühlen mußte, werden von keinem Chronisten überliefert; es steht lediglich fest, daß Stauffacher nach seiner ausweichenden Antwort nach Uri geflohen ist. »Im Lande Uri – der nähere Ort ist nicht genannt – gründet Stauffacher von Schwyz den habsburgfeindlichen Parteibund.« (Karl Meyer, ebenda.) Wie es dann im Bundesbrief heißt: »gegen die Arglist der Zeit.«*

P.S.
Ein ähnlicher Verstoß gegen Bauvorschriften, wie ihn Stauffacher begangen hat, kann in einem Rechtsstaat dazu führen, daß das Gebäude abgerissen werden muß. Einen Fall, der zeigt, daß

der Stauffacher-Geist heute noch lebendig ist, entnehmen wir der Tagespresse:

»Ingenieur Linder hat Strafklage eingereicht, weil das Büro für Nationalstraßenbau angeordnet hatte, daß sein Haus am Südausgang des künftigen Gotthard-Straßentunnels abgerissen werden soll. Der Ingenieur und Major hatte die Arbeiter am letzten Dienstag mit einem Gewehr in der Hand aus dem Haus gewiesen, als sie mit dem Abbruch beginnen sollten. Vor der Presse präzisierte er, daß das Gewehr, bei dem es sich nicht um eine Ordonnanz-Waffe gehandelt habe, nicht geladen gewesen sei. Kurz nach sieben Uhr sei er nach Hause gekommen und habe feststellen müssen, daß ein Dutzend Arbeiter sich gewaltsam Zugang verschafft hätten. Da weder eine Gerichtsperson noch die Polizei zugegen gewesen sei, habe er sich ganz allein einer ›ungesetzlichen Lage‹ gegenüber gesehen. Nach der Flucht der Arbeiter habe er den Vorfall der Polizei gemeldet. Linder erklärte, das Nationalstraßen-Büro sei im Unrecht, weil es den Abbruch angeordnet habe. Sein Haus ist in der Zwischenzeit demoliert worden; die Möbel befinden sich in einem Lagerschuppen.«
(31. 8. 1970)

29.
»Die Heimlichkeit, in welcher sich die befreienden Taten vollziehen, die überfallartige Tötung von zwei österreichischen Vögten, die Verborgenheit der Beratungen am Rütli und auf Treichi, Stauffachers Besorgnis und ausweichende Antwort dem Vogt gegenüber, die Flucht des Schwyzers und der beiden Unterwaldner (Melchtal, Baumgarten) ins Reichstal Uri: das alles sind Dinge, die erst im Laufe der Zeit den Schimmer des Glorreichen empfingen. Ursprünglich wurden sie, wie im Mittelalter heimliche Taten überhaupt, als nicht unbedenklich empfunden.« (Karl Meyer, Die Urschweizer Befreiungstradition*)*

30.
»Als Leiter des Schwyzer Ammänner-Kollegiums kommt Rudolf Stauffacher gleich nach dem Übergang des Landes an die Linie

König Rudolfs in Streit mit den habsburgischen Vögten, als er das Zisterzienserinnen-Kloster Steinen besteuert; er trotzt dem die klösterliche Steuerfreiheit schützenden Ritter Hartmann von Baldegg, Rudolfs oberstem Haus- und Reichsbeamten, so daß die Nonnen sich an die Königin wenden.« (Karl Meyer, ebenda)

Einmal fragte ihn ein Kind: Bist du jetzt der Toggeli? wahrscheinlich weil die Gelbsucht langsam sein Gesicht verfärbte. Als Ritter Konrad oder Grisler, selbst Vater, belustigt und ohne Ritter-Allüren fragte, was denn ein Toggeli wäre, lief das Kind mit Entsetzen davon, und er begriff nur, daß er nicht hätte lachen dürfen. Das Kind schrie, als habe der Herr Vogt es mit der Peitsche mißhandelt. Später fragte er den jungen Rudenz, was das Kind wohl gemeint habe; Rudenz errötete, als hätte das Kind etwas Ungehöriges oder Treffendes gesagt, und gab sich weltmännisch, indem er versicherte, es gebe heutzutage keine Toggeli mehr[31].

31.
»Golzern war vor alten Zeiten eine Alp. Im jetzigen Metzgerberg stand eine Hütte, da walteten drei Alpknechte oder drei Brüder, ein Senn, ein Küher und ein Diener. Sie hatten wenig Arbeit, denn das Vieh brauchte auf der Weide fast gar nicht gehütet zu werden und wurde nie gestallt. Einst, da sie vor Übermut und vor Langeweile nicht mehr wußten, was anfangen, gingen sie hin, schnitzten aus einem Stück Holz einen rohen Kopf, kleideten denselben in Lumpen und stellten die so entstandene Figur hinter den Tisch. Sie hatten ihr Gespött mit diesem Toggel oder Tunsch (auch Tunggel genannt) und nannten ihn »Häusäli«; mein Gewährsmann meint, das heiße Hanseli. Wenn sie geschwungene Nidel aßen, fragten sie: »Häusäli, magsch au?« und warfen ihm einen Schläck zu; wenn sie ihren Nidelreisbrei verzehrten, fragten sie wieder: »Häusäli, magsch au ä Bitz?« und strichen ihm einen Chleipis unter die Nase und ums Maul. Nach und nach gaben sie ihm den Löffel in die Krallen und zeigten ihm, wie er dazu tun müsse, wenn er fressen wolle. Und bigoscht hindärä! Der Toggel fing an zu fressen! Da erschraken sie zuerst, gewöhnten sich aber für und für daran und trieben wieder ihre Späße. Als sie einmal Karten spielten, fragte der Senn: »Häusäli, wettisch au spilä?« und gab ihm die Karten in die Taapen; zuerst mußte er nur die Karten halten und sein Partner schaute sie selber auf und spielte sie aus. Nach und nach hielt aber der Tunsch die Karten fest und spielte selber. Das war ein Spaß! Von nun an spielte er jedesmal mit, und wer's mit ihm hatte, der gewann immer. Der Balg nährte sich gut und gedieh. Alle Sonntage mußten sie ihn auf den benachbarten Chrottäbiel an die Sonne hinübertragen, und er war so fett, daß alle Alpknechte miteinander ihn kaum zu tragen vermochten. Als sie in den Oberstafel fuhren, nahmen sie ihn mit und ebenso wieder, als sie im Herbst nach Golzern zurückkehrten. Am buntesten mit ihm trieb's halt doch der Senn. Der Sommer war dahin; die Alptriften erbleichten, und der Winter hatte schon die ersten Vorposten auf die Bergspitzen gestellt. Da hieß es abfahren von der Alp. Als die Kühe zusammengetrieben waren und alles bereit stand, stellte sich auch Häusäli ein,

aber nicht um einen rührenden Abschied zu feiern. Mit ernster und fester Gebärde gebot der Toggel dem Senn, als dem Oberhaupt der Alp, zu bleiben, den andern erlaubte er, abzufahren, aber ja nicht zurückzuschauen, bis sie das Egg erreicht hätten. So geschah es, der Senn blieb, die andern zogen mit dem Vieh ab, und als sie die Egg erreicht hatten, schauten sie zurück und sahen mit Zittern und Schrecken, wie der Toggel des Senns blutige Haut auf dem Hüttendach ausspreitete. Seitdem heißt der Ort Metzgerberg.« (Josef Müller, Sagen aus Uri*)*

Die Konferenz zu Attinghausen, wahrscheinlich Ende Juli[32], verlief ergebnislos. Man saß in einem keineswegs bäuerlichen Saal, der Greis trug eine Mütze aus lombardischem Samt, saß in einem Sessel, dessen geschnitzte Rückenlehne ihn überragte, und sagte nichts, sondern hüstelte. Um nicht mit der Türe ins Haus zu fallen, redete der Vertreter von König Rudolfs Erben vorerst allgemein: vom Wandel der Zeit. Obschon man sich ein Ende dieses Mittelalters nicht vorstellen konnte, meinte der dickliche Ritter, ein gewisser Wandel wäre kaum aufzuhalten, sogar zu wünschen, gewisse Einrichtungen auf Erden wären noch zu verbessern usw. Der Greis von Attinghausen blickte wie ausgestopft, wenn auch ohne Anzeichen von Hirnschlag; er sagte: »wie vor des chünges zyten[33].« Ein Knecht brachte lombardischen Wein[34]. Wie immer wenn er sich lockerer geben wollte, als er im Augenblick war, hatte Konrad von Tillendorf die Unart, seine Beine übereinanderzuschlagen und mit seinem Handschuh zu tändeln. Es gehe König Rudolfs Erben nicht nur um Zölle[35], sagte er, aber kam nicht weiter mit seiner Rede. »Wie vor des chünges zyten«, etwas anderes kam für Uri nicht in Frage, »wie vor des chünges zyten!« Er hatte gehofft, der junge Rudenz würde vermitteln. Das war nicht der Fall. Uli (so nannte ihn der Oheim) unterstützte den Greis in seinem Schweigen, und Ritter Konrad oder Grisler redete viel zu viel. Als er sich dessen bewußt wurde und schwieg, hörte man die Reuß, denn der Freiherr von Attinghausen schwieg ebenfalls, denn er hatte es schon zu Anfang gesagt: »wie vor des chünges zyten[36].« Es kann sein, daß der dickliche Ritter nach und nach lächelte: Ein Volk, das nur auf Vergangenheit sinnt! Nachdem der Greis und Landammann von Uri gemurmelt hatte, daß man nämlich König Rudolfs Erben nicht anerkenne, hätte der dickliche Ritter eigentlich aufstehen können. Er nahm endlich einen kleinen Schluck von dem lombardischen Wein, bevor er, jetzt ohne Lächeln, auf die Frage der Anerkennung zurückkam; er hielt es für einen Tatbestand, daß es die Habsburger gab, ein Ergebnis der Geschichte, aber der Greis von Uri schüttelte weiterhin den Kopf: »wie vor des chünges zyten«, so und nicht anders, »wie vor des chünges zyten[37]«.

Jetzt sagte er nichts mehr, der dickliche Ritter, der im stillen meinte: So denkt eben ein Greis, seine Enkel werden anders denken[38]. Was er nun nicht mehr hören konnte: diese Baumgarten-Geschichte mit dem unzüchtigen Vogt, der ein Bad verlangt hatte usw., sowie diese Melchtal-Geschichte mit der grauenvollen Strafe für einen kleinen Finger usw.[39]. Als er, langsam schon ungeduldig, Baumgarten kurz einen Mörder nannte, mußte er's endlich begreifen: Herr von Attinghausen war schwerhörig, denn statt sich zu entrüsten über diese ausländische Ansicht, nickte der Greis, nickte, als hätte man den badenden Vogt als Mörder bezeichnet. Einen Augenblick lang war er verlegen, so daß er unwillkürlich an seinem Handschuh zupfte, dann erkundigte er sich bei dem jungen Rudenz nach dem Grad der Schwerhörigkeit seines Oheims. Er wäre nicht taub, so hieß es, nur schwerhörig, was aber nichts an seinem Standpunkt änderte. Gerade der Umstand aber, daß der maßgebliche Greis von alledem, was König Rudolfs Erben ihrem reichsfreien Nachbarn unterbreiteten, schätzungsweise nicht einen Zehnten verstanden hatte, gab dem dicklichen Ritter nochmals Hoffnung; er rückte seinen Sessel näher und trug's noch einmal vor – jetzt aber mit lauter Stimme... Er irrte sich nochmals; der Greis von Attinghausen, Grundherr und reichsfrei, ließ sich nicht anbrüllen und von Habsburg schon gar nicht[40]. Die Konferenz war zu Ende[41]. Der dickliche Ritter, als er die Burg von Attinghausen verlassen hatte, streckte die Hand aus (ohne Handschuh): es regnete, es war kein Föhn, es konnte nicht am Wetter liegen.

32.
Ob der Hinschied von König Rudolf (15. 7. 1291) in den Waldstätten schon bekannt war, ist nicht erwiesen, jedoch für die Konferenz unwichtig. »Die Hoffnung auf das bevorstehende Ableben des kränkelnden greisen Königs, wo(bei) das Haus Habsburg die Verfügung über die Machtmittel des Reiches einbüßen würde, hatte schon längst zu politischen Vorbereitungen geführt.« (Karl Meyer, Die Urschweizer Befreiungstradition*)*

33.
Gemeint ist die Zeit des Interregnums: 1245 (Absetzung Friedrichs II. durch den Papst) bis 1273.

34.
Konnte die Äbtissin von Zürich von ihren Lehensgütern in Uri noch Wein und Getreide als Zins und Zehnten fordern, so beweist diese Forderung, daß es im 12. Jahrhundert noch einen einheimischen Weinbau gab. Der Sankt Gotthard wurde erst im 12. Jahrhundert ein gangbarer Paß, nachdem der Bau der sog. Teufelsbrücke gelungen war. Die erste Sicherung dieses Handelsweges und damit dessen Nutzung übernahmen vor allem die Freiherren von Attinghausen. (Nach Eduard Renner, Goldener Ring über Uri, *1954) Bereits zu dieser Zeit war der lombardische Wein billiger als der einheimische.*

35.
»Die ältere (österreichische) Habsburgerlinie hat in der rudolfinischen Zeit fast alle Nachbarn Uris unter ihre Hoheit gebracht: 1273 Schwyz und Nidwalden, 1264 das Tal Glarus... vor allem aber gewann Habsburg-Österreich die Gotthardroute: 1283 das Gotthardtal Ursern, dann die rotenburgischen Vogteirechte über Luzern und Umgebung... Die Gotthardzölle, einheitlich in Luzern zusammengelegt, bildeten den Rückgrat des habsburgischen Finanzwesens in den Stammlanden. Das Paßtal Uri wurde so eine Reichsenklave *mitten im habsburgischen Besitz am Gott-*

hard und gelangte, wie die übrigen Reichskommunen in unserem Land, zweifellos unter die Aufsicht habsburgischer Hausbeamten: diese besorgten ja in unseren Gebieten in Personalunion Haus- und Reichsverwaltung.« (Karl Meyer, Gründung der Eidgenossenschaft im Lichte der Urkunden und Chroniken, *1930)*

36.
Der Glaube an das Althergebrachte, eine Essenz urschweizerischer Denkart, wobei man Neuerungen mehr fürchtet als Rückständigkeit, hat sich bis zum heutigen Tag erhalten. Vgl. beispielshalber Hausvorschriften für die Strafanstalt Regensdorf im Kanton Zürich: »Der Gefangene wird vom Personal mit seiner Nummer angesprochen... Jeder Gefangene begibt sich einzeln zum Abort, um den Nachttopf zu leeren und auszuspülen, und kehrt sofort in die Zelle zurück... Personen, die nicht blutsverwandt sind, haben kein Anrecht, Besuche zu machen... Der Besuch ist auf 30 Minuten beschränkt und beaufsichtigt... Mündlicher und schriftlicher Verkehr zwischen den Gefangenen ist untersagt. Es herrscht grundsätzlich Schweigegebot. Auf dem Weg zur Kirche, während des Gottesdienstes und den Veranstaltungen sowie auf dem Rückweg in die Zelle ist jegliche Unterhaltung untersagt. Auf dem Weg zur Arbeit und zurück ist absolute Ruhe geboten. Beim Isoliertenspaziergang wird Einerkolonne mit einem Abstand von 3 Metern eingehalten. Sprechen ist verboten. Beim gemeinsamen Spazieren darf in Zweierkolonne spaziert werden in einem Abstand von ca. 2 Metern zwischen den Gliedern. Eine schickliche Unterhaltung ist gestattet. Es ist unvorsichtig, seine persönlichen Angelegenheiten mit andern Gefangenen zu erörtern. Vor allem soll andern Gefangenen die Adresse der Ehefrau und anderer Angehöriger nicht mitgeteilt werden. Die Zenzur der ein- und ausgehenden Post untersteht der Direktion. Postsendungen von ehemaligen Mitgefangenen können ohne Mitteilung an den Adressaten zu den Personalakten gelegt werden –«

37.
»vor des chünges zyten, das war der status debitus, den sie in der Arenga ihres Bundesbriefes meinen.« (Karl Meyer, ebenda)

38.
Vgl. hiezu die Publikationen der Schweizerischen Offiziersgesellschaft: Die geistige Landesverteidigung, *1967. Unhaltbar, weil undialektisch, ist die Darstellung von Friedrich Engels: »Die Urschweizer haben sich zweimal in der Geschichte bemerklich gemacht. Das erste Mal, als sie sich von der österreichischen Tyrannei glorreich befreiten, das zweite Mal in diesem Augenblick, wo sie mit Gott für Jesuiten und Vaterland in den Kampf ziehen. Die glorreiche Befreiung aus den Krallen des österreichischen Adlers verträgt schon sehr schlecht, daß man sie bei Licht besieht. Das Haus Österreich war ein einziges Mal in seiner Karriere progressiv; es war im Anfang seiner Laufbahn, als es sich mit den Spießbürgern der Städte gegen den Adel alliierte und eine deutsche Monarchie zu gründen suchte. Es war progressiv in höchst spießbürgerlicher Weise, aber einerlei, es war progressiv. Und wer stemmte sich ihm am entschiedensten entgegen? Die Urschweizer. Der Kampf der Urschweizer gegen Österreich, der glorreiche Eid auf dem Grütli, der heldenmütige Schuß Tells, der ewig denkwürdige Sieg von Morgarten, alles das war der Kampf störrischer Hirten gegen den Andrang der geschichtlichen Entwicklung, der Kampf der hartnäckigen, stabilen Lokalinteressen gegen die Interessen der ganzen Nation, der Kampf der Rohheit gegen die Bildung, der Barbarei gegen die Zivilisation... Zwei Invasionen sind in der neueren Zeit gegen diese Sitteneinfalt und Urkraft versucht worden. Die erste war die der Franzosen 1798. Aber diese Franzosen, die sonst überall doch etwas Zivilisation verbreitet haben, scheiterten an den Urschweizern. Keine Spur ihrer Anwesenheit ist geblieben, kein Jota haben sie von den alten Sitten und Tugenden beseitigen können. Die zweite Invasion kam zwanzig Jahre später und trug wenigstens einige Früchte. Das war die Invasion der englischen Reisenden, der Londoner Lords und der zahllosen Lichterzieher, Seifensieder, Gewürz-*

krämer und Knochenhändler, die ihnen folgten. Diese Invasion hat es wenigstens dahin gebracht, daß die alte Gastfreundschaft ein Ende nahm und die ehrlichen Bewohner der Sennhütten, die früher kaum wußten, was Geld sei, sich in die habgierigsten und spitzbübischsten Preller verwandelten, die es irgendwo gibt... Der größte Stolz dieser vierschrötigen Urschweizer war von jeher, daß sie nie von den Gebräuchen ihrer Vorfahren auch nur um ein Haarbreit gewichen sind, daß sie die einfältige, keusche, biedere und tugendsame Sitte ihrer Väter im Strome der Jahrhunderte unverfälscht bewahrt haben. Und das ist wahr, jeder Versuch der Zivilisation ist an den granitenen Wänden ihrer Felsen und ihrer Schädel abgeprallt... Wer verteidigte am 14. Juli 1789 die Bastille gegen das anstürmende Volk, wer schoß hinter Mauern die Arbeiter des Faubourg St.-Antoine mit Kartätschen und Flintenkugeln nieder? Urschweizer aus dem Sonderbund, Enkel Tells, Stauffachers und Winkelrieds. Wer verteidigte am 10. August 1792 den Verräter Ludwig XVI. im Louvre und in den Tuilerien gegen den gerechten Zorn des Volkes? Urschweizer aus dem Sonderbund. Wer unterdrückte, mit Hülfe Napoleons, die neapolitanische Revolution von 1798? Urschweizer aus dem Sonderbund.« (Geschrieben 1847.)

39.
Sowohl Das Weiße Buch von Sarnen *(um 1470) als auch die Chronik des Aegidius Tschudi (1505 bis 1572) sowie sämtliche Tellenspiele belegen ihre pauschale Klage über die habsburgischen Vögte (»sie taten den Leuten großen Drang an«) lediglich mit zwei konkreten Fällen: Cunrad von Baumgarten, Arnold von Melchtal. Schon der Fall des Stauffacher, der ohne landesherrliche Erlaubnis sich ein Steinhaus gebaut hat und dafür zur Rede gestellt wird, eignet sich weniger, da Stauffacher auf seine Ausrede hin nicht bestraft wurde, er floh trotzdem nach Uri, um sich als Verschwörer zu betätigen.*

40.
Unter Freiheit verstehen die Eidgenossen von 1291 in erster Li-

nie: Freiheit von Habsburg. »Wir wollen frei sein wie die Väter waren«, die Parole, die Friedrich Schiller gestiftet hat und die in der heutigen Schweiz noch in feierlichem Gebrauch ist, richtet sich keineswegs auf die einheimischen Besitzverhältnisse, d. h. es geht nicht etwa um die Freiheit des Arbeitnehmers, so wenig wie der Rütli-Schwur je die Freiheit der einheimischen Grundhörigen meinte: »Ita tamen quod quilibet homo iuxta sui nominis conditionem domino convenienter subesse debeat et servire.« Gemeint war also die Freiheit der einheimischen Freiherren, ihre Unabhängigkeit, die mit Leib und Seele zu verteidigen auch das einfache Volk verpflichtet ist. Die schweizerische Armee (jeder Schweizer ist wehrpflichtig) dient heute noch diesem urschweizerischen Freiheitsbegriff. Vgl. Generalstreik 1918, wo unsere Armee gegen die sozialistische Arbeiterschaft eingesetzt wurde. Wie lebendig nach sechs Jahrhunderten dieser bedingungslose Willen zur Unabhängigkeit ist, zeigt sich nicht allein an den Militär-Ausgaben (1970: 1,8 Milliarden Schweizerfranken), sondern auch im schweizerischen Geistesleben: »Da wird er (der Schweizerische Schriftsteller-Verein) sich dann plötzlich, nach allen Subtilitäten, vor der blanken Grundfrage sehen: Wie hältst du es überhaupt mit der Landesverteidigung? Dafür? Dagegen? Selbst wenn es heißen würde: Dagegen – kein Mitglied des Schweizerischen Schriftsteller-Vereins müßte deswegen unser Land verlassen; keines würde den Schutz unseres Rechtsstaates verlieren. Ich meine: das wäre, einmal wieder, ein Bekenntnis zu diesem Staat wert.« (Werner Weber, Neue Zürcher Zeitung, *31. 5. 1970) Vgl. hiezu Gefängnisstrafen für Dienstverweigerer.*

41.
»Aus den Gegenden am Vierwaldstättersee sind Geschichtswerke erst seit dem 15. Jahrhundert erhalten... Ganz große Geschehnisse mögen sich abgespielt haben, ohne daß sie in den überlieferten Dokumenten irgendwie durchschimmern.« (Karl Meyer, Die Urschweizer Befreiungstradition*) Eine Konferenz zu Attinghausen im Jahr 1291, als der berüchtigte Reichsvogt in Uri weilte, ist beispielsweise nicht überliefert; konnte sie auf*

habsburgischer Seite nie bekannt werden, weil der Vertreter von König Rudolfs Erben auf der Heimreise erschossen worden ist, so konnten die Waldleute ihrerseits, wenn sie ihren Landammann befragten, wenig erfahren, was Habsburg ihnen anbot; der schwerhörige Greis konnte sie nur ermahnen, einig zu sein. Kurz darauf verstarb er.

Der 1. August 1291 war ein schwüler Tag[42], und da der dickliche Ritter nicht im mindesten ahnte, daß die Waldleute an diesem Tag nicht bloß ihr Vieh auf die Weiden trieben und Käse machten und abends ihre Sensen dengelten usw., sondern eine geschichtliche Sendung übernahmen, die mit der Sendung ganz weniger Völker in der Geschichte vergleichbar ist[43], frühstückte er wie üblich: Käse mit Brot, dazu Milch. Er ritt noch einmal zur Baustelle bei Silenen-Amsteg, um sein Beamten-Gewissen zu beruhigen. Von Streik oder Aufruhr keine Spur. Er ritt weiter. Zu Anfang hatte ihn manchmal der junge Rudenz begleitet, jetzt nicht mehr; seit jener Jagd oberhalb Amsteg war dieser Uli nicht abzubringen von dem Wahn, Ritter Konrad habe ihm die reiche Erbin von Bruneck ausgespannt, und er wollte mit Ausländern nichts mehr zu tun haben. So ritt Ritter Konrad eben allein. Es lag noch immer Schnee auf den Bergen. Er sah Heuer und Hirten, die als Leibeigene ebenfalls nichts wußten und diesen 1. August 1291 für irgendeinen Frontag hielten, was auch der Fall war. Keine feierliche Ahnung erfüllte die Lüfte, nur das sommerliche Summen von Schmeißfliegen um den besonnten Mist. Ein schwüler Tag, und Konrad von Tillendorf hätte gerne ein Bad genommen in der Reuß, hütete sich aber, die frommen Waldleute zu entrüsten, und ritt nach Altdorf zurück. Mittagessen mit dem Fräulein von Bruneck. Nachmittags mußte er sich aufs Bett legen; es war eindeutig die Leber[44]. Er grübelte. Inzwischen wußte man, daß König Rudolf verstorben war. Er grübelte, was und wie er seinen Herren, König Rudolfs Erben, die politische Situation in diesem schwülen Reichstal berichten sollte. Eine Schmeißfliege, die in der Kammer sirrte und sich nicht erwischen ließ, hinderte den dicklichen Ritter, politisch zu denken; er vermochte nur zu hoffen. Übrigens war es keine Schmeißfliege, sondern eine Hummel. Gegen Abend, wenn die Bauern eher Zeit haben, wollte er nochmals eine Unterredung mit Zurfrouen und Fürst, wenigstens mit einem von beiden, erhielt aus beiden Höfen aber den gleichen Bescheid: Vater sei heute zu einem kranken Vetter auf die Alp gegangen – offenbar schöpfte der dickliche Ritter noch immer keinen Verdacht; er ärgerte sich nur über die blöde Ausrede dieser Bauern, die, wie er allerdings sagte, der Teufel holen möge, wo immer sie sich zur Stunde befänden[45]. Wenn sie nicht verhandeln wollten, dann eben nicht. Er hatte es satt. Rudolf der Harras, sein Knecht, sollte für übermorgen einen Nauen bestellen, Abfahrt von Flüelen in der Morgenfrühe. Er hielt sie für stur und verstockt und verschlagen, diese Waldleute, aber Revolution traute er ihnen nicht zu[46]. So verbrachte er den Rest dieses Tages, der in der Schweiz und unter Schweizern im Ausland heute noch gefeiert wird, ohne Ahnung; unter anderem spielte er mit einer schwarzen Katze, pflegte endlich wieder einmal seinen Bart usw. Abend mit dem Fräulein von Bruneck. Sie würfelten. Es roch wie immer nach Heu, und man hörte, wie die Knechte ihre Sensen dengelten; Fledermäuse schwirrten. Das Fräulein bedauerte, daß Herr Konrad schon übermorgen die Heimreise antreten wollte; Herr Konrad hingegen war froh, daß er übermorgen wieder unter Menschen sein würde. Natürlich sagte er's nicht mit diesen Worten, sondern beteuerte, daß er diesen Sommer in Uri nie vergessen würde... Der Greis von Attinghausen war bestattet, die maßgeblichen Bauern besuchten ihren kranken Vetter auf der Alp, und so gab es nur noch eins, was er in seiner Eigenschaft als Reichsvogt zu erledigen hatte: die übliche Zeremonie mit dem Hut auf der Stange[47]. Ein Tag, so hoffte er, sollte für diese Zeremonie genügen.

42.
Die Datierung des Bundesschwurs bei Melchior Russ und Etterlin »ungefähr 1292«, »ungefähr 1294« sowie im ersten Tellenspiel »ungefähr 1296« sowie bei den Chronisten Brennwald und Tschudi »1314«, »1307« haben sich nach neuerer Forschung als irrig erwiesen.

43.
»Es hieße den Bundesbrief von 1291 gründlich mißverstehen, wenn wir ihm etwas anderes unterschieben wollten als den Willen der Landleute, im allgemeinen Zerfall Rücken gegen Rücken zu stehen, Haus um Haus, Weg um Weg, Steg um Steg selbst und mit der Hilfe Gottes zu sichern. Es war dies nicht ein Schwur unter dem nächtlichen Himmel und am abgelegenen Rütli... Es war dies ein Bündnis, das, wie die Überlieferung meldet, am hellichten Tage mitten in Brunnen und unter dem weißen Glast der Augustsonne besprochen, lateinisch verschrieben, beschworen und formrechtens besiegelt wurde: Ein Staatsakt klarster Fassung, klarsten Inhalts und allernächster Geltung. Ein Bund, welchem nicht eine unerhörte Idee ewige Dauer versprach, sondern einzig die ewige bestehende gleiche Not und Gottes Hilfe. Aber was bedeuten seine einfachen Worte! Sie bedeuten die Gründung des ersten modernen Volks- und Rechtsstaates. In jener Tat übernahmen die Eidgenossen eine Sendung, die mit der Sendung ganz weniger Völker der Geschichte vergleichbar ist. Wie dem Volk Israel die Aufgabe wurde, den Gottesstaat, den Griechen, die freie Polis mit freien Bürgern zu gestalten, dem orientalischen Großkönigtum den Wert des kleinen Volkes und den Wert des Menschen entgegenzustellen, also erhoben diese Männer, inmitten einer kriegerischen Zeit, die einfache Forderung nach Sicherheit des Lebens und Gutes.« (Eduard Renner, Goldener Ring über Uri, *1954)*

44.
Hepatitis (Gelbsucht) kann durch einen Virus hervorgerufen werden, ist aber in jedem Fall ein psychosomatisches Phänomen,

d. h. eine gewisse Depressivität, die den Reichsvogt in diesem Land Uri befiel, kann sowohl die Folge wie auch die Ursache einer Gelbsucht sein.

45.
Ob die Verschwörer (Eidgenossen) sich an diesem Tag tatsächlich auf dem Rütli trafen, wie allgemein angenommen, oder in Brunnen unter dem weißen Glaste der Augustsonne, wie Eduard Renner behauptet, ist ungewiß, ändert aber nichts am Geist der Verschwörung, wie er im Bundesbrief sich dokumentiert, und nichts an der personellen Zusammensetzung, die chronikalisch außer Zweifel steht: Stauffacher, Melchtal, Fürst, »die Eidtgenossen«, alle bekannt als Grundeigentümer. Die Idee, ein Volk der Hirten habe sich verschworen, ist späteren Datums und verkennt den mittelalterlichen Geist der Verschwörung vom 1. 8. 1291, die zur Gründung der Schweiz geführt hat.

46.
»Bedeutet der Bundesbrief von 1291 eine Revolution? Die Waldstätte wollten nur das Recht, das alte Recht.« (Karl Meyer, Die Gründung der Eidgenossenschaft im Lichte der Urkunden und Chroniken, *1930) Daß der Rütli-Schwur keinerlei revolutionären Charakter hat, geht aus der bereits zitierten Stelle hervor: »– so jedoch daß jedermann nach seinem Stande gehalten sein soll, seinen Herren nach Gebühr untertan zu sein und zu dienen.« Warum dieser Satz in die Bundesurkunde aufgenommen worden ist »Im Namen Gottes«, erklärt der freisinnige Historiker »aus Rücksicht auf diejenigen Waldstätter Führer und Magnatengeschlechter, die, wie die Freiherren von Attinghausen, entweder selber Grund- und Leibherren waren, oder als Meier oder Keller weltlicher oder geistlicher Grundherren an der Aufrechterhaltung der Grund- und Leibherrschaft interessiert waren. Man denke an die Ritter von Silenen, die Meier von Erstfelden, die Meier von Stans, die Meier von Wolfenschießen ... der Einfluß dieser Klasse, die bei der Freiheitsbewegung führend mitgewirkt hat, ist im Bundesbrief ja auch sonst greifbar. Alle*

diese Geschlechter drängten auf die Aufnahme eines solchen Artikels, weil in der Urschweiz neben der politischen Freiheitsaktion noch eine mehr linksgerichtete soziale Emanzipationsbewegung einherging. Die Magnatengeschlechter der Urschweiz wollten ihre soziale Stellung behaupten«. (Karl Meyer, ebenda.) Der Geist des Bundesschwures von 1291, wobei jedermann gehalten sein soll, »seinen Herren nach Gebühr untertan zu sein und zu dienen«, ist trotz der bedenklichen Überfremdung durch italienische Arbeitskräfte (1970 registrieren wir 800000 sog. Gastarbeiter gegenüber 2090000 berufstätigen Eidgenossen in vorwiegend besseren Stellungen) heute noch lebendig wie zur Zeit der waldstättischen Grund- und Leibherren. Vgl. hiezu die Publizistik für oder gegen die Überfremdungs-Initiative: »Wer macht sich noch die Finger schmutzig, wenn die Gastarbeiter nicht mehr da sind? Die Fremdarbeiter sind ein Bestandteil unseres Wirtschaftsgeschehens, das für sie undurchdringbar bleibt... Ohne den Zuzug ausländischer Arbeitskräfte wäre es nicht möglich gewesen, all jene zusätzlichen Dienstleistungen zu schaffen, die ein immer wohlhabenderes Volk verlangt... Die Gastarbeiter haben also nicht nur die Warenproduktion gewährleistet, sie haben uns auch die Schaffung und den Ausbau der Dienstleistungen erleichtert und damit zu einer breiten Streuung und Demokratisierung unseres Wohlstandes beigetragen; die eigentlichen Schöpfer unseres Wohlstandes aber bleiben wir Schweizer selber... Durch den Exodus der Gastarbeiter würden zwar Wohnungen frei, aber Wohnungen, in denen kein Schweizer mehr wohnen möchte: Baracken, Abbruchliegenschaften und halb verfallene Bauernhäuser... Wer wird unsere neuen Wohnungen bauen, unsere Straßen bauen, wenn die Gastarbeiter nicht mehr da sind?... Die Überfremdungs-Initiative bietet nicht eine Alternative zwischen Wohlstand und schweizerischer Eigenart, weil das eine ohnehin im andern aufgehoben ist.« (Tagesanzeiger, Zürich, *Mai 1970*)

47.
Über den aufgepflanzten Hut als Herrschafts- und Eigentums-

symbol vgl. R. Schröder: Deutsche Rechtsgeschichte. *Es handelt sich nicht, wie Friedrich Schiller glauben läßt, um einen schnöden Einfall des betreffenden Reichsvogts, sondern um ein Ritual mittelalterlicher Legalität. Schon der Verfasser des* Weißen Buches von Sarnen *um 1470 scheint das vergessen zu haben: »Er erließ ein Gebot, daß, wer da vorüber ginge, sich vor dem Hut neigen sollte, als ob der Herr selbst dort stünde.« Solche Rituale des Grußes haben sich bis heute erhalten. Vgl. hiezu Dienstreglement der schweizerischen Armee.*

Ein leidiger Zwischenfall ereignete sich noch in letzter Stunde – Ritter Konrad von Tillendorf, heute noch berüchtigt unter dem Namen Geßler, ließ sich gerade den zweiten Stiefel geben, als die Meldung kam: Einer habe den Hut auf der Stange nicht gegrüßt! Er seufzte, wie meistens beim Anziehen dieser Stiefel, und man mußte es ihm zweimal melden: Einer habe soeben usw. Es paßte dem dicklichen Ritter gar nicht. Er wollte heute noch bis Immensee. Er sagte kein Wort, so ärgerte ihn dieser Zwischenfall; eine Stunde später wäre der Hut nicht mehr auf der Stange gewesen. Er ließ sich sein Wams geben, dann den Gürtel. Seine Waffenknechte hatten den Mann leider gefaßt. Er zog die Handschuhe an, die sich für dienstliche Auftritte ziemten, und ärgerte sich kaum über den Mann, der vielleicht, wie er hoffte, den Hut auf der Stange einfach übersehen hatte, sondern über sich, daß er nicht im Morgengrauen aufgebrochen war. Er hatte sich verschlafen. Er überlegte, wie die leidige Sache sich kürzestens erledigen ließe. Ohne Publikum wäre es einfach gewesen: Gnade vor Recht. Einen ganzen Tag lang, gestern, war nichts vorgefallen, und einen Einzelfall hochzuspielen, hatte er kein Interesse, der dickliche Ritter, der an diesem Tag noch bis Immensee zu kommen hoffte. Es war Föhn, ein leichter Föhn, der sich aber von Stunde zu Stunde verschlimmern konnte; er dachte schon mit Sorge an die Fahrt über den See. Als er auf den Platz kam, wo der Hut noch auf der Stange hing, wimmelte es schon von Neugierigen. Die Waffenknechte, wichtigtuerisch vor ihrem Ritter, drängten das Publikum mit ihren Lanzen zurück; dabei versuchte niemand den Verhafteten zu befreien; sie wollten nur zuschauen. Wie oft bei solchen Auftritten mit Pferd, gelang es nicht ohne weiteres, das Pferd auf die richtige Stelle zu bringen und in die gewünschte Ruhe, in die gewünschte Richtung usw., es tänzelte, es kam zu Roßäpfeln auch. Als er den Mann mit Armbrust und Bub erkannte, erinnerte er sich sofort, und seine Miene hellte sich auf, der Herr Vogt lächelte gar; offenbar meinte er, der Fall wäre mit Scherz zu erledigen: »Du grüßest überhaupt nicht, ich weiß, das ist deine Art.« Die Waldleute aber blickten finster und rechtschaffen. Obschon er auf dem Pferd saß, daher eine gewisse Übersicht hatte, blieb es ihm unklar, wie die Mehrheit sich zu dem Außenseiter verhielt. Nahmen sie's dem Heuer übel, daß er sich nicht wie die Mehrheit verhielt, oder gefiel er ihnen? Er selber, der Heuer mit der Armbrust auf der Schulter, blickte unsicher nach seinen Landsleuten, statt auf die Frage zu antworten, wie er heiße. Ein anderer drängte sich aus dem Haufen hervor, ein kleiner Bauer mit rotem Kopf und drohenden Fäusten. Auf die Frage, was diesen Mann so sehr erregte, trat Stille ein; alle schienen es zu wissen – vielleicht war's der flüchtige Bauer aus Altzellen, den die Urner sofort in ihren Haufen zurückzogen... Es galt jetzt, die eigenen Waffenknechte abzuhalten von irgendeiner Dummheit, wie sie Bewaffneten leicht unterläuft; es braucht wenig, daß Bewaffnete sich bedroht fühlen. Daher verlangte der dickliche Ritter mit einer scharfen Stimme, die er sonst nicht hatte: Ruhe, Hände weg, Ruhe! bevor er sich wieder an den Heuer wandte, der inzwischen auch eine grimmige Miene zeigte. Warum er den Hut nicht grüße, lautete die ritterliche Frage. Der Heuer aber, umringt von seinen Landsleuten mitten auf dem Platz von Altdorf, wo heute sein Denkmal steht, brachte kein Wort heraus, auch nicht auf die entgegenkommende Frage, ob er vielleicht den Hut auf der Stange einfach nicht gesehen habe. Er war's nicht gewohnt, Rede und Antwort zu stehen vor einem Publikum, blickte weniger auf den Herrn Vogt, der vermutlich schon etwas ungeduldig wurde, als auf seine Landsleute, denn mit diesen mußte er weiterleben. Er wolle heute noch bis Immensee! sagte der dickliche Ritter, um die Antwort des Heuers zu beschleunigen. Vergeblich. Dieser hatte einen rötlichen Bart und Sommersprossenhaut, vermutlich ein Choleriker, der es in der Gesellschaft auch nicht immer leicht hatte. Warum er eigentlich immer eine solche Armbrust auf der rechten Schulter trage, fragte Ritter Konrad, um ihn zum Sprechen zu bringen. Vergeblich auch dies. Einige schienen zu grinsen. Die Spannung, was dem Herrn Vogt sonst noch alles einfallen könnte, war jetzt so groß, daß sie sich auf das Pferd übertrug, und der Tillen (wie möglicherweise sein Spitzname lautete) konnte es nur mit schroffen Griffen zügeln, was einem Reiter unweigerlich den Anschein eines Wüterichs gibt. Erschrocken sagte jetzt der Mann mit der Armbrust: »Lieber Herr, es ist ungevärd und nit uß Verachtung geschechen, verzichend mirs, wär ich witzig, so hießi ich nit der Tell[48], bitt umb Gnad, es soll nit mehr geschechen.« Ein Versehen also; der dickliche Ritter glaubte es gerne, da sich das Verfahren dadurch verkürzte, und streichelte sein Pferd, um es zu besänftigen. Die Leute von Uri hingegen waren enttäuscht von dieser untertänigen Rede, das spürte der Heuer und verbesserte sich: er sei ein freier Mann und grüße keinen Habsburger-Hut! Der dickliche Ritter streichelte noch immer sein Pferd, lächelte sogar. Nämlich es hing kein Habsburger-Hut auf dieser Stange, sondern ein kaiserlicher, dem Reverenz zu erweisen war auch in einem reichsfreien Tal wie Uri. Das wußte die Mehrheit, nur der brave Heuer offenbar nicht. Es waren ja auch, wie man zugeben mußte, etwas komplizierte Verhältnisse damals[49]. Eigentlich war die Sache jetzt erledigt – nur der Armbrust-Vater, da er hatte belehrt werden müssen und die öffentliche Blamage nicht auf sich sitzen lassen konnte, verbesserte sich nochmals: Auch den Hut des Kaisers täte er nicht grüßen, nie und nimmer, ein freier Urner usw. Das war unnötig, aber gesagt. Der Mann hatte plötzlich einen roten Kopf, sagte es sogar noch einmal und lauter als zuvor. Vielleicht spürte er ebenfalls den Föhn[50]. Einige sagten: Gott stehe ihm bei! Andere warteten wortlos auf seine Verhaftung. Auch der Bub spürte, daß sein verwirrter Vater irgendeinen Schnitzer begangen hatte, und wollte ihm beistehen, indem er den Vater rühmte: er treffe den Vogel im Flug. Das war im Augenblick nicht gefragt. Als der Herr Vogt auf seinem Pferd gar nichts sagte, im Augenblick ratlos, wie er mit dem Sonderling zu Rande kommen sollte, sagte der Bub, sein Vater treffe den Apfel auf dreißig Schritt. Auch das war eigentlich nicht gefragt – irgendwie hielt es Konrad von Tillendorf für einen rettenden Witz: dann solle der Armbrust-Vater doch seinem vorlauten Bub, der ihm, nämlich dem dicklichen Ritter, auf die Nerven ging, einmal einen Apfel vom Kopf schießen[51]! Das sagte er, indem er schon die Zügel straffte, um vom Platz zu reiten – er begriff gar nicht, warum das Fräulein von Bruneck, das immer noch zugegen war, zu flehen anfing: Herr Konrad! Sie nahm es ernst. Sie redete von Gott. Hinzu trat jetzt Pfarrer Rösselmann, um es ebenfalls ernst zu nehmen. Schon lange hatte man auf irgendeine Ungeheuerlichkeit gewartet, nun hatte man sie: Vater muß Kind einen Apfel vom Kopf schießen! Alle drängten sich, das wollten sie gesehen haben: Vater muß Kind einen Apfel vom Kopf schießen. Der Heuer selbst, als er sich im Mittelpunkt öffentlichen Mitleids sah, konnte kaum anders: er nahm einen Pfeil aus dem Köcher, legte ihn auf seine Armbrust, um seinen Landsleuten zu zeigen, daß er kein Schwätzer war. Offenbar hörte er nicht, was der Herr Vogt unterdessen sagte, niemand hörte es; er merkte bloß, daß er in der Verwirrung etwas vergessen hatte, und nahm den Pfeil nochmals von seiner Armbrust, hielt ihn zwischen den Zähnen, während er die Armbrust spannte mit Hilfe des Fußes (wie neulich bei Amsteg), dann legte er den Pfeil wieder auf seine Armbrust, bevor ein Apfel gefunden war. Das blöde Lächeln des dicklichen Ritters, der immer noch dachte, er habe einen Witz gemacht, erbitterte natürlich die Waldleute; wieder war's jener Bauer aus Altzellen, der in seiner Wut kaum zu halten war, er, der schon einmal einen Vogt eigenhändig erschlagen hatte. Auch der junge Ulrich von Rudenz, Neffe des Freiherrn von Attinghausen, redete jetzt im Namen des Volkes, im Namen seiner Grundhörigen, während der Herr Vogt nur an seinen Handschuhen herumzupfte, offenbar meinte, er habe die einfache Lösung: Begnadigung mangels Apfel. Der Bub aber, als er seinen Vater im öffentlichen Mittelpunkt sah, tat das Seine: fand tatsächlich einen grünen Apfel in seiner Hosentasche[52]. Schon wurde die Gasse gebildet; der Armbrust-Vater kniete, bevor die Gasse gebildet war. Das war der Augenblick für Pfarrer Rösselmann, der jetzt ebenfalls kniete und um Erbarmen flehte mit gefalteten Händen, nachdem der Herr Vogt, erschrocken über den Lauf der Dinge, bereits zwei Mal gesagt hatte: Spaß beiseite! Gerade der Spaß aber empörte die Waldleute; sie beteten zu Gott, daß der Apfelschuß gelinge[53]. Beinahe war es zu spät, als Ritter Konrad oder Grisler von seinem Pferd sprang; der kniende Schütze zielte bereits mit gekniffenem Auge, als Ritter Konrad oder Grisler zu ihm trat und den Pfeil von seiner zitternden Armbrust nahm, wortlos – dieser Urner wäre imstande gewesen und hätte auf den grünen und ziemlich kleinen Apfel geschossen bloß um seiner Schützenehre willen[54]. Das war ein peinlicher Augenblick für alle: für den dicklichen Ritter, der plötzlich die Regie verloren hatte, sowie für das betende Publikum, nicht zuletzt aber für den Schützen, der sich verhöhnt fühlte. Sein Hals war wie geschwollen, seine Armbrust noch immer gespannt, er blickte irr und unheimlich, als der Herr Vogt, verlegen um das rechte Wort in diesem Augenblick, den schönen Pfeil betrachtete und zurückgab; die Frage, ob er solche Pfeile selber herstelle, wo er denn wohne, ob er viele Kinder habe usw., blieb ohne Antwort – es waren auch nur Verlegenheitsfragen –, der Mann schien taub vor Grimm und blieb auf den Knien, obschon der Apfelschuß nicht verlangt war[55], nur der vorlaute Bub ermunterte noch immer seinen Vater, er habe gar keine Angst, sein Vater treffe den Vogel im Flug usw. Einige verließen bereits den Platz, als der Herr Vogt, jetzt wieder zu Pferd, etwas unwillig fragte: »Was willst du denn mit diesem zweiten Pfeil?[56]« Manche waren später der Meinung, es sei anders zugegangen: der Schütze habe von Anfang an einen zweiten Pfeil in den Goller gesteckt, um sich am Vogt zu rächen, falls der Meisterschuß nicht gelungen wäre[57]. Der dickliche Ritter meinte aber nicht den Pfeil, der im Goller steckte, das war ja der Pfeil, den er eigenhändig von der Armbrust genommen und dem Schützen zurückgegeben hatte; er sah, daß der Schütze jetzt einen zweiten Pfeil aus dem Köcher nahm und auf die Armbrust legte; daher seine Frage: »Was willst du denn mit diesem zweiten Pfeil?[58]« Der Mann errötete, als er den ersten Pfeil in seinem Goller erblickte, und wußte keine rechte Antwort; er wußte jetzt selber nicht, warum er, um seinen Meisterschuß zum Trotz zu zeigen, nicht diesen Pfeil genommen hatte, sondern einen zweiten. Konrad von Tillendorf verstand wohl seine Verwirrung, verlangte aber, daß er jetzt beide Pfeile in den Köcher steckte und sich erhob – er war frei... Leider hatten die beiden Waffenknechte gehört, was der Mann, um seinen

Landsleuten doch Eindruck zu machen, eben gesagt hatte: er nämlich habe schon gewußt, was er wollte mit dem andern Pfeil im Goller, nämlich er hätte den Vogt erschossen, jawohl, vor aller Augen[59]. Einen Augenblick lang zögerte der dickliche Ritter, ob er den Choleriker fragen sollte: Hast du das gesagt? Dieser aber hätte kaum widerrufen können, ohne vor seinen Landsleuten lebenslänglich als Angeber zu gelten, und wenn er nicht verleugnete und nicht bestritt, was die Waffenknechte gehört haben wollten, so wäre es in der Tat, wie jedermann fürchtete, ohne Gericht und Kerker kaum noch zu erledigen gewesen. So war es Zeit und ratsam, diesen Mann jetzt abzuführen[60]. Die Waffenknechte packten zu, und da sie's in mittelalterlicher Manier taten, nämlich ohne Fußtritte und ohne Knüppelei, aber mit der Kraft ihrer Arme, fanden es die Waldleute sehr ungerecht. Was hatte dieser Vater mit der Armbrust und dem Kind denn getan? Viele hatten die nachträgliche Drohung mit dem zweiten Pfeil gar nicht gehört, andere nahmen sie nicht allzu ernst[61]. Es war aber neun Uhr vormittags, und Ritter Konrad von Tillendorf, wie schon gesagt, wollte heute noch bis Immensee –

48.
Das weiße Buch von Sarnen, *das den Namen des Schützen zum ersten Mal schriftlich überliefert, zeigt wechselnde Schreibart: Thael, Thall, Tal, Tallen, dagegen nennt es den berühmten Fels: »Tellen-blatten.« Der überlieferte und auch von Friedrich Schiller benutzte Ausspruch des Freiheitshelden: »denn wäre ich witzig (besonnen), und ich hiessi anders und nit der Tall«, ist nur als Wortspiel verständlich, wenn man nämlich den Übernamen des Schützen ableitet von »dahlen, dallen, tallen«, das heißt: einfältige und kindische Dinge reden und tun.*

49.
»Man vergegenwärtige sich den kaufweisen Übergang der habsburgisch-lauffenburgischen Waldstätte Schwyz und Unterwalden an die Erblande des Grafen Rudolf von Habsburg und die wenige Wochen nachher erfolgte Unterstellung des Reichstales Uri unter den gleichen Rudolf, aber in seiner Eigenschaft als neugewählten König; die vielfache Vermengung der Verwaltung durch Personalunion des Königs und des Landesfürsten, sowie der habsburgischen und Reichsbeamten.« (Karl Meyer, ebenda) Selbst ein Historiker wie A. Rilliet, der die Überlieferung in vielen Punkten als unglaubwürdig darstellte, hat 1868 bemerkt, wie gefährlich die Verwendung habsburgischer Beamter bei Reichsgeschäften in Uri war, »wie die beiden, durch ein und denselben repräsentierten Gewalten zum Nachteil der Freiheit von Uri miteinander verwechselt werden konnten.«

50.
Es ist statistisch erwiesen, daß bei Föhn (Fallwind, Erwärmung durch Druck) Störungen des psychischen Gleichgewichtes auftreten, Reizbarkeit usw., Häufung von Verkehrsunfällen und Ehekrisen, sogar Selbstmord.

51.
Es ist nicht anzunehmen, daß der Vogt, wer immer er war, die Toko-Erzählung des Saxo Grammaticus *kannte. »Nach dem dä-*

nischen Chronisten Saxo Grammaticus (gestorben 1204) rühmte der Gefolgsmann Toko sich seiner Schießkunst und mußte deshalb auf Befehl des Dänenkönigs Harald Blauzahn (10. Jahrhundert) einen Apfel vom Haupte seines Sohnes schießen. Eine unmittelbare Übernahme aus dem Geschichtswerk Saxos, wie sie früher allgemein behauptet wurde, ist unwahrscheinlich, da es nicht handschriftlich, sondern einzig im Erstdruck von 1514 vorliegt.« (Karl Meyer, ebenda) Außer der Geschichte von Toko gibt es die Geschichte von Heming Aslakson, isländisch, sowie englische, estnische und finnische Sagen mit demselben Motiv des Apfelschusses. Vgl. hiezu Helmut de Boor: »Die nordischen, englischen und deutschen Darstellungen des Apfelschusses« in Quellenwerk zur Entstehung der Schweizerischen Eidgenossenschaft, *III, Chroniken, Band 1, 1947.*

52.
»Aber ist es zum vornherein wirklich ein Apfel? Wieder stimmen darin Saxo und Ths. (die Thidreks-Saga) überein, während Hem. (Hemmingsthattr) abweichend die Nuß als Ziel setzt, Eindr. (Eindrida-Thattr ilbreids) den künstlichen Brettstein. Doch darf auch hier das Zusammenklingen der beiden ältesten Quellen mit der deutsch-englischen Gruppe (Henning Wulf, Tell, William) die Entscheidung bringen: wir halten den Apfel für das älteste Ziel.« (Helmut de Boor, ebenda)

53.
In allen Versionen der nordischen Sage, wie auch in der schweizerischen, gelingt der Apfelschuß; eine abweichende Version, z. B. daß Tell nicht erst sein Kind gefährdet, sondern auf den unmenschlichen Vogt schießt, liegt nicht vor, ebensowenig wie eine Version mit tödlichem Fehlschuß auf das Kind, auch keine Version, wo das empörte Volk die unmenschliche Veranstaltung gewalttätig sabotiert.

54.
Die Schießkunst wird heute noch in der Schweiz gepflegt, wie

sehr auch das Gewehr an militärischer Bedeutung eingebüßt haben mag, und gehört zum Volkstum; es gibt kaum ein Dorf ohne einen Schützenverein; noch in der ersten Hälfte des 20. Jahrhunderts erringen die Eidgenossen mehrmals die Weltmeisterschaft in allen drei Stellungen (stehend, kniend, liegend) sowohl mit dem Stutzer wie mit dem Armeegewehr; erst in jüngster Zeit wurden sie hauptsächlich von Amerikanern und Finnen und Sowjetrussen in diesem Sport, der für den Schweizer mehr ist als nur ein Sport, übertroffen.

55.
Haben Historiker des 19. Jahrhunderts (vor allem Eutych Kopp und Albert Rilliet) Zweifel an der Geschichtlichkeit der Tell-Figur geäußert, so hat Gottfried Keller, der Dichter und Staatsschreiber, sich nicht beirren lassen: »Auch den Tell geben wir nicht auf und glauben an einen handlichen, rat- und tatkräftigen Schützen, der sich zu jener Zeit zu schaffen machte und unter seinen Mitbürgern berühmt war. Den Apfelschuß freilich geben wir preis, obschon man auch hier noch sagen könnte: sind nicht in neuester Zeit, als direkte Nachahmung des Tellenschusses, von verwegenen Gesellen und Renommisten, z. B. in Amerika, dergleichen Schützenstücklein verübt worden? Wenn wir nicht irren, so hat in den letzten Jahren ein Pfälzer aus purem Übermut mit der Pistole einen Apfel vom Kopfe geschossen.« D. h. der Umstand, daß der Apfelschuß nicht verlangt war, kann nicht dahin ausgelegt werden, daß es den betreffenden Urner überhaupt nicht gegeben habe.

56.
Die Frage nach dem zweiten Pfeil kommt in der Toko-Sage ebenfalls vor, hingegen nicht bei Heming Aslakson. Vgl. hiezu Karl Meyer, Die Urschweizer Befreiungstradition: *»Auffallend ist gewiß die Übereinstimmung der Urner Apfelschußerzählung mit anderen Geschichten dieser Art, obwohl es auch da an Verschiedenheiten nicht fehlt... Vielleicht hat ein Überarbeiter der Urner Erzählung unter Anlehnung an den lateinischen Saxo-*

Auszug stilistisch ausgeschmückt oder geradezu den dänischen Apfelschuß auf den Urner Schützen übertragen (etwa veranlaßt durch eine gewisse Schriftbildähnlichkeit des Tellen *und des* Toko*), entweder in Anknüpfung an eine verwandte Behauptung über den Tellen oder zur psychologischen Motivierung und Rechtfertigung der nachherigen Vogttötung. Falls für den Apfelschuß eine derartige Ausschmückung oder Übernahme zweifelsfrei feststände, so hätten wir doch kein Recht, deshalb verallgemeinernd die ganze Tellen-Erzählung, geschweige denn die ganze Bundesgeschichte als Sage oder Erfindung zu werten.«*

57.
Tatsächlich wirkt diese Version, die der skandinavischen Sage entspricht, überzeugender und ist für eine mündliche Überlieferung ergiebiger, was indessen nicht beweist, daß sie dem faktischen Vorfall entspricht; vgl. hiezu die Geschichte der Justiz-Irrtümer, die auf einleuchtenden Zeugenaussagen basieren.

58.
Laut Überlieferung ist die erste Antwort, die Wilhelm Tell gibt, durchaus besonnen, nämlich eine Ausrede: »Es wäre also des Schützen Gewohnheit.« (Chronik des Aegidius Tschudi) Erst auf die Garantie hin, die ihn seines Lebens versichert, erfolgt das mutige Wort, er hätte notfalls den Vogt niedergeschossen. In der Tat fehlt es nicht an Verschiedenheiten der Sagen, wie Karl Meyer betont; der dänische Toko versucht es nicht mit einer Ausrede, sondern antwortet sogleich mit dem Trutzwort. Während Toko aber auf sein Trutzwort, er habe die weiteren Pfeile dem König selbst zugedacht, noch eine weitere Tollkühnheit zu leisten hat, nämlich die Ski-Fahrt über einen Fels hinunter (was etwa der nordischen Disziplin des Ski-Sprunges entspricht), wobei Toko glücklich davonkommt, endet wiederum die norwegische Fassung der Apfelschuß-Sage damit, daß Egill für dasselbe Trutzwort nicht bestraft wird: »Aber der König schätzte dies an ihm und alle fanden, daß er eine kühne Sprache führe.«

59.
Vgl. hiezu Peter Bichsel, Des Schweizers Schweiz, *1969: »Ich kann mir einfach nicht vorstellen, daß die alten Eidgenossen idealere Gestalten waren als mein Nachbar und ich«, womit wohl der Dichter, wie schon Gottfried Keller, der Wahrheit nahekommt, sind doch Drohungen solcher Art, insbesondere auf Ausländer bezogen, heute noch an Stammtischen zu hören.*

60.
Während Das weiße Buch von Sarnen *lediglich die Verhaftung und die Drohung des Vogtes (»er wolle ihn an einen Ort legen, wo er Sonne und Mond nimmer wiedersehen werde«) meldet, ergänzt der spätere Chronist Aegidius Tschudi: »damit ich vor dir sicher sig«, was die Maßnahme des Vogtes plausibel macht; immerhin hat Tell eine hypothetische Morddrohung ausgesprochen.*

61.
Auch in einem Rechtsstaat wäre auf das Verhalten hin, wie die Chronisten es schildern, mit einer Maßregelung zu rechnen; sehr viel bescheidenere Anrempelungen (ohne Drohung mit Mord) beispielsweise gegenüber einem Lehrer oder Richter im Amt werden geahndet, geschweige denn gegenüber einem Major, Oberst usw. Das überlieferte Tell-Wort ist denn auch nie das Maß unserer Rede-Freiheit geworden.

Wie es dem Vogt erging auf dem See, konnte jeder Urner sich denken; der See war grün an diesem Tag, grün mit weißem Gischt, den der Wind zerfetzte. Die Ruderei war zum Verzweifeln, da der Nauen in den harten und spitzen Wellen schaukelte, oft geradezu torkelte, und es spritzte von allen Seiten. Aber man kam voran, obschon die beiden Waffenknechte keine gelernten Ruderer waren; dank Rückenwind, der stoßweise kam. Schon nach einer Viertelstunde war Ritter Konrad oder Grisler völlig durchnäßt. Man kam sogar schneller voran, so dünkte es ihn, als seinerzeit mit dem Schiffer namens Ruodi, der diesmal nicht zu haben war. Beide Hände an die Bank geklammert, Blick gradaus, freute der dickliche Ritter sich auf das offene Land oder versuchte es wenigstens. Die Waffenknechte hingegen (beide aus dem Thurgau) hatten Angst, daß sie's nie schaffen würden, und fluchten vorerst im stillen über ihren Ritter. Zu viert, zusammen mit Harras und diesem Armbrust-Urner, den man hätte zwingen können, wäre es leichter gewesen; aber das hatte der launische Ritter nicht gewollt, und so saßen sie denn zu dritt in diesem schweren Nauen. Die Wellen kamen mit Kämmen von Gischt, der in den Nauen schwappte, dann überholten sie den Nauen, so daß die beiden Ruderer, da sie rückwärts blickten, den Eindruck hatten, man käme nicht voran, während der dickliche Ritter, der vorwärts blickte, sie tröstete: man sehe schon das Rütli. Um zu prüfen, ob der ritterliche Trost auch stimmte, hätten aber die rudernden Waffenknechte sich umdrehen müssen, was gar nicht möglich war, da man die Richtung in dem stürmischen See nur halten konnte durch pausenloses Rudern. Dabei war es kein eigentliches Unwetter, nur eben Föhn; die Sonne schien. Als Ritter Konrad oder Grisler den beiden Thurgauern, um sie anzuspornen, ein freies Wochenende versprach, blickten sie ihn nicht an, sie glaubten an kein Wochenende mehr; ihre Haare standen ihnen nur darum nicht zu Berg, weil sie naß waren. Ihre Helme hatten sie in den Nauen geworfen. Sehr geheuer war es dem dicklichen Ritter auch nicht, das schwappende Wasser in dem Nauen, in der Ferne der senkrechte Axen-Fels. Man sah an diesem Tag keinen andern Nauen auf dem grünen See. Trotzdem blieb Ritter Konrad von Tillendorf, wenn auch schweigsam, bei seiner Überzeugung, richtig gehandelt zu haben, als er den Mann mit der Armbrust einfach am Ufer zurückgelassen hatte, von seinem Stallknecht noch eine Weile bewacht, bis der Nauen draußen auf dem See war. Was geht im Hirn eines Mannes vor, der auf Äpfel zu schießen pflegt! Kurz vor Sisikon, wo man heute noch die berühmte Tellen-Platte zeigt und wo eine Kapelle dafür zeugt, daß Gott auf seiten der Urner war, wurde es allerdings schlimmer und schlimmer; die Wellen trieben jetzt den Nauen gegen die Felsen hin. Es fehlte wenig und der Nauen wäre zerschellt. Das war von jeher (Einheimische wußten es, nur die Ausländer nicht) eine berüchtigte Stelle, wo bei Föhn schon mancher zu kämpfen hatte, kein Wunder, daß um diese Stelle herum Geschichten entstanden[62]. Es war eine große Not und Arbeit für die beiden Ruderer[63].

62.
»Einzelheiten der Seefahrt und der Rettung bei der Platte, das Schicksal der aufs hintere Schiffsende verbrachten und vom entrinnenden Tell mitgenommenen Armbrust u. a. weisen auf die rechtfertigenden, motivierenden, die Lücken ergänzenden Kombinationen späterer Überarbeiter hin, die – wie später Tschudi – sich die Tellen-Geschichte bis ins Einzelnste anschaulich vorstellen wollten.« (Karl Meyer, Die Urschweizer Befreiungstradition*) Vgl. hiezu die* Eidgenössische Chronik *des Melchior Rust (verfaßt 1482 bis 1488): »wie es dem Wilhelm Tellen ergieng uff dem Sew.« Der Historiker August Bernoulli (1891) glaubte, »daß die Sage ursprünglich mit der Erschießung des Vogtes bei der Tellen-Platte schloß«. Die Version, die sich demgegenüber durchgesetzt hat und durch Friedrich Schiller auch im Ausland berühmt geworden ist, entspricht zweifellos der abenteuerlichen Skifahrt in der dänischen Toko-Sage.*

63.
»Der Landvogt und sin Diner kamend mit großer Not und Arbeit übern See gen Brunnen«, heißt es bei Aegidius Tschudi, d. h. es ging also auch ohne Tell; das konnte vom Ufer aus gesehen werden.

Als sie Brunnen erreicht hatten[64], waren die beiden Ruderer völlig erschöpft, wankten nur so auf den Beinen und überließen es dem Ritter, Gott zu danken. Zum Glück schien die Sonne. Er hängte sein Wams und die Beinkleider an einen Baum, so daß sie wie eine Vogelscheuche aussahen, und blickte noch einmal gen Uri zurück. Einmal und nie wieder! Die Waffenknechte zeigten die Schwielen an ihren vier Händen, um nicht nach Küßnacht rudern zu müssen an diesem Tag[65]. Die andere Möglichkeit war der Weg durchs Land, den er ja kannte, ein mühsamer Ritt, wenn man Kopfweh hat, und das hatte er in hohem Grad, nur hatte er's vor Angst auf dem See nicht gespürt, Kopfweh wie am ersten Tag. Es kam jetzt, so fand Ritter Konrad von Tillendorf, auf einen Tag nicht mehr an. Man übernachtete bei Brunnen am See, was sein Verhängnis war[66], aber bequemer – eine Nacht in trokkenem Heu.

64.
Bei starkem Föhn gilt eine Landung in Brunnen als äußerst schwierig; das Weiße Buch von Sarnen *erwähnt die Landung in Brunnen nicht, sondern meldet den Vogt erst wieder in der Hohlen Gasse bei Küßnacht, wogegen die Chronik des Aegidius Tschudi eine geglückte Landung in Brunnen annimmt.*

65.
Die Route Gotthard – Vierwaldstättersee – Küßnacht – Immensee – Zug – Horgen – Zürich war ein wichtiger Verkehrsweg im Mittelalter, der kurze Landweg zwischen Immensee und Küßnacht (Hohle Gasse) der einzige Ort, wo Tell den berüchtigten Vogt noch einholen konnte, bevor dieser sich in Immensee neuerdings einschiffte.

66.
Wäre der Vogt nämlich am selben Tag weitergeritten, so wäre es zumindest unwahrscheinlich, daß der Schütze von Uri, der ihm zu Fuß und teilweise über schwierige Berge nachstellte, rechtzeitig in der Hohlen Gasse eingetroffen wäre.

Ritter Konrad oder Grisler, immer wahrscheinlicher aber Ritter Konrad von Tillendorf[67] erreichte die Hohle Gasse[68] gegen Mittag, hungrig auf einen Imbiß in Immensee; er dachte an gebackenen Fisch[69], als er plötzlich einen Schmerz empfand[70]. Im ersten Augenblick kam ihm der stechende Schmerz beinahe vertraut vor, und er meinte ihn noch verbergen zu können, aber dann krümmte es ihn vornüber. Ob er den Mann mit dem rötlichen Bart und mit den nackten Knien, der jetzt aufrecht und breitbeinig aus dem Gebüsch trat mit der Armbrust in der rechten Hand, überhaupt noch erkannt hatte, bevor es ihm schwarz wurde vor den Augen, ist ungewiß; er röchelte nur, als die beiden Knechte ihn zu stützen versuchten, was nicht gelang. Sie mußten den dicklichen Ritter auf die Erde legen. Was in diesen Augenblicken der Ersten Hilfe (keiner der beiden Waffenknechte war diesbezüglich geschult) der Heckenschütze verkündete, fand am Tatort wenig Gehör; einer der Knechte sagte bloß: Sauhund[71]! aber dieser hatte sich schon wieder in die Büsche verzogen. Ein Leiterwagen oder eine Tragbahre war nicht so leicht zu beschaffen, da die Bauern zu dieser Stunde auf ihren Feldern waren. Als er nochmals zu sich kam und die Augen aufschlug, fand der dickliche Ritter sich allein in der Gegend – er verstand nicht, was sich ereignet hatte[72], woher der Schmerz, warum immer diese Kuhglocken, woher das Blut an seiner Hand, Blut mit Tannennadeln. Obschon er mit offenen Augen lag, erkannte er die Berge schon nicht mehr, was ihn vermutlich erleichterte[73], es gab nur noch das allernächste: Laub in der Mittagssonne, Wald mit Schatten und Glitzern zwischen den Stämmen (wahrscheinlich Sonne auf Spinnfäden) und Moos, Stille mit sommerlichem Summen, wenn er nicht röchelte. Als er sich nochmals aufrichten wollte, um nach seinem Pferd zu sehen – plötzlich fiel ihm das Pferd ein, das in einer Lichtung graste –, empfand er einen Schmerz, der ihn sofort zurückwarf. Wahrscheinlich wußte man in Schwyz bereits von der Ruhmestat[74], als es dem dicklichen Ritter wieder schwarz wurde vor den Augen; er hörte noch immer Kuhglokken –

67.
»Tillendorf starb zwischen dem Frühjahr und Herbst 1291, also gerade in der kritischen Zeit, wo der Vogt der chronikalischen Bundesvorgeschichte gefallen sein muß.« (Karl Meyer, ebenda)

68.
»Es führt kein andrer Weg nach Küßnacht« (Friedrich Schiller) beruht auf dem Irrtum der frühen Chroniken, der Vogt habe in Küßnacht residiert; tatsächlich spielte sich der Vorgang in umgekehrter Richtung ab.

69.
Die Gegend ist heute noch für ihre Fischküche bekannt: »Zuger-Röteli«, »Felchen nach Zugerart« usw.

70.
»Und als sie geritten kamen, da stand er hinter einer Staude, spannte seine Armbrust und schoß einen Pfeil in den Herrn.« (Weißes Buch von Sarnen) *»Und wie sie der Hohlen Gasse nahten, hörte er (Tell) allerlei Anschläge des Landt-Vogts wider ihn, er aber hat seine Armbrust gespannt und durchschoß den Landt-Vogt mit einem Pfeil, daß er ab dem Roß fiel und von Stund an tot war.« (Chronik des Aegidius Tschudi)*

71.
Nicht zu Unrecht, wenn auch zur allgemeinen Empörung, haben die palästinensischen Attentäter, die in Zürich am 18. Februar 1969 aus dem Hinterhalt ein startendes EL-AL-Flugzeug beschossen, sich auf Wilhelm Tell berufen; die Vogt-Tötung bei Küßnacht, wie die schweizerischen Chroniken sie darstellen, entspricht den Methoden der El-Fatah.

72.
Vgl. hiezu Die Idee der Schweiz *von Englert-Faye, der die Tat des Tell in geistesgeschichtlichem Sinn versteht: Tell emanzipiert sich aus der mittelalterlichen Unmündigkeit, Tell als das Indivi-*

duum (Persönlichkeit), das weder Kaiser noch Papst befragt, sondern die Selbstverantwortlichkeit des Menschen erringt.

73.
Die Klaustrophobie des berüchtigten Vogtes zur Gründungszeit der Eidgenossenschaft ist für einen mittelalterlichen Menschen nicht ungewöhnlich. Erst der Arzt und Dichter Albrecht v. Haller (1708–1777) schuf mit seinem berühmten Lehrgedicht Die Alpen *jene Begeisterung für das Gebirge, die dem mittelalterlichen Menschen noch nicht vergönnt war; was freilich bei Albrecht v. Haller noch einen durchaus apologetischen Charakter hat, wird später, insbesondere bei J. W. von Goethe und anderen, zur natürlichen Empfindung, in der Romantik zuweilen exaltiert, bis es vornehmlich durch Engländer zum Alpinismus kommt (Erstbezwingung des Matterhorns durch E. Whymper im Jahre 1865), erst durch den Massen-Tourismus des 20. Jahrhunderts wird die Bergfreude, nicht zuletzt dank Seilbahnen und Skilifts usw., vollends populär.*

74.
Auch wenn die Historiker weder den Namen des Schützen noch den Namen des Vogtes nachzuweisen vermögen, so steht doch eine Vogt-Tötung bei Küßnacht kaum in Frage. Daß es sich dabei um eine rühmliche Tat handelte, wird heute noch in der schweizerischen Volksschule gelehrt. Vergleicht man die Tell-Geschichte mit den nordischen Sagen, die ihr am nächsten kommen, beispielsweise mit der Toko-Geschichte und der Egill-Geschichte, die zugegebenermaßen etwas älter sind (d. h. ein Plagiat im umgekehrten Sinn ist ausgeschlossen), so sind die Abweichungen, wie Karl Meyer schon erwähnt hat, in der Tat beträchtlich: beide nordischen Helden, Toko wie Egill, wie übrigens noch andere, die einen Apfel oder eine Nuß getroffen haben, werden nach ihrem Meisterschuß nicht zu Meuchelmördern; der Meuchelmörder von Küßnacht hingegen wurde durch die nordische Wandersage (Apfelschuß) zum Helden.

Es dauerte mehr als eine Stunde, bis die beiden Waffenknechte endlich mit einem Leiterwagen kamen, um den Ritter aufzuladen, der nicht mehr röchelte. Natürlich eignete sich die Hohle Gasse nicht für Leiterwagen, und das Unternehmen war nicht ganz einfach, zumal er noch atmete. Leider waren auch Kinder nachgelaufen und sahen einen Ritter, wie sie sich einen Ritter nicht vorstellten; sein Gesicht war jetzt verschmiert, Blut mit Tannennadeln, da er vermutlich mit seiner Hand versucht hatte, eine Schmeißfliege zu vertreiben. Er lag mit offenen Augen, aber verschied auf dem holperigen Transport nach Immensee; der Pfeil stak mitten in seiner ohnehin kranken Leber.

Kleine Prosaschriften

(1968-1974)

Jemand hat sich geirrt

Sie fragen mich nach meinem Eindruck.

Als erstes hatte ich den Eindruck, daß jemand sich irrt. Der Zustrom überraschte mich nicht; die Studenten-Unruhen in aller Welt, wie immer unsere Korrespondenten sie darzustellen lieben, beschäftigen die Machthaber in Bonn und in Warschau, in Rom, in Prag, in Madrid, sie beschäftigen ein Heer von Polizei und Justiz, sie beschäftigen die Zeitungen aller Länder und somit auch die Zeitungsleser – es war nicht anzunehmen, daß diese Ereignisse nicht auch unsere Studenten beschäftigen. Deswegen ging ich dreiviertel Stunden vor Beginn in die Universität, um noch einen Platz zu bekommen. Was insbesondere die Leute vom SDS betrifft, so hat unsere führende Presse sie hinreichend verteufelt, und schließlich möchte man die Teufel einmal in Person sehen. Schon daher war mit tausend Leuten zu rechnen, noch abgesehen von einigen hundert andern, die kommen könnten, um sich ein eigenes Urteil zu bilden. Das Auditorium, das die Behörde bewilligte, war von vornherein zu klein. Ich war auch gespannt, wie es nun weiterginge. Daß die Aula »in Zukunft« nur noch für festliche Anlässe geöffnet wird, das finde ich in Ordnung: die Aula als die gute Stube. Wir haben dort einmal Churchill gehört; vielleicht kommt auch Kiesinger einmal. Es war lustig, zu sehen, wie im Lichthof gerade die Sessel abgestaubt wurden, während man verhandelte um einen Raum, der groß genug wäre für die »verschwindende« Minderheit, die diesen Abend veranstaltete. Nicht minder zu loben als der Hauswart wäre der Rektor, der die Tatsache gelten ließ, daß das Interesse an der Zukunft auch bei der zürcherischen Studentenschaft größer ist, als der Regierungsrat es sich wünscht. Genauer gesagt: Herr Regierungsrat König. Zum Glück war ein anderer Regierungsrat zur Stelle, der ebenfalls die Tatsachen gelten ließ. Es kamen eben, wie der Hausarzt als Kenner der Verhältnisse schätzt, etwa 1500 Interessenten. Die FSZ zählt 48 Mitglieder; das ist, in der Tat, eine Minderheit, aber keine verschwindende, wie sich gezeigt hat. Jemand hat sich geirrt.

Die Veranstaltung selbst?

Da die Argumente, die die Leute vom SDS vorbringen, jedermann bekannt sind, der nicht nur unsere Presse liest, war ich gespannt vor allem auf die Reaktion der zürcherischen Studenten. Wo stehen unsere Studenten heute? Die Reaktion war nicht überraschend. Ein Teil ist bereit, Argumente anzuhören und zu prüfen. Ein sehr viel größerer Teil, scheint es, bleibt bei emotionaler Reaktion, die sich im Buh erschöpft. Ansätze zum Randalieren kamen ausschließlich von dieser Seite; einige erhofften sich einen Plausch. Das traute Gefühl, en famille zu sein und somit im Recht, ohne dieses Recht artikulieren zu müssen, führte jedesmal zum großen Gegröle, wenn ein Sprecher, indem er unterschied zwischen Einverstandenen und Nichteinverstandenen, die Versammlung anredete: Meine Damen und Herren, Genossinnen und Genossen. Das letztere ist offenbar ein Schandwort, obschon unser Land eine starke und im Bundesrat vertretene Partei hat, deren Mitglieder sich als Genossen bezeichnen. Viele Vokabeln, die historisch-politische Begriffe bezeichnen, wurden instinktiv abgelehnt, nicht reflektiv. Der Begriff des Imperialismus, zum Beispiel, braucht offenbar nicht analysiert zu werden; ein langes Buh genügt. Es war sehr provinziell. Wohlig wurde es dieser Majorität, wenn ein deutscher Redner sich gegen den historischen Nationalsozialismus wandte; denn da haben wir (man weiß es!) eine saubere Weste, und der Beifall war patriotisch. Er setzte aus, sobald die Gegenwart analysiert wurde. Eine Kritik an der *»Neuen Zürcher Zeitung«*, die als Bonn-Trabant bezeichnet wurde, wirkte schon wie eine Kirchenschändung. Ich war neugierig auf die Diskussion; es ist zu den Thesen des SDS sehr viel zu sagen. Daß die neue Linke, ob in Deutschland oder in den USA, sich gegenüber der UdSSR nicht in höriger Bewunderung befindet, sondern in ablehnender Kritik, das scheint ein zürcherischer Student, der sich zur Diskussion meldet, noch nicht zu wissen; sein Eifer, konserviert aus dem Kalten Krieg, gab ihm das Gefühl, endlich den SDS-Nagel auf den Kopf getroffen zu haben. Sie machten es den Gästen leicht, sich selbst noch leichter. Immer noch das Denkschema: Es gibt im Westen nichts zu reformieren, da es im Osten so arg ist. Wer sind die Lehrer dieser Studenten? Ein Vertreter der Liberalen Studentenschaft ließ uns wissen, daß sie, die Liberale Studentenschaft, auch Dutschke eingeladen habe, aber er kam nicht, wogegen er die Einladung der FSZ angenommen hat. Was kann man Vernichtenderes sagen gegen diesen SDS? usw.

Es war interessant

Eine Auseinandersetzung mit der neuen Linken war es nicht, denn diese ist rational-politisch, und um darauf antworten zu können, genügt es nicht, daß man Buh ruft und pfeift und sich versteckt, wenn man ans Mikrophon gebeten wird; das ist unartikulierte Emotion, die etwas kompensiert, nämlich Mangel an politischem Denkvermögen und Wissen – im Lichthof unsrer Universität.

(1968)

Zurück zum Kalten Krieg?

Die Anfrage: Und was sagt Ihr jetzt, Ihr von der Linken? ist berechtigt. Angst um persönliche Freunde, Ungewißheit, Nachricht (auf Umwegen) über ihre Verzweiflung. Hilferufe und dazu das Bewußtsein unserer Ohnmacht – wir sind verzweifelt. Wir stehen (wenn ich nur mein Gefühl anhöre) wieder einmal am Ende einer Hoffnung.

Welcher Hoffnung?
In Moskau, vor sieben Wochen, hörte man von einer Botschaft, die ein Wissenschaftler an die Machthaber im Kreml adressiert hat; sie wurde nicht veröffentlicht, aber offenbar unter Intellektuellen verbreitet. Inzwischen ist die ausführliche Schrift, deren Inhalt man nur gerüchtweise kannte, in Übersetzungen erschienen (»New York Times«, »Die Zeit«): ihr Verfasser, Andrej D. Sacharow, ein sowjetischer Physiker, Mitglied der Akademie der Wissenschaften und 1958 Nobelpreisträger, ist Kommunist. Seine Botschaft verurteilt die stalinistische Periode, deren Opfer er auf mindestens zehn Millionen schätzt, und untersucht das Erbe dieser Periode, die Situation heute. Sacharow schildert den sterilen Bürokratismus, der sich für Sozialismus ausgibt und daher als ein Tabu gilt; er spricht offen vom idiotischen Dogmatismus der Funktionäre, der die Probleme der Welt-Zukunft zu lösen nicht imstande ist, also von einer tödlichen Gefahr für die kommunistischen Länder selbst und für die Welt. Seine Kritik, die Sacharow als Eingeweihter zu begründen vermag, hat den Ernst eines Alarms und führt zu einer nüchternen Mahnung: daß beide Lager, Ost und West, aus ihrem erstarrten Denkschema herausfinden zu einer globalen Kooperation (was mehr ist als die bloße Koexistenz, wie sie sich heute versteht: Übereinkunft der atomaren Großmächte, die ihre Machtinteressen aushandeln auf Kosten Dritter) als der einzigen Chance für eine Zukunft der Menschheit. Sacharow verweist auf Prag; seine Hoffnung deckt

sich mit der unseren: daß Sozialismus sich endlich entwickle in der Richtung seines großen Versprechens.

Ist dieser Versuch gescheitert?
Die sowjetischen Panzer in der Tschechoslowakei erinnern, so heißt es, an den 17. Juni in Berlin und an Ungarn 1956, nur ist der Vergleich verfehlt: in Prag war kein Aufstand, sondern die kommunistische Partei selbst hat den Versuch unternommen, Sozialismus zu demokratisieren, und die tschechoslowakische Regierung hat keinen Tag lang die Kontrolle verloren über diesen Versuch. Die sowjetischen Truppen verteidigen nicht, wie vorgegeben wird, den Sozialismus gegen Konterrevolution; sie verteidigen lediglich das heutige sowjetische Establishment, das Furcht hat vor einer Evolution des Sozialismus, die unabwendbar ist auf die Dauer, unabwendbar auch für die Sowjetunion; ihr militärischer Aufmarsch ist die Manifestation dieser Furcht, die aber nicht die Furcht des russischen Volkes ist, sondern die Furcht der Funktionäre vor dem eigenen Volk. Der tschechoslowakische Versuch ist nicht gescheitert, aber unterdrückt.

Resignation?
Was sofort zu erwarten war, ist sofort eingetreten: die Wiedergeburt unserer Kalten Krieger, die laut von einer Tragödie sprechen und dabei frohlocken. Schluß mit der Entspannung! Die sowjetische Okkupation in der Tschechoslowakei ist nicht ein Schlag gegen die westlichen Imperialisten, sondern deren Bestätigung, ein Verrat an der westlichen Linken. Für uns, die Entspannung nicht als Unterwerfung verstehen, aber als Voraussetzung für eine Humanisierung auf beiden Seiten, ist eine schwere Niederlage nicht zu leugnen. Was sich der Resignation widersetzt, ist die Vernunft. Allein die Tatsache, daß das H-Bomben-Arsenal des einen wie des andern Lagers heute schon ausreicht, um die gesamte Erdbevölkerung mehr als ein Dutzend Mal zu vernichten, fordert die Fortsetzung des Versuchs, einen beiderseits reaktionären Ost-West-Konflikt abzubauen. Das ist der Versuch, den Prag unternommen hat. Wir haben keine andere

Alternative. Das wissen Leute wie Andrej D. Sacharow (er ist nicht der einzige in der Sowjetunion), und sie setzen sich auf ihrer Seite dafür ein; wir tun's hier.

(1968)

›Rede nach der Besetzung der Tschechoslowakei‹

Wer heute von Sozialismus spricht als einer erstrebenswerten Gesellschaft – und das werden wir weiterhin tun –, ist sich bewußt, daß er als ein Verblendeter erscheint. Haben wir auch von Prag noch nichts gelernt? Die Abschaffung der Freiheit für wenige, die auf Kosten des arbeitenden Volkes geht, ist zwar im Osten vollzogen durch die Revolution vor fünfzig Jahren; solange aber daraus nicht Freiheit für das arbeitende Volk resultiert, sprechen wir nicht von Sozialismus oder im Sinn der Forderung, der Herausforderung, wie die Tschechoslowakei sie gewagt hat. Daß dieses Volk, das endlich das große Versprechen der Revolution einzulösen versucht, seiner Souveränität beraubt wird, ist, so meinen wir, kein Beweis, daß Sozialismus nicht möglich ist; die sowjetischen Panzer beweisen lediglich, daß Sozialismus – heute – im Machtbereich des Kremltums nicht möglich ist.

Eindrücke von Reisen in der Sowjetunion (1966 und 1968) reichen natürlich zur Erklärung nicht aus. Eine Gewißheit immerhin geben sie: Die Funktionäre, deren Gesichter ich im Gedächtnis habe, können unseren Schrecken nicht verstehen. Unerschütterlich, nur kalt vor Enttäuschung, daß wir von einem Verrat am Sozialismus zu sprechen wagen, würden sie mich heute wie immer belehren, daß das Einzigrichtige geschehen ist. Man kennt diese Diskussion, die nie eine werden kann. Unser Verdacht, daß diese Leute, sofern sie intelligent und sogar informiert sind, einfach heucheln, ist leichtfertig; die meisten, wenn auch nicht alle, aber die allermeisten, denke ich, versuchen zu glauben, was sie sagen müssen: um wenigstens zu einer subjektiven Aufrichtigkeit zu gelangen. Und es gelingt ihnen. Ein Beweis, daß der Kreml gegen eine Konterrevolution eingegriffen hat, ist für Funktionäre nicht nötig: der Kreml hat eingegriffen, also muß es dort eine Konterrevolution gegeben haben. Was Sozialismus ist, bestimmt der Kreml. Daraus ergibt sich: Der Kreml tut immer das Einzigrichtige, und es ist Sache eben der

Funktionäre, je und je das Einzigrichtige zu sagen. – Das ist es, was ich als Kremltum bezeichne: – wer, so denke ich, durch Kerker oder auch nur durch die Erinnerung an Genossen, die dahin verschwunden sind, einmal oder mehrmals in seinem Leben erfahren hat, daß einer nicht denken soll, was nicht das Einzigrichtige ist, tut zweifellos ein menschenfreundliches Werk, wenn er allen andern Genossen sagt, was sie jeweils denken sollen, eben das jeweils Einzigrichtige. In der Tat, die Funktionäre sind oft die Freundlichkeit in Person, auch ohne Wodka. Was der Wodka zum Vorschein bringt: kein Widerruf etwa, keine Kritik; ich habe nur bemerkt, daß sie dann überhaupt nicht davon sprechen: Urlaub vom Staat. Was sie ohne Wodka verschwiegen haben, ist keineswegs Opposition, sondern die russische Seele: Du ein Mensch, ich ein Mensch! wobei die russische Seele, man weiß es aus der Literatur, sehr weit ist: Auch ein Genosse, der gerade in Ungnade ist, verfemt von eben diesen Funktionären, gilt als Mensch; ich habe erlebt, wie ein Funktionär sein Glas hebt auf einen Verfemten und sagt: Auf unsern Freund! Es ist unheimlich, aber wahr: sie mögen ihn, und wenn ihr öffentliches Urteil gegen ihn eines Tages noch härter ausfällt, lebenvernichtend, so nur, weil sie müssen: um öffentlich zu beweisen, daß sie glauben, was sie sagen: wogegen der Freund öffentlich gesagt hat, was er glaubt.

Heute heißt dieser Freund: Tschechoslowakei.

Solschenizyn und Sacharow und einige Hunderttausende, deren Namen nicht zu uns kommen, wissen natürlich, was dem tschechoslowakischen Volk geschieht, und wahrscheinlich besser als wir; sie wissen, was dem sowjetischen Volk geschieht. Solschenizyn, so hörte man gerade, soll in ein Irrenhaus gebracht werden. Er forderte Freiheit der Literatur. Das ist aber, so wie die Dinge liegen, ein irres Verlangen. Das Kremltum, wie das Zarentum, kann es nicht zulassen; das Gottesgnadentum mit seinen Popen ist abgeschafft, die Unfehlbarkeit des Kremls ist geblieben, wenn auch nicht Unfehlbarkeit im Namen des Himmels, aber im Namen des Volkes: und Literatur ist (unter anderem) Zweifel an der Unfehlbarkeit des Menschen und seiner

Veranstaltungen, Selbstkritik. Daß es ohne sie besser gehe, war von jeher der Irrtum der Alleinherrscher. Zwar gibt es, wie geschichtliche Resultate zeigen, Kritik innerhalb des Kremls; ein Resultat solcher Kritik war der Sturz von Chruschtschow, der vorher den toten Stalin vom Sockel gestürzt hatte. Der eben noch Unfehlbare, plötzlich hat das Volk ihn zu verdammen, während die Nachfolger seine Unfehlbarkeit erben, und die einzige Kritik, die dem Volk zu praktizieren bleibt, ist die Kritik am Westen; diese ist Pflicht und simpel; Kritik am Kremltum steht ihm nicht zu. Es ist klar, daß das Unternehmen von Prag nicht geduldet werden kann: es wäre Kritik durch das Volk.

Eindrücke von Reisen: –
Das russische Volk lebt heute besser (zumindest wirtschaftlich) als je in seiner Geschichte. Viel ist zu loben. Ich sehe Leistungen vor allem zivilisatorischer Art, Aufbau nach einem Krieg der verbrannten Erde, Industrie, Stauseen an der Wolga, Bauern in Jet-Flugzeugen, Völkerschaften, die ein Jahrhundert, das ihnen das Zarentum gestohlen hat, aufzuholen haben und die den Frieden brauchen. Ich lobe gern. Aber ich sehe auch die Enge überfüllter Wohnungen in großen Häuserblocks, die ich von außen zu loben habe. Ich sehe ein, daß auch das schon ein Fortschritt ist, gemessen nicht am Westen, aber an der Rückständigkeit des alten Rußland. Als Gast wohne ich in einem Parade-Hotel; Parade gibt's überall. Ich habe kein Paradies erwartet, aber mehr Freude. Ich sehe Denkmäler mit ihrem erstarrten Jubel in Richtung auf die Zukunft, die ich als Gegenwart sehe: die Apathie des Volks in sauberen und imposanten Boulevards, Menschen, denen es nicht an Nahrung und Kleidung fehlt, Menschen ohne Anzeichen von Lust. Ich sehe keine Polizei im Einsatz, keine Knüppel, keine Wasserwerfer.

Hier rührt sich nichts. Ich frage mich: Nichts mehr oder noch nichts? Auch ich liebe Tschechow sehr; hätte die Behörde, wenn er heute schriebe, Papier für soviel Traurigkeit in vergeblich wartenden Seelen. Unter den Bildnissen des scharfköpfigen, wenn auch auf Väterchen entschärften, aber Intelligenz strahlenden Lenin, die überall zu sehen sind, sehe ich eine Großmacht von Spießbürgern. Es ist wahr: Ich sehe keine Not in den Städten, keinen Slum; das ist genug, um viele Bedenken aufzuwiegen, aber nicht alle. Ich sehe keine Ausbeutung durch Ausbeuter, aber Verschleiß von Menschenzeit durch Bürokratie. Ich sehe die entfremdete Arbeit auch hier: Entfremdung durch einen Apparat, der, da er sich volkseigen nennt, unanfechtbar ist, auch wenn er versagt. Ich sehe – und man schweigt, um nicht zu kränken, aber es beschleicht mich Zorn, wenn die Ideologie-Popen verlangen, daß ich die heutige Sowjetunion schon für die beste aller möglichen Welten halten soll. Was ich sehe: ein Volk von unwahrscheinlicher Geduld, ein unbefragtes Volk, ein verwaltetes Volk, verwaltet von einem Dogmatiker-Büro, das überzeugt ist von einem russischen Weltmonopol auf Humanität.

Ich habe gesagt: Zorn; nicht Haß.

In Novosibirsk, ob im Institut für Mathematik oder für Genetik oder für Physik oder für Biologie, tönt es allerdings anders: nicht konterrevolutionär, aber popenfrei. Wissenschaft arbeitet mit dem Zweifel, und der Zweifel macht human. Hier, in der Forscherstadt weitab vom Kreml in einem sibirischen Birkenwald, tönt es nach Galilei: Und sie bewegt sich doch! Aber man weiß, die Inquisitionen dauern lang und fordern zu viele Opfer. Unsere Hoffnung, daß die Wahrheit siege, wäre zynisch-romantisch, gäbe es nicht faktische Anzeichen dafür; allein die Panzer-Reaktion auf Prag zeigt an, daß etwas im Gang ist, was das Kremltum mit Furcht erfüllt: Evolution – was jedes Establishment mit Furcht erfüllt.

Unsere Kritik an der Sowjetunion, eine Kritik ohne Schadenfreude, kann einen Sinn nicht haben: daß sie die Kritik am Westen, unsere Selbstkritik, annulliert. Untat gegen Untat aufzurechnen, das bringt uns nicht weiter. Eine Bilanz der Inhumanität wäre kein Trost, selbst wenn sie stimmen würde; sie stimmt übrigens nicht, solange Krieg in Vietnam ist. Aber schon der bloße Gedanke an solche Bilanz ist hoffnungslos, ein Denkschema des Kalten Krieges, den die Welt sich nicht leisten kann. Der Effekt des Kalten Krieges, der einen Machtkonflikt ideologisiert, ist intellektuelle Stagnation, und zwar auf beiden Seiten. Man weiß auf beiden Seiten, daß Probleme der nahen Zukunft nur durch Kooperation zu lösen sein werden. Die bloße Koexistenz, erzwungen durch das Atom-Patt, wird nicht genügen. Was der Kooperation aber im Weg steht, sind die Dogmatismen. Die Aufgabe, diese Dogmatismen abzubauen durch Kritik an ihren Ergebnissen, ist auf beiden Seiten gestellt, schwierig auf beiden Seiten, aber unumgänglich, und sie ist nur zu lösen, wenn sie auf beiden Seiten zugleich in Angriff genommen wird. Von wem? Von jedermann, der Worte in den Mund nimmt. Auch Sozialismus ist ein Wort, Demokratie auch. Entdogmatisieren bedeutet: Wirklichkeit wahrnehmen, Konflikte von der Wirklichkeit her formulieren, Denkschemata aufgeben. Und genau das verhindert der Kalte Krieg. Die Ereignisse in diesem Sommer sind ein gefährlicher Rückschlag, den wir zur Kenntnis zu nehmen haben. Aber die Hoffnung kann ich deswegen nicht auswechseln; ich habe nämlich nur eine: daß das Versprechen, das dort Sozialismus heißt, und das Versprechen, das hier Demokratie heißt, zu verwirklichen sind durch ihre Vereinigung.

(1968)

›*Nachwort zu:*
Andrej D. Sacharow
Wie ich mir
die Zukunft vorstelle‹

Ein führender Wissenschaftler der UdSSR, Physiker, habe an die Staatsführung ein umfängliches Memorandum geschrieben, Gedanken über Fortschritt und geistige Freiheit als Voraussetzung des Fortschritts – so ungefähr hörte man es in diesem Sommer (1968) in Moskau. Ein Gerücht. Offenbar hatte der Verfasser, damit seine Mahnung nicht in behördlichem Schweigen untergehe, diese nicht nur an die Staatsführung geschickt, sondern Vervielfältigungen davon herstellen lassen und weitherum verteilt, hauptsächlich an Intellektuelle. Ob Vervielfältigung durch Druck oder durch Fotokopie, weiß ich nicht; jedenfalls ohne das Placet der Zenzur, die eine reguläre Veröffentlichung nie zugelassen hätte. Da gegen Ende Juni davon zu hören war, muß die Verbreitung dieser Schrift, vom Verfasser auf Juni datiert, sehr rasch erfolgt sein. Bekanntgabe von Gedanken ohne behördliche Genehmigung der Bekanntgabe: also ein Apokryph. Wie es später in den Westen gelangt ist, ob mit oder ohne Wissen seines Verfassers, ist uns nicht bekannt. Die Frage, ob es richtig und in einem andern als nur verlagsrechtlichen Sinn erlaubt ist, eine apokryphe Broschüre zu verbreiten, ist zu stellen. Der Verfasser hat sie nicht für den westlichen Leser geschrieben, sondern für seine Landsleute: als Einladung zur internen Kontroverse, wobei dem Verfasser wahrscheinlich eine westliche Einmischung nicht erwünscht sein kann. Was er zu sagen hat, nicht zuletzt auch die Art seiner Argumentation, das hilft uns aber zu einer besseren Kenntnis seines Landes, als die Betreuer auf Reisen sie geben, zu einem Verständnis, das wir, eingespannt zwischen die beiden Supermächte, die heute über die Welt verfügen, für uns selbst benötigen; insofern halte ich es für richtig, daß diese Broschüre auch bei uns verbreitet wird.

Was wir vom Verfasser wissen:
Andrej Dmitriwitsch Sacharow, Jahrgang 1921, studierte während des Krieges an der Moskauer Universität und arbeitete nach 1945 an dem Lebedew-Institut für Physik. Er wurde Mitglied der Akademie der Wissenschaften, was die größte Auszeichnung für einen sowjetischen Wissenschaftler ist, schon mit 32 Jahren. Seine Forschung, so heißt es, führte zur Entwicklung der sowjetischen Wasserstoffbombe. Dreimal erhielt er den Titel eines Helden der Sozialistischen Arbeit, dazu den Lenin-Preis. Seit er an der Wasserstoffbombe arbeitete, sind keine Publikationen von A. D. Sacharow erschienen. Sein Name tauchte 1966 auf, als sechs Mitglieder der Sowjetischen Akademie der Wissenschaften protestierten gegen die Einführung des Artikels 190 ins Strafgesetzbuch der UdSSR, ein Gesetz, »das der in unserer Verfassung proklamierten Bürgerfreiheit direkt entgegensteht«. Erst 1968 erschien wieder ein wissenschaftlicher Aufsatz von A. D. Sacharow in einem Almanach unter dem Titel: ›Symmetrie des Weltalls‹; es wird angenommen, daß A. D. Sacharow jetzt auf dem Gebiet der Kosmophysik arbeitet. Daß in dem Sammelband ›Die Zukunft der Wissenschaft‹ jeder Verfasser mit einem Foto vorgestellt wird, ausgenommen A. D. Sacharow, ist bemerkenswert; offenbar ist er Träger von Staatsgeheimnissen, seine Person daher strengstens gehütet.

Bedrohung der Welt durch atomaren Krieg und durch Hunger, darüber sagt die vorliegende Broschüre nichts Neues; auch die Konsequenz, die A. D. Sacharow daraus zieht, ist bekannt: die Notwendigkeit der friedlichen Koexistenz, was allerdings ein euphorischer Name ist für den tatsächlichen Zustand, der nicht mehr als ein Waffenstillstand ist und nicht einmal das, nur Waffenstillstand zwischen den beiden Supermächten als solchen, was sie nicht hindert an militärischen Einmischungen innerhalb ihrer Machtbereiche oder dort, wo es um Erweiterung des Super-Machtbereiches auf Kosten Dritter geht. Was einer Kooperation, die mehr wäre als eine Balance permanenter Drohung und die allein die globalen Probleme zu lösen vermag, entgegensteht, ist bekanntlich die Ideologie. Wieweit A. D. Sacharow in Ideologie verharrt, ist nicht leicht abzuschätzen. Manches in seiner tapferen Broschüre wirkt wie ein ideologischer Kotau, vielleicht nötig, um überhaupt weitersprechen zu können, und es fehlt nicht an dogmatischen Gemeinplätzen. Seine Sprache bleibt oft in der Tradition der Narodniki. Fürchtet der Verfasser, daß von der Obrigkeit, die er ja in erster Linie anspricht, die Sprache der wissenschaftlichen Intelligenz, deren spektakuläre Ergebnisse sie zieren, nicht verstanden würde? Berufung auf Lenin wie auf einen Kirchenvater, kritikfrei, als wäre es undenkbar, daß ein halbes Jahrhundert wissenschaftlicher Forschung in irgendeinem Punkt über den klassischen Marxismus-Leninismus hinausführen könnte, scheint unumgänglich zu sein, um nicht in den Verdacht der Konterrevolution zu kommen. Dieser Verdacht wäre grotesk. Einiges mag für einen biederen Funktionär anstößig sein, allein ein beiläufig eingeschobener Ausdruck wie dieser: »die Legende von der proletarischen Unfehlbarkeit«. Andere sind für weniger schon in die Verbannung geschickt worden. Aber die Kritik, die hier mit hinreichenden Beispielen vorgebracht wird, ist keinesfalls subversiv; es bleibt systemimmanente Kritik. Die Hoffnung lautet auf Sozialismus. Als dessen Widersacher braucht nicht wieder und wieder angeprangert zu werden, was man nicht hat, nämlich der Kapitalismus im Westen; der Widersacher im eigenen Land ist der Stalinismus. Es geht dem Verfasser aber, obschon er unter Stalin herangewachsen ist, nicht um »Bewältigung der Vergangenheit«, sondern um die Zukunft, die andere Möglichkeit, die er in der Gegenwart noch immer und immer wieder verhindert sieht:

Eine umfassende Analyse der Entstehung des Stalinismus und seiner Äußerungen enthält die ausführliche, 1000 Seiten starke Monographie von P. Medwedew. Dieses vom sozialistisch-marxistischen Standpunkt aus geschriebene Werk ist leider bis heute nicht veröffentlicht worden.

Zuversichtlicher heißt es:

Unser Land hat jetzt mit der Aufgabe der Reinigung von dem Übel des Stalinismus begonnen. Wir (...) lernen es, unsere Meinung zu äußern, ohne der Obrigkeit auf den Mund zu sehen und ohne Angst um unser Leben.

Der Leser wird nicht vergessen dürfen, daß der Verfasser, der dieses Memorandum herauszugeben wagte, in einer besonderen Lage ist; wollen die Sowjets auf den Mond, und zwar als erste, um den Stand ihrer Wissenschaft und ihr technisches Potential unter Beweis zu stellen, so ist ein Schriftsteller wie Solschenizyn, wenn er sich ebenso gegen die Zensur auflehnt, durchaus entbehrlich, nicht aber ein Kosmophysiker wie A. D. Sacharow. Hier spricht somit ein Privilegierter, allerdings einer, der sich daraus eine Pflicht macht, für andere zu sprechen, die es nicht wagen können, die Obrigkeit zu mahnen:

– wie inkompetente Zensur die lebendige Seele der sowjetischen Literatur im Keim erstickt. Das gleiche ist es mit allen anderen Gedankenäußerungen in der Öffentlichkeit, wodurch Stillstand, Fadheit, das Fehlen irgendwelcher neuer und tiefer Gedanken verursacht wird. Tiefgründige Gedanken werden nur in Diskussionen geboren, wenn Erwiderungen laut werden, bei der größtmöglichen Freiheit, nicht nur kontrolliert richtige, sondern auch zweifelhafte Ideen zu äußern. Das war schon den Philosophen des alten Griechenland klar, und heute gibt es wohl kaum jemanden, der dies bezweifelt. Aber nach 50 Jahren ungeteilter Herrschaft über die Gedanken eines ganzen Landes scheint unsere Führung sogar die Andeutung einer solchen Diskussion zu fürchten. An dieser Stelle sind wir gezwungen, die schändlichen Tendenzen der letzten Jahre zu erwähnen.

Es ist schon viel, die Namen von Daniel und Sinjawskij, von Ginsburg und Galanskow überhaupt zu erwähnen, Namen solcher, die in Arbeitslagern mindestens zur Vergessenheit verurteilt sind, oder den Namen von A. Solschenizyn, der in diesen Tagen (11. 12. 1968) seinen fünfzigsten Geburtstag begeht in schwerer Bedrängnis; der Verfasser geht noch weiter: er nennt auch Neostalinisten, die für diese Praxis verantwortlich sind, offen beim Namen, beispielsweise den Leiter der Abteilung Wissenschaft im Zentralkomitee der KP.

Die Leitung unseres Landes und unser Volk sollen wissen, daß die Einstellung dieses zweifellos klugen, verschlagenen und in seinen Ansichten und Prinzipien sehr konsequenten Mannes grundlegend stalinistisch ist (d. h. von unserem Gesichtspunkte aus die Interessen der bürokratischen Elite schützt) und daß sie sich fundamental von den Hoffnungen und Bestrebungen des größten und aktivsten Teils unserer Intelligenz unterscheidet, die nach unserer Meinung die wahren Interessen unseres ganzen Volkes und der fortschrittlichen Menschheit vertritt.

Über seine Hoffnung sagt A. D. Sacharow:

Heute liegt der Schlüssel zu einer fortschrittlichen Entwicklung des Regierungssystems zum Wohl der Menschheit in der Freiheit des Geistes. Das ist insbesondere von den Tschechoslowaken verstanden worden, und wir müssen zweifellos ihre mutige und für das Schicksal des Sozialismus und der ganzen Menschheit wertvolle Initiative sowohl politisch als auch durch Verstärkung der wirtschaftlichen Hilfe unterstützen.

Inzwischen ist die Antwort, die A. D. Sacharow auf sein Memorandum nicht erhalten hat, weltöffentlich erfolgt; sein Memorandum gestattet immerhin die Vermutung, daß die Antwort des Kreml an die Tschechoslowakei nicht im Einverständnis mit dem ganzen sowjetischen Volk erfolgt ist, zumindest nicht mit dem größten und aktivsten Teil der Intelligenz. Eine Antwort der Funktionär-Kaste. Wer dabei konterrevolutionär und wer revolutionär ist, die Funktionär-Kaste oder die Intelligenz, die Sacharow vertritt, ist eine terminologische Frage. Sicher wünscht sich der Verfasser kein vorsozialistisches System, nur zeigt sich in seinen Forderungen, was die Russische Revolution übersprungen hat, nämlich die Französische Revolution; hier bleibt ein Nachholbedarf, und darum geht es eigentlich in diesem Memorandum. Eben diese geschichtliche Phasen-Verschiebung, scheint es, erschwert das Verständnis nicht nur gegenüber dem Westen, der einmal bürgerlich geworden ist (was eine Progression war) und in Anpassung an die technische Entwicklung bürgerlich geblieben ist, sondern auch gegenüber westlichen Völkern, die nicht geradewegs aus dem Zarentum heraus, ohne die Errungenschaften der bürgerlichen Revolution, zum Sozialismus gekommen sind. Daß der Stalinismus, der so deutliche Züge von Zarismus hat, als »tragischer Zufall« gesehen wird, verwundert bei einem Wissenschaftler.

Ist das marxistisch gedacht? So könnte man sich auch beim Hitlerismus, statt ihn als immanente Tendenz eines Systems zu sehen, auf den tragischen Zufall berufen. Der Verfasser spricht von Sozialismus. Warum nicht von Kommunismus? Vieles bleibt undifferenziert. Protest gegen Willkür der Ämter, Beschwerden aus bitterer Erfahrung; zugleich wirkt diese Schrift durchaus fromm, als gäbe es keinen Galilei, der weiß, was sich um was dreht; das Begehren nach geistiger Freiheit, vorgebracht ohne Kritik an dem Ideologie-Vokabular überhaupt, muß vage bleiben. Das Ideologie-Vokabular bleibt tabu. Das ist aber schon Verzicht auf geistige Freiheit. Im Grunde ist diese Schrift, fürchte ich, nicht umwälzender als die letzte Enzyklika des Papstes, obschon sie sich mit der Zukunft befaßt.

Die Zukunft des Sozialismus hängt heute davon ab, ob es gelingen wird, ihn anziehend zu machen, ob sich die moralische Anziehungskraft der Idee des Sozialismus und der Arbeitsintensivierung als Gegengewicht gegen das egoistische Prinzip des Privatbesitzes und der Kapitalvergrößerung behaupten kann als ein entscheidender Faktor bei der ethischen Bewertung des Kapitalismus und des Sozialismus, ob die Menschen im Zusammenhang mit Sozialismus nicht in erster Linie an eine Beschränkung der geistigen Freiheit oder, schlimmer noch, an faschismusähnliche Kultregime denken werden.

Die Argumentation ist moralisch.

Ich betone die moralische Seite, da sowohl in der Frage der Sicherstellung von größtmöglicher Arbeitsauswertung als auch in der Steigerung der Arbeitskapazität, wie in der Sicherung des Lebensstandards des größten Bevölkerungsteiles, der Kapitalismus und der Sozialismus sich gleich gegenüberstehen.

Vieles in dieser Broschüre, vor allem wenn es um die Einschätzung des kapitalistischen Westens geht, widerspricht der verordneten Unkenntnis; vielleicht ist die Behauptung, »daß es einen qualitativen Unterschied in der Struktur der Gesellschaft der beiden Länder nach dem Merkmal des Güterverkehrs nicht gibt«, schon ketzerisch, auch wenn der Verfasser die moralische Superiorität der einen Gesellschaft, der sowjetischen, nie in Frage stellt, im Gegenteil, gerade von diesem Anspruch her setzt der Verfasser an. Das ist pädagogisch. Die Feststellung, daß die beiden Länder sich angleichen, deckt sich mit der Hoffnung des Verfassers, der von der unausgesprochenen, aber alle Erwägungen bestimmenden Annahme ausgeht, daß es gegenüber der UdSSR–USA keine Alternative gebe. Die Broschüre endet in einem futurologischen Versuch. China wird dabei nicht in Rechnung gesetzt, geschweige denn West-Europa, aber auch nicht Afrika: nicht als Subjekt der Geschichte, nur als Objekt; die UdSSR und die USA zusammen werden die Welt retten. Man braucht nicht Maoist zu sein, um mindestens zu zweifeln, ob der Maoismus, im Gegensatz zum sowjetischen Humanismus, sich mit den Begriffen von Barbarismus und Nationalismus hinreichend definieren lasse. Das ist in der heutigen Sowjetunion allerdings die herrschende Meinung, der Sacharow sich anschließt, bestimmt durch sein Entsetzen über Grausamkeiten, aber ohne Analyse. Stichhaltiger als der futurologische Versuch (in einer Fußnote heißt es: »Der Verfasser sieht die Primitivität seines Versuchs einer Futurologie, die Bemühungen sehr vieler Fachleute voraussetzen würde, ein.«) erscheint die Kritik an der heutigen sowjetischen Praxis, die als Pseudo-Sozialismus bezeichnet wird.

Ist die Verfolgung im Stil von Hexenjagden Dutzender von Vertretern sowjetischer Intelligenz, die gegen die Willkür von Justiz- und psychiatrischen Organen aufgetreten waren, der Versuch, ehrliche Menschen zum Unterschreiben von erlogenen und heuchlerischen Widerrufen zu zwingen, die Entlassung aus Arbeitsstellungen mit Eintragung in die ›Schwarze Liste‹, die Beraubung junger Schriftsteller, Redakteure und anderer Intellektueller aller Existenzmittel nicht eine Schande? (...) Ist der letzte antisemitische Vorfall in der Personalpolitik nicht eine Schande? (...) Ist die fortgesetzte Beschneidung der Rechte der Krim-Tataren, die durch die stalinschen Verfolgungen etwa 46% ihres Volkes verloren haben, nicht eine Schande?

Das hört der Kreml nicht gern.
Hören wir es gern?
Das wurde nicht gern gesagt.

Ein Akt staatsbürgerlichen Gewissens – so verstehe ich diese Broschüre – unter Bedingungen, wo es dazu eines außerordentlichen Mutes bedarf: ein Akt also, der als solcher unsere größte Hochachtung verdient. Man wird sich fragen, welche Wirkung er haben kann. Das ist von hier aus, auch wenn man über die heutige Praxis in der Sowjetunion das eine und andere weiß, schwer abzuschätzen. Die Broschüre ist in der Staatssprache verfaßt, damit die Funktionär-Kaste sie versteht. Damit aber ist von vornherein das ausgeschlossen, was der Leser über die Informationen hinaus vielleicht erhofft: ein Denk-Vorstoß, der weiter reichen würde als das gewohnte Vokabular der Politik. Daß dies in Gesprächen unter vier Augen stattfindet, ist anzunehmen; davon zeigt die Broschüre nichts an. Der Verfasser hält sich strengstens an die offiziöse Terminologie, wobei auffällt, wie sparsam er den Begriff Revolution verwendet, der im Westen zurzeit ein Lieblingsbegriff ist. Das muß nicht heißen, daß der Verfasser konservativ ist. Im Gegenteil; darin kann sich auch das Wissen ausdrücken, daß der Begriff Revolution überholt und mindestens in der hochentwickelten Industriegesellschaft romantisch geworden ist, indem fundamentale Umwälzungen weniger von dieser oder jener politischen Ideologie ausgehen als von technologischen Entwicklungen und ihren unaufhaltsamen Konsequenzen, das heißt: weitgehend unabhängig vom gesellschaftlichen System. Hier begibt sich der Verfasser seiner großen Möglichkeit als Naturwissenschaftler: Politik zu entideologisieren und die politische Terminologie, auch unsere, zu entlarven als das, was sie ist: als Relikt, das ins Museum gehört, teilweise sogar in die Abteilung Mittelalter. Wir sind zwar, innerhalb dieser Terminologie, einverstanden mit dem Verfasser, wenn er für die Koexistenz plädiert; aber die auch im Westen geläufige Einsicht, daß das Atom-Patt zu einer friedlichen Koexistenz der Ideologie-Systeme nötige, ist im Grund keine: sie wahrt noch immer die Dogmatismen, die den Fortbestand der Menschheit gefährden, sie sanktioniert den Antagonismus, indem sie zwar auf seine Konsequenzen verzichtet, notgedrungen, aber daß dieser Verzicht (auf Selbstmord der Menschheit) nötig ist, heißt doch, daß die Ideologie-Politik vor der Realität versagt. Koexistenz der Ideologie-Systeme, unter Beibehaltung dieser Systeme, ist eine Einigung auf falschem Bewußtsein. Daher mag man es bedauern, daß A. D. Sacharow, der als Naturwissenschaftler dazu imstande wäre, nicht auf die System-Sprache verzichtet. Gegen das falsche Bewußtsein eben mit dem Vokabular dieses falschen Bewußtseins zu protestieren, das fördert wieder nur das falsche Bewußtsein, indem man dessen Kategorien bestätigt.

Diese Bedenken (sie treffen auch auf unsere eigenen Manifeste zu) können aber nicht vergessen lassen, was diese Broschüre, auch so und gerade so, zu bedeuten hat. Sie ist ein Signal der Not. Denn daß es der sowjetischen Intelligenz heute nicht möglich ist, anders als in der verordneten Terminologie zu sprechen, die nicht ihrer fortschreitenden Erkenntnis entspricht, sondern lediglich zur Legitimation der etablierten Herrschaft dient, das gerade ist ja ihre Not.

Der Text dieses Memorandums ist im Westen zuerst in englischer Übersetzung erschienen in der NEW YORK TIMES, kurz darauf in der deutschen Wochenzeitung DIE ZEIT, als deutsche Übersetzung aus dem Englischen; die deutsche Übersetzung aus dem Russischen, die hier publiziert wird, hat der Possev-Verlag, Frankfurt, zur Verfügung gestellt.

November 1968

Wie wollen wir regiert werden?

Zum Bundesgesetz über die Eidgenössischen Technischen Hochschulen, das uns der Bundesrat auf Weihnachten besorgt hat in der strikten Erwartung, daß das Geschenk nicht umgetauscht wird, kann ich mich nur als Laie äußern: als ehemaliger Schüler und Diplom-Architekt der ETH und als Staatsbürger ohne Macht.

I

Wie ist dieses Gesetz zustande gekommen? Man weiß: Übernahme der Technischen Hochschule Lausanne durch den Bund. Damit ist jedermann einverstanden. Dafür hätte ein Übergangsgesetz genügt. Stattdessen hielt es der Bundesrat für richtig, bei dieser Gelegenheit (die Regelung der Übernahme verlangte Eile) ein Rahmengesetz zu erlassen, das die Zukunft beider Hochschulen und damit die Zukunft der Forschung in unserem Land regelt. Ein Gesetz von hoher Bedeutung also. Es ist entstanden – das ist kein Witz – ohne vorgängige Befragung der Professoren und der Studenten, sogar ohne direkte Information der Beteiligten. Im Frühling 1968 wird der Entwurf publiziert im Bundesblatt; auf eine Anfrage vom VSETH kommt die Antwort aus Bern: ein verwaltungstechnisches Gesetz, darum habt Ihr euch nicht zu bekümmern. Im Sommer, kurz vor den Hochschul-Ferien, wird es im Rat behandelt, dann beschlossen von Ständerat und Nationalrat am 4. Oktober, publiziert am 11. Oktober; eine Woche vor Semesterbeginn.

Das Tempo ist imponierend.

Das in der Schweiz wie in andern Ländern als dringlich erkannte Bedürfnis, die Struktur der Hochschulen zu überdenken und eine neue Struktur zu erarbeiten, wirkte keineswegs verzögernd; es wurde übergangen. Das neue Bundesgesetz, das am 1. Januar 1969 in Kraft tritt, basiert im wesentlichen auf dem

Gesetz von 1854. Man fragt sich, warum nach 114 Jahren diese Eile.

2

Die Studentenschaft, da sie das »neue« Gesetz nun kennt, lehnt es in der Mehrheit ab, nicht nur die Studentenschaft der Eidgenössischen Technischen Hochschule, sondern ebenso die Studentenschaft verschiedener Universitäten, da eben dieses Gesetz als vorbildlich auch für die Universitäten bezeichnet worden ist.

Warum die Ablehnung?

Artikel 3: »An beiden Hochschulen besteht Lehr- und Forschungsfreiheit.« Ein klarer Satz, ein guter Satz.

Artikel 2: »Sie (die beiden Hochschulen) haben zur Förderung der Wissenschaft und Technik durch Forschung beizutragen«, am Schluß desselben Artikels: »In Unterricht und Forschung wird den schweizerischen Bedürfnissen besonders Rechnung getragen.« Das ist auch begrüßenswert; es fragt sich nur: Wer formuliert die schweizerischen Bedürfnisse? Wenn die schweizerische Industrie (nicht nur die Rüstungs-Industrie, auch andere) sie formuliert, so sind es nicht unbedingt die schweizerischen Bedürfnisse, sondern Bedürfnisse von Firmen; das wissenschaftliche Interesse deckt sich nicht unbedingt mit dem privat-wirtschaftlichen Interesse. Das letztere ist bekanntlich in der Bundesversammlung und im Bundesrat machtvoll vertreten; die Forscher und die Studenten, die einmal die Forschung weitertreiben sollen, sind nicht vertreten. Wie kommt es bei dieser Struktur (so fragt der Laie) zur »Autonomie der Forschung«?

Der Bundesrat hat darauf eine Antwort.

Seit bekannt geworden ist, daß die Studenten ein Referendum erwägen, heißt sie: Dies ist nur ein Rahmengesetz, macht euch jetzt keine Sorgen, später wird es schon ein Mitspracherecht der Studenten geben. »Dank diesem Mitspracherecht«, erklärt der

Bundesrat, »haben die Studierenden die Möglichkeit, auf die Gestaltung der Reglemente für die ETH Zürich und die ETH Lausanne, die das Leben und die innere Struktur der beiden technischen Hochschulen prägen werden, maßgeblichen Einfluß zu nehmen.« Denkt der Bundesrat, daß das, was hier gesagt wird, wahr ist? Es ist mir unangenehm, dem Bundesrat zu melden: Wir sehen keinen Grund, daran zu glauben. Von einem Mitsprache-Recht steht in eben diesem Gesetz überhaupt nichts, ganz abgesehen davon, daß Mitsprache noch lange keine Mitbestimmung ist, und ohne gesetzliche Garantie vertrauensvoll zu erwarten, daß ein Mitbestimmungsrecht oder auch nur ein Mitspracherecht sich später einstelle, verbietet eben der Geist dieses Gesetzes, der sich allein schon dadurch manifestiert hat, daß es ohne jede Mitsprache der Studentenschaft zustande gekommen ist.

Was das Gesetz sagt:

Artikel 10: »Die Ansichten der Studierenden zu Hochschulfragen werden durch die Vermittlung der anerkannten Körperschaften eingeholt.« Nur das: Ansichten, die man auch ignorieren kann. Und sie werden »eingeholt«; was machen die Studenten mit ihren Ansichten, wenn der Hochschulrat grad kein Bedürfnis hat, ihre Ansichten einzuholen? Und eingeholt werden sie ausschließlich bei »anerkannten« Körperschaften. Wer anerkennt oder nicht? Wieder der Bundesrat... Das alles heißt nicht mehr als so viel: der Feudal-Herr kann, wenn er mag, die Untertanen gelegentlich fragen: Wie fühlt Ihr euch? und die Untertanen können es sagen, aber keine Forderung stellen, die der Herr etwa akzeptieren muß. Das Parität-Verhältnis bleibt 100 zu 0.

Daher kommt wohl die Ablehnung.

Nun kann man sagen: Student ist einer temporär, Professor meistens lebenslänglich, so daß man ihm einen andern Grad von Zuständigkeit zubilligen kann; tatsächlich stimmt es, wenn zur Rechtfertigung dieses Gesetzes gesagt wird, daß es die Studenten mit den Professoren durchaus gleichstelle: beide erscheinen vor der Obersten Hochschulbehörde, dem Bundesrat, wie Unmündige. Artikel 17: »Vor wichtigen Entscheidungen holt der Hochschulrat die Ansichtsäußerungen der Lehrkörper ein.« Nur das: »Ansichtsäußerungen«; das ist kein rechtlicher Anspruch auf Mitbestimmung... Wenn es das ist, was der Bundesrat im Jahr 1968 unter demokratischer Partizipation versteht, so ist es zur Abwechslung nicht an den Studenten, sondern am Bundesrat, an der Eidgenössischen Technischen Hochschule zu lernen... Artikel 24: »Wenn sich ein Professor in der Erfüllung seiner Amtspflichten oder in seinem übrigen Verhalten in dem Grade fehlbar macht, daß sein weiteres Wirken an einer der beiden Hochschulen nicht mehr tragbar erscheint, so kann er vom Bundesrat, nach Anhören des Hochschulrates, seines Amtes enthoben werden.« Das muß sein. Aber was heißt »fehlbar«? Das Gesetz sagt es nicht im mindesten. Ist ein Professor fehlbar, wenn er »in seinem übrigen Verhalten« nicht mit dem Bundesrat politisch einverstanden ist?

Hier eine Reminiszenz:

1938, einer unsrer Hauptlehrer, Schweizer, war erklärter Anhänger des Nationalsozialismus; Corbusier erwähnte er höchstens als Beispiel für bolschewistische Architektur; eine schweizerische Kultur, sagte er, gebe es nicht, die Schweiz gehöre natürlicherweise zum Reich; in Sachen Juden: Jesus kann nicht Jude gewesen sein, lesen Sie wieder einmal das Testament, das Neue, wie tief und weise das ist usw. Dieser Mann, Professor Friedrich Hess, war nicht untragbar. Ein andrer Lehrer, Professor Hans Bernoulli, unterrichtete Städtebau, was zwangsläufig zu soziologischen und ökonomischen Problemen führt; er vertrat damals die Freigeld-Theorie und übte einmal Kritik am Bundesrat. Dieser Mann war untragbar und wurde entlassen... Was hat das mit dem neuen Bundesgesetz zu tun? Wir sehen darin keine Garantie gegen die Willkür in der Auslegung, was fehlbar ist, nur die Garantie, daß der Bundesrat nach Anhören des Hochschulrates, der vom Bundesrat bestellt wird, auch darüber allein entscheiden kann.

4

Für das Referendum bleibt fast keine Zeit, Frist bis 9. 1. 1969. Was kostet so ein Referendum? Ein Berater, von den Studenten angefragt, sagt mahnend: 200000 Franken. Unsere Studenten müssen somit ziemlich reich sein, wenn sie Demokratie praktizieren wollen. Denn die Industrie wird in diesem Fall nicht beistehen, das ist natürlich, sie hat kein Interesse am Referendum und einer andern Hochschul-Struktur: sie braucht die ETH, so wie sie ist, als staatliche Ausbildungsschule für ihre Techniker und für Forschung nach ihrem Geschäftsbedürfnis: ohne Mitspracherecht der Forscher und der Studenten, was gelehrt und was geforscht werden soll.

Was spricht gegen das Referendum?

Wenn die Studenten auf die Straße gehen, so heißt es: Warum wählt Ihr nicht den verfassungsmäßigen Weg, der euch jederzeit offensteht? Wenn sie, verfassungsmäßig, das Referendum wählen, so heißt es: »Das würde von weiten Volkskreisen als *Zwängerei* aufgefaßt, wobei sich gegen den Verdacht, der Protest sei nur unter dem Eindruck unrühmlicher ausländischer Vorbilder zustande gekommen, nur schwer ankämpfen ließe, auch wenn der VSETH für sich in Anspruch nehmen kann, er habe sich streng an die Regel des demokratischen Rechtsstaates gehalten.« Stimme dieser weiten Volkskreise, die nicht aufzuklären sind, ist die NZZ. Oder es heißt: Wenn Referendum, dann könnt Ihr aber lang auf den Strickhof warten und auf die dringlichen Kredite für Forschung. Das letztere ist die bare Erpressung.

5

Daß die Studenten auch nur erwägen (was sie noch nie getan haben) das Referendum zu ergreifen, ist ein erfreuliches Ereignis in diesem Jahr; es zeigt, daß ein großer Teil der akademischen Jugend nach wie vor an unsere demokratischen Institutionen glaubt. Wenn sie nichts erreichen, so erkennen sie an einem praktischen Beispiel, wie regiert wird, und das macht einige, so ist anzunehmen, wach für die Frage, wie wir regiert werden wollen, wie nicht. Ich würde sagen: So nicht. Das Bundesgesetz vom 4. 10. 1968 ist ein Dokument formal-demokratischer Perfektion; es garantiert eins: Fortbestand der Schein-Demokratie.

(1968)

Rede zum Zürcher Debakel

Das Communiqué des Verwaltungsrates, das die Entlassung von Peter Löffler und Klaus Völker nach drei Monaten neuer Spielzeit zu begründen versucht, kann nicht leugnen, daß der Spielplan genehmigt worden ist. Was es der Direktion zum Vorwurf macht: »Eine konstante und monoton wirkende Überbetonung der in den ausgewählten Stücken enthaltenen gesellschaftskritischen Komponenten.« Ferner: »Die hartnäckige Verfolgung dieser Linie, mit welcher der Versuch einer politischen Gleichschaltung des Ensembles einherging...« Die Entscheidung, am 13. Dezember gefällt, ist somit eine politische – sie kann nur politisch beantwortet werden.

Um trotzdem kurz vom Theater zu sprechen: Am Abend des 13. Dezember sah ich im Schauspielhaus Zürich eine *Torquato Tasso*-Collage, die eigentlich das Problem der subventionierten Kunst klassisch analysiert; meines Erachtens – niemand wird vom andern das gleiche Kunst-Urteil fordern – meines Erachtens die klügste und erhellendste Aufführung seit einigen Jahren; zwar ein Gastspiel aus Bremen; Regisseur, *Peter Stein*, und Darsteller sind aber die Leute, die Peter Löffler eben nach Zürich gebracht hat und die mit ihm ausscheiden.

»Außerdem«, so heißt es im Communiqué, »ist ein großer Teil des Publikums und der Öffentlichkeit dem Schauspielhaus entfremdet worden.« Der Unterschied zwischen Publikum und Öffentlichkeit ist nicht belanglos: Öffentlichkeit ist vermutlich die Summe der Zürcher, die, im Gegensatz zum Publikum, nicht ins Schauspielhaus gehen, aber durch die Presse *(Neue Zürcher Zeitung, Die Tat)* wissen, daß sie diesem Schauspielhaus entfremdet worden sind – das stimmt auch... Was das Publikum selber betrifft, so dürften wir nicht vergessen, daß ein Teil der Zürcher, die das alte Schauspielhaus nachträglich als ihr Schauspielhaus bezeichnen, sich täuschen: Damals (ich erinnere mich) war es ein Emigranten-Juden-Marxisten-Theater. Entdeckt haben sie es als Ruhmesblatt nach dem Krieg; als *unser Schauspielhaus* liebten sie es; je schwächer es wurde.

Gesellschaftliche Realität und Utopie, die Devise, die Peter Löffler seinem Spielplan gegeben hat, formuliert ein Programm, dessen artistische Verwirklichung der öffentlichen Gelder wert wäre. Das erste Programm seit langer Zeit. Ein Wunsch-Spielplan. Die Frage, ob es ein taktischer Spielplan ist, stößt auf die Gegenfrage: Und was erreicht Taktik? Peter Löffler und Klaus Völker haben sich für die Provokation entschieden, inbegriffen die untaktische – was ich für einen Fehler halte: ohne das Publikum (die gesellschaftliche Realität) in die Operation einzubeziehen, macht man Theater im gesellschaftlichen Vakuum. Zwar hat sich ein neues Publikum gezeigt, aber es füllt das Haus nicht von heute auf morgen. Das gibt dem politischen Gegner eine leichte Handhabe: die Kasse.

Es gelingt Provokation durch Kunst – Klaus Völker (vermutlich im Einverständnis mit dem Team; ich nenne ihn, weil er dafür zu zeichnen hat) macht das Programm-Heft mit *Marx-Marcuse.* Stück und Aufführung erzeugen ein Gewitter, das beunruhigt; das Programm-Heft liefert den Blitzableiter dazu. Das hätte Brecht, den Klaus Völker sehr studiert hat, nie getan: Brecht wollte etwas erreichen...

Was Peter Löffler gewollt hat, Provokation durch Kunst, hat sich rasch in etwas verwandelt, was zum Verwechseln ähnlich aussieht, aber etwas sehr anderes ist: Skandal. *Man spricht wieder vom Schauspielhaus*, das ist wahr; aber spricht man von den Stücken: von der Krise unsrer antihumanen Welt, die sie zu reflektieren versuchen? Man spricht von der Krise des Schauspielhauses. Der *Freisinn* fördert sie mit Interpellationen im Gemeinderat. Leserbriefe sind willkommen; jede Möglichkeit zur Eskalation wird genutzt; Konflikte im Haus lassen sich schüren, umso leichter als Köpfe, die sich als antiautoritär verstehen, von Duldsamkeit wenig halten. Unterdessen formiert sich die Rechte unter ihrem Begriff von Kultur. Stadtpräsident Sigmund Widmer, der Konflikte nicht mag, besänftigt ultimativ; schon Ende Oktober spielt man auf Gnadenfrist. Ein artistisches Versagen auf der Bühne gilt jetzt als neu. Ein artistisches Gelingen mildert den Schreck nicht mehr: im Parkett maulen und die Türen schlagen, was als spontaner Akt ja wünschenswert ist, gehört zum guten Ton – man will nicht abonniert sein auf Revolution, und sie halten's für Revolution.

Was ist es wirklich?

Ich frage:

Bekenntnis-Theater als Selbstbefriedigung? Einverstandene inszenieren für Einverstandene? Oder ist es mehr: Versuch eines künstlerischen Ausbruchs aus dem verzweifelten Komfort? Oder Dilettantismus, der sich hinter dem Affront verstecken muß? Oder ist es einfach: Revolte des Sohnes gegen die Väter-Welt, und was dabei politisch sich artikuliert, wie politisch ist es? Oder ist es all dies zusammen? Was könnte daraus hervorgehen? – das ist nach drei Monaten schwer zu sagen...

Die Parole ist gegeben: *Ein Experiment wird abgewürgt.* Es ist schade, aber nicht unerklärlich; ein Experiment, das die gesellschaftliche Realität ignoriert, verändert sie nicht; es bleibt Romantizismus. Das Schauspielhaus Zürich, wie jedes subventionierte Kunst-Institut irgendwo in der Welt, gehört nur scheinbar der Öffentlichkeit; wenn es drauf ankommt, steht es unter dem Diktat der jeweiligen politischen Macht-Inhaber. Das ist kein Lokal-Problem. Wenn die Kunst-Produzenten anderes wollen als die Macht-Inhaber, so muß man sich trennen; beide sollen ihr Theater versuchen. Welches Theater wir wollen, hätte nicht eine Aktiengesellschaft zu entscheiden. Die Wahl eines nächsten Direktors auf der Basis, die zur Zeit besteht, kann daher nicht interessieren; das bleibt ihre Sache – wobei sich die Frage stellt: Wieso mit öffentlichen Geldern? Ein Volksentscheid darüber wäre fällig.

(1969)

So wie jetzt, geht es nicht

Es geht – in der Schweiz wie anderswo – um unser Überleben in einem veränderten Zeitalter. Um ein menschenwürdiges Überleben. Die Probleme, die das Zeitalter stellt, sind vielgestaltig, aber sie haben eins gemeinsam: sie sind nicht nur dringlich, sondern neu von Grund auf, das heißt sie sind nicht nach bisherigem Muster zu lösen. Sind sie überhaupt zu lösen? Erwiesen ist lediglich: sie sind innerhalb des bisherigen Profitsystems unlösbar.

Was also?
Sozialismus ist für mich kein Zauberwort, so wenig wie *Freisinn*, was buchstäblich ein feines Wort wäre. Als Wähler, der keiner Partei angehört, ist man nicht von vornherein für oder gegen eine Partei; hingegen bin ich gegen die Katastrophe, die sich abzeichnet in unserer Landschaft und in unseren Städten und Vorstädten und Dörfern. Wem gehört eigentlich die Luft? Alle Parteien reden jetzt von Umweltschutz. Wer soll da geschützt werden vor wem? Ich hätte auch fragen können: Wem gehört eigentlich die Erde? Das weiß man; daher gibt es kaum einen Umweltschutz und keinesfalls eine Umwelt-Gestaltung (was allein eine Lösung bringen könnte) ohne ein neues Bodenrecht –.

So wie jetzt, geht es nicht.
Nun glauben wir ja an Demokratie, weil wir hin und wieder wählen können. Einige allerdings haben die effektive Macht im Land, ohne gewählt werden zu müssen: die Inhaber von Wirtschaft und Industrie. Menschen auch sie. Ohne Zweifel haben sie ein redliches Interesse daran, daß die Mehrheit sich wohl fühlt im Land: daß sie munter kauft und munter arbeitet, um munter kaufen zu können. Fühlt die Mehrheit sich wohl? Die fröhlichen Gesichter, die täglich in der Reklame erscheinen, sehe ich in der Wirklichkeit kaum; wir leben in einer Konsum-Galeere. Nur so erhält sich die wirtschaftliche Macht der Inhaber. Die Angst, wie

es denn weitergehen soll, kommt ungern zur Sprache; das eben kennzeichnet die Angst. Die Inhaber der wirtschaftlichen Macht selber, die großen und die kleineren, wissen es nicht; sie wissen bloß: jeder Versuch einer wirklichen Lösung unserer nationalen Probleme kostet sie ihre bisherigen Vorrechte. Und es fällt schwer, Vorrechte aufzugeben aus Vernunft. Vorrechte sind meistens durch Revolution gefallen. Sie wissen aber genau, daß die schweizerische Arbeiterschaft nicht an Revolution denkt; nur haben sie noch immer kein anderes Steckenpferd, um die Herrlichkeit ihres Freisinns vorzureiten, als Antikommunismus. Schon wer ihnen auf die geschäftlichen Finger schaut, macht sich verdächtig. Das glauben sie in vollem Ernst: sie, die Inhaber der wirtschaftlichen Macht, halten Wache für uns, sie verteidigen Ruhe und Ordnung und die Schweiz –.

Welche Ruhe?
– ihre Ruhe.

Welche Ordnung?
– ihre Ordnung.

Welche Schweiz?
– wir sehen, was sie, die heutigen Inhaber der Schweiz, als Schweiz bezeichnen: ein Land mit dem Anspruch, Vorbild zu sein für andere, und mit Fremdarbeitern als Menschen zweiter Klasse, mit privatem Waffengeschäft (Beihilfe zum Völkermord) und öffentlicher Caritas; eine korrekte Schweiz, korrekt gegenüber der griechischen Militär-Junta und überall zu Investitionen bereit, auch wenn sie die faschistischen Diktaturen befestigen; eine Gesellschaft, in der 3 Prozent der Landsleute so viel besitzen wie die andern 97 Prozent, aber mit einer Volksarmee, die uns lehrt, daß ihr Land, wenn es um die Verteidigung geht, unser Land ist, und die sich schon einmal, 1918, gegen die Arbeiterschaft bewährt hat; eine Ordnung, die unsere Umwelt nach wie vor der Boden-Spekulation überläßt mit schüchternen Einschränkungen; eine offizielle Schweiz, die sich zu ihrem Eigen-

lob auf Henry Dunant beruft (zum Beispiel) ohne Verbot gewisser Firmen oder auf Heinrich Pestalozzi (zum Beispiel) mit einer Volksschule, die nicht Menschenkinder begabt mit menschlichen Fähigkeiten, sondern sie vornehmlich erzieht zur Leistungsfähigkeit im Sinn des Profits; ein Land mit einer hervorragenden Wissenschaft, die sich die Ziele ihrer Forschung vorschreiben lassen soll von Industrie und Wirtschaft, und nebenher mit einem Fernsehen, das die Zensur selbst ist; eine Schweiz mit sehr viel Gold, das international eingreift aus Solidarität zur Plutokratie, und mit geringer Entwicklungshilfe, gierig auf Touristen und offen für internationale Defraudanten, aber nicht zu haben für ein Vereintes Europa, das allein unser Überleben ermöglicht, und dabei eingebildet auf ihren guten Ruf in der Welt, den sie längst nicht mehr hat... Der Rest ist Ruhe und Ordnung: mit einem polizeilichen Verhältnis zu einer enttäuschten und ratlosen Jugend, Verlegenheit vor jeder neuen Idee, bis wir sie dem Ausland nachäffen können, Vertuschung von Konflikten durch Verfemung von Personen, die nicht vertuschen, und durch Reklame-Slogans kostenlos:

Demokratie als hätten wir sie schon.

Unabhängigkeit
wobei die schweizerische Industrie und Wirtschaft sich mit amerikanischem Kapital verschwistern, ohne den Wähler je fragen zu müssen.

Meinungsfreiheit
sofern sich einer die wirtschaftlichen Folgen leisten kann, also nicht lohnabhängig ist.

Gleichheit vor dem Gesetz
wobei, in der Tat, Herr Dr. Dieter Bührle zusehen muß, wie seine Vizedirektoren ins Gefängnis kommen; er zahlt 20000 Franken, einen Bruchteil der Schmiergelder, die das 90-Millionen-Geschäft ermöglicht haben, und das Bundesgericht aner-

kennt, daß Gewinnsucht nicht vorliegt, hingegen Verantwortungsbewußtsein betreffend Landesverteidigung.

Toleranz
wobei General Westmoreland, der unter dem Verdacht des Kriegsverbrechens steht, mit Bundesehren empfangen wird, aber ein linker Wissenschaftler keine Einreisebewilligung bekommt.
Geistige Landesverteidigung
siehe Zivilverteidigungsbüchlein usw.
Das ist nicht die Schweiz. Es ist nur ihre Schweiz. Daß wir nicht ihre Untertanen sind, ist zu verhindern nur durch eine andere Macht, die sich nicht auf das verfassungsmäßige Recht auf Eigentum beruft, sondern auf die menschliche Arbeitskraft. Sie hat sich gewisse Rechte bereits verschafft in jahrzehntelangem Kampf, aber noch lange nicht ihr volles und verfassungsmäßiges Recht. Dazu würde gehören:
das Recht auf sinnvolle Arbeit,
das Recht auf Wohnung,
das Recht auf Mitbestimmung,
(und was die Voraussetzung dafür ist:) das Recht auf Bildung.
Als Bürger sehe ich nur eine einzige Partei, die sich eindeutig und glaubhaft dafür einsetzt auf demokratischem Weg.

(1971)

G. H.

Zur Person

Anfällig für Begeisterung, die ihn tätig macht und offen und menschengläubig, geht er ohne Deckung ins Gelände. / Er trägt kein Image, um sich dahinter zu verstecken. / Im Atelier trägt er Stiefel wie ein Erdarbeiter, dazu die blaue Schürze eines Schreiners oder Schlossers; ein Werktätiger. / Es kann vorkommen, daß er sagt: Wir sind doch Könige, wir sind doch Könige! / Sohn eines Arbeiters. / Er glaubt, was er sagt. / Mangel an Zynismus. / Er ißt wenig, trinkt kaum; Asket mit Neigung zum Übermut. / Er kümmert sich eifrig und tätig um öffentliche Angelegenheiten, was ihm keinen Nutzen bringt, im Gegenteil. / Sein Atelier in Gockhausen (ich habe es einige Wochen lang bewohnt) ist geräumig und einfach, praktisch, ohne Repräsentation; man könnte in diesen Baracken auch etwas anderes arbeiten, aber nicht lungern. / Er gehört zu den Menschen, die als arrogant gelten; er läßt sich ungern auf die Schulter klopfen. / Ein geborener Moralist, auch wenn seine Kunst-Arbeit es verschweigt; zum Beispiel vermeidet er es, auf Kosten andrer zu leben. / Wenn er die blaue Schürze ausgezogen hat, will er wissen, was der andere arbeitet. / Kein Spieler (Schach, Federball usw.), kein Wandersmann; Müßiggang fällt ihm schwer. / Erkenntnisse der Naturwissenschaft bewegen ihn. / In Manhattan oder in Paris bleibt er auf der Straße stehen, um zu zeigen, was nicht Kunst ist: was aber die Kunst uns sehen lehrt. / Einsiedler mit Bedürfnis nach Kontakt. / Ironie versteht er wie Englisch und Französisch, sie ist aber nicht seine Sprache. / Wenn er eine Meinung verficht, kann er wie Savonarola aussehen. / Dann wieder wie ein Uhu mit Menschenlachen. / Ist ihm eine Gemeinheit widerfahren, so ist er vorallem erstaunt; es fällt ihm dazu keine Rache ein; daher fürchtet man ihn nicht. / In Paris, Mai 1968, ist er in seinem Element. / Merkmal in allen Gemütslagen: Lebensbejahung, die sich gegen Kleinmut wehrt. / Auch wenn er gelegenheitshalber eine

Krawatte trägt, ist es nicht ausgeschlossen, daß er johlt und die Leute erschreckt. / Auch mit Ziegen und Schafen kommt er ins Gespräch. / Er bevorzugt die Großstädte, aber er hängt an Zürich mit einer Gutgläubigkeit, die herausfordernd ist. / Utopist. / Manchmal gibt er's auf und meint es ernst wie alles, was er meint, und handelt danach: er steht in seinem neuen Atelier in Paris, Handwerker-Quartier, wo niemand ihn kennt, selig wie ein Rumpelstilz, bis ihn wieder ein Zutrauen zur Heimat erfaßt. / Zur Hälfte stammt er übrigens aus Sent, Graubünden. / Er kann Menschen rühmen. / Wofür er sie bewundert, Tote oder Lebende, verrät die eigene Hoffnung, die ihn zur Kunst führt: Kunst als Manifestation eines radikalen Verhaltens. / Manchmal sehen wir uns ein halbes Jahr nicht; dann nimmt er immer an, man sei weitergekommen. / Der Umstand, daß er inzwischen das Atelier erweitert und um einen Grad wohnlicher gemacht hat, heißt nicht unbedingt, daß er hier zu bleiben gedenkt. / Man trifft ihn nicht immer ohne Zweifel; dann holt ihn sein Humor. / Einmal vor Jahrzehnten machte ich ihm Mut zu einer Entscheidung, die er nicht bereut; seither nimmt er offenbar an, der andere habe selber Mut. / Er widerspricht jeder Resignation. / Seine Neugierde auf die Zukunft der Welt; er ist froh, daß er auf der Welt ist –

(1972)

Die Schweiz als Heimat?

Rede zur Verleihung des Großen Schillerpreises

Herr Präsident, meine Damen und Herren.
Da es die Schweizerische Schillerstiftung ist, die uns versammelt, ließe sich über Friedrich Schiller sprechen, der, als schwäbischer Dichter, nicht die historisch-reale Schweiz zu besingen hatte, und also über Wilhelm Tell; es ließe sich darlegen, warum dieser Armbrust-Vater mit Sohn (bei Hodler ohne Sohn, nie aber ohne Armbrust) von Zeit zu Zeit demontiert werden muß: nicht weil er nie existiert hat – das kann man ihm nicht verargen –, sondern weil er, lebendig als Gestalt der Sage, die eine skandinavische ist, und so wie Friedrich Schiller ihn mit deutschem Idealismus ausgestattet hat, einem schweizerischen Selbstverständnis heute eher im Weg steht –

Ich möchte aber von etwas anderem reden.

Eine Ehrung aus der Heimat (und so sehe ich diesen Anlaß hier und bin bewegt) weckt vor allem die Frage, was eigentlich unter Heimat zu verstehen ist.
Laut Duden:
»Heimat, die (Plural ungebräuchlich): wo jemand zu Hause ist; Land, Landesteil oder Ort, in dem man (geboren und) aufgewachsen ist oder ständigen Wohnsitz gehabt hat und sich geborgen fühlt oder fühlte.« Was der Duden sagt, gilt auch für die Mundart: »Wird oft angewandt, um eine besonders gefühlsbetonte Stimmung auszudrücken oder zu erwecken.« Seit einiger Zeit allerdings nehmen wir das Wort ungern in den Mund; man beißt auf Anführungszeichen: »Heimat-Stil«, »Glocken der Heimat« usw., es erinnert an die Maxime: »Wer nicht schweigen kann, schadet der Heimat«, es riecht weniger nach Land oder Stadt, wo man, laut Duden, zu Hause ist, als nach einer heilen Welt und somit nach Geschichtsfälschung als Heimatkunde.

Liebe Landsleute:
Ich bin in der Helios-Straße geboren... Quartier als Heimat; dazu gehört das erste Schulhaus (es steht noch) so wie eine Metzgerei, wo ich Fliegen fangen darf für meinen Laubfrosch, ferner ein Tunnel der Kanalisation (zwischen Hegibach und Hornbach): hier stehe ich gebückt, ein Knirps, barfuß im stinkigen Abwasser, erschreckt schon durch den Hall der eigenen Stimme, und dann dieser andere Hall, wenn sie, die Bande da oben, die deinen Mut prüft, durch einen Schacht hinunter pfeift in die hohle Stille, diese Schreckensstille zwischen einzelnen Tropfen, in der Ferne das viel zu kleine Loch mit Tageslicht – Angst also auch, Überwindung der Angst um der Zugehörigkeit willen: lieber durch die Scheißwässer waten als im Quartier ein Außenseiter sein.

Was weiter gehört zur Heimat?
Was der Duden darunter versteht, ist nicht ohne weiteres zu übersetzen. MY COUNTRY erweitert und limitiert Heimat von vornherein auf ein Staatsgebiet, HOMELAND setzt Kolonien voraus, MOTHERLAND tönt zärtlicher als Vaterland, das mit Vorliebe etwas fordert und weniger beschützt als mit Leib und Leben geschützt werden will, LA PATRIE, das hißt sofort eine Flagge – und ich kann nicht sagen, daß mir beim Anblick eines Schweizerkreuzes sofort und unter allen Umständen heimatlich zumute wird; es kann sogar das Gegenteil eintreten: nie (wenn ich mich richtig erinnere) habe ich so scharfes Heimweh erfahren wie als Wehrmann in der Armee, die sich Unsere Armee nennt.

Wie ist es mit dem Pfannenstiel?
Landschaft als Heimat... Da kenne ich Flurnamen, die nicht angeschrieben sind, oder wenn ich sie nach Jahrzehnten vergessen habe, so erinnere ich mich, sie gekannt zu haben. Heimat hat mit Erinnerung zu tun; nicht mit Erinnerung an ein einmaliges Ereignis – Akro-Korinth, wenn die Sonne aufgeht, ist nicht Heimat geworden oder in Mexiko der Monte Alban – Heimat entsteht aus einer Fülle von Erinnerungen, die kaum noch datierbar sind.

Fast meint man: diese Landschaft kennt dich (mehr als du es vielleicht willst), diese Kiesgrube, dieser Holzweg... In diesem Sinn, Landschaft als Szenerie gelebter Jahre, wäre allerdings vieles zu nennen, nicht bloß der Pfannenstiel und der Lindenhof und der Greifensee: auch eine Düne an der Nordsee, einige römische Gassen, ein verrotteter Pier am Hudson –

Unsere Mundart gehört zu meiner Heimat.
Viele Wörter, vor allem Wörter, die Dingliches bezeichnen, bietet die Mundart an; oft weiß ich kein hochdeutsches Synonym dafür. Schon das läßt die Umwelt, die dingliche zumindest, vertrauter erscheinen, wo ich sie mundartlich benennen kann. Als Schriftsteller übrigens, angewiesen auf die Schriftsprache, bin ich dankbar für die Mundart; sie hält das Bewußtsein in uns wach, daß Sprache, wenn wir schreiben, immer ein Kunst-Material ist. Natürlich reden Mundart auch Leute, denen man nicht die Hand gibt oder nur unter gesellschaftlichem Zwang. Wenn wir uns überhaupt nicht kennen, so kann die Mundart, die gemeinsame, sogar befremden: zum Beispiel im Speisewagen eines T.E.E. von Paris nach Zürich: der Herr gegenüber, der mit dem Kellner das bessere Französisch spricht, eben noch urban und sympathisch, aber schon verleitet uns diese unsere Mundart: wir reden plötzlich nicht mehr, wie wir denken, sondern wie Schweizer unter Schweizern zu reden haben, um einander zu bestätigen, daß sie Schweizer und unter sich sind. Was heißt Zugehörigkeit? Es gibt Menschen, die unsere Mundart nicht sprechen und trotzdem zu meiner Heimat gehören, sofern Heimat heißen soll: Hier weiß ich mich zugehörig.

Kann Ideologie eine Heimat sein?
(dann könnte man sie wählen.)
Und wie verhält es sich mit Heimat-Liebe? Hat man eine Heimat nur, wenn man sie liebt? Ich frage. Und wenn sie uns nicht liebt, hat man dann keine Heimat? Was muß ich tun, um eine Heimat zu haben, und was vor allem muß ich unterlassen? Sie scheint empfindlich zu sein; sie mag es nicht, die Heimat, wenn man den

Leuten, die am meisten Heimat besitzen in Hektaren oder im Tresor, gelegentlich auf die Finger schaut, oder wer sonst, wenn nicht diese Leute und ihre honorierten Wortführer, hätte denn das schlichte Recht, uns die Heimatliebe abzusprechen?

Quartier, Landschaft, Mundart –
Es muß noch anderes geben, was Heimatlichkeit hervorbringt, Gefühl der Zugehörigkeit, Bewußtsein der Zugehörigkeit. Ich denke zum Beispiel an eine Baustelle in Zürich: ein Platz der beruflichen Tätigkeit. Der Schreibtisch ist ein solcher Platz auch und trotzdem nicht vergleichbar; mein Schreibtisch kann auch in Berlin stehen. Es hat schon, wie der Duden sagt, mit dem Ort zu tun. In erster Linie war es (für mich) das Zürcher Schauspielhaus. Ein öffentlicher Ort, zürcherisch und antifaschistisch. Proben draußen im Foyer, Proben hier (was immer dabei herausgekommen ist) in einem politischen Konsens, der beim Ausschuß des Verwaltungsrates, einem mehrheitlich fachkundigen Ausschuß, nicht aufhörte. Auch wenn ich kein eignes Stück in der Tasche oder im Sinn hatte: Zugehörigkeit auch bei den Proben andrer, damals auch bei Proben von Friedrich Dürrenmatt. Das war jedesmal, kaum hatte ich den Koffer im Hotel abgestellt, das erste Ziel in Zürich: das Schauspielhaus, dann erst die eine oder andere Pinte, BODEGA GORGOT – die gibt es noch, besetzt von den Nachfahren, so daß man sich vorkommt wie Rip van Winkle im Märchen: Vergangenheit (Perfekt) als Heimat in der Gegenwart.

Aber es fehlt noch immer etwas.
Die Literatur, die sich um Heimatlichkeit bemüht, indem sie sich mit Geschichte und Gegenwart unsres Landes apriori versöhnt, ist beträchtlich. Heimatlicher zumute wird mir bei Robert Walser: Exil als Schein-Idylle, der Diminutiv als Ausdruck heimlicher Verzweiflung, ein großer Landsmann auf der Flucht in die Grazie. Gottfried Keller gewiß; nur beheimaten mich seine Briefe und Tagebücher mehr als sein Seldwyla, dieses verfängliche Modell der Begütigung. Gotthelf macht mich zum staunen-

den Gast im Emmental, nicht zum Einheimischen. Pestalozzi beheimatet mich in seinem revolutionären Ethos mehr als in unserer Umwelt – aber dann denke ich auch schon an Georg Büchner, an Tolstoi...

Oder genügen ganz einfach die Freunde?
Übrigens nicht zu vergessen sind die heimatlichen Speisen, köstliche wie einfache; Weine, die spätestens nach dem zweiten Schluck das gute Gefühl verschaffen, man kenne sich aus in der Welt wenigstens hier. Und vergessen habe ich den Hauptbahnhof der Vaterstadt; anders als alle Bahnhöfe der Welt: Hier kam man nicht zum ersten Mal an, hier fuhr man zum ersten Mal weg.

HEIMAT:
wo dieser Begriff sich verschärft: in Berlin, wenn ich Woche um Woche die Mauer sehe (von beiden Seiten); ihr Zickzack durch die Stadt, Stacheldraht und Beton, darauf das Zementrohr, dessen Rundung einem Flüchtling keinen Griff bietet, Spitzensportler haben getestet, daß diese Grenze kaum zu überwinden ist, selbst wenn nicht geschossen würde, die Wachttürme und Scheinwerferlicht auf Sand, wo jeder verbotene Tritt zu sehen ist, Wachthunde – hüben und drüben dasselbe Wetter und fast noch die gleiche Sprache; die verbliebene Heimat, die schwierige Heimat und die andere, die keine mehr wird.

Mit Freunden ist es so: einer ist Fallschirmspringer der deutschen Wehrmacht gewesen, einer in russischer Gefangenschaft, ein andrer in amerikanischer Gefangenschaft, einer als Schüler im Volkssturm mit Panzerfaust, ein andrer ist in Mecklenburg erzogen worden und vergißt es nicht; ein amerikanischer Freund ist in Korea gewesen und spricht nie davon; wieder ein andrer, Jude, ist unter Stalin zehn Jahre im Kerker gewesen – und man versteht sich nicht weniger als mit Freunden in Biel oder Basel oder Solothurn oder Zürich; nicht weniger, doch anders. Jene sind Freunde, diese sind Freunde und Landsleute: unsere Erfahrungen sind ähnlicher, unsere Lebensläufe vergleichbar, und bei allem Unterschied der Temperamente haben wir schließlich den gleichen Bundesrat, die gleiche Landesgeschichte.

Also doch: Schweiz als Heimat?
Außer Zweifel steht das Bedürfnis nach Heimat, und obschon ich nicht ohne weiteres definieren kann, was ich als Heimat empfinde, so darf ich ohne Zögern sagen: Ich habe eine Heimat, ich bin nicht heimatlos, ich bin froh, Heimat zu haben – aber kann ich sagen, es sei die Schweiz?

Schweiz als Territorium:
kommt man nach Jahren etwa von Rom, so ist der Tessin vergleichsweise helvetisch, um die Seen herum sogar in einem erschreckenden Grad; wenn die Einheimischen sagen: IL NOSTRO PAESE! so bin ich gerührt, sofern sie damit nicht die verkauften Hänge meinen, sondern die Schweiz: die gleichen Bundesbahnmützen und die gleiche Wehrsteuer, IL NOSTRO PAESE, wobei man in diesen Tälern der schwindenden Italianità natürlich den Unterschied zwischen Deutschschweizern und Deutschen kennt, nur überzeugt er die Einheimischen nicht ganz, und ich selber, wohnhaft im Tessin, würde nie sagen, der Tessin sei meine Heimat, obschon ich mich dort wohlfühle.

Muß man sich in der Heimat wohlfühlen?
Außer Zweifel steht ferner, daß Heimat uns prägt – was sich beim Schriftsteller vielleicht besonders deutlich zeigt, nämlich lesbar. Versammle ich die Figuren meiner Erfindung: BIN auf seiner Reise nach Peking, STILLER, der in Zürich sich selbst entkommen möchte, HOMO FABER, der sich selbst versäumt, weil er nirgendwohin gehört, der heimelige HERR BIEDERMANN USW., so erübrigt sich das Vorzeigen meines Schweizer Passes. ANDORRA ist nicht die Schweiz, nur das Modell einer Angst, es könnte die Schweiz sein; Angst eines Schweizers offenbar. GANTENBEIN spielt den Blinden; um sich mit der Umwelt zu vertragen. GRAF ÖDERLAND, Figur einer supponierten Legende und seinem Namen nach eher skandinavisch, greift zur Axt, weil er die entleerte und erstarrte Gesellschaft, die er als Staatsanwalt

vertritt, am eignen Leib nicht mehr erträgt, und obschon eine Revolte dieser Art nicht hier, sondern 1968 in Paris stattgefunden hat, schreibt die französische Presse: »un rêve helvétique« ... so geprägt ist man.

Man wählt sich die Heimat nicht aus.
Trotzdem zögere ich zu sagen: MEINE HEIMAT IST DIE SCHWEIZ. Andere sagen SCHWEIZ und meinen etwas anderes. Unsere Verfassung bestimmt nicht, wer eigentlich zu bestimmen hat, was SCHWEIZERISCH oder UNSCHWEIZERISCH ist – wer: die Bundesanwaltschaft? der Stammtisch? der Hochschulrat? die Finanz und ihre gediegene Presse? die Schweizerische Offiziersgesellschaft?

HEIMAT:
ist Heimat der Bezirk, wo wir als Kind und als Schüler die ersten Erfahrungen machen mit der Umwelt, der natürlichen und der gesellschaftlichen; ist Heimat infolgedessen der Bezirk, wo wir durch unbewußte Anpassung (oft bis zum Selbstverlust in frühen Jahren) zur Illusion gelangen, hier sei die Welt nicht fremd, so ist Heimat ein Problem der Identität, d. h. ein Dilemma zwischen Fremdheit im Bezirk, dem wir zugeboren sind, oder Selbstentfremdung durch Anpassung. Das letztere (es gilt für die große Mehrheit) braucht Kompensation. Je weniger ich, infolge Anpassung an den Bezirk, jemals zur Erfahrung gelange, wer ich bin, um so öfter werde ich sagen: ICH ALS SCHWEIZER, WIR ALS SCHWEIZER; um so bedürftiger bin ich, als rechter Schweizer im Sinn der Mehrheit zu gelten. Identifikation mit einer Mehrheit, die aus Angepaßten besteht, als Kompensation für die versäumte oder durch gesellschaftlichen Zwang verhinderte Identität der Person mit sich selbst, das liegt jedem Chauvinismus zugrunde. Chauvinismus als das Gegenteil von Selbstbewußtsein. Der primitive Ausdruck solcher Angst, man könnte im eignen Nest der Fremde sein, ist die Xenophobie, die so gern mit Patriotismus verwechselt wird – eine andere Vokabel, die auf den Hund gekommen ist; auch sie brauchen wir nur noch in Anführungszei-

chen. Zu Unrecht. Ein Patriot (ohne Anführungszeichen) wäre einer, der seine Identität als Person gefunden oder nie verloren hat und von daher ein Volk als sein Volk erkennt: ein Pablo Neruda, ein Aufständischer also, im glücklichen Fall ein großer, ein Poet, der seinem Volk eine andere Sprache als die Sprache der Anpassung vorspricht und dadurch seine Identität zurückgibt oder zum ersten Mal verleiht, was unweigerlich, in beiden Fällen, revolutionär ist; denn die Masse der Angepaßten hat keine Heimat, sie hat nur ein Establishment mit Flagge, das sich als Heimat ausgibt und dazu das Militär besitzt – nicht nur in Chile...

Was unser Land betrifft:
Es scheint, daß die jüngeren Landsleute weitaus gelassener sind, nicht unkritisch, aber gelassener. Die Schweiz, die sie erfahren, ist die Schweiz nach dem Zweiten Weltkrieg, das heißt: sie fühlen sich weniger, als es für uns viele Jahre lang der Fall gewesen ist, auf dieses Land angewiesen. Wo wir uns aus Erinnerung ereifern, zucken sie die Achsel. Was beheimatet sie? Auch wenn sie im Land bleiben, leben sie im Bewußtsein, daß Vokabeln wie Föderalismus, Neutralität, Unabhängigkeit eine Illusion bezeichnen in einer Epoche der Herrschaft multinationaler Konzerne. Sie sehen, daß von ihrem Land nicht viel ausgeht; die Maulhelden aus dem Kalten Krieg haben ihre Karriere gemacht, sei es als Bankier oder in der Kultur-Politik oder beides zusammen. Was sie, unsere jüngeren Landsleute, politisch beheimaten könnte, ein konstruktiver Beitrag zur Europa-Politik, davon ist wenig zu sehen. Was hingegen zu sehen ist: LAW AND ORDER, und nach außen: eine Schweiz, die sich ausschweigt im Interesse privater Wirtschaftsbeziehungen, verglichen mit andern Kleinstaaten wie Schweden oder Dänemark mehr als zurückhaltend mit offizieller Willenskundgebung, die zwar das Weltgeschehen nicht ändern könnte – immerhin könnte sie unsere moralische Partizipation am Weltgeschehen entprivatisieren, und das wäre schon etwas: wir könnten uns mit der Schweiz solidarisieren.

»Unbehagen im Kleinstaat«

das ist es wohl nicht, verehrter Professor Karl Schmid, was dem einen und anderen Eidgenossen zu schaffen macht; nicht die Kleinstaatlichkeit. Besoin de grandeur, das zielt nicht auf Großstaat; die Nostalgie ist eine andere. So gefällig sie auch ist, die These, Unbehagen an der heutigen Schweiz können nur Psychopathen haben, sie beweist noch nicht die gesellschaftliche Gesundheit der Schweiz. Wie heimatlich der Staat ist (und das heißt: wie verteidigungswürdig), wird immer davon abhängen, wieweit wir uns mit den staatlichen Einrichtungen und (das kommt dazu) mit ihrer derzeitigen Handhabung identifizieren können. Das gelingt in manchem. Und dann wieder nicht. Mit der schweizerischen Militär-Justiz, wo die Armee als Richter in eigner Sache richtet, kann ein Demokrat sich schwerlich identifizieren. Wage ich es dennoch, mein naives Bedürfnis nach Heimat zu verbinden mit meiner Staatsbürgerschaft, nämlich zu sagen: Ich bin Schweizer (nicht bloß Inhaber eines schweizerischen Reisepasses, geboren auf schweizerischem Territorium usw., sondern Schweizer aus Bekenntnis), so kann ich mich allerdings, wenn ich Heimat sage, nicht mehr begnügen mit Pfannenstiel und Greifensee und Lindenhof und Mundart, nicht einmal mit Gottfried Keller; dann gehört zu meiner Heimat auch die Schande, zum Beispiel die schweizerische Flüchtlingspolitik im Zweiten Weltkrieg und anderes, was zu unsrer Zeit geschieht oder nicht geschieht. Das ist, ich weiß, nicht der Heimat-Begriff nach dem Schnittmuster der Abteilung Heer und Haus; es ist meiner. Heimat ist nicht durch Behaglichkeit definiert. Wer Heimat sagt, nimmt mehr auf sich. Wenn ich z. B. lese, daß unsere Botschaft in Santiago de Chile (eine Villa, die man sich vorstellen kann, nicht grandios, immerhin eine Villa) in entscheidenden Stunden und Tagen keine Betten hat für Anhänger einer rechtmäßigen Regierung, die keine Betten suchen, sondern Schutz vor barbarischer Rechtlosigkeit und Exekution (mit Sturmgewehren schweizerischer Herkunft) oder Folter, so verstehe ich mich als Schweizer ganz und gar, dieser meiner Heimat verbunden – einmal wieder – in Zorn und Scham.

Ich komme zum Dank.
Ich danke der Schweizerischen Schillerstiftung für die hohe Ehre aus der Heimat, nicht ohne zu wissen um die ernste Verlegenheit des einen und anderen Aufsichtsrates; um so ernster danke ich. Ich danke Adolf Muschg für seine Rede. Ich danke Ihnen, daß Sie hieher gekommen sind.

(1974)

Offener Brief an den Schweizerischen Bundesrat

Sehr geehrter Herr Bundespräsident,
sehr geehrte Herren Bundesräte
Ihren Beschluß vom 23. 2 1974, mit sofortiger Wirkung einen Visum-Zwang für chilenische Staatsbürger einzuführen, begründen Sie mit der Sorge um die Grundlagen schweizerischer Asyl-Politik: nachdem eine Gruppe von Bürgern, die Anteil nehmen an den exemplarischen Ereignissen in Chile, in einem Monat mehr als 2000 Freiplätze für Flüchtlinge aus Chile zu finden vermocht haben. Ihr bundesrätlicher Tadel gegenüber dieser Freiplatz-Aktion (»Umgehung der verantwortlichen Behörden«: als habe unser Gewissen den Bundesrat zu fragen, ob es im Rahmen der bestehenden Gesetze aktiv werden darf) verdeckt nur bei flüchtigem Lesen, was dieser Visum-Zwang praktisch bedeutet: nämlich daß für ein Asyl nur noch Chilenen in Frage kommen, die, als Verfolgte auf Schritt und Tritt, die schweizerische Botschaft in Santiago de Chile erreichen und bei Herrn Masset, einem Mann der Rechten und als solcher ihr politischer Gegner, vielleicht Gehör finden, vielleicht nicht. Dieser Botschafter, dessen Verhalten nach dem Putsch einigermaßen bekannt ist, verwaltet jetzt unser nationales Gewissen.

»Der Bundesrat will mit diesem Entscheid verhindern, daß Unschuldige die Folgen des Vorgehens dieser Aktion zu tragen haben.«

Ist das, Herren Bundesräte, Ihre wahre Sorge?

Was die getadelte Aktion betrifft: es ist eine spontane Aktion, die weniger diplomatische Routine besitzt als bereits etablierte Organisationen, aber immerhin erreicht hat, daß in vielen Gemeinden, hauptsächlich in kirchlichen Gemeinden, ein beträchtlicher Hilfswille zum Vorschein gekommen ist. Es unterstützen sie: Schweizerischer Gewerkschaftsbund, Christlich-nationaler Gewerkschaftsbund, Sozialdemokratische Partei der Schweiz, Amnesty International, Terre des Hommes, Liga der Menschenrechte, Internationaler Zivildienst, Schweizerischer Schriftstel-

ler-Verein, Verein Schweizer Studentenschaften, Schweizer Friedensrat, Erklärung von Bern, Team 67 und viele Einzelpersonen wie der Unterzeichner dieses Briefes.
Hat das für den Bundesrat kein Gewicht?
Wer, Herren Bundesräte, hat Gewicht für Sie?
»Da wir in unsrer Firmenleitung durchaus bürgerlich eingestellt sind, erstaunt uns Ihre Anfrage irgendwie. Wir haben sowohl bei Ungarn wie der Tschechoslowakei mitgeholfen, Leuten, die einer liberalen Weltauffassung beipflichten, einen Arbeitsplatz zuzuweisen, und wir dürfen sagen, mit einem gewissen Erfolg. Daß man nun aber mit diesem ganzen Theater mit Chile versucht, Leute zu placieren, die ganz sicher eine andere Weltanschauung vertreten als wir gewohnt sind, finden wir an der Grenze des Ertragbaren«, schreibt ein schweizerisches Großunternehmen an eine schweizerische Flüchtlingshilfe-Organisation christlicher Prägung. Die Asyl-Suchenden aus kommunistischen Ländern sind als Zeugen unmenschlicher Zustände willkommener als die Asyl-Suchenden aus Chile: Zeugen unmenschlicher Zustände unter einer faschistischen Junta –

Sind das, Herr Bundesrat Furgler, auch Ihre Motive?

In früheren Pressemitteilungen des Eidgenössischen Justiz- und Polizeidepartements (28. 1. und 11. 1. 1974) heißt es, »daß das Problem der Flüchtlinge in Chile, soweit es erfaßbar ist, nach Angaben der verantwortlichen internationalen Organisationen, wie zum Beispiel des Hochkommissariates der Vereinten Nationen für Flüchtlinge, insofern als gelöst gelten kann, als bis auf wenige Ausnahmen für die in Lagern und Botschaften untergebrachten Flüchtlinge erste Aufnahmemöglichkeiten gefunden werden konnten«, und: »Der Bundesrat betrachtet seine Sonderaktion, die als Beitrag zur Lösung eines humanitären Problems zu werten ist, als abgeschlossen« – gemeint sind aber in diesen Angaben gar nicht die verfolgten Chilenen in Chile, sondern die Nicht-Chilenen, die unter Salvador Allende politisches Asyl in Chile gefunden haben. Das Hochkommissariat für Flüchtlinge, dessen Erhebungen hier zur Beschwichtigung benutzt werden, kann sich nur mit den Nicht-Chilenen befassen, da Chilenen in Chile keine Flüchtlinge sind. Das weiß der Bundesrat. Die bundesrätliche Beschwichtigung ist eine versuchte Irreführung unsrer Gewissen. Wenn es in Chile (wie man nach dieser Pressemeldung aus dem Bundeshaus meinen könnte) keine Asyl-Suchenden mehr gibt: wozu dann dieser Beschluß vom 23. 2. 1974, der eine erschreckende Ähnlichkeit hat mit dem Bundesratsbeschluß vom 4. 10. 1938, womit das schweizerische Schuld-Konto gegenüber den deutschen Juden eröffnet worden ist.

Herr Bundespräsident, Herren Bundesräte: die Sorge um die Grundlagen der schweizerischen Asyl-Politik ist unsere Sorge.

Berlin, 2. 3. 1974

Fragment aus einer Erzählung

Seit einer Woche kein Tag ohne Gewitter und Wolkenbruch, das ist wahr, und seit Sonntag ist die Straße gesperrt; ein Hang sei gerutscht, ein Stück der Straße verschüttet –

Kein Hupen aus dem Tal.

Sie stehen am offenen Fenster seit einer Stunde oder länger, Herr Geiser, es widerspricht Ihnen niemand, Sie sind allein zuhaus.

Es gurgelt bloß.

Ein Feldstecher (Armee-Modell) hilft in diesen Tagen überhaupt nichts, man schraubt hin und her und schraubt, ohne überhaupt einen Umriß zu finden, der sich verschärfen ließe. Das bewährte Instrument vergrößert bloß den Nebel. Hält man es einmal verkehrt vor die Augen, so erscheint die eigene Dachtraufe in falscher Ferne.

Heute ist Dienstag.

Lavendel blüht auch im Nebel. Wie im Farbfilm: ohne Duft. Man fragt sich, was die Bienen machen in einem solchen Sommer.

Stapft man einmal ins Gelände, um nachzusehen trotz Nässe und Nebel, so sieht man nach hundert Schritten das eigne Haus nicht mehr, nur Farnkraut im Nebel. Rinnsale und kleine Rutsche hat es schon immer gegeben bei langen Regen. Zeitweise tropft es nur noch aus den Bäumen, während es wetterleuchtet. Ohne Donner im Tal. Eine kleine Mauer im Garten (Trockenmauer) ist gerutscht: Geröll im Salat, Fladen von grauem Lehm unter den Tomaten. Weiter nichts zu sehen. Kein Vogel im Gelände. Ein nächster Telefon-Mast im Nebel, die langsam gleitenden

Tropfen an zwei Drähten, die Stecken für Tomaten im Nebel. Vielleicht ist es schon gestern geschehen oder vor Tagen –

Herr Geiser, was denken Sie?

Wenn der Regen einmal nachläßt, nicht völlig aufhört, aber sich verdünnt, so daß er auch vor dem Dunkel der nahen Tanne nicht zu sehen ist, nur noch auf der Haut zu spüren, wenn man die Hand ausstreckt, so ist keine Stille: jetzt erst hört man, wie es rauscht im Tal. Es müssen Bäche sein, viele Bäche, die es sonst nicht gibt: ein gleichmäßiges Rauschen aus dem ganzen Tal.

Es ist Nacht, Herr Geiser, es ist Nacht. Sie haben vergessen, daß es Nacht ist. Kein Grund zum Entsetzen. Es ist finster, weil es Nacht ist.

Kein Bergsturz.

Es müßte möglich sein, eine Pagode zu türmen aus Knäckebrot, nichts dabei zu denken und keinen Donner zu hören, keinen Regen; vielleicht wird es keine Pagode, aber Zeit vergeht jedenfalls und man vergißt, was geschehen könnte.

Sehen Sie, Herr Geiser, es gelingt –

Beinahe wäre es gelungen.

Die Natur kennt keine Katastrophen, nur der Mensch kennt Katastrophen (sofern er sie überlebt) –

Es graut schon der Morgen, es gurgelt ums Haus; Sie haben vergessen, daß es regnet, und das ganze Knäckebrot ist noch da, es ist keine Pagode geworden, Herr Geiser, aber Mittwoch.

Oder Donnerstag?

Kein Hupen aus dem Tal.

Im Winter, wenn es schneite, war es ein schwarzes Tal. Schwarz der Asphalt zwischen Schollen von Schnee. Schwarz die Fußstapfen im nassen Schnee, wenn es taute, und schwarz der Granit. Schnee plumpste von den Drähten, die Drähte waren schwarz. Schnee in den Wäldern, Schnee auf dem Boden, aber die Stämme waren schwarz. Auch auf den Dächern lag Schnee; schwarz die Kamine. Nur der Post-Bus blieb gelb; es fuhr mit Ketten, ihre Spur war schwarz. Ab und zu eine rötliche Weide, fast fuchsrot, das Farnkraut wie verrostet, und wenn die Bäche nicht vereist waren: schwarz das Wasser zwischen verschneiten Steinen. Der Himmel wie Asche oder Blei; auch das verschneite Gebirge über dem schwarzen Wald erschien nicht weiß, bloß fahl. Alle Vögel waren schwarz. Unter den Traufen wurde es schwarz von Tropfen. Tannenzweige blieben grün; schwarz die Tannenzapfen im Schnee. Der nahe Telefon-Mast (Beton) blieb grau. Die Kreuze auf dem kleinen Friedhof waren schwarz. Nicht einmal die Schafe im Gelände waren weiß, sondern schmutzig. Ein weißer Schneemann, den man für die Enkelkinder aufgebaut hatte, stand auf schwarzem Moos. Die beiden Schuhe, die man nachher an die Heizung stellte, waren schwarz vor Nässe –

Herr Geiser, warum denken Sie jetzt daran?

Die Ehe mit Elisabeth war glücklich.

Kleinholz machen mit der Axt, Feuer im Kamin, dann Eimer um Eimer hinauftragen, ohne auf der Treppe zu stolpern mit dem siedenden Wasser, Eimer um Eimer in die große Wanne gießen, die aber in einer halben Stunde nicht voll wird, nicht einmal halbvoll, so daß das Wasser immer wieder auskühlt, alles in allem wird es nicht handwarm, und andere Unannehmlichkeiten –

Einmal ein Feuer-Salamander im Bad.

Hingegen hat es Sinn, Ordnung zu machen in den Schubladen für den Fall, daß nicht der ganze Berg ins Rutschen kommt und das ganze Dorf verschüttet; man kann auch die Apotheke einmal ausräumen, alles wegwerfen, wovon man nicht mehr weiß, ob es gegen Juckreiz oder gegen Harnsäure gemeint ist, gegen Mükkenstiche, gegen Herz-Insuffizienz, gegen Migräne, gegen neurovegetative Störungen usw.; kein Medikament gegen Nebel im Tal.

Warum tragen Sie einen Hut, Herr Geiser?

Bund und Kanton (so ist anzunehmen) tun alles, um die Straße, die einzige des Tals, wieder herzustellen.

Herr Geiser, Sie tragen einen Hut.

Schon einmal, 1968 ist unterhalb des Dorfes ein Stück der Straße abgerutscht, am andern Morgen hing das eiserne Geländer krumm in die Schlucht hinunter, eine Sperre wurde errichtet, Seile mit roten Wimpeln dran, und einen Sommer lang war der Verkehr durch eine Baustelle behindert, jedoch nicht unterbrochen. Rutsche solcher Art hat es in dieser Gegend schon immer gegeben.

Immer wieder einmal im Vorübergehen den schwarzen Hörer abheben, um dann, wie erwartet, nicht einmal einen Summton zu hören, das ist auch keine Beschäftigung, sinnlos wie Briefeschreiben, wenn keine Post verkehrt.

Heute ist Mittwoch.

Übrigens stimmt es nicht, daß kein Hupen im Tal zu hören sei. Es hupt nur seltener. Es kommt kein Post-Bus dreimal täglich. Die lärmigen Lastwagen, die sonst zu Tal fahren mit Granit oder

Holz, fahren nicht. Wer oberhalb der Stelle, wo die Straße seit Sonntag gesperrt ist, ein Auto oder ein Motorrad hat, kann bis Spruga hinauf fahren; er kommt nur nicht aus dem Tal heraus.

Soeben hat es gehupt.

Er muß durchs Fenster hereingefallen sein, der Feuer-Salamander im Bad, und da liegt er noch immer: hilflos, da er an den glatten Platten nicht hochkommt, auch auf dem glatten Boden beinahe hilflos. Dann verharrt er einfach. Nur wenn man ihn mit dem Schuh etwas bedroht, strampelt er wie aus Pflicht; kurzdarauf verharrt er wieder, Kopf in die Höhe gereckt. Wie versteinert; dabei lebt er, schwarz mit gelben Tupfen, Panzerhaut, schleimig.

Was haben Sie vor, Herr Geiser?

Es könnte ja sein, daß niemand mehr anruft, weil man selber seit zwei Wochen niemand angerufen hat; dann jedesmal die Erleichterung, wenn man nach einigem Zögern (was gäbe es schon zu berichten) den schwarzen Hörer abgehoben hat und feststellt, daß bloß die Telefon-Leitung unterbrochen ist.

Herr Geiser, Sie hatten etwas vor.

Der kleine Rutsch im Garten (Geröll im Salat) hat sich nicht vergrößert, auch ist es trotz neuer Regengüsse zu keinen weiteren Rutschen gekommen. Vermutlich ist da und dort ein einzelner Baum gekippt, eine Tanne oder eine alte Kastanie; dann liegt ihr Stamm hangabwärts mit zersplitterter Krone, die schwarzen Wurzeln spreizen sich in die Luft, der Fels liegt nackt zu Tage, Schiefer oder Gneis oder gelbliche Nagelfluh, und wenn die Wurzeln sie nicht mehr halten, die braune Erde, so schwemmt der Regen sie zur Tiefe.

Kitty, die Katze, rührt den Salamander nicht an.

Ein deutscher Sommergast, Professor der Astronomie, weiß viel in seinem Fach, besonders die Sonne betreffend. Auch wenn man als Laie das meiste nicht versteht: Ein Menschenleben ist gar nichts. Nachher räumt man die leeren Gläser weg, dankbar für den Besuch; man weiß jetzt ungefähr, was Protuberanzen sind, und die Frau des Sonnenforschers hat einen Topf voll Suppe gebracht, Minestrone zum Aufwärmen. Vor allem weiß man nachher, daß man nicht verrückt ist: auch andere Leute finden, es regne und regne.

Herbstzeitlosen schon im August.

Im Winter, wenn es nicht schneite, konnte man oft ohne Mantel gehen, so warm war es über Mittag, Himmel wie über dem Mittelmeer, kein Laub, man sah mehr Fels als im Sommer, die Reben kahl, die Hänge braun von verdorrtem Farnkraut, die weißen Stämme der Birken; nur die Nächte wurden kalt, tagsüber blieb die Erde gefroren unter dem raschelnden Herbstlaub, aber es kam vor, daß man zu Weihnachten draußen an der Sonne saß. Die Gletscher, die sich einmal bis Mailand erstreckt hatten, waren überall im Rückzug, zur Zeit gab es in dieser Gegend nicht einmal mehr Firne. Die letzten Lappen von schmutzigem Schattenschnee schmolzen auch in der Höhe spätestens im August. Alles in allem ein grünes Tal. Wenn der Kanton mit einem gelben Bulldozer kam, um die Straße zu verbreitern, sah man Moräne, Schutt von den großen Gletschern, stellenweise so hart, daß gesprengt werden mußte; dann bliesen sie drei Mal in ein kleines Horn und zeigten eine rote Fahne, kurz darauf prasselte es, Kies und Geröll aus der Eiszeit.

Herr Geiser, warum wärmen Sie die Suppe nicht?

Vulkane hat es im Tessin nie gegeben.

Noch ist es nicht so weit, daß man mit der Katze redet. Ab und zu ein Fluch, den man selber kaum hört. Man hört die eignen Schritte im Haus. Es genügt, daß man vom Lexikon aufsteht und die Katze nimmt, damit sie nicht immer um die Hosenbeine streicht. Wortlos. Katzen fallen immer auf die Pfoten. Natürlich jault sie jetzt vor der Haustüre. Vielleicht hat man noch auf der Schwelle gesagt: Hau ab! dann aber kein Wort mehr im Haus.

Sie haben etwas gedacht, Herr Geiser:

Im Winter konnte man ohne Mantel gehen –

Vulkane hat es im Tessin nie gegeben –

Heute (Mittwoch) liegt der Feuer-Salamander auf dem Teppich im Wohnzimmer, man kann ihn aber mit der Schaufel nehmen und in den Garten werfen.

Sie erinnern sich, Herr Geiser:

Einmal im Sommer (1970?) hatten die Spechte plötzlich eine Idee: sie pickten mit ihren Schnäbeln nicht auf die Rinde der alten Kastanien, viele Kastanien haben den Krebs, sie pickten an die Fensterscheiben, die Spechte, und es kamen immer mehr, alle wie versessen auf Glas. Es wurde eine Mode. Auch Bändel aus glitzerndem Stanniol verscheuchten sie nicht auf die Dauer. Es wurde zur Plage. Trat man ans Fenster, um sie zu verscheuchen, so wählten sie einfach ein anderes Fenster; man konnte nicht überall stehen und in die Hände klatschen. Wirksamer war es, wenn man mit einer Latte auf den Granit-Tisch schlug, daß es knallte; dann flohen sie und warteten in den Zweigen ringsum. Kurzdarauf tönte es wieder an diesem oder jenem Fenster; sie flogen an und konnten sich an der glatten Scheibe nicht halten, so daß sie im Flattern nur zwei oder drei Mal pickten, ausnahmsweise vier Mal. Im Sommer darauf hatten sie es wieder vergessen.

Sie erinnern sich oft an dasselbe, Herr Geiser.

Keine Leiter im Haus, aber die Spinnweben über der Treppe müssen weg, das schafft Elisabeth nie, kein gewöhnlicher Besen reicht hin. Das erfordert eine Konstruktion, die den Ingenieur verrät: indem man den Handlauf des Geländers abschraubt (was bei den verrosteten Schrauben nicht leicht ist, aber nach zwei Stunden vollbracht) und dann (Ideen muß man haben) einen kleinen Besen an den langen Handlauf befestigt mit Draht –

Herr Geiser, das war nicht schlau:

die Spinnweben sind weg, aber das Geländer bleibt ohne Handlauf, die alten Schrauben wollen nicht mehr in den Rost, und Elisabeth wird sich wundern: lauter Stäbe ohne Handlauf.

Man kann nicht den ganzen Tag lesen.

Der Mensch bleibt ein Laie.

Alles geht kaputt, gestern das Thermometer, heute beim Holzhacken ist die Brille auf den steinernen Boden gefallen und kaputt, zum Glück nicht die Lesebrille; alles durch die Lesebrille zu sehen macht schwindlig, und ohne Brille sieht man gerade noch die Traufe am eignen Haus, die nächste Tanne im Nebel, die langsam gleitenden Tropfen an jedem Draht oder Zweig, alles übrige nur noch aus dem Gedächtnis.

Ja, Herr Geiser, die Suppe –

Schlimm wäre der Verlust des Gedächtnisses.

Der Feuer-Salamander auf dem Teppich im Wohnzimmer muß ein andrer gewesen sein; der andere liegt noch immer im Bad: schwarz mit gelben Tupfen, Panzerhaut, schleimig. Wenn man ihn unter der Lupe betrachtet: ein Ungetüm, die Beine gespreizt und der übergroße Kopf in die Höhe gereckt, die schwarzen Augen ohne Glanz und Blick. Keine Reaktion auf Töne. Dann plötzlich, ohne ersichtlichen Anlaß, bewegt sich das Ungetüm doch. Sein ungelenker Gang in einer Art von Liegestütz, der schwarze Schwanz bleibt dabei unbeweglich. Es strampelt sich stur in eine Richtung, wo es nie weiterkommt, und dann hält es wieder inne, Kopf in die Höhe gereckt. Wie versteinert, obschon der Puls schlägt. Ein Ungetüm, unter der Lupe erinnert es an Saurier (JARDIN DES PLANTES, Paris), ein entsetzlicher Stumpfsinn in allen Gliedern.

Was möchten Sie wissen, Herr Geiser?

Saurier hat es im Tessin nie gegeben.

Wenn man selber Bescheid weiß, zum Beispiel betreffend Klima-Anlagen oder betreffend Bagdad und Umgebung: was dann ein Lexikon alles nicht weiß.

Kein Donner, es gurgelt bloß.

Gestern schien beinah die Sonne, Minuten lang konnte man meinen, es gebe Schatten unter der Tanne, und daß sie plötzlich durchbrechen könnte, die Sonne, schien nicht ausgeschlossen. Es dampfte noch aus den Schluchten herauf, Schwaden von Nebel, plötzlich war die nächste Tanne nicht mehr zu sehen. Dann wieder ahnte man, wo hinter dem ziehenden Gewölk sie sich befand, die Sonne; noch kam es zu vereinzelten Schauern, aber der Regen glitzerte. Das war gestern. In der Nacht sah man vereinzelte Sterne. In der Frühe lärmten die Vögel ums Haus –

Jetzt gurgelt es wieder.

Keine Ahnung, wozu die Zange in der linken Hand; später am Tag, wenn man wieder den krummen Nagel in der Wand sieht, keine Ahnung, wo man die Zange hingelegt hat. Man vergißt, warum man in den Keller gegangen ist. Man erinnert sich bloß, daß man in der Nacht, schlaflos mit offenen Augen im Finstern, Stunden lang gewußt, was man unbedingt nachsehen müßte. Stattdessen kommt plötzlich die Zange zum Vorschein. Was weiter? Wasser im Keller wie immer bei langen Regen, das ist es aber nicht, was man hat nachsehen wollen. Das weiß man, das ist nicht schlimm. Es hat nichts mit der Zange zu tun, die man trotzdem in der Hand hält für alle Fälle.

Herr Geiser, was ist schlimm?

Ein Feuer-Salamander tut nichts.

Sie sind allein zuhaus, Herr Geiser, niemand bemerkt es, daß Sie ein Wort suchen und nicht finden, ein Fremdwort.

Einmal gegen Abend ein streunender Hund im Gelände, ein Bastard, der wieder ums Haus schnüffelt und nichts findet und trotzdem sein Bein hebt da und dort –

Kohärenz war das Wort.

Sehen Sie, Herr Geiser, Sie wissen es ohne Lexikon, was das heißt, und Sie brauchen sich nicht zu ärgern über den Schwiegersohn, der in Basel wohnt und es immer besser weiß.

Kohärenz, Kohärenzfaktor.

Der Hund ist dazwischen gekommen.

Kohärenz, Kohärenzfaktor.

Der Hund gehört niemand im Dorf, auch nicht diesen Holländern, die in bläulichen Regenhäuten durch den Regen gehen; niemand will ihn, trotzdem kommt er öfter ins Gelände und sucht Duftmarken im strömenden Regen.

Heute ist Mittwoch.

Der Tank wurde im Juli gefüllt. Das ist es, was man im Keller hat nachsehen wollen. Man erinnert sich an das Trinkgeld für die Leute im grauen Overall. 5000 Liter. Nur hilft alles Heizöl nichts, solange der elektrische Strom ausgefallen ist –

Das wissen Sie, Herr Geiser.

Im Winter konnte man oft ohne Mantel gehen, aber die Nächte wurden kalt, im Winter sah man mehr Fels als im Sommer, Bund und Kanton taten alles, um die Straße instand zu halten, alles in allem ein armes Tal, die Goldwäscherei in den Bächen hatte sich nie gelohnt, es gab Holzfäller, es gab Steinbrüche, im August gab es Sternschnuppen oder man hörte ein Käuzchen, ein Stausee war nicht vorgesehen, zwei Mal in der Woche fuhr eine blonde Metzgerin durchs Tal herauf, viele Ställe verlassen und eingestürzt, das Farnkraut mannshoch, es gab Eidechsen und Salamander, aber auch wenn es Wochen lang regnete, wurden sie nie größer als Eidechsen und Salamander.

Herr Geiser, was ängstet Sie?

Es ist nicht der streunende Hund im Gelände, der dazwischen gekommen ist; es muß die Zange gewesen sein.

Elisabeth wüßte es.

Es ist etwas anderes gewesen, Herr Geiser, was Sie wissen wollen aus dem Lexikon, das auf dem Tisch liegt.

Sie stehen am offenen Fenster, Sie sind nicht verrückt, Herr Geiser, Sie sehen keine Saurier im Gelände –

Warum werfen Sie Geschirr?

Es hat geklingelt, viele Male und schon gestern. Vielleicht eine gute Nachricht. Jedenfalls der Strom ist wieder da, sonst würde es nicht klingeln.

Herr Geiser, warum öffnen Sie nicht?

Im Dorf wird es heißen, Herr Geiser trage zuhause einen Hut und werfe Geschirr aus dem Fenster, wenn man klingelt, Herr Geiser sei verrückt.

Jetzt klingelt es nicht mehr.

Man kümmert sich um Sie, Herr Geiser, weil Sie kein Licht machen in der Nacht –

Der Strom ist wieder da.

Warum, Herr Geiser, machen Sie kein Licht?

Manchmal (wie gestern) bei Nebel im unteren Tal, wenn drüber der Mond scheint, kann es aussehen wie ein weißlicher See, ein Fjord zwischen schwarzem Gebirg, eine verzackte Meeresbucht; dann fehlt nur ein Schiff, das unterhalb des Dorfes vor Anker läge, ein Kutter, ein Walfischfänger –

Das Dorf steht unversehrt.

Herr Geiser, man hat Sie am Fenster gesehen.

Das ist nicht heute gewesen, sondern gestern. Es ist in der Nacht gewesen, sonst wären sie nicht mit Taschenlampen gekommen, wenn die Sonne scheint, und heute scheint die Sonne.

Alles wieder da.

Was wollen Sie denn machen, Herr Geiser, wenn sie wieder kommen und die Haustüre sprengen, um zu sehen, was los ist mit Ihnen?

Auch der Ölbrenner summt wieder.

Herr Geiser, jemand spricht zu Ihnen.

. . .

(1974)

Dienstbüchlein

(1973)

Unterwegs im Tessin, vom Wagen aus, sehe ich Militär im Gelände. Unser Militär. Ein Jeep, Offiziere feldmarschmäßig, später eine Kolonne von schwärzlichen Camions und Soldaten drauf, ebenfalls feldmarschmäßig. Es ist nicht leicht, eine solche Kolonne zu überholen. Die Soldaten haben jetzt viel Haar, der Helm ist noch der gleiche, und sonst fällt mir dazu nichts ein. Militär. Geduld; das Gedächtnis bleibt stumm. Nachdem ich, Veteran in Limousine, endlich habe vorfahren können: nochmals ein Jeep, ein Leutnant, ein Funker mit Funkgerät, dann ist's vorbei, und wenn ich nicht will, so brauche ich mich nicht zu erinnern.

Ich besitze noch das sogenannte Dienstbüchlein (der Diminutiv ist offiziell) mit Sanitärischen Eintragungen (Sehschärfe, Hörschärfe) und Verzeichnis der Mannschaftsausrüstung (»Stahlhelm leihweise: 1 Stück 1931, 1 Stück 1952«), mit Stempeln von Kommando-Stellen und Handschriften zur Beglaubigung geleisteter Dienste (insgesamt 650 Tage) in graues Leinen gebunden, nicht allzu verschlissen.

Gewehrfett, der Geruch von braunen Wolldecken, die man über den Hals und an das Kinn zieht, Kampfer, Suppe aus der Gamelle, Tee aus der Gamelle, Schweiß in der Mütze und Seife gegen kalten Schweiß, der Geruch in Kasernen, Soda, der Geruch von Kartoffelschalen, Leder, der Geruch von nassen Socken. Geruch von trockenem Stroh in Ballen, zusammengebunden mit Draht, der mit einem Schlag des Bajonetts aufzutrennen ist, Staubwolken in einem Schulzimmer und der Geruch von Kreide, Geruch von verschossenen Patronen, Latrine, Karbid, der Geruch, wenn man die Gamelle putzt mit Büscheln von Gras und entfettet mit Erde, dieser Geruch von Erde und Blech und Gras

und immer noch Suppe, der Geruch von vollen Aschenbechern in der Wachtstube, von Männern, die in Uniform schlafen – Gerüche, die es nur beim Militär gab.
Ich bin ungern Soldat gewesen. Immerhin sind Erfahrungen nicht abzugeben mit der Uniform, Erfahrungen mit unserem Land, mit sich selbst.

Was das Gedächtnis gerne freigibt: diese frühen Morgen im Gelände, Morgengrauen um die getarnten Geschütze zwei Stunden vor Sonnenaufgang (heute stehe ich wieder öfter um diese Zeit auf) und der herbstliche Waldboden, wenn es raschelt bei jedem Schritt, und der sommerliche Waldboden, Summen von Insekten, und der gefrorene Waldboden im Winter, wenn man einen Graben auszupickeln hat für die Lafette des Geschützes. Und die verschiedenen Sorten von Schnee: der Kristall-Schnee, der in der Sonne glitzert, und der Schnee, wenn es regnet, der Schnee, der an der Schaufel klumpt, der schwere Schnee und der Schnee, der ins Gesicht weht, und der Schnee von einer alten Lawine, der harte Schnee, der Schnee im Sommer, wo man die Absätze einschlagen muß, damit man nicht ausgleitet mit Sack und Pack, und der Schnee im Winter, der frische Schnee, in den man einsinkt bis zur Hüfte. Das alles kennt auch der Bergsteiger, aber anders; er stapft freiwillig, er kann entscheiden, ob es einen Sinn hat, weiterzugehen, ob gerade hier. Unter dem Kommando eines Leutnants, der nie Bergsteiger gewesen ist, erfährt man mehr über den Schnee. Erfahrung von Jahreszeiten, von Tageszeiten bei jedem Wetter; nie habe ich so viel Nebel erlebt wie beim Militär, nie so viele Sterne wie auf der Wache. Und die verschiedenen Sorten von Regen. Es kam vor, daß wir bei Regen uns unter ein Dach stellen durften; in der Regel aber wurde Regen zu einem Erlebnis. Ebenso die Hitze, Staub in der Kolonne; einmal die Erlaubnis, die Arme und den Nacken und das Gesicht unter die Röhre eines Dorfbrunnens zu halten und zum Schluß, als man den Befehl schon gehört hatte, nochmals die Arme. Sofort meldet sich auch ein gewisser Stolz: man hat Kisten getragen, ein

Student, der sich vor Arbeitern nicht lächerlich machte. Munitions-Kisten oder Kisten voll Schanzwerkzeug. Man hat allerhand gekonnt: eine Tanne fällen oder dreißig Schweine aus dem Zielgelände treiben, für einen Einzelnen keine Kleinigkeit. Einmal habe ich eine Handgranate, vom Nebenmann nicht richtig geschleudert, gerade noch erwischt und über den Wall geworfen. Und im übrigen die Stunden oder Minuten einer simplen Lust, ich weiß nicht mehr, wo es gewesen ist und in welchem Jahr zwischen Dünkirchen und Stalingrad; die simple Lust, im Gras zu liegen oder die nackten Füße in einen kalten Bach zu hängen. Vieles dieser Art. Wenn die Armee nicht wissen konnte, wo man sich in diesem Augenblick befand, und man hockte an einem Kamin, während es draußen regnete, ein Rumpelstilz in Uniform; ich konnte mich mit der alten Tessinerin kaum verständigen, aber ich durfte Käse schmelzen an der Glut und gleichzeitig die Socken trocknen, und vor allem erreichte mich eine Stunde lang kein Befehl – Glückseligkeit, wie es sie nur beim Militär gab.

1931, am Ende der Rekrutenschule gefragt, ob ich Offizier werden wolle, lehnte ich ab. Ich war damals Germanistik-Student. Auch für die zivile Karriere ist es vorteilhaft, Offizier zu sein in unsrer Armee, das wußte ich schon. Mein älterer Bruder zum Beispiel, gesundheitlich der Schwächere, war Leutnant geworden, weil er Chemiker war, Stellensuchender bei der chemischen Industrie; das begriff ich. Der Major, als ich kein Interesse zeigte, Offizier zu werden, wurde sauer: Warum nicht? Ich wollte nicht Anwalt oder Arzt oder Prokurist oder Mittelschullehrer oder Fabrikant werden, sondern Dichter; das konnte ich natürlich nicht sagen. Daher seine Frage, ob ich Kommunist sei.

Eine Art von Heimatkunde, wie man sie dem Militär verdankt: – Blick auf den Boden, in Einerkolonne bergauf, Blick auf den schmalen Pfad und die Schuhe des Vordermanns, man konnte dabei denken, was man wollte, als Person unbehelligt, solange man von Mann zu Mann den befohlenen Abstand einhielt, manchmal ein Blick ins Tal, dann wieder Blick auf den Pfad, von vorne oder von hinten mit Zoten beliefert, sofern Sprechen gestattet war, zum Stumpfsinn entschlossen, um die Kräfte zu schonen, dabei willig und einverstanden mit dem Zweck der Übung und zufrieden mit dem eigenen Körper, zeitweise fast ohne Bewußtsein und Schritt für Schritt hinter dem Vordermann und im befohlenen Abstand, dann wieder wie erwacht und im Bewußtsein, daß man deswegen nicht stehenbleiben kann, entzückt von der Flora, von einem Falter, von einer Ader aus weißem Quarz. Dann ein Stundenhalt; Helm ab, Karabiner ab. Selbstverständlich mußte der Korporal oder Leunant darauf achten, daß die Gruppe sich nicht im Gelände zerstreute. Die meisten hockten sich hin, wo die Erlaubnis sie erreicht hatte. Zum Pissen durfte man immerhin austreten, etwas Einsamkeit in Büschen war gestattet. Spinnweben, Tannennadeln, Ameisen, vielleicht sogar ein Pilz, dazu Aussicht ins Tal; alles ganz gegenwärtig und trotzdem Gegenstand der Sehnsucht. Eine Rinde mit Harz. Eine Minute lang, während man pißte, war die Wahrnehmung sehr genau: Rinde mit Harz, Spinnweben, ein vertrockneter Pilz. Die Erwartung des Befehls (Karabiner umhängen, Helm auf!) steigerte das Entzücken zu einem ekstatischen Verlangen, einmal in seinem Leben hier zu sein und genau zu dieser Tageszeit. Dann also der erwartete Befehl. Nie in meinem Leben hatte ich größeres Heimweh als beim Militär.

Ich habe nie an Dienstverweigerung gedacht. Das Versprechen des Bundesrates und aller, die für unsere Armee sprechen konnten, die Beteuerung, daß die Schweiz sich militärisch verteidigen werde, deckte sich mit meinem Bedürfnis und persönlichen Willen. Ich war in Sorge um eine deutsche Jüdin in der Schweiz.

Die Batterie hatte vier Geschütze, Kaliber 7,5 cm, Krupp-Modell aus dem Jahr 1903, eigentlich Feldgeschütze, die sich im Gebirge leider nicht eigneten. Man konnte das Rohr nicht steil genug stellen. Deswegen gab es Böcke, schwer zu schleppen, dazu Schienen aus Eisen, auf denen die Geschütze sich auf diese Böcke schieben ließen, und überdies konnte man die Lafette eingraben, um eine steilere Schußbahn zu gewinnen. Zum Transport wurden sie auf die Camions verladen, jedesmal ein großer Krampf, aber solange wir nicht beschossen wurden, auch eine Übung zu unsrer körperlichen Ertüchtigung; das Heben der schweren Lafette, während die andern an den Stricken zogen, war die Arbeit, vor der ich mich fürchtete. Das brauchte andere Arme, als ich sie hatte.

Man rechnete mit dem deutschen Überfall. Ich hatte Angst. Ich war dankbar für alles, was nach Waffe aussah. Ich verweigerte mich jedem Zweifel an unserer Armee.

In der Schweizerischen Bundesbahn hatten die Offiziere selbstverständlich Erste Klasse zu fahren, der Soldat selbstverständlich Zweite Klasse. (Damals 2. Klasse und 3. Klasse.) Ob es verboten gewesen wäre, einen Zuschlag zu lösen und sich einmal in die Erste Klasse zu setzen, weiß ich nicht; ich kam auch nicht auf die Idee – es wäre für beide Seiten peinlich gewesen, kein Spaß und keine Selbstverständlichkeit, nur peinlich. Ein Gespräch? Traf ich im Zug einen guten Bekannten als Offizier, einen Kollegen, so unterhielten wir uns gerne und stundenlang, Offizier und Kanonier – draußen im Korridor. Da ging es. Sowohl die Offiziere drinnen im Abteil als auch Soldaten, die durch den Korridor der Ersten Klasse gehen mußten, konnten ja denken, wir seien Verwandte.

Obschon die Deutschschweizer, ausgenommen Schriftsteller und vielleicht Pfarrer, sich nur in der Mundart wohlfühlen, heißt es in der Befehlssprache unsrer Armee: Feuer! nicht Füür! Das ruft sich besser. Es heißt: Wache heraus! Jeder Mann hat die Volksschule besucht und versteht das Hochdeutsch, dessen die Befehlssprache unsrer Armee sich bedient, ohne Mühe. Zumindest wenn der Befehl sich an eine größere Gruppe richtet, hören wir nicht: Helm uuf! sondern: Helm auf! Besteht ein Befehl aus ganzen Sätzen, so bleibt es allerdings bei der Mundart; sonst könnte die Wirkung komisch sein, spätestens wenn der Kanonier den vernommenen Befehl wiederholen muß. Hingegen heißt es wieder: An die Gewehre! Und das ist überzeugend; wir sollen nicht meinen, daß wir hier zuhause sind. Die Hochsprache, wenn auch nur in Brocken verwendbar, gibt dem Befehl eine gewisse Verschärfung, ohne daß der Befehlende brüllen muß. Ein Feldweibel, der als Zivilist nie Schriftsprache spricht, muß sich zudem selber etwas zusammenreißen, wenn er ruft: Abteilung (statt: Abteilig), Sammlung (statt: Sammlig), und er gewinnt Autorität, wie er sie als Zivilist in keinem Wirtshaus hat. Dann wieder gibt es Übergänge; ein Leutnant sagt: Rauchen gestattet! der Korporal leitet weiter: Rouche gschtattet! Ein Hauptmann, der vor einen Major tritt, sagt nicht: D'Batterie isch parad! sondern er sagt: Herr Major, ich melde Batterie bereit! was hinwiederum den Höheren nicht zur Hochsprache nötigt; dieser sagt: Guet. Das steht ihm zu, Heimatlichkeit von oben, die Mannschaft ist dankbar dafür, daß er kein deutscher Major ist.

Was man auch nicht vergißt: dieser Stoff unsrer Uniform, wie er sich anfühlt. Ein starker Stoff, rauh am Hals, wenn man den Kragen nicht öffnen darf, ein steifer Stoff, wenn man den Arm biegt oder das Knie, ein Stoff, den man immerzu spürt. Wie einer meinte: In dieser Hose bist du ja müde, bevor du den Feind siehst. Auch wenn es einmal erlaubt war, so konnte man die Ärmel kaum heraufkrempeln. Ein Waffenrock, geeignet für ein Defilee; ein Kostüm, das den Mann nicht schont und eben einen Mann verlangt. Wenn wir Bunker bauten, gab es allerdings Arbeitskleider, um den Waffenrock zu schonen. Auch die Mechaniker, die unter die Camions kriechen müssen, hatten Arbeitskleider. Die Schuhe waren gut und schwer, keine hohen Stiefel; darüber die Röhrenhosen, die den Schnee hereinließen. Die Offiziere trugen Gamaschen. Die Mannschaft bekam Ohrenschutz, wenn es kalt war, auch Sonnenbrillen im Winter. Das Lederzeug war praktisch; es trug die vier Patronen-Taschen am Bauch, das Bajonett mit Säge. Tornister mit braunem Fell, darauf der gerollte Mantel, genannt Kaput. Wenn man ihn anziehen durfte oder mußte, so schützte er vor Wind; bei Regen wurde er schwer vor Nässe wie ein Schwamm. Die Offiziere (schon nicht mehr die Unteroffiziere) trugen meistens eine Regenhaut, die undurchlässig war, auch leicht, und wie gesagt: Gamaschen. Der Helm war für alle gleich. Nur brauchten die Offiziere ihn nicht immer zu tragen, wenn die Mannschaft ihn zu tragen hatte, um sich für den Ernstfall dran zu gewöhnen. Die Offiziere trugen den Helm offensichtlich ungern; nicht weil sich die Mütze leichter trägt oder weil am Helm kein Dienstgrad zu erkennen ist. Ich weiß nicht warum. Der Helm, jedem Schweizerkind vertraut aus patriotischen Publikationen, stand ihnen etwas komisch, obschon sie ihn vor allem bei ernsten Anlässen trugen, bei Feldgottesdienst, bei Begräbnissen oder wenn sie bei dem Motorradfahrer aufsaßen. Dieser Helm, vorallem seit er zwecks Tarnung schwärzlich gespritzt war, paßte nicht ganz zu ihrem Kostüm oder umgekehrt. Ein Leutnant mußte den Helm schon öfter tragen als der Hauptmann; je niedriger der Dienstgrad, umso notwendiger der Helm übungshalber. Dasselbe galt für die Gasmaske; ich habe nie einen Major mit Gasmaske gesehen. Wenn es regnete, war der Helm übrigens angenehmer. Der Hauptmann mit Helm, das bedeutete, daß er einem Major oder Oberstleutnant oder Oberst (ohne Helm) die Kampfbereitschaft seiner Einheit vorführte; Manöver oder Defilee. Ferner trugen sie keinen Karabiner, sondern ihre Pistole, einen Säbel nur bei Gala-Anlässen.

Die Wahlen für den Nationalrat ergaben 1939 (Oktober) die folgende Sitzverteilung:

FREISINN	51 (48)
KATHOLISCH-KONSERVATIVE	43 (42)
SOZIALDEMOKRATEN	45 (50)
BAUERNPARTEI	22 (21)
LANDESRING	9 (7)
LIBERALE	6 (7)
DEMOKRATEN	6 (7)
DISSIDENTE SOZIALISTEN	4 (–)
FRAKTIONSLOSE	1 (5)

Die Sozialdemokratie, die zweitstärkste Partei zu dieser Zeit und vor vier Jahren noch die stärkste, war im Bundesrat nicht vertreten.

Woran erinnere ich mich genau?... Kinderstimmen aus einer Klosterschule, überall blüht es, Vögel im stillen Klosterhof, ein heißer Tag, die Kinderstimmen wiederholen im Chor, was eine Nonne vorspricht, Sprüche von den guten Engeln und von den gefallenen Engeln, während ich, die Nase zusammengeklemmt mit der andern Hand, ein verstopftes Pissoir zu reinigen habe. Ein sommerlicher Tag. Die Deutschen in Paris – ich bin noch nie in Paris gewesen...

Die Bevölkerung war armeefreundlich. Räumung eines Schulhauses, Stroh im Schulhaus oder in der Turnhalle, aber das putzten wir nachher weg. Geschütze in der Wiese, aber der Flurschaden vergütet, der Pfarrer bekümmert um die Töchter im Dorf, der Wirt zufrieden und willig, Teller zu vermieten auch an die Mannschaft; die Tische wuschen wir selber. Kinder mit kleinen Kesseln bei der Feldküche; unsere Verpflegung war gut oder ordentlich. Die Bevölkerung, glaube ich, war überzeugt von der Kampfkraft ihrer Armee.

Gedächtnis, seine großen Lücken – dazwischen ist es wieder sehr genau und läßt sich nicht täuschen. Entweder schweigt es (wenn ich's nicht wissen möchte, wie es beim Militär eigentlich war) oder es widerlegt mich, wenn ich es täuschen möchte über mein Verhalten in der Uniform, meine Untertänigkeit täglich, die ich damals allen Ernstes für soldatisch hielt. Es mag schlecht sein, das Gedächtnis, aber es erfindet nicht das Zementrohr unter einem Apfelbaum im Mai 1940. Ich sitze auf diesem Zementrohr. Also Sterben fürs Vaterland. Was ich auf diesem Zementrohr (keine Ahnung, warum ein Zementrohr unter einem Apfelbaum) am meisten bedaure: nie mehr das Meer zu sehen. Vielleicht meine ich etwas anderes, wofür zu sterben ich bereit bin, wenn es losgeht. Plötzlich hat es keinen Zweck, länger auf diesem Zementrohr zu sitzen –

Unseren Fahneneid leisteten wir am 3. 9. 1939 bei Arbedo, Tessin; darüber schrieb ich in einem kleinen Tagebuch. (BLÄTTER AUS DEM BROTSACK). Ein Vorkommnis an jenem Tag, in meinem treuherzigen Tagebuch nur beiläufig erwähnt, nimmt sich im Gedächtnis anders aus; offenbar wollte ich damals einen Schock nicht zugeben... Der Hauptmann, der uns den Fahneneid abgenommen hat, heißt Wyss und befehligt zum ersten Mal unsre Batterie. Schon in der Eisenbahn ist er von Wagen zu Wagen gegangen, um Leute anzusprechen, die am Waffenrock die Nummer 73 tragen, Befehle im voraus zu geben, offensichtlich nervös. Der Ernst der Lage (Hitler überfällt Polen) betrifft alle, aber diesen Hauptmann offenbar besonders; er kennt uns nicht und ist auf uns angewiesen. Er ist nicht klein, nur etwas zu klein, kaum einer von der Mannschaft muß zu ihm hinaufschauen. Nachdem unser Fahneneid geschworen ist, gibt es viel zu tun, um Marschbereitschaft herzustellen. Verlad von Munition, Einteilung der vier Geschütz-Bedienungen. Dann, im Lauf dieses Tages, ist es so weit: Hauptmann Wyss kann unsere Reihe abschreiten. Von Zug zu Zug, von Mann zu Mann; jeder muß seine beiden Hände zeigen, erst Oberseite, dann Unterseite, als sei der

Hauptmann ein Handleser, und dazu seinen Beruf angeben: Melker, Mechaniker, Hilfsarbeiter, Schmied, Maurer, Knecht, kaufmännischer Angestellter, Schlosser, Handlanger. Ein Hauptmann, der seine Soldaten kennen will. Ich zeige also meine Hände, erst Oberseite, dann Unterseite, ich sage: cand.arch. ETH. So werden wir eben genannt. Ich weiß in diesem Augenblick nicht, daß Hauptmann Wyss, der sich den Akademiker anschaut, im gleichen Fach tätig ist: Bau-Techniker ohne Hochschul-Diplom, aber offenbar in guter Stellung. Ich muß es wiederholen: cand.arch., und da diese Bezeichnung zu mißfallen scheint, sage ich: Student an der Eigenössischen Technischen Hochschule. Es sind offenbar meine Hände, die ihm mißfallen; das sehe er, sagt er: Akademiker. Ich war verdächtig. Der Nächste: Packer. Das sind Hände. Nachdem alle ihre Hände gezeigt haben: Taktschritt in Vierer-Kolonne auf einem Gelände, das etwas steinig ist, Hauptmann Wyss auf einem kleinen Hügel nach Art der Feldherren auf alten Gemälden, Vierer-Kolonne mit Kopfschwenken zum Gruß. Plötzlich schreit es. Die Abteilung steht jetzt, Gewehr geschultert, wie versteinert, alle mit Blick gradaus; ich auch. Frankreich und England haben den Krieg erklärt. Vielleicht habe ich daran gedacht. Es schreit immer noch (ich erinnere mich nicht mehr an Wörter). Bis ich begreife, daß ich gemeint bin, ist die Stimme fast heiser: Sie, ja, Sie! Als ich vor ihm angetreten bin, schreit er nicht; er ist kreidebleich. Was ich mir einbilde. Das gebräuchliche Wort: Dienst-Auffassung. Es ist möglich, daß ich, als Außenmann, beim Schwenken der Vierer-Kolonne zu spät gekommen bin. Auch ihn, sagt Hauptmann Wyss, drücken die schweren Schuhe. Dann aber, nachdem er sich gefaßt zu haben scheint, und daran erinnere ich mich wörtlich: Für Leute wie Sie habe ich im Ernstfall ganz besondere Posten! Auf die Frage, ob ich antworten dürfe, schreit er, ob ich verstanden habe und Befehl: Eintreten! Ich habe verstanden, Hauptmann Wyss kann mich auf Posten schicken gemäß Fahneneid.

Wortlaut des Fahneneids:
»Ich schwöre (oder gelobe) der Eidgenossenschaft Treue zu halten, für die Verteidigung des Vaterlandes und seiner Verfassung Leib und Leben aufzuopfern, die Fahne niemals zu verlassen, die Militärgesetze getreulich zu befolgen, den Befehlen der Obern genau und pünktlich Gehorsam zu leisten, strenge Mannschaftszucht zu beobachten und alles zu tun, was die Ehre und Freiheit des Vaterlandes erfordern.«

Was wir damals vom Krieg wußten? – Es gab an unseren Kiosken die Nazi-Illustrierten, SIGNAL, also Fotos: der deutsche Stuka (kurz vor dem Krieg habe ich diese Maschine anläßlich einer Internationalen Flugschau in Dübendorf gesehen, ebenso die Messerschmitt, vorgeführt von Udet) im Einsatz über Polen, die deutschen Panzer im Vormarsch auf rauchende Dörfer, die Hakenkreuz-Bomber beim Ausschütten ihrer Bomben, die deutsche Wehrmacht beim Einzug da und dort. Keine Ahnung von den Vorgängen im Warschauer Ghetto; das konnte noch niemand wissen. Anderes hätte man schon wissen können. Unsere Presse mußte sich in acht nehmen, vorsichtig sein, Goebbels hatte ein Auge auf sie. Die Armee war auch vorsichtig; sie wünschte sich Soldaten, die nicht grübeln.

Der Ausdruck: Im Ernstfall. Gebräuchlich bei Vorgesetzten: Im Ernstfall könnt ihr auch nicht unter dem Dach hocken. Korporale brauchten den Ausdruck übrigens seltener; wie es im Ernstfall zugeht, wußte erst der Oberleutnant. Zum Beispiel: Im Ernstfall gibt es auch keine warme Suppe. Schließlich übten wir ja für den Ernstfall, das war richtig. Beim Gewehrgriff, beim Ausrichten in Reih und Glied, beim Rollen des Kaputs usw. erwähnten sie den Ernstfall nicht; bei der Inspektion unserer Schuhe wohl. Da durfte kein Nagel fehlen in der Sohle, im Ernstfall kommt es auf alles an. Vor allem die Mannschaft mußte sich den Ernstfall stets vor Augen halten; die Offiziere, die im Gasthaus zum Löwen wohnten, konnten sich im Ernstfall leichter umstellen. Der Ausdruck erinnerte kaum an Tanks oder Flammenwerfer oder Bomben, dazu war der Major, der unserem nächtlichen Stellungswechsel beiwohnte, zu frisch rasiert und ein Herr, zu sicher, daß der Ernstfall seine Dispositionen rechtfertigen würde, und keinesfalls stünde er dort, wo er stand. Es war eben nicht der Ernstfall. Andererseits waren vom Ernstfall auch gewisse Erleichterungen zu erwarten, zum Beispiel durch die schlichte Benutzung einer Motorsäge aus Privatbesitz. Wir fragten uns schon auch, wie das oder das im Ernstfall wäre.

Ich drückte mich weniger vor dem Tragen der schweren Kisten als vor den Gesprächen; bei sogenannten Judenwitzen hörte ich weg. Einmal deutsche Juden in St. Moritz; sie trugen Pelzmäntel, während wir grad unsere staubigen Wolldecken klopften. Die Flüchtlingslager sahen wir nie. Ich wußte aber davon, wenn auch wenig.

Hätte unsere Armee gekämpft? Wie lang?

650 Tage ohne Arrest. Ich muß sehr gehorsam gewesen sein. Vorerst aus Einsicht: eine größere Gruppe kann wenig ausrichten, wenn sie nicht durch eine befehlende Vernunft zu lenken wäre. Ich verstand zu einem gewissen Grad, daß Gehorsam zu üben ist, sozusagen im Leerlauf. Dann wieder schien es, daß den andern der militärische Gehorsam leichter fiel als einem Studenten; sie waren schon gewöhnt zu tun, was verlangt wird; Maurer, Schweißer, Eisenleger, Elektriker, Dreher, Mechaniker, und was von ihnen verlangt wurde: Gewehrgriff, Vorbeimarsch mit Gruß, Taktschritt in der Kolonne oder einzeln, Gruß mit flacher Hand und Fingerspitzen an der Schläfe, Gruß durch ruckartiges Kopfschwenken zum Vorgesetzten, Blick rechts, Blick gradaus, Abteilung halt, Gewehr bei Fuß, Laufschritt, Liegen, Laufschritt

und so fort. Eine halbe Stunde genügt, damit man nichts mehr denkt. Es war sogar ein gewisser Genuß dabei, man war nicht mehr vorhanden. Man vergaß die letzten Nachrichten von Hitler-Siegen. Indem ich einfach gehorchte, ging mich alles nichts mehr an. Es ist merkwürdig, wie Stumpfsinn die Kräfte schont. Ein Leutnant, der einen Laufschritt befahl und diesen Laufschritt selber nur ohne Gepäck durchhielt, hätte ja Schikanen verhängen können; das ersparte man sich durch Gehorsam. Dafür erhielt dieser Leutnant dann ein gutes Führungszeugnis. Ein Laufschritt in solchem Gelände, Laufschritt mit Packung, und nicht einer in der Mannschaft hatte gemuckst; die Armee konnte sich auf diesen Leutnant verlassen. Während er sich vermutlich duschte, übernahm uns der Feldweibel, auch im Quartier gab es nichts zu mucksen: Helm auf Tornister, Schuhe davor, Wolldecke mit Schweizerkreuz nach oben, Waschlappen links und nicht rechts oder umgekehrt, und wer da auch nur blödelte, konnte seinen ganzen Plunder nochmals aufbauen; auch das ersparte man sich durch Gehorsam. Was die höheren Armeeführer sich von unserem Leckt-mich-am-Arsch-Gehorsam versprachen, war ihre Sache. Eine fügsame Mannschaft, auch am Geschütz eine Mannschaft im Zustand des Stumpfsinns; Gehorsam ohne Interesse, das Geschütz als ein Requisit für Drill.

Vaterland – vage Chiffre für ein starkes Gefühl, das ich hatte am 2. 9. 1939 auf den Bahnhöfen und im Zug voll Soldaten (ohne vaterländische Lieder). In der Mundart: Vatterland. Das Gefühl, das ich in den Dienst brachte, tönte eher nach Hölderlin, nach Gottfried Keller: Vaterland. Man möchte nicht, daß der Feldweibel, nur weil er einen schon wieder für die Sonntagswache ausgesucht hat, von Vaterland redet. Das konnte auch ein Leutnant nur sagen, solange wir ihn nicht kannten: das Vaterland erwarte von uns. In der Mannschaft wurde das Wort kaum gesprochen; es gehörte den höheren Vorgesetzten. Sogar ein Haupmann tat besser dran, nicht Vaterland zu sagen, sondern: Unsere Armee. Was das Vaterland von uns verlangte, das bestimmte ja die Armee. Je höher der Offizier, umso vertrauter schien er mit dem Vaterland zu sein. Es hatte ihn bestellt, es hatte ihm das Gold an die Mütze und an den Kragen geheftet, es hatte ihm die Befehlsgewalt verliehen. Unsere Achtungstellung galt dem Vaterland. Insofern wirkte es überzeugend und selbstverständlich, wenn ein Major oder ein Oberst sagte: EUSES VATTERLAND. Selbstverständlicher als wenn ein Kanonier zu einem Oberst sagen wollte: EUSES VATTERLAND. Es rechnete mit uns, das Vaterland, aber wir waren nicht seine Sprecher, seine Stimme.

Bekanntlich gab es Gruppen im Land, die sich für einen Widerstand unter der deutschen Okkupation vorbereiteten. Wie ein solcher Widerstand vor sich gehen könnte, haben wir in der Armee nie gehört.

Bald gab es für Mannschaften eine zusätzliche Bluse, um den Waffenrock zu schonen, auch sogenannte Exerzier-Hosen. Feldgrau mit Fehlfarben. Sie lagen auf einem Stapel und wurden ungefähr nach Größe verteilt. Lieber zu groß als zu eng. Zu groß, das konnte komisch aussehen. Weswegen der Leutnant den einen und andern zurückschickte. Das Zeug war gebraucht, doch gereinigt, roch nicht nach Schweiß des Vorgängers, nur nach Zeughaus. Eine praktische Maßnahme. Exerzier-Bluse, Exerzier-Hose, Exerzier-Mütze; die Hosen etwas gelber als die Bluse oder umgekehrt, das machte nichts, wenn man die Mütze nicht schief auf die Stirne setzte. In der Bahn, vor dem Einrücken, waren wir noch Bürger in Uniform, die Uniform als Ehrenkleid usw., jetzt eher wie Insassen einer Anstalt. Helm und Karabiner blieben persönlich. Abends zum Ausgang, wenn uns die Bevölkerung aus der Nähe sah, wieder Waffenrock.

Die Armee, die am 4. 9. 1939 ihre Stellungen bezogen hatte, zählte 430000 Mann. Sie verfügte über 86 Jagdflugzeuge, zum Teil veraltete. Die Fliegerabwehr bestand zu dieser Zeit aus 7 Kanonen (7,5 cm) und 20 Geschützen (20 mm). Der Panzerabwehr fehlte es an Geschützen und Munition. Wenige Monate vor Ausbruch des Krieges, am 14. 4. 1939, hatte der Bundesrat ein Ausfuhrverbot für Waffen erlassen, das jedoch Ausnahmebewilligungen für private Firmen (Firma Bührle) vorsah.

In der ersten Zeit, als ich noch Student war, gab es ein gewisses Mißtrauen. Es verwunderte sie, daß ich, ein Studierter, nicht Offizier war. Als sie später mein Gehalt als Angestellter erfuhren, fanden sie es nicht in Ordnung, daß ein Studierter nicht mehr verdiente als sie. Wozu denn studiert? Unter vier Augen, zum Beispiel in einer Wachtstube, kam der eine und andere mit Fragen, als wisse ein Studierter in allem Bescheid, ausgenommen Schlosserei oder Molkerei oder Spenglerei oder Fuhrhalterei oder was grad ihre Lohnarbeit war. Ihr Verhältnis zu den Offizieren war entsprechend: Hochachtung aus Erwartung, daß der Privilegierte eben der Klügere sei. Kein Arbeiter wünschte im Ernst oder auch nur im halben Ernst (was genau so lächerlich gewesen wäre, da es ausgeschlossen ist), Offizier zu werden. Wie sollte er, ein Arbeiter ohne Maturität, am Feierabend mit diesen Herren reden? Die waren, vom Arbeiter aus gesehen, lauter Gebildete oder zumindest wohlhabend, daher berechtigt, die Truppe zu führen und in Betten zu schlafen. Sie verfügten über Fremdwörter. Was sie im Gefecht taugen würden, stand nicht zur Frage; sie hatten Kurse hinter sich und daher eine Art von Geheimwissen, wie es im Gefecht zugeht. Es mag sein, daß ein Arbeiter, ein gelernter, der in seinem Beruf gefährlicher lebt als ein Jurist, auch die Landkarte lesen könnte; er hat in seinem Beruf noch anderes gelernt. Was es aber braucht, um Leutnant zu sein, das ist mehr: ein gewisses Etwas. Das spürten die Leute. Unteroffizier ist noch möglich; ein Unteroffizier kommt mit Offizieren nur dienstlich zusammen, nicht auf einem Offiziers-

Ball mit Damen. Was soll ein Kranführer auf einem solchen Ball? Das geht nicht. Es ist nicht einmal sein Wunsch. Wenn es darum geht, vier Geschütze über einen Bergbach zu bringen, dann kann es allerdings sein, daß ein Arbeiter besseren Rat weiß und sagt, wie wir's anstellen sollen. Das kam öfter vor. Aber auch dann fehlt ihm das gewisse Etwas, was ein Leutnant oder Oberleutnant einfach hat: Autorität nicht aus Sachverstand, sondern weil er auch im Zivil daran gewohnt ist, nicht Hand anzulegen, sondern Dienstmänner zu rufen. Ein Bürgersohn in der Uniform des Offiziers bleibt sich selbst; er kommandiert mit der gleichen Selbstverständlichkeit, wie er sonst, im Zivil, zu bestellen pflegt, was er oder sein Vater bezahlen kann. Spricht er nachher zu seinesgleichen, so sagt er: Meine Leute. Mein Zug usw. Der andere hingegen, der Arbeiter, ist das nicht gewohnt; er denkt: Wir. Auch wenn er brüllt, um seinen Sachverstand durchzusetzen, so brüllt er: Wir müssen stoßen. WIR, das gibt kein militärisches Kommando. Unter besonderen Umständen sagte auch ein Offizier: Wir. Dann wußten wir, daß er die Hosen voll hatte; dabei war kein Feind in Sicht, nur eine Havarie. Kaum war sie behoben, so hatte er wieder sein gewisses Etwas, das ja auch freundlich sein kann, wenn es nämlich mit der Bestellung klappt.

Der Hauptmann, der im Ernstfall einen besonderen Posten für mich gewußt hätte, war inzwischen Major geworden. Der neue Hauptmann, als er vor seiner Batterie stand und angesichts der Lage (11. 5. 1940) jeden von uns begrüßte, der aus dem Urlaub zurückgekommen war, blickte nicht auf die Hände, sondern in die Augen. Er schien zu wissen, daß ich ein Schreiber war und veröffentlichte. Er schätze Ernst Jünger und hoffe, daß Ernst Jünger mein Vorbild sei als Schriftsteller und Soldat. Unsere Batterie war zu dieser Zeit nicht im Tessin, sondern in der Nordschweiz. Am 14. 5. 1940 gab es Hauptverlesen schon am Nachmittag, ganz und gar ungewöhnlich. Der neue Hauptmann sagte, morgen in der Frühe könnte es losgehen. Ob jemand noch eine

Frage zu stellen habe. Er verlangte, daß jeder Mann sich rasiert und ausruht. Ausgang im kleinen Umkreis, wo es keine Wirtschaften gab. Und da standen wir unter Apfelbäumen im Mai. Ein warmer Nachmittag, ein blauer Abend. Die Nacht ohne Alarm; es ging nicht los, man hörte nur die Hähne in den Gehöften. Holland und Belgien waren an der Reihe. Unser Hauptmann war blond und rauchte Brissago. Frankreich hielt nicht stand, der Maginot-Traum war ausgeträumt. Wir hatten jetzt Zeit, unsere vier frischen Bunker (Deckenstärke 25 cm) mit Gras zu bepflanzen zwecks Tarnung. Unser Hauptmann keineswegs verwirrt durch die Nachricht, daß Hitler grad Paris besichtigte. Unsere Aufgabe war dem Tagesbefehl zu entnehmen, der Tagesbefehl nicht anders als sonst. Ob er uns beim Geschützdienst beobachtete oder im Büro stand, die schwarze Brissago im Mund, oder sonstwo, unser Hauptmann ließ keinen Zweifel, daß wir kämpfen werden, Frankreich hin oder her. Über Ernst Jünger zu sprechen ergab sich dann nicht mehr, obschon ich öfter im Büro beschäftigt war; ich hatte hier nicht Gespräche zu führen, sondern Schilder zu beschriften: BATTERIE BUREAU, MAGAZIN, WACHTLOKAL, SANITÄT usw. Er war zufrieden mit meiner Architekten-Schrift, ich konnte auch einen einfachen Lageplan leserlich zeichnen. Ein Dienst wie jeder andere, nicht als Bevorzugung zu mißverstehen; der tägliche Drill blieb mir deswegen nicht erspart. Ein korrekter Kommandant; jeder Mann war nach seinem Dienstgrad einzusetzen, und vier Akademiker in der Mannschaft machten ihm noch keine Sorge, eher Spaß. Kein Finsterling; er wünschte sich eine Batterie, die singt. Wie Pfadfinder am Lagerfeuer. Dann setzte er sich gerne dazu, um auch zu singen; nicht nur Vaterlandslieder, Gott behüte, die dreisten Reime stimmte er selber an. Danach war es ein Korporal oder Wachtmeister, der den Befehl zu geben hatte: Helm auf! Unser Hauptmann war Volksschullehrer. Kein Anhänger von Hitler, glaube ich, aber der Sieg der deutschen Wehrmacht an allen Fronten stand für ihn als Fachmann außer Frage. Wenn ich mich nach dreißig Jahren nicht irre, hatte er wassergraue helle Augen. Wie Rommel ein ganzes französisches Bataillon in die

Flucht jagte mit Leuchtraketen, ohne einen Schuß abzugeben, erzählte er nicht ohne Bewunderung, zugleich als Warnung, daß wir nie den Kopf verlieren dürften wie die Franzosen.

Alles in allem keine quälenden Erinnerungen. Ich bin nicht zusammengeklappt. Kein Anlaß also zu blinder Achtung vor Leuten, die sagen: Beim Militär, da hätten Sie etwas erlebt. Ich habe es erlebt –

Einmal ein Pater, der unserem Hauptmann eine Szene machte, weil wir uns am Dorfbrunnen wuschen; er duldete keine nackten Oberkörper in seinem Dorf. Unser Hauptmann redete von Hygiene. Vergeblich. Der schwarze Pater, den wir Kohlensack nannten, war außer sich; er fuchtelte. Einer von uns stand sogar in der Badehose. Der Pater: C'est le sport, c'est le Diable, c'est le communisme! Wir durften uns nicht mehr waschen, ohne das verschwitzte Hemd dabei zu tragen.

Nicht auffallen, als Erscheinung immer vertauschbar bleiben, das lernt sich in wenigen Wochen. In einer Pause etwas abseits zu stehen, während die andern zusammenhocken, ist schon nicht empfehlenswert; es kann ja sein, daß jetzt Schaufeln geholt werden müssen, und dafür eignet sich natürlich, wer in diesem Augenblick etwas abseits steht oder liegt (was gestattet ist) oder sonstwie auffällt, zum Beispiel indem er sich besonders lebhaft unterhält oder gerade etwa beobachtet. Das merken auch die Witzbolde; eben noch Mittelpunkt und laut und redelustig, vom Gelächter umgeben, verstummen sie, wenn ein Vorgesetzter in Sicht kommt, und dabei sind es keine Witze über Vorgesetzte gewesen, einfach Witze, eine Zote, die dem Vorgesetzen auch gefallen würde, eine zivile Zote; der Vorgesetzte kommt zu spät; einige lachen zwar gerade noch, aber wo ist der Witzbold geblieben. Man soll sich in den Hirnen, die Befehle erfinden können, nicht einprägen. Das erspart die eine und andere Dreckarbeit. Jedes Buch, zum Beispiel, ist ungünstig. Es ist keine Strafe, die Latrine zu putzen, wenn sie verstopft ist; irgendeiner muß das ja besorgen. Meistens wird man nicht sofort erfaßt; der Feldweibel fragt, was für ein Buch man liest, und zeigt alle Achtung vor der Mathematik. Es braucht keine Rankünе zu sein, was in den nächsten Tagen darauf folgt; er braucht Leute, die nach Feierabend ins Magazin kommen, und dieser hat sich ihm eingeprägt. Ganz einfach. Wer sich beklagt, ob zu Unrecht oder zu Recht, fällt am meisten auf. Das weiß man bald. Wer sich nie beklagt, hat sich am wenigsten zu beklagen. Es gibt ein Beschwerde-Recht, auch das weiß man. Steht Aussage gegen Aussage, so gilt die Aussage des höheren Dienstgrades. Ich habe nie eine Beschwerde eingereicht.

Ich versuche mich zu erinnern, wie über Hitler geredet wurde. Wenig. Die deutsche Art war ohnehin nie beliebt gewesen, die deutsche Schnauze, der Sauschwab. Ich erinnere mich kaum an politische Auseinandersetzungen innerhalb der Mannschaft. Kein Hitler in der Schweiz, hier hatten die Deutschen nichts zu suchen. Ein politisches Feindbild wurde in unsrer Armee, soweit ich es erlebt habe, nicht aufgebaut. Der eine und andere brachte es von zuhause mit, zum Beispiel ein sozialdemokratischer Gemeinderat, der Gefreiter wurde. In dieser Stunde kannte die Armee keine Unterschiede mehr. Dienst war Dienst, der Wehrmann: ein Schweizer, der sein Vaterland verteidigt, unbekümmert um die friedlichen Besitzverhältnisse im Land. Wenn vom Feind die Rede war, so genügte das militärische Feindbild; sozusagen ein neutrales Feindbild. Was wir vom Feind zu wissen hatten: er schießt, wenn er unsere Taschenlampe sieht im nächtlichen Gelände. Er hat es abgesehen auf das Elektrizitätswerk, das wir mit unserem Leben und einem Karabiner verteidigen, und dabei in erster Linie auf Soldaten, die sich nicht an die Anweisungen ihres Offiziers halten. Ferner hat der Feind, wenn ein Leutnant oder Hauptmann von ihm redet, immer die fixe Idee, gerade dort oder ungefähr dort seine Minenwerfer aufzustellen, wo unsere Offiziere es annehmen. Insofern hatte man als Kanonier fast das Gefühl, der Feind verstehe sich mit unseren Offizieren. Er bestätigt ihre Dispositionen, und wenn nicht die Disposition eines Leutnants, so doch die Dispositon eines Majors. Sollte er seine Messerschmitt einsetzen, der namenlose Feind, so wäre eine Flab (Fliegerabwehr-Batterie) in der Nähe; das mußte der Kanonier sich vorstellen, um sich bei seiner Arbeit am Geschütz nicht stören zu lassen. Alles in allem hat der Feind im Gelände immer die Stärke, die uns beim vollen Einsatz jedes Kanoniers durchaus eine Chance läßt; dabei kann er's von allen Seiten versuchen, sogar mit Fallschirmspringern, damit mußten zwei Leute mit leichtem Maschinengewehr rechnen. Übrigens wurde nicht zu oft vom Feind gesprochen; das ließ sich auch anders sagen: Zwei Mann mit leichtem Maschinengewehr schützen die Flanke. Kein Offizier, wenn er uns den Feind ins Bewußtsein bringen mußte, sagte: Nazi, Faschisten. Man kann nicht sagen, daß wir verhetzt wurden. Der Feind im Gelände brauchte gar kein Hitler-Soldat zu sein; wer immer unsere Neutralität verletzt –

Indem ich mich heute erinnere, wie es damals so war, sehe ich es natürlich nach meiner Denkart heute. Ich wundere mich, wieviel man hat erfahren können, ohne es zu sehen.

Einmal auf einem Berg im Tessin, Kommando-Posten unsrer Batterie, wurde ich zu einem Oberstleutnant bestellt. Der Oberstleutnant, weit weg, konnte mich nicht gesehen haben. Eigentlich war ich beschäftigt, nicht abkömmlich, da ich einen Rechenschieber bedienen konnte. Ich ordnete mein Lederzeug, bevor ich lief, dann Achtung-Stellung und Meldung: Kanonier Frisch. Ich erwartete einen Befehl. Was denkt man, wenn man sich nicht rühren darf und zu besichtigen ist wie eine Puppe im Schaufenster, dreißig Sekunden lang, vierzig Sekunden lang. Ein Adjutant, der neben dem Oberstleutnant wartete, schien auch nicht zu wissen, warum ich besichtigt wurde. Ohne hinunter blicken zu können, wußte ich, daß die Stellung meiner Schuhe richtig war, Absatz an Absatz; das spürt man nämlich. Die Meldung, die der Adjutant in der Hand hatte, schien dringlicher zu sein; der Oberstleutnant nahm sie nunmehr entgegen und las sie, bevor er mich anredete: So, sagte er, Sie wären also dieser Brotsack-Frisch? Ich bejahte, die flachen Hände an der Hosennaht rechts und links, etwas gespannt, was nun kommen würde. Er sagte aber etwas zu dem Adjutanten, die Meldung betreffend, während ich immer noch stand, Hände an der Hosennaht, Blick gradaus, im Augenblick unbesichtigt. Ein schöner und blauer Tag, etwas windig in dieser Höhe; es pfiff leise im Helm. Ich konnte jetzt abtreten. Die Achtung-Stellung, die dafür nötig ist, hatte ich schon, ich brauchte nur noch zu sprechen: Herr Oberstleutnant, ich melde mich ab. Aber da schaute er schon nicht mehr –

Was man damals wie heute einen rechten Schweizer nannte: – es gibt einfach Dinge, die ein rechter Schweizer nicht tut, sein Haar kann dabei blond oder schwarz sein, das sind nicht seine Merkmale, Spitzkopf, Rundkopf usw., der rechte Schweizer kann ganz verschieden aussehen. Er muß nicht Turner sein, Schützenkönig, Schwinger usw., doch etwas Gesundes gehört zu ihm, etwas Männerhaftes. Er kann auch ein dicker Wirt sein; das Gesunde in der Denkart. Meistens erscheint er als gesetzter Mann, meistens als Vorgesetzter, der auch von einem Lehrling verlangen kann, ein rechter Schweizer zu sein. Was das ist, braucht man einem rechten Schweizer nicht zu erklären. Er selber erkennt sich als solcher. Auch ein schmächtiger Mensch, hilfsdiensttauglich, kann ein rechter Schweizer sein. Es hat nichts mit dem Dienstgrad zu tun, so ist es nicht. Ein rechter Schweizer ist einer auch in Zivil, zum Beispiel am Stammtisch. Es hat auch nichts mit dem Einkommen zu tun. Der rechte Schweizer kann Bankier sein, das muß er aber nicht sein; auch als Hauswart kann man ein rechter Schweizer sein, als Lehrer. Wer nicht wissen sollte, was ein rechter Schweizer ist, lernt es spätestens beim Militär. Die rechten Schweizer sind die Mehrheit. Nicht zu vergessen die Auslandschweizer; manche jodeln über viele Generationen. Man muß aber kein Jodler sein, das sind wenige, wichtig bei Festen. Maßgeblich ist der Sinn fürs Alltägliche. Der rechte Schweizer läßt sich nicht auf Utopien ein, weswegen er sich für realistisch hält. Die Schweizergeschichte, so wie sie gelehrt wird, hat ihm noch immer recht gegeben. Daher hat er etwas Überzeugtes, ohne fanatisch zu werden. Er gefällt sich als Schweizer, wenn er mit andern rechten Schweizern zusammen ist, und solche gibt es auch in den Städten. Man muß, um sich als rechter Schweizer zu fühlen, nicht Bauer sein oder Sohn eines Bauern, doch ein gewisser bäuerlicher Zug (nicht bäurisch!) gehört zum rechten Schweizer, ob er Rechtsanwalt oder Zahnarzt oder Beamter ist, mindestens in seiner Redeweise von Mann zu Mann. Ungern erscheint er urban, der rechte Schweizer, wenn er mit rechten Schweizern zusammen ist. Das macht nicht unsere Mundart, diese sprechen wir alle, die Mundart kann auch urban sein. Manchmal hat man das Gefühl, der rechte Schweizer verstelle sich, um als solcher erkannt zu werden. Ausländer mögen ihn als grobschlächtig empfinden, das stört einen rechten Schweizer überhaupt nicht, im Gegenteil; er ist kein Höfling, macht keine Verbeugungen usw. Daher mag er's nicht, wenn er schriftdeutsch antworten soll; das macht ihn unterwürfig und grämlich. Dabei hat der rechte Schweizer kein Minderwertigkeitsgefühl, er wüßte nicht wieso. Das Gesunde in der Denkart: eine gewisse Bedächtigkeit, alles schnellere Denken wirkt sofort unglaubwürdig. Er steht auf auf dem Boden der Tatsachen, hemdärmlig und ohne Leichtigkeit. Da der rechte Schweizer eben sagt, was er denkt, schimpft er viel und meistens im Einverständnis mit andern; daher fühlt er sich frei. Er redet, als nähme er kein Blatt vor den Mund. Wie gesagt: kein Höfling. Er weiß, daß man sich auf ihn verlassen kann. Obschon es auch rechte Schweizerinnen gibt, fühlt der rechte Schweizer sich wohler unter Männern. Nicht nur deswegen entspricht ihm die Armee. Man kann nicht sagen, jedem rechten Schweizer stehe die Uniform ; in der Regel steht sie den Offizieren besser. Ein bleicher Fourier, der sich Tag für Tag abhetzte und oft in der Nacht, wirkte immer etwas rührend, vorallem wenn er den Helm trug; trotzdem ein rechter Schweizer, er fühlte sich zuhause in der Armee, man war zufrieden mit ihm. Wie gesagt, es liegt nicht am Aussehen. Auch ein Intellektueller kann ein rechter Schweizer sein. Es gibt einfach Dinge, die ein rechter Schweizer nicht tut, so wie Gedanken, die er nicht denkt, Marxismus zum Beispiel. Auch ein Arbeiter kann ein rechter Schweizer sein.

Granit und Gneis, den ich damals auch für Granit gehalten habe, und viel Farnkraut, im Winter vergilbt; die grünen oder braunen Igel der Kastanien, Laub der Kastanien auf dem Boden, überall die kleinen Mauern am Hang, Granit-Stelen mit Reben, die grauen Dächer aus Granit, viel Fels, der bei Regen schwärzlich und streifenweise violett erscheint, Bäche, die Birken vor einem Mittelmeerhimmel usw. Tage allein mit Scherenfernrohr und Brotsack. Je höher man stieg, umso besser die Aussicht. Es war mühsam, das Scherenfernrohr auf dem Rücken, aber man war allein. Ich setzte mich auf den First einer Kapelle, das Scherenfernrohr vor mir, um die Winkel zu messen, und zeichnete, was ein Batterie-Kommandant von diesem Punkt aus sehen könnte. Stunden ohne Waffenrock, und man sieht mehr von einer Gegend, wenn man sie zeichnet; vor allem sah und hörte ich kein Militär. Wenn der Auftrag wegen langen Marsches nicht in einem Tag zu erledigen war, übernachtete ich in verlassenen Ställen, allein im Heu. Dienst ohne Tilgung der Person. Fünfundzwanzig Jahre später kaufte ich in dieser Gegend ein altes Haus, Dach aus Granit – so sehr muß diese Gegend mir gefallen haben.

Disziplin – man verstand schon, was das Militär darunter versteht; nur hat das mit Disziplin wenig zu tun. Ein Maulesel, der seine Lasten trägt und geht, wohin man ihn führt, tut es aus der Erfahrung, daß er sonst geschlagen wird. Disziplin setzt eine gewisse Einsicht voraus; Latein als Disziplin, Mathematik als Disziplin, Poesie als Disziplin. Der Wille, etwas zu lernen und zu leisten, kann als Disziplin bezeichnet werden. Das setzt eine Person voraus. Disziplin entspringt dem Bewußtsein, daß man über sich selber verfügt, nicht dem Bewußtsein, daß über uns verfügt wird. Das Militär (so wie ich es erfahren habe) verwechselt Disziplin mit Gehorsam. Diese Verwechslung, verlautbart bei jeder Gelegenheit, war das eigentliche Ärgernis. Befehl ist Befehl, die Kader brauchen uns nicht zu überzeugen; wir nehmen die Säcke schon auf, keine Sorge, wir tun es aus der Erfahrung des Maulesels. Nur täuschen sich die Kader, wenn sie, mehr oder minder befriedigt, Disziplin feststellen. Was das Militär erzielt, indem es sich auf Strafen verläßt, ist Gehorsam. Disziplin hat ihren Ansatz in einer Freiwilligkeit. Die Verzichte und Beschwerlichkeiten, die Disziplin uns auferlegt, entsprechen einem größeren Wunsch. Disziplin heißt: man verlangt etwas von sich selber. Das tut der Maulesel nicht. Das tut der Kanonier nicht, der von Tagwache bis Lichterlöschen entmündigt wird. Es geht dabei nicht um den Grad der Beschwerlichkeit. Übrigens wissen wir als Erwachsene, daß Disziplin (was diesen Namen verdient) mehr Kräfte auslöst als Gehorsam, der nicht einem eigenen Interesse entspringt und lediglich ein schlaues Verhalten ist, um sich Strafen zu ersparen. Disziplin hat mit Überzeugung zu tun, mit Gewissen, sie hat mit Mündigkeit zu tun.

Es fällt mir immer wieder dasselbe ein: die entfetteten Teile meines Karabiner-Verschlusses in der umgekehrten Mütze, der braune Handschuh eines Leutnants, der so ein blankes Teilchen herausgriff, die Frage: Und wie heißt das? Und wir wußten es.

Was wir nicht wissen konnten: spätestens seit November 1940 hatte der Chef des deutschen Generalstabs, Halder, einen Plan für die Operation TANNENBAUM, Einmarsch in die Schweiz. Halder besichtigte die schweizerische Jura-Grenze und bezeichnete das Terrain als schwierig, 6. 10. 1940, am selben Tag fand in Zürich ein deutsches Erntedankfest statt mit 2000 Teilnehmern, der deutsche Gesandte begrüßte Herrn v. Bibra öffentlich als Landesgruppenleiter der NSDAP für die Schweiz.

Nachholdienst oder Ausgleichdienst (Ausgleich für einen persönlichen Urlaub vorher) hatte ich drei Mal zu leisten; Dienst in anderen Einheiten. Was war anders? In einer bündnerischen Gebirgs-Infanterie-Kompanie: zum Teil duzten sich Offiziere und Mannschaft, sie kannten sich eben, Leute aus dem gleichen Tal, Uniform so oder so, sie wußten über einander Bescheid, der Briefträger über den Hotelier-Sohn und umgekehrt, und auf die Jagd ging jeder von ihnen. Ihre Mundart war für einen Städter nicht immer leicht zu verstehen. Das Du zwischen einem Füsilier und seinem Oberleutnant hob die Rituale nicht auf, es verschärfte sie eher. Was der Briefträger, der Streckenarbeiter bei der Bahn, der Portier, der Heuer im Sommer und Eisplatzwischer im Winter, der Holzfäller, der Kellner, der Gipser, der Knecht, der Tankwart, der kleine Bürolist, der Gepäckträger, der Lastwagenfahrer, der Dachdecker im bürgerlichen Leben ohne weiteres hinnehmen, die hergebrachten Standesunterschiede: hier reizte sie die militärische Allüre der Besitzer, dieses dörflerische Du als Schwindel. Der militärische Alltag nicht anders als in unsrer Einheit, aber unheimlicher; Gehorsam mit Du-Haß. Man werde einen Offizier über den Haufen schießen, das habe ich in unsrer Einheit nie gehört.

Der Widerspruch, daß die Armee zur Verteidigung der Demokratie in ihrer ganzen Struktur antidemokratisch ist, erscheint nur als Widerspruch, solange man die Beteuerung glaubt, sie verteidige Demokratie, und das glaubte ich allerdings in diesen Jahren.

Einen Major oder Oberstleutnant anzusprechen als Person am Feierabend konnte einem Kanonier nicht einmal einfallen; nur die Kellnerin oder der Kellner kamen überhaupt so nahe heran. Die Offiziere waren eine Kaste. Wie man in dieser Kaste wirklich dachte, konnte die Mannschaft nie erfahren. Im Dienst keinesfalls; Befehlsausgaben sind noch kein Bekenntnis, und am Feierabend waren die hohen Offiziere kaum zu finden, sie standen nicht auf der Dorfstraße herum. Hatten sie überhaupt Feierabend? Ihre Mützen in einem Wirtshaus, das kam vor; es war einem Kanonier nicht verboten, seine Mütze daneben zu hängen. Man tat es lieber nicht, schob die Mütze in den Gürtel. Wenn irgend möglich, so hatten sie eine Stube für sich, und die Mannschaft blieb auch lieber unter sich. Selten kam es vor, daß das Wirtshaus nur eine Stube hatte. Es kam aber vor. Was nun? Die freien Tische waren frei, und trotzdem wurde es nicht selbstverständlich. Man hatte den Eindruck, sie zeigten sich ungern ohne Mütze; dabei waren die Rangabzeichen an ihrem Kragen deutlich genug und ihre Köpfe nicht ungewöhnlich. In solchen Fällen blieben wir nicht lang. Ein Gespräch war nicht denkbar. Auch hätte ja der Kanonier, wenn er die Herren etwas fragen wollte, zuerst die Achtungstellung vorzuführen, und damit war man wieder im Dienst, das heißt: die Frage konnte überhaupt nur den Dienst betreffen. Und welche Frage sollte ein Kanonier schon haben, die nicht der Feldweibel beantworten kann, notfalls der Hauptmann. Ein Gepräch unter Eidgenossen, wenn der eine Kanonier oder Korporal ist und der andere ein Oberstleutnant, zumindest ein politisches Gespräch war ausgeschlossen. Es waren Kasten. Nicht einmal der Fahrer, der einen hohen Offizier dahin und dorthin fuhr, konnte da etwas erfahren. Meistens wurde er nicht unfreundlich behandelt, es konnte sogar vorkommen, daß der hohe Offizier sich nach der kranken Frau seines Fahrers erkundigte; eine persönliche Unterhaltung sozusagen, wenn auch einseitig, da sich der brave Fahrer kaum nach der Frau seines hohen Offiziers erkundigen konnte. Wie er, der hohe Offizier, eigentlich zu Hitler stehe, wäre eine vergebliche Frage gewesen. Es waren Kasten: Der Fahrer auch ein Fahrer in Zivil, der hohe Offizier aber ein Akademiker, und Offiziere haben der Mannschaft nicht Rede und Antwort zu stehen. Das wußte man.

Das bedeutete nicht, daß sie nie mit der Mannschaft redeten. Wenn sie sich davon eine gute Stimmung versprachen, hinderte sie nichts. Nur trafen sie dann nicht den Ton. Ein Gespräch konnte daraus nicht entstehen, es war nur peinlich, ihr Bemühen, volkstümlich zu reden. Man brauchte dann gar keine Fragen zu stellen, es genügte schon, daß einer nicht in der Sprache antwortete, die sie für die Sprache der Mannschaft hielten, und die Unterhaltung war bald zu Ende. Eine gleichwertige Sprache, auch nur eine ungefähr gleichwertige, das mochten sie nicht; das drohte die Kasten aufzuheben. Im Dienst war es nicht zu erfahren, welche unsrer hohen Offiziere damals fanden, daß gegen Adolf Hitler, sofern er unsere Neutralität nicht antastet, nicht viel zu sagen wäre, im Gegenteil: – Schluß mit den roten Gewerkschaften, eine gewisse Eindämmung der Juden, wobei Ungerechtigkeiten bedauerlich sind, anderseits ein gesunder Aufschwung, eine gesunde und tüchtige Jugend...

Der Soldat ist ein Mann, der sein Leben opfert fürs Vaterland – ohne Zögern... Mehr brauchte eigentlich ein Kanonier nicht zu wissen. Das ist auch nicht wenig. Die Armee, die dieses ihr Vaterland vertrat, äußerte sich nicht politisch, nur national; ihre Devise war nicht Kampf gegen Faschismus, sondern Kampf für die Schweiz.

Wer nicht zur Feldpredigt antreten wollte, konnte unterdessen Kartoffeln schälen. Ich wählte meistens die Feldpredigt; man hätte vortreten müssen, wenn man nicht zur Feldpredigt wollte, und Vortreten ist nicht gut. Nicht auffallen, als Erscheinung möglichst vertauschbar bleiben. Meistens fanden sie einen schönen Platz in der Natur, der Anblick war einprägsam: eine hölzerne Kanzel mit einem großen Schweizerkreuz, darüber die Büste des geistlichen Offiziers, dahinter Wald. Es war nie ein Korporal, geschweige denn ein gewöhnlicher Soldat, den Gott sich als Zeugen ausgesucht hätte. Und einprägsam auch die Haltung unsrer Offiziere, ihr Ernst mit Blick nach innen, ihre Andacht vor dem ranggleichen Prediger. Und dann nach dem gemeinsamen Vaterunser ohne Helm die militärische Zeremonie vor dem Prediger: Abteilung Achtung Steht! worauf er seinen militärischen Gruß, Hand zur Mütze, an unsere Offiziere richtete. Das ergab sich aus der Choreographie: sie standen sich eben näher, unsere Offiziere und der andere, der in Gottesnamen gesprochen hatte. Ich hörte nicht polemisch zu. Es hätte ja sein können: ein Mann, der Gott fürchtet, ein Hauptmann mit dem Geist der frommen Streiter; keiner mit Säbel, sondern mit Schwert. Hat er gesagt, was er zu dieser Zeit gewußt hat? Das wußten wir inzwischen: daß wir jetzt Wehrmänner sind, daß wir Familie haben und Vaterland und daß Gott natürlich nur die Kraft gibt, wenn wir an ihn glauben. Ich erinnere mich aber nicht mehr genau an eine solche Predigt; es stellt sich im Gedächtnis davor, was ich kürzlich gelesen habe: die Aussage eines ehemaligen Feldpredigers, er habe über die Berechtigung von Todesurteilen nicht zu urteilen gehabt, sondern lediglich dafür zu sorgen, daß »die beiden anständig aus der Welt gingen«, »es sei eine saubere Exekution gewesen«, und die Aussage einer Feldprediger-Witwe, die Exekution habe ihren Mann furchtbar mitgenommen, aber er mußte es so annehmen, wie es ihm von der Obrigkeit gegeben war, ihr Mann hat nie Ferien genommen, seine Erholung war das Militär, ihr Mann hat zu seinen geistlichen Verrichtungen immer Gedichte gemacht, oft Mundartgedichte, so hat er auch die Hinrichtung im Gedicht aufgehoben, das Gedicht darf nicht verlesen werden, die Witwe ist ans Pfarrgeheimnis gebunden, aber es stehe darin, wie die ersten Vögel pfiffen und wie alles von der barmherzigen Natur verklärt worden sei. (Bericht von Niklaus Meienberg im TAGESANZEIGER MAGAZIN, 11. 8. 1973). Hingegen erinnere ich mich: der Feldprediger gab keine Befehle, obschon er die Uniform eines Hauptmanns trug. Er gab das Amen. Es war unser Feldweibel oder ein Leutnant, der die Mannschaft durch die üblichen Befehle aufgestellt hatte zur Andacht und nachher wieder in Marsch setzte, Rechtsum, Gradaus Marsch. Das ganze Ritual war so einfach wie zweckdienlich; es verhinderte, daß sich vor Gott, und sei's auch nur für diese halbe Stunde, die militärische Rangordnung aufhebt. Der Außenseiter, der unterdessen Kartoffeln geschält hatte und weiter schälte, hatte insofern nichts versäumt.

Unsere gelernten Arbeiter im Militär vor einer Aufgabe, die in ihr Fach fällt, aber im Augenblick ohne ihr Standard-Werkzeug: – das habe ja keinen Zweck, dazu brauche man eine andere Zange, eine richtige, nicht so eine, eine Spezialzange, auch nicht Zinkdraht, sondern Kupferdraht usw. Das war nicht Renitenz, nur Unfähigkeit zur Improvisation. Offenbar hat es mit unsrer Geschichte zu tun: zu lang schon keine Not, die erfinderisch macht, man ist beleidigt, wenn das gewohnte Werkzeug fehlt.

Einmal im Urlaub traf ich Otto Baumgartner, meinen Zeichenlehrer, zufällig bei einer literarischen Veranstaltung in Zürich. Erst nachdem sein zähes Schweigen – vielleicht sagte ich ihm zur Freude, daß ich jetzt beim Militär manchmal freihandzeichne – mißverständlich wurde, sagte er unter vier Augen, was er an diesem Tag erfahren hatte: In Riga würden jetzt die Juden zu Tausenden in die Wälder geführt und erschossen. So etwas sagte man unter vier Augen, nicht zum ganzen Tisch, um nicht unglaubwürdig zu werden. Woher wußte er das? Eine Vertrauenssache.

Quartier in einem Schulhaus, in einem dörflichen Tanzsaal, in einer Scheune, in einer Kegelbahn usw. Ich war lieber im Stroh als in Kasernen. Im Stroh gab es Mäuse, aber selten; sie machten uns nichts, sie weckten einen, wenn sie über den Arm liefen oder übers Gesicht. In den Kasernen war es öde: diese Gestelle mit Pritschen, dieser Hall in den langen Korridoren, diese Treppen, breit genug für Laufschritt in Kolonne, diese Kantinen mit dem Geruch von Milchkaffee und Schmierseife. Im Stroh lag man härter und enger, Tornister an Tornister, links einer, der furzte, rechts einer, der bloß schnarchte; Staub von Stroh, den man am Morgen ausschneuzte; es war mühsamer, die befohlene Ordnung unsrer Siebensachen herzustellen am Morgen und am Abend; ein blöder Durchzug, und schon lagen wieder drei Halme auf der ausgerichteten Wolldecke mit Schweizerkreuz. Ein Schlafsack, privat, war erlaubt, sogar ein Kissen, das man mit Stroh füllen durfte; tagsüber mußte es verschwinden, der Einheitlichkeit zuliebe. Eine Schnur für Waschlappen und Socken; ein Brett für das Mannsputzzeug, für Zahnbürste und Zahnpasta, die Zahnpasta rechts von der Zahnbürste, der Einheitlichkeit zuliebe. Die Offiziere zeigten sich selten in solchen Quartieren, dann war es eher eine Prüfung für den Feldweibel; der war verantwortlich, daß wir genug Luft hatten, keinen Durchzug, genug Stroh, keinerlei Anlaß zur Beschwerde. Der Offizier war froh, wenn wir einen Witz machten, uns also wohlfühlten im Stroh.

Der sogenannte Rütli-Rapport vom 25. 7. 1940: General Guisan versammelt auf dem Rütli die hohen Kommandanten der Armee, um ihnen zu verkünden, daß nach dem Waffenstillstand in Frankreich unser Wille zum Widerstand gegen jeden Angriff weiterbestehe. Davon las man, ich erinnere mich, mit Genugtuung. Was wir hingegen nicht wissen konnten: einen Monat vorher hat der General sich beim Bundesrat erkundigt, ob sein Auftrag mit der Armee noch derselbe sei. Sein Brustbild in Farbe hing damals in jeder Wirtsstube und in Ämtern: ein väterlicher Herr, vertrauenswürdig, Gesicht eines Landedelmanns. Was wir ebenfalls nicht wissen konnten: am 14. 8. 1940, also kaum einen Monat nach dem Rütli-Rapport, ersucht General Guisan den Bundesrat, eine Delegation unter der Führung von Minister C. J. Burckhardt nach Berlin zu entsenden: »pour tenter un apaisement et instituter une collaboration.« Der Bundesrat ging darauf nicht ein.

Dienstauffassung – eine Vokabel, die unsere Offiziere brauchten, wenn sie mehr vermißten als nur einen Knopf an unsrer Hose. Es hieß: Das ist keine Dienstauffassung. Der Mann, den dieser Vorwurf traf, hatte sich zu schämen. Keine Dienstauffassung zu haben war ein Charakterfehler. Was der Vorgesetzte, wenn er von Dienstauffassung redete, offenbar meinte: ein persönlicher Eifer, die Beflissenheit, dem Vorgesetzten zu gefallen und ihm seine Aufgabe zu erleichtern. Mangel an Dienstauffassung zeigte sich an Kleinigkeiten, die eben keine Kleinigkeiten waren, weil sie einen Mangel an Dienstauffassung zeigten. Darüber gab es keine Diskussion. Schon der Versuch, einem Vorgesetzten zu erklären, wie es zu dem Versäumnis gekommen ist, war verfehlt, ein weiteres Zeichen für mangelnde Dienstauffassung. Der Vorwurf von einem Vorgesetzten ist das letzte Wort. Das allerletzte Wort: Verstanden? Wer jederzeit, auch wenn er seine Aufgabe meint erfüllt zu haben, angebrüllt werden kann, muß im Unrecht sein. Ohne diese Einsicht ist die Uniform (ausgenommen die Offiziers-Uniform) nicht zu tragen. Ich erinnere mich nicht, daß ein Offizier sich je bei der Mannschaft entschuldigt hat. Das erwartete die Mannschaft auch nicht; der Dümmste hatte begriffen, was Militär ist.

Wir selber nannten uns nicht Kameraden. Eine Bezeichnung, die unsere Offiziere brauchten: Sie führen jetzt Ihre Kameraden / Sie sind verantwortlich für Ihre Kameraden / dann schauen Sie, daß Ihnen ein Kamerad hilft / das sollte unter Kameraden nicht vorkommen usw. Einige befreundeten sich. Ein Wachtmeister war Assistent für Astronomie an der Universität Bern, ein Kanonier war Chemiker in Emmenbrücke, ein anderer unterrichtete am Gymnasium, Philologe. Möglichkeiten des Gesprächs, während man Schuhe putzte oder Waffen reinigte oder Wolldecken stapelte. Wir waren froh um einander. Wenn man zusammen auf die Wache befohlen wurde, ein Glücksfall. Traf man sich später in Zivil, so war's merkwürdig: beiderseits kein Bedürfnis nach Erinnerungen an den gemeinsamen Dienst, eine gewisse Verlegenheit sogar; jeder hatte den andern gesehen, wie er den Gewehrgriff vorführte, wie er tausendmal die Hand an die Mütze riß, wie er mit übermenschlicher Stimme meldete: Kanonier Studer, abkommandiert zur Küche! und fünfzig Meter später: Kanonier Studer, abkommandiert zur Küche! Alles keine Schande; trotzdem rede ich lieber mit Leuten, die einen nicht dran erinnern.

Die meisten in der Mannschaft waren Arbeiter, aber das militärische Milieu (für die Mannschaft) entspricht dem Milieu des Kleinbürgertums; das Militär braucht den Kleinbürger, seine Verängstigung und seinen Ehrgeiz, bürgerlich zu erscheinen. Wenn ein Offizier, der aus einer Villa kommt, zu einem Arbeiter in Uniform redet: er befördert ihn sofort zum Kleinbürger, um ihn auf ein Milieu zu verpflichten, das dem großbürgerlichen nachstrebt. Somit gehört man zusammen, ob Leutnant oder Kanonier, nur hat es der eine halt weiter gebracht als der andere in seiner bürgerlichen Existenz. Der Leutnant, obschon jünger als der Arbeiter vor ihm, hat etwas Patriarchalisches, was ihn verlegen macht; beide kennen das Milieu des andern nicht, aber der Leutnant sagt: Kanonier Schmid, das machen Sie doch zuhause auch nicht! Der Kanonier muß sich schämen vor dem Landsmann, dem zuhause ein Dienstmädchen behilflich ist, und strengt sich an, wie es sich gehört.

Ich habe mich damals nie gefragt: Wird unsere Armee kämpfen? Kein Zweifel damals. Allenfalls ein Besoffener konnte sagen: Sie sollen kommen, die Sauschwaben, die sollen nur kommen! Sonst keine großen Töne; nur die Selbstverständlichkeit, daß die schweizerische Armee nicht wie die tschechoslowakische Armee, nein, sondern wie die erstaunlichen Finnen gegen die Russen... Die ersten Siegesmeldungen der deutschen Wehrmacht aus unserem Radio, ich war grad bei der Faßmannschaft, die Kessel voll Suppe und Säcke voll Brot holen mußte, und hatte nichts gehört, sie kamen ärgerlich mit ihren Gamellen, maulfaul, nur wenn man fragte, lachten sie ärgerlich, die Deutschen sind von jeher die großen Angeber gewesen. Der rasche Zusammenbruch in Polen war eine Enttäuschung, aber Polen weit weg. Und später der noch raschere Zusammenbruch in Holland und Belgien; Holland und Belgien hatten kein Gebirge wie wir. Das wußte man, daß die deutsche Wehrmacht nicht an unsrer Grenze zu stoppen sein wird, das behauptete niemand, kein Leutnant und kein Hauptmann; insofern kamen wir uns illusionslos vor. Aber es würde gekämpft. Das bedurfte keiner Verlautbarungen; eine Selbstverständlichkeit, die sich aus der Schweizergeschichte ergab; Verlautbarungen solcher Art richteten sich nicht an uns, sondern an Hitler, falls er sich Illusionen machte. Wozu sonst unsere Übungen bei Tag und Nacht. Frankreich besetzt, plötzlich standen die Deutschen bei Genf. Aber es würde gekämpft. Von Rückschlag zu Rückschlag, bis die Berge uns schützen. Die neue Konzeption: das Reduit. Dort wo sie mit Panzertruppen nicht weiterkommen. Ich erinnere mich, wie diese Konzeption mich beruhigte. Ich erinnere mich nicht, daß wir in der Mannschaft darüber redeten. Das eine und andere, was wir übten, kam uns dilettantisch vor. Immerhin übten wir in den Bergen, zeitweise im Engadin, dann wieder im Tessin, ohne Zweifel, daß sie, diese Felsen und diese Wüste aus Geröll und Schluchten und diese gefährlichen Straßen und im Winter die Hänge, die mit Lawinen drohen, unsere Verbündeten wären. Etliches an unsrer technischen Ausrüstung nötigte zum Glauben, daß es im Gefecht letztlich auf den Mann ankommt. Vor allem in den Bergen. Das mußte uns der Hauptmann nicht sagen; das erfuhren wir bei jedem Stellungsbezug selber. Ich erinnere mich nicht, daß ich damals unsere Armee je mit Ironie gesehen habe. Meistens war schon das Gelände zu ernst. Im Tiefland, damals unter den Apfelbäumen, konnte ich mir die deutsche Wehrmacht, soweit von Fotos bekannt, ohne weiteres vorstellen, Schwärme von Panzerwagen usw., hier nicht. Hier vergaß man sie fast. Kein Zweifel, daß unser Generalstab seine eigene Konzeption ernstnahm; man sah Beweise: Bau von Unterständen im Gebirge (wofür ich einmal Pläne zu zeichnen hatte in einem Militär-Büro) und Munition-Magazine im Fels, bombensicher auf den ersten Blick. Wie der Nachschub vor sich gehen würde nach Sprengung der Brükken und überhaupt wie der Generalstab sich unsere Kampfkraft dachte nach dem Verlust unsrer Industrie, unsrer Städte, konnte er uns natürlich nicht erläutern; Feind hört mit. Unsere Familien unter deutscher Besatzung, wir aber im Gebirge – so genau brauchten wir es uns nicht vorzustellen in der Hoffnung, daß es doch nicht dazu kommt.

Im Stroh, wenn man nach dem Lichterlöschen eigentlich nicht mehr reden durfte, in einem Magazin, wo man bei der Arbeit reden durfte, in der Wachtstube tagsüber, im Gelände beim Schaufeln, in der Kantine oder wenn man auf den Kisten hockte, Teile des Geschützes entfettete und wieder einfettete – kaum einer redete einmal von seiner Zivil-Arbeit. Inbegriff des Zivilen: der Schwanz. Nicht alle waren für Zoten begabt, fast alle aber dankbare Zuhörer. Traf man dann den einen oder anderen im Urlaub mit seiner Frau oder Braut: bieder Arm in Arm. Die Revolte, die in jeder Zote steckt, bezog sich nicht auf die Ehefrauen. Wo man keine Zoten hörte: im Duschraum, alle splitternackt im Dampf.

Ein Wachtmeister, den wir gern hatten: ein Berner aus der Landwirtschaft und besonnen, Turner, also kräftig, ein guter männlicher Kopf, und wenn man in seine Gruppe kam, so war man froh, er brauchte uns nicht herumzujagen, er hatte das Vertrauen der Offiziere. Beim Drill führte er seine Gruppe gerne außer Sicht: Wenn Ihr meint, daß es vor dem Hauptmann klappt, dann lassen wir's jetzt. Kräftiger als die meisten griff er bei der Arbeit zu, damit sie getan war; nicht aus Angst vor der Rüge eines Offiziers, sondern weil er es gewohnt war, Hand anzulegen; Befehlen und dann Zuschauen kam ihm unnatürlich vor. Ein Arbeitsgenosse. Ein nüchternes Gemüt... Mein Gedächtnis verwechselt diesen Wachtmeister mit keinem andern; an dem Abend im Mai, nachdem man uns den Ernst der Lage mitgeteilt hat, sehe ich ihn abseits stehen und frage: Und jetzt? um mich an einen starken und besonnenen Mann zu halten. Er gab nur eine einzige Antwort: Wenn sie kommen, erschieße ich mich halt!

Vor Ausbruch des Zweiten Weltkrieges: in Zürich am See die schweizerische Landesausstellung. Viel Fahnen und Trachten. Viel Hübsches, viel Behagliches (Heimat-Stil) in Attrappen trauter Dörflichkeit. Was dem Nationalsozialismus entgegen zu halten war: unser Brauchtum, die schönen alten Masken aus dem Wallis, die alten Schlitten aus Graubünden, die schönen Riegelbauten, die ehrwürdige Landsgemeinde in Trogen oder Glarus, die frohen Fahnenschwinger, die frohen Jodler, die kräftigen Hornusser im Emmental. Es gab Skulpturen und Malerei von Schweizern; keine Entartete Kunst. Die Architektur niedlich; das war unser Trotz gegen den barbarischen Monumentalismus des Dritten Reichs. Niedlich; keine Fortsetzung von Bauhaus, keine Spur von Corbusier. Eine unberührte Schweiz, daher gesund wie ihre Kühe. Es ging darum, das nationale Selbstvertrauen zu festigen. Was den schweizerischen Besucher mit Stolz erfüllen konnte: Die Großen Schweizer, ein Höhenweg (die offizielle Bezeichnung) mit Bildnissen von Pestalozzi, General Wille, Albrecht von Haller, Henri Dunant, Gotthelf, Favre (Unternehmer und Erbauer des Gotthard-Tunnels), Lavater, Böcklin, Niklaus von der Flüh, Jakob Burckhardt, Zwingli, Hodler, Calvin, Carl Spitteler (Nobelpreis), Paracelsus, Gottfried Keller, Winkelried usw. usw., Besucher von Stadt und Land in Andacht und Schulklassen von Stadt und Land in Andacht. Die Größe unsres Landes: die Größe seines Geistes. Gondelbahn über den sommerlichen See. Pavillon der Uhren-Industrie; weltberühmt. Pavillon der Schweizer Weine; Kostproben. Eine große Turbine; Präzision und Qualität. Dazwischen viel zierlicher Gartenbau und der Schiffli-Bach; da konnte man in kleinen Schiffchen durch die Gärten fahren und sogar durch Pavillons. Ein Fest. Es gefiel uns. Ein Pavillon der Armee: eine moderne Kanone, die man berühren durfte, ein Flugzeug schweizerischer Konstruktion (Doppeldecker C-35) und unser Wehrwille in Gestalt eines Wehrmanns aus Stein, der grad den Waffenrock anzieht mit Ernst und mit gesunder Kraft und mit besonnenem Blick auf den Feind. Ein einig Volk von Brüdern, das in Frieden lebt und in einem schönen Land und tüchtig und in Demokratie wie nirgends auf der Welt, viersprachig und schlicht zwischen Alphorn und Maschinen-Industrie. Ohne Utopie, immun gegen alles Unschweizerische. Selbstvertrauen aus Folklore. Was mir damals nicht auffiel: der dezente Geruch von Blut-und-Boden – helvetisch.

Ich versuche mich zu erinnern – 650 Tage sind viele Tage, 1939 bis 1945 eine lange Zeit... Sie mußten uns beschäftigen. Eine Armee auf Pikett. Männer zwischen zwanzig und zweiunddreißig. Die Armee als Schule der Nation. Ich versuche mich zu erinnern, worin wir unterrichtet wurden in dieser langen Zeit, abgesehen vom Gehorsam als Gehorsam –

Oberleutnant Blumer; erst in der Erinnerung beginnt er aufzufallen. Was ein Oberleutnant zu befehlen hat, befahl er. Sein Zug wurde nicht verwöhnt. In der Pause, etwas abseits von der Mannschaft, nicht so weit, daß man ihn nicht hätte anreden können, gerade weit genug, daß sich die Mannschaft unter sich fühlte und nicht dem Offizier zuliebe schwatzte, las er seine Basler Zeitung, interessiert wie eben ein Zeitgenosse; was es da zu lesen gab, schien ihm wichtiger zu sein als der Tagesbefehl in unsrer Batterie, dessen Durchführung er als Oberleutnant zu verlangen hatte. Eine Mannschaft hat ihre Lieblinge unter den Vorgesetzten; dazu gehörte dieser Oberleutnant eigentlich nicht. Er war allergisch gegen Speichellecker; sie machten ihn verlegen. Er war ansprechbar, dann redete er aber mit einem oder zwei Kanonieren; er redete nicht zur Mannschaft als Publikum. Er sah Leute, umständehalber in Kolonne oder in der vorschriftsgemäßen

Hocke ums Geschütz, Leute im Stroh, Leute mit Sturmpackung auf dem Marsch usw., immer aber Leute. Er verfiel nie in Anbiederung; er hatte diese Kompensation nicht nötig.

Wir wußten in diesen Jahren wenig. Die Presse unsres Landes hatte vorsichtig zu sein, um Hitler keinen Vorwand zu geben. Was wußten wir? Professor J. R. von Salis gab Auskunft im Radio, Auskunft über die Kriegslage, so offen wie damals möglich. Im Quartier gab es keinen Radio, geschweige denn im Wachtlokal. Unsere Aufgabe war es, wachsam zu sein: Halt! mit geladenem Karabiner in einem Wald bei Arth-Goldau. Ferner bauten wir Bunker nach den Plänen eines Büros der Genie-Truppen, und obschon tausende solcher Bunker bereits von Stukas zerschmettert oder von Fallschirmspringern ausgeräuchert worden waren, sie gaben uns Vertrauen. Ich durfte die Tarnung malen. Ablenkung durch Tätigkeit. Einmal verlautbarte der Bundesrat: »Wenn durch Radio, Flugblätter und andere Mittel Nachrichten verbreitet werden sollten, die den Widerstandswillen von Bundesrat und Armeeleitung anzweifeln, so sind solche Nachrichten als Erfindung der feindlichen Propaganda zu betrachten. Unser Land wird sich gegen jeden Angreifer mit allen Mitteln und bis aufs äußerste verteidigen.« Kein Zweifel, daß die Engländer und Amerikaner (die Russen kamen weniger in Frage) uns sofort beistehen würden gegen jeden Feind, der unsere Neutralität verletzt. Wir wußten, daß die Schweiz im Recht ist. Schweiz gleich Demokratie. Unser militärischer Trumpf: die Gotthard-Linie, nicht die einzige Verbindung zwischen den Achsenmächten, aber eine Verbindung, die wir in wenigen Stunden zerstören könnten, und das konnte sich Hitler, wenn er nicht wahnsinnig ist, gar nicht leisten. Was wußten wir noch? Seit dem 8. 9. 1939 gab es die Presse-Zensur, seit dem 20. 9. 1939 die Film-Zensur. Wußten wir von den Konzentrationslagern, die unser Minister Carl J. Burckhardt besucht hatte? Das eine und andere wußte ich und konnte es nicht beweisen, ich hatte es von Juden gehört; fast alle in der Mannschaft hielten es für Greuelmärchen, solange es nicht in unsren Zeitungen stand und mit Bildern bewiesen wurde. Was die Flüchtlinge betraf, die Richtlinien dafür, wer Asyl bekam und wer über die Grenze zurückgewiesen wurde, so wurden wir nicht unterrichtet. Unsere Aufgabe war es, marschtüchtig zu sein und zu wissen, wie die Marschschuhe zu pflegen sind auch im Urlaub.

Fragen zu stellen war erlaubt, wenn nicht gerade etwas anderes befohlen war; Fragen betreffend unsere Aufgabe. Ein Korporal wußte aber auch nicht mehr, und je höher der Vorgesetzte, umso peinlicher war es, wenn er dann sagte: Setzen Sie zuerst die Mütze richtig auf! und wenn es nicht an der Mütze liegen konnte, da man grad die Mütze in der Hand zu halten hatte und in der Mütze die entfetteten Teile des Karabiners, so war vielleicht der Gürtel nicht straff genug. Fragen zu stellen gewöhnte man sich ab.

Das war später, 1953, Umschulungskurs für Zerstörungstruppen. Altershalber. Wir waren inzwischen: Baumeister, Bauführer, Architekt, Schreinermeister, Inhaber einer kleinen Elektro-Firma, Vorarbeiter, Tiefbau-Beamter, Fachleute und Familienväter, und wenn es sein mußte, willig in dreizehn Tagen zu lernen, wie man Brücken sprengbereit macht, und verständnislos: warum mußte der Unterricht in der glühenden Sonne auf dem Kasernenplatz von Andermatt stattfinden, warum nicht im Schatten, warum im Stehen? Weil der Soldat jedem Wetter trotzt. Nur lernt man vielleicht schlechter unter schlechten Bedingungen. Also waren wir wieder einmal Soldaten. Sprengstoff ist ungefährlich, man könnte mit einer Axt drauf schlagen, er ginge nicht los; gefährlich erst mit Zündkapsel. Verstanden. Daher sind Sprengstoff und Zündkapseln immer in getrennten Kammern gelagert. Ebenfalls verstanden. Kurz darauf saßen wir auf einem Camion, beladen mit Sprengstoff und Kisten voller Zündkapseln zugleich; ein Zusammenstoß im Dorf, und schätzungsweise die Hälfte des Dorfes wäre in Trümmer gelegt. Aber Befehl ist Befehl, da gab es keinen Einwand. Und die Zündkapsel ist kein Spielzeug, ein falscher Druck mit der Zange, wenn man die Zündkapsel anklemmt, und der Arm ist weg. Verstanden. Wir begriffen auch, daß dieser Griff trotzdem gelernt werden muß, Knallzündschnur in die linke Hand, Zündkapsel aufgesetzt, Zange in die rechte Hand: so. Wenn richtig gemacht, so geht das in Ordnung. Zur Vorsicht hält man das Zeug nicht grad vor sein Gesicht. Verstanden. Also machen wir's jetzt, jeder zum ersten Mal, Abstand von Mann zu Mann, falls einer einen Fehler macht mit seiner Zange, aber alle dreiundzwanzig Mann an einer durchgehenden Zündschnur, die, wie wir eben unterrichtet waren, im Bruchteil einer Sekunde durchbrennt. Ob das nun vernünftig sei, daß wir's an der durchgehenden Zündschnur übten? Der Instruktor, ein Leutnant, hatte zur Antwort: Haben Sie Schiß? Das hat ein Wehrmann nicht. Also drückten wir mit der Zange, Befehl ist Befehl, und der Leutnant behielt recht: keiner verlor seine Hand, sonst hätten alle sie verloren.

Ein einziges Mal nur, 1943, nach einem Ski-Marsch (Vollpakkung mit zusätzlicher Wolldecke) von Schuls nach Samnaun (Glatteis auf der Straße, sodaß man gelegentlich rutschte und mit Vollpackung und Karabiner stürzte und nachher sich besonders anstrengen mußte, um wieder den Anschluß zu finden), mußte ich nach dem Befehl: ABTRETEN! mich einfach hinlegen und kotzen, ohne das Gesicht aus der eigenen Kotze weglegen zu können. Hand aufs Herz: Hätte ich als Zivilist das durchgehalten? Es bleibt schon ein gewisser Stolz. Muskelkater am andern Tag, nichts weiter, und Ski-Turnen mit Muskelkater, wobei Ski-Turnen in diesem Fall tatsächlich das allerbeste ist... Was ich sagen würde, wenn ein junger Landsmann, sein Aufgebot betrachtend mit Zimperlichkeit, die er vielleicht für progressives Bewußtsein hält, danach fragen sollte: Ich habe als Wehrmann keinerlei körperlichen Schaden genommen, Ehrenwort.

Ich beklage mich nicht. Ich beklage nicht mich.

Entweder trugen alle die Mütze oder keiner, ein militärischer Grundsatz. Wer schwitzte oder wer fror, das war hier nicht die Frage; wir hatten als Mannschaft zu erscheinen. Das war ja der Zweck unseres Marsches. Wenn nämlich einige die Mütze tragen und andere tragen sie nicht, das behindert den Befehlshaber; er sieht sich plötzlich einer Anzahl von Leuten gegenüber, denen er, Korporal oder Leutnant, zu befehlen hat, und Leuten gegenüber hat er möglicherweise keine Autorität: ein Bürolist, der einem Mechaniker befiehlt, was mit dem Motor zu machen ist. Was er braucht, um sich den Befehlshaber glauben zu können, ist Mannschaft. Immer wieder Mannschaft. Duschen für Mannschaft, Lichterlöschen für Mannschaft. Auch wenn's nur ihrer drei sind: Küchenmannschaft. Die ganze Mannschaft. Arrest-Strafen für Einzelne machen noch keine Mannschaft. Waschlappen links oder rechts im Tornister, das war wichtig; Einheitlichkeit. Dafür war der Feldweibel da. Anfrage beim Marsch, ob Öffnen des Kragens gestattet: der Leutnant war nicht unvernünftig, aber Einheitlichkeit muß sein: entweder öffnen alle den Kragen oder keiner. Nur so entsteht Mannschaft. Die Unteroffiziere, die in Zimmern übernachten durften, gehörten übrigens nicht zur Mannschaft, von uns aus gesehen; zur Mannschaft gehört, wer nicht und auch in der Nacht nicht entrinnen kann und oft nicht einmal auf der Latrine. Man tut, was alle tun: als Mannschaft. Ich erinnere mich: vormittags eine Tetanus-Impfung, nachher Ruhe im Stroh vermutlich nach Anweisung des Arztes, später am Tag gab es einen vorher schon geplanten Wettlauf über sechs Kilometer – der eine oder andere kotzte, Schwindelanfälle wegen der Impfung, natürlich durfte so einer austreten, und unser Sanitäter, der Schnittwunden joden konnte, hockte sich zu ihm, bis er einigermaßen wieder stehen konnte; die Mannschaft als Mannschaft kotzte aber nicht, und so liefen wir denn aus Leibeskräften mit Tetanus-Impfung: als Mannschaft.

Ein merkwürdiges Gefühl als Urlauber in der Straßenbahn – wann war das? – das Gefühl: sie glauben nicht mehr, was sie einem Wehrmann gegenüber zu glauben vorgeben. Frage nach dem Wetter im Tessin; keine Frage, was wir denn machen...

Unser historisches Glück, daß die deutsche Wehrmacht planmäßig durch Holland und Belgien vorangekommen war und die andere Flanke, die Schweiz, nicht gebraucht hatte, um nach Paris zu gelangen – und dann war ja das Kriegsgeschehen wieder weit weg: Narvik, Tobruk, Smolensk... Ich erinnere mich nicht, daß die Mannschaft verzweifelt war über den Lauf der Geschichte; daß eine Gruppe zusammenstand, länger als die Nachrichten aus dem Radio ertönten; daß in einer Marschpause davon gesprochen wurde, was Deportation bedeutet oder Stalingrad oder die Invasion in Sizilien. Die Uniform, die schweizerische, schien uns zu dispensieren; der Tagesbefehl in Malvaglia oder in Zizers umschrieb unsern Horizont, wenigstens solange man im Dienst stand.

Alle Wegweiser im Land waren abgenommen, damit der Feind sich verirrt, nicht einfach lesen kann, wo es hier nach Erlenbach oder nach Küsnacht geht. Auch hätte er mit seinen Panzerwagen nicht einfach zu einem Kiosk fahren können, um sich eine Landkarte zu beschaffen; Landkarten waren aus dem Verkauf zurückgezogen, die Bevölkerung entschlossen, keinerlei Auskunft zu geben, wenn einer nicht in unsrer Mundart fragt. Einmal, als Diplomand, mußte ich in Meilen, dessen Dorfkern-Gestaltung wir zur Aufgabe hatten, das eine und andere zeichnen; sofort kam ein Metzger aus seinem Laden: was ich da mache. Ich konnte ihn durch Ausweis beruhigen, daß ich nicht für den Feind arbeitete. So war jedermann auf der Hut.

Einmal im Urlaub gelangte ich am späteren Abend (nicht zum Abendessen, sondern danach) in eine Villa in Zürich-Riesbach; ein Professor für deutsche Literatur hatte mich freundlich mitgenommen: nicht als Kanonier, sondern als jungen Schriftsteller, Schweizerdichter, wie es damals hieß, und so stand ich denn, ohne die Herren zu kennen, in einer Gesellschaft von Industriellen und Kunstkennern, lauter Schweizer, darunter auch Offiziere in Zivil. Einer der Architekten, die jene Landesausstellung gestaltet und dafür eben den Ehrendoktor der Universität Zürich erhalten hatten, war auch zugegen; auch er, so schätze ich, durchaus ahnungslos. Was wurde da geredet? Nicht über Hitler, das weiß ich. Außer viel Kunst an den Wänden, darunter auch Kunst, die Hermann Göring als Entartete Kunst wertete und verkaufte, fiel mir nichts auf. Eine sehr große Villa in einem großen Park, den ich übrigens kannte von außen; auf dem Velo zur Arbeit fuhr ich täglich an diesem Park vorbei. Herr des Hauses: Dr. Franz Meyer, bekannt als Kunstkenner und maßgeblich im Kunstleben unsrer Stadt. Wie wurde da geredet? Ich erinnere mich an Zigarren, nicht an ein bestimmtes Gespräch... Hier (das habe ich damals nicht wissen können) fand am 29. 8. 1940 eine Besprechung mit Bundesrat Wetter statt, Oberstkorpskommandant Ulrich Wille war auch zugegen, offensichtlich ging es darum, daß die schweizerische Presse endlich ihre ablehnende Haltung gegenüber dem Nationalsozialismus aufgebe. Ein genaues Protokoll hat der Historiker (Professor Edgar Bonjour) nicht vorzulegen. Oberstkorpskommandant Ulrich Wille als Vertreter der Armee, dank verwandtschaftlicher Verbindungen mit der deutschen Wehrmacht bestens informiert, dürfte zugestimmt haben (wie der Historiker annimmt) aus patriotischen Erwägungen; der Hausherr seinerseits gehörte zu den Unterzeichnern der EINGABE DER 200, die damals, 1940, mit dem Gewicht ihrer Namen und Firmen zur Gleichschaltung der schweizerischen Presse und damit zur politischen Anpassung an das Dritte Reich drängten; der Wortlaut dieser Eingabe, faschistisch-patriotisch, gestattet die Vermutung, daß diese Kreise sich unter einer Nazi-Herrschaft nicht allzu unwohl gefühlt hätten...

Ich erinnere mich aber, wie gesagt, nicht an ein bestimmtes Gespräch in dieser Villa, nur an einen Abend, der ungezwungen war, Einvernehmen durch höhere Bildung und also gediegen, unpolitisch, korrekt-jovial in der Verbindung von guter Kinderstube und Mundart, alles in allem nicht anders als heute, wenn ich in eine Gesellschaft von Finanziers oder Industriellen mit Kunstsammlung gerate.

Unsere Tage begannen soldatisch: Laufschritt zum Zähneputzen an einem Trog im Freien, dann Frühturnen vor Sonnenaufgang, dann Frühstück, dann Fachdienst am Geschütz, Repetition, oder wir fuhren zum Bunker-Bau –

Natürlich gab es auch Fröhlichkeit in Uniform. Zu zweit oder zu dritt in der Freizeit, zum Beispiel bei einem Boccia; sowie Fröhlichkeit im größeren Verband, hervorgebracht durch einen richtigen Witz, der nicht von einem Witzbold kam. Witze von Leuten, die als Witzbolde bekannt waren, erzielten Gelächter, keine Fröhlichkeit, oft nach dem kurzen Gelächter sogar Mißmut. Meistens entstand Fröhlichkeit durch besondere Umstände, beispielsweise durch Nebel, der die Schießübung unterbrach; die Mannschaft mußte bei den Geschützen bleiben, sonst keine Befehle, man fror und schlug sich die Arme um den Brustkasten oder hüpfte. Es brauchte wenig; ein Ausfall von Befehlen. Es wurde nicht gesungen. Wenn gesungen wurde, so war es meistens eine falsche Fröhlichkeit; Wille zur Fröhlichkeit ohne Anlaß dafür. Fröhlichkeit durch Alkohol. Auch längere Fahrten erzeugten eine gewisse Fröhlichkeit; wir hockten auf dem Camion mit Geschütz, gerüttelt, aber sicher, daß wir stundenlang zu nichts befohlen würden. Fröhlichkeit im Krankenzimmer bei mäßigen Schmerzen; Diensttage ohne die militärischen Rituale. Auch in dem Duschraum, sobald wir alle Uniform los waren, entstand eine gewisse Gruppen-Fröhlichkeit. Ein Rudel von Ziegen, eine Schafherde, die den Weg sperrte und nicht auf Befehle hörte, machte uns eine Weile lang fröhlich.

Lohnausfallentschädigung: von jeder Lohnzahlung leisten Arbeitgeber und Arbeitnehmer je 2%, die öffentliche Hand zusätzlich 4%. So konnte der Arbeitnehmer in Uniform doch seine Miete bezahlen, seine Frau einigermaßen ernähren, sogar seine Kinder. Dies trat in Kraft am 21. 12. 1939; wie ein Geschichtsschreiber von heute sagt: »gleichsam als Weihnachtsgeschenk für die Soldaten. Es verhinderte schwerste Not und vermittelte vor allem das Gefühl der Verbundenheit der Daheimgebliebenen mit den Wehrmännern.«

Winkelried in der Schlacht bei Sempach 1386 (»Sorgt für mein Weib und meine Kinder«) sowie andere Eidgenossen, die den Opfertod nicht gescheut haben, gehören zum schweizerischen Selbstverständnis im Frieden. Wieviel Beschuß dieses Selbstverständnis ertragen hätte, weiß niemand. Was in der Erinnerung an diese Jahre unheimlich erscheint: der allgemeine Mangel an Angst. Unser Wehrwille gründete sich auf der Hoffnung, daß schon die Demonstration unseres Wehrwillens den Feind abschrecke. Die Nachricht, daß der Feind es trotzdem wagt, wäre ein schauerlicher Schock gewesen, so vermute ich, ein Erwachen noch vor den ersten schweren Verlusten. Wir waren beim Militär, aber nicht gefaßt auf Krieg.

Inzwischen hatte ich ein eigenes Architektur-Büro; keine Baustellen, aber Arbeit am Reißbrett, während Leningrad belagert war, Alltag bei uns. Einmal ein hartes Knallen in der Luft, und als ich ans Fenster trat: ein Flugzeug mit Rauchschweif, es trudelte kurz, dann stürzte es ziemlich senkrecht. Eine Messerschmitt der schweizerischen Luftwaffe, wie das nächste Morgenblatt meldete; Verletzung unsres Luftraums. Die Messerschmitt der deutschen Luftwaffe hatte ich schon nicht mehr gesehen, als ich ans Fenster getreten war. Was redeten wir? Alltag mit Ausflügen auf dem Fahrrad, Schwimmen im Greifensee.

Weihnachten beim Militär erlebte ich ein Mal. Sonderdienst als Zeichner in einer Festung. In der niedrigen Kantine gab es einen Christbaum, Essen aus Tellern, am Tisch zwei oder drei Frauen von Offizieren und Lieder und zum Schluß einen Kuchen, den die Frauen von Offizieren gestiftet hatten, und draußen schneite es, und die einfachen Soldaten waren dankbar. So familiär war die Armee. Ich glaube, es gab nicht bloß Tee. Und wir bekamen sogar ein Geschenk in weihnächtlichem Papier: ein Paar gute Socken, ein Taschentuch. Es war Stimmung; sie erinnerte an Weihnachten auf einem Gutshof, wenn das Gesinde beschenkt wird, und wir trugen den Waffenrock, alle manierlich. Ein Kommandant, ohne Mütze auch er, redete kurz, Dank im Namen der Armee, auch er konnte Weihnachten nicht im Kreis seiner Familie verbringen und erinnerte an die vielen vielen Soldaten auf den Schlachtfeldern an diesem heiligen Abend.

Reisen war in diesen Jahren nicht möglich. Istanbul und Griechenland als Jugenderinnerung. Wieder ein Winter mit wenig Kohle, ein Sommer mit Anbauschlacht in öffentlichen Anlagen und auf privatem Grund: Kartoffeln, Hafer, Mais. Der Krieg schien nach Osten abzuziehen. Wenig Butter, wenig Zucker, ein Ei pro Woche. Wehrmachtsberichte mit Angabe der versenkten Tonnage pro Woche. Unsere Städte verdunkelt, obschon die britischen und amerikanischen Geschwader sie nicht suchten; im Zimmer die schwarzen Vorhänge aus Rücksicht auf Deutschland im Krieg. Mangel an Benzin, mein Architektur-Professor kam mit dem Fahrrad; einmal ertappte ich ihn: er saß und aß Schokolade, die Ration für einen Monat, und hatte mein Klopfen nicht gehört. Mangel an Zement und Eisen, es wurde kaum gebaut, aber gezeichnet und gerechnet für den Frieden. Welchen Frieden? Brot mit Zusatz von Kartoffeln; wenn es nicht richtig gebacken war, so blieb das Loch, das ein Kinderfinger hineingedrückt hatte. Kein Hunger, aber wir waren schlank. Gelegentlich hörte man seine Stimme aus den Fenstern der Nachbarn, die Stimme von Hitler; man kannte sie, ohne die Wörter zu hören. Arbeit als Angestellter in Baden, Renovation eines Gasthauses in Heimat-Stil; Baracken an der Limmat: die polnischen Internierten, die in Frankreich hatten kämpfen wollen, Männer in Kaki-Uniform und mit Spaten in einem Rübenfeld, während in Toulon die französische Flotte versenkt wurde. Eine Dame vom Zürichberg, die sich bei Ausbruch des Krieges offenbar mit Vorräten hatte eindecken können, schenkte mir, als Glückwunsch zu einem beruflichen Erfolg, eine kleine Dose Nescafé (oder zwei?): diese Freude, diese Dankbarkeit. Und dann lag im Briefkasten wieder so ein Marschbefehl. Kein Schrecken; man hatte damit gerechnet. Nur eine wachsame Armee usw. Also Marschbefehl mit Datum, Ort, Tageszeit; der Zettel berechtigte zum Bezug einer Bahnkarte. Man wußte nun schon, was einen erwartete. Dauer des Dienstes unbestimmt. Ehefrau oder Nachbar halfen beim Rollen des Kaputs. Im Urlaub durfte der Kaput nicht gerollt bleiben. Wegen Motten. Damit diese Rolle, die auf dem Tornister zu befestigen war, nicht zu kurz und nicht zu lang geriet und damit sie hart genug wurde, diese Rolle, die den Vorgesetzten auf den ersten Blick verriet, was sie die Dienstauffassung nannten, brauchte es vier kräftige Hände und Geduld. Es empfahl sich, diesen Kaput schon am Vorabend zu rollen, nicht erst in letzter Stunde; unter Nervosität gelang dieser erste Akt unsrer Wehrbereitschaft schon gar nicht.

Eindruck nach dreißig Jahren: Wir übten uns in einer Legende. Zeitweise hatte man diesen Verdacht schon damals. Geblieben ist die Legende.

Keine Leuteschinderei oder kaum, allenfalls aus Versehen, nicht aus Bösartigkeit. Unser Leben war der Armee kostbar. Unvorsichtigkeit eines Kanoniers wurde bestraft, es hatte geheißen: Hier wird nicht gebadet. Vor kurzem waren in diesem Fluß zwei Soldaten ertrunken: sie hatten Befehl: Hier wird gebadet.

Ein Leutnant (später Oberleutnant) war Bankangestellter; der andere war Elektro-Ingenieur, Offizier aus besseren Kreisen, wo man auch gesellschaftlich eher mit Offizieren zusammenkommt; der dritte, ein Tessiner, war lustig, Sohn einer Groß-Garage und Burlador. Keiner ein Militarist von Geblüt. Man täte ihnen Unrecht; sie haben die militärischen Rituale, die Tag für Tag unsern Umgang bestimmten, nicht ersonnen. In der Gala-Uniform, die der Mannschaft übrigens nur selten und ungern gezeigt wurde, womöglich nur kurz vor Abtreten, wirkten sie ziemlich verkleidet; der Bankangestellte mit Säbel, dazu Handschuhe straff in der Hand. Schon besser stand es dem Burlador von der Groß-Garage; er trug's ganz als Kostüm für die Mädchen von Lugano, nicht für seine Mechaniker vom Dienst. Wieder anders beim Turnen: Kanonier und Leutnant plötzlich im gleichen Tenü, Oberkörper frei, Turnhose, Turnschuhe und keine Mütze, nirgends das Rangabzeichen. Eins zwei hoch, drei vier tief, eins zwei hoch und halt. Was irritiert sie? Die Anrede blieb: Kanonier einerseits und anderseits: Herr Leutnant, Herr Oberleutnant. Trotz des gleichen Tenüs kam es nicht zu Verwechslungen; ihr Gesicht war uns ja bekannt, ihre Stimme, weniger bekannt schon ihr Hinterkopf ohne Mütze und ohne Kragen, unbekannt ihr Körper ohne Offiziers-Waffenrock auf Taille, Beine ohne Reithosenschnitt und ohne die hohen Stiefel. Warum sollten sie, Bankangestellter und Elektro-Ingenieur, besser turnen können als ein Gärtner, der im Turnverein war? Ich erinnere mich nicht mehr, ob es im Turn-Tenü auch zu Achtungstellungen kam. Wahrscheinlich. Wie sollte man anders miteinander umgehen? Aber sparsam; es fehlten die Absätze, die Hosennaht, die Mütze. Und wenn andere im Waffenrock vorübergehen, Kanoniere, die plötzlich ihren Kopf nach der Seite reißen, ihre Hand an die

Mütze reißen, um den Offizier ohne Kragen zu grüßen: was macht er da? Er nickte, wie man denn nickt, wenn man, gerade im Negligé, keine Zeit hat. Komisch wirkten dann die Kanoniere, fast parodistisch mit ihren Faxen, die für den Rest des Tages (es war sechs Uhr morgens) unsere eigenen sein würden. Was dieses Ritual der permanenten Devotion bezweckt, merkten wir nicht mehr. Wir grüßten – wen? – nicht das schweizerische Großbürgertum; wir grüßten militärisch (ob in Kolonne oder stramm als Einzel-Kanonier) nur seine unteren Diener, nicht einmal Statthalter; es war enttäuscht, wer im Urlaub unseren Oberleutnant B. in der Schweizerischen Kreditanstalt sah, unseren Oberleutnant E. in einem Büro von Brown Boveri: Angestellte halt, dort wie hier im Dienst für den gleichen Dienstherrn, hier mit Säbel, dort ohne.

Einmal bekam ich die Erlaubnis, eine Woche lang ein Zimmer zu mieten, um Korrekturen für einen Roman zu lesen. Kein Lichterlöschen um 22.00 Uhr. Wieviel leichter der gleiche Dienst wird, wenn man wenigstens in der Nacht einmal allein ist –

Haß auf die Offiziere? Dazu müßte sich ein Offizier schon blödsinnig benehmen, und das taten die Offiziere unsrer Batterie nicht. Es hätte ihnen selber den Dienst erschwert. Haß auf die Offiziere lohnte sich auch für uns nicht; das erschwerte uns nur die Ausführung ihrer Befehle. Es kam meines Erinnerns nicht vor, daß ein Offizier bei der ganzen Mannschaft und auf Dauer verhaßt gewesen wäre. Grund zum Haß hatte der eine oder andere in der Mannschaft; das verstand man von Fall zu Fall, ohne daß es zu einer Solidarität kam. Wieso hatten die Offiziere trotzdem Angst? – zum Beispiel bei der Zusammenstellung einer Patrouille; der Offizier witterte natürlich, welche Leute in der Mannschaft einander mögen, und das hätte uns so passen können, zusammen in der gleichen Patrouille zu sein! Das mochte die Armee nicht. Es hätte dabei etwas entstehen können, keine Meuterei, ein Konsens. Eine Gruppe von Leuten, die einander nicht besonders mögen, ist verfügbarer. Das Militär verlangt, daß wir uns wie Kameraden verhalten; es legt keinen Wert darauf, daß wir Kameraden sind. Das kann es sich gar nicht leisten.

Der sozialdemokratische Gefreite sagte: Arbeiter. Alle andern sagten: Büetzer – was denselben Stand bezeichnet ohne politische Kategorie; es tönt etwas trotzig, aber der Trotz befriedigt sich in einem gemütlichen Selbstmitleid. Es heißt: die andern haben's besser, und so ist es halt und so bleibt es halt. Ob mit diesem Hitler oder ohne. Es war nicht leicht einzusehen, was sie mit unserem 7,5 cm Feldgeschütz verteidigten. Die Neutralität. Die Freiheit. Unsere Unabhängigkeit. Das wurde ihnen gesagt, und für viele war es im Militär nicht härter als in ihrem Beruf, darauf konnte die Armee sich verlassen.

Manöver als Labsal. Biwak im alpinen Gelände, da war's eben nicht mehr möglich, unsere Schuhe schnurgerade auszurichten. Manchmal hatte man Glück, einen Posten, wo man irgendetwas denken konnte. Und die Offiziere waren beschäftigt; Müdigkeit machte sie etwas sachlicher. Sie kamen nicht aus einem Zimmer mit Bett, sondern ebenfalls aus dem Biwak; die Ordonnanz hatte ihnen die Stiefel geputzt wie immer, aber sie standen in ihren Stiefeln anders als sonst, nämlich mit einem Rucksack. Sie aßen von der Feldküche, wenn auch aus Tellern. Sie befanden sich im Examen, angewiesen auf die Mannschaft, zeitweise nervös. Es kam vor, daß sie Hand anlegten, wenn ein Geschütz über die Böschung heraufgezogen werden mußte; sie rutschten aus. Das machte sie sympathischer. Es mußte gehen, aber ein Kanonier konnte da einen Vorschlag machen, wie es leichter zu machen wäre. Krampf, aber Urlaub vom Ritual. Es ging auch so. Wenn das Manöver überstanden war: Defilee zur Wiederherstellung des Rituals, es änderte sich nichts, schultert Gewehr, gradaus Taktschritt marsch, Kopf rechts, Kopf gradaus.

Die meisten hatten mehr Diensttage als ich. Ich bekam Urlaub, um das Studium abzuschließen, 1941, später setzte sich das Bauamt der Stadt Zürich für Urlaub ein, damit ein Projekt, Arbeitsbeschaffung nach der Demobilisation, gefördert werden konnte. Urlaub: unter der Dusche allein, die leichten und erstaunlich sanften Halbschuhe, und daß man grüßte, wen man grüßen wollte; Arbeit mit eigner Verantwortung. Leider war Krieg, davon wußte man im Urlaub mehr, ich begegnete Leuten jener Schicht, die in der Armee nicht anzusprechen ist. Manche waren etwas erstaunt, daß ich Nur-Soldat war. Nicht einmal Unteroffizier? Ich machte einer Schwiegermutter nicht grad Ehre. Da war zu Gast ein britischer Offizier, Mediziner von Beruf, abgeschossen über Tobruk, Kriegsgefangenschaft in Sizilien, Flucht in die Schweiz. Und er lobte die Schweiz nicht, obschon die Dame des Hauses sehr darauf wartete. Ein Gentleman; kein Wort vom Krieg aus persönlicher Erfahrung. Erst als die Dame des Hauses, Mutter zweier Leutnants, die Schweiz ausführlich gelobt hatte und schließlich, da der Brite nur zuhörte, nochmals zu loben das Bedürfnis empfand, beiläufig sein Hinweis: er sei dort von einer schweizerischen Oerlikon-Flab abgeschossen worden. Man konnte es auch so hören: Anerkennung der Qualität schweizerischer Produkte. Ich hörte zum ersten Mal den Standard-Witz: Sechs Tage in der Woche arbeiten die Schweizer für Hitler, am Sonntag beten sie für den Sieg der Alliierten. Der Brite aber zeigte der Dame des Hauses, daß er Verständnis habe; ein Gentleman.

Mai 1940, eine Telephon-Patrouille hatte in der Nacht, als wir den deutschen Überfall erwarteten, eine Leitung zu legen und kam an die Hauptstraße auf dem Mutschellen, die von Zürich landeinwärts führt, Verdunkelung, Autos fuhren mit Blaulicht, Kolonnen von Privat-Autos aus Zürich; einer von uns stellte sich mit der Taschenlampe auf die Straße und fragte die Zivilisten: Wohin denn? Er machte sich den Spaß, jeden anzuleuchten: Wohin? Sie waren bleich und fügsam, nervös wie an einer Grenze. Einer also hatte ein Ferienhaus am Thunersee, der Nächste hatte Verwandte im Emmental, wieder einer ein Ferienhaus usw. Zürich wird verteidigt, sagte unser Wehrmann mit der Taschenlampe und mit einer schweren Kabelrolle auf dem Rükken, dazu sind wir ja hier. Ein andrer ohne Spaß: Meine Frau hockt nämlich auch in Zürich, Herrgottnochmal. Die Autos schwer beladen, Koffer, Taschen, Pelzmäntel, sogar Leuchter, die gerollten Teppiche auf dem Dach... Ich war also entrüstet. Der mit der Taschenlampe, die schwere Kabelrolle auf dem Rükken, hatte einen realistischeren Kopf: Die haben halt ein Ferienhäuschen! – wir nicht.

Der Kampfwille, den jeder rechte Schweizer sich selber unterstellte: ein Kampfwille für den Fall, daß die Schweiz angegriffen wird. Anders als durch Übungen im friedlichen Gelände war dieser Kampfwille nicht zu bezeugen. Ein ungeprüfter Kampfwille also; ein Vorsatz ohne Beweise der Fähigkeit. Ferner ein Kampfwille mit dem nüchternen Bewußtsein, daß an einen militärischen Sieg nicht zu denken ist, nur an Widerstand so lang wie möglich. Kein Verantwortlicher konnte sagen: Wir sind nicht zu besiegen. Daher wurde wenig gesagt, wie Krieg für uns aussehen könnte. Man hatte zu wissen, daß niemand an unserem Kampfwillen zweifelt, und das verpflichtete uns, selber an diesen Kampfwillen zu glauben. Das tat ich.

Die vier Bunker damals... Wiesland grün und flach, da und dort ein Apfelbaum, ein offenes Gelände. Weiter drüben wäre Wald gewesen. Auf diesem offenen und grünen Tablett, vom Flugzeug aus gesehen: die vier lehmgelben Baustellen in einer Figuration, die alles verriet; die Bunker gerade fertig, eine Beton-Maschine noch da, auf den Bunkern die frische Erde. So viel wußten wir von den deutschen Stukas schon: das gibt kein langes Suchen, und vier Sturzflüge genügen. Wir hätten es vorgezogen, die vier Geschütze unter die Apfelbäume zu stellen da und dort, noch lieber in den Wald. Natürlich hatten wir da nichts vorzuschlagen. Wo führte das hin. Später einmal, mit dem Hauptmann allein in einem kleinen Kommando-Zelt, erkundigte ich mich, wie er unsere Stellung damals beurteilt habe; wir waren jetzt in einer andern Landesgegend, so daß man darüber sprechen konnte. Ein Witz, das hatte er damals gewußt, wahrscheinlich wären wir erledigt gewesen, bevor die Batterie mit ihrer bescheidenen Reichweite auch nur ein Ziel gehabt hätte. Auch er, der Hauptmann, hatte eben Befehl von höheren Befehlshabern.

Wie jemand Hauptmann wird, das wußte die Mannschaft ungefähr; das lag noch in ihrer Sichtweite. Wie wird jemand Major? Und Oberst? Sicher gab es da eine strenge Auslese, und diese Männer, auch zivil in führenden Positionen, erbrachten viele Opfer für die Armee, das konnte man sich ausrechnen, Opfer an Zeit. Zuletzt beförderte dann der Bundesrat. Kein Divisionär von Gottesgnaden; das mußten Männer sein, die sich schon bewährt hatten, Persönlichkeiten... Einmal, in einer halben Theorie-Stunde, fragte einer, wie das überhaupt sei und wie man Oberst werde. Einer, der nicht einmal als Richt-Kanonier in Frage kam; ein Dummer. Ob er etwa Oberst werden möchte? Lautes Gelächter. So hatte er's nicht gemeint, aber er setzte sich. Ich konnte es ihm nachher auch nicht sagen, wußte bloß, daß gewisse Leute keinesfalls Major oder Oberst werden können in unsrer Armee.

Im Urlaub, wieder im weißen Zeichenkittel, vergaß ich sofort. WER NICHT SCHWEIGEN KANN, SCHADET DER HEIMAT. Ich hatte auch gar kein Bedürfnis, etwas aus dem Militär zu berichten, nur Bedürfnis nach gelernter Arbeit und Wanderungen; Literatur als Erholung –

Kam man aus einem längeren Urlaub zurück, so fand man die Batterie in einem andern Dorf, sonst unverändert. Sie putzten grad, Blicke einer natürlichen Schadenfreude. Die erste Achtungstellung vor dem Feldweibel. Ein Platz im Stroh, ein schlechter natürlich. Man hatte nichts verlernt. Alles wie gewohnt. Die andern hatten nichts Neues gelernt. Karabiner umhängen, gradaus Marsch. Sofort war es wieder da, Schweigen im Kopf, Militär. Alles in allem ein Idyll und gesund.

Zum Teil erinnere ich mich nicht, davon gewußt zu haben, obschon man es hätte wissen können; zum Teil hat man es nicht wissen können, was in unserem Land getätigt worden ist in diesen Jahren.

4. 10. 1938
In Berlin finden Verhandlungen über die Einführung eines Visumzwangs für Deutsche statt. Die schweizerische Delegation begnügt sich mit dem Antrag, stattdessen nur die Pässe von deutschen Juden, die ins Ausland reisen wollen, mit einem J zu kennzeichnen. Der Bundesrat stimmt einstimmig zu.

17. 10. 1939
Der Bundesrat schafft eine neue rechtliche Grundlage für die Behandlung der Flüchtlinge; danach werden die Kantone angewiesen, Ausländer, die rechtswidrig in die Schweiz gelangt sind, wieder über die Grenze zurückzustellen. Eine Regelung, die Tausenden und Tausenden das Leben kosten wird.

1. 11. 1941
Nach einem Befehl des Eidgenössischen Kommissariats für Internierung ist es der schweizerischen Bevölkerung verboten, den Internierten rationierte Lebensmittel oder Lebensmittelmarken zu geben, sie das Privattelefon oder ein Fahrrad benützen zu lassen. Ohne spezielle Bewilligung ist den Internierten das Betreten

privater Wohnungen untersagt, ebenso der Besuch von Theatern, Kinos und Gaststätten.

30. 8. 1942
Nach drei Kriegsjahren befinden sich 9600 Flüchtlinge in der Schweiz. Bundesrat v. Steiger, verantwortlich für die schweizerische Flüchtlingspolitik, erklärt vor einer Landsgemeinde der Jungen Kirche: »Das Boot ist voll.« Einwohnerzahl der Schweiz: 4265703.

6. 8. 1943
In einer Antwort auf britische und amerikanische Noten, die sich mit dem schweizerischen Asylrecht befassen, erklärt der Bundesrat, daß er dieses Recht in voller Souveränität und im höheren Interesse des Landes ausüben werde.

9. 1. 1944
Edda Ciano, die Tochter Mussolinis, überschreitet mit ihren Kindern illegal die schweizerische Grenze. Das Asyl wird ihr verweigert, aber sie verläßt das Land erst nach dem Krieg.

12. 7. 1944
Das zuständige Departement erläßt neue Weisungen für die Aufnahme von Flüchtlingen; zum ersten Mal werden Juden als allgemein gefährdet und insofern als Flüchtlinge anerkannt.

30. 7. 1944
Der italienische Faschist Graf Volpi wird als Flüchtling aufgenommen.

1. 8. 1944
Es befinden sich 13014 militärische Internierte in der Schweiz, darunter 1100 amerikanische Piloten. Bis Kriegsende bleiben insgesamt 158 amerikanische Flugzeuge in der Schweiz. Hingegen sind 1940 auf Beschluß des Bundesrates die 17 in der Schweiz internierten deutschen Piloten freigegeben worden; unter Miß-

achtung der Neutralität sind die deutschen Flugzeuge ebenfalls ausgeliefert worden.

6. 2. 1945
Der Bundesrat protestiert bei der deutschen Regierung gegen die Massenvernichtung von Juden und gestattet die Einreise von 1200 jüdischen Insassen des Konzentrationslagers Theresienstadt.

22. 4. 1945
Es gelangen über 13000 Flüchtlinge in die Schweiz, hauptsächlich Zwangsarbeiter und Kriegsgefangene aus Deutschland, darunter 5446 Russen; sie kommen in Lager und werden zum Teil, wie sich später herausstellt, unangemessen behandelt.

8. 5. 1945
Tag der Waffenruhe: insgesamt 106470 Flüchtlinge und Internierte in der Schweiz. Korruption im Interniertenwesen wird aufgedeckt, Vergehen in den Jahren 1942 und 1943; in den Skandal verwickelt sind ein Hilfsdienstpflichtiger und 170 Offiziere, darunter 5 Oberste.

Kam es zu Arrest-Strafen: Vortreten beim Hauptverlesen, die gerollte Wolldecke unter dem Arm, der feldgraue Sträfling als komische Figur. Immerhin klappte es bei solchen Hauptverlesen besonders; Mannszucht wie erwünscht. Ich erinnere mich nicht, daß die Mannschaft, und wäre es auch nur der Zug, dem der Bestrafte angehörte, je zu einem Protest angetreten ist, zum Beispiel durch stundenlanges Singen vor dem Arrest-Lokal, geschweige denn durch Hungerstreik. Wir hatten unseren Ausgang, viel Freiheit auch nicht, zwei oder drei Stunden in Wirtshäusern; der andere in einem dunklen Stall hatte eben Pech. Wenn die Örtlichkeit es erlaubte, wurde er, sofern die Kameraden ihn gerne mochten, gelegentlich mit Zigaretten versehen oder mit Schokolade. Ob Unrecht oder nicht, das war kein Thema, unser Dienst in den nächsten drei Tagen fast so öde wie sein Arrest. Und trotzdem: es wirkte, die Vorgesetzten hatten es zwar nicht leichter mit den Leuten, wenn sie aus dem Arrest kamen, aber leichter mit den andern. Infolgedessen waren es oft dieselben Leute, die in den Arrest kamen, die Vorbestraften, und nie viele auf einmal; es mußte der Eindruck gewahrt bleiben: die Mehrheit ist brav, die Mehrheit stänkert nicht, die Mehrheit hält zu den Offizieren. Es wirkte aber auch umgekehrt; waren zwei oder drei Leute schon im Arrest, so konnte die Mannschaft sich mehr erlauben. Der gleiche Offizier scheute sich jetzt, weitere Strafen zu beantragen; er bangte um sein Führungszeugnis.

Ich war nicht beim Militär, als Paris befreit wurde. Wir feierten auf der Straße in Zürich. Ich erinnere mich nicht, daß bei Ereignissen solcher Art unser Dienst unterbrochen worden wäre, zum Beispiel daß der Hauptmann dienstlich eine solche Nachricht ausgesprochen hätte. Interesse am Weltgeschehen war privat, aber gestattet.

Die Kader hatten es leicht mit uns; sie brauchten die Mannschaft nicht davon zu überzeugen, daß die Schweiz, wenn sie sich gegen Adolf Hitler verteidigt, einen gerechten Kampf führt. Das war klar. Adolf Hitler war kein Schweizer und hatte sich hier nicht einzumischen. Eine Widerlegung der faschistischen Propaganda? Es schien zu genügen, daß wir die Mütze nicht schief auf den Kopf setzten und daß in den Marschschuhen kein Nagel fehlte. Wir wollten nicht zum deutschen Reich; davon brauchten sie uns nicht zu überzeugen. Unsrerseits kein Zweifel an der Kampfbereitschaft unsrer hohen Kader, kein Verdacht. Die Kampfkraft der schweizerischen Armee hing einzig und allein von unserem Gehorsam ab, so schien es.

Die Rede an das Schweizervolk (25. 6. 1940) eines schweizerischen Bundespräsidenten, der seinen neutralen Weitblick bereits auf das Neue Europa von Adolf Hitler richtete, überhörte ich damals.

Im Urlaub übers Wochenende war die Uniform zu tragen und wurde lästig, wenn man verliebt war. Sie stand nicht, die Uniform, oder kaum. Sie behinderte das Gespräch. Man kannte einander schon anders; die Uniform als Verkleidung, ein Ehrenkleid wenigstens im Urlaub, Ausweis für Tauglichkeit. Wenn man zusammen auf der Straße ging: immer diese Mütze. Wie könnte der Soldat sonst grüßen, wenn ein Offizier, im Urlaub auch er, des gleichen Weges kommt. Im Café durfte man sie vom Kopf nehmen, die Mütze, und ordentlich in den Gürtel stecken. Es war nicht verboten, die Mütze in der Garderobe aufzuhängen; das taten die Offiziere sowie die höheren Unteroffiziere, weil sie die steifen Mützen hatten. Ob der Soldat auch wußte, wie man sich im Café dieses Stils zu benehmen hat, wurde abgewartet; das spürte man eine Weile lang und fragte sich, ob man nicht anderswohin hätte gehen sollen. Auch die Kommilitonin schien es zu spüren; sie zeigte jetzt nur noch ihre gute Kinderstube. Ohne Mütze also; es blieb der Waffenrock mit der Farbe der Waffengattung und mit der Nummer der Einheit, und da saß man nun, ohne die Hand auf ihren bloßen Arm zu legen. Der Waffenrock bestimmte nicht das Gespräch, aber das Gespräch stimmte nicht zum Waffenrock. Auch sie legte ihre Hand nicht auf den Waffenrockärmel. Ging man, um die leichte Befangenheit loszuwerden, in ein anderes Lokal, ein volkstümliches, so ergab sich die andere Befangenheit. Was so ein Kanonier will, bevor er wieder einzurücken hat, weiß jeder Kellner und zeigt es der Soldatenbraut. Im Wald oder draußen auf dem See, wo nicht mit Offizieren zu rechnen war, konnte man den Waffenrock ausziehen. Dann kamen die Hosenträger zum Vorschein. Anders waren diese Röhrenhosen nicht zu halten. Das Hemd, ein kragenloses, weil sich der Kragen des Waffenrockes sonst nicht zuknöpfen ließe, war frisch. Man hatte sich Briefe geschrieben. Wie gesagt, man kannte einander schon anders und versuchte an Vertraulichkeiten anzuknüpfen trotz Hosenträgern. Das war möglich, sobald beide ihr Badezeug trugen.

Zu dieser Zeit (Juni 1940) wurde ein geheimer Offiziersbund gegründet, der gelobte, Widerstand zu leisten gegen Hitler: notfalls auch gegen den Willen von Bundesrat und General. Es gehörten diesem Bund insgesamt 37 Offiziere an.

Zu dieser Zeit wußte ich nicht, wie man ein Motorfahrzeug in Bewegung setzt. Einen Kanonier ging der Motor nichts an. Einmal als Vorschlag: man könnte uns doch unterrichten für den Fall, daß so ein Camion noch fahrtüchtig ist, der Fahrer aber tot, der Beifahrer verwundet. Wir hatten ja Zeit. Für den Hauptmann stand ein Personenwagen zur Verfügung, notfalls ein Motorrad mit Fahrer. Unser Hauptmann am Steuer, weil der Fahrer aus irgendeinem Grund nicht zur Stelle war, oder allein auf dem Motorrad, das habe ich nie gesehen. Der Fahrer hatte eben zur Stelle zu sein, dazu war er ja im Dienst. Im übrigen waren wir nun einmal eingeteilt: Kanoniere und Fahrer.

Wichtig: daß die rechte Hand, nachdem sie die sechs Patronen ins Karabiner-Magazin gedrückt hat, sofort an die Patronentaschen greift, um zu prüfen, ob diese wieder geschlossen sind, und zwar ohne Blick auf diese Patronentaschen, Blick auf den Feind im Gelände. Dies alles übten wir.

Geblieben ist nach dreißig Jahren eine bemerkenswerte Empfindlichkeit, wenn Ausländer meinen sich zur schweizerischen Armee äußern zu können... Ich fahre mit jungen Briten (BBC-Team) über den Gotthard und durch die Leventina hinunter, ein schöner Tag, OH, sagt Mark, THE SWISS ARMY. Ich sage nichts.

Mark ist ein kluger und heller Kopf, einem jungen Lord Byron nicht unähnlich, trotzdem kann er nicht den Mund halten, als wir nach einer halben Stunde abermals eine Kolonne im Tarndress sehen: WHAT ARE THEY DOING? Ich versuche nicht merken zu lassen, daß ich sauer werde; warum sein trockenes Grinsen? Ich erwarte nicht Furcht und Zittern, immerhin kostet die Armee jährlich fast zwei Milliarden. HAVE YOU SERVED IN THE SWISS ARMY? Ich sage: OF COURSE, und nach einer Pause: WHY NOT? Endlich merkt er, daß er an Familiäres rührt, und das schickt sich nicht, wenn man Brite ist. Noch empfindlicher bin ich, wenn ein ehemaliger deutscher Landser sich äußert; ein Hitler-Gegner, mag sein, jedenfalls heutzutage klever, nur etwas herablassend, weil er so viel Scheußliches erlebt hat und wir nicht. Damit werde ich fertig. Warum eine Schweiz ohne Armee nicht denkbar ist, habe ich noch keinem Ausländer zu erklären versucht; ich weiß es. Ferner stimmt es ja, daß die schweizerische Armee, wie trefflich sie heutzutage gerüstet ist, niemand bedroht, jedenfalls keine anderen Länder. Ein andermal bin ich mit einem deutschen Gast und seiner Familie an einem heimischen Bach, Picnic, ich baue da eine ordentliche Feuerstelle und mache Feuer, um Würste zu braten. DER SCHWEIZER WEHRMANN! lächelt der verehrte Gast (Jürgen Habermas) arglos, und schon werde ich wieder sauer, wortlos sauer –

Andere Batterien hatten zeitgenössische Geschütze, Kaliber 12 cm, Räder mit Gummi-Reifen, sodaß sie nicht verladen werden mußten, sondern auf der Straße fahren konnten, und man brauchte sie nicht auf Böcke zu stellen, um eine steilere Schußbahn zu haben; sie zu sehen war jedesmal tröstlich.

Unterricht über die Kriegslage? Das blieb den Tageszeitungen überlassen, die unter Zensur gestellt waren. Die Armee hatte kein Bedürfnis, die Mannschaft zu unterrichten in der Dienstzeit. Vorträge über unsere Lage? In unsrer Batterie habe ich nie einen solchen Vortrag gehört. Hin und wieder ein Feldgottesdienst, einmal ein Kabarett, kein politisches, ein fröhlicher Abend mit Elsie Attenhofer. Unterricht in der Geschichte unsres Landes? Die Armee begnügte sich mit unserem Wissen aus der Volksschule. Unterricht in der Landessprache, die im Tessin gesprochen wird? Drei Mal eine halbe Stunde. Unser Dr. phil-Kanonier, Sprachlehrer, machte es gut; ich weiß nicht, warum der Kurs nicht fortgesetzt wurde.

Daß ein Offizier vor der Mannschaft sich für die Nazi aussprach, das habe ich nie gehört. So wenig wie das Gegenteil. Zwar konnte in diesen Jahren kaum ein andrer militärischer Feind gemeint sein. Ich habe auch nie gehört: die rote Armee. Die blutete hinter Odessa. Die Mannschaft hätte gelacht, wenn die schweizerischen Offiziere ihr eigentliches Feindbild namentlich verraten hätten. Das hätte nicht empört, glaube ich, aber verwirrt; warum sollten wir denn, wenn uns schon das Bekenntnis zur Neutralität nicht schützte, die deutsche Wehrmacht schwächen?

Wir mußten beschäftigt werden. Eine Truppe auf Pikett. Turnen tat gut, nur konnte man nicht den ganzen Tag turnen, es machte Spaß, ohne Waffenrock und Lederzeug und Karabiner. Fachdienst am Geschütz; aber wir kannten nun unsere Verrichtungen schon, auch die Namen aller einzelnen Teile eines zerlegten Verschlusses. Inspektion der persönlichen Ausrüstung lohnte sich nur einmal in der Woche, sonst fanden sie keine Spur von Grünspan. Theorie; aber die Abzeichen für Dienstgrade und Waffengattungen kannten wir schon. Munition zu verschießen, nur um die Truppe zu unterhalten, verbot die Ökonomie. Zum Glück gab es immer etwas zu bewachen, vor allem uns selber zu bewachen. Übungen im Gelände, Übungen bei Nacht; nachher gab es viel zu putzen, aber dann war es wieder blank. Die Tagesbefehle, beim Hauptverlesen vorgetragen, bezeugten uns, daß wir überhaupt keine Fortschritte erzielten; es mußte alles wiederholt werden. Sicher langweilte es die unterzeichnenden Kommandanten selber: Tagwache, Turnen, Frühstück, Exerzieren, Fachdienst, Theorie, Mittagessen, Inspektion usw. Allenfalls ein Besuch des Brigade-Kommandanten. Unsere Offiziere hielten zu uns, das spürte man; kein Grund zur Aufregung. Ehre der Einheit, davon brauchte unser Hauptmann nichts zu sagen; er tat, als sei der Brigade-Kommandant, der jeden Augenblick erscheinen sollte, auch nur ein Landsmann. Ob die Öse an meinem Kragen geschlossen ist, prüfte er ohne Rüge im Sinn; ein Betreuer. Der übliche Befehl: Batterie Achtung Steht! wirkte wie ein Blitz. Wir sehen ihn nicht, Blick gradaus, man hörte das Schlagen einer Wagentüre, vorher schon das Schlagen der Absätze unsres Hauptmanns. Es regnete. Ein Korporal, den der Brigade-Kommandant etwas gefragt hatte, zum Beispiel, ob er im Thurgau zuhause sei, war an diesem Tag einfach glücklich. Der Leutnant vor uns, stramm wie ein Kanonier, wurde nicht angeredet, nicht gefragt, ob er im Thurgau zuhause sei. Ich war jetzt froh zu wissen, daß die Öse an meinem Kragen wirklich geschlossen ist. Der Brigade-Kommandant: Stil, nicht bloß Befehlsgewalt; da wirkte Macht durchaus angeboren und gelassen. Es machte Eindruck, daß solche Leute, die es sonst nicht nötig haben, sich in den strömenden Regen begaben; es gab ihnen eine Aura, anders als wenn Soldaten im selben Regen stehen, eine Aura von Opfersinn. Natürlich wußte man, daß sie nachher in eine andere Art von Unterkunft gehen, aber im Augenblick regnete es ohne Standesunterschiede. Erst am nächsten Tag gab es wieder Drill, gemäß Tagesbefehl, ich will nicht übertreiben: eine halbe Stunde. Dafür genügte ein Korporal, der stehen blieb und schrie: Laufschritt, Liegen, und indem er sich auf dem Absatz nach der andern Seite drehte: Abteilung in Zweierkolonne Sammlung. Das stank auch dem Korporal, weswegen er reizbar war, Maurer von Beruf, empfindlich gegen blöde Witze von Untergebenen. Es war heiß; ein Witz, der einen zusätzlichen Laufschritt oder Taktschritt eintrug, lohnt sich wirklich nicht. Jeder Tag ohne Krieg war ein

Geschenk, jede Minute mit Gewehrgriff oder Ausrichten der braunen Wolldecken usw. Es war nicht unerträglich –

Zur Geburt des ersten Kindes hatte ich Urlaub. In dieser Nacht hörte man das schwache Brummen von Bombergeschwadern in Richtung München oder Ulm, später ihr Brummen auf dem Rückflug.

Es war nicht unerträglich… Gehorsam: die bequemste Art der Existenz in diesen Jahren der großen Schrecken: Abteilung halt, Gewehr bei Fuß, Abteilung rechtsum kehrt. Immer wieder. Die Lage für unser Land konnte nicht allzu ernst sein, das war der tröstliche Eindruck; sonst hätten sie uns anderes zu lehren. So weit ging das Vertrauen in unsere Armee. Inspektion: es langweilte den Leutnant, sich sämtliche Klingen unsres Taschenmessers anzusehen oder die drei Nähnadeln aus dem Mannsputzzeug, und wenn das in Ordnung war, noch eine andere Stichprobe sich einfallen zu lassen, bevor er zum Nächsten gehen konnte. Unser Kampf gegen Grünspan am Lederzeug. Ein anderes Metall für die Nieten kam offenbar nicht in Frage, es hätte für die Inspektion wenig hergegeben. Ich erinnere mich nicht mehr genau, was uns in der halben Stunde, auf dem Tagesbefehl als Theorie bezeichnet, nach dem Drill und vor dem Mittagessen gelehrt wurde. Kenntnis der militärischen Rangabzeichen, aber sicher auch anderes. Was? Taktik blieb ein Thema unter Offizieren. Ich erinnere mich vor allem an die Erlaubnis, die Mütze abzunehmen, vielleicht sogar zu rauchen. Theorie als eine Art von Pause. Einiges aus dem Dienstreglement sollte der Kanonier natürlich kennen. Wurde das Reduit-Konzept erläutert? Instruktion über das Verhältnis des Wehrmanns zur eidgenössischen Militär-Versicherung, nachzulesen im Artikel 10 unsres Dienstbüchleins, Fragen waren erlaubt, entweder gaben sie Anlaß zum Lachen oder sie waren kurz und bündig zu beantworten. Keine Instruktion über den völkerrechtlichen Status der Kriegsgefangenen. Es hätte die Mannschaft erschreckt. Zum Schluß noch ein Vorgesetzten-Spaß, familiär, dann Auf! zur Achtungstellung, Mittagspause, Faßmannschaft. So ernst konnte die Lage nicht sein.

Ein irres Flugzeug in den Bergen nachts. Offenbar suchte es die Piste von Samedan, die aber finster blieb. Nacht mit Sternen. Einmal tiefer, dann wieder höher kreiste es und kreiste, verschwand hinter einem nahen Berg. Stille; ich vermutete, daß es irgendwo am Albula zerschellt war. Nach einer Viertelstunde hörte ich es wieder. Wie eine irre Wespe. Ich stand Wache vor einem Schulhaus, wo die Mannschaft schlief. Sein Gebrumm, dazu gab es Blinkzeichen. Ein verirrter Brite? Ein Deserteur mit Messerschmitt? Die Dörfer waren verdunkelt, das Tal schwarz. Wußte der Pilot wo er sich befand? Einmal kam die Maschine ganz niedrig, ohne daß der Typ zu erkennen war. Der Wachtmeister, dem ich inzwischen den Vorgang gemeldet hatte, fand nicht, daß es uns etwas angehe; ich hatte Befehl, das Schulhaus zu bewachen, nichts weiter. Es blieb rätselhaft. Je niedriger die Maschine kreiste im Tal, umso gefährlicher für sie; ein Ortskundiger hätte es kaum gewagt. Zeitweise hörte ich nur den Motor. Keine Schüsse. Dann wieder die Blinkzeichen. Mindestens eine Stunde lang. Schließlich kam die Maschine nicht mehr –

Verständlich aus dem Mund des Bundesrates, der Adolf Hitler nicht verstimmen durfte, die Formel: Wer auch immer die Neutralität unsres Landes verletzen sollte –.

Um als Soldat etwas zu lernen, meldete ich mich zu einem alpinen Ski-Kurs. Aufstieg und Abfahrt im Tiefschnee mit Helm und Sturmpackung, Abfahrt in Seilschaft über Gletscher. Der Bergführer, Instruktor, aber nicht Offizier, lachte einem Major ins Gesicht, der uns in militärischer Formation zu sehen wünschte: Das machen wir nicht, Herr Major, hier ist Ernstfall, das Theater können Sie wieder machen, wenn die Leute unten im Tal sind. Der Major schwieg. Lawinengefahr, und schon sah ein Kommandant etwas ein, stillschweigend fair.

Die hauptsächliche Erinnerung an Militär: Erinnerung an Leere. Das Gedächtnis sucht Vorkommnisse; man glaubt es sich ungern, daß man so leer sein konnte. So war es aber. Man sagte: Ich gehe jetzt scheißen. Man sagte: Ich muß jetzt saichen. Man sagte: Jetzt habe ich scheißen können. Das war es, was es mitzuteilen gab.

Ein Professor für deutsche Literatur, ein Oberst, wie ich weiß, aber jetzt in Zivil, unser Gespräch über C. F. Meyer, der in der Irrenanstalt endete, und über Jakob Schaffner, der zu den Nazi überlief, und auch über mein Andorra; ich bin mit seiner These, es handle sich um ein Unbehagen im Kleinstaat, nicht einverstanden, aber überzeugt: ein Humanist auch als Oberst. Ein andermal in der Kronenhalle (Zürich) ein jüngerer und ausgezeichneter Schriftsteller in der Uniform eines Oberleutnants, Anlaß unsres Zusammentreffens literarisch, die Uniform steht ihm nicht schlecht und warum tut er, als sei's ihm peinlich? Als gewöhnlicher Soldat hätte er um diese Stunde in der Kaserne zu schlafen, und das wäre schade. Ein Fabrikant, der sein Grundstück zu verkaufen bereit wäre, ist Major, übrigens hätte er noch ein anderes Grundstück in einer andern Gegend. Eigentlich kommt man viel mit Offizieren zusammen. Ein lieber Nachbar, der öfter zu einem Schach kommt, einmal als Hauptmann, ist Arzt, also Hauptmann bei der Sanität. Das ist gut so. Gelegentlich habe ich auch einen Vorteil davon; ein Stadtrat weiß in der Behörde, die mich schikaniert, einen Dienst-Kollegen und sorgt für eine vernünftige Aussprache zu Dritt; er führt ein Bataillon, der andere ist Adjutant-Unteroffizier in diesem Bataillon, und ich bin dankbar. Wieder ein anderer, ein Ausland-Redaktor, der mich bei einem Angebot der Rockefeller Foundation beraten kann, da er die Leute dort persönlich kennt, ist Oberstleutnant; ein belesener Stratege. Ein Groß-Architekt, der beim Mittagessen, um mit den Herren von der Behörde nicht nur geschäftlich zu reden, kurz und gut die Geschichte erzählt, wie er neulich als Major und im Manöver und mit der ganzen Mannschaft usw., ein froher und energischer Major, ich zweifle nicht daran. Nur erwarte ich nicht, daß unsere Erinnerungen sich decken.

Ein hanebüchenes Unrecht, das mir beim Militär widerfahren ist, eine Schikane, die man nicht anders als persönlich nehmen kann, ein Fall von Perfidie, ein Vorkommnis, das einen untilgbaren Zorn (Ressentiment) hinterläßt – ich erinnere mich an keinen solchen Fall. (Hauptmann Wyss zeigte sich später, nachdem er erfahren hatte, daß ich gelegentlich in der NEUEN ZÜRCHER ZEITUNG veröffentlichte, äußerst korrekt.) Ich hatte Glück; weder Unfall noch Krankheit auf Lebensdauer. Unflätige Anreden durch einen Korporal dürfte es gegeben haben, auch Strafmarsch gruppenweise oder einzeln, Strafarbeit in der Küche sonntags, Strafkriechen usw., was aber regulär ist; kein Vorkommnis.

Es gab schon Vorkommnisse... April und Mai 1945 in Sankt Martin, später am Ofenpaß: Gespräche mit zwei deutschen Wachtposten genau auf der Grenze, ein alter Berliner und einer aus Rothenburg, Familienvater und Pfeifenraucher, sie mußten immer noch fürchten, daß der Nazi in ihrem Zug sie einfach umlegt, wenn sie an Kapitulation glauben; die Zwangsarbeiter drüben, gesehen durchs Scherenfernrohr, und eines Tages plötzlich wird das Stacheldrahtverhau auf der vergrasten Straße abgebaut, Freilassung der Zwangsarbeiter, die uns umarmen und weinen oder blicklos vorbeigehen; zwei Halbwüchsige, die ich durchs Scherenfernrohr hochoben entdeckt habe und später abfange, sind aus der Zwangsarbeit in Stuttgart (um den Bodensee herum) hieher geflohen und wollen heim ins Elsaß; die kleinen Herren der Japanischen Botschaft in Rom, eingetroffen in glanzschwarzen Limousinen, sitzen auf eidgenössischen Wolldecken in der Wiese und bekommen Suppe aus unseren Gamellen und warten auf Asyl, das sie auch bekommen; in Schuls vor der Bahn tritt in Reih und Glied eine beträchtliche Gruppe in deutschen Uniformen an, Überläufer, darunter der große SS-Junge, ein Kopf höher als jedermann, alle entwaffnet und gehorsam und stramm; einmal ein Transport von KZ-Häftlingen, sie bekommen ebenfalls Suppe oder Tee, doch ihr Gedärm kann nichts mehr behalten; am Ofenpaß in unsrer Baracke ein deutscher Zivilist, der nach und nach zugibt, Angehöriger der Wehrmacht gewesen zu sein, aber nur Trompeter, »wie sie die Juden damals in Riga und später in Rußland umgelegt haben, das habe ich gesehen, aber nicht polnische Kinder, Unmenschen sind wir nicht«, auch er will ja nur heim und versteht nicht, daß ich einen andern Befehl habe und ihn wieder hinauf und über die Grenze führe; ein Rudel von deutschen Zöllnern aus Italien, unsere Suppe finden sie dürftig, sie packen Speck aus ihren Säcken, schneiden Speck in dicken Scheiben und beschweren sich über den Mangel an Organisation hier, während ich eine Baracke für sie heize, so wie über die italienischen Banditen, die ihnen die Uhren genommen haben... Erinnerung, schon einmal notiert; aber das ist nicht Erinnerung an das schweizerische Militär.

Hin und wieder ein kleiner Koller, aber selten. Kein Tag, der nicht vergeht, und abends war man müde genug, nicht imstande, etwas zu lesen. Rettung in simple Genüsse: Bier. Oder Blick in die Milchstraße, die Hände unter dem Nacken gefaltet. Oder Trauben, in der Dämmerung gestohlen pfundweise. Keine Rettung, wenn es regnete; alle Wirtschaften im Dorf voll Militär. Es genügte wenig: allein auf einer Mauer hocken, Nacht mit Grillen in den Feldern. Oder Rettung aus einem Brief, den man wiederlesen konnte unter einer Lampe im Wachtlokal.

Man kann nicht sagen: sie haben uns zur Sau gemacht. Dazu fehlte in diesen Jahren die Gelegenheit. Schießen auf Teile unsrer Bevölkerung, die anders denken als die schweizerische Finanz und ihre Offiziersgesellschaft, war nicht nötig. Dazu wußte die Bevölkerung in diesen Jahren zu wenig. Die Armee entmündigte uns nur übungshalber für den Fall.

Was wir lernten: nichts zu tun, was nicht befohlen war. Je größer übrigens die Gruppe, umso williger ließ sie es sich gefallen; umso größer erschien die Macht des Befehlenden. Er brauchte nur nicht den einzelnen Mann zu strafen, sondern die ganze Herde: Wir machen das jetzt, bis es klappt! Daran wollte man ja nicht schuld sein, daß alle, statt zur Feldküche gehen zu können, noch einmal an die Gewehre laufen müssen, noch einmal Laufschritt, noch einmal der gleiche Scheißdreck, nur weil einer sich nicht zusammengerissen hatte. Der hatte es nachher bei den Kameraden nicht leicht. Also? Es klappte. So einfach ist die Methode. Was da zum Klappen kam, war meistens überflüssig, aber die Methode wirksam: sie stiftet, was die Befehlshaber brauchen, unsere blinde Unterwerfung. Ich erinnere mich an keinen Fall von kollektiver Renitenz. Die meisten Kommandanten hatten keine Ahnung, wieso die Mannschaft so fügsam war; sie schrieben es ihrer Persönlichkeit zu.

Unser Hauptmann, glaube ich, war gerne Hauptmann. Diese Einberufungen immer wieder kamen ihm nicht ungelegen. In der Volksschule hatte er Sieben-bis-Zwölfjährige unter sich, Kinder also. Wenn er mit gespreizten Stiefeln vor uns stand – und da er eine motorisierte Batterie befehligte, war es keine Reitpeitsche, womit er sich an den hohen Schaft seines rechten Stiefels klopfte, sondern irgendein Zweig – hier waren es Männer und nicht nur eine Schulstube voll. Vermutlich machte es diese Offiziers-Uniform, daß er eine Reitgerte vermißte. Es ist ja nicht nur der bessere Stoff, was unsere Offiziere sozusagen spürbar unterscheidet von der Mannschaft, sondern vor allem der Schnitt der Hosen; das Fußvolk trägt Röhrenhosen, die nicht nur häßlich sind, sondern unpraktisch, der Offizier erscheint dagegen als Reiter, auch wenn er auf einem Jeep kommt. Das macht der Schnitt der Hosen, der hohe Schaft ihrer Stiefel. Daher das begreifliche Spiel mit dem Zweig als Gerte; es wirkte ganz natürlich. Wir wünschten uns keinen andern Hauptmann; er hatte Schneid und unser Gehorsam machte ihn fröhlich. Wenn man weiß, wie weit ein Hauptmann nicht erst im Ernstfall über uns verfügt, wie weit ein Hauptmann den militärischen Alltag seiner Einheit bestimmt, das militärische Klima in einem Dorf, wo er der Höchste ist, so war unser Hauptmann ein Glücksfall; das empfand man, wenn er mit gespreizten Stiefeln vor uns stand und mit einem Zweig an den hohen Schaft seiner Stiefel klopfte, bis hundertzwanzig Männer sich ausgerichtet hatten, oder wenn er einen Kanonier anredete wie ein Demokrat, burschikos oder väterlich je nach Fall, umso unbefangener in seiner Huld, je simpler der angeredete Soldat oder Korporal. Ein Typ, der auch zoten konnte, war er zu Recht überzeugt davon, daß er bei seiner Mannschaft beliebt war. Das Spiel mit dem Zweig als Gerte, das uns anzeigte, daß er guter Dinge war, machte er natürlich nicht immer. Wohin mit den Händen, ein Problem für Offiziere, nicht für uns; wenn nichts anderes befohlen war, so konnten wir die Hände in die Hosentaschen stecken, was sich für einen Befehlshaber kaum schickte, auch nicht, wenn er warten mußte, bis er den nächsten Befehl geben konnte. Die andere Haltung, Daumen in den Gürtel gehakt und Ellbogen wie Henkel an einem Topf, war üblicher; sie konnte ebenso Gelassenheit wie Ungeduld bedeuten, eignete sich für eine Plauderpause mit der Mannschaft, aber ohne Veränderung auch für die nächste Befehlausgabe. Sie wirkte seriöser als das Spiel mit dem Zweig; deswegen klopfte unser Hauptmann auch nie mit einem Zweig an den hohen Schaft seiner Stiefel, wenn ein Major in Sicht war. Das verstanden wir. Das Spiel mit dem Zweig als Reitgerte wirkte vergleichsweise fröhlich, dabei nicht unschneidig, wie gesagt. Was konnte er sonst mit seinen Händen tun, ein Hauptmann mit Temperament. Nur bei scharfer Kälte in den Bergen und in einer Wüste mit Nebel, schickte es sich auch für Offiziere, einmal die Hände in die Hosentaschen zu stecken, sofern sie keine Handschuhe hatten. Das kam vor. Wenn dann ein Soldat, zum Beispiel um zu melden: Funkverbindung wiederhergestellt! sich strammstellte mit Händen auf der Hosennaht, waren sie mit Händen in den Hosentaschen besonders freundlich, das heißt: sachlich. Unser Hauptmann war übrigens der einzige, der je mit einem Zweig an den hohen Schaft seines rechten Stiefels klopfte. Am besten eignete sich ein Weidenzweig. Als ich ihn später, in Zivil, noch einmal traf, war er nicht mehr Volksschullehrer, sondern Personal-Chef bei der Chemischen Industrie in Basel, ein Mann, der, wie es sich im Militär gezeigt hat, mit Untergebenen umzugehen versteht.

Ich bereue nicht, daß ich beim Militär gewesen bin, aber ich würde es bereuen, wenn ich beim Militär nicht in der Mannschaft gewesen wäre; Leute meiner Schulbildung (Gymnasium, Universität, Eidgenössische Technische Hochschule) werden sonst kaum genötigt, unsere Gesellschaft einmal nicht von oben nach unten zu sehen.

Landesverräter erwartet die Todesstrafe durch Erschießen, das wußten wir. Eine Notiz in der Zeitung: Bundesrat lehnt Begnadigungsgesuch ab. Verständlicherweise ohne nähere Angaben, was der Mann getan hatte. Ich war damals auch für die Todesstrafe (– ohne mich in einem Exekutions-Peloton zu sehen) für Landesverräter. Ob wir in der Mannschaft genau unterrichtet worden sind, was zum Tatbestand des Landesverrats gehört, weiß ich nicht mehr. Man konnte es sich ungefähr denken. Verrat von militärischen Geheimnissen an eine fremde Macht, wie man es aus Spionage-Filmen etwa kennt. Hatten wir Geheimnisse? Man sollte niemand sagen, wo die Einheit zurzeit Quartier hatte; jeder Passant konnte es sehen. Was noch wäre Landesverrat? Sabotage an militärischem Material; ein unvorsichtiges Geschwätz in der Eisenbahn oder im Wirtshaus; alles was dem mutmaßlichen Feind nützt. Landesverrat übrigens ein Wort, das in der Mannschaft kaum je ausgesprochen wurde; man traute das keinem zu; ein Wort, das auch die Vorgesetzten nur sparsam brauchten. Man hörte von einer Fünften Kolonne; keine Ahnung, wer dazu gehörte. Vermutlich Leute, die nicht unsere Mundart redeten; vermutlich nicht die Emigranten, die ich im Urlaub gelegentlich traf: ein deutscher Spanienkämpfer, später bei der französischen Resistance; ein Schauspieler, der aus Dachau entkommen war; ein junger Pole, der in Frankreich gekämpft hatte und hier als Internierter in Uniform studierte; ein jüdischer Germanist, der, wie alle unter dem Verbot politischer Betätigung, in geschlossenem Kreis über Thomas Mann unterrichtete, über Karl Kraus... In unsrer Batterie hatten wir einen, dem wir nicht ganz trauten, Kaufmann laut Mannschaftsliste, pfiffig und fett, er handelte unter der Hand mit billigen Uhren, Feuerzeug, Männerschutzmittel, Luxus-Seife, Pomade usw. und lobte Adolf Hitler. Er wurde nie deswegen verprügelt. Man hatte den Eindruck, er redete so, weil er unbeliebt war; kein Eifrer, er wollte uns nur anöden. Die Deutschen hätten mehr Butter als wir. Wenn man ihn einmal zur Rede stellte, wich er aus. Irgendwie kam er immer zu Schokolade; er verteilte davon, sofern jemand ihm zuhörte. Die Hitler-Siege gaben ihm keine Aura, sie machten ihn nur unverhohlen. Er grinste. Die Vorgesetzten kümmerten sich nicht um ihn; wenn in seinem Gewehrlauf kein Rost zu sehen war, so schritten sie zum Nächsten, gewissenhaft von Gewehrlauf zu Gewehrlauf. In der Nacht, als der deutsche Überfall erwartet wurde, kam er auf Bunker-Wache; der Feldweibel bestimmte wie üblich, wer an der Reihe war nach seinem Kalender, und dagegen war nichts zu machen. Ein Fall von Landesverrat wurde erst nach Kriegsende entdeckt: ein Telefon-Soldat, ein besonders Kleiner und ein Lustiger, dem es beim Militär eigentlich gefiel, hatte als Installateur in der Festung Sargans gearbeitet und bei dieser Gelegenheit einen Lichtpausdruck an einen deutschen Spion verkauft, Grundriß eines Mannschaftsraumes im Fels, so hieß es, für 200 Franken. Die Todesstrafe, die bekanntlich die Einheit zu vollstrecken gehabt hätte, wurde nicht mehr verhängt – das blieb uns erspart: der Großrichter auf dem Platz, Bekanntgabe des Urteils, das von uns nicht zu prüfen ist, der kleine Sch. an einer Buche, die Binde vor den Augen, ein Feldprediger, der etwas zu ihm sagt, unser Hauptmann, der einem Leutnant den Befehl gibt, der Leutnant, der uns den Befehl gibt, Zielen auf Herz (der Gürtel des Verurteilten wird höher geschnallt, damit die Kameraden besser abschätzen können, wo das Herz ist), Zielen auf Mund...

»Bei der Exekution ist dem Verurteilten der Beistand eines Geistlichen beigegeben. Das Erscheinen auf der Richtstätte und der Vollzug sind so geordnet, daß sich die Exekution in ganz wenigen Minuten abwickelt. Die dazu kommandierte Mannschaft sieht den Verurteilten nur während des Augenblicks der Schußabgabe. Das dafür nötige Detachement wird erst unmittelbar vorher dazu befohlen. Seine Aufgabe ist, wie beim Soldaten im Feld, die Vernichtung des Feindes. Des Soldaten unwürdige Maßnahmen, wie Beizug von Freiwilligen, nur teilweise Dosierung mit scharfer Munition, gibt es nicht. Die Anwesenheit jedes nicht pflichtgemäßen Teilnehmers ist ausgeschlossen. Sämtliche Exekutionen erfolgten ohne den geringsten Zwischenfall.« Oberstbrigadier Jakob Eugster, Armeeauditor während des letzten Aktivdienstes, in einem Artikel 1945. (Schweizer Illustrierte)

Es fanden damals 17 Exekutionen statt. Die Akten sind noch heute nicht ohne weiteres zugänglich. Immerhin weiß man, daß Landesverräter vorallem in den unteren und untersten Dienstgraden gefunden worden sind. Zum Beispiel ein Fourier, von einem andern Fourier gefragt, ob die Sprengobjekte geladen sind, hat sein Wissen mitgeteilt, ohne zu wissen, daß der Frager es an die deutsche Spionage weitergibt; ferner hat er dem andern Fourier nicht verschwiegen, wie der Sprengstoff zusammengesetzt ist. Der Armee-Auditor forderte Todesstrafe für beide Fouriere; sie wurde vollstreckt. Ein militärischer Experte, Bau-Ingenieur von Beruf, sagte dazu: Ein Armee-Depot, von dem übrigens jedes Kind Kenntnis habe, das Chlorat ist zusammengesetzt aus 90% Kalium oder Natriumchlorat und 10% Paraffin, jeder Mineur sollte diese Zusammensetzung wissen, an der Instruktion wird das mitgeteilt, das gehört zur Waffenlehre und Sprengstoffkenntnis. Ob soviel Chemie für die deutsche Wehrmacht damals ein Geheimnis war, weiß ich nicht. Landesverrat auf höherer Ebene, wo größere Geheimnisse denkbar sind, Landesverrat in Verbindung mit Handel und Industrie, in Verbindung mit Kapital und Diplomatie scheint es nicht gegeben zu haben; jedenfalls kam es da zu keiner einzigen Exekution.

Eine Zeit lang bewachten wir Brücken am Gotthard: die nächtlichen Güterzüge: Kohle von Hitler für Mussolini. Der Verdacht, es könnten in den dunklen Wagen auch einmal Waffen oder Truppen sein, kam uns in sechs Jahren nicht eine Sekunde lang. Unser Karabiner war geladen, und wenn es irgendwo raschelte, so wurde entsichert: Halt, wer da! Es gab keinen Feind, der diese Brücke sprengen wollte, allenfalls kam ein kühner Leutnant, der unsere Wachsamkeit auf die Probe stellen wollte, sich aber rechtzeitig zu erkennen gab; meistens nur ein Tier, und danach war es wieder still, Mondglanz auf dem nassen Gleis. Stille, bis der nächste Güterzug vorüberrollte, Mondglanz auf der Kohle.

Was wußte unser Major? unser Brigade-Kommandant? während sie uns im Gelände besichtigten. Wußten sie damals schon, was uns erst der Bericht von Professor Edgar Bonjour (GESCHICHTE DER SCHWEIZERISCHEN NEUTRALITÄT, Band IV, 1939 bis 1945, erschienen 1970 bei Helbling & Lichtenhahn, Basel) mit viel Takt eröffnet? Da war dieser Bundesrat Pilet Golaz, seine Rede vom 25. 6. 1940 keine einmalige Entgleisung: ein Laval in spe. Da war ein Minister Frölicher: als

Hitler-Fan schweizerischer Gesandter in Berlin. Da war Oberst Gustav Däniker sen., der als fachmännischer Bewundrer des deutschen Militarismus und der ersten Hitler-Siege für ein kampfloses Einvernehmen mit dem Dritten Reich eintrat, ein Landesverteidiger von Beruf, kämpfend für einen »Volksstaat soldatischer Prägung«; in einer Denkschrift 1941 gibt er der Schweiz von vornherein die Schuld für den Fall, daß Adolf Hitler nicht mehr länger zuschauen kann. Er wurde später, 1942, seines militärischen Kommandos enthoben, was Oberstkorpskommandant Wille energisch mißbilligte, und er selbst: Oberstkorpskommandant Wille, der den deutschen Botschafter Köcher unter vier Augen ermunterte, General Guisan wegen seiner Kontakte zum französischen Generalstab unter deutschem Druck unhaltbar zu machen, und der nach der Niederlage Frankreichs sofort und energisch für die Demobilisation der schweizerischen Armee plädierte, da jetzt keinerlei Gefahr mehr bestehe und unsere Wehrbereitschaft nur dazu angetan sei, Adolf Hitler zu reizen. Die Demobilisation hätte zur Entlassung von General Guisan geführt, der nicht hitlerfreundlich war, und den Posten des Generals freigemacht für Ulrich Wille II –

Wachtlokal: – da liegen sie schnarchend in Fötus-Haltung mit Nagelschuhen. Ich sage: Du, Müller, es wird Zeit. Das nützt nichts, er dreht sich bloß auf die andere Seite; kein Interesse für die Zeit. Besser ist ein währschafter Tritt gegen die Sohlen des schnarchenden Wehrmanns; da trifft man sein Gewissen, das flucht. Ich brauche ihm nicht einmal die Hand zu reichen, das schlechte Gewissen stellt ihn auf oder das gute Gewissen: Der Dolf dadraußen, jaja, der will ja auch schlafen. Es dauert eine Weile, bis er mit allem, was das Vaterland zur Verfügung stellt, bewaffnet ist; dabei hat er noch immer den wässerigen Blick eines Säuglings. Warum ich denn nicht schlafe, will er wissen. Ich bin froh: zwei Stunden lang allein und wach, ohne zu lesen oder zu denken oder zu zeichnen. Der Wachtmeister, der eigentlich die Leute wecken müßte, schläft ebenfalls wie ein bewaffneter

Fötus. Es ist vier Uhr. Also los, Karabiner umgehängt und los. Der andere, den ich in unseren warmen Mief zurückbringe, hat gar nichts zu melden, er kommt nicht einmal aus einem Traum und ist nicht entsetzt, nur muff, weil wir ihn fünf Minuten zu spät abgelöst haben. Dabei hat einer dadraußen fast das ganze Firmament über sich. Er haut seinen Karabiner ins Gestell, später beißt er in einen Apfel, und ich hindere ihn nicht, dabei zu schweigen, während der Wachtmeister auf dankbare Weise schnarcht. Ich bin wach, ich bin es freiwillig. Ich bewache die Petrol-Lampe. Nachdem er seinen Apfel gegessen hat, legt er sich ebenso wortlos hin; er hat Anrecht auf Schlaf. Ich beneide ihn nicht. Sein Schlaf, der bald über ihn gekommen ist, wirkt immer noch dienstlich. Ich bin dankbar, daß ich so wach bin, müde schon auch, aber einfach wach. Wofür? So wach – ohne Wissen...

Einmal daran gewöhnt, daß das Militär nicht wissen will, was wir denken, sagte man es auch seinem Nebenmann nicht, was man denkt, und er sagte es auch nicht. Einer war religiös im strengen Sinn; ich wußte es erst, nachdem ich ihn einmal überrascht hatte bei seinem täglichen Gebet abseits. Ob er geschossen hätte? Darüber redete er nicht mit Kameraden. Nur beim Militär bin ich so lang mit Menschen zusammen gewesen, ohne sie kennenzulernen.

Eine Eisenbahnbrücke, die wir bewacht haben, erinnert mich an die Tatsache, daß wir sie bewacht haben. Nichts weiter. In einer Ortschaft, wo wir Monate lang einquartiert gewesen sind, bemerke ich, was sich in dieser Ortschaft verändert hat im Lauf der Jahrzehnte, ich sage nicht einmal zu mir: Hier habe ich Wache gestanden, hier die Unterkunft, dort der Geschützpark. Mein Gedächtnis läßt mich in Ruhe. Eine historische Tankfalle im Gelände, ein Zaun mit Stacheldraht um ein verborgenes Militär-Magazin im Wald, die Sprengstoffkammer im Pfeiler einer alten

Brücke im Tessin, eine Militär-Flugpiste und die Hangare, die man nicht erkennen soll, alldas sehe ich. Selbstverständlich sehe ich jede Kaserne, die Vorrichtungen für Hindernislauf und Militär-Fahrzeuge mit Tarnfarbe; ferner entgeht mir keine Kolonne von Rekruten am Straßenrand, kaum eine Uniform im Gedränge auf einem Bahnsteig. (Sogar in der Bretagne, wenn wir Strand suchen, entgeht mir kaum eine Bunkerruine, die durchlöcherte und verrostete Panzerkuppel mit Aussicht auf den kleinen Hafen; hier bin ich nicht dabei gewesen, denke ich dankbar.) Ich übersehe nicht die Offiziershüte in der Garderobe eines erstklassigen Restaurants, einen davon mit Goldlaub, ich weiß ungefähr, was das bedeutet – aber eigentlich sind es nicht die militärischen Objekte oder Kostüme, die meine Erinnerung an die Armee auslösen; eher sind es bestimmte Gesichter, die Denkart eines Bundesanwaltes oder die Stimmen von einem Stammtisch herüber; der Ton eines unteren Beamten, den ich nie als Feldwebel gesehen habe; die Ansprache bei einem Schwingerfest; die zivile Allüre eines Industriellen (Zement-Trust) in einer Sitzung mit dem Stadtrat; die Art, wie ein Bahnhofsvorstand eine Gruppe türkischer Gastarbeiter befehligt; ein Polizist, wenn man tatsächlich ein Parkverbot übersehen hat; die Leserzuschriften in bürgerlichen Zeitungen; ein Lehrer mit seiner Klasse auf der Schulreise; der eine und andere Biedermann am Schweizer Fernsehen, den ich nie als Feldprediger gesehen habe; der Name eines Kunstsammlers und Großkaufmanns in Zürich, der mich, in contumaciam, als Landesverräter bezeichnet…

Bedürfnis nach Zugehörigkeit, ich bin hier und nicht anderswo geboren, das naive Gefühl von Zugehörigkeit und später das Bewußtsein von Zugehörigkeit, ein kritisches Bewußtsein, das die Zugehörigkeit keineswegs aufhebt.

Ich weiß nicht, wie es andern beim Militär ergangen ist, wie es ihnen heute ergeht, wenn sie sich erinnern. Es gab eine Angst, die ich nie ausgesprochen habe, auch nicht unter vier Augen: die Angst vor einem kläglichen Zusammenbruch dieser Armee. Sie war nicht von Anfang an vorhanden, diese heimliche Angst, nicht am 2. 9. 1939. Sie entstand aus einer Summe kleiner und wiederholter Erfahrungen, denen eine andere Erfahrung nicht entgegenzusetzen war – nur der blinde Glaube – und es war eine Angst um alle, die diese Angst (so wenigstens schien es) nicht einen Augenblick lang hatten.

Die ersten Amerikaner waren eingetroffen, sie lehnten sich an den Schlagbaum, Helm am Gürtel. Sie winkten, man solle kommen. Ich stand aber auf Posten, Mai 1945, Helm auf und Karabiner im Arm, unabkömmlich. Wer immer die Neutralität unseres Landes und so fort. Dann lehnten sie sich mit dem Rücken an den Schlagbaum, Ärmel heraufgekrempelt, Ellbogen auf dem Schlagbaum, Blick nach Italien, rauchend. Das war an der Grenze im Münstertal. Ein amerikanischer Offizier stieg aus einem Jeep, die Leute rissen sich nicht in soldatische Pose, als er zu ihnen redete. Sie standen da, sie redeten ebenfalls. Offensichtlich war es ihnen klar, daß hier die Schweiz beginnt; sie blieben auf der andern Seite des Schlagbaums. Erst als unsere Wachtablösung endlich kam, schauten sie wieder in die Schweiz hinüber; wir zeigten ihnen, wie man das macht, Gewehr schultern und so fort, Vorsprechen des Wachtbefehls, Nachsprechen des Wachtbefehls. Einer rief: Heil Hitler! Später durfte man an den Schlagbaum gehen, Mütze auf dem Kopf. Die Sieger ohne Mütze, denn es war ein warmer Tag. Ihre Kleidung kannten wir schon von Fotos, trotzdem war sie verblüffend: eine durchaus zweckdienliche Kleidung. Als ein Major vorfuhr, ein schweizerischer, schien er keinen Wert darauf zu legen, daß wir stramm stehen; es genügte, daß wir uns etwas zurückzogen. Begrüßung auf höherer Ebene; nur fehlte auf der andern Seite der entsprechende Offizier. Die Soldaten, die von Sizilien herauf gekommen waren, lehnten sich nachwievor auf den Schlagbaum, während der schweizerische Major mit ihnen redete. Eine kurze Unterhaltung; der Major war es nicht gewohnt, so wenig Aufsehen zu bewirken, sie rauchten. Zum Schluß gab er einigen die Hand, den drei nächsten, ein Herr, der beim Richtfest auch den Arbeitern plötzlich die Hand gibt. Sein Fahrer hielt die Wagentüre, unsere Wache schulterte das Gewehr, wie nicht anders erwartet, und wir, im Augenblick dienstfrei, erhoben uns ebenfalls von der Böschung, um stramm zu stehen.

Das alles ist lang her. Ich bin als Vater nie befragt worden, wie es damals gewesen sei. Was man als schweizerischer Wehrmann erlebt hat, scheint über die Anekdote nicht hinauszugehen; keine Wendung in unsern Lebensläufen, keine Gewissenslast. Es hat sich denn auch kaum eine Literatur daraus ergeben. Ein Leid wie in andern Ländern blieb uns erspart. Partisanen hatten wir nicht, Schuld auch nicht. Was nach und nach ans Licht gekommen ist, das eine oder andere Vorkommnis, dessen rechtzeitige Kenntnis die damalige Zensur uns erspart hat, allerlei Verratsbereitschaft vorallem in den gesellschaftlichen Gruppen, die von Verantwortungsbewußtsein sprechen heute wie damals, drängt nicht zur Erstellung eines Denkmals; so viel Ungeheuerlichkeit ist damals geschehen außerhalb unsrer Grenzen, daß wir uns kaum mit uns selber befassen müssen. Was ist ein Herr Rothmund (so darf man mit Recht sagen) verglichen mit einem Himmler? Kein Thema. Wir blieben verschont, wir sind dankbar dafür, und die Meinung, daß unser Militär sich bewährt habe, ist unerschüttert –

Die hauptsächliche Erinnerung ist nicht die Erinnerung an Leere. Ich muß mich berichtigen. Die hauptsächliche Erinnerung: wie die Uniform uns das Gewissen abnimmt, ohne daß jemand es als Gewissen übernimmt. Was müßte befohlen werden, damit die Mannschaft sich als Mannschaft weigert? Der offenbare Unsinn genügt nicht. Wo würde bei dem Grad von Entmündigung, die das Militär in uns erzielt, Gewissen einsetzen? Ich vermute: je größer die Gruppe, umso später; es überträgt sich schon nicht auf dreißig Leute. Die Angst der Vorgesetzten vor der legendären Figur, die sie Rädelsführer nennen, ist verständlich; ihr Mißtrauen beginnt schon, wenn einer bei den andern so etwas wie persönlichen Kredit hat. Denn der könnte Gewissen auslösen. Daher diese Vorsorge schon im militärischen Alltag: Sprechen nur gestattet, wenn es der Befehlshaber gestattet, und der weiß, wann es ungünstig wäre für ihn. Auch das mußte wieder und wieder und immer wieder geübt werden: Marsch ohne Sprechen. Wer hat da geredet? Es kommt nicht drauf an, was da einer in der Kolonne gesagt hat, etwas Belangloses, zum Beispiel: Schade um diesen Durst. Das Verbot hat schon seinen Zweck; keine Kommunikation innerhalb der Mannschaft während des Dienstes, Kameraden können wir nachher sein, wenn nichts mehr zu verweigern ist; dann wäre Singen sogar erwünscht: LA BIONDA, LA BELLA BIONDA, Mannschaftsgeist.

Wenn ich nicht will, so brauche ich mich nicht zu erinnern. Warum will ich? Zeugen sterben langsam aus. Warum erinnere ich mich ungern? Ich sehe: Ich war ziemlich feige; ich wollte nicht sehen, was Tag für Tag zu sehen war.

Der Bankier als Oberstleutnant, sein Prokurist mindestens Hauptmann, der Inhaber mehrerer Hotels als Major, der Vorsitzende eines Konzerns als Oberst, der Fabrikant als Major, ein starker Mann auf dem Liegenschaftenmarkt oder ein Hochschullehrer, der die Industrie forschend bedient, oder der Besitzer eines Zeitungsverlages, der Besitzer eines führenden Bauunternehmens, ein Verwaltungsrat hier und dort, der Besitzer eines führenden Werbe-Büros, der Präsident eines wirtschaftlichen Interessen-Verbandes usw. als Oberstleutnant, mindestens als Major; ihre Söhne vorläufig als Leutnants: eine Armee der Vaterland-Besitzer, die sich Unsere Armee nennt. Sie hat in diesem Jahrhundert selten geschossen; zum Glück. Wenn sie aber geschossen hat, dann auf streikende Arbeiter (Generalstreik 1918) und auf demonstrierende Arbeiter (Genf 1932, anläßlich einer sozialdemokratischen Demonstration gegen schweizerische Faschisten gibt es 13 Tote durch Einsatz von Rekruten mit sechswöchiger Ausbildung).

Ich habe im Dienstbüchlein nachgesehen, es bestätigt das Gedächtnis: 161388, die Nummer meines Karabiners vor dreißig Jahren. Wo versagt das Gedächtnis? Sobald ich zusammensetzen will: diese Unbesorgtheit zum Beispiel, kaum vorstellbar bei einer erwachsenen Person, Rettung in den eigenen Alltag, ein Zeitgenosse, der auf seinem Fahrrad pfeift, zufrieden mit der Annehmlichkeit des Augenblicks, oder er pfeift nicht, im Augenblick bedrängt von einer Liebesgeschichte, hin und wieder auch Bomben versehentlich auf schweizerisches Territorium, Tote in Schaffhausen, Offenbarungen auf der Bühne und nach der Offenbarung, wenn man aus dem Schauspielhaus kommt, wieder der alte Zeitungsverkäufer mit Schlagzeilen: ein Schlachtschiff versenkt, Attentat auf Hitler mißglückt, eine Armee eingekesselt usw., man wußte: 's ist leider Krieg, 's ist leider Krieg, und im kleinen Vorgarten findet sich solches Glitzerzeug, das die Bombergeschwader ausstreuen gegen feindliche Funkmessung; Freundschaft mit Emigranten, drei fleischlose Tage in der Woche usw., man erinnert sich an Punkte: – keine Ahnung, wie sie sich damals zu einer Gegenwart zusammengesetzt haben.

Einmal, 1943, besuchte uns General Guisan. Ich hatte ihn schon vor seiner Wahl zum General gesehen bei einem Vortrag in der Eidgenössischen Technischen Hochschule. Jetzt stand er im Schnee: etwas kleiner, als man nach dem bekannten Brustbild vermutete. Wir waren bewegt. Keine Parade; er kam, um unsere Ski-Ausbildung zu sehen. Oberhalb von Samedan. Er trug eine Schneebrille. Wir mußten warten am Hang, bereit zum Start. Es dauerte ziemlich lang, aber wir blieben bewegt; er war es wirklich, Unser General, dessen Brustbild in allen Wirtsstuben hing und in Ämtern. Ein kalter Wintertag mit Sonne. Jeder von uns hatte an dem Mann, der damals schon zur Schweizergeschichte gehörte, vorbeizufahren mit Stemmbogen, kein Kunststück bei gutem Schnee, und der Schnee war gut.

Ich wagte nicht zu denken, was denkbar ist. Gehorsam aus Stumpfsinn, aber auch Gehorsam aus Glauben an eine Eidgenossenschaft. Ich wollte ja als Kanonier, wenn's losgeht, nicht draufgehen ohne Glauben. Ich wollte nicht wissen, sondern glauben. So war das, glaube ich.

Oktober 1973

Montauk

Eine Erzählung

(1974/75)

Dies ist ein aufrichtiges Buch, Leser, es warnt dich schon beim Eintritt, dass ich mir darin kein anderes Ende vorgesetzt habe als ein häusliches und privates... Ich habe es dem persönlichen Gebrauch meiner Freunde und Angehörigen gewidmet, auf dass sie, wenn sie mich verloren haben, darin einige Züge meiner Lebensart und meiner Gemütsverfassung wiederfinden... denn ich bin es, den ich darstelle. Meine Fehler wird man hier finden, so wie sie sind, und mein unbefangenes Wesen, so weit es nur die öffentliche Schicklichkeit erlaubt... So bin ich selber, Leser, der einzige Inhalt meines Buches; es ist nicht billig, dass du deine Musse auf einen so eitlen und geringfügigen Gegenstand verwendest. –/ Mit Gott denn, zu Montaigne, am ersten März 1580.

Ein Schild, das Aussicht über die Insel verspricht: OVERLOOK. Es ist sein Vorschlag gewesen, hier zu stoppen. Ein Parkplatz für mindestens hundert Wagen, zur Zeit leer; ihr Wagen steht als einziger in dem Raster, das auf den Asphalt gemalt ist. Es ist Vormittag. Sonnig. Büsche und Gestrüpp um den leeren Parkplatz; keine Aussicht also, aber es gibt einen Pfad, der durch das Gestrüpp führt, und sie haben nicht lang beraten: der Pfad wird sie zur großen Aussicht führen. Dann ist sie nochmals zum Wagen zurückgegangen. Er wartet; sie haben Zeit. Ein ganzes Wochenende. Er steht und weiß nicht, was er im Augenblick grad denkt... In Berlin ist es jetzt schon drei Uhr nachmittags... Er wartet sonst ungern. Es ist ihr eingefallen, daß sie, um den Atlantik zu sehen, eigentlich ihre Handtasche nicht braucht. Es kommt ihm alles etwas unwahrscheinlich vor, aber nach einer Weile sieht er es als einfache Wirklichkeit: Rascheln in den Büschen, dann ihre Hosen (das verwaschene Hellblau natürlich) und ihre Füße auf dem Pfad, hinter viel Zweigen und Ästen ihr ziemlich rotes Haar. Ihr Gang zum Wagen hat sich gelohnt: YOUR PIPE. Und dann geht sie wieder voran; sie duckt sich da und dort unter den wirren Ästen, und er duckt sich unter den selben Ästen, wenn sie schon wieder aufrecht geht noch immer durch Dickicht. Es ist eine Art von Pfad, nicht immer deutlich, ein verwilderter Pfad. Zuerst ist er vorangegangen: als Mann, der sich hier so wenig auskennt wie sie. Einmal ein sumpfiger Graben, wo er ihr hat helfen müssen, und seither geht sie voran. Das ist ihm auch lieber. Es macht ihr Freude, das zeigt ihr leichter und flinker Gang. Der Atlantik kann nicht fern sein. Hochoben eine vereinzelte Möwe. Im Gehen stopft er die Pfeife und wundert sich, ohne wissen zu wollen, worüber er sich wundert. Stellenweise riecht es nach Blüten: keine Ahnung, was da blüht; es sind fremde Gewächse. Er hat dafür gebürgt, daß er den Wagen jederzeit wieder finden werde, und sie scheint ihm zu vertrauen. Um dann die Pfeife anzuzünden, muß er kurz stehenbleiben, es ist windig, fünf Streichhölzer sind nötig, und sie ist unterdessen weitergegangen, so daß er sie für Augenblicke nicht mehr sieht; für Augenblicke kommt es ihm wie eine Einbildung vor oder wie eine ferne Erinnerung: dieser Gang mit einer jungen Frau. Eigentlich gibt es viele Pfade oder was wie ein Pfad aussieht; deswegen ist sie stehengeblieben: Wohin jetzt? Die Landkarte, die er gestern gekauft hat, liegt im Wagen; sie würde in diesem Gelände auch nicht viel helfen. Sie gehen nach der Sonne. Kein Pfad für Gespräche. Wo einmal kein Dickicht ist, sieht man das Gelände ringsum: nicht fremd, obschon er noch nie in seinem Leben hier gewesen ist. Das ist nicht Griechenland; eine ganz andere Vegetation. Trotzdem denkt er an Griechenland, dann wieder an Sylt. Es stört ihn, daß immer Erinnerungen da sind. Sie sind schon eine halbe Stunde gegangen. Sie wollen den Atlantik sehen. Sie haben nichts anderes zu tun; sie haben Zeit. Auch ist das nicht in der Bretagne, wo er zuletzt am Meer gewesen ist vor einem Jahr. Die gleiche Küstenluft. Es kann sein, daß er das gleiche Hemd trägt, die gleichen Schuhe, alles ein Jahr älter. Er weiß, wo sie sich befinden:

MONTAUK

ein indianischer Name; er bezeichnet die nördliche Spitze von Long Island, hundertzehn Meilen von Manhattan entfernt, und er könnte auch das Datum nennen:

11. 5. 1974

Es gibt nicht nur Äste, die über den Pfad hängen, so daß man sich ducken muß; ab und zu liegt auch ein dürrer Ast auf dem Boden, dann hüpft sie darüber. Sie ist sehr schlank, nicht knochig. Ihre Bluejeans sind bis zu den Waden gekrempelt; ihr kleines Gesäß in der knappen Hose, die sie ohne Gürtel trägt, und in der Seitentasche steckt ein Kamm. Sie ist nicht größer und nicht kleiner als er, aber leicht. Ihr Haar, wenn sie es offen trägt, reicht bis zu den Hüften; jetzt hat sie es hochgeknotet, ein roter

Roßschwanz, der beim Gehen pendelt. Da auf den Pfad zu achten ist, sofern das überhaupt noch ein Pfad ist, und da er zudem Ausschau hält, um vielleicht zu erraten, wo sie am besten weitergehen, um aus dem Dickicht herauszukommen, sieht er ihre Gestalt nur von Zeit zu Zeit; ihre helle Bluse in der Sonne, auch ihr Haar erscheint in der Sonne jetzt hell. Oft ist es nur noch eine Ermessensfrage, ob man weitergehen soll; kein Pfad. Manchmal macht sie einen großen Schritt, um auf einen Stein oder auf einen Baumstrunk zu gelangen; ihre langen Beine, doch ihr Schritt etwas zu groß, so daß ihr Körper nicht ohne Mühe hochkommt. Das würde sie auch machen, wenn sie allein wäre: diese scharfe Bewegung mit dem Kopf, um ihren Roßschwanz hinter die Schultern zu werfen. Ob sie an die Küste kommen, erscheint immer fraglicher. Sie gehen aber weiter. Dann wieder, eine Weile lang, sieht es aus, als gehe sie auf einem Seil, Fuß vor Fuß wie eine Seiltänzerin, wobei ihr Oberkörper schmiegsam das Gleichgewicht sucht und findet. Es sieht noch immer nicht nach Düne aus; keine Möwe am Himmel. Ein Mal bleibt sie stehen, um die Ärmel ihrer Bluse hochzukrempeln; hier in der Mulde ist es heiß; kein Meerwind. Wenn sie nebeneinander stehen wie jetzt: die sonderbare Gegenwart zu zweit. Er bemerkt, daß er seine beiden Hände in den Hosentaschen hat, die kalte Pfeife im Mund. Ihr Gesicht: er hat es nicht vergessen, aber sie trägt diese große Dunkelbrille, und ihre Augen sind nicht zu sehen. Ihre Lippen tagsüber schmal, oft spöttisch.

HOW DID I ENCOURAGE YOU?

ihre Frage nicht jetzt, sondern gestern auf der Fahrt hierher; offenbar verwundert es sie, wie es ihn verwundert, wenn er, wie jetzt, neben ihr steht.

WHEN DID I ENCOURAGE YOU?

Sein Flug ist für Dienstag gebucht.

Zuerst habe ich gemeint, sie sei die übliche Kamera-Fee, die bei solchen Gelegenheiten mitkommt, plötzlich in die Hocke geht und knipst, Wünsche hat, wie man sich setzen soll, und jedesmal, wenn man sie endlich vergessen hat, wieder knipst, einmal, zweimal, dreimal, viermal. Sie hat aber keine Kamera. Sie sitzt nur dabei und schweigt, stört nicht, während der Mann von einer erbärmlichen Zeitung eine volle Stunde langt fragt: HAVE YOU BEEN IN THIS COUNTRY BEFORE etc. Ein Interview zur Person. ARE YOU MARRIED, WHERE IN EUROPE ARE YOU LIVING, DO YOU HAVE CHILDREN etc. Das alles weiß sie nun auch, die junge Frau. Einmal nimmt sie das Telefon ab, weil sie grad daneben sitzt, und erledigt die Sache bestens; ich danke. WHAT ARE YOU GOING TO WRITE NEXT, PLAY OR NOVEL OR ANOTHER DIARY? Ich werde vergnügt, weil das immer die letzte Frage ist, mindestens die vorletzte. Ich sage der amerikanischen Öffentlichkeit: Leben ist langweilig, ich mache Erfahrungen nur noch, wenn ich schreibe. Eigentlich kein Witz; er lacht trotzdem. Sie nicht. Als ich ihr später die weißliche Zotteljacke halte, frage ich der Höflichkeit halber nochmals nach ihrem Namen. LYNN, sagt sie, als brauche ich nur den Vornamen. Ihr langes offenes Haar: das ist etwas umständlich beim Anziehen der Jacke, und ich kann da nicht helfen, das steht meiner Hand nicht zu. Eine Frage noch, die letzte: DO YOU CONSIDER YOURSELF A DOOMED MAN? Später stelle ich fest, daß sie ihre Zigaretten hat liegen lassen, ihr Feuerzeug. Es bleibt zwei Wochen lang unter der Lampe liegen, ein billiges grünes Feuerzeug.

Was habe ich hier wirklich zu tun?

Man kann ohne Mantel gehen; Ankunft bei Schneesturm, aber kurz darauf ist es wieder Frühling geworden... Das Frauengefängnis an der Ecke, ein hoher Klotz aus braunem Backstein, ist abgebrochen worden; jetzt ein sandiger Platz, umzäunt von Drahtgeflecht, Tauben gurren im Gehege, doch können sie das Gehege jederzeit überfliegen. Sonst hat sich wenig verändert in zwei Jahren. Die kleinen Bäume in der Neunten Straße, seinerzeit gepflanzt, sind nach wie vor dünn und dürftig; sie grünen aber. (Diese Tapferkeit des Chlorophylls!) Im Drugstore, wo ich wieder frühstücke, bedient noch dieselbe Mannschaft. Die gelben Taxi, die schwarzen glänzenden Müllsäcke an der Straße, die Sirene der roten Feuerwehr. Im Hotel haben sie den alten Kunden erkannt: DID YOU HAVE A GOOD TIME? Ein anderes Zimmer als vor zwei Jahren, die Einrichtung genau die gleiche: der niedrige Tisch mit Marmor, wo man die Füße darauflegen kann, die gelben Ständerlampen, die gelben Bettdecken, der Spannteppich grün, ein Sofa in der Farbe von Jauche und nicht unbequem, zwei Fauteuils in der gleichen Farbe, das vertraute Sausen der air-conditioning, die man aber ausschalten kann; zum Teil kann man die beiden Schiebefenster öffnen, ihre morschen Rahmen hochziehen, die Scheiben sind immer schmutzig. Die niedrige Brüstung dieser Fenster; man muß aufpassen, wenn man in die Straßenkreuzung hinunterschauen will; nur in Träumen gelingt ein Fliegen aus eigener Kraft.

MAY I INTRODUCE YOU

dann überhöre ich die Namen oder vergesse sie sofort, stehe und antworte und weiß nicht immer, wem ich geantwortet habe. Warum macht man das. Es muß sein (meint der Verlag) für das Buch –

LYNN

ich könnte anrufen unter einem beruflichen Vorwand. Ein Abendessen vielleicht; sowie eine Frau mir gefällt, komme ich mir jetzt als Zumutung vor.

HUDSON:

ein paar feiste Möwen auf der Mole, Wiedersehen mit der öligen Spiegelung im Wasser. Ein veralteter Dampfer liegt noch immer am Anker; Ketten mit Bärten aus Tang. Einmal ein Helikopter.

Es ist windig, das schwarze Wasser klatscht gegen die Mole, deren Gehölz vor zwei Jahren schon morsch gewesen ist. Ein großer weißer Frachter, der vermutlich am nächsten Tag auslaufen wird, liegt ruhig und unbeweglich, STATENDAM, eine holländische Flagge im Wind. Rückwärts die alte Hochstraße, die zur Zeit in Reparatur ist. Die kleine düstere Bar, wo sie Billard spielen, gibt es auch noch; BLUE RIBBON, die Lichtschrift rot wie Limonade in der Dämmerung. Westwärts findet gerade ein schleimiger Sonnenuntergang statt; ein langer schwarzer Frachter davor. Ein paar Leute auf der Mole, Müßiggänger wie ich. Ein junger Schwarzer mit Fahrrad fährt Slalom. Ein Paar, das umschlungen auf der äußersten Planke sitzt als Schattenriß. Ein Alter mit Hund. Ein anderer Hund ohne Herr. Die langen dicken Taue aus Hanf. Eine Bierdose, die im Wind zu rollen beginnt.

AMERICAN ACADEMY OF ARTS AND LETTERS:

ich erhebe mich und danke.

MUSEUM OF MODERN ART:

ich schwänze die Kunst und sitze im Gartenhof einen ganzen Vormittag. Es kann sein, daß mich Kunst nichts angeht, wenn ich allein bin. Ich genieße es, hier unter den paar Bäumen zu sitzen. Ich sitze in diesem Gartenhof (Moore, Picasso, Calder etc.) seit zwanzig Jahren und länger:

1951
1956
1963
1970
1971
1972

Unterwegs wieder einmal das Gefühl, der Körper sei leichter geworden, ganz leicht, als habe sich die Schwerkraft vermindert beim langen Gehen: alles, was ich einsehe, erscheint auch durchführbar, ich muß es nur nicht aussprechen, sondern tun.

CENTRAL PARK:

ein Gewährsmann hat mich belehrt, daß die berühmten Eichhörnchen gar keine Eichhörnchen sind, sondern Baumratten. Früher gab es hier noch Eichhörnchen. Die Baumratten sind nicht rötlich wie die Eichhörnchen, doch nicht minder zierlich. Man kann ihnen Minuten lang aus der Nähe zuschauen, so zutraulich sind die Baumratten. Der Unterschied zu den Eichhörnchen besteht vor allem darin, daß sie die Eichhörnchen vernichten.

WHITE HORSE:

der Schriftsteller scheut sich vor Gefühlen, die sich zur Veröffentlichung nicht eignen; er wartet dann auf seine Ironie; seine Wahrnehmungen unterwirft er der Frage, ob sie beschreibenswert wären, und er erlebt ungern, was er keinesfalls in Worte bringen kann. Diese Berufskrankheit des Schriftstellers macht manchen zum Trinker.

SANITATION:

immer noch erwache ich viel zu früh. Bevor der Alltag losgeht, führen sie ihre Hunde und Hündchen durch die Straßen, halten sich an der Leine, während die Tiere pinkeln oder scheißen. Eine Hundestunde morgens, eine Hundestunde abends. Man muß eben aufpassen, wo man hintritt. Sie hängen an ihren Hunden und Hündchen, das sieht man, sie haben ein Bedürfnis nach Liebe, die Menschen hier, sie lassen sich von Duftmarke zu Duftmarke ziehen und warten ohne Ungeduld, auch wenn's regnet. Nur gegen die rote Verkehrsampel lassen sie sich an der Leine nicht ziehen und wehren sich, bis die Ampel wieder grün ist. Eine verschissene Gegend. Einige haben mehr als nur einen

Hund. Eine Gegend voll Bedürfnis nach Liebe. Der weiße Wagen mit dem Kreiselbesen erwischt nie alles; ein Rest bleibt immer.

LONG DISTANCE:

Weinen einer Frau durchs Telefon macht mich hilflos, vollkommen hilflos; die Unmöglichkeit, ihr Handgelenk zu fassen – was auch nichts ändern würde.

FIFTH AVENUE HOTEL:

Der Spannteppich erscheint tagsüber (ohne den Schein der gelben Lampen) eher blau, nicht grün. Im Augenblick liegt Sonne darauf, ein schiefes Geviert, aber die Luft um die Beine ist kühl. Ich habe gelesen und gedacht, was ich da lese: plötzlich dieses Gedächtnis der Haut: FRÜHLING, JA, DU BIST'S! nämlich mit Sonne auf diesem Spannteppich, den ich kenne; ich habe ihn einmal geküßt. DICH HAB' ICH VERNOMMEN! Plötzlich hilft keine Lektüre (FICTION) gegen dieses Gedächtnis der Haut; das macht vor allem die Kühle um die Beine oberhalb der Socken; kein Vogelsang durch das offene Fenster, sondern das Geräusch von Großstadtverkehr, ein ganz bestimmtes: wenn die Busse losfahren bei Grünlicht an der Ecke FIFTH AVENUE/9TH STREET. Wieder lege ich die Füße mit den Schuhen auf den niedrigen Tisch und esse Nüsse aus der hohlen Hand.

MY GREATEST FEAR: REPETITION

Eine amerikanische Studentin aus Yale stellt nicht die üblichen Fragen der Sekundär-Literatur; sie fragt: Will Stiller denn wirklich, daß Julika erlöst werde, oder geht es ihm in erster Linie darum, ihr Erlöser zu sein?

WASHINGTON SQUARE

die Schachspieler an den öffentlichen Steintischen mit dem wetterfesten Schachmuster, darüber Grün mit Vogelzwitschern. Oft bleibe ich lange da stehen, aber immer nur stehen; ich setze mich nicht. Heute hat mich einer gefragt, ein Schwarzer, ob ich Lust habe zu einer Partie. Kein sehr guter Spieler, wie ich vorher bemerkt habe, und trotzdem wage ich's dann nicht. Kann ich mir keine Niederlagen leisten? Oder keinen Sieg? weil er nichts bewirkt; im Gegenteil, nachher klafft das Bewußtsein meines häuslichen Versagens –

COMMERCE STREET 15

keinen früheren Wohnplatz möchte ich nochmals bewohnen, auch nicht dieses liebliche Haus. Ein Zimmer auf jeder Etage. Im Souterrain die perfekte Küche und ein Eßplatz, wo man sich wie in einer Kajüte fühlt, auch tagsüber mit Lampenlicht; man sieht durch die kleinen Fenster nicht Meeresgischt, sondern Schnee auf dem Trottoir, die Beine von Passanten in Schnee und Matsch, die schnelleren Beine von Hunden. Zuoberst im Haus, wo ich zu arbeiten versucht habe, zittert es am meisten; das Poltern der schweren Lastwagen mit den schweren Anhängern beginnt lang vor dem Morgengrauen, und wenn das verstummt, weil sie vor der Verkehrsampel eine Minute warten müssen, so ist es das andere Poltern der Subway. Trotzdem kommt es mir vor, es sei still im Haus; eine Stille, als sei ich taub. Das leise Summen im Eisschrank, die eignen Schritte, das Geräusch, wenn ich die Zeitung blättere. Ich höre, wenn Post durch den Schlitz der Tür fällt, wenn der Schlüssel in das Schloß der Haustüre gesteckt wird und gedreht. Bin ich taub gewesen? Ich höre, was mir gesagt wird, und glaube es. Eine Platte mit echtem Meeresrauschen (damit man den Straßenlärm nicht höre) habe ich auch gehört; ein freundliches Geschenk –

Wir haben gehört, wie Neruda liest.

VIA MARGUTTA:

das macht die warme Luft, das Licht: plötzlich bin ich in Rom. Nur die architektonische Kulisse stimmt nicht dazu, das sehe ich. Keine Ahnung, was ich in Rom täte; ich bin nur grad in Rom für eine Weile –

GOETHE HOUSE:

ein Arrivierter könnte aussehen wie ein Walroß, die Frauen geben sich nicht nur mit ihm ab, sondern entfalten unverlangt ihren Charme fast ohne Reserve. Erst auf der Straße, anonym im Gedränge, empfinde ich mich wieder als Walroß ganz und gar.

EIGHT STREET BOOKSTORE:

daß man um Mitternacht noch in einem Buchladen stehen kann... ich habe den kleinen gelben Langenscheidt gekauft, um dann, wenn ich darin nachschlage, fast jedesmal das Gedächtnis zu blamieren; nämlich man hat das schon einmal gewußt:

SENSIBLE / SENSITIVE / SENSUAL

Die Nachricht, daß Konrad Farner in Zürich gestorben ist, lese ich im Lift, ohne deswegen mein Stockwerk zu versäumen. Es ist Konrad Farner viel erspart geblieben. Es mehren sich die Toten als Freundeskreis.

OLIVETTI LETTERA

ich kann's nicht lassen, ich habe eine kleine Schreibmaschine gekauft ohne literarische Absicht. (Eine literarische Erzählung, die im Tessin spielt, ist zum vierten Mal mißraten; die Erzähler-Position überzeugt nicht.) Diese Obsession, Sätze zu tippen –

ein französischer Edelmann auf dem Weg zur Guillotine bittet um Papier und Feder, um sich etwas zu notieren, und es wird ihm gewährt. Man könnte die Notiz ja vernichten, wenn sie sich an irgend jemand richtet. Das ist nicht der Fall. Es ist eine Notiz ganz und gar für ihn selbst: pro memoria.

Was ich in New York zu tun habe, wäre in Zürich oder in Berlin auch noch zu tun. In Berzona (Tessin) ist es bereits getan, glaube ich. In Rom? Umweltverschmutzung durch Gefühle, die nicht mehr zu brauchen sind – etwas Verfaultes, weil ich es nie ausgesagt habe oder nie ehrlich genug, nicht mit Bewußtsein verabschiedet. Es wird Zeit. Vorgestern geträumt: daß ich am nächsten Mittwoch hingerichtet werden soll, und ich verstehe nicht, warum am nächsten Mittwoch, ich bin gesund, diese willkürliche Verfügung einer Behörde, die gar nicht Bescheid weiß, einer Behörde ohne Adresse übrigens; keine Chance, Rekurs anzumelden.

Ein andrer Traum:

sie munkeln. Wer? Der Sarg meines Vaters sei geplatzt, das habe ich nicht gewußt, verstehe es aber. Man wird verrückt werden vor Enge. Sie geben mir etwas Süßes, womit man Kinder vertröstet. Passanten. Plötzlich sehe ich nicht ein, warum ich mich in den Sarg legen soll. Sie haben schon eine Art von Kahn bestiegen, alle in Schwarz, sie stehen in diesem Kahn mit langen Rudern. Zürichsee. Es hindert mich niemand, ich laufe, am Geländer finde ich eine lange Rettungsstange, die sich zur Not als Ruder verwenden läßt; nur ist es mühsam, da die Stange keine Schaufel hat. Aber ich werde es ihnen schon zeigen. Ich kann mich nicht erinnern, worauf ich stehe; eine Art von Floß, ein Brett? Ich stehe und rudere neben ihnen her. Jemand hat mir verraten, wohin sie rudern. Als ich sie endlich eingeholt habe, jetzt neben ihrem Kahn rudere, reden sie mich nicht an; ich höre, was sie reden. Ihr braucht nicht zu munkeln! Sie munkeln auch gar nicht; jetzt wird ihm die Lunge zerplatzen, sagen sie. Kein Zweifel für sie, daß es aus ist mit mir. Das hat noch gefehlt, daß ich rudere. Sie haben angenommen, daß es mir leichterfalle, daß ich keine Schererei mache, daß ich mich nicht wehre. Es bleibt dabei: wir rudern zum Begräbnis. Das sehe ich aber nicht ein, da ich, wie sie sehen, imstande bin zu rudern. Sie sprechen jetzt nicht mehr mit mir; es eilt.

TRATTORIA DA ALFREDO

ich gestehe, daß ich diese Trattoria nicht zufällig entdecke; ich habe sie gesucht, als gäbe es hier ein Gefühl abzuholen: A CAUSE D'UNE FEMME. Ich möchte hier nicht erkannt werden und stehe nur so lang, bis die Pfeife angezündet ist; ein Passant, der hier nichts verloren hat, Gefühl der Scham, daß ich hier stehe zwei Jahre später; Warten auf Grün. Übrigens habe ich die kleine Trattoria nur von außen gesehen; die Stühle auf den kleinen Tischen. Denn es ist früher Vormittag. Um das Interieur zu erkennen, müßte man das Gesicht nahe an die spiegelnde Fensterscheibe halten, die beiden Hände als Scheuklappen, um die Spiegelung zu durchschauen. Das habe ich nicht getan. Es hat mich erschreckt, als ich in der Scheibe meine Gestalt gesehen habe. Sobald dann wieder Grün ist, weiß ich: Eine natürliche Geschichte. Hätte ich denn Schüsse abgegeben? Immerhin habe ich jetzt vergessen, wohin ich eigentlich habe gehen wollen, gehe aber. Ohne Mantel. Es ist kühl, Frühling wie damals, ein klarer blauer Vormittag mit Wind vom Meer. Im Gehen lese ich jede Reklame genau, obschon ich anderes zu tun hätte.

DIE WAHRHEIT IST DEM MENSCHEN ZUMUTBAR

sie kann diesen Satz nicht leiden. Ein Zitat. Sie findet es Kitsch. Was heißt schon Wahrheit! Wir haben gestritten darüber, was Kitsch ist.

heißt das neue Buch, das Philip Roth gestern ins Hotel gebracht hat. Wieso würde ich mich scheuen vor dem deutschen Titel: Mein Leben als Mann? Ich möchte wissen, was ich, schreibend unter Kunstzwang, erfahre über mein Leben als Mann.

GIACOMETTI:

seine Ausstellung in diesem unmöglichen Museum mit der Spiral-Lampe; Vernissage mit tausend Smokings und mit Damen in langen Roben; dazu sein übergroßes Foto-Porträt: dieses Gesicht!... Wer oder was verleiht Rang? Die Leistung tut es zum Teil. Verleiht einer den Rang sich selbst? Auch der Gescheiterte kann Rang haben. Wodurch? Rang bedeutet noch nicht Ruhm. Ich kenne Leute, die ihren Ruhm verloren haben zur Lebzeit; der Rang ist ihnen geblieben. Rang ist nicht der Glanz des Siegers. Wie bekundet sich Rang? Ich bin Leuten von Rang begegnet, Männern und Frauen, älteren und jüngeren, berühmten und anderen; ich bin Giacometti nie begegnet. Die Begegnung mit Leuten von Rang (sie müssen nicht von der gleichen Fakultät sein) macht Mut auf merkwürdige Weise; sie bedienen sich nicht des Lobes, um Mut zu machen. Sie verleihen Rang, ob sie zustimmen oder widersprechen; noch eine Fehde führen sie in der Erwartung von Rang. Solche Erwartung kann natürlich enttäuscht werden. Bei Leuten von Rang besteht die Erwartung von Rang nicht blindlings, aber unabhängig von Erfolg oder Nichterfolg; sie selber setzen die Maßstäbe. Das kennzeichnet sie untrüglicher als ihre Leistungen, die der andere in vielen Fällen ja nicht beurteilen kann. Ihr Rang beglänzt ihre Leistung. Sie sind nicht immer freundlich; nur lassen sie sich in ihrer Erwartung nicht irritieren, wenn jemand sich gelegentlich unter seinem Rang verhält. Die Selbstzweifel, die ihnen vorgetragen werden, nehmen sie ernst, doch fallen sie nicht auf Selbstbezichtigung herein wie die andern, die, sobald sie nicht mit Allüre überrannt werden, ihre Erwartung unwillkürlich herabsetzen und gnädig werden in einer Art, die alles eine Nummer zu klein nimmt, aber auch alles.

ERYNNIEN

sie zerreißen dich nicht, sie stehen nur an irgendeiner Ecke: Hier oben, im dritten Stock, hast du einmal gewohnt, WAVERLY PLACE / CHRISTOPHER STREET, vor dreiundzwanzig Jahren. Als wüßte ich's nicht! Ich blicke nicht einmal an die Fassade hinauf, sehe bloß, daß im Parterre ein andrer Laden ist; damals ein Lebensmittelgeschäft, ein lausiges, ich verfügte über 200 Dollar im Monat, die Wohnung kostete 100 Dollar im Monat, einmal fiel mir ein Blumentopf vom Fenstersims und traf niemanden.

Wo werden die Erynnien mich packen?

Neuerdings haben wir ein Kennwort dafür: Anfälle. Jedesmal ein Schrecken für sie, ich weiß, und vollkommen unverständlich. Dabei kommt es zu keiner körperlichen Bedrohung des Partners; sie irrt sich, wenn sie das fürchtet; nicht die mindeste Versuchung dazu. Wenn Tätlichkeit, dann wäre es Tätlichkeit gegen mich selbst: um mich auszudrücken. Ich meine zu verstehen, zu denken, zu erkennen; das allerdings ohne Rücksicht, im Beginn fast gelassen, ohne Rücksicht auf mich oder irgendwen. Ich schreie nicht, im Beginn jedenfalls nicht; allerdings werde ich dann unansprechbar, auch wenn ich eine Weile lang zuhöre. Die Wahrheit, die ich auszudrücken versuche, die ich in diesem Augenblick erkenne, ist selten ein Freispruch für mich. Es kann von Lappalien ausgehen; geradezu lächerlich, eine solche Lappalie überhaupt zu erwähnen. Ich sehe sie als Zeichen, daher nicht als Lappalie; als Zeichen so eindeutig für mich, daß ich jede andere Auslegung kaum ertrage, eine harmlose schon gar nicht. Keine Vorwürfe, nein, ich rede nur von den Erkenntnissen. So kommt es mir vor. Im Augenblick ohne jede Angst vor den Konsequenzen, die ich sehe. Meine Rede (Monolog) hat etwas Hinrichtendes; nicht aus Haß. Was soll der Partner? Er soll verstehen, was ich nicht auszudrücken vermag; er soll einverstanden sein. Ich ertrage mich nicht. Ich kann dann nicht aufwachen, wie man aus Träumen, wenn sie unerträglich sind, aufwachen kann. Wie ich's in diesem Augenblick sehe, so ist es eben, wirklich und so und nicht anders, und ich fühle mich bereit. Wozu? Dann wiederhole ich mich, ich weiß. Kein Zurück in die Vernunft; die Vernünftigkeit verletzt mich, sie erniedrigt mich, sie entfesselt auch noch den Zorn. Dabei habe ich so gelassen begonnen; was ich gemeint habe, ist kein Vorwurf, es ist wichtiger: WAHRHEIT, meine. Wenn ich mir das Hemd zerreiße, so meine ich meine Haut. Ich bitte; offenbar tönt es ganz anders; ich flehe. Dabei ist alles, was ich jetzt sage, nur noch verletzend. Es fällt mir anders nicht ein. In diesem Augenblick möchte ich sterben dafür, daß ich mich ein Mal verständlich machen könnte, ohne Forderung. Nachher finde ich es schade um meinen Zorn; nie hat er den Gordischen Knoten getroffen – ich habe mich auch noch zu entschuldigen.

SWEET'S

es sei das älteste Fisch-Restaurant in der Stadt. Ein Schuppen am alten Markt, abbruchreif seit Jahren. Wer nicht davon gehört hat, würde hier nie eintreten. Über Mittag bekommt man kaum einen Tisch, dann speisen hier die Tätigen aus der WALL STREET. Seit ich das Restaurant kenne, habe ich schon viele Freunde dahin geführt. Es gibt hier, zu Fischgerichten aller Art, einen amerikanischen Sauternes, der erstklassig ist, und man sieht unter der Hochstraße hindurch das Glitzern, EAST RIVER. Auch Lynn hat es bisher nicht gekannt. Es gefällt ihr; es ist gar nicht schick hier. Sie hat wieder ein Interview vermittelt; ihr Job. Ihr offenes Haar und die Brille: Undine und ein wenig Nurse. Im Sommer wird sie mit ihren Eltern nach Griechenland fahren, mein guter Rat erübrigt sich; GUIDED TOUR. Da Lynn nichts gelesen hat, was ich veröffentlicht habe, genieße ich es, einmal lauter Gegenteil zu reden: – Politik kümmert mich überhaupt nicht. Verantwortung des Schriftstellers gegenüber der Gesellschaft und das ganze Gerede, die Wahrheit ist, daß ich schreibe, um mich auszudrücken.

Ich schreibe für mich. Die Gesellschaft, welche auch immer, ist nicht mein Dienstherr, ich bin nicht ihr Priester oder auch nur Schulmeister. Öffentlichkeit als Partner? Ich finde glaubwürdigere Partner. Also nicht weil ich meine, die Öffentlichkeit belehren oder bekehren zu müssen, sondern weil man, um sich überhaupt zu erkennen, ein imaginäres Publikum braucht, veröffentliche ich. Im Grunde schreibe ich aber für mich selbst... Lynn protestiert gar nicht; es klingt überzeugender (auch für mich) als erwartet.

YOU ARE A RICH MAN, I AM SURE, BUT THIS IS A BUSINESS LUNCH, YOU SHOULD NOT PAY FOR THIS, IT'S JUST SILLY.

Neulich (aber das ist auch schon vor Jahren gewesen) habe ich ihn in Zürich zufällig auf der Straße (Limmatquai) von weitem gesehen; ein schwerer Mann jetzt. Wir haben zusammen das Gymnasium in Zürich besucht. Ob er mich ebenfalls erkannt hat, keine Ahnung; er drehte sich nicht um, und ich war betroffen, daß ich ihm nicht sofort nachging, sondern einfach stehenblieb. Also sah ich ihn bloß noch von hinten. Ohne Hut. Seine breiten Schultern; er ist sehr groß, im Gedränge nicht zu verwechseln, und ich hatte ihn ja eben von vorne gesehen. Er hatte gradaus gestarrt, offensichtlich in Gedanken; jetzt blickte er hinunter auf den Asphalt, als habe er mich ebenfalls erkannt. Er weiß es und ich weiß es, was er für mich getan hat. Ich rief nicht einmal über die Straße, damit er sich umdrehe. Was soll W. mit meiner lebenslänglichen Dankesschuld? Und zudem weiß ich, daß ich alles in allem vor diesem Menschen nicht bestehen kann. In der Klasse war er immer der Erste, kein Streber; er war intelligenter als die andern, ohne es auf die leichte Schulter nehmen zu können, daß er intelligenter war, und so war er auch gewissenhaft; es war ihm eher peinlich, wenn die Lehrer ihn lobten. Um nicht einen Musterschüler abzugeben, konnte er ganz ruppig sein gegenüber den Lehrern. Nach der Schule begleitete ich ihn nach Hause, was für mich ein großer Umweg war, aber ein Gewinn; durch ihn hörte ich zum ersten Mal von Nietzsche, von

Oswald Spengler, von Schopenhauer. Seine Eltern waren sehr reich. Das schien ihm aber unwichtig, kein Grund für Selbstbewußtsein. Eine Weltreise zum Beispiel, die er nach der Maturität hätte antreten dürfen, kam für ihn nicht in Frage, ein Auto auch nicht; alles Oberflächliche war ihm zuwider. Er war ein philosophisches Temperament; ich staunte, was sein Hirn alles denken kann. Auch war er sehr musikalisch, was ich nicht bin; Abende lang spielte er mir Platten von Bach, von Mozart, von Anton Bruckner und von andern, die ich noch nicht einmal dem Namen nach kannte; kein Mensch sei völlig unmusikalisch, sagte er. Ich schrieb für Zeitungen und war stolz, wenn die kleinen Sachen gedruckt wurden; mein Geltungsdrang, glaube ich, war das erste, was ihn an mir enttäuschte. Ich mußte Geld verdienen, das verstand er natürlich, aber was ich schrieb, war ihm peinlich. Er ermunterte mich zu zeichnen. Diesbezüglich fand er mich nämlich nicht unbegabt. Auch sein Urteil für bildende Kunst war ungewöhnlich, nicht bloß angelesen; es entsprang seiner eignen Sensibilität. Ich traute mich aber nicht zu zeichnen, obschon er mich doch ermunterte, hingegen lernte ich von ihm, was man in Bildern sehen kann. Sein Vorsprung in philosophischer Begrifflichkeit war bald zu groß, als daß ich sein Gesprächspartner hätte werden können; er sagte kaum noch, was er zurzeit gerade las, und es mag sein, daß ich das eine und andere, was bei Sigmund Freud steht, für seine eigenen Funde hielt, ohne daß er es auf solche Täuschung anlegte. Es war einfach unergiebig, Quellen zu nennen, die ich damals nicht kannte. Also ermunterte er mich zu zeichnen. Er selber gab das Cello wieder auf, weil sein Spiel, obschon er leidenschaftlich übte, seinen hohen Ansprüchen nicht genügte; er hatte zu schwere Hände dafür. Überhaupt machte W. es sich schwer. Seine Eltern wußten natürlich, daß er das Geschäft nie übernehmen würde; erst später trat er dem Verwaltungsrat bei, auch das nur ungern. Eine Zeitlang hatte er Medizin studiert, die ersten Examen bestanden; ich verstand nicht ganz, warum er die Medizin aufgeben mußte. Es geschah keinesfalls leichtsinnig. Später malte er, und ich bewunderte, was er hervorbrachte; es war alles andere als virtuos, aber elementar. Ein ungewöhnlicher Mensch; kein Zweifel, er hatte es schwerer als wir alle. Übrigens war er mir auch körperlich überlegen; seine Eltern hatten einen eigenen Tennisplatz im Garten, und W. schenkte mir, da ich ziemlich mittellos war, seine gebrauchten Schläger, so daß wir zusammen spielen konnten. Es ging ihm überhaupt nicht ums Gewinnen, nur spielte er einfach besser, und ich konnte von ihm lernen, was ein Trainer ihn gelehrt hatte, und mehr als das: er lehrte mich zu verlieren, nicht um Punkte zu spielen, was unwichtig war für ihn, da er die Punkte machte, und hoffnungslos für mich. Ich genoß diese Stunden sehr. Wenn er mir melden mußte, der Platz sei heute zu naß, so war ich unglücklich. Ich träumte von W. Wenn ich ihn besuchte, kam das Dienstmädchen an die Türe, ließ mich höflich in der Halle warten, bis sie oben gefragt hatte, und dann hatte ich natürlich den Eindruck, daß ich störte, auch wenn W. mich nicht abwies. W. selber meldete sich fast nie; es wunderte ihn aber, wenn ich mich wochenlang nicht meldete. Er war ein herzlicher Freund, mein einziger Freund damals, denn neben W. war irgendein andrer kaum denkbar; er hätte vor W. nicht bestanden. Seine Eltern übrigens, bekümmert um ihren Sohn, waren immer sehr entgegenkommend; wenn W. fragte, ob es recht sei, daß ich noch zum Abendessen bleibe, waren sie immer einverstanden. Übrigens war es das erste reiche Haus, das ich kennengelernt habe; es war besser als andere, die ich später kennenlernte. Alles in allem fühlte ich mich beschenkt. Schwieriger war es, wenn ich W. beschenken wollte zum Geburtstag oder zu Weihnachten; meine Geschenke machten ihn verlegen, denn sein Geschmack war besser entwickelt, und selten ging es ohne Umtausch. Damals hatte ich meine erste Braut; sie konnte ich nicht umtauschen. Sie fürchtete W., glaube ich, sie mochte seine Überlegenheit nicht anerkennen, und das schmerzte mich. Das war vor vierzig Jahren. Ich fragte mich oft, was W. denn an mir habe. Wir wanderten viel, wir gingen schwimmen. Er hatte auch ein äußerst empfängliches Auge für Landschaften. Alles Technische in der Natur, Hochspannungsleitungen und dergleichen, beleidigte ihn geradezu körperlich. Durch ihn kam ich zu Caspar David Friedrich, zu Corot, später auch zu Picasso und zu afrikanischen Masken; dabei war er keineswegs lehrerhaft. Vieles was er wußte, verschwieg er. Ich hatte Griechenland durchwandert und erzählte natürlich davon, nur hatte ich dann das Gefühl, daß W. mehr gesehen haben würde. Dieses Gefühl, glaube ich, hatte er selber auch; er hörte mir zu, bis er mich dann doch unterbrechen mußte, indem er auf etwas Sehenswertes zeigte, was ich tatsächlich nicht gesehen hätte ohne ihn, etwas Gegenwärtiges, zum Beispiel einen erstaunlichen Falter. Er sah einfach mehr. Es gab nur eine Sache, wofür ich nie dankbar war: seine Anzüge, die für mich eine Nummer zu groß waren. Meine Mutter konnte zwar die Ärmel kürzen, die Hosen auch, trotzdem paßten sie mir nicht. Ich trug sie halt, um W. nicht zu kränken; er meinte es arglos, sah, daß ich mir keine Anzüge kaufen konnte, und der Stoff war immer noch tadellos, wenn er mir einen Mantel oder eine Jacke vermachte. Warum er das Zeug selber nicht mehr trug, ging mich ja nichts an. Er war alles andere als ein Geck, der mit der Mode gehen muß; seine Eltern hatten aber einen Schneider, der von Zeit zu Zeit ins Haus kam, glaube ich. Schließlich schenkte er mir auch anderes, was er nicht schon getragen hatte, Platten zum Beispiel, eine ganze Sinfonie. Er schenkte nie blindlings, wie etwa Neureiche es tun, nie unvernünftig und für meine Verhältnisse übertrieben. Wie wenig man als junger Reporter und Rezensent verdient, ahnte er, ohne daß ich je davon reden mußte. Er war sensibel genug, der Luxus im elterlichen Haus war ihm peinlich im Hinblick auf mich, zu Unrecht übrigens, denn ich identifizierte W. nie mit Luxus. In seinem Zimmer mit Aussicht auf Garten und Stadt und See erschien er mir eher wie ein Diogenes, unabhängig durch Geistigkeit. Er fuhr Straßenbahn wie unsereiner. Überhaupt wählte er nie den bequemen Weg, sondern war hart gegen sich selbst. Im Oktober, wenn das Wasser schon kalt ist, schwamm er über den See, hin und zurück. Später hat W. mir ein ganzes Studium bezahlt: 16000 Franken (was damals mehr wert war als heute) für vier Jahre; also 4000 Franken im Jahr. Eigentlich tut es mir leid, daß ich die Anzüge überhaupt erwähnt habe. Es verdroß mich nicht, wenn er plötzlich, mitten in einem Gespräch, seine eigene Jacke wiedererkannte und feststellte, daß die englischen Stoffe sich eben tadellos halten und daß es doch schade gewesen wäre und so weiter; es war eher komisch. Nichts weiter. Lange Zeit lud er mich immer wieder zu Konzerten ein, nicht nur im letzten Augenblick, wenn seine Mutter die bestellte Karte nicht nutzen konnte. Er glaubte wirklich, daß kein Mensch durch und durch unmusikalisch sein könne, und in der Tat war ich oft begeistert, wenn auch auf eine banausische Art, wie ich seiner Miene entnehmen konnte; dann verstummte W. nicht hochnäsig, nur verlegen. Und trotzdem lud er mich immer wieder einmal zu einem Konzert ein; nicht ins Theater. Er war dem Theater gegenüber keineswegs taub, jedoch kritischer als ich. Überhaupt war er kritischer als ich, auch sich selbst gegenüber. Ich traf ihn oft in wirklicher Verzweiflung. Ein Mensch, der nichts und sich selbst schon gar nicht auf die leichte Schulter nehmen kann. Keine hysterische Verzweiflung; er schilderte klar und klug die Unlösbarkeit seines Problems. Was immer ich ihm dazu sagen konnte, zeigte ihm erst recht, wie einsam er ist. Unsere Nöte, zum Beispiel meine Not mit einer jüdischen Braut in den dreißiger Jahren, waren mit seiner Not nicht zu vergleichen, das spürte auch ich. Seine Not war exemplarisch, meine doch nur persönlich, und dafür gibt es Lösungen, die er mir zutraute, so oder anders. Nicht daß W. daran keinen Anteil nahm; an seiner Not hingegen konnte niemand Anteil nehmen, schon gar nicht sein Vater, ein Mann von nüchterner Güte, auch seine Mutter nicht, die sich als Intellektuelle sah und deren Weltsucht er als Ausflucht begriff. Viele Jahre später, als wir einander lang nicht gesehen hatten (ich hatte ein Jahr in Amerika gelebt) und als ich von meiner bevorstehenden Scheidung berichtete, stellte W. keine Fragen; sein Schweigen allein zeigte mir, wie selbstgerecht ich die Sache darstellte. Wir stapften durch Wald, und W. versuchte von etwas anderem zu sprechen, aber ich hatte jetzt kein Auge für Falter. Um bei meiner Scheidung zu bleiben, fragte ich nach seiner Ehe; obschon ich die Geschichte, die er jetzt entfaltete, schon seit Jahren kannte, war es wesentlicher, was W. zu sagen hatte, reicher an Komplikationen und von tieferer Einsicht, die auf meinen Fall nicht anzuwenden war. Es wäre mehr als geschmacklos gewesen, hätte ich nochmals von meiner Schwierigkeit geredet. Seine Scheidung war unvergleichbar. Später ließ ich mich trotzdem scheiden. Daß wir uns in jenen Jahren fast nur unter vier Augen trafen, nie in einer Gruppe, so daß ich den Freund einmal in einem andern Kräftespiel gesehen hätte, fiel mir damals nicht auf. Es lag nicht nur an ihm, der Geselligkeit scheute, sondern auch an mir. Ich litt nicht unter seiner Überlegenheit, solange wir unter vier Augen waren; sie war selbstverständlich. Ich fühlte mich beschenkt, wie gesagt, ich fühlte mich ausgezeichnet wie damals, als ich ihn von der Schule nach Hause begleiten durfte. Er schenkte mir das Engadin. Noch heute kann ich nicht durch jene Gegend fahren, ohne an W. zu denken. Und ich meine ja nicht nur, daß die Reise ins Engadin für mich unerschwinglich gewesen wäre. Er kannte das Engadin. Er war auch der bessere Alpinist. Seine Familie hatte dort einen Bergführer, der ihn Jahr für Jahr unterrichtet hatte. Ohne W. wäre ich nie auf diese Berge gelangt. Er wußte, wo und wann Lawinen drohen und wie man sich in einem bedenklichen Gelände zu verhalten hat; er knüpfte die rote Lawinen-Schnur an seinen Rucksack, betrachtete gewissenhaft den Hang und prüfte den Schnee, dann sauste er voran in die Tiefe, und ich hatte mich nur an seine kühne Spur zu halten, so gut ich's halt konnte. Als ich bei einem schweren Sturz einmal den Ski gebrochen hatte, kaufte W. unterwegs ein neues Paar für mich, damit wir die Tour nicht abbrechen mußten, nicht die allerbeste Marke, was mir peinlich gewesen wäre, immerhin eine bessere Marke mit einer besseren Bindung, als ich sie bisher hatte. Er machte das ohne Aufhebens, nicht einmal ganz unbefangen, wenn er das Geld auf den Tisch legte; es wäre ihm peinlich gewesen, wenn Geld mir Eindruck gemacht hätte. Ich dankte natürlich. Ich war nie ein gelernter Ski-Fahrer und wundere mich heute noch über seine Geduld; natürlich war W. immer voraus, ohne es darauf anzulegen; er stürzte nicht, und wenn ich nach einer geraumen Weile bei ihm ankam, weiß nach einigen Stürzen und außer Atem, sagte er immer: Laß dir Zeit. Es machte ihm nichts aus zu warten. Unterdessen hatte er die Landschaft genossen, zeigte mit dem Stock in die Gegend und nannte die Namen der Gipfel, machte mich aufmerksam auf eine nahe Arve oder auf die unwahrscheinliche Beleuchtung, diese eigentümlichen Farben des Engadins, das er liebte, die Landschaft des Zarathustra, den ich auch gelesen hatte, nicht ganz begriffen vielleicht. Ich als der Schwächere konnte bestimmen, wann wir unsere Abfahrt fortsetzen wollen, W. drängte nicht, obschon er, ohne mich, längst in Pontresina hätte angekommen sein können; darum ging es aber nicht. Er schenkte mir sein Engadin. Ich liebe es noch heute. Was ohne W. aus mir geworden wäre, das ist schwer zu sagen. Vielleicht hätte ich mir mehr zugetraut, vermutlich zuviel. In einem gewissen Sinn hat W. mich immer ermuntert, zum Beispiel meine Schriftstellerei aufzugeben und Architektur zu erlernen. Ich erwartete nicht, daß W. meine paar Bauten besichtigte; sie hätten ihn enttäuscht, vermute ich, zu Recht. Und ihm hätte es auch leid getan, enttäuscht zu sein. Einige Jahre lang redete ich allerdings viel von Architektur, ohne ihn überzeugen zu können zum Beispiel von meinen Lehrern, später von Corbusier, von Mies van der Rohe, von Sarinen. Dann hatte er eine Miene, als redete ich von Musik, wovon ich im Grund, wie W. wußte, nichts begriff, oder von Philosophie. W. kannte mich eben schon: von der Schule her. Er ist ein bedeutender Sammler geworden. Vielleicht im nachhinein, aber erst im nachhinein fand ich, das eine und andere hätte ich mir nicht gefallen lassen dürfen. Ich habe W. nie gehaßt deswegen; es war mein Fehler. In der Villa seiner Eltern gab es Gemälde, die W. grauenhaft finden mußte, Erbstücke väterlicherseits, lauter Plunder in schweren Rahmen. Das meiste war schon im Keller gelagert. Sein Vater war eine Persönlichkeit nach Art der Gründerzeit, nur gar nicht musisch oder auch nur intellektuell; ich mochte ihn sehr, diesen Mann, wenn er am Kamin saß und nüchtern von der Jagd erzählte. Viele Gemälde zeigten Hirsche und Eber, Fasane, Hunde. Es war ein wohlwollender Vorschlag, ob vom Vater oder von der Mutter, die sich über solche Gemälde ebenfalls mokierte, oder von W., das weiß ich nicht mehr: Wenn ich diese Gemälde verkaufen könnte, so sollte ich am Erlös beteiligt sein, das heißt, ich könnte etwas Geld verdienen, ohne mein Studium deswegen zu vernachlässigen. Nur sollte die Maklerei nicht in der Villa vor sich gehen. Name und Adresse hätten Käufer angelockt, die sich gewundert haben würden. Es war mir nicht ganz wohl bei dem Vorschlag, anderseits fand ich es richtig, daß ich dem Haus, dem ich schon so viel verdankte, einmal einen Gefallen erweise. Es wurde eine Garage gemietet in einer andern Gegend der Stadt; auch die Inserate übernahm die Familie, Inserate dreimal wöchentlich, OCCASION / ALTE GEMÄLDE AUS PRIVATBESITZ. Man machte mir eine Liste der minimalen Preise; wenn ich teurer verkaufen konnte, so war es ja auch mein Vorteil, prozentual. Immerhin gab es auch zwei oder drei kleine Niederländer darunter, nicht signiert; immerhin könne man von einer Schule reden. Im übrigen fand W., es könnte für mich eine lustige Erfahrung werden, Makler zu spielen, Menschen kennenzulernen. Also stand ich drei Nachmittage in der Woche allein in der Garage voller Gemälde, wartete Stunden um Stunden. Tatsächlich kam der eine oder andere Antiquitäten-Händler, meistens heruntergekommene, aber gewitzte Leute. Nicht einmal die Rahmen interessierten sie, oft brauchte ich den Preis gar nicht zu nennen. Die Inserate erschienen weiterhin. Ein Advokat, der Firma des Vaters verpflichtet, kaufte eine große Magdalena mit nacktem Busen, die sich für Schlafzimmer eignet. Die Hirsche und Eber hatten es schwerer. Ich empfahl Landschaften, die nicht nur den Jäger ansprechen, Landschaft mit Windmühle im Gegenlicht oder mit Schilf. Die Frage, woher die Gemälde denn stammen, sollte ich nicht mit Namen beantworten, PRIVATBESITZ; hingegen redete ich von einer niederländischen Schule, bis einer, ein schäbiger alter Herr, mir ins Gesicht lachte. Ob ich das denn selber glaube? Ich erinnere mich, daß es Frühling war, und um sechs Uhr, wenn ich mich auf mein Fahrrad setzen durfte, war ich glücklich, auch wenn ich nichts verkauft hatte. Wie es denn ginge, fragte W. nicht ohne Interesse, menschliches Interesse, denn Geld brauchte er nicht. Anderseits hatte W. nicht unrecht: ich konnte ja in der Garage auch lesen, sagte er. Das ganze

Unternehmen, glaube ich, dauerte drei Wochen, also nicht sehr lange; auch verdiente ich tatsächlich etwas dabei, obschon ich immer sehr bald auf den untersten Preis ging. Kein guter Makler also; ich war gekränkt, als wäre ich weiß Gott wer, und dabei mußte ich mir sagen, daß mein Vater, ehedem Architekt, gegen das Ende seines Lebens auch Liegenschaftsmakler geworden war. Das wußte W. natürlich. Er fand nichts dabei. Er hatte keine Vorurteile solcher Art. Als ich später in einem Scherz, der eben keiner war, nicht verhehlen konnte, daß etwas mich gekränkt habe, war es schmerzlich für W., ich sah seine Miene tiefer Betroffenheit. Schließlich hatte seine Familie mich ja nicht gezwungen, ich hatte den Vorschlag angenommen. Das mußte ich mir selber sagen. Zu einem Krach kam es nie. In jenen Jahren hatte W., wenn ich nicht irre, kaum andere Freunde, keine gleichaltrigen; er verehrte seinen Cello-Lehrer, einen alten Bildhauer in Zürich, einen Gelehrten, der im Haus verkehrte. Er hatte eine Freundin, war aber bedacht darauf, daß ich sie nicht kennenlernte; ein sehr unbürgerliches Mädchen, das er nie heiratete und nie vergessen konnte. Eine tragische Leidenschaft; über Jahrzehnte hin erzählte W. davon, einmal machten wir auf seine Bitte eine dreitätige Wanderung im Jura, weil es W. zu einer vollen Darlegung seiner Konflikte drängte. Was er zu sagen hatte, was zu sagen ihm schwerfiel, so daß er erst am zweiten Tag überhaupt davon anfangen konnte, zeigte einmal mehr seinen Reichtum an Gefühl, seine ungewöhnliche Intensität, sein Verantwortungsbewußtsein sowohl der Geliebten wie sich selbst gegenüber, ein unkonventionelles Verantwortungsbewußtsein allerdings. Ich empfand es als Auszeichnung, daß W. mich in seine vielfältigen Nöte einweihte, auch wenn ich seine Geliebte nie zu sehen bekam. Natürlich hatte ich keinen Rat. Auch Vaterschaft erlebte W. wie kaum ein andrer. Es wurde schwierig, als ich wieder mit meiner Schriftstellerei anfing, als diese veröffentlicht oder im Theater aufgeführt wurde, obschon ich wußte, was W. davon halten mochte. Wir trafen uns infolgedessen nur noch selten, dann ohne davon zu sprechen. Ich las auch mehr und mehr, was W. nicht las, und konnte ihn von nichts überzeugen;

mein Interesse für gewisse Autoren machte ihn eher skeptisch gegen solche Autoren, zum Beispiel gegen Brecht, oder wenn sich herausstellte, daß wir denselben Autor bewunderten, Strindberg zum Beispiel oder Gide, so redete W. ungern darüber; er hatte sie für sich entdeckt und für sich bewahrt. Der Umstand, daß ich die Architektur aufgegeben hatte, machte mich in seinen Augen natürlich nicht zum Schriftsteller, und so redeten wir, wie gesagt, nie über meine Schriftstellerei, überhaupt immer weniger über Literatur. W. hatte einen andern Zugang zur Literatur. Ich begriff, daß W. meine Bücher nicht lesen konnte. Er hatte ein anderes Maß, dem sie nicht gewachsen sein konnten. Dabei gab W. sich Mühe; einmal besuchte er die Aufführung eines Stückes (DIE CHINESISCHE MAUER) und schrieb mir einen Brief, der ihm nicht leichtfiel, da sein Eindruck, freundschaftlich gesagt, mehr als zwiespältig war. Viele Jahre danach soll er nochmals die Aufführung eines Stückes besucht haben (BIEDERMANN UND DIE BRANDSTIFTER), jemand sagte es mir später. Er äußerte sich nicht mehr. Inzwischen waren wir Männer geworden. Schwieriger für ihn, so vermute ich, war mein Trend zur Politik. Davon redeten wir kaum. Die gesellschaftlichen Konflikte, die mir nach und nach bewußt wurden, sah W. in größeren Zusammenhängen; zwar hörte er zu, hob aber unser Gespräch in die philosophischen Fragen, wo ich meinem Thema nicht mehr gewachsen war. Ich erinnere mich: Im Weltkrieg, als man auch bei uns die Städte verdunkelte, fand W. es lächerlich und unnötig, daß auch die Villa seiner Eltern, die am Rand der Stadt lag, diese langweilige Order befolgen müßte; denn die Lichter einer einzigen Villa hätten den fremden Fliegern ja keinen Hinweis auf die Stadt geliefert, wenn diese verdunkelt war. Er war gegen Hitler, aber auch skeptisch gegenüber Demokratie, wo jede Stimme gleichviel wiege. Natürlich war W. durch sein Milieu verwöhnt; gerade darunter litt er auch. Es machte ihm Eindruck, als ich, ehedem sein Schulgenosse und Mittelmaß in der Klasse, meinen Lebensunterhalt verdiente, wie bescheiden auch immer. Das beschäftigte ihn, ich weiß es, als sein Problem. Seine Vorstellung, daß er nicht ebenfalls seinen Lebensunterhalt verdienen könnte, war natürlich unsinnig, sie bedrückte ihn hin und wieder. Hätte W. sich mit Leistungen zufrieden geben können, womit andere sich zufrieden geben müssen, um ihren Lebensunterhalt zu verdienen, es wäre ihm ein Leichtes gewesen, seinen Lebensunterhalt zu verdienen. Das wußte auch er. Überhaupt hatte ich meinem Freund wenig zu sagen. Es kam vor, daß ich ihm mit Kritik begegnete, und was geschah: W. hörte sie sich an, aber meine Kritik erwies sich als gewichtlos, verglichen mit der Kritik, die W. sich selber gegenüber hatte. Von Dünkel keine Spur. Im Gegenteil. Er erkannte sich als einen Geschlagenen. Und ich erkannte, wie sehr er mich schonte; die Ansprüche, denen kaum ein Mensch genügt, richtete W. einzig und allein an sich selbst, nicht an mich. Natürlich hat W. ein Urteil über Leute, ein strengeres sogar, als andere es aussprechen, ein gründliches und daher ein kompliziertes; aber er gibt es nicht preis, weder gegenüber Dritten noch unter vier Augen. Er will einen nicht vernichten. Sein Wahrspruch zur Person bleibt sein Geheimnis; gelegentlich trägt er nicht leicht daran. Das spürte man. Mein Größenwahn mußte ihm oft eine Pein gewesen sein. Dann zogen sich unwillkürlich seine Brauen zusammen, er schwieg. Eigentlich konnte ich sein Urteil nur ahnen, und er verließ sich darauf, daß man nur so viel ahnt, als man im Augenblick erträgt. Gierig auf Anerkennung durch ihn, der ein gründlicheres und wacheres Urteil hat als die Öffentlichkeit, war ich natürlich empfindlich, wenn W. mich plötzlich lobte zum Beispiel für meine Geschicklichkeit beim Anzünden eines Herdfeuers in einer Berghütte oder bei der Reparatur meines Fahrrades, später beim Steuern meines Fiat oder bei der Zubereitung einer Paella mit Krebsen oder bei ähnlichen Aktionen. Das war ein ganz und gar ehrliches Lob; denn unehrlich loben konnte W. nicht. W. war mein Trauzeuge, ich der seine. Es gab auch in späteren Jahren genug, worüber wir, ohne daß W. sich zu meinen Büchern äußern mußte, tagelang sprechen konnten, wenn wir wieder einmal wanderten; W. erlebte sehr viel, keine Abenteuer äußerlicher Art, sondern er erlebte sich selbst in einer Weise, daß auch Vorkommnisse, die bei andern ein triviales Mißgeschick bleiben, in seinem Fall ein exemplarisches Gewicht bekamen, sei es das Bersten einer Wasserleitung oder sein verspätetes Eintreffen zu einer Auktion oder das Verhalten der Pflegemutter seiner Tochter. Es konnte mühsam sein, doch immer wieder begriff ich, warum ich W. bewunderte; er konnte berichten mit einer Fülle von Implikationen, daß man nachher den Eindruck hatte, selber erlebe man fast nichts. Wie W. die letzten Wochen seines alten Vaters schilderte, werde ich nie vergessen. Die Villa, die ich nicht mehr besuchte, wurde in seinem Bericht gespenstisch, und daß W. noch immer dort wohnte, eine Verdammnis. Dann sah ich ihn von der Seite an, während wir gingen und gingen, während er redete; Lenz im Gebirg. Er verglich sich nicht mit diesem, nicht mit Strindberg, nicht mit Hölderlin oder mit van Gogh, nicht mit Kleist, aber W. wußte sich ihnen näher als unsereins; eine tragische Existenz. Heute noch kenne ich seine Telefon-Nummer auswendig, und es sind mindestens fünfzehn Jahre her, seit ich sie zuletzt auf der Wählscheibe eingestellt habe. Auch ist es nie oder fast nie vorgekommen, daß ich nicht daran gedacht hätte: Heute hat W. ja Geburtstag. Ich schickte noch ein Telegramm zu seinem fünfzigsten Geburtstag, von Rom aus. Wann er mir gleichgültig wurde, weiß ich nicht genau. Es konnte ihm nicht verborgen bleiben, daß ich inzwischen wohlhabend war. Wie stellte er sich dazu? Manchmal hörte ich durch einen gemeinsamen Freund, einen Maler, zum Beispiel wie seine große Kunstsammlung ihn auffräße. Auch er, der Maler, bekam diese Kunstsammlung nie zu sehen; sie dürfte einmalig sein. Nachträglich fiel mir ein, daß ich seine Gefährtinnen, ausgenommen die Bürgertochter, die W. geheiratet und auch nach der Scheidung oft erwähnt hat, nie zu sehen bekommen habe. Die erste, weiß ich, war eine Krankenschwester. Wenn W. von Gefährtinnen erzählte, so geschah es stets mit großem Ernst, auch wenn er den Namen verschwieg: Eine Spanierin in Barcelona. Er hatte den Mut zu großen Konflikten. Einmal bockte ich, als seine Mutter mir sagte, wie schwer er's habe durch dieses Leiden seiner Frau, er komme kaum zu seiner Arbeit deswegen; ich äußerte Teilnahme auch für die leidende Frau. Ich meine nicht, daß W. ein simpler Egoist war. Er opferte sich nicht nur öfter als unsereiner; er opferte mehr, indem er sich opferte. Einmal war's komisch; wir hatten uns Jahre nicht getroffen und machten wieder einmal eine Wanderung in den Voralpen, GROSSER AUBRIG, wie früher so oft, und da ich auf ärztliches Gebot ein halbes Jahr lang nichts getrunken hatte und täglich eine Stunde gewandert war, fiel mir das Steigen leichter als W. Ich gebe zu, es freute mich, daß er nicht auf mich warten mußte. Er blieb zurück. Zum Gipfel war es nicht mehr weit, aber W. wollte nicht mehr. Unser Verhältnis so zu sehen, ich weiß, wäre zu primitiv. Er war an diesem Tag unsrer letzten Wanderung gerade nicht in Form. Er hatte in letzter Zeit (meine Spital-Zeit) Schweres durchgemacht. Schließlich sind wir keine Sportler, zwei Männer um fünfzig. Von meiner Arbeit zu sprechen, wie gesagt, habe ich mich nie getraut; sein stiller Verdacht, daß ich auf öffentliche Erfolge hereinfalle, war mein Verdacht geworden. Ich war ihm dankbar dafür. Eigentlich habe ich mich an meinen Erzeugnissen immer nur freuen können, indem ich W. vergessen habe, sozusagen hinter seinem Rücken; unter seinem blauen Blick wurde es mir mit meinen Erzeugnissen niemals wohl. Ich verriet sie zumindest durch Schweigen, das ein gemeinsames Schweigen war. Unsere letzten Begegnungen waren 1959. Die Frau, die ich damals liebte, hatte Philosophie studiert und über Wittgenstein geschrieben, promoviert über Heidegger. Das konnte W., der sie an diesem Tag zum ersten Mal sah, nicht wissen; ihren Namen hatte er schon gehört, ihr poetisches Œuvre kannte er nicht. Auch sie hatte Mühe, sich vor W. zu entfalten; auch der TRACTATUS LOGICUS, den W. nicht kannte, hatte Mühe. Ich schwieg, um nicht als Halbkundiger zu stören. Philosophie-Kenntnis von einer Frau, die mit mir lebte, das ging ihm offensichtlich nicht ein; W. fühlte sich in unsrer Wohnung nicht wohl. Trotz Champagner; ich wußte, daß er Champagner mag. Und sie wußte, wieviel ich diesem Mann verdankte; davon hatte ich oft und reichlich erzählt, ohne meinen Freund allerdings schildern zu können. Nun saß er da, groß von Figur, auch schwer geworden. Es gab keinen Philosophen-Streit, vielmehr lehnte W. sich in den Sessel zurück; ich hatte W. noch nie so gesehen: Ein

Mann! Nicht daß er der Frau, die etwas irritiert war, wie alle den Hof machte; W. besichtigte sie bloß, während sie zu sprechen versuchte. Man hatte ein erstes Glas getrunken, daran konnte es nicht liegen. Niemand führte das Wort. Da die Frau zwar nicht in dieser Stunde, aber durch ihre Bücher offenbar den Anspruch erhob, eine Dichterin zu sein, reizte es W., sich über Dichtung zu äußern, nicht fragend, sondern sicher, obschon er, wie wir hörten, in letzter Zeit fast nicht zum Lesen komme wegen der Katalogisierung der Sammlung. Sicher war Hölderlin für ihn größer als Hans Carossa, immerhin blieb Hans Carossa für ihn ein Dichter. Die Frau, die sich dazu nicht äußerte, erkundigte sich nach seiner Sammlung und warum W. sie uns nicht zeigen wolle, nein, auch nicht einmal ihr. Seine Meinung, daß er sogar das Recht hätte, Schätze aus dem alten China und Werke mittelalterlicher Meister sowie lebender Maler zu vernichten, weil er sie nicht bloß mit Geld erworben, sondern durch seine Wahl und seine jahrelange Beschäftigung mit ihnen sich einverleibt habe, war nicht scherzhaft; er sah sich unverstanden. Trotzdem hatte ihm diese Frau, wie ich später erfuhr, in einem gewissen Sinn gefallen; von einem Dritten hörte ich, daß W. sich wunderte, wie der Frisch zu einer solchen Gefährtin gekommen sei. Die Summe, die mir seinerzeit ein Studium ermöglicht hat, habe ich nie zurückerstattet; es hätte ihn verletzen müssen, denke ich, es hätte seine Generosität sozusagen annuliert. Als ich W. neulich in Zürich erkannt habe, bin ich betroffen gewesen: Bewußtsein von Dankbarkeit, kein Gefühl. Ich habe ihm auch nicht geschrieben, daß ich ihn auf der Straße erkannt habe. Heute interessiert es mich nicht einmal mehr, was W. über unsere lange Geschichte denkt. Das vor allem macht mich betroffen. Ich meine, daß die Freundschaft mit W. für mich ein fundamentales Unheil gewesen ist und daß W. nichts dafür kann. Hätte ich mich ihm weniger unterworfen, es wäre ergiebiger gewesen, auch für ihn.

das Schild hat versprochen, was es hier nicht gibt. Einmal von einem kleinen Hügel aus sieht man in der Ferne den blauen Wagen; weder ihr Wagen noch sein Wagen. NATIONAL CAR RENTAL, der blaue Wagen steht immer noch allein auf dem sonnigen Parkplatz. Es fällt ihm ein, daß niemand weiß, wo er sich an diesem Tag befindet. Das freut ihn. Auch wenn sie nicht mehr glauben, daß dieser Pfad je zur Küste führt, gehen sie: um nicht zu stehen in diesem Gestrüpp und Gebüsch, wo niemand sie sieht. Ein Funkmast, der jetzt zu sehen ist, zeigt an, wie weit die Küste noch entfernt ist; US MILITARY AREA, das hat er auf der Landkarte gelesen; hier käme man ohnehin nicht ans Meer. Sie haben sich verirrt. Es macht aber gar nichts; sie sind da, wo sie sind; ohne Ziel gemeinsam. Um sich nicht irgendwo auf die Erde zu setzen, gehen sie. Man hat schon großartigere Landschaften gesehen, trotzdem versucht er's mit der Kamera, MICROFLEX 200. Im Sucher zu sehen: Fels mit Büschen oder kahl, Himmel, in der Ferne ein plumper Leuchtturm, ZOOM, das ergibt auch nichts: der Leuchtturm noch etwas plumper. Es lohnt sich nicht, die Kamera surren zu lassen. Es wird Mittag, und es ist schade, daß man jetzt nicht am Meer ist; es ist Samstag. Einmal muß er sich den linken Schuh schnüren; sie wartet schlendernd. Wer die beiden sähe, würde nicht ohne weiteres wissen, was von ihnen zu halten ist: Tochter und Vater oder ein Paar? Sie küssen einander nicht; eine Weile lang, als sie auf einen breiteren Weg gelangt sind, gehen sie Hand in Hand, aber dieser Weg führt sie in eine falsche Richtung, und sie verlassen ihn wieder. Offenbar führt der Weg zu einer Farm; man sieht ein grasendes Pferd. In der Ferne ein fahrendes Auto auf dem Highway: lautlos. Man hört Vögel; kein Vogellied, ein gezwitscherter Alarm. Wieder denkt er daran, daß niemand (weder in New York noch in Berlin) vermuten kann, wo sie zu dieser Stunde sich befinden. Sie sind unerreichbar. Das haben sie gemeinsam. Ab und zu sagen sie etwas: LOOK AT THIS, um sich zu versichern, daß sie hier sind und nicht anderswo. Wahrscheinlich sucht sie auch niemand an diesem Tag. Sie haben

Glück mit dem Wetter; gestern hat es noch geregnet. Beim Sprung über einen Tümpel hat sich der Knoten ihres Haares gelöst; ihr rotes Haar (Hagebuttenrot, aber hell) fällt jetzt offen über ihren Rücken. Sie bleibt stehen, um wieder diesen Knoten zu machen, I AM GETTING HUNGRY, sagt sie, und da sie stehen, muß auch er etwas sagen, DO YOU KNOW DONALD BARTHELME? fragt er, HIS WORK? Sie liest nicht viel. HE IS A GOOD FRIEND OF OURS, sagt er, um sich nicht als Kenner der amerikanischen Literatur aufzuspielen. Unterdessen hat sie ihren Knoten aufgemacht, und da er vor einer Stunde versprochen hat, den Parkplatz wiederzufinden, geht er jetzt voran. Ohne Pfad. Einmal eine Coca-Cola-Dose im Gras; also sind sie nicht die ersten Menschen hier. Dann fällt ihr neuerdings der Knoten auseinander; sie gibt es auf und läßt das Haar jetzt offen. Lynn ist noch unerreichbarer als er; zwar hat sie gestern, um früher loszukommen, im Office gesagt, wohin sie fahre mit Freunden; wenn aber jemand in sämtlichen Hotels der langen Insel anruft: nicht einmal ihr Vorname ist eingetragen, nur sein Name, und niemand vermutet die beiden zusammen.

MAX, YOU ARE A LIAR

Es gelingt nicht alles an diesem Tag. Zwar findet er den Parkplatz (nur in Träumen kommt es vor, daß ich den Wagen nicht mehr finden kann) und der blaue Ford steht an seinem Ort; nach wie vor der einzige Wagen. Sie hat den Schlüssel; Lynn fährt. Ein Hamburger oder eine Pizza würden ihr genügen. Draußen beim Leuchtturm, wo die Straße endet, ist das Restaurant noch nicht im Betrieb, nur die Toilette benutzbar. Er wartet auf der Terrasse. Ein Sternenbanner, das flattert; ein Fernrohr mit Münzeinwurf, das er nicht benutzt. Es ist windig hier. Wenn Lynn eine Weile weg ist und während er wartet, ist er gespannt, wie sie eigentlich aussieht; nicht ungeduldig. Hier sieht man das Meer, aber er versucht, sich an ihre Stimme zu erinnern. Wenn sie anruft, sagt sie bloß: HI! da er ihre Stimme kennt. Ihre Haut (das weiß er): die blasse Haut der Rothaarigen; ohne Sommersprossen. Er lehnt an die Mauer, Rücken zum Meer; sie wird über diese öde Terrasse kommen, und er ist gefaßt darauf, überrascht zu sein, daß sie, wie immer sie aussieht, auf ihn zukommt und einfach da ist. Jetzt ist es Mittag; alles ist außen: ein Sternenbanner, das flattert, ein plumper Leuchtturm, die Möwen, irgendwoher Musik aus einem Transistor, das glänzende Blech auf dem weiten Parkplatz, die Sonne, der Wind –

Lynn wird 31.

Vor wenigen Wochen habe ich meine Tochter besucht, die ältere, als Großvater. Es ist an der Zeit gewesen; die Enkelin redet schon. Auch den deutschen Schwiegersohn habe ich zum ersten Mal gesehen. Sie haben sich in Schottland getroffen und damals auf einer Ansichtskarte (ein grüner Hügel) gemeldet, daß sie heiraten. Die Begegnung: nicht leicht, nicht schwierig. Die Tochter, der gleiche Jahrgang wie Lynn, hat während des Gesprächs ungebleichte Schafswolle verarbeitet. Vorher haben wir einen Spaziergang gemacht, Vater und Tochter; Gespräch in Mundart. Vor Jahren hat sie vertrauensvoll geschrieben in schwerer Bedrängnis und ich habe ihr geschrieben. Sie hat mich auch besucht mit ihrem früheren Freund, der mir sehr gefallen hat... Er ist der erste Sohn meiner ersten Braut, die ich nicht geheiratet habe, sie meine erste Tochter; vielleicht haben sie drum nicht geheiratet... Es gehe ihnen gut, höre ich. Es ist nicht klar geworden, warum man sich jetzt wenig zu sagen hat. Sie hat eine Flasche deutschen Rotwein besorgt; die beiden trinken keinen Wein, und so habe ich es bei einer halben Flasche belassen. Ich bin einen Nachmittag und eine Nacht und einen Vormittag geblieben. Erst in der Bahn nach Hamburg, als ich habe lesen wollen, ist es klar geworden. Ich leugne nicht meine Schuld; sie ist mit langen Briefen, die der erwachsenen Tochter meine damalige Scheidung erklären, nicht zu tilgen. Sie wird gebraucht, unsere Schuld, sie rechtfertigt viel im Leben anderer.

als sie jetzt auf den Steinen sitzen – es sind Leute da, Ausflügler, sie suchen Muscheln vor der Brandung; drei junge Schwarze mit Transistor, der lauter wird und dann wieder leise, sind vorbei gegangen, ohne sich umzuschauen nach dem Paar.

DIRTY OLD MAN

so kommt er sich eigentlich nicht vor.

HOW DO YOU CALL THOSE BIRDS?

Er fragt bloß, damit sie jetzt ins Weite schauen (es sind gewöhnliche Möwen) und damit er sich dabei vergißt: ein zu schwerer Mann, dabei beweglich, er trägt ein Western-Hemd nicht in der Meinung, daß es ihn jünger mache, sondern weil es praktisch ist, und was an Haar noch vorhanden ist, wirkt immer ungekämmt, auch wenn kein Meerwind es zaust; kein Herr; das Haar grau bis weiß... Es fällt ihm ein, wann er zuletzt im Meer geschwommen ist.

SABLES D'OR, Juli 1973:

wir beschließen die Trennung.
Die Küste, hier, ist steinig; kein Strand: die Brandung mäßig. Sie tost nicht; sie schwappt zwischen den runden Steinen und verkräuselt und hinterläßt Blasen von Schaum. Ein Tümpel mit Schlamm. Es ist nicht der offene Atlantik, den sie gesucht haben, sondern die Bay, auch wenn das Festland nicht zu sehen ist.

WHAT ARE WE GOING TO DO?

Bedürfnis nach Arbeit.

WAS SAGEN DIE DELPHINE?

Der Titel gefällt mir, aber dabei ist es dann geblieben. Ich habe ihn neulich gefunden in einem alten Ringheft, das ich ins Gepäck genommen habe wegen Adressen, mit dem Vermerk: Roman einer mäßigen Zuversicht – es kommt zu keiner Handlung; die Hauptperson, der neue Mensch, tritt nicht auf. Die Delphine haben mindestens die Intelligenz der Menschen, doch keine Arme und Hände, deswegen haben sie die Welt nie erobert, sagt Lynn, weil sie keine Arme haben, sondern Flossen, und deswegen zerstören sie die Welt nicht. Zum Beispiel haben die Delphine nie einen Staat gegründet und wirken (das muß man zugeben) eher fröhlich. Lynn spricht mit den Delphinen, sie will kein Kind auf dem Land –

1972 habe ich keine Lynn gekannt.

Er ist noch immer überrascht, daß er diesen ihren Körper kennt. Er hat es nicht erwartet. Wenn Lynn nicht ab und zu ein Zeichen geben würde, daß auch sie sich an die Nacht erinnert, seine Hände würden nicht wagen ihren Kopf zu fassen.

1972 hat mich die Welt beschäftigt.

ALL POWER TO THE PEOPLE

die Mauerschriften von damals sind verwaschen, man hat den Eindruck, daß keine Veränderung mehr erwartet wird. Kommt man aus der Subway ans Tageslicht, so gehen die Leute wie vor zwei Jahren, es geht einfach so weiter: Warten bei Rot, Gehen bei Grün. Niemand weiß, was geschieht. Die Zeitungen tun nur so, als wissen sie's von Tag zu Tag. WATERGATE, wenn das nicht wäre. Meine Freunde sind jünger, aber sie kennen schon ihre Ohnmacht. Einzig die Frauen hoffen noch auf Veränderung. Der Rest ist Entspannung. Der Rote Platz in Moskau ist unversehrt; am Bahnhof Friedrichstraße in Berlin ist alles wie bisher, nur der

Eintritt ist auf zehn Mark erhöht. Keine Rüstung aus der Absicht, Krieg zu führen, hat jemals so viel gekostet wie die wachsende Rüstung zur Vermeidung eines Krieges, den unsere Großmächte sich nicht mehr leisten können; ihr Friedenswille bis zum Bankrott steht außer Zweifel. Reisen? Es steht nicht mehr dafür; überall die gleiche mäßige Zuversicht. Kein Chaos. Es gibt noch alles, sonst könnte das Fernsehen es nicht zeigen: Staatsmänner, die aus dem Flugzeug steigen und winken, Tanks in der Wüste, die Schweizergarde des Papstes, ein Staatsmann stirbt, ein andrer tritt zurück, es wird weiter regiert. Das Öl der Scheiche und der Konzerne gilt als befristeter Trost, die Wissenschaft sucht andere Quellen. Im übrigen geschieht nichts, was nicht schon geschehen ist. Umweltschutz als die letzte Aufgabe der Menschheit –

8. 4. NEW YORK
17. 4. TORONTO
18. 4. MONTREAL
19. 4. BOSTON
22. 4. CINCINNATI
23. 4. CHICAGO
25. 4. WASHINGTON

Ich spiele meine Rolle. Nur im Flugzeug und im Hotel, wo die Veranstalter mich unterbringen, bin ich eine Weile allein und brauche nichts zu glauben, nehme Dusche oder Bad, dann stehe ich am Fenster, Blick auf eine andere Stadt. Ein wenig Lampenfieber jedesmal. Beim Lesen vergesse ich Wort für Wort, was ich lese. Nachher ein kaltes Buffet; ich antworte auf dieselben Fragen nicht immer dasselbe. So überzeugend finde ich keine meiner Antworten. Ich blicke einer Dame, während sie spricht, auf ihre nahen guten Zähne, bekomme ein Glas in die Hand und schwitze. Das ist nicht mein Beruf, denke ich, aber da stehe ich –

HOW DO YOU FEEL ABOUT RENOWN?

Als Lynn einmal die Frage stellt – das ist in ihrer Kitchenette, während sie zum ersten Mal für den Fremden kocht – kennt er diese Vokabel nicht. Er hat den kleinen Langenscheidt nicht zur Hand; Lynn umschreibt, was diese Vokabel heißt. Als er die Frage begriffen hat, ist er bereit, die Dose zu öffnen, sofern es einen Büchsenöffner gibt, Lynn sucht; Tohuwabohu in den Schubladen, aber der Büchsenöffner wird gefunden; nur ihre Frage ist verloren gegangen, und sie reden über Kalorien... Ich wollte berühmt werden: als Torwart bei Länderspielen. Dann wechselte nicht nur das Interesse, sondern das Interesse am Tun nahm überhand. Als Uwe Johnson bei einem nächtlichen Bier in Spoleto (1962) rundheraus fragt: Herr Frisch, was machen Sie mit dem Ruhm? bleibe ich jede Antwort schuldig. Will er mich auf Größenwahn testen? Natürlich freut es mich, daß meine Stücke aufgeführt werden, daß meine Bücher mehr und mehr gelesen werden. Die Folge davon, nämlich daß ich ein bekannter Schriftsteller geworden bin, entgeht mir nicht. In einem Wald bei Zürich geht ein Paar an uns vorbei, ich merke, daß sie plötzlich ihr Gespräch unterbrechen; nach zwanzig Schritten blickt sie zurück, dann er. In der öffentlichen Sauna ist es lästiger; der Nackte, der mich vor der Dusche endlich anredet: SIND SIE NICHT HERR FRISCH? ist offenbar kein Leser, weiß aber, daß ich eine bekannte Persönlichkeit bin, denn das Fernsehen hat gezeigt, wo und wie ich wohne. Einen Kugelschreiber, um meinen Namen richtig zu schreiben, haben wir im Augenblick beide nicht, nackt wie wir sind. Manchmal ist es vorteilhaft: ein deutscher Zöllner, nachdem er meinen Paß gesehen hat, möchte gar nicht in meine Koffer schauen, sondern behilflich sein; er kennt nicht bloß den Namen, sondern erinnert sich wohl an ein Stück, das ihm gefallen habe: DER BESUCH DER ALTEN DAME. Dasselbe widerfährt mir auch ohne Verwechslung, neulich in London zum Beispiel: SIR, IT IS A GREAT HONOR FOR ME, sagt ein junger Paßprüfer und nimmt sich trotz des Andranges noch die Zeit, drei englische Titel zu nennen und wissen zu lassen, was ihm am besten gefällt. Das hat mich gefreut; im Augenblick habe ich es brauchen können. Wenn ich in einem Restaurant eine Dame begrüße und einen Haken suche für den Mantel der Dame, so denke ich natürlich nicht daran, daß ich beobachtet werde; sie sagt: Gehen wir anderswohin, hier hört man dir zu! Lange Zeit brauche ich mich nicht zu verstellen, sondern ich bin wirklich taub, wenn nebenan mein Name geflüstert wird. Natürlich weiß ich, daß ich Leser habe seit einigen Jahren, und ich habe sie auch schon in Sälen gesehen; ich rechne nicht damit, daß sie im gleichen Bus fahren. Ich empfinde mich nicht als öffentliche Person, wenn ich auf einem Bahnsteig warte, und brauche mich nicht zu bemühen, besonders bescheiden zu erscheinen; es beschäftigt mich ganz anderes. Wie bekannt ich bin, erfahre ich eines Tages durch meine Tochter, es verdrießt sie: kaum sagt sie beim Tanz ihren vollen Namen, so ist es mein Name und stört den Plausch. Das kann ich nicht ändern. Übrigens bin ich nicht mit einem Schlag bekannt geworden. Ich weiß nicht, was besser ist: wer eines Morgens aufwacht und sieht, daß er bekannt ist, findet es fortan nur selbstverständlich und wundert sich nicht wie der andere von Mal zu Mal; der andere wirkt von Mal zu Mal kokett. Ich erschrecke leicht, wenn jemand, den ich nicht kenne, mich plötzlich anredet und sich als Leser entpuppt. Was macht man? Oft schätzen sie, was ich heute nicht mehr schreiben möchte, und man kommt sich fast wie ein Verräter vor; dann tue ich meistens, als habe ich Eile. Natürlich kommt es auch vor, daß jemand, ein Betrunkener in einer Bar, mich anödet oder es mindestens versucht; er nimmt an, daß ich von mir begeistert sei. In diesem Fall geht es nicht, daß ich sofort zahle und aufstehe; es geht aber in diesem Fall überhaupt nichts, kein Gespräch, kein anderes. Was den Mann so erbittert, ist eigentlich nicht meine Denkweise, sondern der Erfolg; meistens ist es ein Landsmann. Dann wieder vergesse ich, daß ein Steckbrief besteht. Die meisten, die mich erkennen, bleiben diskret; sie lassen mich mein Bier trinken, ein Rumpelstilz, der sich nicht verrät, und nachher höre ich von Dritten, wo ich vorgestern ein Bier getrunken habe. Ich will nicht übertreiben, es ist verschieden von Gegend zu Gegend; überall wo die Arbeiterschaft wohnt, weiß ich mich sicher, ohne daß es mich gerade froh macht. Wer sind meine Leser? Wenn in Berlin ein Tapezierer fragt: Sind Sie denn der Schriftsteller? so sehe ich, daß mein Ja ihn erfreut. Wieso? Bedürfnis nach Hochachtung; der Mann hat den Namen gelesen und zweifelt nicht, daß es gerechtfertigt ist, wenn jemand einen Namen hat, und begrüßt es, daß ich einen Vorhang aufmachen lasse in Berlin, und macht seine Arbeit besonders gut. Man wird verwöhnt. In der Schlange stehen vor einer Kasse langweilt mich wie jedermann; ich gedulde mich wie jedermann; aber unter Aufsicht. Auch daran gewöhnt man sich. Eine andere Folge: wenn es zu einem ersten Gespräch kommt, so reden die Leute nicht ohne weiteres von sich und von ihren Plänen, sondern von meinen Veröffentlichungen, oder wenn sie merken, daß das nicht erwartet wird, gerade das nicht, so beschränken sie sich aufs Zuhören; ich sitze in einer gewissen Isolation, die nicht immer zu durchbrechen ist und gefährlich als Verführung zum Monolog; es wird langweilig, in Gesellschaft zu gehen. Ein Typ, der gelegentlich auftritt, ein Intellektueller auf den ersten Blick: zwei Stunden lang tut er, als seien wir einander nicht vorgestellt worden, und redet auch vor dem Kalten Buffet kein einziges Wort; später kann es sein, daß er, während ich mich in einem Gespräch mit andern ereifere, zuhört aus einem Abstand, der ihn von jeder Stellungnahme dispensiert; inzwischen habe ich tatsächlich seinen Namen vergessen, und so beginnt unser Kontakt damit, daß ich mich entschuldige; er rückt deswegen nicht näher, solange die andern noch an dem Gespräch teilnehmen; später am Abend werde ich ihn nicht mehr los, wir stehen jetzt in einer Ecke, wo er hartnäckig zeigt, daß Berühmtheit (so nennt er's) überhaupt keinen Eindruck auf ihn macht. Ein intelligenter Kopf. Was er selber arbeitet, will er lang nicht sagen. Zum Schluß entschuldigt er sich. Wofür? Wir müssen ja nicht einverstanden sein. Wenn ich ihn um seinen Essay bitte, so bezeichnet er diesen Essay, der demnächst erscheinen wird, als überholt, und es wäre ihm lieber, wenn ich nicht lesen würde, was er über mich geschrieben hat. Offenbar nimmt er an, es werde mich nur kränken. Warum soll es mich nicht überzeugen? Erfolg über lange Zeit macht es leicht, gelegentlich nicht eitel zu sein. Das ist die gute Seite. Etwas anderes: ich gehöre nicht zu denen, die eine Legende schützt. Manchmal spüre ich es beim Händedruck: ihr Klatsch, den ich nicht kenne, macht die Leute befangen, denen man vorgestellt wird. In der Regel forsche ich nicht nach, was da geredet worden ist, und wenn es mir zu Ohren kommt, so erfahre ich mehr über die andern als über mich. Neid? Nicht der erste Erfolg und nicht ein zweiter, aber Erfolg auf Dauer ist ein Ärgernis gerade für die Anbeter des Erfolges; sie unterstellen, man habe kein anderes Bedürfnis und Ziel als sie zu belästigen durch Erfolge (was immer sie dafür halten); mit der Zeit sind sie so gereizt, daß nicht einmal mein Mißerfolg sie in Ruhe läßt. Es gibt auch Verehrer. Ein alter Mann in Berlin gehört dazu; ich erfahre es durch seine Frau, die ihn nötigt, daß er sich vorstellt. Das Gesicht einer Schülerin auf der Straße; ich sehe, daß ich Lehrstoff bin, und sie schaut, als könne ich sie nicht sehen in ihrer blanken Verwunderung. Ferner gibt es Schmeichler; manche von ihnen verfolgen nicht einmal einen Zweck. Ferner gibt es Honoratioren, denen irgend etwas daran liegt, daß ich mich wohlfühle an der langen Tafel, und ihre Gattinnen. Etwas anderes: ein Sowjetbürger, ein jüngerer Mann, der 1968 auf dem Roten Platz demonstriert hat und den ich neulich in Gesellschaft zufällig getroffen habe, übermittelt Grüße aus einem sibirischen Arbeitslager, Dank im Namen von Insassen, die ich nie sehen werde; der unerwartete Gruß macht mich betroffen wie eine Mahnung, ein Auftrag, daß ich mich nicht fallen lasse. Ruhm? Im Gegensatz zum Erfolg macht er niemand neidisch. Es kommt zu keiner Schmeichelei; selbst wenn die Person es zuließe aus Verlegenheit, der Ruhm läßt Schmeichelei nicht zu. Ich denke an Begegnungen mit Beckett: es ist einfach mit ihm zu reden oder zu schweigen bei einem Schach, das Werk scheint ferne von ihm, zugleich ist er identisch damit. Auch kommt es nicht dazu, daß der andere sich geschmeichelt fühlt; da sitzt kein Star, auch keiner, der durch Allüren der Bescheidenheit sich zu verstecken sucht und dadurch verrät, daß er sich als Star sieht. Das gilt auch für den kleinen Ruhm. Es wird erwartet, daß einer nicht Ausschau hält nach Verständnis, geschweige denn nach Lob, oder wenn es erwartet wird, so erweist es sich als Irrtum. Er kann übrigens als Person enttäuschen, zum Beispiel indem er unglücklich ist. Kommt es zum Vorschein, daß er einen Teil seines Werkes oder das ganze widerruft, so ist das seine Sache: seine Selbstwertung ist für die andern nicht verbindlich; der Name, den er bei seiner Geburt bekommen und ein Leben lang als Unterschrift verwendet hat, bezeichnet eine öffentliche Wirkung und hat sich von der Person abgelöst. Das muß er lernen; wenn er es nicht lernt, so verletzt er sich unentwegt. Ruhm bewirkt nicht Einstellung der Kritik, nur wird erwartet, daß Kritik nicht mehr persönlich treffe, und das zu Recht, denn es wird Kritik nicht an einer Person und ihrer Arbeit, sondern am Ruhm. Die Gesellschaft braucht Berühmtheiten; wen sucht sie sich dafür aus? Kritik wird zur Kritik an der Gesellschaft.

LYNN:

ihre Stimme, wenn er sie nicht hört, ist ihm gegenwärtiger als ihr Gesicht, wenn er es nicht sieht. Sie zieht die Vokale nicht nur in die amerikanische Länge, sondern in die Höhe. Sein Name, ausgesprochen mit ihrer Stimme, tönt hell, zum Schluß das kurze X wie auf Xylophon. Ihre Stimme kaut nicht. Keine gefühlige Stimme. Wie Töne von sehr straffen Saiten, dann ein Nachhall, der ihr einen Körper gibt. Es kommt vor, daß ihm im Augenblick ihre Stimme genügt.

Notizen im Flugzeug:

Es lohnt sich, einmal in der Ersten Klasse zu fliegen; neben mir ein jüngerer Fluggast, der, wie sich herausstellt beim Champagner, mit Bomben handelt. / Ein ehrlicher Mensch ist einer, der etwas verlegen wird, wenn man ihm sagt, er sei ein ehrlicher Mensch. / In Harvard eine amerikanische Germanistin, die über Ingeborg Bachmann arbeitet, das Werk und die Person; sie ist sehr dankbar für meine Hilfe: Angabe der römischen Adressen. / In Cincinnati die Frage, wie es denn sei, wenn ein Schriftsteller mit seinen früheren Arbeiten konfrontiert wird. Ich weiß nicht, was ich darauf geantwortet habe – statt zu berichten von dem

Maler, der in Anwesenheit seiner Frau gesagt hat: ACH DIESES ALTE ZEUG, DIESE SCHEISSE! und später, als es um eine Ausstellung geht, eine Retrospektive, sagt sie, um seine Grübelei zu verkürzen: LASS DOCH DIESES ALTE ZEUG! ohne zu merken, daß diese Bezeichnung, seine, ihr nicht zusteht; nämlich sie hat es nicht gemacht. / Wenn man Amerikanern sagt: I AM A SOCIALIST, so verliert man ihre Achtung nicht, im Gegenteil, sie sind überzeugt, daß man eine Art von Star ist, der sich das leisten kann. / Vom Flugzeug aus: es ist nicht glaubhaft, daß man auf dieser weiten Erde mit so vielen Siedlungen und Städten irgendwo vermißt wird. Das erzeugt eine leichte Euphorie. Steht man mit dieser Einsicht in dieser oder jener Stadt, so macht sie hundstraurig. / Er ist gekränkt! das ist schlimmer, als wenn wir sagen: Er ist hundsgemein. Das letztere sagen wir ohne Herablassung. / Gefühle von Schuld, ohne daß ich weiß, was ich unter Schuld verstehe. / Zwei Mal, in Montreal und in Chicago, die öffentliche Frage: Stimmt es, Herr Frisch, daß Sie die Frauen hassen? / Verhältnis von Lebensalter und Unwissen: welche mathematische Kurve ergibt das? Trotz Zuwachs an Wissen schnellt die Kurve mit dem Lebensalter: das Unwissen wird unendlich. / Hat man schon zwei Hunde gesehen, die, wenn sie sich treffen, über einen dritten Hund reden, weil sie sonst nichts miteinander anfangen können? / Als Märchen von einem Fischer, der sein Netz einzieht und zieht mit aller Kraft, bis es an Land ist, das Netz, und er ist selber drin, nur er. Er verhungert. / Ihr katholisches Verhältnis zur Wahrheit. / Angst um das Gedächtnis: Wie wenn man mit Kreide auf Glas zu schreiben versucht und das Glas nimmt es nur spurenweise an, wahrt es unleserlich. Ich erinnere mich genau, wo und wem ich das gesagt habe. Wir sind auf einen langen Steg hinaus gegangen. Während er spricht, verstehe ich alles. Am Ende des Stegs sind wir dann stehen geblieben. Wäre er weiter gegangen und über den Steg hinaus und über das falbe Wasser, so wäre ich ihm gefolgt und würde jetzt erst ertrinken; ich weiß nicht mehr, wie er's erklärt hat. / Impotent (zum ersten Mal) mit 35 Jahren –

ARENA STAGE

Euphorie beim Anblick der leeren Bühne vormittags in Washington. Die Moritat von dem Graf, der zur Axt greift, haben sie vor einem Jahr gespielt; die Schauspielerinnen und Schauspieler stellen sich mit den Namen ihrer Rollen vor: COCO, ELSA, MARIO oder I AM THE WIDOW, I AM THE MURDERER. Was sie können, sehe ich am Abend: LEONCE AND LENA. Ich bin begeistert, es ist ehrlich, was ich nachher in den Garderoben sage, und so sind die Küsse, die ich bekomme, auch verdient. Ich muß versprechen, ein Stück zu schreiben und nach Washington zu kommen und das Stück mit ihnen auf diese Bühne zu bringen. Ich verspreche es. Was für ein Stück? Ein neues Stück, ich meine: ein Stück andrer Art, ein heiteres, ein schamloses, nicht unbedingt zum Lachen, aber ohne Lehre. Ohne Hoffnung über das bloße Spiel hinaus. Das verspreche ich nicht mir, sondern der Schauspielerin, die eben die ROSETTA gespielt hat; es muß jemand dastehen, ein Körper, damit ich mir das Versprechen glaube. So hat es übrigens angefangen, das Bedürfnis, Stücke zu schreiben: ich sehe Körper, die spielen können, und ich möchte, daß sie mich spielen, daß meine Rede einen Körper bekomme, viele Körper, männliche und weibliche.

LYNN

Er hat ihr einfach die Brille aus dem Gesicht genommen, um einmal die Augen zu sehen. Sie hat über sein Englisch gelacht. Er hat es getan, ohne ihre Schläfe zu berühren, sorgsam wie ein Optiker mit einer Kundin. Sie steht in ihrer Kitchenette, Geschirr in beiden Händen, im Augenblick wehrlos. Farbe ihrer Augen: wie heller Schiefer unter Wasser. Er findet, eine Brille stehe ihr gar nicht, und sie findet ihn unfair. BECAUSE I NEED GLASSES, sagt sie. Also gibt er die Brille zurück. WHY DON'T YOU HAVE A SEAT, sagt sie. Ein hübsches Apartment. BUT VERY SMALL, sagt sie. Trotzdem geht er auf und ab, die Hände in den Hosentaschen: LIKE A PRISONER, sagt sie, OR LIKE AN ANIMAL. Sie hat ihn eingeladen, weil er neulich diesen Business-Lunch bezahlt habe und weil er, so vermutet Lynn, seit drei Wochen immer in Restaurants speise. Eine freundliche Idee; er weiß sie zu schätzen und setzt sich wie ein Gast. Lynn ist eine langsame und umständliche Köchin, sie kann dabei nicht reden. Hingegen kann er etwas helfen: Tomaten in Scheiben schneiden. Das kann er, ohne den kleinen Schreibtisch zu verschmutzen; er kann auch dabei reden, nur fällt ihm nicht viel ein: daß in Kanada die Seen noch gefroren sind, diese vielen Seen, verstreut wie weiße Zettel, wie zerfranste Fetzen, wenn man ein Blatt aus der Schreibmaschine gerissen und zerfetzt hat. Dann ist auch das getan, die zwei Tomaten in Scheiben geschnitten. Es ist Sonntag, früh am Abend und draußen noch hell, und er steht wieder, während es in einer Pfanne brutzelt. Er sieht sich ihre Bücher an. Er weiß, daß er langweilig ist. Über Literatur hat er in den letzten Tagen genug geschwatzt. Ob er auch koche? Lynn hat nicht viele Bücher, was ihn erleichtert. Gespräche über Literatur, die meistens darin bestehen, daß man Kenntnisse demonstriert und Urteile verschleudert, danach hat er kein Bedürfnis; auch sonst nicht. Lynn hat eine Flasche Wein gekauft, die er, der männliche Gast, entkorken kann, SAUTERNES. Eine Tätigkeit; er ist froh drum. Ob er hungrig sei? Ihr Haar, bisher offen und lang, stört sie, wenn sie sich bücken muß, um Sahne aus dem Eisschrank zu holen; Lynn muß ihr Haar wieder einmal auf den Kopf knoten, bevor sie weiterkochen kann, und zuerst muß sie die Hände waschen, dann trocknen. Sie ist etwas nervös, obschon er eigentlich nicht zuschaut. Es ist noch Zeit für eine Pfeife. So setzt er sich denn wieder ins Sofa. Er kennt sein Alter; er ist entschlossen, es endlich anzunehmen. Es wäre dringlich, jetzt irgendetwas zu reden. Warum redet Lynn nicht? Im stillen, während er die Pfeife stopft, ist er entschlossen, nach dem Essen nicht lang zu bleiben und sie keinesfalls zu küssen. Er stopft die Pfeife so gelassen wie möglich, so umständlich wie möglich. Es steht diesen Händen nicht zu, ihre Taille zu fassen. Lynn ist mit einer zweiten Pfanne beschäftigt. Ihr Apartment: kleiner als er zuerst gemeint hat, eine Tür zum Bad, die andern Türen sind Schranktüren, also Einzimmer. Zwei

Fenster vergittert; trotzdem ist ihr TV-Gerät gestohlen worden. So sicher sind diese Gitter offenbar nicht; er sieht, wo die Gitter verbogen worden sind. WHAT CAN YOU DO, sagt sie. Natürlich wohnt man in Angst. Dann bittet sie den Gast, daß er den Wein eingießt. Vor den beiden Fenstern: die eiserne Feuerleiter, wie gemacht für Einbrecher. Aussicht auf eine Mauer, die kaum fünf Meter entfernt ist, eine fensterlose Mauer; darüber noch etwas Himmel. Darf man fragen, was die Miete kostet. Es schmeckt, was Lynn gekocht und gebraten hat, und sie ist jetzt entspannt. Sie stoßen nicht mit den Gläsern an, Lynn sagt nur: HI! Sie hat einen guten Appetit, steht aber nochmals auf, um den Plattenspieler zu bedienen, VIVALDI. Ihr Einkommen monatlich: 1080 Dollar, nach Abzug der Steuern: 750 Dollar, Ferien zwei Wochen im Jahr. Das ist hier üblich. Sie kann von Woche zu Woche gekündigt werden, wenn die Firma, die einen blitzenden Wolkenkratzer besitzt, mit Lynn nicht zufrieden ist. Das ist hier so.

MONEY

Die väterliche Frage nach ihrer wirtschaftlichen Situation (denn ihre Schule für geschädigte Kinder wird nicht vom Staat bezahlt, da ihre Pädagogik sich nicht dem Unverstand irgendeiner Behörde unterstellen läßt) habe ich unter vier Augen gewagt; die Tochter, die beim Gespräch ungebleichte Schafwolle verarbeitet, hat sie vielleicht mißverstanden. Was ein Vater, indem er die Familie verlassen hat, seelisch seinen Kindern schuldig geblieben ist, läßt sich nicht wettmachen mit Geld. Ihre Antwort: Man komme vorläufig zurecht. Ihre Miene eher spöttisch.

IT IS POINTLESS

sagt Lynn, als er sie dennoch geküßt hat. Sie hat, um sich aufs Sofa zu setzen, ihre Schuhe abgestreift, und ohne diese Kothurne aus Kork ist sie natürlich kleiner, nicht viel, etwas kleiner. Das hat ihn überrascht. Sie hat auch geküßt, dann aber die fremden Hände von ihren Hüften gelöst, nicht hastig, nur mit sanfter Bestimmtheit; ihre Antwort ist nicht beschämend, da sie seinen Vornamen dazu gibt: nicht peinlich, nur klar. Nachher holt sie ein Album. Er mag keine Fotos. Er muß aber Gast sein. Fotos von der Hochzeit eines College-Girls in Florida: Lynn in Weiß, weniger schlank als heute, eine lange Garbe von Blumen im Arm, Hochzeitsgesellschaft unter Palmen. I GOT MARRIED AS A VIRGIN, sagt sie, THAT SHOULD NOT BE ALLOWED. Um sie zu zeigen, reißt sie jedes einzelne Foto aus dem Album.

MEMOIREN

Als ich zum ersten Mal geheiratet habe... Er versucht es in Englisch zu erzählen: SHE TOO WAS A VIRGIN, aber das gehört nicht zur Geschichte, SHE WAS AN ARCHITECT TOO. Er findet es eine seltsame Geschichte und hofft, daß sein Vokabular ausreicht ohne den kleinen gelben Langenscheidt, sofern Lynn nicht zuviele Nebenfragen stellt. I GOT MARRIED TWICE, sagt er, LEGALLY, fügt er hinzu, um es kürzer zu machen und zu der Geschichte zu kommen; eine von diesen authentischen Geschichten, die nicht zu lang werden dürfen. Ab und zu sagt er: YOU KNOW WHAT I MEAN. Wir beziehen eine Wohnung, drei Zimmer, Parterre mit einem kleinen Gartenfleck davor, und wir sind glücklich, sagt er: TO HAVE GOT THIS PLACE. Wer sonst noch in dem Mietshaus wohnt, kümmert mich nicht. Ich erfahre trotzdem, daß im ersten Stock eine jüngere Frau wohnt, die am ganzen Körper gelähmt sei, eine Frau Haller, die man infolgedessen nie im Treppenhaus zu sehen bekommt. I WAS THIRTYONE, sagt er, EXACTLY YOUR AGE. Am ersten Morgen nach dem Hochzeitsfest aristokratischen Stils liegen Blumen vor der Wohnungstür. Von Frau Haller aus dem ersten Stock. Ich gehe nicht hinauf, um zu danken. Hingegen treffe ich im Treppenhaus gelegentlich ein älteres Fräulein, das die Gelähmte betreut; sie heißt Eichelberg oder Eichelberger, man grüßt sich am Briefkasten, wobei das Fräulein jedesmal ein undurchsichtiges Lächeln zeigt. Sie hört viel Radio, die Gelähmte, nicht nur Musik, die weniger stört, auch Hörspiele und Vorträge. Ihre Stimme hören wir nie. Wie wir durch eine gemeinsame Waschfrau erfahren, kann sie ihr Bett schon seit Jahren nicht verlassen; sie wird es auch nie wieder verlassen können. INCURABLE, das ist das Wort, INCURABLE. Wenn ich, was öfter einmal vorkommt, hinaufgehen muß und Fräulein Eichelberg um etwas bitte, um Salz oder um einen Büchsenöffner oder was in unserem jungen Haushalt gerade fehlt, warte ich im Treppenhaus; ich sehe die kleine Diele und durch eine offene Türe in das Zimmer, wo die Gelähmte liegt. Sie selbst sehe ich nicht, bloß einen Schrank, dazu die Ecke eines Teppichs. Ich weiß jetzt, wo ihr Bett steht. Sie hört meine Stimme. Nachher vergesse ich sie wieder. Einmal wird es peinlich. Ich muß um elektrische Sicherungen bitten; ohne den Vorrat an elektrischen Sicherungen, der bei Fräulein Eichelberger so sicher zu erwarten ist wie ihr seltsames Lächeln, hätten wir unsere junge Ehe oft im Dunkeln verbringen müssen. Man bittet mich einzutreten. Ich verstehe: Frau Haller, die schon ein Jahr lang meine Stimme kennt, wünscht den Hausgenossen einmal zu sehen. Ich lüge sofort, ich sage, daß wir grad Besuch haben. Es wären fünf oder sechs Schritte gewesen. Gern ein andermal! sage ich und bedanke mich für die Sicherungen. Anderntags lege ich einen eignen Vorrat an elektrischen Sicherungen an; ich mag nicht mehr hinaufgehen. Ich weiß eigentlich nicht, warum ich Frau Haller nicht sehen will. Ich bitte meine Frau, daß sie, wenn sie ihre Einkäufe versäumt hat, selber hinaufgehen möge. Ein Jahr lang gehe ich auch nicht wieder hinauf. In jener Zeit kommt unser erstes Kind, und ich bin entschlossen, eine andere Wohnung zu suchen, eine größere, doch dazu fehlt das Geld, und wir bleiben. Es vergeht ein weiteres Jahr, bis ich weiß, wer Therese Haller ist. Es ist nicht zu verhindern und natürlich, daß meine Frau und dieses Fräulein Eichelberg, das gelegentlich unsere Ursula hütet, sich angefreundet haben und daß meine Frau in die obere Wohnung gebeten worden ist; sie hat nicht Nein gesagt, sie hat die Gelähmte kennengelernt, die nicht einmal ihre Hände bewegen kann, nur noch ihren Kopf. Lähmung infolge einer Geburt. Das erfahre ich, während wir am Tisch sitzen, meine Frau und ich und unsere Kleine im Kinderthron, und während die Kleine sabbert, vernehme ich ferner, daß die Unheilbare mich kennt. Wir seien zusammen in die Volksschule gegangen. Therese Haller-Mock, seit Jahren habe ich täglich diesen Namen auf ihrem Briefkasten gesehen, ohne je den Mädchennamen herauszulesen: Thesy. Wir sind nicht nur zusammen in die Volksschule gegangen, MY FIRST LOVE, sagt er, BUT SHE COULD NOT KNOW THIS. Ein dralles Mädchen mit blonden Zöpfen, die wir verspotteten, um dran zerren zu können. Ich war nie mit ihr allein. Mein bester Freund, ein Arbeiterbub, liebte Thesy auch. In der Bratpfanne seiner Mutter, die tagsüber in einer Spinnerei arbeitete, gossen wir Eheringe aus Blei. Davon konnte Thesy nichts wissen. Ganze Nachmittage verbrachten wir mit dieser Gießerei, wobei das Blei, in der Bratpfanne wie Silber, beim Erkalten jedesmal den Glanz verlor, und bis man den Ring an den Finger stecken konnte, war er jedesmal matt und grau. Es blieb uns nichts anderes, als Thesy im Schulhof zu fangen und an den Zöpfen zu zerren. Ein Mal, auf der Schulreise, küßte sie mich auf die Lippen, die Vierzehnjährige, und meinen Freund ebenso... Ich verspreche, in den nächsten Tagen die Gelähmte einmal zu besuchen; ich habe es wirklich vor. Wenn wir im Garten sitzen, so kann sie uns hören; ihr Fenster steht meistens offen. Ihr Leiden sei schmerzlos. Als sie in der Zeitung gelesen hat, daß ich einen beruflichen Erfolg habe, läßt sie mich beglückwünschen. Ich bin noch immer nicht zu Frau Haller hinaufgegangen, WHY NOT? Er sagt: I JUST DON'T KNOW. Inzwischen habe ich eine Mansarde gemietet, um abends auch zu Hause arbeiten zu können; also gehe ich fast jeden Abend an ihrer Wohnungstüre vorbei, IT'S A SHAME, sagt er, I KNOW. Eines Abends, als ich von der Baustelle nach Hause komme, steht unsere Wohnungstüre weit offen, die Wohnung leer, es regnet in Strömen; meine Frau kann nicht im Garten sein, ich rufe vergeblich. Vielleicht ist sie oben? In der Küche steht eine leere Pfanne auf dem Herd, eine glühende Pfanne. Als ich hinaufgehe, öffnet Fräulein Eichelberger und beruhigt mich, meine Frau sei schon wieder bei Bewußtsein. Ich verstehe nicht, was geschehen ist, und als ich in die Wohnung trete, die zu betreten ich seit Jahren gemieden habe, bin ich auf alles gefaßt, nur in diesem Augenblick nicht auf Frau Haller. Meine Frau sei von einem Blitz am Herd getroffen worden. Meine Frau liegt in einem Sessel ziemlich verstört, bleich, aber wach. Sie erwartet zu dieser Zeit unser zweites Kind. Fräulein Eichelberg bittet mich, Platz zu nehmen. Ich setze mich nicht. Ich stehe zwischen meiner Frau und der Gelähmten, die in ihrem Bett liegt. Unsere Kleine ist auch da; wir als Familie. Draußen blitzt es noch immer. Nochmals zum Sitzen aufgefordert, nachdem ich den ausführlichen Bericht gehört habe, finde ich es an der Zeit, Frau Haller zu begrüßen; ich sage: Thesy! als sei ich eben erst ins Zimmer getreten. Ihr Bett steht übrigens nicht so, wie ich jahrelang gemeint habe, sondern im rechten Winkel zu meiner Erwartung; das irritiert mich nebenbei und läßt mich grad in diesem Augenblick vergessen, was ich doch seit Jahren weiß: Ich strecke ihr zum Gruß meine Hand hin, die sie nicht nehmen kann. Sie lächelt aber. Ihre Arme liegen neben dem Körper auf dem Bett, Arme einer Puppe. Übrigens duzen wir uns nicht. Ich setze mich so, daß sie den Kopf nicht drehen muß beim Sprechen. Frau Haller findet mich unverändert. Ihr Gesicht ist kindlich, und sie redet langsam, dabei fröhlich, soweit es sich schickt im Hinblick auf meine Frau, die sich immer noch vor jedem Blitz fürchtet. Fräulein Eichelberger hat einen Tee gemacht. Die Platte unseres Herdes habe ich ausgeschaltet. Als habe sie unseren Besuch erwartet, liegt die Gelähmte mit einer Halskette und mit einem Armband, tadellos gekämmt. Sie fragt nicht, warum ich nie heraufgekommen bin. Unsere Ursula sitzt auf ihrem Bett. Als eine Tasse Tee getrunken ist, finde ich es an der Zeit, meine Frau hinunterzuführen, obschon gerade sie die Geselligkeit, die sie ihren Schrecken etwas vergessen läßt, eigentlich genießt, und ich sage wie schon einmal: Gern ein andermal! Ich bedanke mich natürlich für die Hilfe und alles. Wie ich mich verabschieden soll, da Frau Haller ja ihre Hand nicht geben kann, weiß ich nicht. Soll ich ihre Hand trotzdem fassen? Inzwischen ist uns auch der Name meines damaligen Freundes wieder eingefallen: Bondi hieß er, Emilio Bondi. Was aus ihm geworden sein mag. Als ich mich endlich und etwas plötzlich verabschiede, sage ich: Frau Haller. Das tönt richtiger als Thesy, herzlicher, dabei fasse ich ihre reglose Hand, die neben dem Körper auf der Decke liegt; sie scheint es nicht zu spüren. Wir gehen. Der Arzt hat meine schwangere Frau untersucht und alles in Ordnung gefunden. Erst in den letzten Stunden vor der Geburt kommt die Erinnerung daran, es ist eine regnerische Nacht ohne Gewitter, plötzlich eine irre Angst, es werde ein unheilbares Wesen geboren, unheilbar von Geburt an. Ich fühle mich schuldig. Meine Frau denkt auch daran, ich seh's, nur geben wir es uns nicht zu. Ich halte ihre schwitzende Hand, bis der Arzt mich wegschickt; ich soll mich ins Wohnzimmer setzen und einen Schnaps trinken, man werde mich rufen. Meine Frau will aber, daß ich zugegen bin bei der Geburt, und ich bleibe, bis das Kind da ist. Ein gesundes Kind, ein Sohn. Wir wohnen noch einige Jahre in jener Wohnung, aber Frau Haller habe ich nie wieder besucht. Ich habe es mir immer nur vorgenommen. Später (1955) habe ich die Wohnung verlassen –

MAX, YOU ARE A MONSTER

– und wohne allein: zwei Zimmer in einem Bauernhaus, Küche und Bad, Plattenspieler gestattet bis 22.00, man braucht sich nicht zu strecken, um an die Zimmerdecke zu greifen, die alte Bauernjungfer unten hört jeden Schritt, auch wenn man die Schuhe ausgezogen hat; das leise Geräusch im Ölofen; drei arbeitsreiche Winter, vier arbeitsreiche Sommer –

MONTAUK

Es gelingt nicht alles an diesem wolkenlosen Tag. Sein Vorschlag nach der Landkarte: CULLODEN POINT. Was er sich versprochen hat: ein Dorf, ein kleines Fischerdorf mit Hafen, Masten, Häusern, Einwohnern (wie in der Bretagne vor einem Jahr) und dann lohnt sich nicht einmal ein Stop: ein flaches Gelände mit Baracken, zum Teil verrottet, Motorboote an Bojen, andere zur Reparatur auf dem Gelände, Parkplätze, Tankstellen mit Wimpeln, Haufen von alten Pneus, Gelände mit Abfall aller Art und Pfützen: FOR SALE, die bekannten Schilder: TEXACO, PIZZA, SHELL, BLUE RIBBON, HAMBURGER, REAL ESTATE. Es ist genau Mittag – vielleicht möchte die junge Frau, die Lynn heißt, jetzt lieber allein sein anderswo... AMAGANNSETT, auch ein indianischer Name; hier steigen sie aus, obschon es auch kein Dorf ist: Rasen um kleine hölzerne weiße Villen, Rasen und Bäume, alles gepflegt, einmal ein Schild: FOR RENT. Keine Zäune; alle sind wohlhabend in diesem Bezirk, alle haben Blumen, Wohlstand als Natur. Sogar der blaue Himmel erscheint wie gepflegt. Da und dort steht eine glänzende Limousine. Ein Rasensprenger gegen die grüne Langeweile. Was sollen sie hier? Es ist einerlei, ob man in dieser oder in der andern Richtung geht: Rasen und Bäume, die weißen Villen. Irgendwo ein Sternenbanner; offenbar die Mitte des Ortes. So friedlich, alles so blank und friedlich und wie auf einer Reklame. Man hört Vögel. Plötzlich ist es so öde, daß man sich über nichts unterhalten kann. Man liest Schilder: CHURCH, LIQUOR STORE, ANTIQUE SHOP, BOUTIQUE. Es wäre die Rettung, wenn man irgend etwas brauchen würde. Immerhin schaut Lynn sich Hosen an, Gürtel, nichts Bestimmtes; was eben da ist. Sie wird nichts kaufen; sie würde es nicht wollen, daß er es ihr schenkt. Wie immer wenn eine Frau sich Sachen ansieht, die sie um keinen Preis kaufen wird, langweilt er sich sofort. Er erinnert Lynn nicht an ihren Hunger. Er hätte eher Durst. Das Mädchen, das die Boutique führt oder zumindest bedient, hat sich nicht aus ihrem Sessel erhoben; eine Leserin barfuß. Sie stören nicht, auch wenn Lynn einmal eine Frage stellt, um nicht unhöflich zu sein, und darauf eine Antwort bekommt. Was in dem Taschenbuch zu lesen ist, scheint das Mädchen mehr anzugehen als die Boutique. Er weiß nicht, warum er auf ihre Füße schaut, die Füße der Leserin. Zierfische in einem Aquarium. Es ist schade um die Zeit. Lynn steht jetzt bei den Hüten. Er wundert sich, daß er nicht nervös wird. Irgend etwas denkt das Hirn immer, oft dasselbe, so daß es ihn nicht interessiert, was er denkt. Als er aus einem Bündel von Gürteln mit schweren und grimmigen Schnallen einen herausgreift, um ihn zu mustern, sagt Lynn: MUCH TOO EXPENSIVE. Auch das stört die Leserin nicht. So können sie denn gehen. BYE, sagt er; die Leserin blickt nicht auf, sagt aber: HAVE A NICE DAY. Im Wagen (Lynn fährt) weiß er, was er in der Boutique gedacht hat: – Ich möchte diesen Tag beschreiben, nichts als diesen Tag, unser Wochenende und wie's dazu gekommen ist, wie es weiter verläuft. Ich möchte erzählen können, ohne irgend etwas dabei zu erfinden. Eine einfältige Erzähler-Position.

Warum grad dieses Wochenende?

– statt zu beschreiben die ersten Einkäufe auf dem kleinen Wochenmarkt in Berlin, die leere Wohnung, wo ich tagsüber auf die Handwerker warte. Morgen soll es auch warmes Wasser geben. Straßen in diesem halben Berlin und seine Kneipen, seine halbe Havel, seine Kiefern unter nordischem Himmel. Nachmittag in der Stadt, um Geräte für die Küche zu kaufen; es ist das siebente Mal, daß wir eine Küche einrichten. Die Wohnung liegt in der Flugschneise Tempelhof; die Flugzeuge kommen niedrig, so daß es im Hinterhof dröhnt, von Westen her und starten gegen Westen; dazwischen Stille, Friedenau. Man braucht doch mehr als vermutet: Lamellen-Vorhang wegen Morgensonne auf dem Arbeitstisch. Ich schraube fünf Garderobenhaken an. Noch vorgestern haben wir gesagt: Ich gehe jetzt in die Wohnung. Heute sagen wir: Ich geh nach Haus. Allerlei Pappschachteln benehmen sich wie Möbel; Bücher auf dem Boden. Ein alter Schrank, der jedem Besucher sofort gefällt: wer hat ihn gefunden? Du hast ihn gefunden. Wer hat den langen Tisch gefunden? Ich kümmere mich um Dübel. Es hallt in den leeren weißen Zimmern; Musik aus dem kleinen Transistor. Genau die Art von Wohnung, die wir in Zürich vergeblich gesucht haben: einfach, aber mit hohen Zimmern. So sind wir denn in Berlin. Die Begründungen dafür ergeben sich: Leben mit der Mauer, ein paar Freunde auch drüben, der eine und andere beschämt mich durch Tapferkeit, eine lange Tapferkeit. Sonntag am Kleist-Grab. Der beste Innenraum der neuen Architektur, den ich kenne: die Philharmonie von Scharoun. Ein kalter Februar; die leichte Luft. Zuerst bewohnbar wird die Küche; Herd mit Gas. Die Wohnung soll nicht voll werden, so meine ich auch, aber Stühle braucht man. Das Telefon steht auf dem Parkett. Ein kleiner Rundtisch erinnert an Gartenwirtschaft oder Bistro. Ein Jugendstil-Leuchter, den Jurek aus der DEUTSCHEN DEMOKRATISCHEN REPUBLIK gebracht hat, und ein andrer Jugendstil-Leuchter, der auch Dir gefällt. Oswald Wiener führt eine Kneipe, EXIL, wo wir uns wohlfühlen. Du hast Stühle gefunden, das Stück zu 50 Mark, und bist begeistert von dem Laden, den zwei bärtige Studenten führen; da stehe ich, um die Stühle zu prüfen, und Du wendest Dich ab, als gehörte ich nicht zu den Stühlen; ein anderer Kunde. Die Bärtigen, die einen Wein anbieten, wenden sich an uns beide als Kundschaft, dieselbe Kundschaft. Ein Nachmittag am Schlachtensee; wenn Du fröhlich bist, vergesse ich für eine Weile wieder Dein Unglück mit mir…

JOURNAL INTIME

Wenn ich einmal darin lese, zum Beispiel weil ich ein Datum brauche für unser Gespräch, so bin ich bestürzt: daß ich vor zwei oder fünf Jahren genau zu derselben Einsicht gekommen bin – nur habe ich sie dann wieder vergessen, weil es mir nicht gelungen ist, nach meiner Einsicht zu leben; ich habe das Gegenteil gelebt mit zäher Energie.

IT IS POINTLESS

Er hat ihren Anruf aus der Halle erwartet. Ein sommerlicher Abend draußen. Stattdessen klingelt es an der Zimmertüre, und Lynn steht da. Erst im Zimmer, nachdem er die Türe zugemacht hat, sagt sie: HI! Ihre Zotteljacke legt sie nicht ab; sie wollen ja nicht im Zimmer bleiben. Man gibt sich nicht die Hand. Lynn ist heute nicht zu ihrer täglichen Meditation gekommen. Zwanzig Minuten vor jedem Frühstück, zwanzig Minuten in ihrem Office-Sessel nach der Arbeit. Heute hat der Boß sie gerufen; eine Konferenz. Sie braucht jetzt nur einen Sessel und ihre zwanzig Minuten. Es ist nicht nötig, daß er das Zimmer verläßt; seine

Anwesenheit stört nicht, sofern er nichts redet. Nachdem sie ihre Tasche auf den Teppich gelegt hat, eine große Tasche, eine Art von Sack, sitzt sie wortlos mit geschlossenen Augen, die Hände flach und locker auf den Hosen. Er könnte unterdessen die Zeitung lesen, BOOK REVIEW. Er hantiert aber in der kleinen Küche, um entfernter zu sein; ohne seine Jacke auszuziehen. Während sie also sitzt und atmet, die Hände locker und reglos, beobachtet er sie kaum. Sie atmet. Nichts weiter. Sie atmet leicht und dann, so scheint es ihm, immer langsamer, regelmäßiger. Übrigens hat er auf seine Uhr geschaut: wegen der zwanzig Minuten. Einmal verstellt sich ihr rechtes Bein, sie scheint es nicht zu wissen; es rutscht nicht weg, das Bein, wie bei Schlafenden im Sitzen. Lynn schläft nicht. In den ersten Minuten, die lang sind, denkt er: SHOW. Dann steht er am Fenster, Rücken zu ihr, seine Hände in den Hosentaschen. Er schaut einmal mehr auf diese Straßenkreuzung hinunter aus dem elften Stock. Vor zwei Jahren war's der sechzehnte Stock. Die Leute, aus dieser Höhe gesehen: Hut mit Schultern, bunt, flach wie Knöpfe, aber begleitet von ihrem langen Schatten, solange die Sonne scheint oder beim Licht der Bogenlampen, dann dreht sich der Schatten um sie, wird kurz und wieder länger. Wenn man auf jemand wartet (wie vor zwei Jahren) und also die Person erkennen will, ist es schwierig: ein brauner Hut und schon meint man, sie kommt, sie kommt nicht sehr spät, kein Grund zu Verdacht. Man kann sich täuschen; der Hut geht anderswohin. Als er jetzt, um nicht wieder das alte Lied zu denken, endlich das Fenster verläßt: zwölf Minuten, und die Fremde sitzt noch immer im Sessel, Kopf gradauf, ihre Lippen geschlossen und schmal, ihre Augen geschlossen, INCONNUE DE LA SEINE, er versucht sie ironisch zu sehen. Auch das stört sie nicht. Schließlich setzt er sich in den andern Sessel, um eine Pfeife zu stopfen. Eigentlich wartet er nicht. Er sitzt einfach da, Ellbogen auf den Knien, die vergessene Pfeife in der Hand. Ohne Bedürfnis nach Tätigkeit. Still ist es nicht; das schale Rauschen der air-conditioning, ab und zu die Autobusse, einmal die Sirene der Polizei. Er betrachtet den Spannteppich. Offenbar haben sie in allen Zimmern hier den gleichen Spannteppich. Auch das hat er schon öfter gedacht. Einmal, im Suff, hat er auf diesem schmutzigen Spannteppich gelegen mit ausgespreizten Armen und behauptet: ICH FÜHLE DIE RUNDUNG DER ERDE, ICH FÜHLE DIE RUNDUNG DER ERDE, das war nach Mitternacht, als sie ins Hotel zurückkam und nicht zu melden brauchte, woher und warum so spät, er war froh, daß er es jemand melden konnte: ICH UMARME DIE ERDE! und seine Ekstase wurde geachtet; kein Wort des Tadels, weil er nicht im Bett lag, sondern auf dem Spannteppich; er wurde mit dem gelben Überwurf, der sich noch auf dem Bett befand, sorgsam zugedeckt, damit er auf dem Spannteppich neben dem Bett nicht fröre, ICH UMARME DIE ERDE, er war selig... Jetzt klingelt das weiße Telefon; er zögert, nimmt aber den Hörer ab, um das Klingeln zu stoppen. Er redet nicht leiser als sonst, nur kürzer. Deutsch. Eine Abmachung für morgen. Nachdem er den Hörer aufgelegt hat, schaut er sie an: ihr blasser Hals, der sanft-entschiedene Ansatz des Kiefers, das Ohr; sie hat die Haare nach hinten gestrichen. Ihre Lippen sind inzwischen etwas geöffnet. Sie hat müde ausgesehen, als sie angekommen ist. Eine anstrengende Stadt, man weiß es. Einmal fährt ihre Hand durch das offene Haar, ohne daß der Kopf sich dabei bewegt; das sieht sonderbar aus: was gehört zur Person, die Hand oder der Kopf? Und dann liegt diese Hand wieder auf der Hose. Ihre Schenkel sind schmal. Er blickt auf seine Uhr. Die Zeit bleibt nicht stehen, nur ist es eine andere Zeit geworden. Er sitzt, ohne die Pfeife zu stopfen; er blickt auf Objekte: meine kleine Schreibmaschine, OLIVETTI LETTERA, die gelbe Lampe, eine Plastik-Schale, ihr grünes Feuerzeug, ihre Tasche neben dem Sessel auf dem Boden; einmal durchs offene Fenster: die Fassade gegenüber, BROWNSTONE, die Wasser-Silos auf den Dächern schwarz gegen den gelben Himmel. Ein heller Abend. Er blickt auf ihre lebenden Füße. Zuvor hat sie die Schuhe abgestreift, um barfuß zu sein; das gehört offenbar dazu. Ihre Füße, ihre Hände, ihre Stirne, ihr Ohr. Alles reglos. Sie lebt aber, sie atmet. Ein lebender Körper. Es könnte für ihn noch lang so bleiben. Als sie dann die Augen aufmacht und nicht im mindesten irritiert erscheint, da jemand im Zimmer ist, nur wortlos die beiden Schuhe anzieht, blickt er (ohne daß Lynn es bemerken kann) auf die Uhr: genau zwanzig Minuten, ziemlich genau. Wohin geht man essen? Sie will noch eine Zigarette rauchen. I AM HUNGRY, sagt sie, nimmt aber ihre Tasche nicht vom Boden. Dann muß Lynn noch ins Bad. Er wartet mit dem Zimmerschlüssel in der Hand. Er ist froh. Eine Einladung, eine interessante, hat er abgesagt, um wieder einmal allein zu sein, und er ist froh, daß Lynn ihn begleitet. Als sie aus dem Bad kommt, macht er sie auf ihre Tasche aufmerksam. I'LL TAKE IT LATER, sagt sie. Ihre Tasche bleibt im Hotelzimmer.

I LIKE YOUR SENSE OF HUMOR

In Gesellschaft (PEN CLUB) kann sie lachen, wie es sich gehört. HOW FUNNY, während sie die Leute gräßlich findet. Unter vier Augen lacht sie, wenn er's nicht erwartet hat. Ihr Lachen tönt ziemlich schrill. Man kann es nicht darauf anlegen, daß sie lacht. Sie kann ihr Lachen auch verweigern. Wenn sie lacht, so lacht eine Überraschte. Das verändert ihr Gesicht augenblicklich, und meistens hat er dann nicht das Gefühl, besonders witzig gewesen zu sein. Sie meint nicht Witze. Sie lacht nie lang, ihr Gesicht bleibt aber noch eine Weile geöffnet, ihr Blick.

YOU HAVE AN OPEN FACE

Es ist nie gesagt worden:

I LOVE YOU

(Über Liebe, als Beziehung zwischen den Geschlechtern, gebe es nichts Neues mehr zu berichten, das habe die Literatur dargestellt in allen Varianten ein für allemal, das sei für die Literatur, sofern sie diesen Namen verdient, kein Thema mehr – solche Verlautbarungen sind zu lesen; sie verkennen, daß das Verhältnis zwischen den Geschlechtern sich ändert, daß andere Liebesgeschichten stattfinden werden.)

WOMAN'S LIBERATION:

er sei mit Entschiedenheit dafür, sagt er, nichts sei dringlicher in unsrer Gesellschaft. Ob er je mit einer emanzipierten Frau zusammengelebt habe, die Frage stellt nicht Lynn, und er bedauert, daß er sich die Frage selber gestellt hat; jetzt möchte Lynn es wissen und er gießt Tee ein. Eine emanzipierte Frau? Sie essen mit chinesischen Stäbchen, manchmal gelingt es, dann wieder nicht, die beiden Stäbchen fassen den weißen leichten trockenen Reis, hingegen die Bambus-Sprossen sind glitschig, und man verliert nicht bloß die Bambus-Sprossen, sondern auch das Thema des Gesprächs...

DER GUTE GOTT VON MANHATTAN

Ich hatte zu tun beim Sender in Hamburg und ließ mir das Hörspiel vorführen, dann schrieb ich einen Brief an die junge Dichterin, die ich persönlich nicht kannte: wie gut es sei, wie wichtig, daß die andere Seite, die Frau, sich ausdrückt. Sie hörte Lob genug und großes Lob, das wußte ich, trotzdem drängte es mich zu dem Brief. Ich wollte sagen: Wir brauchen die Darstellung des Mannes durch die Frau, die Selbstdarstellung der Frau. Ihre briefliche Antwort verblüffte mich: sie fahre nach Paris und komme über Zürich, doch habe sie nur vier oder fünf Tage Zeit. Was war damit gemeint? Sie kam dann nicht. Ich hatte weder ihre Adresse in München noch in Paris; ich hatte über den Verlag geschrieben. Als ich später in Paris war, erfuhr sie es durch die Zeitung und fand heraus, wo ich wohnte, HOTEL DU LOUVRE. Sie kam, um sich die Aufführung meines Stückes anzuschauen, THEATRE DES NATIONS, gekleidet für eine Loge. Ich war beglückt, als wir im Café vor dem Theater einen Pernod tranken, und sagte: DAS BRAUCHEN SIE SICH NICHT ANZUSCHAUEN. Sie überhörte es, beschäftigt mit ihrer Tasche und verwirrt, weil sie irgendetwas nicht finden konnte. Ich hatte keine Loge, aber zwei Karten auf dem Balkon. Warum sagte ich das? Ich wurde von den Schauspielern erwartet, eine Premiere in Paris, meine erste, ich fand die

Aufführung sehr gut, mein Stück nicht schlecht, aber als es Zeit wurde, sagte ich ein zweites Mal: INGEBORG BACHMANN, DAS BRAUCHEN SIE SICH WIRKLICH NICHT ANZUSCHAUEN. Statt ins Theater gingen wir zu unserem ersten Abendessen. Ich wußte nichts von ihrem Leben, nicht einmal Gerüchte um sie. LEBEN SIE MIT EINEM KIND? fragte ich als erstes, und sie war erfreut, verwundert, selig, daß jemand so gar nichts von ihr wußte.

MONTAUK

Gestern auf der Fahrt hierher haben sie wenig geredet, Lynn am Steuer, während er sich mit der Landkarte beschäftigt: YOU HAVE TO NAVIGATE, ihr Ausdruck belustigt ihn. Das Wochenende davor wäre sonnig gewesen. Jetzt beginnt es zu regnen. Lynn ist es gelungen, das Office schon um drei Uhr zu verlassen. Draußen am Atlantik, so sagen sie sich gegenseitig, kann das Wetter ganz anders sein. Das Wetter ist wichtig. Wenn es nicht regnet, so könnte man spazieren, und die Übernachtung erscheint nicht als Ziel. SUNRISE HIGHWAY, fortan ist keine Verirrung mehr möglich; also könnte man jetzt reden, etwas erzählen. Oft kommt er zu spät; Lynn hat ihr Feuerzeug schon in der Hand. Einmal ihre Frage: DO YOU SNORE? Die Fahrbahn jetzt trocken; hier hat es gar nicht geregnet. Das erleichtert beide, aber es bringt sie nicht zum Reden. Rücktritt von Bundeskanzler Brandt: hier kein Thema, das über mehrere Meilen reicht... Vor einigen Tagen konnte ich es nach Mitternacht nicht lassen, Christa Wolf anzurufen in Oberlin, Ohio: Was denkt sich eure Regierung, nein, ich weiß, Christa, Sie können nichts dafür, Christa, ich weiß, Christa, entschuldigen Sie... Links und rechts ist Heide, öde, da und dort Gebäude, eine Anthologie scheußlicher Nicht-Architektur. Er ist froh, daß noch etliche Meilen zu fahren sind. Was täte man hier. Er finde Lynn eine gute Fahrerin. Ob er immer als Beifahrer so artig sei? Einmal dreht sie den Kopf (die leere gerade Straße erlaubt es) und schaut ihn an: I DO NOT KNOW YOU AT ALL, sagt sie und fragt, welche Art von Lastern er habe, der Fremde neben ihr. ARE YOU A SADIST? Kurz darauf zum ersten Mal ein Schild:

MONTAUK. Im Augenblick ist er ziemlich sicher, daß dieser Ausflug nur mißlingen kann, und er wäre lieber in New York. Er hat die Landkarte besorgt, Lynn alles andere: NATIONAL CAR RENTAL, GURNEY'S INN, Reservation mit telegrafischer Anzahlung. Ihre Bitte, nicht daneben stehen zu müssen, während er sie im Hotel einschreibt unter seinem Namen, läßt sich erfüllen. Es erinnert ihn an frühere Zeiten. Lynn kämmt sich unterdessen im Wagen. Sie kennt das offenbar und mag es auch nicht. Als ein Bursche die beiden kleinen Koffer aus dem Wagen nimmt, bleibt sie stumm. Sein Englisch, ihr Englisch, das geht nicht auf denselben Namen. OKAY, sagt er im Zimmer, ohne sich umzusehen, und gibt dem Burschen, der noch das Badezimmer zeigen will, sogleich das Trinkgeld. Lynn bleibt stumm, bis der Bursche weg ist. WELL, sagt sie und legt ihre Zotteljacke nicht ab. Beide sind befangener als in ihrer Wohnung. Er hantiert an der Lamellen-Jalousie. Zimmer mit Loggia und Blick auf die nahe Brandung. Zwei Betten, getrennt durch ein Tischchen mit Lampe. Sie treten sofort auf die Loggia hinaus. Weit draußen auf dem Atlantik sogar ein Glimmer von Sonne. Lynn schlägt einen Spaziergang vor, und er ist gerne einverstanden; vorher möchte sie die Hände waschen.

Ein Pingpong-Tisch ist auch da.

Lynn kennt das hölzerne Hotel von einem Betriebsausflug her; ein Hotel in den Dünen. Das ist im Sommer gewesen. Dann wimmelt es hier von Leuten, wenn man baden kann. Jetzt ist es noch zu kalt, aber man wird spazieren können, falls es morgen nicht regnet –

Weiß er, wovon sie im Augenblick reden?

Lynn wird sein Laster nicht kennenlernen. Dazu fehlt die Zeit. Es braucht eine Ehe, eine lange, damit es zum Vorschein kommt... Ich habe nicht eine Magd aus ihr gemacht (gelegentlich auch das Geschirr gespült, die Mülleimer hinunter getragen,

Lebensmittelkäufe erledigt etc.) und ich habe die Frau, die ich liebe, nie geschlagen; ihre Klage ist eine andere und sie trifft mich wirklich. Ich habe ein Jahr gebraucht, um es einzusehen. Zuerst finde ich es grotesk, ihr Fazit: daß ich in zehn Jahren nichts zu ihrer Selbstverwirklichung beigetragen habe. Sie spricht in aller Ruhe. Ich habe sie auf Händen getragen: die bequemste Art, umzugehen mit einer Frau, und die schlimmste Art. Das sehe ich ein. Ihr Vorwurf trifft mich anders, als sie ihn meint. Offenbar habe ich mich von Anfang an verhalten, als sei ich Gottvater oder mindestens Adam, das Weib aus seiner Rippe gemacht: KOMM, FOLGE MIR, ICH LEITE DICH! Die Frau ist nicht undankbar, sondern verzweifelt. Was ich für unsere schönen Jahre gehalten habe, plötzlich erscheinen sie als verlorene Jahre. Mein Laster: MALE CHAUVINISM. Nur mein Verhalten von Anfang an und von Tag zu Tag hat eine kluge Frau verleiten können zu der Meinung, ihre Selbstverwirklichung sei Sache des Mannes, der Männer.

MEINE FEHLER WIRD MAN HIER FINDEN

Ein meilenlanger Strand, ein Ende des Strandes nicht zu sehen, er verliert sich nach beiden Seiten im milchigen Lila-Licht der Verdampfung. Trotz Wind ist es fast heiß. Zwei Liegesessel mit verblichenen Kissen stehen im Sand, keine andern weit und breit; wem gehören sie? Kein Mensch weit und breit. Sie benutzen die beiden Sessel, so wie sie dastehen: ungefähr parallel, Abstand etwas mehr als eine Armlänge. Vorher haben sie ihre Hosen heraufgekrempelt, als sie ins Wasser gestapft sind. Man könnte es eine Weile schon aushalten. Die brechenden Wellen würden den Körper peitschen. Man hat aber kein Schwimmzeug, und so liegen sie jetzt in den beiden Sesseln, Abstand etwas mehr als eine Armlänge, Blick hinaus auf den dunklen Atlantik und auf zwei Paar bloße Füße; der Sand haftet schon nicht mehr an der Haut, der Wind nimmt ihn weg... Gestern auf der Fahrt hierher, als man den endlosen Friedhof bei Queens sieht, ihre Frage: DO YOU WANT TO GET BURIED OR CREMATED? Man ist der gleichen Ansicht, ganz entschieden... Die Küste ist anders als in der Bretagne vor einem Jahr, die Brandung wie überall. Jetzt ein paar weiße Wolken; sie spiegeln sich in den blauen Lachen der Brandung, dann versickert wieder die Nässe, der Sand wird grau, bis eine nächste Schaumzunge kommt, und wieder Glanz für eine Weile.

Ein langer leichter Nachmittag.

HERMES GEHT VORBEI

Titel einer Oper, die ich einmal habe schreiben wollen: ein Paar, das sich ins Museum geflüchtet hat, und dann eine Gruppe mit Führer, der die Statue kennerhaft erläutert, und niemand bemerkt, daß die Statue gar nicht mehr da ist; Hermes ist vom Sokkel gestiegen, um das Paar zu führen – Komödie mit viel Irrungen... Morgen ist schon Sonntag, abends muß Lynn in der Stadt sein, Montag im Office, Dienstag fliegt er nach Europa.

HI, sagt sie, WHAT ARE YOU THINKING ABOUT?

Was er verschweigt: wie ich im Pyjama nachts durch Friedenau gehe; keine Zeugen auf der Straße, nur Bogenlampen im Regen, der Regen sichtbar unter Bogenlampen, einmal ein Auto, das aber nicht stoppt, ich gehe auf dem Bürgersteig im Pyjama barfuß, es ist aber kalt, Februar in Berlin, das nasse Pflaster, dann der platschnasse Pyjama, ich komme nicht weit, denn ich schlottere bloß statt mich zu schämen...

Einmal ist er aufgestanden und zur Brandung gegangen, hat seine Hosen weiter heraufgekrempelt, so weit es nur geht, und genießt es, im Wasser zu stehen. Alle Kleider abzulegen und in die Brandung zu laufen, wie er grad Lust hätte, wagt er nicht; dazu ist sein Körper nicht schön genug. Er findet ein Holz und schleudert es hinaus, weit hinaus. Er ist froh, wenn er nicht weiß, woran er denkt, und wenn ihn der Gischt, das seichte Wasser mit Schaum, der Sand an niemand erinnern. Er möchte bloß Gegenwart. Das Holz, inzwischen wieder auf den Sand geschwemmt, greift er ein zweites Mal und schleudert es ein zweites Mal weit hinaus. Er möchte bloß sehen. Draußen ein kleines Boot der Küstenwache. Es ist erst drei Uhr; viel Zeit. Das Wasser, wenn es um die Waden strömt, ist kalt, und einmal verliert er beinahe den Stand. Das Holz, inzwischen wieder auf den Sand geschwemmt, läßt er liegen. Die kleinen Rinnsale im Sand, da und dort eine Muschel. Er fühlt sich wohl. Als er zu den beiden Sesseln zurückkommt, zeigt er eine Muschel, eine wie tausend andere. Lynn liegt in ihrem Sessel; ihr Körper, den er kennt, in Kleidern. Er hat das Bedürfnis zu stehen.

Lynn wird seine Hysterie nicht kennenlernen.

Eines Abends in Berlin, als ich sie nicht überzeuge (was in den letzten Jahren eigentlich die Regel ist) und als ich's nicht ertrage, daß man mir jedes Mal sofort ins Wort fällt, und als ich merke, daß ich mich selbst nicht überzeuge, gehe ich in die Küche und hole den Mülleimer, setze mich wieder an den Tisch, stelle den Mülleimer auf meinen Kopf und sage: Redet weiter! – bitte.

Sie liegt im Sessel, sie hat sich ihr Gesicht gesalbt, auch den Hals, dann hat sie ihre dunkle Brille wieder aufgesetzt, I AM SLEEPY, sagt sie, da er nicht sagt, was er denkt. Natürlich schläft sie nicht. Es ist hier zu grell. Er hat die Pfeife ausgeklopft, er denkt: kratze die Pfeife aus, klopfe nochmals und blase nochmals (vielleicht ist Sand drin) und dann, statt zu reden mit der Pfeife in der Hand, stecke sie leer zwischen die Zähne, die Pfeife, bis der Tabak gefunden ist, dann stopfe die Pfeife mit dem rechten Daumen und mit Bedacht, der Augenblicke ausfüllt, Augenblicke ohne Gedächtnis, und wenn es so weit ist, stecke die gestopfte Pfeife in den Mund, so daß es zwar nicht unmöglich wäre zu reden, jedoch nicht höflich, schau auf das Meer, während du jetzt ein Streichholz anzündest, dann ein zweites und drittes, es ist windig am Meer, und ziehe mit Bedacht den ersten Zug, einen kurzen, dann einen zweiten, einen langen, bis du da bist ganz und gar.

Im Augenblick gibt es nur sie beide in den beiden Sesseln, die sie nicht verstellt haben, da sie nicht ihnen gehören. Einmal ein streunender Hund. Lynn liest: Arbeit fürs Office, da sie gestern vor drei Uhr gegangen ist, und ab und zu liest sie auch nicht, im Augenblick kämmt sie ihr langes Haar gegen den Wind, ein hoffnungsloses Unterfangen, schön anzusehen. Einmal ein rotes Sportflugzeug, das im Tiefflug, als wolle es gerade landen, die ganze leere Küste entlang fliegt, dann verschwindet... Er berichtet jetzt von Mykonos, der griechischen Insel mit den weißen Häusern und weißen Windmühlen. Wie das kleine Motorboot, das uns nach Delos bringt, in den Wellen hopst und wie das Wasser hereinschwappt, das berichtet er. Aber wen bringt es nach Delos? Kein Wort von der Frau, die heute ziemlich allein lebt. Kein Wort von sechs Jahren ohne Zerwürfnis, ohne Eifersucht, ohne Zermürbung; man wohnte nicht zusammen – Mykonos, nein, dahin wird Lynn in diesem Sommer nicht gelangen... Einmal berichtet er von Rom, der Stadt, und was er in Rom gesehen und gehört hat in fünf Jahren. Rom muß schön sein, das weiß Lynn. Er berichtet nicht von der schrecklichsten aller Todesarten.

Jetzt möchte Lynn einen Lauf machen.

Er bleibt hier.

Gegenwart bis Dienstag.

Ihr nackter Körper ist mädchenhafter als ihr Gesicht. Wenn sie weiß, daß zum ersten Mal ihre Brüste gesehen werden, schließt sie die Augen und sagt: THEY ARE VERY SMALL. Das ist der Abend, als sie noch ihre Tasche im Hotel hat holen müssen. WE CANT MAKE LOVE, sagt sie, NOT TONIGHT. Ein sachlicher Grund. Wie sie zum ersten Mal ihr Bett aufdeckt, nachdem sie das Sofa ausgezogen hat: Erfahrung mit Männern, vermutlich nicht mit vielen. Wenn sie ihr Kleid abstreift, die Wäsche: ohne Hast. Sie zeigt, daß sie nicht die Verführte ist. Sie löst die Spangen aus ihrem Haar, sitzt, als sei sie allein, als gehe sie schlafen wie sonst;

sie kennt sich als Nackte. Sie schweigt aber, während sie ihr Haar auskämmt; dann schüttelt sie ihr offenes Haar umher, wie sie es vermutlich immer tut. Ein Vorhang ist nicht zu ziehen, nicht nötig in dieser vergitterten Zweifensterwohnung mit Blick auf eine nahe Mauer. Wie ist es mit dem Licht? Übrigens schaut sie nicht nach dem fremden Mann, der nicht weiß, wo das Licht in der Kitchenette auszuknipsen ist; sie sagt es ihm. Er hofft in keine Rolle zu verfallen, nachdem das Gespräch bereits redlich gewesen ist. Ihr Körper ist deutlich zu erkennen, es ist ziemlich hell, Licht über der Stadt, ihr Gesicht ist deutlich zu erkennen, aber ein anderes Gesicht. Wieder fehlt ihm ein englisches Wort. YOUR ENGLISH IS EXCELLENT, sie meint damit: mehr gäbe es auch in seiner eignen Sprache nicht zu sagen, während die Körper aufeinander warten. JUST RELAX, sagt sie. Jedes erste Mal mit einer Frau ist wieder das erste Mal; die Verwunderung ohne Erinnerung. Nachher bleibt sie nackt, Lynn in der Kitchenette, während er, der gekleidete Gast, am Tisch sitzt und redet, jetzt froh um die Fremdsprache, die ihm das Gefühl gibt, er sage alles zum ersten Mal. Sie essen Erdbeeren dazu. Er hat nicht gemeint, Lynn zu kennen nach diesen Tagen und Abenden: Lynn als Undine und ein wenig Nurse. Jetzt kommt es ihm vor, Hermes habe sie vertauscht; es ist eine andere mit dem gleichen Haar, nur noch Undine, obschon sie jetzt berichtet von ihrer puritanischen Erziehung. Leider ist es Montag; sie muß ein paar Stunden schlafen. Das Geschirr muß am Abend gespült werden. Er hilft; er kann nicht am Tisch sitzen und sehen, wie die Nackte hantiert. Sie findet es nicht selbstverständlich, daß er das Gespülte trocknet. Die Kitchenette ist eng, wenn zwei Personen einander nicht berühren sollen; es geht aber. Nur redet er nichts mehr. Wohin mit den Gläsern? Wohin mit dem Messer? Das will sie nicht sagen, sie bedankt sich mit Küssen; es käme ihr zu familiär vor, wenn er wüßte, wo alles hingehört.

Ein langer leichter Nachmittag:

ihre Schuhe im Sand, Lynn läuft noch immer und weitweg, im

Augenblick ist die Gestalt kaum zu erkennen, da dort, wo sie jetzt läuft, das Meer unter der Sonne glitzert und blendet. Sie läuft herwärts, scheint es. Später wird sie deutlich: sie läuft in Bögen, wie Slalom, vermutlich läuft sie um die einzelnen Schaumzungen der Brandung, einmal schwingt sie ihre Arme dazu. Aus Lust.

DEJA VU:

22. 9. 1962 am Mittelmeer. Wie Du Dein Haar getragen hast: hinaufgekämmt das ganze Haar, die Ohren frei, der Hals mädchenhaft und bloß, und wenn Du die Spange herausgenommen hast, so viel offenes Haar, schwarzes.

Er bleibt sitzen.

Unterwegs auf der Straße tagsüber im Gedränge oder in einem Lift, wo man Personen aus der Nähe sieht, kommt es vor, daß er es nicht lassen kann: Lynn zu vergleichen mit andern Personen weiblichen Geschlechts, ihr Haar zu vergleichen mit anderem Haar, seine plötzlich so vage Erinnerung an ihr Gesicht zu vergleichen mit andern Gesichtern. Als habe er die Wahl des Paris! Er schaut nicht zudringlich, nur genau: Haaransatz hinter dem Ohr, Kinn, Hals, Lippen, die Nase, die ganze Gestalt, ihre Art zu gehen. Er schaut, um zu prüfen, ob seine Zärtlichkeit sich wirklich auf Lynn bezieht... Oder belüge ich uns?... Er bleibt sitzen und schaut irgendwohin. Ein Taschenbuch, das er zur Hand hat, öffnet er nicht. Das Poltern und Zischen der Brandung würde nicht stören, wenn man liest; auch nicht das kleine Sportflugzeug, das jetzt dem langen leeren Strand entlang zurückfliegt; auch nicht ein Hund. Man kann aus einem Buch auch aufblicken und sich sagen: Nachmittag am Atlantik, es ist jetzt genau 4.35 P.M. Literatur hebt den Augenblick auf, dazu gibt es sie. Die Literatur hat die andere Zeit, ferner ein Thema, das alle angeht oder viele – was man von ihren zwei Schuhen im Sand nicht sagen kann...

AUF DER WELT SEIN: IM LICHT SEIN. IRGENDWO (WIE DER ALTE NEULICH IN KORINTH) ESEL TREIBEN, UNSER BERUF! – ABER VOR ALLEM: STANDHALTEN DEM LICHT, DER FREUDE IM WISSEN, DASS ICH ERLÖSCHE IM LICHT ÜBER GINSTER, ASPHALT UND MEER, STANDHALTEN DER ZEIT, BEZIEHUNGSWEISE EWIGKEIT IM AUGENBLICK. EWIG SEIN: GEWESEN SEIN.

Leben im Zitat.

Wenn die Haut empfindet, wie der Sand trocknet auf der Haut, wie die Sonne, wie der Wind, wie das ist für die Haut und das Hirn... Er vergißt nicht seine Rolle, nicht die nächsten Verpflichtungen, die sich ergeben aus dieser Rolle; Termine, er vergißt nicht einmal die Weltlage. Es ist allerlei, was er nicht vergißt in dieser dünnen Gegenwart.

MONTE ALBAN:

ein weites und kahles und gegen Abend violettes Hochtal in Mexico, mitten in diesem Tal ein Berg, ein natürlicher Thron; oben die Akropolis der Zapoteken, eine weite und umfängliche Tempelstätte in strenger Geometrie, ein Platz mit einer hohen Mauer für das heilige Ballspiel: der Sieger muß sterben, denn die Götter haben im Ballspiel offenbart, wen sie auszeichnen, und so wird er, der Sieger, den Göttern geopfert. So wenigstens lehrt es ein kleines Buch, das ich zur Hand habe. Es erschreckt, es überzeugt; anderes begeistert, ohne zu erschrecken: daß die Maya (wenn's stimmt, was im Buch steht) von Zeit zu Zeit ihr ganzes Geschirr zertrümmert haben, um es herzustellen von Neuem, ihr Geschirr für den Alltag; daß sie ihre Tempelstätten haben verlassen müssen auf Gebot der Priester, um weiterzuziehen und im Dschungel (YUCATAN, GUATEMALA) sich zu erneuern, und sie haben die alten Tempelstätten nicht einmal zerstören müssen, um anderswo zu beginnen; sie haben sie dem Dschungel überlassen (PALENQUE) und der natürlichen Verwitterung... Vielleicht stimmt es auch nicht, was mich begeistert... MONTE ALBAN: hier auf einem Gemäuer sitzt Marianne, Jahrgang 1939, stud. phil., erschreckt von meiner Bitte; ich traue mir den Mut zu, Einsicht zu haben, wenn ich zu alt geworden bin für sie. Zwei Jahre? Drei Jahre? Sie zögert weislich. Sie kommt nach Rom und zögert einen Sommer lang. Später ein ländliches Haus, gemeinsam eine kleine Wohnung in Zürich, dann eine andere, eine große, Reisen zusammen, es werden neun Jahre, länger als sie je gedacht haben.

ICH HABE NICHT MIT DIR GELEBT ALS LITERARISCHES MATERIAL, ICH VERBIETE ES, DASS DU ÜBER MICH SCHREIBST.

Wenn er sieht, wie sie jetzt durch den Sand stapft, dort wo der Sand trocken und locker ist, langsamer also und mühsam, etwas erschöpft vom langen Lauf und mit schlenkernden Armen, da die Beine nicht mehr schlenkern können, und wie sie manchmal im Stapfen vornüber knickt, wenn ein Fuß einsinkt, dann wieder das rote Haar über diese oder die andere Schulter zurückwirft, so sieht er sie mit Wohlgefallen. Sie weiß es vermutlich; sie schaut jetzt irgendwohin. Wenn sie im Sessel nebenan liegt, so denkt er anderswohin. Wenn sie die hölzerne Treppe zum hölzernen Hotel hinaufgeht, schaut er ihr nicht nach; er kann es sich vorstellen, wie sie die Arme bewegt, Grazie nicht ohne Komik. Er kann sie auch vergessen, zum Beispiel wenn er mit Leuten ist. Er sieht sie mit Wohlgefallen, wenn sie speist; dieser ungeile Appetit der Hageren. Wenn sie nicht da ist, kann er sich an ihr Lachen nur ungenau erinnern; ihr nächstes Lachen hört er mit Wohlgefallen. In der Stadt, wenn sie ihn noch nicht erkannt hat und die Straße überquert, Lynn als Passantin unter vielen andern: die Art, wie sie ihre dünnen Arme bewegt, wie sie zögert und sich im Gedränge durchsetzt, wie sie den Kopf bewegt. Er ist nicht verliebt. Er freut sich. Wenn sie die hölzerne Treppe herunter kommt von dem hölzernen Hotel, denkt er nicht an die Nacht; er sieht ihr Hüpfen auf der Treppe, dann beinahe Stolpern (wenn es nicht das hölzerne Geländer gäbe, wo sie sich grad noch halten kann) mit Wohlgefallen.

Ein langer leichter Nachmittag.

Langsam müßte er's wissen: Lynn ist in Florida geboren, nicht in Kalifornien. College in Kalifornien. Die kurze Ehe hat stattgefunden in Sidney – sie wirft Sand, wenn er eine Frage gestellt hat, die er kein zweites Mal hätte stellen dürfen. Wo ihr geschiedener Mann heute lebt, weiß Lynn nicht. Sie wirft immer noch Sand; nicht gegen ihn, sondern einfach so. Ihre Zukunft? Sie wird noch einmal heiraten, meint Lynn, jedoch vorsichtig – und ein Kind vielleicht, eines... Sie erzählt nicht viel, er ja auch nicht, sie reden:

DO YOU BELIEVE

WHAT DO YOU THINK

zum Beispiel über Richard Nixon. Er müsse vor Gericht gestellt werden, meint Lynn. Es ist windig, und vielleicht liegt es daran, daß sie nie lang bei einem Thema bleiben; der Wind hat ihre beiden Schuhe mit Sand gefüllt. Ich weiß nicht, wie er auf Baudelaire kommt, FLEURS DU MAL, Lynn kennt sie nicht. Um ihre Frage zu beantworten: Ich habe nie Gedichte veröffentlicht. Sie bleiben bei öffentlichen Themen. Drogen? Auch Lynn hat da keine große Erfahrung. Sein Englisch ist bescheiden; ich weiß natürlich, was er jeweils sagen möchte. Kommt es vor, daß er nicht übersetzt, sondern in Englisch aussagt, was man so nicht sagen könnte in Schriftdeutsch oder Mundart, überrascht es mich, was und wie er denkt. Das genieße ich; dann ertappt ihn die Fremdsprache bei seiner wirklichen Meinung. Plötzlich lacht er, worüber er sonst nicht lacht. Lynn findet ihn nicht langweilig, so scheint es. Zum Beispiel sagt er, daß ich in meinem Leben nie in einem Bordell gewesen bin; er fügt hinzu: Deshalb bin ich auch kein politischer Mensch, weil ich alles verinnerliche. Da fehlt ihm allerdings die Vokabel. Verinnerlichen? Das muß er umschreiben, und Lynn sieht den Zusammenhang nicht, aber mich überzeugt er, SEXUALITY, so wie Lynn das ausspricht, ist hier ein öffentliches Thema. Ihre Ansichten dazu; ich wundere mich über seine. Als der Sohn fünfundfünfzig war, sagte meine Mutter nicht ohne Strenge: Du solltest nicht immer über Frauen schreiben, denn du verstehst sie nicht. Das erwähnt er nicht. Lynn kennt die Schweiz nicht. Das erspart ihm Reden, die mich langweilen. Was hält er von Psychiatern? Man kann nicht sagen, er habe C. G. Jung persönlich gekannt; er ist nur in seinen Vorlesungen gewesen. Das muß, wie Lynn sich ausrechnen kann, ziemlich lang her sein. Eigentlich hätte er davon nicht reden sollen. Im College ist Lynn eine preisgekrönte Speerwerferin gewesen, in Sidney ist sie geritten. Seine feste Überzeugung, daß Allende in Chile mit amerikanischer Hilfe gestürzt worden ist, kann er behaupten, nicht beweisen. Kommunismus und Kapitalismus; sein langwieriger Versuch zu erklären, was der Unterschied ist zwischen Sowjetunion und Sozialismus –

Etc.

Vielleicht weil es zwischen Lynn und ihm nur die englische Sprache gibt, so daß er das eine und andere, was er sonst aussprechen würde, aus Faulheit nicht ausspricht, fällt ihm in ihrer Gegenwart mancherlei ein, was ihm sonst, wenn er's aussprechen könnte, gar nicht einfällt; es ist ein Unterschied, ob man in einer Fremdsprache oder in der eigenen Sprache schweigt: schweigend in der Fremdsprache verdränge ich weniger, das Gedächtnis wird durchlässiger ... Zwei Mal bin ich bei einer Geburt dabei gewesen; meine Frau hat es gewünscht. Darüber habe ich nie geschrieben. Meine Frau hat gewünscht, daß nicht darüber geschrieben werde. Auch habe ich nie davon gesprochen, glaube ich. Ich sehe es nur. Es ist lang her.

Was er alles nicht beschrieben hat:

Vier Abtreibungen bei drei Frauen, die ich geliebt habe. Drei Mal ohne Zweifel, daß es richtig ist. Nie ohne Schrecken. Die Rolle des Mannes dabei, der dann den Arzt bezahlt. Ein Mal: weil ich verheiratet bin, und sie möchte meinen Freund heiraten. Ein Mal mit einem andern Grund: es ist zu spät in unsrer Geschichte. Wir sind Freunde geblieben. Ein Mal ist es ein Irrtum gewesen; eine Schuld, so denke ich später, meine Schuld. Ich habe nicht den Mut, das Kind zu verlangen; ich sehe sie so ohne Zögern (wenn auch voller Angst natürlich) und ich bin betroffen. Ich frage nur nochmals: Du willst es wirklich nicht? Sie weiß, daß ich bei ihr bleiben möchte. Als jüngerer Mann habe ich mir Kinder nicht eigentlich gewünscht; die schlichte Nachricht, daß ein Kind gezeugt worden ist, hat mich gefreut: der Frau zuliebe. Später wird es anders, aber ich bin nicht deutlich genug mit meinem Wunsch, ich wage es nicht, da ich die Geliebte so ohne Zögern sehe. Dann stehe ich in einer nächtlichen Straße, nachdem ich noch einmal gefragt habe, und warte in Erbarmen. Alles andere, so meinte ich, wäre Erpressung. Auch das ist lang her. Die Erpressung wäre richtiger gewesen (in diesem Fall). Ein Mal rät der Arzt dazu und gegen unseren Wunsch.

HOW DO YOU KNOW

sagt Lynn, da er behauptet, Wolken dieser Art bedeuten gar nichts und morgen (Sonntag) werde wieder ein blauer Tag sein. Sie liegen in den beiden Sesseln, die sie nicht verschoben haben, Abstand etwas mehr als eine Armlänge. Wer hat sie hierher gestellt, zwei Sessel irgendwo auf einem meilenlang-leeren Strand? Das kann nur einer getan haben: HERMES. Er ist froh, daß Lynn da ist. Es wäre sehr leer ohne die junge Fremde, das Meer und das Gelände mit Dünen und Wind. Er könnte nicht lange hier sitzen, er müßte gehen. Ohne Ziel. Es wäre Sand wie auf Sylt (1949) und Meeresbläue wie bei Sperlonga (1962) und Erinnerung. Auch wenn er Lynn nicht anschaut: sie macht die Gegenwart, ihr Körper im andern Sessel. Sie weiß nicht, was er denkt; er weiß nicht, was sie denkt. Kein Bedürfnis, ihren Körper zu berühren. Lieber möchte er ihn zeichnen können. (Ich kann ein wenig zeichnen, aber ich habe es lang nicht mehr getan. Es stört mich, daß es dann immer ein Plagiat wird, ein schwaches; indem ich es zeichne, verliere ich, was ich sehe.) Sie hat ihren Kopf zurückgelegt, das Gesicht nach der andern Seite hinüber, ihre Bluse etwas geöffnet, ihre beiden Hände in den Hosenschoß gelegt, die Knie hochgezogen; die Haut ihrer Füße und Waden ist bleich. Sie gibt sich der Sonne. Er sitzt aufrecht, seine Füße im Sand, meistens schaut er auf das nachmittägliche Meer. Ein dumpfes Poltern auf dem Grund, dazwischen hört man es zischen. Sie schläft nicht. Zu viel Wind. Sie hat ihren Kopf aufgerichtet und schaut irgendwohin. Als sie bemerkt, daß er sie anschaut, lacht sie.

MY LIFE AS A MAN:

wenn ich zufällig, in einem Konzert-Foyer zum Beispiel, die Mutter meiner Kinder sehe: ihr Gesicht, scheu mit einem Zug von Harm, der schon immer gewesen ist, ein gutes Gesicht, in den späten Jahren sogar offener, aber für immer ein Gesicht voll betroffener Unschuld – bin ich betroffen: ich sehe sie mit Hochachtung und verwundert, daß ich der Vater ihrer drei Kinder geworden bin.

DENN DU VERSTEHST SIE NICHT

die Mutter, 88, in Rom – sie will noch alles sehen, nämlich sie ist zum ersten Mal in Rom, sie ist unermüdlich. Sie schreibt sich alles auf, was sie von Tag zu Tag gesehen hat; das Heft endet mit dem Satz: ROM, ES WAR EINE GOTTVOLLE ZEIT! in altertümlicher Kalligraphie. Drei Jahre später, in einem städtischen Altersheim, will sie sterben; sie will; sie ist unwirsch, daß die Ärzte mit solchen Spritzen kommen. Im Zimmer liegen noch drei andere Frauen, die manchmal, wenn man eintritt, wie Sterbende aussehen: mit offenem Mund. Ohne Röcheln. Ohne jede Regung überhaupt. Manchmal ist sie wirr (weil ich grad aus Odessa komme, wo sie als junges Mädchen, 1901, Kapern pflückt) und dann wieder klar: Ich sterbe jetzt, sagt sie, ich danke euch. Es dauert aber noch ein halbes Jahr. Der Arzt, dem ich ihren Willen gesagt habe, erklärt es mir, warum es ohne Spritzen qualvoll wäre; ein Erstickungstod. Eines Tages, als ich sie wieder besuche, führt man mich ins Sterbezimmer. Drei Tage und Nächte lang lösen wir uns ab, mein Bruder und meine Schwester, die nicht ihr Kind ist, und ich. Ab und zu kann man mit ihr sprechen. Ihre Sorge: ob jemand darauf achte, daß meine Jacken in Ordnung sind. Ferner beschäftigt es sie, daß wir mit diesen Besuchen viel Zeit verlieren. Ich bin noch nie dabei gewesen, wenn ein Mensch stirbt. Zuweilen sieht es aus, als sei sie tot. Wenn man sie anredet, so wundert sie sich, daß wir noch immer da sind. Ein Pfarrer steht zur Verfügung. Ich weiß, wie sie sich geärgert hat über seine Ansprache zu Weihnachten; er soll gesagt haben: So hoffen wir denn, daß wir alle auch die nächsten Weihnachten zusammen verbringen können. Da es heißt, daß die Leute in ihren letzten Stunden oft anders denken, frage ich sie, ob sie den Pfarrer sehen möchte. Sie ist wach, sie hat die Frage verstanden, sie überlegt, und dann sagt sie: Wozu? Ein Mal, als ich mich wieder verabschiede, sage ich: Du bist eine schöne Frau. Sie findet diese Erklärung nicht unangemessen; sie fragt, warum wir denn nicht eine Fotografie machen. Eine Veränderung ihres Zustandes sieht auch der Arzt nicht, und einmal lasse ich meinen Abendbesuch aus; im Zunfthaus zur Meise (Zürich) liest ein Kollege aus seinem neuen Roman, ich habe die freundliche Einführung zu sprechen. Kein schwieriger Auftritt, aber ich zittere vor Lampenfieber, und die Nacht endet in einem kollegialen Besäufnis; am andern Morgen, als ich das Telegramm lese, erlaubt es mein Zustand nicht, mich einer Toten zu zeigen...

HAPPY

das ist genau das Wort:

FUN

zu sehen, was grad da ist:

Ich habe nie einen ernsthaften Versuch unternommen, meinem Leben ein Ende zu machen; auch keinen unernsthaften. Ich habe nur oft, in jedem Lebensalter, dran gedacht. Wie ein Experte sehe ich da und dort die praktischen Möglichkeiten. Ich sehe einen Balken, der sich eignen würde. In einem Hochhaus kommt fast jedermann auf den Gedanken; hier wäre es ein einfaches und sicheres Unternehmen. Ich habe keinen Revolver im Haus, da ich nicht immer ein besonnener Mensch bin, und Freitod hätte ein besonnener Akt zu sein. Ich habe eine Bergstraße daraufhin besichtigt und kenne mindestens drei Stellen, wo kein Geländer ist, das wider Erwarten vielleicht standhielte, und wo es, vor allem bei Nebel, wie ein Unfall aussehen könnte. Die Bereitschaft dazu ist nicht selten, eine nüchterne Bereitschaft ohne vermeintlichen Anlaß.

LYNN:

sie hat von ihrer Arbeit erzählt, Lohnarbeit, er hat zugehört, nein, durchaus nicht zerstreut; wenn er etwas nicht versteht, so fragt er meistens. Er versteht sie leichter, wenn er auf ihren Mund schaut. Sie hat ein Buch über Delphine gelesen; Lynn weiß über Delphine mehr als er. Dann wieder kommt es vor, daß sie plötzlich nicht wissen, was reden – dieses Beisammensein tagsüber: nicht langweilig, nur sehe ich dann beide von außen: sie werden einander nicht kennenlernen... Es ist immer noch die Küste, die Brandung vielleicht etwas näher als vor zwei Stunden, weder stärker noch schwächer. Die Sonne steht noch immer hoch am Horizont. Es ist jetzt angenehm, weniger heiß. Das Meer jenseits des weißen Gischtes auf den Wogen, die erst kurz vor dem Strand in sich zusammenbrechen, erscheint jetzt wie Tinte blauschwarz. Das stetige Geräusch der Brandung. Die beiden Hände unter dem Nacken gefaltet, um den Kopf etwas zu heben, um den scharfen Horizont zu sehen, schweigt er nicht; er verschweigt nur, was ihn betrifft. Keine Tragödie. Alles verständlich, sogar selbstverständlich. Und richtig. Und er hat es vorausgesehen; jedermann hat es vorausgesehen. Es bleibt noch, daß er es jetzt annimmt. Ohne Beschwerde. Und das kann man, die Hände unter dem Nacken gefaltet, um den Kopf etwas zu heben –

An wen denkt Lynn?

Neulich hat sie ihre Kette vermißt. Zum Glück wischen die schwarzen Zimmermädchen in jenem Hotel nicht unter den Betten. Der Kette, einer goldenen, ist nicht anzusehen, warum sie unersetzbar wäre. Als er sie dann gefunden hat – nicht in der Garderobe, nicht auf dem Tisch, nicht auf dem gelben Sofa – hat er sofort in ihrem Office angerufen. Ihr Aufatmen am Hörer. Das wäre nicht der Ort gewesen, um diese Kette zu verlieren... Zum Abendessen erscheint Lynn in einem andern Kleid, das ihn weniger überzeugt; dazu wieder die dünne Brille. Ihr Haar geknotet. Die Bedienerin, die seinen Gruß nicht abnimmt, gießt Wasser mit Eisklötzen in die beiden Gläser. Die Leute ringsum: Gutverdiener hemdärmlig, wenig junge Leute. (TOO EXPENSIVE, sagt Lynn) und dafür viele gestandene Paare, die kaum je ein Wort miteinander wechseln, und Familien laut wie zu Hause. Sonnenuntergang für alle. Eine Hochzeitsgesellschaft. Auch Lynn und er können zuweilen schweigen. Die Anzahl der Personen, die sie gemeinsam kennen, ist gering, Klatsch kaum möglich. Es gibt Lobster. Wie man mit den Zangen umzugehen hat, Lynn nimmt an, daß er's vorführen kann. Sie überschätzt ihn. Einiges an seiner Person befremdet sie, das sieht er. Wenn er (bevor der Wein da ist) zu reden beginnt, nimmt sie aber an, es könnte sie interessieren, und unterbricht ihn nicht schon im ersten Satz. Jetzt kostet er den Wein, nickt. Davon versteht er etwas. Ob sie ihm ins Wort fällt und wie oft, vermerkt er nicht. Die erste Schere ihres Lobsters ist geknackt, Lynn kann es besser als er. Wenn sie fragt, was er denn damit meine, so scheint sie nicht auszuschließen, daß eine längere Ausführung von ihm (in seinem Englisch) sie überzeugen könnte. Er sagt Dinge, die ihn überraschen. Das macht ihn heiter. Es erleichtert ihn auch, wie belehrbar er sein kann. Übrigens trinken sie wenig. Lynn stochert in ihrem Lobster, aber nicht um wegzuhören. Natürlich interessiert sie nicht alles, was ihm in den Sinn kommt (zum Beispiel über Architektur). So viel, wie man zuerst meint, ist nicht an einem Lobster; das rote Gehülse auf dem Teller ein schöner Anblick, Lynn für einen Nachtisch bereit. Ergibt sich ein Einverständnis, so glänzt es; es riecht nicht nach einem sauer-vernünftigen Abkommen; es läßt sich weiterreden, obschon man einverstanden ist. Die junge Bedienerin, eine Studentin vermutlich, behandelt sie beim Nachtisch als ein besonderes Paar, tut, als habe sie Anteil an einer Art von Fest. Keine Zärtlichkeiten bei Tisch; sie sind nur ein Paar ohne die Mienen verhohlener Antipathie, ohne die kurzen Blicke, die der Partner nicht merken soll, wenn sie ihn von der Seite treffen, diese Blicke, wenn es für beide kein Geheimnis mehr ist, ihr tiefes Verbundensein ohne Wohlgefallen.

CENTRAL PARK

heute vor einer Woche: – sie liegen nicht im Gras umschlungen wie die andern Paare, sondern sie sitzen. Wenn Lynn nicht arbeiten müßte, könnte man ans Meer fahren; Lynn weiß, wo es schön wäre: Montauk. Ihre leichte Zuversicht, daß es schön wäre am Meer, ermuntert ihn zu dem Vorschlag für das nächste Wochenende, sein letztes hier. Es wird nichts versprochen, nur erwogen. Er sitzt, während Lynn sich ins Gras legt neben ihm. Sie verflucht ihre Firma; denn Lynn muß arbeiten, obschon es Sonntag ist. Ein sonniger Sonntag; der Park voll bunter Leute, keine Hippies mehr. Als sie sich erheben und gehen, weil es Zeit ist für Lynn, ist es Lynn, die ihren Arm in seinen Arm hängt; sie betrachten zusammen, Arm in Arm, einen schwarzen Seehund, dieses armlose Tier, das sich auf einen besonnten Kunst-Fels wälzt und glänzt. Geruch von verbrannten Brezeln, die hier verkauft werden. Sie gehen weiter und sehen: die Baseball-Jungen, viel Schwarze darunter, da und dort ein Vater, der für die

Kinder einen farbigen Drachen steigen läßt, die blechernen Boote auf dem kleinen See zwischen den schwarzen Felsen von Manhattan... Vor zwei Jahren (genau in dieser Jahreszeit; nur waren die Zweige grüner) habe ich hier posiert für das Deutsche Fernsehen; die Kamera-Leute, die meine unbefangene Persönlichkeit suchten, waren froh um Jakov Lind, der mich zum Lachen brachte. Marianne wollte nicht ins Bild kommen; als der Kamera-Mann sie zu überlisten versuchte, wehrte ich ab; ich verstand es, daß Marianne nicht ins Bild kommen wollte. Es ging (wie immer) um das Verhältnis des Schriftstellers zur Gesellschaft.

MY LIFE AS A MAN:

manchmal meine ich sie zu verstehen, die Frauen, und im Anfang gefällt ihnen meine Erfindung, mein Entwurf zu ihrem Wesen; zumindest verwundert es sie, wenn ich in ihnen sehe, was meine Vorgänger nicht gesehen haben. Damit gewinne ich sie überhaupt. NIE HABE ICH MIT EINEM MANN SO SPRECHEN KÖNNEN WIE MIT DIR, das habe ich mehr als ein Mal gehört bei Abschieden. Schmeicheln kann jeder, das habe ich nicht nötig; es schmeichelt ihnen, wenn sie mich unter dem Zwang sehen, sie zu erraten. Eine Zeitlang überzeugt es sie, was mir zu ihnen einfällt; ich sehe sie nicht simpel, sondern voller Widersprüche, DAS HAT MIR NOCH NIEMAND GESAGT, sagen sie, ABER VIELLEICHT HAST DU RECHT. Mein Entwurf hat etwas Zwingendes. Wie jedes Orakel. Ich staune dann selber, wie ihr Verhalten bestätigt, was ich geahnt habe. Natürlich habe ich nicht für jede Frau den gleichen Entwurf. Es läßt mir keine Ruhe, ich muß wissen, wen ich liebe. Erfahrungen mit einer Partnerin zu übertragen auf die nächste Partnerin, davor hüte ich mich. Wenn ich es aus Versehen trotzdem tue, so weiß ich mich im Unrecht. Es muß an mir liegen, wenn ähnliche Verhaltensweisen wiederkehren, oft sogar haargenau. Dabei fehlt es, so meine ich, nicht an Fantasie; ich erfinde für jede Partnerin eine andere Not mit mir. Zum Beispiel, daß sie die Stärkere ist oder daß ich der Stärkere bin. Sie selber verhalten sich danach, wenigstens in meiner Gegenwart. Wenn ich sehe, daß sie leiden, so sage ich, woran sie leiden, oder ich sage es auch nicht; ich meine es aber zu wissen. Kraft meines Wahns. Dieser verläßt mich nicht; alles, was in meinen Entwurf paßt, bietet sich als Beobachtung an. Ich sehe es doch, ich höre es doch, und wenn ich nicht dabei bin, so kann ich es mir ungefähr vorstellen. Ich muß es mir vorstellen; nicht ungefähr, sondern genau. Natürlich zweifle ich, ob meine genaue Vorstellung stimmt. DAS IST DEINE INTERPRETATION, sagen die Frauen; sie selber brauchen keine. Ob es mich peinigt oder beseligt, was ich um die geliebte Frau herum erfinde, ist gleichgültig; es muß mich nur überzeugen. Es sind nicht die Frauen, die mich hinters Licht führen; das tue ich selber.

MAX, DID YOU LOVE YOUR MOTHER?

Ja.

YOU DIDN'T LIKE YOUR FATHER?

Achselzucken.

WHY NOT?

Darüber hat er noch wenig nachgedacht.

YOU ARE VERY FOND OF YOUR CHILDREN?

Sie sind keine Kinder mehr, alle erwachsen, als Erwachsene anders als andere Erwachsene natürlich; es macht ihnen Mühe zu vergessen, daß er ihr Vater ist, und er weiß nicht so recht, wie man's macht, Vater von Erwachsenen zu bleiben... Offenbar ist es diese Hochzeitsgesellschaft, was Lynn irritiert:

DID YOU GET A WEDDING LIKE THAT?

Das zweite Mal nicht... CASA COMUNALE, wo auch das Schulzimmer für die Dorfkinder ist, IL SINDACO, Tapezierer von Beruf, der das einfache und mit sorgsamer Handschrift selbst verfaßte Eheversprechen verliest, Trauzeugen aus Malerei und Literatur, alles in allem sieben Freunde; ein roher Tisch, wo beide ohne Übermut ihre Unterschriften geben, AUGURI, AUGURI, AUGURI, AUGURI, dann gehen alle in unser Haus (seit drei Jahren schon Unser Haus) zu einem Trunk mit Leuten vom Dorf.

MAX, ARE YOU JEALOUS?

ihre Frage zum Nachtisch. Es ist Samstag, und am Dienstag fliegt er; Lynn will immer noch seine Laster herausfinden. Übrigens ist es bereits vereinbart, daß sie sich keine Briefe schreiben werden; nur eine Ansichtskarte am 11. 5. 1975, sofern sie's nicht beide vergessen. Ihre Frage also wie eine Frage aus einem Fragebogen:

ARE YOU JEALOUS? AND IN CASE YOU ARE: COULD YOU KILL A PERSON? AND IF SO: HER OR HIM? AND IF NOT –

Er hat reichlich über Eifersucht geschrieben. Schon deswegen hat er sich in den letzten Jahren jede Eifersucht versagt. Es wäre keine neue Erfahrung für ihn, wenn er wieder in Eifersucht verfiele; es fiele ihm als Schriftsteller dazu nichts ein, nichts Neues. Es ödet ihn an, was er schon beschrieben hat, die Geschichte mit dem fleischfarbenen Kleiderstoff in Venedig etc. Er ist kein Schriftsteller mit großer Fantasie, das stimmt schon. Deswegen kann er sich gewisse Emotionen gar nicht leisten, weil sonst die Gefahr besteht, daß er sie abermals beschreibt als Emotionen einer Figur. Das ist der Nutzen der Schriftstellerei (dieser Art) für den Schriftsteller als Person; er muß gewisse Tatbestände, wenn sie in seinem Leben wiederkehren, anders verarbeiten – um Schriftsteller zu bleiben... Der Pingpong-Tisch ist an diesem Abend frei. Lynn muß dann ihre Zotteljacke doch ausziehen, später sogar die Ärmel ihrer Bluse krempeln; es zahlt sich aus, daß zu Hause, jenseits des Atlantik, ein Pingpong-Tisch steht. Lynn ist flinker, schneidet aber die Bälle nicht und ärgert sich, wenn sie einen geschnittenen Ball nicht erwischt; ihr Ärger hilft ihm. Zugleich freut es sie, daß es wirklich ein Match wird. Das Tick-Tack in dem kahlen Raum tönt lustig. Was ihm zu Hause nur selten gelingt, jetzt aber fast immer: die kommenden Bälle, die langen, erst in ihrer sinkenden Flugbahn zu nehmen, meist unter Tischhöhe. Man hat dann mehr Zeit, und es kostet keine Punkte, wenn er, der Dicke, weniger flink ist. Natürlich erwischt sie ihn fast jedesmal, wenn sie den Ball ganz kurz hinters Netz gibt, was aber, da seine Bälle ziemlich scharf kommen, nicht allzuoft gelingt. Sein Hemd, das weiße, das bessere von den beiden, die er mitgenommen hat für das kurze Wochenende, ist schon völlig verschwitzt; das kommt von der Bückerei, wenn der Ball unter eine Truhe rollt. Lynn hat nicht erwartet, daß sie das erste Game verlieren könnte, dann das zweite. Noch ist nichts entschieden. Vorher muß sie aber ihr Haar wieder knoten, ihren blauen Schläger auf den Tisch legen, um beide Hände frei zu haben für ihr Haar; während sie es knotet, schweigen sie... Oft soll er geredet haben, als wisse er Bescheid. Er fragt nicht: Wo bist Du gewesen? Sie preßt ihm Orangen, bevor sie aus dem Haus geht. Er hat ihre Zuneigung und verbietet sich jede Nachforschung; er liebt sie. Ab und zu macht er einen Scherz, um seinen Verdacht nicht ernstzunehmen; er macht es sich bequem. Das erleichtert die täglichen Irreführungen; es muß nicht viel gelogen werden, Verschweigen genügt. Übrigens kennt er den andern Mann und schätzt ihn sehr. Wenn da eine andere Liebe ist, denkt er, so wird man es ihm sagen früher oder später. Zu dieser Zeit ist sie sehr glücklich, das sieht jedermann, auch er. Was es schwer macht für die Frau: wieder und wieder kommt er mit Plänen für eine gemeinsame Reise, werbend in Unkenntnis der Lage. Warum fragt er nicht rundheraus? Sie sagt sich: er will es nicht wissen. Er sieht dem Freund in die Augen und sieht, daß der Freund ihn schätzt; das stimmt auch. Langsam verliert er jeden leisen Verdacht. Es ist sein Fehler; ein Mann, der es nicht merkt, daß die Frau aus einem andern Bett kommt, ist kein zärtlicher

Mann. Er merkt bloß, daß seine Arbeit sie wenig interessiert. Eine Einladung zu einem Vortrag in Austin nimmt er an, um ihr ein anderes Amerika zu zeigen, Texas und New Orleans; ihre Flugangst ist unüberwindlich, und so fliegt er denn allein. Der Freund gibt ihm Adressen von guten Leuten in Texas. Wieder sind sie überzeugt, daß er es weiß, und achten ihn für sein überlegenes Verhalten. Zwar kommt er früher von seiner Reise zurück, aber nicht ohne sich anzumelden, und er wird herzlich empfangen. Im Sommer, zu Hause in Europa, teilt er ihre Begeisterung für New York; seine Bereitschaft, einen zweiten Winter in New York zu verbringen, beglückt sie. New York ist wichtig für ihre Arbeit, so daß sie ihre Flugangst überwindet und einen Monat voraus fliegt, da er noch Verpflichtungen hat in Europa. Ihre Briefe sind mit Schwung geschrieben, froh und liebevoll. Die Penelope-Geschichte hört er kurz nach seiner Landung: ein gewisser Jack, den er noch nicht kennt, habe sie verführen wollen, ja, geradezu vergewaltigen, so daß sie Freunde rufen mußte, um diesen betrunkenen Jack aus dem Zimmer zu bringen. Er nimmt Anteil an ihrer Arbeit, doch braucht sie andere Helfer, und das versteht er; sein Englisch ist dürftig. Man trifft sich nicht mehr zu viert, sie und er und der Freund und dessen junge Frau, die schwierig geworden ist. Was sonst merkt er? Er merkt, wie wenig er seine Frau zu überzeugen vermag, was immer das Thema sei; sie weiß die ganze Zeit, daß er die ganze Zeit in Unkenntnis seiner Lage lebt, und wie soll sie noch glauben können, daß er nicht in allen Dingen sich ebenso irrt? Je rechthaberischer er wird, um so öfter irrt er sich tatsächlich; das merkt er. Ein schlechter Winter. Was kann die Frau dafür, daß er so unsicher ist in seiner eigenen Arbeit? Dann wieder sitzt er mit Gästen (sie kocht) und redet drauflos in Gegenwart ihres schweigsamen Freundes und merkt nicht, daß er so nicht reden würde in Kenntnis der Lage. Ihr Blick von der Seite ist nicht Tadel, wie er meint; nicht ohne Zuneigung, nur hilflos. Er überzeugt auch die andern nicht. Das liegt nicht an seinem Englisch. Er überzeugt sich selber nicht. Sie wünscht ihm Erfolg in Paris, THEATRE NATIONAL DE L'ODEON, er hätte Grund, stolz zu sein, und stattdessen bedrückt ihn wieder ihre Flugangst, eine Art von Klaustrophobie, weswegen sie ihn nicht nach Paris hat begleiten können. Er weiß nicht, was mit ihm los ist. Der Arzt, den der Freund empfehlen kann, findet überhaupt nichts. Überschätzt er sich? Er erwartet Respekt. Er macht sich lächerlich gerade dadurch, daß er plötzlich wieder meint, man nehme ihn nicht ernst. Das ist peinvoll auch für den Freund, der ihn schätzt. Einmal steht er auf, der Freund, geht zur Tür und haut ab. Hoffentlich widerfährt ihm nichts auf den nächtlichen Straßen, man müßte sich um ihn kümmern. Es stellt sich heraus, daß der Freund inzwischen eine zweite Wohnung hat, eine kleine, da er in der ehelichen Wohnung nicht in Ruhe arbeiten kann, und da sitzt er denn auf dem Bett: SORRY, sagt er, I AM DRUNK. Das kann es geben. Ein anderes Mal, als er die Geburtstagstorte mit den dreiunddreißig Kerzen bringt und in Gesellschaft spaßig-ritterlich kniet vor seiner Frau, ist es auch nicht der Augenblick, um ihn in Kenntnis zu setzen – das tut sie ein Jahr später (1973) in einem Gespräch am steinernen Tisch. Keine Beichte; ein Gespräch über die Selbstverwirklichung der Frau. Sie sagt es beiläufig. Er fällt nicht vom Roß wie der Reiter am Bodensee, sondern geht an die Arbeit; Korrespondenzen beruflicher Art. Eine natürliche Geschichte. Dazu gibt es nicht viel zu sagen. Sie hat ein volles Jahr gedauert; eine große Liebe; sie hätten miteinander leben mögen. Warum sie's nicht haben sagen können, schließlich versteht er auch das: sie haben nicht wissen können, daß er es versteht; er hat keine Gewähr geboten, daß er, ein Sechzigjähriger, sich nicht erschießt, vergiftet, erhängt deswegen... Jetzt gilt's: Lynn hat den blauen Schläger in die Hand genommen, sie spielen weiter. Was soll man hier anderes tun. Es ist noch nicht zehn Uhr abends. Die Brandung unter Scheinwerfern. Morgen wird's regnen.

Lynn gewinnt 5 : 3.

(Später, ungefähr einen Monat nach diesem Pingpong, falle ich doch vom Roß – ich beschimpfe Jörg, der mir einmal, 1972, eine

Arbeit von sechs Jahren gerettet hat vor gänzlicher Verstümmelung; ein Freund also. Ich gehe in seiner Stube auf und ab, ich lache: Unsere Gespräche unter vier Augen, Männergespräche, während er also gewußt hat, was ich über meine Ehe nicht weiß. Verzeihung! Ich nehme zurück, was ich im Zorn gesagt habe. Wohin aber mit dem Zorn? Auch stimmt es ja nicht: nicht sie hat ihn damals eingeweiht, viele haben geredet, und er, als Freund, hat sie gefragt, ob ich davon wisse. Ich habe zu verstehen: ihre Bedrängnis. Hätte denn er, der für sie ein Bündel amerikanischer Liebesbriefe verwahrt in diesem Haus, ihr Vertrauen mißbrauchen dürfen? Ich bin trotzdem bestürzt. Ich rede scheußlich und dumm, wie Jörg es nie von einem gestandenen Mann erwartet hätte. Was geht's mich an, wieviele es vor mir gewußt haben? Ich bin bestürzt über mich; was denn sonst, wenn nicht meine Eitelkeit, hat mich genötigt, ein Geheimnis daraus zu machen, seit ich davon weiß, unser Geheimnis? Ich bin bestürzt über meine Eitelkeit. Warum sollte er, der Geliebte, seine Geschichte mit meiner Frau nicht dem einen und andern erzählen, bevor ich davon weiß? Es ist seine Geschichte.)

Die Bar ist kein Ort, um zu sprechen; zu laut, zu düster. Sie wollen nicht trinken. Man ist eigentlich nicht müde, nur erhitzt vom Pingpong; eine Dusche wäre willkommen. Plötzlich ist alles fragil; Melancholie der gemeinsamen Ortlosigkeit. Man müßte jetzt einen Einfall haben und hat ihn nicht. Lynn sagt:

IT WAS A BEAUTIFUL DAY!

In einer Woche tagt die Akademie in Berlin. Was macht Lynn heute in einer Woche? Das gibt kein Gespräch; ihre Pläne, seine Pläne. Eine Weile sitzen sie in der Loggia, Lynn in Pyjama mit Zotteljacke darüber; die nahe und immer wackere Brandung unter dem Flutlicht der Scheinwerfer; unterhalten können sie sich nur noch allgemein:

IST DIE EHE FÜR SIE NOCH EIN PROBLEM?

Ich erinnere mich an eine Frau, die sich ihre zehn Finger am Verputz in der Toilette blutig gekratzt hat, nachdem ich meinen Ehebruch gestanden habe. Das Blut am Verputz habe ich am Abend bemerkt, ihre wunden Finger erst am andern Morgen. Ferner erinnere ich mich an eine Frau, die sich aus dem Bett aufrichtet, um ihren Mann in seiner Praxis anzurufen: aus einer Kabine, sagt sie, und ich höre weg, und eine gute Stunde später speisen wir zu dritt...

Das Thema macht ihn nicht gesprächig.

Die Brandung unter dem Licht der Scheinwerfer ist nicht so laut, daß sie sich nicht unterhalten könnten. Sie schweigen jetzt trotzdem. Das Flutlicht reicht übrigens nicht weit hinaus; es zeigt drei Wellenkämme mit belichtetem Gischt, dahinter ist es schwarz, Nacht, kein Leuchtturm ist zu sehen, Nacht ohne Horizont. I AM FINE, sagt Lynn, als sie in der Loggia sitzt, IT IS NOT COLD AT ALL. Immerhin hat sie gern die Zotteljacke genommen, die er neulich nach dem Interview zum ersten Mal gehalten hat, dann auch eine weiße Wolldecke. Einmal Stimmen von einer Loggia nebenan; eine Warnung, daß man sie hören könnte. Sie schauen auf die drei Wellenkämme (dann wieder sind es nur zwei) mit dem kräuselnden Gischt, der aus der Nacht kommt. Lynn jetzt ohne Sonnenbrille; wenn sie im Sessel zurücklehnt, reicht ihr offenes Haar fast auf den Lattenboden der Loggia. In der Wölbung unter dem Gischt sind die kommenden Wellen grün, ein bleiches Grün und milchig. Die Musik aus der Bar hat aufgehört. Mitternacht. Manchmal prallt es wieder auf den Strand, so daß man vergißt, woran man eben gedacht hat. Meistens rauscht es gleichmäßig. Ein Mal sind es vier Wellenkämme hintereinander. Es wäre schade, jetzt zu schlafen, und sie sitzen noch lang. YOU ARE WATCHING ME. Wenn er ihre Schultern faßt, wenn er ihr Haar strafft und mit seinen flachen Händen nach hinten streicht, damit ihre Stirn ganz frei wird, lesbar als Stirn eines vertrauten Menschen, oder wenn er ihre rötlichen Brauen nachzeichnet mit seinem Finger: ohne Zweifel, daß seine Zärtlichkeit sich auf Lynn bezieht, die junge Fremde; sein Gefühl vertauscht sie nicht mit andern, wenn er ihren Körper küßt, bis sie ihn zu sich zieht. Ihr Haar auf seinem Gesicht, der weite und weiche Mund, ihre jetzt schmalen Augen, die plötzliche Ähnlichkeit aller Frauen im Augenblick ihrer Lust. Später ihr Kopf an seiner Schulter, Härte eines Schädels, YOU ARE THINKING. Eine wird die letzte Frau sein, und ich wünsche, es sei Lynn, wir werden einen leichten und guten Abschied haben... Um sieben Uhr morgens, als er allein auf der Loggia draußen steht, ist es dem Himmel noch nicht anzusehen, ob es ein grauer oder blauer Tag wird. Er hofft, nicht geschnarcht zu haben. Die Latten unter den bloßen Füßen sind feucht, etwas glitschig. Er weiß nicht, was er denkt; er ist wach. Wie die Möwen. Auch das hölzerne Geländer, auf das er seine Arme stützt, ist naß. Er genießt es, zu frösteln und nichts zu denken. Er empfindet seine Füße auf dem kalten Lattenrost, seine Hände auf dem Holz des Geländers; er hört die Möwen, aber er schaut nicht. Was zu sehen wäre, das kennt er. Sein Körper läßt ihn empfinden, daß er im Augenblick da ist. Manchmal fragt er sich beiläufig, was er mit seinen Jahrzehnten eigentlich gemacht hat. Andere können sagen: 5 Jahre im Krieg, 2 Jahre in Gefangenschaft. Ein anderer: 40 Jahre bei der Bundesbahn. Ein andrer: 10 Jahre im Lager. Sie wissen, warum das Leben kurz gewesen ist.

ARCHITEKTUR:

12 Jahre mit Reißbrett, Bleistift, Rechenschieber, Pauspapier, Reißschiene, Zirkel, Geruch von Tusche. Der weiße Kittel des Zeichners. Wenn man ein großes Pauspapier rollt: der zischende flatternde Ton. Rollen aus Pappe. Die tägliche Fahrt zur Arbeit: ich bin nicht mehr Student und nicht mehr Schriftsteller, ich gehöre zur Mehrheit. Ihre Gesichter in der Bahn morgens und abends. Ich trage gern den weißen Zeichenmantel, ich zeichne gern. Draußen schneit es, so daß man die Zeichenlampe braucht; Glanz auf dem glatten Pauspapier. Es ist Krieg. Beim langsamen Ziehen einer Linie mit Tusche halte ich den Atem an. Ich be-

schrifte auch gerne; ich radiere, wenn eine Maßzahl nur leserlich geraten ist, nicht aber schön. ZEMENT, SIKA, KLINKER, ZINK, GLASWOLLE, ETERNIT, das sind die Vokabeln meiner Kalligraphie. Ich bin dreißig und habe endlich einen Brotberuf, ein Diplom, ich bin dankbar, daß ich eine Stelle habe: acht bis zwölf und eins bis fünf. Ich kann heiraten. Wenn ich den Rechenschieber benutze, so habe ich das Gefühl, ein Fachmann zu sein. Wieso grad Architekt? Der Vater ist Architekt gewesen (ohne Diplom); das durchsichtige Pauspapier, die Reißschiene, die wippen kann, das Meterband als verbotenes Spielzeug. Ich zeichne exakter, als ich vordem geschrieben habe. Als Zeichner von Werkplänen komme ich mir übrigens männlicher vor. Einmal auf dem Bau muß ich erfahren, daß eine Treppe, die ich gerechnet und gezeichnet habe, nicht auf dem oberen Podest ankommt; es fehlt eine Tritthöhe, während die Länge stimmt. Das kommt dann nie wieder vor. Die Platten für die Stufen sind schon geschnitten gewesen; der Boß hat den Schaden übernommen. Auf der Baustelle heiße ich: Herr Architekt. Sehe ich meine Kalligraphie in den Händen eines Eisenlegers oder eines Zimmermanns, so bin ich etwas kleinlaut, auch wenn die Pläne stimmen. Oft habe ich keine Ahnung, wie etwas auszuführen ist; ich weiß nur, das weiß der Arbeiter dann schon. Ein fades Gefühl gegenüber Handwerkern jeder Art. Wenn sie die Stirn runzeln, so bin ich froh, daß sie mich nicht fragen, wie sie's machen sollen, und ich entferne mich, wenn sie fluchen. Auch wenn ich mit der Zeit begriffen habe, wie eine Sache anzufangen ist: meine Hände könnten es nicht. Meine Hände halten dann eine Rolle, die mein Halt ist. Es bleibt ein Gefühl von Inkompetenz. Es scheint, daß die Arbeiter es nicht merken. Gerne würde ich ihnen lange Zeit zuschauen; das schickt sich aber nicht. Ich bin kaum besser bezahlt als sie; aber nicht bezahlt als Zuschauer. Die meisten Arbeiter sind älter als ich. Mein Bruder schenkt mir Vertrauen. Sein Geld ist knapp; es wird ein kleines Haus. Je simpler mein Plan, um so besser wäre es. Stattdessen will ich Einfälle zeigen, und es wird ein dummes Haus, aber es wird gebaut: der Aushub, das Gerüst, die Fundamente, die Schalungen und alles nach Plan, dann das Wachsen der rohen Mauern und was außerhalb des Planes liegt: viel Erde, Bretter, Haufen von Backsteinen, alles dinglich. Nachdem die Arbeiter gegangen sind, bleibe ich noch eine Weile, tue, als messe ich. Rohre für die Kanalisation, Kies, die Schaufeln, die Karren, die Rollen von Teerpappe körnig und etwas klebrig. Säcke voll Zement, die Latrine unter einem blühenden Kirschbaum, Bündel von angerosteten Rundeisen in der Wiese. Ein Mal träume ich: das fertige Haus ohne Ähnlichkeit mit meinen Plänen, aber gebaut nach meinen Plänen, sagen sie. Verglichen mit dem Traum sind es kleine Schrecken, die mich auf der Baustelle erwarten: ein Fenster viel zu groß. Man kann es nicht mehr verkleinern; die Fensterrahmen sind schon bestellt. Selbst Einfälle, die eine Einsparung brächten, kommen jetzt zu spät. Mein Bruder tut mir leid. (Zwanzig Jahre später schenkt er mir nochmals sein Vertrauen; das zweite Haus ist wenigstens vernünftig, es steht richtig im Gelände und macht keine Faxen.) Mein erster Fehler als Boß: ich stelle einen Hochschulfreund an, wir haben bisher als Angestellte nebeneinander gearbeitet, ich biete 500 Franken statt 350 monatlich, und da wir uns immer über diesen starren Stundenplan geärgert haben, acht bis zwölf und zwei bis sechs, biete ich ihm die kleine Freiheit, seine Arbeit zu machen, wann er will, vierzig Stunden in der Woche. Der andere, ein Techniker, ist mir als Korporal aus dem Militär bekannt und zu dieser Zeit froh, eine Stelle zu finden; auch wir duzen uns. Unsere Arbeit ist dringlich und schön, nämlich Entwurf, oft arbeite ich zu Hause in die Nacht hinein; zugleich empfinde ich es als unschicklich, wenn ich, jetzt als Boß, später als die andern an den Zeichentisch komme oder früher weggehe. Komme ich aber Punkt acht Uhr und stehe ich schon im weißen Zeichenmantel, wenn sie kommen, so wirkt es, als spiele ich den Aufseher; das stört mich auch. Gelegentlich muß ich zu Besprechungen; komme ich nach zwei Stunden zurück, so kann Kurt, der Hochschulfreund, kaum warten mit seinen Skizzen, die zeigen sollen, wie beflissen er arbeitet. Seine Vorschläge sind lausig, aber Einwände kränken ihn gar nicht, er ist willig, die Sache nochmals zu studieren. Der Bauzeichner, der andere, verhält sich still und immer stiller, bis er eines Tages seine Kündigung ausspricht. Wieso? Er will nicht einen höheren Lohn; es erbittert ihn nur, daß mein Hochschulfreund, kaum bin ich weg oder auch nur im anderen Zimmer, seine persönlichen Arbeiten vornimmt. Ich brauche nicht unter seinem Reißbrett nachzusehen; ich sehe es ja, was er mir vorlegt: Bluff mit weichem Stift, Skizzen, die in zehn Minuten zu machen sind, und wie er mir schmeichelt, wo er nur kann. Der andere, der Bauzeichner, ist der einzige Praktiker in meinem Laden, ein Gewissenhafter; er arbeitet für seinen Lohn, während der Diplom-Architekt, besser bezahlt, mich seit Monaten hintergeht, und das verdrießt ihn, das nimmt ihm jede Lust an seiner Gewissenhaftigkeit. Sein Name: Adam. Er wohnt in dem Haus, wo wir arbeiten. Eines Morgens, als ich wie üblich zur Arbeit komme, finde ich seine Frau wie eine Wahnsinnige, die mich packt: ICH BIN KEINE MÖRDERIN, HERR FRISCH, ICH BIN KEINE MÖRDERIN, SAGEN SIE, DASS ICH KEINE MÖRDERIN BIN! und sie zeigt mir den Säugling. Das kleine Bett hat sie in der Nacht, um schlafen zu können, hinunter gestellt in mein Büro. Ein bläulicher Säugling. Erstickt. Ihr Mann, der Korporal, ist zu dieser Zeit beim Militär; ich muß es ihm mitteilen. Es trifft die Gewissenhaften. Es vergehen Wochen, bis ich den andern in ein Café bitte; ich brauche fast nichts zu sagen, sage bloß, daß wir etwas zu besprechen haben. Kündigung? Er nimmt sie an, bevor sie ausgesprochen ist und ohne nach meiner Begründung zu fragen; ich bin froh, daß ich den Grund nicht erwähnen muß, sonst könnte Kurt mir entgegnen: Genau das hast du ja als Angestellter auch gemacht, unter dem Reißbrett hast du an deinem Wettbewerb gezeichnet. Lange Zeit bleibt das Projekt auf dem Papier, Mangel an Zement in diesen Jahren, Mangel an Eisen, das der Krieg verbraucht. Ich beginne, zu dieser Zeit nicht vollbeschäftigt, wieder zu schreiben: Theater, damit sich etwas verkörperlicht. Schreiben am Feierabend. Ich will nicht ertappt werden dabei, daß ich im Büro etwas anderes treibe; nur für dringliche Einfälle liegt ein Zettel unter meinem Reißbrett. In fünf Wochen das erste Stück, das zweite Stück in drei Wochen; das Schauspielhaus Zürich führt sie auf, es entgeht der Baubehörde nicht, daß ich also dichte. Einmal holt mich der Bauführer in seine Baracke, um mir etwas anzuvertrauen: ein Plan, unterzeichnet mit meinem Namen wie alle Pläne, hat einen argen Fehler im Ausmaß. DIE MASSE SIND AM BAU ZU KONTROLLIEREN, SO der übliche Stempel auf jedem Plan; ich danke dem Bauführer, daß er den Fehler bemerkt hat, bevor die Bulldozer zuviel Erde ausgehoben haben, und sage, daß übrigens nicht mein Bauzeichner dran schuld ist; ich selber habe diesen Plan gezeichnet, nicht bloß unterschrieben, sondern selber gezeichnet. Das hätte ich nicht zu sagen brauchen. Das hat zur Folge, daß für den Rest der Bauzeit (zwei Jahre) dieser Bauführer nie zugibt, es sei ihm ein Fehler unterlaufen; es ist ausgemacht, wem hier die Fehler unterlaufen. Eine Zeitlang geht beides nebeneinander, der Bau und die Proben auf der Bühne. Um acht Uhr ins Büro; um zehn Uhr fahre ich ins Schauspielhaus zu den Proben, sitze als Laie im Parkett und höre. Wenn die Schauspieler nach Hause gehen, um Texte zu lernen, fahre ich zur Baustelle und sehe, wie sie den Sprungturm ausschalen, anderswo Platten verlegen, wie der Schreiner endlich seine Werkstattarbeit bringt und einpaßt. Da klappt nicht alles, sowenig wie bei den Proben im Schauspielhaus. Verkörperlichung dort wie hier. Zwar bewerkstelligen es die andern, trotzdem habe ich das Gefühl, Hände zu haben. Es entsteht etwas. Es ist mir bewußt, daß das eine volle Zeit ist Tag für Tag; nicht ohne fachliche Sorgen, da der letzte Akt sich als dünn erweist und da die Lasur für das Holzwerk häßlich ist, unwiderrufbar. Bevor ich die Baustelle verlasse, säubere ich die Schuhe mit einer Latte oder einem Draht, dann nehme ich mein Fahrrad. Es kommt vor, daß ich auf dem Fahrrad pfeife.

12. 5. 1974:

das Morgenmeer perlmuttergrau unter tiefem Gewölk, die Brandung flau, keine Sonne. Es ist besser, die Schuhe auszuziehen und barfuß im Sand zu gehen, die Schuhe in den Händen. Möwen über der leeren Küste, lauter als jede Empfindung, lauter als die Brandung. Er denkt: Heute wird's regnen. Büschel von

Gras auf der Düne. Es ist windig, und er trägt nur das Hemd, keine Jacke; man friert nicht, solang man stapft. Es regnet noch nicht. Wieder kein Mensch weit und breit. Da und dort eine Plastik-Dose im Sand; die hat man gestern nicht bemerkt. Er fragt sich, wie weit er gehen wird, die Schuhe in den Händen. Die beiden Sessel von gestern sind winzig in der Ferne, kaum noch zu erkennen. Er fühlt sich wohl. Er stapft. Kurz nachdem er beinah gestolpert ist, weiß er, was er, die beiden Schuhe in den beiden Händen, gedacht hat: Ich möchte dieses Wochenende beschreiben können, ohne etwas zu erfinden, diese dünne Gegenwart – das hat er aber schon gestern gedacht in der Boutique; den Namen der Ortschaft hat er vergessen. Dann wieder denkt er gar nichts ... Dann wieder dasselbe: Ich möchte nichts erfinden; ich möchte wissen, was ich wahrnehme und denke, wenn ich nicht an mögliche Leser denke. Schreibe ich denn, um Leser zu befriedigen, um Kritiker zu beliefern! Die Frage, ob man beim Schreiben an den Leser denke, kommt in jeder Universität. Zum Beispiel, denkt er, habe ich mir die Leser nie barfüßig vorgestellt ... Wo der Sand am Auslauf der Brandung feucht ist und dadurch härter, so daß man leichter geht, werden die Füße kalt. Es ist Flut, der Strand schmaler als gestern. Weiter von der Brandung entfernt, dort wo der Sand trocken ist, wird es ein mühsames Stapfen, und die Haut der Sohlen beginnt zu brennen. Ein körniger Sand. Einmal müßte man so lang gehen, bis man keine Haut mehr an den Sohlen hat und wirklich zu sich selbst spricht.

Sonst bleibt's im Traum:

– drei oder vier Hunde, Doggen vielleicht, es sind große Hunde. Ich bin mit ihnen eingesperrt in diesem Hundezwinger. Sie greifen mich aber nicht an, sie bellen. Ich sehe nicht hinaus. Sie bellen wie tollwütig. Ich weiß nicht, wer draußen vor dem Zwinger ist, man hört Stimmen, der Zwinger bleibt verriegelt. Sonst würden die Hunde euch zerreißen. Sie kläffen nicht bloß, jetzt kratzen sie mit ihren Pfoten durch den Spalt unter der Türe; wenn sie die

Beine zurückziehen, sehe ich, daß ihnen die Pfote abgehackt ist, eine nach der andern.

Gestern der lange leichte Nachmittag: als sei's verwunden (wie schon öfter) ein für allemal, Blick zurück ohne Zorn und ohne Selbstmitleid, alles verwunden und geläutert (es haben nur noch die Hexameter dazu gefehlt) ein für allemal, und jetzt bleibt er auf der Düne stehen, die Schuhe in den Händen, um zu sagen:

DAMN!

erstens ist das Meer nicht perlmuttergrau, die Möwen sind nicht weiß, der Sand weder gelb noch grau, nicht einmal das Gras ist grün oder gelb, das tiefe Gewölk nicht violett –

DAMN!

Ich lebe stets in Unkenntnis der Lage.

DAMN!

Nachher verstehe ich mein Verhalten nicht. Ein Ausspruch, der mich getroffen hat wie ein Messer, ist überhaupt nie gefallen; alle bezeugen es. Ich verletze mich an einem Wahn. Meistens kommt es nicht zum Vorschein, wenn das Hirn mich im Stich läßt; nur ich bemerke meine Fehlleistungen jeden Tag. Das macht unsicher und aggressiv. Meine Furcht davor, daß das Hirn mich im Stich läßt, und meine Emotionalität: labil, exaltiert, fragil. Es hilft nichts, daß ich dieses oder jenes zu wissen meine. Ein langer leichter Nachmittag: die Welt entrückt in ihre Zukunft ohne mich, und so die Verengung auf das Ich, das sich von der Gemeinsamkeit der Zukunft ausgeschlossen weiß. Es bleibt das irre Bedürfnis nach Gegenwart durch eine Frau. Ich kenne das Vakuum: wenn eine Viertelstunde, die nächste, länger erscheint als das vergangene Jahr, und dabei habe ich grad noch gemeint, ich hoffe etwas. Der Kranke in mir, der tot sein will und dazu schweigt; sein gelassenes Bedürfnis, mein Hirn an die nächste Wand zu schmettern –

SHIT!

Am Mittwoch werde ich 63... Heute wirds regnen, das hat er aber schon vor einer Stunde gedacht, und es regnet noch nicht. Einmal ein paar Tropfen. Es ist neun Uhr. Nach zehn Uhr (das hat er an der Zimmertüre gelesen) gibt es kein Frühstück mehr – so weiß er wieder, was er denkt, die Schuhe in den Händen: Ich muß sie wecken... Morgens ist Lynn nicht ansprechbar. Ihre Lider jetzt ohne Schminke blaß und wächsern. Sie atmet aber. Ihr offenes Haar auf dem Kissen, ein nackter Arm hängt fast auf den Boden, ein Fuß unter dem Linnen hervor.

IN DIESEN TAGEN STEH ICH AUF MIT DEN BIRKEN
UND KÄMM MIR DAS WEIZENHAAR AUS DER STIRN
VOR EINEM SPIEGEL AUS EIS.

. . .

IN DIESEN TAGEN SCHMERZT MICH NICHT,
DASS ICH VERGESSEN KANN
UND MICH ERINNERN MUSS.

Im Morgengrauen vor Jahren (1958) gehe ich auf der Küstenstraße, während sie schläft; nicht barfuß, aber in den Espadrilles beginnen die Füße auch zu brennen. Es ist dringlich, und ich gehe geschwind. Ich schaue kaum. Trotzdem sehe ich in der Bucht die reihenweise verankerten Schiffe zum Verschrotten, Fischerboote weit draußen im Morgengrauen. Zuerst bin ich nur vors Haus gegangen und habe mich an die Mole gesetzt, ab und zu ein Blick zu dem Haus hinauf. Habe ich gehofft, sie suche mich? Wenn man schläft, ist eine Stunde nichts; sie wird lang für den Wachenden. Dann bin ich geschlendert, um nicht zu frösteln. Plötzlich auch die Langeweile. Wo die schmale Küstenstraße um den Fels biegt, dort wo man zuletzt den kleinen Hafen noch sieht, das Haus, wo sie schläft, die kleine Terrasse im obersten Stock, habe ich mich nochmals auf die Mauer gesetzt, die beiden Arme zur Seite gespreizt, die Hände flach auf dem rauhen Mörtel, die Füße mit den Espadrilles pendelnd. Nachdem ich den Mörtel von den Händen gerieben habe, gehe ich, bevor dieser Tag wird. Wie einer, der eine Meldung zu bringen hat, eine dringliche, gehe ich weg. LA SPEZIA; ich komme nicht weiter. Zu früh vor Tag, um einen Kaffee zu bekommen. Kein Mensch auf den Beinen, kein vernünftiger, alle Rolläden geschlossen. Sie bauen noch nicht einmal den täglichen Markt auf. Kein Bus; man kann mitten auf den Straßen gehen. Ich bin froh um das Schlottern auf einer öffentlichen Bank, alles Denken hilflos, ich weiß nicht, in welcher Richtung die Zukunft liegt. Später am Bahnhof, nachdem ich den Fahrplan studiert habe ohne Lesebrille, sehe ich nach, wieviel Geld ich denn in der Hosentasche habe. Fort von ihr oder zu ihr? In ihrer Nähe gibt es nur sie, in ihrer Nähe beginnt der Wahn. So viel habe ich schon gewußt. Noch meine ich, es sei zu entscheiden wie mit einer Münze, die man wirft: Kopf oder Schrift? Es ist aber schon entschieden. Zum Hohn bloß werfe ich tatsächlich eine Münze, 100 Lire, nehme sie vom Boden, ohne hinzusehen, ob Kopf oder Schrift; ich warte nur noch, bis es einen Kaffee gibt in dieser Stadt: LA SPEZIA... Genau um diese graue Morgenstunde vor zwei Monaten: PARIS, die ersten Küsse auf einer öffentlichen Bank, dann in die Hallen, wo es den ersten Kaffee gibt: am Nebentisch die Metzger mit den blutigen Schürzen, diese zu plumpe Warnung. Ihre Reise nach Zürich. Die Verstörte am Bahnhof; ihr Gepäck, ihr Schirm, ihre Taschen. Eine Woche in Zürich als Liebespaar und aus klarer Erkenntnis der erste Abschied. Das gibt es tatsächlich: daß Haare zu Berge stehen. Ich habe es bei ihr gesehen. Die klare Erkenntnis, lebbar nicht länger als vier Wochen. Meine Reise nach Neapel. Sie am Bahnhof; ihre Arme haben Kraft. Wohin mit uns? Schließlich ist es ein Zufall, wo wir eine Unterkunft bekommen;

wieder zu plump: PORTO VENERE, WO wir im Taxi angekommen sind wie auf einer Flucht... Dann habe ich den Sand aus den Espadrilles geschüttelt, bevor ich aufgestanden bin, und die Münze gebe ich für den Kaffee. Wir leben sieben Monate zusammen, dann werde ich krank. (Hepatitis.) Ich bin achtundvierzig und habe noch nie in einem Spital gelegen, ich genieße die Einlieferung, alles weiß und mit Bedienung. Dann aber die Angst, das Gedächtnis zu verlieren. Zum ersten Mal diese Angst. In der Nacht ein Satz, den ich ihr sagen muß: Der Satz. Er scheint mir richtig und infolgedessen ist es wichtig, daß ich, unfähig zu Notizen, den Satz auswendig lerne. Morgens die tägliche Infusion in den rechten Arm, das dauert drei oder vier Stunden, dieses Tröpfeln aus der Blase über mir. Um ihn nicht zu verlieren, wiederhole ich den nächtlichen Satz von Viertelstunde zu Viertelstunde; ohne jedes Mal denken zu können, was er heißt. Eine Gruppe von Wörtern. Vor allem nach der Visite des Oberarztes, nachdem ich andere Wörter gehört habe, ist es dringlich, diese Gruppe von Wörtern wieder herzustellen. Nach der Infusion ist man ermattet, aber nicht nur das; auch Sehstörungen. Ich muß aber den Satz notieren, bevor ich in Schlaf falle. Gegen Abend fühlt man sich wach; ich lese den Satz, der keiner ist: das Subjekt ist nicht zu entziffern, ich rate vergeblich, und es fehlt jedes Verbum. Ich habe Angst. Sie besucht mich, und ich kann's nicht sagen. Kann ich hören? Ich bemerke nicht, daß sie heute ein neues Kleid trägt, ein sommerliches. Sie ist enttäuscht; sie ist den ganzen Tag in Zürich herumgelaufen, um mich zu erfreuen mit einem neuen Kleid. Ferner hat sie Blumen für mich gekauft, Rittersporn, da ich Rittersporn mag; sie stehen in der Wohnung, sagt sie, drei Sträuße. Ich verstehe alles nicht. Ich schicke sie weg. Ich bin gelber als ein echter Chinese und verfüge den Kauf von zwei Volkswagen, einen für sie, einen für mich, wenn ich aus diesem Spital komme. Zum Glück ist jemand auf Durchreise hier, der sie nach Rom begleiten kann. Nicht irgend jemand: Hans Magnus. Ich habe sie weggeschickt, Sommer 1959, und kurz darauf werde ich gesund. Ich kann schon wieder gehen: eine halbe Stunde zur Schwefelquelle und eine halbe Stunde zurück, später mehr. Das Gedächtnis ist auch wieder da, sie also in Rom. Als ich vier und fünf Stunden am Tag gehen kann, weiß ich, daß ich nicht leben will ohne sie. ROMA NON RISPONDE, ich kann es nicht fassen, daß ich sie eine Nacht lang nicht erreiche, auch tagsüber nicht, ROMA NON RISPONDE, ich kann mir vielerlei Gründe denken, und alle sind mir durchaus gleichgültig; was mich fertigmacht: dieses Klingeln, bis wieder die Stimme kommt: ROMA NON RISPONDE. Ich hole eine Decke, da ich immer wieder einschlafe neben dem Apparat, und stelle den Wecker, um anzurufen jede Stunde. Ein Kranker hat sie weggeschickt, ich weiß; der Arzt hat erlaubt, daß ich mich ankleide und einige Minuten auf die Straße gehe, um den beiden zu winken bei der Ausfahrt. Hat sie meine Briefe nicht bekommen? Ich bin nicht mehr gelb; ich will sie. ROMA NON RISPONDE, ROMA NON RISPONDE. Einmal höre ich doch ihre Stimme; wenige Tage danach treffen wir uns an der italienisch-schweizerischen Grenze und rollen in zwei Volkswagen nach Zürich. Was in Rom gewesen ist, sagt sie. In Zürich der Versuch mit zwei Wohnungen; sie wohnt in dem Haus, wo Gottfried Keller als Staatsschreiber gewohnt hat, mit Türen aus Nußbaum, Beschläge aus Messing. Was traue ich mir zu? – in Siena, Herbst 1959, stehe ich vor der Post wie ein erwachter Traumwandler, eine Weile lang nicht imstande, jetzt über den besonnten Platz zu gehen: der Brief ist abgeschickt, Expreß, ein dicker Brief. Ich habe ihr die Ehe angetragen. Ja. Ihre Antwort kann ich mir nicht vorstellen. Nein. Der Freund, der in einer nahen Bar auf mich gewartet hat, findet mich ziemlich verstört und weiß nicht warum. Wann kann ihre Antwort mich frühestens erreichen? In diesem Herbst darf ich nicht trinken, nicht einmal Kaffee; so nüchtern habe ich uns die Ehe vorgeschlagen. In Assisi gehe ich zuerst zur Post, dann in den Dom, wo gerade eine Hochzeit aufgeführt wird, eine katholische; in Florenz zur Post, bevor ich mit dem Freund ein Hotel suche. Soll ich es wagen und anrufen? Mein Brief, den ich im Augenblick noch auswendig weiß, ist angekommen, das höre ich von ihr erst bei unserem Wiedersehen in Zürich. Was hätte ich, ein halbes Jahr nach der späten Scheidung meiner bürgerlichen Ehe, unter

Ehe verstanden? Ich begleite sie nach Frankfurt; im Hörsaal, während ihrer ersten Vorlesung, sitze ich und halte ihren Mantel auf meinen Knien. Die nächsten Male will sie allein nach Frankfurt fahren; einmal auf dem Bahnsteig, als ich sie abhole, bleibt sie stehen, sowie sie mich sieht, ganz und gar verwirrt. Was in dem Telegramm steht, das sie am andern Tag so bestürzt, bleibt ihr Geheimnis. Es befreit mich nicht aus meiner Hörigkeit, daß ich in diesem Winter, zwischen unseren zwei Wohnungen, zu einer andern Frau gehe. Auch meine Kinder lieben sie, glaube ich. Später ziehen wir zusammen nach Rom, VIA GIULIA 102, wo es lärmig ist. Ihr Rom. Das Gerücht unserer Verehelichung geistert durch Zeitungen mit Angabe einer italienischen Kapelle, die ich nie gesehen habe. Glaubt man ihr die Freiheit nicht? Als Gäste bei Freunden, ihren oder meinen, bekommen wir fraglos ein Zimmer zusammen; wir sind ein Paar, eine Art von Paar, es ist kaum noch zu verheimlichen. In einem italienischen Restaurant kommt ein Deutscher an unseren Tisch, ich sehe eine Begrüßung voll Freude über den Zufall dieser Begegnung und höre eine halbe Stunde lang zu; sie stellt mich nicht vor und ich stelle mich nicht vor, weil ich weiß, daß sie es nicht möchte, und er, Peter Huchel, wagt sich auch nicht vorzustellen, obschon er mich erkannt hat. Manchmal ist es komisch. Als ich sie in Neapel besuche, zeigt sie das Haus nicht, wo sie wohnt, und nicht einmal die Straße; das verstehe ich. Sie hat eine große Scheu davor, daß Menschen, denen sie nahesteht, einander begegnen. Sie möchte nicht, daß ich je zu einer Tagung der GRUPPE 47 erscheine; das bleibt ihre Domäne. Sie hat mehrere Domänen. Dann und wann verdrießt mich die Geheimnistuerei. Was fürchtet sie? Einmal reisen wir nach Klagenfurt; sie zeigt mir den Brunnen mit dem Lindwurm, berühmt durch ihren Text; ich bin (so sagt sie) der erste Mann, dem sie das zeigt, und sie zeigt mich der Familie. Dann wieder, in Rom, scheidet sie Vergangenheit und Gegenwart; plötzlich bleibt sie stehen, wie von einem Ziegel getroffen, und hält den Handrücken vor ihre steile Stirn: Bitte, nein, laß uns nicht durch diese Gasse gehen, nein, bitte nicht! Ich frage nicht. Man vergibt sich mit seinen Geheimnissen. Das ist wahr. Eine

Versammlung aller, die je in unser Leben hineingespielt haben oder eines Tages hineinspielen könnten, daß ist eine schreckliche Vorstellung: ihre Kenntnisnahme gegenseitig, ihre Übereinkunft nach dem Austausch widersprüchlicher Kenntnisse, ihr Verständnis für einander, das wäre das Begräbnis unseres Selbstverständnisses. Ihr Glanz; wir sitzen vor einem römischen Makler, der die Wohnung einer Baronessa vermietet und zu verstehen gibt, die Baronessa könnte als Mieter einen amerikanischen Diplomaten vielleicht vorziehen, DOTTORE, sagt sie entgeistert wie eine Königstochter, die nicht erkannt worden ist und zögert, SENTA, sagt sie, SIAMO SCRITTORI, und wir bekommen die Wohnung; Terrasse mit Blick über Rom. Oft ist sie für Wochen weg, ich warte in ihrem Rom. Ein Mal, als ich sie auf der Fahrt nach Rom weiß, kann ich keine Stunde mehr warten, sondern fahre vor die Stadt hinaus und halte Wache auf einer Böschung der Straße; ich warte auf ihren blauen Volkswagen. Um sie zu begrüßen. Für den Fall, daß die Fahrerin mich an der Straße nicht sieht, steht mein Wagen startbereit in Richtung ROMA/CENTRO. Es kommen Volkswagen hin und wieder, auch blaue, so daß ich winke. Vielleicht speist sie noch in Siena, RISTORANTE DI SPERANZA, ich habe Zeit. Sie hat mich dann nicht erkannt, aber es dauert nicht lang, bis ich sie einhole; ich sehe ihren runden Kopf von hinten, ihr Haar. Offenbar versteht sie mein Hupen nicht, und es dauert noch eine Weile, bis ich vorfahren kann in der Art, wie die Polizei vorfährt, um einen Wagen zu stoppen, und so ist sie denn auch erschreckt. Ich bin ein Narr und weiß es. Ihre Freiheit gehört zu ihrem Glanz. Die Eifersucht ist der Preis von meiner Seite; ich bezahle ihn voll. Auf der sommernächtlichen Terrasse mit Blick über Rom schlafe ich mit dem Gesicht in der eignen Kotze. Ich leide zur Mehrung meines zärtlichen Verlangens. Wenn sie aber da ist, so ist sie da. Oder täusche ich mich? Was es nie gewesen ist: Ehe als Häuslichkeit in Kleinmut. Was quält mich? Ich sitze in meinem Zimmer und belausche sie nicht, aber ich höre, wie sie am Telefon mit jemand spricht; ihre Stimme ist fröhlich, sie lacht, es wird ein langes Gespräch; ich habe keine Ahnung, wem sie es sagt: Übermorgen fahre ich nach

London! ohne zu erwähnen, daß wir zusammen nach London fahren zu meiner Aufführung. Einmal habe ich getan, was man nicht tun darf: ich habe Briefe gelesen, die nicht an mich gerichtet sind, Briefe von einem Mann; sie erwägen die Ehe. Ich schäme mich und schweige. Sie lügt nicht, wenn ich frage. Sie schreibt: Wenn sich zwischen uns etwas ändert, so werde ich es dir sagen. Wieder einmal meine ich, daß ich es nicht aushalte ohne sie. Ich fahre nach Norden, die Strecke, die ich auswendig kenne: zehn Stunden bis Como, wo ich sonst übernachte, aber dieses Mal fahre ich weiter ohne Pause. Sie weiß nicht, daß ich unterwegs bin zu ihr. Ich fahre weiter: bis Airolo, Schweiz, wo es Nacht ist. Vollmond. Eine Fahrt über den Sankt Gotthard müßte jetzt schön sein. Kurz darauf komme ich in dichten Nebel; man muß sich anstrengen, um die Marksteine zu erkennen. Später regnet es. Ob nicht eine Übernachtung im Hospiz vernünftiger wäre, überlege ich, doch ich steige nicht aus. Ich fühle mich gar nicht müde, im Gegenteil. Kurz nach dem Hospiz, als es talwärts geht, fällt der rechte Scheinwerfer aus. Ich stoppe nicht, sondern verlangsame nur die Fahrt. Zwanzig Stundenkilometer, mehr ist einfach nicht möglich, da ich nur noch den linken Scheinwerfer habe und die Marksteine auf der rechten Straßenseite erkennen muß, um zu erraten, wo es weitergeht. Es regnet in Strömen. Ich bin jetzt der einzige Fahrer auf der Strecke, keineswegs erschöpft oder auch nur schläfrig (so meine ich) nach vierzehn Stunden am Steuer allein. Als ich plötzlich einen weißen Markstein nicht zu meiner Rechten sehe, sondern links, weiß ich, daß ich die Straße verfehlt habe, und stoppe scharf. Der Wagen bleibt stehen, etwas vornüber geneigt. Ich steige nicht aus, um nachzusehen, wie der Wagen jetzt über dem Abhang steht; ich schalte auf Rückwärtsgang. Und es geht. Und ich fahre weiter. Sehr langsam. Hin und wieder stoppe ich, um die Scheibe zu wischen. Es bleibt neblig, auch als der Regen nachläßt. In Andermatt ist kein Hotel mehr offen, so scheint es; Mitternacht vorbei. Also fahre ich weiter, nachdem ich endlich geprüft habe, was an Licht noch da ist: der Scheinwerfer links und die beiden kleinen schwachen Standlichter. Ich kann es nicht aufgeben. Ich habe nichts getrunken (1

Campari in Siena, 3 Espressi in Como, 1 Bier in Airolo) und finde mich wohlauf. Die Gegenfahrer protestieren gegen meinen Scheinwerfer; ich kann ihn aber nicht ausschalten und mich darauf verlassen, daß sie die beiden schwachen Standlichter erkennen. Hoffentlich trifft mich nicht die Polizei. Gegen drei Uhr komme ich nach Hause, UETIKON AM SEE. Nichts ist geschehen, überhaupt nichts: Ich komme von Rom! Das ist alles. Ich bin da. Warum ich nicht wenigstens angerufen habe, weiß ich nicht; ich habe nicht dran gedacht, nur gehofft, daß sie da ist. Sie ist da. Das ist vor dreizehn Jahren gewesen. Ingeborg ist tot. Zuletzt gesprochen haben wir uns 1963 in einem römischen Café vormittags; ich höre, daß sie in jener Wohnung, HAUS ZUM LANGENBAUM, mein Tagebuch gefunden hat in einer verschlossenen Schublade; sie hat es gelesen und verbrannt. Das Ende haben wir nicht gut bestanden, beide nicht.

GURNEY'S INN:

die junge Bedienerin, eine andere als gestern, gießt Wasser mit Eisklötzen in die beiden Gläser; Lynn ist noch nicht da, doch weiß er, was zu bestellen ist: MELON, PAN CAKE WITH BACON AND JAM, COFFEE, ihr Sonntagsfrühstück, und jetzt regnet es richtig.

MY LIFE AS A MAN

Nach Jahren sehe ich mich und erkenne mich nicht: – sie befindet sich in der Bircher Benner Klinik, Zürich, und da kommt er, um sie zu besuchen. Er muß warten; offenbar ist man gegen seinen Besuch. Er besteht aber darauf, sie zu sehen und mit ihr zu sprechen. Er hält sich nicht für einen Unmenschen. Als er ins Zimmer tritt, schweigt sie entsetzt. Warum ist sie in dieser Klinik? Sie hat sich selber eingeliefert. Er sieht Blumen und fragt nicht, wer diese Blumen geschickt habe. Er schaut zu, wie die Pflegerin gerade die Blumen von gestern austauscht gegen die Blumen von heute. Er setzt sich nicht auf den Rand des Bettes, sondern steht; in zwei oder drei Stunden muß er am Flughafen sein. Als sie das

Bett verlassen will, um sich anzukleiden für einen Spaziergang, bittet sie ihn, damit er sie nicht im Hemd sehe, aus dem Zimmer zu gehen. Er wird nach Amerika fliegen, ja, ohne sie. Das alles weiß sie aus Briefen. Sie kennt Marianne und hat mit ihr gesprochen wie eine große Frau. Er ist gekommen, um Adieu zu sagen im fünften Jahr. Er glaubt nicht ganz an ihre Krankheit. Hingegen glaubt er an die Geschichte mit den Blumen, die sie Tag für Tag bekommt, und das macht ihn nicht eifersüchtig; seine Hörigkeit ist aufgebraucht. So gehen sie im Wald; eine Stunde, wie der Arzt es verordnet hat. Ihre Nachricht nach Rom, daß sie in einer Klinik liege, hat ihn sehr erschreckt, aber seine Pläne nicht geändert. Sie hofft noch, daß er, wenn er in Amerika ist, eine Einsicht habe und sie nach Amerika ruft; das wäre die Genesung. So wird es seine Schuld sein, wenn sie krank bleibt. Was hat der Arzt denn gefunden? Sie sieht erbarmenswürdig aus. Was sonst, außer viel Ruhe und Diät, hat der Arzt verordnet? Keine Besuche; sein Besuch vor allem wird ihr schaden. Man könnte Arm in Arm gehen, damit beide unter dem Schirm sind. Er weiß nicht, woher er diesen Gang schon kennt, diese Stunde. Was reden? Wie schweigen? Er ist zerstreut; drei Stunden vor dem Flug. Er werde seine Adresse mitteilen usw. Er erinnert sich, ja, früher hat sie einmal von einem älteren Mann erzählt, den sie in Wien gesehen hat, aber nicht gesprochen; wahrscheinlich Jude; sie verstanden einander in einem einzigen Blick, so schien es ihr, und sie floh wie vor einem Schicksal. Es ist rätselhaft: dieser Fremde ist dagewesen, ja, in der Klinik. Zufällig. Sie haben sich im Korridor wiedererkannt; dann hat er mit ihr auch diesen Spaziergang gemacht. Sie sagt aber seinen Namen nicht, auch sonst nicht viel. Alles sehr rätselvoll. Von diesem Fremden also kommen täglich die Blumen, immer die gleichen: 35 Rosen. So sagt sie, und er glaubt es gerne; sie wird, wenn er weggeht, nicht allein sein. Und Du, sagt sie ein halbes Jahr später in Rom, bist nach Amerika geflogen, als ich in der Klinik lag, und hast mich nicht nach Amerika gerufen. Du hast nicht einmal verstanden, daß ich mir diese Blumen selber geschickt habe, damit Du mich rufst.

CHECK OUT

denn was sollen sie nach dem Frühstück machen. Spazieren mit Schirm? Pingpong? Man könnte auf der Loggia sitzen und schauen, wie es ins Meer regnet... Dann irritiert es ihn, daß Lynn, da sie die Reservation besorgt hat, ungefähr weiß, was er da bezahlt für zwei Übernachtungen. Sie sitzt schon im Wagen. Er zahlt fast das Doppelte ihres Wochenlohnes: Männergeld, das unter ehelichen Umständen so selbstverständlich wird... Wenn er Lynn von der Seite anschaut (nie ganz ohne Vorwand; er gibt Feuer dabei oder tut, als müsse er die Landschaft gesehen haben, die Dünen, die Baracken, die Maste): Lynn am Steuer, Blick meistens gradaus, entweder hat er sich daran gewöhnt, daß ihre Lippen tagsüber spöttisch sind, oder ihre Lippen haben sich verändert. Ein Mal, vorgestern bei Tisch, ist Lynn verletzt gewesen. Warum? Wenigstens hat er es bemerkt und sie gefragt, er hat es aber nicht herausgefunden. Mißverständnis? Man fährt dieselbe Strecke zurück. Vermutlich hat auch sie etwas gebangt, dieses Wochenende könnte mißglücken. Jetzt ist es nicht mehr nötig, Bangnis zu überspielen. Es stellt sich heraus, daß er seinen Tabakbeutel verloren hat; Schweigen ohne Pfeife im Mund. Man weiß wenig voneinander und zuviel, um das Gespräch ganz spielerisch halten zu können. Noch weiß er nicht einmal, wo Lynn verletzlich ist und was zum ersten Zerwürfnis führen müßte. Übrigens scheint Lynn nicht mehr daran zu denken; ein Mal ist kein Mal. Er braucht eine Ehe, eine lange, um ein Monster zu werden.

AMAGANNSETT

heißt also der kleine Ort, wo er gestern beschlossen hat, dieses Wochenende zu erzählen: autobiographisch, ja, autobiographisch. Ohne Personnagen zu erfinden; ohne Ereignisse zu erfinden, die exemplarischer sind als seine Wirklichkeit; ohne auszuweichen in Erfindungen. Ohne seine Schriftstellerei zu rechtfertigen durch Verantwortung gegenüber der Gesellschaft;

ohne Botschaft. Er hat keine und lebt trotzdem. Er möchte bloß erzählen (nicht ohne alle Rücksicht auf die Menschen, die er beim Namen nennt): sein Leben.

ICH PROBIERE GESCHICHTEN AN WIE KLEIDER

Immer öfter erschreckt mich irgendeine Erinnerung, meistens sind es Erinnerungen, die eigentlich nicht schrecklich sind; viel Bagatellen, nicht wert, daß ich sie erzähle in der Küche oder als Beifahrer. Es erschreckt mich nur die Entdeckung: Ich habe mir mein Leben verschwiegen. Ich habe irgendeine Öffentlichkeit bedient mit Geschichten. Ich habe mich in diesen Geschichten entblößt, ich weiß, bis zur Unkenntlichkeit. Ich lebe nicht mit der eignen Geschichte, nur mit Teilen davon, die ich habe literarisieren können. Es fehlen ganze Bezirke: der Vater, der Bruder, die Schwester. Im vergangenen Jahr ist meine Schwester gestorben. Ich bin betroffen gewesen, wieviel ich von ihr weiß; nichts davon habe ich je geschrieben. Es stimmt nicht einmal, daß ich immer nur mich selbst beschrieben habe. Ich habe mich selbst nie beschrieben. Ich habe mich nur verraten.

MAX, WHAT IS YOUR STATE OF MIND?

fragt Lynn, weil es regnet... Ein Zug von Trübsinn, den fast jedes Foto zeigt, mißfällt mir seit eh und je. Das kommt von einer Lähmung der Augenlider, was zudem, ich weiß, einen Ausdruck von Suffisance ergibt. Die Lähmung der Augenlider kommt daher, daß ich als Bub, als ich die Masern hatte und im Halbdunkel liegen sollte, insgeheim mit Hilfe einer Taschenlampe stundenlang unter der Bettdecke gelesen habe, DON QUIXOTE. Später wurden die Augenlider behandelt zwei Mal wöchentlich; der Augenarzt stülpte die Lider auf und pinselte die Innseite mit einer braunen Tinktur, das tat weh, Quittung für Ungehorsam, es brannte höllisch, nachher mußte ich mit verbundenen Augen eine Stunde lang im Wartezimmer sitzen. Die Behandlung hat wenig geholfen. Diese Augenlider (als sei der Blick stets gesenkt:

mißtrauisch, spöttisch) gehören zu meiner Physiognomie – ich habe als Schüler erfahren, wie sie den einen und andern Lehrer verdrossen hat: ein mäßiger Schüler und eine solche Arroganz. Ich habe nie genau gewußt, was dieses Wort heißt; etwas Schlechtes jedenfalls, etwas Verwerfliches. Setz dich! Das ist lang her; später heißt es nicht mehr: Setz dich! Die Physiognomie aber ist geblieben, ihre Wirkung; ich erfahre davon, wenn jemand bei näherer Bekanntschaft sich wundert, daß ich eigentlich nicht arrogant sei. Diese Entdeckung erleichtert den andern mehr als mich. Ich sehe daraus: ich muß auf der Hut sein, ich muß besonders bescheiden sein. Ein natürlicher Stolz, ausgesprochen mit dieser meiner Physiognomie, muß als Arroganz erscheinen. Also gebe ich mich jovial-bescheiden, und wenn der andere darauf nicht eingehen mag, so betreibe ich Selbstbezichtigung –

NO, sagt er, I AM FINE.

Der Regen verdrießt ihn nicht. Er ist froh um jede Gegenwart. Jetzt das Hin und Her der beiden Scheibenwischer. Er achtet auf alles, was grad zu sehen ist. Er will keine Memoiren. Er will den Augenblick. Die Landschaft, jetzt in diesem Augenblick, ist ziemlich öde; er schaut trotzdem. Er sieht ihren Fuß auf dem Gashebel, einen beschädigten Schuh, ihre rechte Hand am Steuer, eine schmale Hand, das Hin und Her der Scheibenwischer. Er vermißt nichts; er ist dankbar für dieses Wochenende, das noch nicht vergangen ist.

BRETAGNE:

Reise zu dritt im kleinen Morris, ich sitze die ganze Zeit hinten. Warum soll ich die Fahrfehler machen, die falsche Route vorschlagen? Ich sage nichts; keine Rüge, wenn sie sich verfährt: ORLY statt ORLEANS, kein Unglück, ein Umweg von einer Stunde, nur kann ich nichts dafür; das macht sie nervös. Ich bin ein Ekel, ich weiß; ich schaue in die Landschaft und brauche mich nicht zu bezichtigen, sondern rede (zum Beispiel) über Peter Handke, WUNSCHLOSES UNGLÜCK, ein Text, der mir Eindruck macht. Ihre Rügen, wenn ich am Steuer sitze, sind zuweilen berechtigt; ich brauche Urlaub, ich möchte drei Wochen lang keinen Fahrfehler machen, sondern Frankreich sehen. Ein französischer Gendarm, der mit strikter Miene kommt und ihren Ausweis verlangt, dann fragt, ob sie das Rotlicht nicht gesehen habe, erweist sich, nachdem er die Fahrerin besichtigt hat, als Kavalier: MADAME, sagt er ohne ein Zuviel an Charme, was die beiden Männer im Morris desavouieren könnte, und mit der Hand an seiner steifen Mütze: BON VOYAGE! und wir kommen ans Meer, MONT SAINT MICHEL, bei Ebbe. Wanderung im Schlick weit auseinander. Schwierig für den lieben Freund, so denke ich, mit einem hundstraurigen Paar. LA DOUCE FRANCE. Ein Mittagessen, ein einfaches, aber köstlich; unser Freund, der Komponist, berichtet über die alten Kelten so klug wie über München. Nun möchte sie doch eine Zigarette, aber da sie eigentlich nicht mehr raucht, habe ich keine Zigaretten bei mir; sie fragt den Freund. Er greift in die Tasche und legt sein Päckchen hin, damit sie sich bediene. Das tut sie. Ich höre ihm zu. Ihr Blick zu mir: ob ich nicht sehe, daß sie auf Feuer wartet. Ich frage ihn, ob er Streichhölzer habe. Streichhölzer? Die habe er: in seiner linken oder rechten Manteltasche, sagt er, ohne sich ablenken zu lassen von seinem Teller, und ich brauche nur aufzustehen von unserem Tisch, um seine Streichhölzer zu suchen in seiner linken oder rechten Manteltasche. Warum ich lache? Nämlich ich habe Streichhölzer und brauche nicht aufzustehen, ich gebe Feuer; ihr Blick nicht ohne Verweis: Was soll das! Er ist unser treuer Gast seit Jahren, genußfroh bei Tisch, ein bester Anreger auch auf der Reise. Später im Wagen frage ich, ob er es wisse, warum er mich zu seinem Butler macht. Ein Beispiel für viele. Es wird peinlich; er versteht nicht, was los ist, und sie ist bestürzt über mich, ich werde unzumutbar:

DU KRÄNKST ALLE UNSERE FREUNDE!

und dann meine Empfindlichkeit, wenn ich mich nicht bezichtige und mit Zensuren bedient werde spätestens unter vier Augen, meine krankhafte Empfindlichkeit als Kehrseite der Selbstbezichtigung, die eine Kehrseite der Selbstherrlichkeit ist: als hätten nicht die andern darüber zu befinden, welche Schwächen ich habe, welche Fehler ich mache.

SUNRISE HIGHWAY:

da sie ihre Office-Arbeit nicht am Strand erledigt hat, bittet Lynn, daß er sich ans Steuer setze. Sie liest jetzt. Er fährt gerne, wenn man ihm Vertrauen schenkt, und offensichtlich tut sie das; sonst könnte Lynn ja nicht lesen. Eine fast schnurgerade Straße, also langweilig, wenn es nichts zu überholen gibt. Dann überlegt er im Stillen, was sie in Manhattan machen werden: Sonntagnachmittag, Regen, ihr kleines und vergittertes Apartment.

MAX, YOU ARE WRONG

sagt die junge Fremde, und er verträgt das wie ein natürlicher Mensch, ein gesunder Mensch, ein vernünftiger Mensch – das erleichtert mich, denn ich habe es ihm kaum noch zugetraut... Er hört es nicht als Verweis. Er sieht es ein, daß er links einspuren muß, und tut's einfach, sagt dazu nicht: SORRY! um dann verdrossen zu schweigen. Er nimmt es als kleine Hilfe, nicht als Tadel. Neulich hat er gesagt: ALICE IN THE WONDERLAND, es heißt: ALICE IN WONDERLAND, das weiß er eigentlich; er zuckt nicht zusammen, wenn Lynn, die das Buch übrigens nie gelesen hat, ihn verbessert, und seine Begeisterung nimmt deswegen keinen Schaden. Er nimmt es nicht als Zensur. Sein Irrtum gestern, als er am Strand einen blauen Sonntag vorausgesagt hat, ist keine Schlappe; sie bedauern bloß beide, daß es heute regnet. Wenn Lynn sich über die Einwohnerzahl von Berlin irrt, so sagt auch er: YOU ARE WRONG, er sagt es unbefangen; keine Revanche, daher braucht er seine Berichtigung nicht abzufedern, nicht zu sagen: I THINK YOU ARE WRONG. Es kommt vor, daß beide etwas nicht wissen, zum Beispiel wann die letzten Indianer auf dieser Insel gelebt haben. Hin und wieder sagt auch Lynn: ARE YOU SURE? aber er muß sich nicht beherrschen deswegen; eine natürliche Frage. Wenn sie's dann besser weiß, so ist er zufrieden; das spart Zeit oder Kosten, einen Umweg, eine falsche Hoffnung. Ist er aber sicher, zum Beispiel wann das Whitney Museum geöffnet ist, so macht ihn ihre Frage nicht gereizt; man könnte ins Whitney Museum gehen und vor der Malerei stehen, ohne sich selber auf die Nerven zu gehen, ohne einen faden Nachgeschmack von Rechthaberei. Er ist nicht gespannt, wann ihm sein nächster Fehler unterläuft; er fühlt sich nicht im Examen. Ein Mal, im Central Park, ist Lynn auf einem schwarzen Felsen ausgerutscht; als er sich entschuldigt, sagt sie: ARE YOU CRAZY? – noch hat er sie nicht verwöhnt durch seine Selbstbezichtigungen... Lynn am Steuer (vor einer halben Stunde) ist nicht auf seine Frage eingegangen: Wieso ist es einer fremden Landschaft anzusehen, daß heute Sonntag ist? Jetzt erst erkundigt sich Lynn, ob er's herausgefunden habe. Auch er hat inzwischen an anderes gedacht:

Wir haben gehört, wie Neruda liest.

Jetzt ist es zu spät für meinen Chile-Besuch.

Morgen (Montag) ist noch einiges zu erledigen, Bücher sind auf die Post zu bringen, damit das Gepäck kein Übergewicht hat, und einige Leute sind anzurufen, Freunde vom letzten Mal, die ich vernachlässigt habe, alle fragen nach Marianne und wann wir wiederkommen.

DID YOU HAVE A GOOD TIME?

Beide haben gearbeitet, das kann ich sagen, auch Ferien gemacht; einmal in London und einmal in der Bretagne. Alles in allem Glück mit der Gesundheit. London wäre die Stadt. Aber nun haben wir eine Wohnung in Berlin. Der Fluglärm tagsüber; man hat sich daran gewöhnt und das Ohr unterscheidet, ob es der

Lärm einer sinkenden oder einer steigenden Maschine ist; die sinkenden Maschinen haben das Fahrgestell bereits ausgeklappt, wenn sie über der Allee erscheinen; die steigenden Maschinen, vom gleichen Fenster aus zu sehen über der gleichen Allee, fliegen höher und meistens mit den vier Düsenrauchschwänzen, ihr Lärm ist schriller, kein Pfeifen wie bei den sinkenden Maschinen, sondern ein Schmettern in der Luft zwischen den Häusern. Es beginnt um sieben Uhr morgens; die gute Zeit, um aufzustehen und in die Küche zu gehen, dann an den Schreibtisch. Je älter ich werde, um so weniger halte ich mich aus, wenn ich nicht arbeite. Ich schreibe: Erinnerungen an die Zeit beim Militär, eine Rede über die Heimat, einen Offenen Brief an den Bundesrat wegen der Flüchtlinge aus Chile. Wenn draußen die Sonne scheint, so sind die weißen Lamellen zu verstellen; dann blendet es nicht; eine milde Helle. Unser zweiter Winter in diesem Berlin, das zweite Frühjahr. Das Fest zu deinem Geburtstag ist gelungen; mein Schreibtisch als kaltes Buffet; so viele kluge Freunde und Tanz. Der Alltag mit Büchern, manchmal mit Blumen. Die Wohnung ist nicht überfüllt worden; keine Teppiche, ich höre Schritte auf dem Parkett (nicht nur Schuhe) im sogenannten Berliner Zimmer, dann weiß ich: Du kommst, um Guten Tag zu wünschen, barfuß –

Was machen wir zusammen falsch?

Auf dem Schiff nach Europa (der Kurs wird dieses Jahr eingestellt) spiele ich Schach viele Stunden am Tag. Du bist lieber allein auf Deck, vom Steward in Decken gepackt und allein in deinen Gedanken, oder wenn es auf Deck zu windig ist, lieber allein an der Bar. Ich spiele Schach gegen mich selbst; meistens verliere ich, das heißt, ich identifiziere mich mit der verlierenden Farbe, wenn es plötzlich zum Matt kommt, ohne Diskussion. Wenn ich mich auf die andere Seite des kleinen grünen Tisches setze, bevor die Entscheidung auf dem Brett gefallen ist, so bin wieder ich es, der verliert. Was ja einerlei ist! Ich habe nur nicht wissen können, woher das kommt.

BUT WHERE ARE YOU TODAY? PROBABLY OUT WITH YOUR HUSBAND FOR A WALK... DO YOU THINK HE HAS NOTICED: WHAT FOOLISHNESS! IT IS AS OBVIOUS AS A BUMPER STICKER, AS OBVIOUS AS AN ABDICATION... I HAVE SPENT MANY MESSAGE UNITS SEEKING YOUR VOICE, BUT I ALWAYS GET FREDERICK INSTEAD. WELL, FREDERICK, I ASK CORDIALLY. WHAT AMAZING TRIUMPHS HAVE YOU ACCOMPLISHED TODAY?

Wie rasch Vergangenheit zustande kommt: – die Gestalt der jungen Fremden auf dem Pfad durch das Gestrüpp, OVERLOOK, das ist gestern gewesen.

EXIT 35

Er sieht die grünen Schilder.

NO LEFT TURN

Lynn liest.

EXIT 29

Hat er geschlafen inzwischen?

MAX, YOU ARE A FORTUNATE MAN

sagt Lynn, nachdem er, um nicht über Meilen hin zu schweigen, wieder einmal die Geschichte erzählt hat, wie ich das Gast-Apartment der Marlene Dietrich bekommen habe, 1963, eine wahre Geschichte zum leichten Lachen... Er ist diese automatische Schaltung nicht gewohnt. Es ist kinderleicht; er fährt schon zwei Stunden oder länger, man sieht bereits die grauen Umrisse von Manhattan und wieder diesen endlosen Friedhof bei Queens, als sein linker Fuß vergessen hat: Keine Kupplung, das ist die Bremse, und es ist ein Glück, daß Lynn sich angeschnallt hat; ein zweites Glück, daß der Fahrer des nächsten Wagens grad noch ausscheren kann vor dem plötzlich gestoppten Ford... Das wäre es: zwei Verkehrstote, eine junge Amerikanerin (die genauen Personalien) und ein älterer Schweizer (die genauen Personalien), ihr Wochenende an der Küste wäre erzählbar, unser Wochenende.

Jetzt fährt wieder Lynn.

Er sitzt schweigsam, etwas erschreckt: WENN DU DIE KINDER UNSERER BESTEN FREUNDE UND IHREN KLEINEN HUND NICHT MEHR VERTRÄGST, SO KÖNNEN WIR GLEICH IN EIN ALTERSHEIM EINZIEHEN! und wenige Sekunden später bekommt sie recht: ich überfahre die Bundesallee (Berlin) bei Rotlicht.

Es ist immer noch Sonntag.

Die jüdische Braut aus Berlin (zur Hitler-Zeit) heißt nicht HANNA, sondern Käte, und sie gleichen sich überhaupt nicht, das Mädchen in meiner Lebensgeschichte und die Figur in einem Roman, den er geschrieben hat. Gemeinsam haben sie nur die historische Situation und in dieser Situation einen jungen Mann, der später über sein Verhalten nicht ins klare kommt; der Rest ist Kunst, Kunst der Diskretion sich selbst gegenüber... Wie ist es wirklich gewesen? – es ist merkwürdig, wo es mir gelegentlich einfällt: am Bahnhof Friedrichstraße, wenn ich den DDR-Beamten meinen Paß vorlege und sehe, wie sie mich mustern, ihre Miene dabei. Ich verwechsle sie nicht mit dem Nazi-Beamten, der am Badischen Bahnhof in Basel, 1937, mich mustert: JOURNALIST? und nachdem ich nicht ohne jugendlichen Berufsstolz genickt habe: UND DIESE JÜDIN LIEFERT IHNEN ALSO DIE GREUELGESCHICHTEN! Ich beschwöre sie auf dem Bahnsteig: Fahr nicht nach Deutschland zurück! Sie will aber; ihre Eltern sind in Berlin. Ich halte sie noch auf dem Trittbrett: Bleib hier! Jugendliebe unter einem Überdruck von Gewissen. Sie ist meine erste Partnerin; wir wohnen nicht zusammen, aber wir treffen uns jeden Tag. Sie ist Studentin. Unser Liebestun ist anfängerhaft-kenntnislos-romantisch, während in Nürnberg die Rassengesetze verkündet werden. Nicht ein Mal in fünf Jahren auch nur die heimliche Versuchung zu einer Untreue. Sie möchte ein Kind, und das erschreckt mich; ich bin zu unfertig dazu, als Schreiber gescheitert und am Anfang einer andern Berufslehre, um kein Taugenichts zu bleiben. Besuch bei den Eltern in Berlin-Lankwitz; der Papa, ein kleiner weißer Herr, führt mich durch das Museum, wo ihn, der dieses Museum eingerichtet hat, ein alter Wärter gemütlich grüßt: HEIL HITLER, HERR GEHEIMRAT. Unterwegs sehe ich die Stürmer-Schaukästen, Bilder von jüdischem Ritualmord an arischen Kindern. Ich gehe ins Theater: ohne die Braut, denn sie ist unerwünscht. Ein andermal sehe ich einen braunen Aufmarsch und höre den Chor: JUDA VERRECKE! das sagen sie wirklich; ich stehe Unter den Linden, frech vor Angst, und hebe meinen ausländischen Arm nicht. WARTE NUR! ruft ein SA-Mann, und einige in der Kolonne drehen sich um. In Nürnberg, wo ihre Mutter herkommt, will sie mir das Bratwurstglöckl zeigen; sie bemerkt das Schild nicht: JUDEN UNERWÜNSCHT. Es geschieht nichts, da sie nicht die Nase hat; nur kann ich hinter diesen Butzenscheiben gar nichts essen. Später in der Eisenbahn (ich erinnere mich; wir stehen, um allein zu sein, auf der Plattform des hintersten Wagens, Blick auf das perspektivische Schwinden der Gleise) sagt sie: DU DARFST NICHT SCHLECHT ÜBER DEUTSCHLAND DENKEN. Dann bin ich bereit zu heiraten, damit sie in der Schweiz bleiben kann, und wir gehen ins Stadthaus Zürich, Zivilstandesamt, aber sie merkt es: das ist nicht Liebe, die Kinder will, und das lehnt sie ab, nein, das nicht. Später finde ich in ihrer Mappe eine kleine Waffe, keinen Revolver, ein vernickeltes Pistölchen, aber versehen mit Munition; das stehle ich ihr. Will ich kein Kind, weil sie eine Jüdin ist? Als ich nicht mehr weiß, was wahr ist in mir, gehe ich in den Wald, um zu denken, und ich glaube mir selber nichts mehr, was ich denke; ich werfe auf den Boden eine Münze: Kopf oder Schrift? Wie der Wurf, Befragung des Orakels, ausgefallen ist, weiß ich nicht mehr. Sie sagt es: DU BIST BEREIT MICH ZU HEIRATEN, NUR WEIL ICH JÜDIN BIN, NICHT AUS LIEBE. Ich sage: Wir heiraten, ja, heiraten wir. Sie sagt: Nein. Ihr Onkel in Kairo, der die Nofretete ausgegraben hat, kann es wirtschaftlich ermöglichen, daß sie in Basel studiert; ich bleibe in Zürich. Ihre Eltern, sehr deutsche Juden, die Hitler-Worte nie auf sich bezogen haben, sind 1938 noch herausgekommen und wurden über neunzig Jahre alt.

SUPERMARKT

Lynn hat noch einiges einzukaufen für Montagabend. Sie achtet auf Preise, mustert und legt wieder zurück. Er kann da nicht helfen, und lungert zwischen den Gestellen, mustert die Leute; SILENT MAJORITY, nicht arm, aber grau. ES IST SCHADE UM DIE MENSCHEN, sagt Indra's Tochter, dabei sind die Gestelle voll; Gemüse, Früchte, anderswo Dosen aufgereiht wie Munition; kein Mangel. Er liest die Preise, um sie zu vergleichen mit den Preisen zu Hause; er weiß die Preise zu Hause nicht mehr. Das beschämt ihn. MAY I HELP YOU? Frage einer schwarzen Bedienerin. Dann fragt Lynn, ob er grüne oder schwarze Oliven mag. Sie ist ziemlich zerstreut, nicht hastig. Es ist Sonntag und Nachmittag. Wenn er einkauft, Ware aus den Gestellen nimmt und sie in den kleinen Drahtwagen legt, so geht es geschwind und nach Laune; Lynn muß rechnen, und er ist froh, daß Zeit vergeht. Sie ist froh, daß jemand wartet, um nach der Kasse die vollen Säcke zu nehmen und zum Wagen zu tragen. So weit ist es aber noch lang nicht. Sie sucht noch ein Gewürz. Er hat Zeit. Es ist für sie nicht selbstverständlich, daß da jemand wartet. Er steht und liest die Zeitung. Als er aufschaut, ist Lynn im Gedränge verschwunden, nicht zu sehen. Wie sieht sie aus? Dann erkennt er sie an ihrem hellen roten Haar von hinten; er ist eine Weile gespannt, wie wenn man auf der Straße oder im Museum eine fremde Gestalt von hinten sieht: es gäbe zu dieser Gestalt verschiedene Gesichter. Es wird kein leeres Gesicht sein; soviel weiß er. Als sie mit dem Drahtkorb in der Reihe vor der Kasse steht, gibt sie einen Blick, ein Lächeln; dann gibt sie zwei Scheine, vermutlich Zehn-Dollar-Scheine, zählt nachher die kleineren Scheine, die Münzen, die sie zurückbekommt, ganz genau. Ihr Einkauf ist nicht üppig, ein einziger Sack genügt, er nimmt ihn auf den linken Arm.

MONEY

Der grüne Gas-Automat in der Diele, die Mutter muß immer einen Zwanziger einwerfen, damit am Herd die Flamme kommt, und dann ist das Gas plötzlich wieder weg, und es braucht viele Zwanziger, wenn etwas lang kochen muß; da hilft es nichts, daß der Vater, wenn er spät in der Nacht heimkommt, vielleicht noch einen Zwanziger in der Tasche haben wird. Das städtische Gaswerk gibt uns keinen Kredit. Seit wann weiß ich, was Geld ist? Der grüne Gas-Automat hat mich gelehrt: Was wir uns nicht leisten können, das kommt uns nicht zu. Wenn ich mit einem Mädchen in einem gemieteten Segelboot sitze und der Wind bleibt aus, so daß es mehr als eine Stunde wird, und ich weiß, daß ich diese Flaute nicht bezahlen kann, so ist das nicht Armut, nur peinlich. Ein Velo, ein rotes Rennrad, das beim Händler steht, davon träume ich jahrelang. Ich weiß: Das steht mir nicht zu. Das kann mein Vater nicht kaufen. Oft macht es ihm schon Kummer, wenn ich Lehrbücher kaufen muß, ein Reißzeug. Ich erinnere mich an die stete Angst meiner Mutter vor der Pfändung. Wenn dem Vater aber ein Geschäft gelungen ist, eine Liegenschaftsvermittlung, so mag er nicht bloß Schulden zahlen, er liebt Gesten: eine goldene Brosche für die Mutter! Er versteht sich nicht aufs Sparen, so müssen wir es lernen. Ich erinnere mich an die Sensation, daß man Kaffee machen kann aus Eicheln. Mein Bruder bekommt eine Geige, das finde ich in Ordnung: er ist musikalisch und älter. Es ist der Ehrgeiz von Vater und Mutter, daß wir Akademiker werden, Studium nach eigner Wahl. So werde ich Student der Germanistik; ein liebenswürdiger Professor verschafft mir ein Stipendium, damit ich weiter studieren könne nach dem Tod des Vaters: 800 Franken im Jahr. Ich schreibe über Eishockey, über festliche Umzüge, über Café-Cabaret, über die jungen Schwäne auf der Limmat etc., Honorar nach Zeilenzahl. Für ein erstes großes Honorar von 20 Franken schreibe ich einen Dankesbrief an die Zeitung. Wenn ich den monatlichen Mietzins pünktlich bezahlen kann, so komme ich mir unabhängig vor. Es kommt mir nicht in den Sinn, im Schaufenster lang zu betrachten, was ich mir nicht leisten kann, eine gute Kamera zum Beispiel; keinesfalls wage ich es, einmal in den Laden zu treten und eine solche Kamera in meine Hände zu nehmen. Ich gelange bis Istambul und nach Griechenland, wo ich im Freien übernachte. In Istambul gibt es einen Schweizerklub; wenn mich die Herren fragen, ob ich zu Mittag gegessen habe, lüge ich und sage Ja, dankbar für den schwarzen Kaffee mit viel Zucker. Geld als Tauschmittel; man hat es oder man hat es nicht, im übrigen ist es kein Thema. Was wichtig ist: keine Schulden. Der Vater ist mit Schulden gestorben. Pfändung droht. Mein älterer Bruder, Chemiker und eben verheiratet, übernimmt die Schuld, die er langsam abstottert, um der Mutter diese Schande zu ersparen. Ich habe nie Schulden gemacht, ausgenommen ein Mal: meine erste Schreibmaschine, REMINGTON PORTABLE, eine Occasion, kostet 150 Franken, ich kann aber nur 50 Franken anzahlen. Ich weiß, daß ich den Rest nie bezahlt habe... Ich erinnere mich, wann das Geld zum ersten Mal eine große Rolle gespielt hat. Ich habe eine Freundin, eine Welsche, etwas älter als ich; sie verdient ihren Unterhalt durch Privatstunden. Ich bin noch Student und wohne mit der Mutter. Es stört mich nicht, von einer Geliebten eingeladen zu werden. Hin und wieder bringe ich eine Flasche Wein, das Fleisch aber hat sie gekauft. Jemand habe gefunden, sie brauche Erholung, und möchte ihr zu diesem Zweck fünfhundert Franken schenken. Ich habe nichts dagegen, denn es soll ein feiner Mensch sein. Als ich als Soldat wieder einmal auf Urlaub komme, empfängt sie mich nicht mehr. Es sind ihr die Augen aufgegangen, sagt sie, betreffend meine Männlichkeit. Ich verstehe alles nicht. Kurz darauf heiratet sie einen Industriellen. Umgekehrt bin ich lebenslänglich nie auf den Verdacht gekommen, daß ich eine Geliebte gewonnen habe durch Geld; dazu bin ich als Mann zu eitel. Mein erster Lohn als Architekt: 350 Franken im Monat, dann 500 Franken; das reicht auch zu dieser Zeit knapp für eine Familie mit Kind.

August 1943	Einnahmen	Ausgaben
Wettbewerb 1. Preis	3000,—	
Lohn bei Prof. Dunkel	490,—	
für Mama		500,—
Festessen Kollegen		60,—
mit Trudy		15,—
Hemden		34,—
Haushalt		350,—

September 1943	Einnahmen	Ausgaben
Velo für mich		352,—
Zeichenware		40,—
Zeichentischböcke		33,—
Buchbinder		7,50
Taschengeld in Militär		50,—
Haushalt		350,—
Lohnausgleichskasse	190,96	
Honorar Verlag	32,—	
Schweizer Rundschau	20,—	
Büro-Stempel		42,—
Konzert mit Trudy		14,—

Die Idee, daß der Lohn sich nach den Bedürfnissen bemessen sollte, ist mir nicht geläufig. Man muß eben nach seinem Einkommen leben. Ich sehe es einem Restaurant einfach an, daß es ein Restaurant für andere Leute ist; ich brauche nicht einmal das Menü an der Türe zu lesen, um zu wissen: Da passe ich nicht hin, selbst wenn ich grad das Geld in der Tasche habe. Eine Folge von Geldmangel kann ich nicht vergessen, denn ich trage sie im Mund, meine Zähne. Zu der Zeit des ersten Studiums, als ich meinen Unterhalt verdiene mit Zeilenhonorar, fehlt das Geld für einen richtigen Zahnarzt; Studenten der Zahnheilkunde üben sich an meinen Zähnen und erlernen die Wurzelbehandlung, gratis. Die Folgen zeigen sich später, als auch Geld nichts mehr retten kann. Lange Zeit, bis zum dreißigsten Lebensjahr, habe ich keine Reichen kennengelernt, abgesehen von W., meinem Schulfreund und Förderer; ich habe Reichtum nur von außen gesehen und ohne Vorstellung, woher er kommt, und ohne Neid. Eine Villa mit Park wäre nichts für mich, dafür muß man geboren sein. Es ist nur ein Mal vorgekommen, daß ich Hunger habe, weil ich ohne Geld bin, und nur drei Tage lang, 1933 in Prag; ich habe noch eine tschechische Krone und schaue in die Schaufenster der Bäckereien, um jedes Mal festzustellen, daß ich doch keinen Hunger verspüre; ich weiß bloß nicht, was ich anfangen soll mit diesen Tagen, es interessiert mich kein Museum, die ganze Stadt nicht. 1942 heirate ich eine Architektur-Kollegin, weil ich sie liebe, Tochter aus großbürgerlichem Haus, Gertrud Constanze v. Meyenburg. Der Verdacht der Freunde, daß ich Geld heirate, berührt mich nicht; ihr Elternhaus, ein großes Landgut, verbindet herrschaftliche Würde mit Sparsinn. Die Braut bekommt ihre Aussteuer, wie es der Brauch verlangt, Möbel und Wäsche für ein Leben und Silber; der Bräutigam hat das Küchenzeug zu liefern. Ferner bekommt sie ein Hochzeitsfest, wie es die Familie sich schuldet (ich trage zum ersten und letzten Mal einen Frack) und einen Vorschuß auf ihre Erbschaft. 120000 Franken, soviel ich weiß. Ob ich davon hätte leben können, weiß ich nicht; jedenfalls habe ich es nie getan. Solche Summen stehen mir nicht zu. Mein Einkommen ist zu dieser Zeit ordentlich; es reicht für Miete und Haushalt. Ein Kinderfräulein allerdings zahlt sie aus ihrem Konto, und ich finde, dazu sei ihr Konto da; ein Säugling ist mühsam. Es sei nicht vergessen: als ich ein eigenes Architektur-Büro gründe, erhalte ich zwei Räume in einem alten Haus, das einer Tante gehört, ohne Mietzins. Auch der Schwiegervater ist hilfsbereit; er versteht, daß ich das Stück, das als erstes in Zürich aufgeführt worden ist, gerne gedruckt sehen würde, und als mein damaliger Verleger, Martin Hürlimann, es nicht ohne Druckzuschuß zu drucken wagt, will mir der Schwiegervater die tausend Franken schenken. Ich bin nur zu stolz; zu dieser Zeit halte ich mein Stück (NUN SINGEN SIE WIEDER) für ein bedeutendes Stück, das ohne Zuschuß gedruckt zu werden verdient. In späteren Jahren, als wir einmal am Sonntag auf das elterliche Landgut fahren, um mit den Kindern zu baden im See, sind die Schwiegereltern nicht da; wir lassen uns von der

Köchin ein kaltes Picnic geben und genießen den Tag; danach erhalte ich einen Brief von ihrem Vater, einen strengen und ernsten Brief: das dürfe nicht wieder vorkommen, sein Haus sei kein Hotel. Es kommt auch nie wieder vor. Das ist nicht Geiz, sondern Stil. Ich erinnere mich an einen Fall von Geiz: ein sehr reicher Kunsthändler (Europäer) in Berkeley, dessen Gast ich einige Tage lang bin, zeigt dem Neuling in Amerika, wie man im Bus die nötige Münze in den Apparat wirft, welche Münze; als ich's gesehen und für alle Zukunft begriffen habe und danke, erbittet er sich die Münze von mir zurück, ONE DIME. Ich habe wenig in die erste Ehe gebracht, eine Couch, eine Decke zu dieser Couch, die Schreibmaschine, Bücher, einen Schreibtisch aus dem Brockenhaus, einen kleineren Teppich, zwei Zeichentische auf Böcken, eine Lampe etc. und zudem bin ich der schuldige Teil, als es nach dreizehn Jahren zur Trennung kommt, zur Scheidung der Habe. Eine Goethe-Gesamtausgabe in sanftem Leder gehört ihr, das weiß ich; ein Geschenk vom Vater. Ein Band in derselben Ausgabe ist zweifach vorhanden, DICHTUNG UND WAHRHEIT, und so frage ich, ob ich diesen Einzelband nehmen dürfe; sie hat recht: auch dieser Einzelband gehört ihr. Nachträglich verstehe ich den Schwiegervater, der auf meinen schmerzlichen Brief mit der Mitteilung, daß die Ehe mit seiner Tochter nach zwölf Jahren gescheitert sei, nur die Frage gestellt hat, ob ich mir denn die Scheidung finanziell leisten könne. Als ich eine Fahrschule besuche und mein erstes Auto kaufe, einen VW, bin ich 48. Einige Jahre lang habe ich keine Übersicht: in Rom spare ich nicht, in Zürich schon eher; in der Fremde habe ich eher das Gefühl, es stehe mir zu, was ich zahlen kann. Zum Beispiel eine Wohnung in Parioli, Miete monatlich 2000 Franken. In meiner Kleidung verändert sich nichts. Ich brauche nicht zu rechnen, das ist das Neue. Was brauche ich? Es scheint, als spiele das Geld jetzt keine Rolle mehr, überhaupt keine. Zum Glück gibt es Kollegen, die vermutlich noch größere Einkünfte haben als ich, darunter gute Schriftsteller. Was ich mir jetzt ohne Zögern leiste: eine sehr schöne Pfeife, zwei sogar, sowie Bequemlichkeiten im Alltag und was Zeit erspart, Flüge statt lange Reisen mit der Bahn, Taxi zum Flughafen. In Rom haben wir Pina, die ihr Leben lang bei Aristokraten gedient hat. Ich bringe es nicht über mich, die Klingel zu drücken, wenn wir Eis brauchen aus dem Kübel nebenan; lieber stehe ich auf und bediene die Gäste und mich. Ich werde kein Aristokrat. Einmal ist auch noch Heinrich Böll zu Besuch, schwitzt und zieht, während Pina bedient, seine Jacke aus. Wir sind für Pina erledigt. In Zürich, auf einer Durchreise, sehe ich die Fassade der Volksbank; ich erinnere mich plötzlich an diese Fassade, trete in die Halle, die mir bekannt vorkommt, und frage am Schalter, ob ich hier nicht ein Konto habe; ich zeige meinen Paß. Dies ist der Fall: 20000 Franken, seinerzeit gespart aus Angst, daß ich eines Tages die monatlichen Alimente nicht zahlen könnte; inzwischen sind es 23000 Franken geworden. Ich danke. Als ich eine Viertelstunde später die Sparkasse der Stadt Zürich sehe, trete ich ein und frage auch da; man zeigt mir ein Sparheft: 174.30 Franken, letzte Auszahlung im Jahr 1938. Gegenüber liegt die Kantonalbank, und so frage ich auch da, indem ich den Paß unter den Schalter schiebe; es dauert lang, bis der Schalterherr zurückkommt und sagt: Nein, leider nein. Ich entschuldige mich. Wieso bin ich reich? Meine Ausgaben haben sich vervielfacht, und ich finde sie horrend, sofern ich Zahlen sehe; um nicht zu erschrecken, muß ich von Zeit zu Zeit nachsehen, ob ich mich denn über die Einkünfte nicht irre, und das ist der Fall: sie sind größer, als ich gemeint habe. Es bildet sich Vermögen; die Summe hat etwas Beliebiges; das hat nichts mehr mit Lohn zu tun oder mit Gehalt, eher mit Lotterie. Wenn jemand in Verlegenheit ist und einen Hunderter von mir borgt oder einen Tausender, so vergesse ich's. Heimlich entsteht ein schiefes Verhältnis nicht bloß zu Leuten, die genau rechnen müssen, sondern auch ein merkwürdiges Verhältnis zur eigenen Vergangenheit: es ist lächerlich, natürlich hätte ich 1955 ein Moped kaufen können, als ich auf dem Land wohnte. Nicht ohne eine gewisse Entschlossenheit beginne ich mich zu verwöhnen. Wenn schon ein Plattenspieler, warum nicht der beste, der zur Zeit auf dem Markt ist, und warum nicht die erstklassigen Lautsprecher dazu? Dabei muß ich etwas überwinden, die frühe Prägung: Das Billige tut's für mich auch! Zu verschwenderischen Unternehmen neige ich in Gesellschaft mit Freunden; ich bin kein Reicher, sondern neureich. Bei den Freunden bemerke ich keine Zeichen von Neid, doch irgend etwas ist anders. Sie reden jetzt seltener von ihren Geldsorgen. Sie wissen, daß ich schon einigen geholfen habe. Verändert hat sich vor allem der Umgang mit den Reichen, ihr Verhalten zu mir. Plötzlich reden sie unbefangen nicht bloß über Literatur und Künste, sondern über Grundstückspreise und wo in der Welt man besonders günstig kauft, Schmuck, Antiquitäten etc. Schon früher habe ich natürlich gesehen, was sie alles haben, und man hat sich über Poliakoff unterhalten, über Cuno Amiet, über Hodler, noch nicht über Giacometti. Es ist Takt gewesen, daß sie nicht von Sachwerten gesprochen haben, solange der Gast sich solche nicht leisten kann, und ich habe schon von einer Löwenjagd in Afrika gehört oder von einer Yacht, die zur Zeit in Palermo verankert ist, doch nie von Preisen. Ich habe gedacht, für die Reichen spiele das Geld eben keine Rolle. Neuerdings verstehe ich: Reichsein ist für sie eine Art von Beruf, eine Aufgabe und keine geringe, sie sind nicht sorglos. Sie gönnen mir den Erfolg, das spüre ich, wie auch dem Friedrich Dürrenmatt, der in Neuenburg ein herrliches Haus haben soll. Ich höre, daß ihre Töchter mich geradezu mit Begeisterung lesen. Natürlich bin ich in ihren Augen nicht reich, immerhin fahre ich einen JAGUAR 420, und das bringt uns näher, so vermuten sie; kein Zweifel für sie, daß sich mit dem Vermögen auch die politische Gesinnung ändert. Ein Millionär als Sozialist, als Antikapitalist gar? Da sie Sozialismus als eine Ideologie des Neides verstehen, werde ich unglaubwürdig für sie; habe ich denn Anlaß zu solchem Neid? Als armer Schreiber zu Besuch habe ich diese Leute weniger irritiert. Was ich nie begriffen habe im eignen Fall: Geld als Macht. Es ist für mich dabei geblieben: Geld als Tauschmittel. Dabei stimmt etwas nicht, und ich weiß natürlich, was nicht stimmt. Ein jüngerer Freund, den ich verehre, bittet mich nicht um ein Darlehen, ich weiß bloß, daß er ein größeres Darlehen braucht, und ich kann es ihm geben: zinslos, denn es geht ja nicht, daß er, der Freund, arbeiten muß für mich, der ich reich bin. Genau das tun aber Angestellte und Arbeiter, die ich nicht kenne; sonst gäbe es keine Zinsen. Das ist es, was nicht stimmt. Einem Maler, der gern seinen Wein trinkt und mit dem Verkauf seiner Bilder wenig Glück hat, schicke ich zum sechzigsten Geburtstag sechzig Flaschen von seinem Wein. Er habe die Flaschen alle zerschlagen oder verschenkt, sagt er später. Ich bin im Ausland gewesen, daher nicht an seiner Vernissage, aber ich habe auch nicht einmal einen Brief geschrieben. Sechzig Flaschen, das gibt ein Millionär im Vorbeigehen wie einen Batzen! Ich verstehe seinen Zorn. Hätte ich nicht das Geld, so hätte ich vielleicht auch nicht geschrieben; es hätte ihn aber nicht verletzt. Mache ich jetzt ähnliche Fehler wie W.?... Ich denke an Ingeborg und ihr Verhältnis zum Geld; eine Hand voll Banknoten, HONORAR, freut sie kindlich, dann fragt sie, was ich mir denn wünsche. Geld ist zum Verbrauchen da. Wie sie's ausgibt: nicht wie Lohn für ihre Arbeiten, sondern wie aus der Schatulle einer Herzogin, einer verarmten manchmal. Sie ist Verzichte gewohnt; Geld eine Glückssache. Ihr Geld, mein Geld, unser Geld? Man hat es oder hat es eben nicht, und wenn es nicht reicht, so ist sie verdutzt, als stimme etwas nicht in dieser Welt. Sie beklagt sich aber nicht. Sie merkt es nicht, wenn sie vom Rundfunk, der sie umwirbt, viel zu schlecht bezahlt wird, und sie unterzeichnet mit zerstreuter Miene einen Vertrag, der den Verleger wenig ehrt. Sie rechnet nicht damit, daß die andern rechnen. Sie kauft sich Schuhe wie für einen Tausendfüßler. Ich weiß nicht, wie sie das macht. Ich erinnere mich nicht, daß je eine Ausgabe sie reut, eine hohe Miete, eine Handtasche aus Paris, die am Strand kaputtgeht. Geld verläßt uns so oder so. Wenn jemand, den sie liebt, an sich selber spart, so verletzt es ihre Liebe. Eigentlich stünde es uns beiden zu, ein kleines Schloß oder ein großes, aber sie ist nicht empört, daß andere es haben. Sie zu beschenken ist eine Freude; sie strahlt. Sie verlangt den Luxus nicht; wenn er da ist, so ist sie ihm gewachsen. Ihre Herkunft kleinbürgerlich wie die meine; nur ist sie frei davon. Ohne Ideologie; kraft ihres Temperaments. Wenn sie rechnet, dann rechnet sie mit Wundern. Wie bei manchen Frauen: Geldscheine in ihrer Tasche sind meistens zerknüllt, sie wollen verloren oder in Schöneres verwandelt werden. Zu meinem fünfzigsten Geburtstag lädt sie mich nach Griechenland ein.

WHITE HORSE:

die braun-düstere Bar, wo Dylan Thomas sich zu Tod getrunken hat, mit großen Spiegeln, die zeigen: draußen wäre Tag, kein sonniger, ein grauer und harter Sonntag. Ohne die polternden Lastwagen; das macht den Sonntag aus. Er hätte Zeit, um noch einmal an den Hudson zu gehen, und läßt es. Stattdessen blättert er in seinem kleinen Kalender 1974: Mai, Juni, Juli, August, September, Oktober, November, Dezember, so viele offene Tage, die Wochentage weiß: Dienstag, Mittwoch, Donnerstag, Freitag. Dann bezahlt er das Bier, das er nicht ausgetrunken hat –

WIE ALT MÖCHTEN SIE WERDEN?

LIEBEN SIE JEMAND?

UND WORAUS SCHLIESSEN SIE DAS?

Einmal schaut er zu: Feuerwehr in Aktion, die vielen roten und blitzblanken Wagen, Sirenen, die blauen Kreisellichter; ein Feuerwehrmann schlägt drei Fensterscheiben ein, es kommt Rauch heraus. Dann geht er weiter. Es ist immer noch Sonntag; es regnet mäßig. Er geht mit offenem Mantel, Hände in den Hosentaschen. Von Kreuzung zu Kreuzung dasselbe Spiel: WALK/DONT WALK. Er vergißt, daß er Tabak hat kaufen wollen. Ohne Bedürfnis zu wissen, wo er sich zur Stunde befindet, liest er die Straßenschilder: CANAL STREET. So weit ist er gegangen. Da und dort dampft es aus einer Dole, man kennt das; diese weißlichen Wirbel von Dampf. Es ist drei Uhr nachmittags und Sonntag. Hier kann man die leeren Straßen überqueren, wo man will; ihr verlöcherter Asphalt. Einmal hört man das Geflatter eines Helikopters, der nicht zu sehen ist, ein hartes Klatschen in der Luft; er sieht das Ziehen der grauen Wolken über den Dächern. Dann wieder ist es still in einer langen Straße ohne einen einzigen Menschen; nur Mülltonnen, Rudel von Mülltonnen. Er spürt den Regen am Nacken. Ohne stehenzubleiben, als habe er ein Ziel, schaut er: die gelben Rohre inmitten der Avenue, eine Baustelle mit Schranken und Wimpeln, es dampft wie aus Schloten eines Dampfers, der im Asphalt versunken ist. Irgendetwas genießt er, ohne zu wissen, was er genießt. Er spürt noch den Sand in seinen Schuhen. Plötzlich dröhnt es aus einem Gitter herauf, meistens kommt aus diesen Gittern nur der flaue Geruch, SUBWAY, er benutzt sie nicht; kein Bedürfnis nach einem Ziel. Eigentlich hat er gemeint, er müsse sich eine Stunde lang ausruhen im Hotel; er geht, die Hände in den Hosentaschen. Inzwischen hat der Regen aufgehört. Einmal bleibt er stehen: ein paar Jugendliche auf Rollschuhen, sie spielen Eishockey auf dem Asphalt; ein regelrechter Puck, der aber auf dem Asphalt nicht gleitet, sondern kullert; eine Weile lang hätte er Lust, auch einen Stock in den Händen zu haben. Dann geht er weiter. Er sieht: wieder Mülltonnen aus geripptem Blech, dazu ganze Stapel von schwarzen Plastik-Säcken, die auf den Montag warten, ihre glänzende Schwärze.

COUNT DOWN:

in 48 Stunden fliege ich ... Lynn erwartet nicht, daß er umbucht, und er erwartet nicht, daß sie dazu auffordere. Sie haben sich verstanden. Am Abend kommt Lynn ins Hotel. Sein Ticket liegt unter der gelben Lampe.

TELL ME!

sagt er öfter, als könne ein Mensch sich selber erzählen, und hört zu, er hört wirklich zu; Lynn glaubt nicht ganz, daß es für ihn wichtig ist, nicht gleichgültig, wer Lynn gewesen ist.

(Monate später, Januar 1975, halte ich mich nicht an die Vereinbarung. Zwar wage ich sie nicht anzurufen: als Stimme aus der Vergangenheit. Dann aber stehe ich vor dem Desk, wo man sich anzumelden hat, und gebe mich geschäftlich. LYNN IS NO LONGER WITH US. Ich schweige. Tot? So hört es sich an. Die Schwarze am Desk, als sie meine Betroffenheit sieht, führt mich nicht zur Nachfolgerin im Office, sondern sagt: I LIKED HER VERY MUCH INDEED. Wo sie in diesen Tagen ist, meldet später ein Brief, der mich in Europa erreicht, ein langer Brief, gekritzelt auf Deck eines Schiffes: sie sei arbeitslos, überhaupt möchte sie einen andern Beruf, ein Kind, sie spiele viel Pingpong und lese grad mein Buch, das ich ihr damals gegeben habe; offenbar reist sie allein; sie überlegt sich ihre Zukunft.)

Es ist nicht der richtige Knopf, den Lynn an seine schmutzige Jacke näht, sondern ein Knopf von seinem Regenmantel. Zu dunkel, auch etwas zu groß; er wird auffallen. Eine englische Jacke, vor elf Jahren in Zürich an der Bahnhofstraße gekauft; das hat er nicht vergessen: es ist ihr Fund gewesen, wahrscheinlich das erste Mal, daß sie ihn beim Kleiderkauf beraten hat. Wieder einmal müßte das Futter ersetzt werden. Eine Jacke wie diese (Manchester) ist nie wieder zu finden gewesen, auch nicht in London. Eine Jacke für immer, hundert Mal gereinigt; sie ist abgewetzt, und das macht's, daß man sich zu Hause fühlt darin. Am rechten Ärmel übrigens ist auch schon ein Knopf, der auffällt, und das soll er nämlich: ein kleiner, viel zu kleiner, ein beinahe roter Knopf. Wer hat diesen Knopf angenäht? Lynn hat es erraten: YOUR WIFE? Er hätte sie auch ohne diesen Knopf nicht vergessen. Das ist am Montag. Das befreundete Paar, das Lynn zum letzten Abend eingeladen hat, ist um Mitternacht gegangen; es ist das erste Mal gewesen, daß Lynn und er nicht allein gespeist haben. Das ist ihr Wunsch gewesen, und ihr Wunsch hat ihn gefreut; sie versteckt ihn nicht. Als ihre Freunde sich zum Aufbruch erhoben haben, da hat auch er seine Jacke angezogen: ohne Knopf. Das haben die Freunde verstanden; die letzte Gelegenheit, daß Lynn ihr Versprechen erfüllen kann, seine Jacke mit einem Knopf zu versehen. Nachdem sie gesagt hat: YOUR WIFE, sein Bedürfnis, sie im stillen zu lobpreisen, während Lynn immer noch an der Jacke näht, und seine Entdeckung dabei: Eigenschaftswörter taugen nicht, um jemand zu lobpreisen. Das ergäbe bloß einen Steckbrief auf eine attraktive Frau, zurzeit 35, zurzeit in Berlin, wo es fünf Uhr morgens ist, als Lynn sagt: YOU LOVE HER. Dabei hat er kein Wort gesagt, sondern das Geschirr in die Spülmaschine gestellt. Als sie fertig ist, lacht sie: YOUR DIRTY JACKET! Es ist vier Uhr morgens, als er es anzieht. Lynn muß schlafen. Sie schläft schon, als er die Wohnungstüre von außen ins Schloß zieht, so leise wie möglich. In der menschenleeren Avenue genießt er die Vorstellung, Lynn sagen zu können, er sei dann eine Stunde lang gegangen, ohne überfallen worden zu sein. Es ist nicht mehr dunkel. Dampf wirbelt aus den Schächten, aus Gittern im Asphalt. Nach zehn Minuten sitzt er bereits in einem gelben Taxi, NO SMOKING, so daß er nicht weiß, was tun. Ihre letzte Nacht ist nicht melancholisch gewesen; aber sein Körper hat versagt. Er versucht mit dem Taxi-Griechen zu plaudern, hört nicht mehr zu, als ihm plötzlich einfällt, daß er nicht geprüft hat, ob ihre Türe, nur von außen ins Schloß gezogen, tatsächlich geschlossen ist oder mit einem Griff auf die Klinke zu öffnen wäre. Ein Einbruch, ein Mord, alles erscheint möglich. Er will anrufen, sobald er im Hotel ist; etwas Besseres fällt ihm in seinem Schrecken nicht ein. Er gibt einen Zwanzig-Dollar-Schein, ohne auf Wechselgeld zu warten, und dann dauert es Minuten, bis der Mann vom Nachtdienst endlich erscheint, zu schläfrig, um den Schlüssel sofort zu finden; man muß es drei Mal sagen: 1112 A (eigentlich 1113, aber sie meiden hier die 13). Als er endlich im Zimmer steht, ruft er nicht an; Lynn muß schlafen. Eine Weile sitzt er, ohne die Jacke auszuziehen, und denkt über Schlösser nach, während es draußen schon hell wird; die Wasser-Silos auf den Dächern bekommen eben die erste Sonne. Dann bemerkt er, daß er an gar nichts denkt; weder an gestern noch an morgen, nicht an heute. Dabei schläft er nicht; er sieht genau, was durch das offene Fenster zu sehen ist, die Fassade gegenüber. Er ist nicht müde oder zu müde, um sich ins Bett zu legen. Keine Gefühle; wenn er die Augen schließt, so sieht er ihr schlafendes Gesicht ganz nah. Es beschäftigt ihn nicht sein körperliches Versagen, wenn es ihm beiläufig einfällt. Die Fassade gegenüber: Backstein, die Fenster in Eisenrahmen, einige haben Vorhänge, blaue oder rote oder gelbe, alle Fenster haben diese Kiste für air-conditioning. In einem Erker steht eine Blattpflanze; eine Katze liegt auf dem Sims. Wenn man aufsteht, so sieht man mehr als nur diese Fassade: unten die Straßenkreuzung gelb unter dem Schein der Bogenlampen, und man sieht auf die Dächer der niedrigen Häuser; da und dort wirbelt Dampf oder Rauch in den morgendlichen Himmel, was anzeigt, daß die Häuser bewohnt sind. Die Leute schlafen noch. Einmal dröhnt ein Schiffstuten; drei Mal. Man sieht in Höfe hinunter, Schächte mit Garten. Er vergißt, daß er ein Bad hat einlaufen lassen; denn es dauert lang, bis er die Verbindung bekommt, bis eine Stimme sagt: OPERATOR, und bis es klingelt am anderen Ende. Keine Antwort. Lynn ist tot oder sie schläft. Er erinnert sich an das Bad und dreht den Hahn zu, zieht den Stöpsel heraus, geht in den Korridor hinaus, um den technischen Vorgang zu studieren: die Zimmertüre im Hotel, von außen ins Schloß gezogen, wie er ihre Türe ins Schloß gezogen hat, ist nicht ohne Schlüssel zu öffnen. Das beruhigt ihn. Zum Glück, aus Versehen, hat er den Zimmerschlüssel in der Hand, so daß er in sein Zimmer zurückkommt; dann legt er sich in den Kleidern quer aufs Bett –

Lynn wird kein Name für eine Schuld.

Zu beschreiben wäre ein steinerner Tisch... Das Haus in Berzona, das wir auf einer Durchreise besichtigen bei strömendem Regen: ein Bauernhaus, das Gemäuer ziemlich verlottert, das Gebälk zum Teil morsch. Wir kommen von Rom, VIA MARGUTTA, aus einer Untermiete; mein Leben lang bin ich Mieter oder Untermieter gewesen. Jetzt möchte ich ein Haus haben mit Dir. Unter Schirmen stapfen wir durch das verwilderte Gelände; ein Dschungel von Brennesseln und Brombeeren, viel Farnkraut; wie üblich in dieser Gegend: Trockenmauern aus grobem Feldgestein stützen die Terrassen. Du gehst ziemlich stumm, ich zeige auf die schönen Nußbäume. Ein großes Gelände. Viele Kastanienbäume gehören dazu. Drinnen im Haus ist es muffig; da und dort Schimmel an den Mauern. Die Zuversicht, daß sich das umbauen und ausbauen läßt, übernehme ich, ebenso die zähen Verhandlungen um den Kaufpreis. Eins ist mir von der ersten Stunde an klar: allein, als Junggeselle, könnte ich in diesem Tal nicht hausen. Ich sehe den Balken, wo ich baumeln würde; es wäre leicht zu veranstalten von einem kleinen Fenster aus. Ich lebe aber mit Dir, schon seit drei Jahren; wir haben noch nie über Ehe gesprochen. Was mir gefällt: das schwere Dach aus Granit, und wie das Ganze in den Hang gestellt ist, das Haus und ein steinerner Stall, der beinahe ein Turm ist. Das würde einem Architekten so bald nicht gelingen, das räumliche Verhältnis der beiden Mauerkörper zueinander; das ist unbedacht und vollkommen. Ich bin begeistert. Trotz Regen. Ich habe nie davon geträumt, ein Haus zu haben; jetzt möchte ich es. Wir werden trotzdem noch reisen; es soll kein Gefängnis werden, nur ein Zuhause, wenn Du dazu bereit bist: Unser Zuhause. Ich bin vorsichtig mit dem Kauf, nicht bloß weil der Kaufpreis höher ist als erwartet, und um Weihnachten, als Du bei der Mutter bist, fahre ich nochmals hin. In diesen Tälern kommt es vor, daß man im Winter überhaupt keine Sonne hat oder nur eine Stunde lang. Ich bleibe einen ganzen Tag allein auf dem Gelände; ein blauer Wintertag ohne Schnee. Gegenüber die hohe Kuppe, aber die Sonne rollt gerade noch über diese Kuppe, und das Haus bekommt Sonne sechseinhalb Stunden lang. Ein Glücksfall. Im Innern kommt mir alles noch verrotteter vor; ich bin froh, daß Du nicht dabei bist. Zuletzt hauste hier ein alter Pächter, ein Irrer. Von dem Sud, den er für die drei Schweine gekocht haben soll im Haus, ist nichts mehr zu riechen. Es stinkt aber eine vermoderte Matratze und allerlei Gerümpel, das man sich wegdenken muß. Ich messe aus. Die Räume sind klein, die Mauern dick, und viel wird man von dem alten Gemäuer nicht herausreißen können; trotzdem scheint es mir möglich, hier eine Wohnlichkeit herstellen zu können. Draußen an einem Tisch aus Granit, wie sie im Tessin üblich sind, mache ich Skizzen. In Rom zeige ich sie Dir, erläutere die beschränkten Möglichkeiten, und Du siehst, ich hätte Lust. Zu oft habe ich die Wohnungen gewechselt. Hier wäre Platz für eine Bibliothek, die wächst; unsere Bibliothek. Hier dein Arbeitszimmer mit Ausgang in den Garten. Hier eine Kammer für Gäste. Ich berate mich mit einem jüngeren Architekten, der in der Gegend wohnt und den Umbau betreuen kann, und ich entschließe mich zum Kauf, 1964. Unser Leben in Rom: festlich von Tag zu Tag und etwas ortlos, auf die Dauer zu gefällig von Tag zu Tag. VALLE ONSERNONE, das liegt nicht am Ende der Welt; zum Beispiel kannst Du in Zürich studieren, wenn Du willst. Hin und wieder besichtigen wir den langwierigen Umbau. Eine Zeitlang sieht es verrückt aus: eine Ruine, die morschen Böden herausgerissen, es stehen nur die schweren Mauern, die das Dach tragen; draußen Haufen von morschem Gebälk. Es muß betoniert werden, damit das Ganze hält. Man stolpert durch ein Dickicht von Versprießungen. Der Umbau, von dem jungen Architekten betreut mit Lust und Sorgfalt, dauert ein volles Jahr. Wir gehen mit ihm, um Platten auszuwählen, Armaturen für Küche und Bäder; Du kannst wählen. Inzwischen kennst Du den Grundriß und schenkst uns Vertrauen, dem jungen Architekten und dem ehemaligen Architekten zusammen. Du siehst meine kindliche Freude am Bauen, meine männliche Freude. Das eine und andere, die Treppe zum Beispiel, bleibt Dir an Ort und Stelle noch unvorstellbar; Du siehst nur das große Loch und stehst ängstlich auf den Brettern, ich halte Dir die Hand. Es gibt jetzt vielerlei zu wählen anhand von Mustern. Alles Technische interessiert Dich weniger: Größe des Öltanks, Marke des Ölbrenners, des Heizkessels usw., aber da vertraust Du, und es freut Dich das blaue Herbstlicht über dem Gelände. Der Architekt will Travertin für den Rahmen des Kamins, und da bist Du dagegen, ich übrigens auch; wir wollen ja nicht eine Villa. Ferner braucht man Lampen, und das ist immer schwierig. Früher einmal habe ich den einen und andern Bauherrn beraten; wer zahlt, entscheidet in Geschmacksfragen. Jetzt entscheiden wir, Du und ich. Manches überzeugt Dich dann gar nicht, wenn es ausgeführt ist, zum Beispiel der Boden im Wohnraum; das kleine Muster hat getäuscht. Du verstehst aber, daß ich nicht Onassis bin, und so lassen wir es; so wichtig ist es auch nicht. Hingegen entzückt Dich der neue Boden in der kleinen Loggia, Backstein im Fischgrätmuster wie in italienischen Klöstern; auch die roten Zürcher-Ziegel im Eßraum beginnen Dir zu gefallen, wenn sie versiegelt sind und mit der Zeit, wie versprochen, etwas dunkler werden. Das sind neue kleine Erfahrungen für Dich. Du freust Dich. Das Haus ist auch Dein Werk. Wir sind uns einig: alle Wände weiß. Wie in Sperlonga. Bevor wir Rom verlassen, sind wir nach Jerusalem eingeladen, 1965, auch das gefällt Dir, und als wir Rom verlassen, gibt es nicht viel zu verfrachten: etwas Geschirr, drei römische Lampen, ein toskanischer Tisch mit fünf Stühlen, die Bücher (nur die Bücher, die sich in Rom angesammelt haben; die andern werden aus einem Lager kommen) und einige Schallplatten (für einen besseren Plattenspieler) und Dein kleiner Arbeitstisch (eine schlechte Antiquität, ich weiß) und ein Schaukelstuhl, Pfannen, eine Truhe (MILLE SETTE CENTO) und wenig Garderobe, die römische Bettwäsche und meine Schreibmaschine. Wir sind kein Haushalt, sondern ein Paar. Als wir in das Haus einziehen, sind die Arbeiter noch da, eine Beton-Maschine ebenfalls. Die Treppe von der Dorfstraße herunter ist noch nicht erstellt; man geht auf glitschigen Brettern. Im Stall ist der Zwischenboden, der die Schweine von den Ziegen getrennt hat, soeben herausgerissen worden, mein Studio erst im Bau. Die fünf Arbeiter, Italiener, kommen täglich über die Grenze und fahren am Abend wieder nach Novara. Sie haben noch wochenlang zu tun. Insgeheim sind wir froh um ihre Gesellschaft. Der alte Vorarbeiter, findest Du, sehe wie ein bäuerlicher Samuel Beckett aus. Sie bringen ihr Essen in einem kleinen Rucksack, sitzen am Steintisch über Mittag oder in der Wiese; Du wärmst ihnen die Suppe, die sie im Blechgeschirr haben, oder Du kochst selber eine Suppe für uns alle. Das gefällt mir. Ich sorge für Bier und Wein. Es steht bei einem Umbau nicht alles in den Plänen; wie, wenn sie gemacht ist, eine Mauer aussieht, ein Boden aus Granit-Platten, das hängt von ihrem Geschmack ab. Wir verdanken ihnen viel. Ein Kamin in meinem Studio scheint mir nicht nötig; zwar wäre es schon vorhanden und müßte nur verbessert werden; ich meine: Lassen wir's. Der Beckett widerspricht: UN SCRITTORE, meint er, müsse viel Papier verbrennen. Ich stimme zu. BELLA CIAO, BELLA CIAO, die Schallplatte, die wir aus Rom gebracht haben, schallt aus den offenen Fenstern, während sie arbeiten. Wenn es regnet, arbeiten sie im Keller. Der Maler ist auch noch im Haus; der verschwindet manchmal für zwei Stunden, um in den Bächen zu fischen. Die Bücherwand, nach meiner Skizze erstellt, gefällt Dir dann doch. Du richtest unsere Bibliothek ein; ich öffne die vernagelten Kisten. Oft geht's nicht voran, denn Du hast Dich gesetzt und mußt lesen; das ehrt die Bücher. Du legst ein Kräuterbeet an. Ferner pflanzen wir drei Rebstöcke, deren Laub inzwischen, neun Jahre später, die Pergola über dem Steintisch deckt... Warum erzähle ich das? Wem erzähle ich das? – einmal bringen sie zwei schwere Kisten von der Dorfstraße herunter; in der ersten befindet sich, wie vermutet, der finnische Sauna-Ofen. Die andere ist voller Gestein für diesen Ofen: Granit, wovon es in dieser Gegend mehr als genug gibt. Ferner lege ich einen Weinkeller an. Wenn ich an der Schreibmaschine sitze, stören mich die klopfenden Arbeiter nicht, im Gegenteil: wir arbeiten. Eines Tages aber packen sie ihr ganzes Werkzeug zusammen; Du machst einen Risotto und einen Braten. Ein schönes Jahr, so sagen sie, sei es gewesen hier. AUGURI. Es kommen Hunderte von Gästen, Freunde von dir, Freunde von mir. Du bist die Gastgeberin, und ich meine, Du machst es gut, nämlich selbstverständlich und ohne Mühe (so scheint es) festlich. Es gibt Gewitter zum Fürchten, dreißigstündige, oder Schneeschaufeln im Winter. Ich spalte Holz und mache Feuer im Kamin, aber ich mache auch anderes in diesen Jahren. Du machst anderes. In der Morgenfrühe versuche ich mich mit der Sense oder mit der Axt, um den Dschungel zu lichten, später mit einer entliehenen Motorsäge. Wir bleiben Städter. Die Leute im Dorf nennen Dich nicht: SIGNORA, da wir nicht verheiratet sind; sie sagen MARIANNE, und wenn Du nicht zugegen bist: LA MARIANNE, aber nie: LA SIGNORINA. Einmal möchtest Du auch Schafe sehen in unserem Gelände, nicht nur die vielen zugelaufenen Katzen; ich lasse einen Zaun errichten und kaufe vier Schafe, darunter ein schwarzes. Wenn man sie im Gelände sieht, so stehen sie immer in derselben Richtung, alle vier, sie tun und lassen immer dasselbe. Drei werden von einem wildernden Hund zerrissen; das letzte verschenken wir dann. Langsam beginnen die Sommer auf dem Land sich zu gleichen... Zu beschreiben wäre die eine und andere Speise, die Du erfunden hast / wie Du jüngere und alte Leute gewinnst, so daß sie gern ins Haus kommen / wenn wir in den kalten Bächen schwimmen, wenn ich die Flasche entkorke, die wir im Bach gekühlt haben: Deine frohe Anwesenheit / der Haufen von Büchern (hauptsächlich Deutsch, aber auch Englisch, Französisch, Italienisch) auf dem Boden neben Deinem Bett / wie Du viele Leute beschenkst / Deine kindliche Aufregung vor Geburtstagen / wie Du, eine Frau, auf dem Fahrrad sitzest und dabei eine Mädchenzeit sichtbar machst / Dein Arbeitstisch, das Tohuwabohu von schweren Wörterbüchern und beschriebenen Blättern und weißen Blättern und Zeitschriften der literarischen Avantgarde und Briefmarken und Magazinen mit Mode, die Du nicht trägst, und Briefen, die beantwortet sind / Dein mütterlicher Kummer mit meiner Arbeit / Dein lederner und vom Regen verwaschener Texas-Hut, wenn ich ihn im Gedränge am Bahnhof erkenne, und Orte, die ohne Dich anders sind: PRAG, WARSCHAU, AVIGNON, PARIS, LENINGRAD, ODESSA, VENEDIG, LONDON, JERUSALEM, MANHATTAN etc. und der kleine Steintisch im Tessin –

DIES IST EIN AUFRICHTIGES BUCH, LESER

und was verschweigt es und warum?

FIFTH AVENUE

eine Dame in einem langen weißen Kleid und mit einem weißen Hut, Mode der Jahrhundertwende; eine Irre; ihre Hände betasten das Gestein oder Metall der Fassaden, als wolle sie sich versichern, daß alles da ist. Hände wie Fühler. Sie kann nicht blind sein, denn sie wartet bei Rotlicht. Die meisten Passanten bemerken sie gar nicht; sie geht langsamer als die andern, aber sie versperrt niemand den Weg; sie geht nahe an den Fassaden. Wo Glas ist, sieht es aus, als betaste sie behutsam ihr Spiegelbild; sie scheint glücklich zu sein. Einmal gehe ich vor, um dann, indem ich mich unter einem Vorwand umdrehe, ihr Gesicht zu sehen. Sie ist glücklich. Es kommt vor, daß sie plötzlich stehen bleibt, als sei sie jetzt ins Leere geraten, und dann einige Schritte zurückgeht. Ihre Finger berühren das Material kaum, manchmal gar nicht; es sieht aus, als taufe sie es nur, damit es da ist, auch das häßliche Material. Ob sie Menschen sieht? Ihr Gewand ist komisch, aber gemeint als festliche Robe. Übrigens geht sie barfuß, was ich erst nach einer Weile bemerke. Dann und wann spricht sie. Dazu macht sie Gesten einer verhohlenen und großen Zärtlichkeit. Es scheint ein besonderer Tag für sie zu sein, ein Tag der Erfüllung, eine Gegenwart.

Helen Wolff, die Verlegerin, ist alles in allem zufrieden mit der Presse. Die Blumen, jetzt in einer Vase auf ihrem Arbeitstisch, erfreuen die Verehrte. Grüße nach Europa, Grüße an die gemeinsamen Freunde in Berlin, Uwe, Günter... Anderswo verabschiede ich mich wortlos:

WASHINGTON SQUARE:

von den alten Schachspielern an den steinernen Tischen unter den grünen, jetzt schon sommerlichen Bäumen.

SHERIDAN SQUARE:

von der Grünspan-Statue eines Mannes, der Sheridan geheißen hat und auf dem Hut zwei gurrende Tauben trägt.

BIGOLOW:

von den flinken Frühstückmachern.

8TH STREET:

von dem Tabakmann, der schon weiß, was ich rauche, und der jedesmal, wenn draußen schönes Wetter ist, freundlich darauf verweist.

CHINESE LAUNDRY:

von dem spindeldürren Chinesen, der doch das verschwitzte Pingpong-Hemd noch gewaschen und gebügelt hat.

BALDUCCI:

von dieser Auslage schöner Früchte.

TRATTORIA DA ALFREDO

von ihrem Freund, der sich wundert, daß ich zum ersten Mal in dieser kleinen Trattoria bin. Seinerzeit bin ich gebeten worden, nie in diese Trattoria zu gehen, und ich habe mich dran gehalten. Die Offenheit zwischen uns, jetzt möglich, bleibt maßvoll. Wir haben andere Themen. Es stimmt: das Essen in dieser Trattoria ist nicht teuer und schmeckt; das Ambiente italienisch ohne Klimbim, die Intelligenz als Kundschaft, und Alfredo, der Patron, weiß es zu schätzen, wenn jemand italienisch mit ihm redet. Da es hier keinen Schnaps gibt, gehen wir nachher in seine Wohnung: nicht weit von hier. Sieben Minuten zu Fuß. Er ist jetzt geschieden, die Wohnung unverändert, vor kurzem geweißelt; das INGRES-Plakat am gleichen Ort. Als seine neue Gefährtin nach Hause kommt, blickt er auf die Uhr: wo sie denn die ganze Zeit gewesen sei? Sie sei (das habe ich von Dritten gehört) brillant; sie begegnet mir mit unverhohlener Neugierde, nicht ganz unbefangen, dabei wach mit offenen Blicken, als vergleiche sie mich mit einem Steckbrief. Sie ist blond, das Haar nach oben gekämmt. Ich bleibe nicht lang; ich habe noch ein Geschenk zu kaufen, einen Western-Hut: A BROWN CAMPAIGN HAT. Wo findet man solche? sie tun, als scherzen sie. Drei Uhr; sie ist um elf Uhr aus dem Haus gegangen. Ich erzähle irgendetwas. Von West-Berlin und Ost-Berlin, glaube ich. Er will es wirklich wissen, wo sie überall gewesen ist seit elf Uhr. Sie lacht und zeigt ihre Einkäufe; nicht eben viel. Dafür vier Stunden? Sie interessiert sich für West-Berlin und Ost-Berlin. Sie kennt Paris recht gut. Sie macht gerne einen Kaffee. Er scherzt noch immer: wenn man im Office anruft, so macht sie Einkäufe oder ist in der Bibliothek gewesen, wo man nicht anrufen kann, und wenn man nicht im Office angerufen hat, so ist sie die ganze Zeit im Office gewesen. Sie lacht; er nicht.

SWISS BANK CORPORATION:

von meinem Konto.

HOTEL LOBBY:

von Mark und Inger, denen ich das geliehene Geschirr und Besteck zurückgebe mit Dank, mit Wangenküssen links und rechts.

SENATOR LOUNGE:

von Toni Zwicker, der frohen Landsmännin, die mich einmal mehr zum Flughafen gefahren hat, mit Wangenküssen rechts und links.

Es wird Zeit, nicht bloß an Tod zu denken, sondern davon zu reden. Weder feierlich noch witzig. Nicht von Tod allgemein, sondern vom eigenen Tod. Ich bin, gemessen am Alter, ziemlich gesund. Der Arzt findet nichts. Müdigkeiten nach zuviel Alkohol, Kopfschmerzen bei Föhn etc., das ist nicht Krankheit. Trotz unvorsichtiger Lebensart ist es zu keiner Leberzirrhose gekommen. Hin und wieder Herzbeschwerden. Das kenne ich seit zwanzig Jahren. Kein Schmerz. Wenn ich's einem Arzt beschreiben muß: ein Gefühl von Engnis, von Schwäche; Bedürfnis nach Atem, das dann mühsam ist. Ich sage dem Arzt: wie wenn eine Hand um das Herz greift, eine Pranke ohne Krallen, nämlich es sticht kaum. Es vergeht nach zwei Stunden oder schon nach einer Viertelstunde, meistens läßt es sich machen, daß niemand es bemerkt. Wenn ich allein bin, verbindet es sich mit Angst; keine eigentliche Todesangst. Liegen ist ganz schlecht; im Sitzen ist es die Angst, aus dem Sessel aufzustehen; ich kann mir dann nicht vorstellen, irgendetwas zu machen, zum Beispiel eine Straße zu überqueren. Untersuchungen von Zeit zu Zeit ergeben jedesmal dasselbe: ein ideales Kardiogramm. Medikamente? Rat des Arztes: Nehmen Sie einen Cognac. Die Nieren in Ordnung, die Lunge in Ordnung. Weniger Rauchen wäre besser. Der Verdacht auf Krebs, der so viele begleitet bei jedem Husten oder Magenschmerz, begleitet mich nicht. Ich bin selten krank gewesen. Ich träume viel vom Tod. Auch wenn kein Traum mich mahnt, kommt es vor, daß ich mit Schrecken erwache: Ich bin jetzt 61, 62, 63. Wie wenn man auf die Uhr blickt und sieht: So spät ist es schon! Die Angst vor dem Alter ist melancholisch, das Todesbewußtsein etwas anderes; ein Bewußtsein auch in der Freude. Wie jedermann fürchte ich mich vor einem qualvollen Sterben. Wenn ich vor einer Reise meine Sachen zu ordnen versuche, so ist es eine nüchterne Verrichtung. Ich bin jetzt älter geworden als mein Vater und weiß, daß die durchschnittliche Lebenserwartung demnächst erreicht ist. Ich will nicht sehr alt werden. Meistens bin ich mit jüngeren Leuten zusammen; ich sehe den Unterschied in allem, auch wo sie vielleicht keinen Unterschied sehen können, und manches läßt sich nicht erklären; dann rede ich auch von Arbeitsplänen. Unter anderem weiß ich, daß es sich verbietet, eine jüngere Frau an diese meine Zukunftslosigkeit binden zu wollen.

Das Interview in der erbärmlichen Zeitung ist inzwischen erschienen. Einiges darin stimmt: Staatsangehörigkeit, Anzahl der Kinder, Brillenträger mit untersetzter Statur, Hobby Pingpong.

Abends aus dem Flugzeug, nachdem man die Gürtel aufschnallen darf, wäre auf der linken Seite zu sehen eine grau-grünlichbraune Landzunge mit Leuchtturm, die gelben Untiefen nur durch die Rüsche der Brandung getrennt vom festen Land; das Meer, das offene, ist auch auf der rechten Seite zu sehen: wie stumpfer Filz, später wie Schiefer (Quarzit) hart... Am letzten Tag sah ich Lynn zum ersten Mal in ihrem Office, vorher im Korridor, wo ich hatte warten müssen. Sie kam fröhlich. Ihr Office ist klein, die Aussicht aufregend. Wir mußten noch ein wenig warten, bis es zwölf Uhr wurde; Lynn auf der Fensterbank: wenig Undine jetzt, ihr Gehaben sehr amerikanisch (was heißt das?) und werktäglich. Die Türe zu ihrem Office blieb offen; als eine Kollegin hereinschaute, stellte Lynn mich vor. Sie bat noch darum, daß ich ein Buch signiere, und dann konnten wir gehen, LUNCHTIME, der Lift war gepfercht voll, und jemand unterhielt sich mit Lynn, die weniger sonnengebräunt ist als ich; offenbar antwortete sie witzig, ich verstand zu wenig. Ich ging allein durch die Pendeltüre und wartete draußen. Als Lynn nicht kam, galt unsere Abmachung für alle Fälle; ich ging allein zu dem Restaurant, wartete an der Bar. Offenbar brauchte es ein Manöver, um die Person loszuwerden; Lynn kam nach zwanzig Minuten. Ein französisches Restaurant, Zweiertisch neben Zweiertisch; kein Ort für trauliches Gespräch, und wir waren eher froh darum. Als man bestellt hatte, gab sie mir ein Geschenk; ich packte es aus. Ein Tabakbeutel genau von der Art meines Tabakbeutels, den Lynn einmal angefühlt hatte und der übers Wochenende irgendwo verloren gegangen war; versehen mit den Initialen. VERY NICE, sagte ich, BUT UNFAIR, denn Lynn hatte sich jedes Geschenk verbeten, ausgenommen meine OLIVETTI LETTERA 32, die sie brauchen konnte, TODAY I HAVE GOT MY PERIOD, sagt sie. Ich hatte noch im Hotel zu packen, aber nicht viel; also Zeit. Lynn hatte wenig Zeit, genau eine Stunde. Sie schlug vor, daß wir noch durch den Park gehen, das war nicht weit, UNITED NATIONS. Wir gingen ziemlich flink. I AM GOING TO MISS YOU, sagte sie mit hochgezogenen Augenbrauen wie jemand, der ein Versehen zugeben muß, und unter einer Verkehrsampel, wo sie fast noch mit dem gleichen Atem sagen konnte: COME ON, COME ON. Ich war übrigens zum ersten Mal in diesem Park. Ein greller Mittag, ohne Sonnenbrille fast unerträglich. Das Wasser glitzerte. Im Park viele Leute, die sich gaben, als genießen sie die sommerliche Sonne. Sie schien aber so grell, daß man eigentlich nichts denken und nichts empfinden konnte. Das Wasser war nicht blau, sondern schwarz; darauf glitzerte es wie Quecksilber. Wir lehnten am Geländer. Sogar die Möwen blendeten. Wir hatten wenig getrunken, das war es nicht. Das gibt es in den hohen Bergen: der weiße Schnee, der Fels dagegen fast schwarz, und wenn man hinaufschaut: Mittagsnacht ohne Sterne. Es war nicht heiß: ein scharfer Wind vom Wasser her. Die schwarzen Kähne und vor diesen Kähnen der glitzernde Gischt. Drüben der weiße Rauch aus einem Hochkamin. Licht wie bei Föhn; nicht nur auf dem Wasser glitzerte es, auch das Laub glitzerte. Wenn Leute in den Schatten gingen, so verschwanden sie. Die Fassaden aus Glas spiegelten das Schattendunkel auf den Fassaden gegenüber; die gespiegelten Architektur-Formen etwas verzerrt. Wir waren nicht schweigsam, nur weiß ich nicht, was wir redeten. Das Zinkblech der Brüstung, wo wir unsere Ellbogen stützten, glitzerte wie Glimmer. Am Himmel blinkte ein Flugzeug. Dann blickte Lynn auf ihre Uhr; wir hatten noch etwas Zeit, aber es war nichts mehr anzufangen mit dieser Zeit. Wir hatten uns auf eine steinerne Rampe gesetzt, wo Paare saßen; über uns das gleißende Metall von tausend Fensterrahmen. Wo man hinschaute: dieses Licht, Glitzern oder Gleißen. Es freute sie, daß mich der Tabaksbeutel freute; genau der richtige, das dunkle Leder ist zärtlich anzufühlen. Wir beklagten es nicht, daß ich heute fliegen muß. Wir schauten bloß: die Möwen, die schwarzen Kähne mit dem Gischt, den sie vor sich her wälzen. Lynn blickte auf die Uhr, ich nahm die Hand von ihrer Schulter. Um uns zu küssen, waren wir aufgestanden. Leichter als jetzt, als wir über eine grelle Freitreppe gingen, kann man nicht gehen. Wir mußten jetzt nur noch den genauen Ort finden, wo man sich trennt, und auf den Verkehr achten; wir nahmen uns an der Hand, als wir die Avenue zu überqueren hatten, und liefen. FIRST AVE / 46TH STREET, das war der Punkt offenkundig, wir sagten: BYE, kußlos, dann ein zweites Mal mit erhobener Hand: HI. Nach einigen Schritten ging ich an die Ecke zurück, sah sie, ihre gehende Gestalt; sie drehte sich nicht um, sie blieb stehen, und es dauerte eine ganze Weile, bis sie die Straße überqueren konnte.

Kleine Prosaschriften

(1975)

Notizen von einer kurzen Reise nach China 28. 10.-4. 11. 1975

Bundeskanzler Helmut Schmidt, nachdem er in Bonn (Militärflughafen) die Begleiter der Reihe nach mit Händedruck begrüßt hat, erläutert, sobald wir uns in der kahlen Halle gesetzt haben, den Mantel auf den Knien, alles in allem zweiundzwanzig Leute, die das offizielle Gefolge bilden, und während er sich eine Zigarette klopft, frei von Reisefieber, so scheint es, im Gesprächston, was von chinesischer Seite etwa zu erwarten sei (mehr antisowjetische Töne als anderes) und wie der deutsche Bundeskanzler sich dazu verhalten werde, als Befürworter einer Entspannung ohne Illusionen; zum Schluß seiner kurzen Ansage, indem er sich die geklopfte Zigarette anzündet, empfiehlt er uns, sich in China einfach rezeptiv zu verhalten. Es ist noch nicht Zeit, in die Maschine zu steigen; er raucht und unterhält sich mit Einzelnen, eine Hand in der Rocktasche, jetzt als Helmut Schmidt.

Maos revolutionärer Romantizismus ist also das Verlangen des Helden, mehr als das Mögliche zu tun, den Tod zu riskieren und sogar herauszufordern, um dem Leben und dem Tod einen anderen Sinn zu geben, den »Himmel zu stürmen« und die Ansprüche bestehender Götter, politischer wie theologischer, in Frage zu stellen, um sie durch den Anspruch revolutionärer Unsterblichkeit zu ersetzen.
ROBERT JAY LIFTON

Die letzte sittliche Grundlage seines politischen Handlungswillens mag einer in seiner religiösen Vorstellung vom Sinne des Menschen gefunden haben oder in der Philosophie oder anderswo: sie allein reicht für konkretes politisches Handeln in keinem Falle aus: die geistige (gleich »theoretische«) Durchdringung des Möglichen und der Folgen möglichen Handelns gehören ebenso dazu wie eigene Erfahrung und Einübung im eigenen Handeln, d. h. eigene Handlungsfähigkeit i. e. S. des Wortes.

Deshalb ist kritische Grundhaltung demjenigen nötig, der politisch handeln will. Kritische Haltung und der Wunsch, andere zu überzeugen, sind zwei entgegengesetzte Antriebe. Aber kritische Menschen werden – auf diese Hoffnung gründet sich mein Vertrauen in die Demokratie – auf die Dauer nur den kritischen Geist auch überzeugend finden. Deshalb ist ein theoretischer, d. h.: ein kritischer Geist eine notwendige Voraussetzung für eine erfolgreich verändernde, d. h.: fortschrittliche Politik.

HELMUT SCHMIDT

Unter uns Wüste im Streiflicht der frühen Sonne, Sand und nichts als Sand, das regelmäßige Muster der Wanderdünen, die in die Mulden violette Schatten werfen. Ob das die Gobi ist? Der Navigator weiß es nicht, da der Computer nicht mit Namen arbeitet. Im Cockpit zwei chinesische Lotsen, die in Teheran zugestiegen sind. Frühstück nach unsrer Zeit um Mitternacht. Später das erste Menschenwerk in der Steppe: eine Flugpiste. Ohne eine Siedlung weit und breit. Der Navigator hat inzwischen nachgesehen: Es war also die Gobi.

– ein schweigender Gott, der alles überschauen konnte und durch seine bloße Gegenwart Hunderttausenden (manchmal Millionen) von jungen Leuten ein Gefühl verlieh, in Reinheit erwacht zu sein. Er verhielt sich ganz wie ein indischer Heiliger, der gewöhnlichen Menschen nur kurz erscheinen muß, um ihnen seine göttliche Macht zu übertragen. Aber der große Führer wird zum Despoten, wenn er das Vertrauen in seinen Anspruch auf Unsterblichkeit verliert. Wenn er sich vom biologischen und symbolischen Tod bedroht fühlt, wird er von der Sucht nach dem bloßen Überleben besessen. Er kann seine Todesschuld nicht mehr länger wirksam in den Dienst einer edlen Mission stellen und wird statt dessen ein »ewig Überlebender«,

der die Niederlage oder den Tod einer endlosen Reihe von Feinden braucht, um seinem eigenen Leben zu neuer Kraft zu verhelfen und seinen ewig schwankenden Unsterblichkeitssinn neu zu beleben.
Robert Jay Lifton

Landung in Peking um zehn Uhr vormittags: auf die Minute genau. Ich kenne Staatsbesuche nur aus dem Fernsehen, und es macht mir schon Eindruck, daß es genau wie im Fernsehen zugeht, die Begrüßung vor dem Flugzeug, auch ich gehe von Handschlag zu Handschlag durch das Spalier wichtiger Chinesen, hingegen die Fahne hat der Bundeskanzler allein zu grüßen, indem er kurz und ernst den Kopf senkt, seine Mütze in der Hand. Das alles sehen sie zuhause jetzt auch. Via Satellit. Dann die viertausend bunten Kinder, vor allem Mädchen, in Reih und Glied gestellt wie von Da Hing Yen, dem Zeremonienmeister des Herbstes. Ich gestehe, daß ich, allem kritischen Bewußtsein zuwider, im Augenblick gerührt bin; ich winke mit der Hand –

Es wird nichts zu berichten geben, was nicht schon in vielen Büchern steht; die Zeiten von Marco Polo sind vorbei sogar für Rot-China, das von der Schweiz schon 1950 anerkannt worden ist.

Ja, das Hotel sehr ordentlich.

Bei der ersten Begegnung zwischen Teng Hsiao-ping und Helmut Schmidt dürfen wir dabei sein; sie umarmen einander nicht wie Montezuma und Cortez. Was sie einander sagen, wird übersetzt; die Mienen beider, so verschieden sie sind, können kaum verhehlen, daß sie eigentlich die Übersetzung nicht brauchen, um dann zu nicken – es war nicht anders zu erwarten. Eine Überraschung sind die weißen Spucknäpfe auf dem Boden; Teng Hsiao-ping benutzt den seinen.

Menschen zufuß, Menschen im Bus, die meisten auf Fahrrädern – wie nie zuvor habe ich ein Bild zu dem Begriff: Masse. Alles in allem blau-grau-grünlich. Fast alle tragen die Mütze, die man kennt. Die Masse der Arbeitenden, die es überall gibt, hier aber beherrscht sie das Straßenbild. Auch wo keine Fabrik zu sehen ist, keine Baustelle, keine Äcker, läßt sich nicht vergessen, daß ungefähr alles, was uns dient, aus Arbeit entsteht: was unser Straßenbild leichter vergessen läßt. Es wimmelt, ich denke trotzdem nicht an Ameisen; ich sehe Menschen, ihre Gesichter gelassen und lebendig. Auch die Frauen und Mädchen tragen Hosen, aber nicht Hosen, die das Geschlecht demonstrieren; ihre Weiblichkeit zeigt sich in den Gesichtern. Viele bäurisch, selbst in der Stadt. Manchmal ein Karren, gezogen von einem Maulesel und beladen mit Kohl. Dann und wann eine Schar von Kindern, die in Zweier-Kolonne gehen; die Kinder sind bunt gekleidet, und die Erwachsenen, grau im Schatten unter den Platanen, erscheinen in der Sonne auch etwas farbiger; da und dort eine geblümte Bluse, Zöpfe mit Schleifen. Alles in allem aber stimmt der erste Eindruck: grau-grünlich-blau als Grundton, das Uniforme der Kleidung, wie wir es kennen als ordentliche Kleidung einer Belegschaft. Was ist der Unterschied zwischen Masse und Menge? Man braucht im Gedränge keine Ellbogen, um zu bestehen. Eine gesittete Masse. Auch in den breiten Hauptstraßen gibt es (wie es der Taxi-Fahrer in Zürich schon prophezeit hatte) nur wenige Autos, abgesehen von den Bussen; sie hupen sich durch. Sonst ist China leise. Auch wo der Bundeskanzler nicht hingeführt wird, sehe ich das gleiche: Volk auf Fahrrädern und zufuß, alle ohne Hast. Es scheint hier niemanden zu geben, der nicht zur großen Belegschaft gehörte; keiner trägt eine Kleidung, die bei der Arbeit nicht zu tragen wäre.

In meiner Erinnerung habe ich vor allem ein anderes Bild: In Dürrezeiten kämpften die Dörfer gegeneinander um das wenige Wasser; nicht selten ging es dabei um Leben oder Tod. Aus Nordchina, der Großen Erde, flüchteten in Dürreperioden Millionen von Menschen in den Süden, bepackt mit Bambus-

körben, in denen sie ihre wenigen Habseligkeiten oder ihre kleinen Kinder trugen. Oft waren sie gezwungen, Kinder zu verkaufen, um selbst überleben zu können. Vom Reis mußten sie mit der Kleie vorlieb nehmen. In Kriegszeiten wurde ihr bitteres Los unerträglich; als Sklaven wurden sie zur Arbeit, als Gefangene zum Soldatendienst gezwungen.
CHANG SIN-REN über China vor Mao Tse-tung.

Ein Mann von der Presse ist nicht abzuschütteln. Das ist alles sehr ärmlich! sagt er, nachdem er siebenfach geknipst hat. Haben Sie das bemerkt? fragt er und zeigt auf den Boden: Da ist für unsere Besichtigung eben erst gescheuert worden. Tatsächlich ist der Boden in den Ecken noch feucht, und sicher ist die Volkskommune, die dem Bundeskanzler und Frau Schmidt gezeigt wird in der Nähe von Peking, nicht die schlechteste im chinesischen Reich. Hundert Kinder der Volkskommune, die Mädchen mit bunten Schleifen und Blusen, stehen Spalier (nicht stramm) und klatschen, wenn der Bundeskanzler kommt; sicher nicht spontan. Was sie rufen, heißt übersetzt: Herzlich willkommen! Herzlich Willkommen! Herzlich Willkommen! und sie klatschen auch noch, wenn wir, der Pressemann und ich, vorbei gehen. An einem weißen langen Tisch, wo das Revolutions-Komitee uns begrüßt mit Tee, Nüssen, Äpfeln, Süßigkeiten und einer kurzen Rede, sagt er: Die Äpfel sind ja ganz gut! Offenbar hat er gemerkt, daß ich vom Sozialismus etwas erhoffe. Jetzt im Spital: vier Ärzte, klein und schlitzäugig, alle in weißen Kitteln, einer mit Brille, haben ehrerbietig die Hand gegeben, ja, auch dem Pressemann. Was die von Medizin verstehen? Ein Plakat an der Wand betrifft Säuglingspflege, ein anderes (ich lasse mir den chinesischen Text übersetzen) fordert, daß jedermann sich auf Tuberkulose untersuchen lasse. Das sind, gemessen am Standard schweizerischer Fremdenverkehrswerbekunst, ziemlich kitschige Plakate. In der Apotheke steht eine junge Chinesin vor einem Schrank mit Medikamenten, eine Turandot im weißen Kittel und mit schwarzen Zöpfen; was sie an Flaschen und Dosen zu verwalten hat, ist nicht allzuviel, und sicher hat sie für den

Bundeskanzler (er ist nicht hier, sondern besichtigt gerade die Viehzucht, aber Frau Schmidt ist hier) einen ganz frischen Kittel angezogen. Im nächsten Raum (auch dieser viel zu klein für das Gedränge der westlichen Besichtiger) sind zu sehen: Instrumente im Glas, Verbandstoff, Spritzen. Inzwischen hat der Pressemann etwas herausgefunden, und da man einander in der Erkenntnis hilft, sagt er: Hier wird ja nur ambulant behandelt! Er knipst trotzdem. Eine Pritsche ist da, ein Leintuch darauf; es deckt knapp die Pritsche, nicht groß genug, daß man es noch unter die Pritsche krempeln könnte, und es ist nicht weiß wie Schnee, wenn auch nicht schmutzig, sicher kommt das Leintuch auch grad aus der Wäsche, aber es ist weniger gebleicht. Hier sagt mein Begleiter: Na, Herr Frisch, möchten Sie hier behandelt werden?

Wurde ein Bauer krank, so trugen vier oder mehr Verwandte eine Buddhastatue auf einem Altar querfeldein. Kippte die Statue nach vorn, so grub man an der Stelle, auf die ein am Altar befestigter Stock wies, ein Loch in die Erde; die Wurzel, auf die man dabei stieß, war die gesuchte Medizin... Auf meinem Schulweg, der ein Stück weit über Land führte, fand ich eines Tages am Straßenrand ein neugeborenes Kind, das mit einem Spaten in Stücke gehauen war. Es stellte sich heraus, daß ein Bauernpaar statt eines Knaben immer nur Mädchen bekam, bis sie überzeugt waren, dahinter müsse ein Teufel stekken.
CHANG SIN-REN

Vorher haben wir besichtigt: eine Schulklasse, die Englisch lernt. Der Lehrer spricht vor, die Schüler sprechen lauthals nach; sicher nicht zum ersten Mal, denn es klappt ganz ordentlich. Was sprechen sie nach? Sätze des Vorsitzenden Mao in englischer Sprache. Was für Weisheiten haben wir, als wir Latein oder Englisch übten, nachgesprochen oder nachgeschrieben? Ferner eine Klasse, die Mathematik lernt; die Stuben sind klein, und wieder komme ich erst hinein, nachdem Hannelore Schmidt herauskommt: beklatscht von der chinesischen Klasse: sie trägt die Staatswürde unbefangen-zivil, eine Frau mit der Grazie natürlicher Neugierde an Ort und Stelle, dabei nicht ohne Skepsis, aber offen für Verwunderung, so scheint es mir, frei von der Herablassung, die manche nicht loswerden. Was noch auf der Wandtafel zu sehen ist, scheinen nicht Zinsrechnungen zu sein wie in unsrer Volksschule. Ferner eine Klasse, die vorführt, wie sie singen kann zu einem lottrigen Klavier: laut wie über Verstärker, das schneidet ins Ohr, ihre Gesichter blühen dabei. Sicher singen sie nicht: Amsel, Drossel, Fink und Star! sondern ein Lob auf die Partei, aber es tönt wie: Alle Vögel, alle! Und noch eine Klasse, wo ich wieder zu spät komme, daher ohne Information bleibe; ich sehe bloß: ein Menschenkörper aus Gips, über und über betupft mit blauen und roten Punkten, und am kleinen Tisch sitzt ein junger Chinese mit vielen Nadeln in seinem linken Arm und am Schädel, die er sich selber gesteckt hat, Akupunktur. Zum Schluß sehen wir einen kleinen Hof, das einstöckige Haus für eine Familie. Der Herd, wo gekocht wird, heizt durch einen Kanal für die abziehende Wärme auch die Schlafstätten in den Nebenräumen. Im Hof, wo die Familie sonst unter sich bleibt, ein Anschluß für Wasser; das soll besonders beachtet werden, offenbar eine neue Errungenschaft. Der alte Bauer gibt der Übersetzerin zwar Auskunft, aber was macht ihn so schüchtern: die Partei oder die Kamera-Leute? Ein Baum, der bewässert werden muß, gibt Schatten im Hof. Ein schwarzes Ferkel in einem kleinen Koben: das Privat-Ferkel, das die Familie sich mästet.

Mao Tse-tung auf dem Langen Marsch, so lese ich, war gekleidet wie alle andern, nur hatte er eine Wolldecke mehr, dazu noch einen Regenschirm, damit die Bücher in dem Bündel, das er an einem Stecken trug, nicht durch den Regen verdorben würden; die Werke von Marx und Lenin. Das Sein bestimmt das Bewußtsein. Darin ist Mao Tse-tung mit dem Marxismus einig. Was er der Weisheit der Klassiker später hinzufügt: Das Bewußtsein bestimmt wiederum das Sein.

Einiges ist klar schon nach dem zweiten Frühstück in China. Von der Prominenz der Industrie höre ich: China als Handelspartner vorderhand nicht interessant. Von der Prominenz der Gewerkschaften: Gewerkschaften in unserem Sinn gibt es nicht. Das hat man eigentlich schon gewußt. So stehen wir denn, zum Glück bei schönem Herbstwetter, eher touristisch in der Gegend herum. Gibt es einen chinesischen Schriftstellerverband? Wir besichtigen den Palast der einstigen Himmelssöhne. Der rote Lack der Säulen, der von Zeit zu Zeit erneuert werden muß, habe auch nicht mehr die Qualität von einst, so höre ich von einer deutschen Sinologin. Da und dort in den kaiserlichen Höfen stehen Gruppen von chinesischen Arbeitern, offenkundig Statisten, denen das Schauspiel und ihre kurze Aufgabe darin nicht allzu klar sind; vermutlich sollen sie bezeugen, daß die Masse hier dieselben Interessen hat wie der Bundeskanzler und Frau Schmidt, die leider wenig Zeit haben. Ich habe mich bei einer Bildrolle aus der Ming-Zeit verspätet, dankbar für die Kennerschaft der deutschen Sinologin, die hier lebt; der Bundeskanzler ist schon in die schwarze Limousine gestiegen. Es ist anstrengend. Wohin es weitergeht, weiß Wang, der Übersetzer, der Professor Carl Friedrich Freiherr von Weizsäcker und mir zugeteilt ist. Ein Chinese mit schmalem Gesicht; der Fahrer hat das runde Gesicht. Wang redet wenig, wenn er nicht befragt wird, und auch dann redet er keine Werbung, fragt nie, wie uns denn China gefalle. Eine Kolonne von vierzig Wagen, das sieht das Volk nicht alle Tage und klatscht. WIR GRÜSSEN DEN BUNDESKANZLER UND FRAU SCHMIDT HERZLICH! so heißt es auf den Spruchbändern, die über unseren Weg gespannt sind, WIR UNTERSTÜTZEN DIE EUROPÄISCHEN NATIONEN IN IHREM KAMPF GEGEN DIE HEGEMONISTEN. Die Deutschen, Meister der Organisation, haben kein einziges Mal den Kopf zu schütteln über die Chinesen; es klappt alles auf die Minute, alles so gefällig-unauffällig.

Auf dem großen Platz, gegenüber dem alten Kaiserpalast, die mittelgroßen Bildnisse von Marx, Engels, Lenin, Stalin: die vier Ausländer. Das größere Bildnis von Mao Tse-tung, das bekannte, erscheint immer allein, nicht oft übrigens; es zeigt keinen Befehlshaber, eher einen väterlichen Betreuer.

Das leidige Gefühl auf solchen Reisen: daß man nur potjomkinsche Dörfer zu sehen bekomme. Ich frage mich, was den ausländischen Delegationen bei uns gezeigt wird, zum Beispiel im Tessin: – sicherlich nicht die alte Heimarbeiterin in unserem Bergdorf, die zehn Stunden am Tag stickt für zwei Franken in der Stunde und nicht weiß, wieviel eine solche Stickerei kostet an der Bahnhofstraße in Zürich, schweigsam aus Angst vor Arbeitslosigkeit.

Nein, Mao Tse-tung habe ich nicht gesehen –

Peking-Universität, eine Klasse im Deutschunterricht. Wir behandeln heute den deutschen Dichter Georg Weerth, sagt der chinesische Lehrer mit einer Aussprache, die sich jeder einzelnen Silbe annimmt; das Verständnis sichernd durch Wiederholung: Georg Weerth. Ich bin froh, nicht geprüft zu werden. In der ersten Übung kommt es darauf an, daß die Schüler prompt antworten. Frage: Wer sind die Zeitgenossen von Georg Weerth? Es kommt prompt: Karl Marx, Friedrich Engels. Und? Heinrich Heine. Gut, sagt der frohe Lehrer. Was hat Heine geschrieben? Die Antwort sollte prompter kommen, aber dann kommt sie: ›Ein Wintermärchen‹. Sehr gut. War Friedrich Engels auch ein Dichter? Eine zu leichte Frage, so daß die Schüler chinesisch lächeln. Was also hat Friedrich Engels geschrieben? Es kommen die deutschen Titel, der Lehrer wiederholt sie, denn es geht um gute Aussprache. In der zweiten Übung sollen die Schüler sich Zeit lassen, um in freier Rede korrekte Sätze zu bilden. Kennen Sie ein Gedicht von Georg Weerth? Erzählen Sie, was in diesem Gedicht steht. Der Lehrer wiederholt, da der Titel nicht deutlich genug ausgesprochen wird, und er genießt seine eigene tadellose Aussprache: Der Kanonengießer, der Kanonengießer. Der Schüler wagt sich in die freie Rede: Ein Arbeiter, der Kanonen gießt, will keine Kanonen mehr gießen, denn er will Frieden, er sagt: Nein, er will Kanonen gießen, denn er will den Arbeitern dienen, jetzt will er Kanonen gießen für die Arbeiter, das kann er, denn er ist ein guter Arbeiter. Sehr gut. Und ein Mädchen möchte noch einen Titel von Heine sagen. Die Klasse lacht plötzlich, ich verstehe nicht warum. Der Lehrer verkündet jetzt, daß die Ehrengäste auch etwas sagen, in deutscher Sprache. Wir sagen auch etwas, und es scheint die Klasse zu vergnügen, daß es Menschen gibt, die tatsächlich in dieser schweren Sprache reden: die Klasse klatscht. Besichtigung der neuen Bibliothek: die zwei Professoren aus der Bundesrepublik finden sofort Lücken, nein, das ist keine Harvard-Library, und die Studenten im Lesesaal könnten Statisten sein, man weiß das nie. Ich sehe Burschen, die wahrscheinlich mit einem Schweißbrenner umzugehen wissen, und Mädchen, die mit einer Sichel arbeiten können. Unterwegs im Park mit alten Bäumen und mit einem großen Teich hätte ich eine Frage an den Vertreter des Revolutionskomitees; es gibt aber keine Antworten unter vier Augen, nur Höflichkeit; Fragen sind an das Kollektiv zu richten beim Tee in einem würdevollen Saal, Architektur aus der Herrenzeit. Nach einem Vortrag, den nicht der Vertreter des Revolutionskomitees hält, sondern einer der Professoren, dürfen wir fragen. Was man über das Bildungssystem nach der Kulturrevolution gelesen hat, stimmt also: Nicht nur die Studenten, auch die Lehrer müssen von Zeit zu Zeit körperliche Arbeit leisten wie die Masse; man will keine Kluft zwischen den Gebildeten und der Masse. Auch wenn ich Verständnis zeige für die Idee, Schwierigkeit der Diskussion: wir fragen nach den Problemen, die sich bei der Durchführung dieses Programms ergeben haben, und die Antwort besteht in der schlichten Wiederholung der großen Idee. Das ergibt kein Gespräch. Dabei reden sie nicht fanatisch. Jeder der Professoren sagt dasselbe: Zulassung zur Universität, darüber befindet die Masse. Das heißt wohl: die Genossen in der Kommune, wo der Oberschüler zwei Jahre gearbeitet hat. Gesichtspunkte für eine Empfehlung: erstens politisch-ideologische Zuverlässigkeit, zweitens intellektuelle Fähigkeit, drittens körperliche Tüchtigkeit. Da die Hochschulzeit gekürzt worden ist, drei Jahre für das

Studium einer Sprache – wobei ein Drittel auch dieser Zeit wieder der Arbeit in Industrie oder Landwirtschaft zu widmen ist –, fragen die deutschen Professoren: wie soll es da zu wissenschaftlichen Spitzenleistungen kommen? Die Frage irritiert unsere Gastgeber nicht. China hat seine Atombombe, offenbar gibt es Chinesen, die länger als drei Jahre studieren können. Davon reden sie nicht. Auch das leuchtet ein: achthundert Millionen Chinesen brauchen nicht drei Spitzenärzte, die Herzen verpflanzen, hingegen Millionen braver Sanitäter. Mehr zu irritieren scheint sie die Frage, ob die Studenten, die der Masse verbunden sind, Kritik üben können an den Professoren: Selbstverständlich, Schüler kritisieren Lehrer, Lehrer kritisieren Schüler. Und was geschieht, wenn ein Schüler und der Lehrer sich nicht einigen können? Unauffällig versiegt die Auskunft: eine Studentin, die unserer Konferenz beiwohnen darf, bekommt das Wort, doch scheint es, daß sie meine Frage nicht verstanden hat; sie bestätigt, daß sie zwei Jahre auf dem Land gearbeitet hat, und ich habe nicht den Eindruck, daß das Mädchen sich irgend etwas anders wünscht. Ihre Vorfahren haben keine Schule besuchen können. Sie lebt in einer glücklichen Epoche.

Die Nächte waren auch für uns Studenten voller Angst. Um Mitternacht oder auch frühmorgens drohten Blitzaktionen der Kuomintang. Deren Geheimpolizei drang ins Studentenheim ein und verhaftete, wen sie als Kommunisten verdächtigte … Ein andermal rannte ich sofort zum Fenster und blickte verstohlen auf den Hof und auf das große Tor hinunter. In der Morgendämmerung sah ich Schatten von Menschen hin und her huschen; und dann konnte ich genau feststellen, daß jemand mit Gewalt abgeführt wurde. Welcher Kamerad mochte es sein? Neunzig Prozent der Verhafteten kamen zu jener Zeit nicht mehr zurück; die Foltermethoden waren so grausam, daß kaum einer sie überlebte.

CHANG SIN-REN

Vieles, was für uns zur Lebenslust gehört, scheint zu fehlen. Bisher habe ich kaum ein Schaufenster gesehen; keine einzige Reklame, die Glückseligkeit verspricht durch Besitz von Ware. Es muß eine andere Art von Hoffnung geben; ihre Gesichter sind nicht unfroh, nicht grau, nicht verbittert. Es scheint keinen Anlaß für Neid zu geben –

Was geschieht in China mit den Dissidenten?

Claude Broyelle, die französische Feministin, weiß es zu rechtfertigen, daß die Chinesen nicht vor dem siebenundzwanzigsten Lebensjahr heiraten dürfen; die frühe Ehe erschwert die Emanzipation der Frau, die frühe Mutterschaft hindert sie, Revolutionärin zu werden. Andrerseits sei der uneheliche Liebesverkehr verboten, zumindest verpönt. Stimmt das? Dabei gibt es die Pille. Was weiß ich von einem Land, wenn ich nicht weiß, was die jungen Leute machen mit ihrer Sexualität, bis sie siebenundzwanzig sind?

Wie steht es mit der Kriminalität?

»Die deutsche Nation ist eine Nation von Schöpfergeist«, sagt Teng Hsiao-ping in seiner Tischrede, »das deutsche Volk hat zur Entwicklung der Weltgeschichte und zur Bereicherung des geistigen Schatzes der Menschheit hervorragende Beiträge geleistet.« Mein Tischnachbar, der etwas Englisch versteht, ist Physiker und läßt es sich nicht nehmen, wieder und wieder mit den Stäbchen in seiner zitternden Greisenhand mich zu bedienen mit Haifischflossen, Ente, Bambussprossen usw. Die hundert Mädchen in weißen Kitteln, die beim Bankett bedienen, sind lautlos da und wieder weg, im rechten Augenblick wieder da, ihre Miene verändert sich nicht, wenn man durch Nicken dankt für den nächsten Reiswein; einige tragen Zöpfe, andere das Haar kurzgeschnitten; alle in schwarzen Hosen; keine Kinder, aber immer wieder halte ich sie für Kinder. Eine chinesische Kapelle spielt deutsche Märsche und Lieder. Was Teng Hsiao-ping in seiner

Tischrede sagt, um Europa zu warnen vor Illusionen, ist ein Zitat: Der Wind hört nicht auf zu blasen, auch wenn die Bäume Ruhe haben möchten! – als Spruchweisheit unwiderlegbar... Der sowjetische Botschafter, der kürzlich von einem solchen Bankett aufgestanden ist und den Saal verlassen hat, ist diesmal sitzen geblieben. Jetzt geht Teng Hsiao-ping von Tisch zu Tisch, um jedem von uns die Hand zu geben, dieser ungewöhnlich kleine und wurzelkräftige Mann, der zu jederman emporschauen muß. Das Bankett dauert anderthalb Stunden. Auch mit meinem andern Tischnachbarn kommt es zu keinem Gespräch; sie fragen nicht zurück, ihre Höflichkeit bleibt undurchdringlich, sie sind nicht erpicht darauf, uns zu überzeugen; sie haben andere Aufgaben.

Ein närrischer Greis wird verspottet, weil er zwei Berge abzutragen versucht, die ihm den Weg versperren. Darauf sagt er: Sterbe ich, so bleiben meine Kinder; sterben die Kinder, so bleiben die Enkelkinder, und so werden sich die Generationen in einer endlosen Reihe ablösen. Die zwei Berge sind zwar hoch, aber sie können nicht mehr höher werden; um das, was wir abtragen, werden sie niedriger; warum sollten wir sie da nicht abtragen können.
MAO TSE-TUNG in der Schlußrede des 7. Parteitages am 11. Juni 1945.

Soldaten, einzeln, im Gedränge auf den Straßen, auffällig durch das Grün ihrer Uniform; sie tragen einen Gürtel, keine Waffe. Ein roter Stern an der Mütze. Ob sie eine Art von Ordnungsdienst versehen, weiß ich nicht; man hat nicht den Eindruck. Sie gehen ihres Wegs, ihr Gehabe verrät kein Privileg, sie wirken nicht staatlicher als die Arbeiter, nur etwas musterschülerhaft.

1. *Hänge die Türen wieder ein, die du ausgehängt hast, um dein Lager darauf zu bereiten.*
2. *Ersetze das Stroh, das du für deine Lagerstatt genommen hast.*

3. *Sprich höflich.*
4. *Bezahle für alles, was du gekauft hast, den angemessenen Preis.*
5. *Gib alles, was du entliehen hast, zurück.*
6. *Bezahle für alles, was du beschädigt hast.*

Zu diesen Regeln der Disziplin für die Soldaten der Roten Armee fügte Mao Tse-tung noch 1929 zwei weitere Punkte hinzu

7. *Bade nicht, solange Frauen in der Nähe sind.*
8. *Gib Verwundeten der Weißen Armee Medizin, behandle Gefangene der Weißen Armee nicht schlecht.*

Abend in der Peking Oper; gespielt wird vor Ansichtskartenkitsch und besungen eine Episode aus dem Kampf der Bauern um 1928, DER AZALEENBERG, kein Lehrstück für Brecht-Schüler, vermutlich für Arbeiter und Bauern ein Augenschmaus und als Fabel beglückend wie der Wilhelm Tell für schweizerische Bürger. Die akrobatische Pantomime (Rückzug im Schneesturm, Kampf, um den Anschluß an die Truppe von Mao Tsetung zu finden) ist exzellent... Danach, in der deutschen Botschaft, ergibt sich die Gelegenheit, kurz mit Helmut Schmidt allein zu sprechen. Mao Tse-tung habe die Sitzung begonnen mit einem Gespräch über Kant, Clausewitz, Häckel; zwar sei er im Sprechen behindert, aber klar im Verstand. Das letztere, so hoffe ich, gilt von den meisten Staatsmännern, die der Bundeskanzler trifft; es scheint aber, als sei dem Bundeskanzler noch etwas anderes begegnet heute nachmittag – er hat nicht die prompten Worte dafür, der schlagfertige Bundeskanzler und Helmut Schmidt, dem es an Witz nie fehlt, und ich habe auch nicht das Gefühl, daß er jetzt ein Ohr hätte für meine Rezension der Peking Oper.

Mao hat den Ruf eines verzauberten Lebens. Er ist mehrmals von Nanking für tot erklärt worden, um wenige Tage später wieder in den Zeitungsberichten aufzutauchen, aktiv wie immer... sein Ruf scheint jedoch nicht ganz unbegründet zu sein,

insofern er, obwohl er an vielen Kämpfen teilgenommen hat, einmal von feindlichen Truppen gefangengenommen worden und entflohen ist und auf seinen Kopf die höchste Prämie der Welt ausgesetzt war, während all der Jahre nicht ein einziges Mal verwundet worden ist.
EDGAR SNOW

Auch bei der Fahrt über Land: – Menschen, alle in der gleichen Art gekleidet, Menschen auf Fahrrädern rudelweise; sie radeln ohne Hast. Anders als in unseren Gegenden: hier arbeiten sie in Scharen auf dem Acker, in Scharen auf einer Baustelle. Wie auf Darstellungen aus der frühen Zeit, als es nur die Handarbeit gegeben hat. Dann und wann ein Traktor. Immer wieder Alleen, zum Windschutz gepflanzt, und man fährt lang, ohne eine Siedlung zu sehen; also lange Arbeitswege. Die Straße ist gut, Asphalt, Lastwagen halten seitlich an, damit die Bundeskanzler-Kolonne freie Fahrt hat zu den Ming-Gräbern. Eine große Landschaft. Da und dort eine rote Fahne im Wind, die anzeigt, wo die Leute sich nach der Arbeit sammeln; eine Brigade beim Ausheben von Kanälen. Sie arbeiten gelassen, so scheint es. Das Rot dieser Fahnen ist heller und dünner als das Rot in unseren Fahnen; es erinnert nicht an Blut, sondern an Papierdrachen. Während man über anderes redet, links und rechts Felder; Mais oder Kohl oder Kürbisse oder Baumwolle für die Masse. Die Ebene verliert sich im Herbstdunst hinter der Allee von gelben Pappeln, die kahlen Berge in der Ferne silbergrau. Manchmal sind es auch Erlen. Stimmt es, daß für jedes geborene Kind ein Baum zu pflanzen ist? Eine Zement-Fabrik; die Gruppen, die am Straßenrand stehen, sind vermutlich dahin befohlen; sie klatschen. Auch wo sie nicht Spalier stehen, sondern überrascht sind von dem fremden Besucher, sehe ich keinen zerlumpten Menschen, keine Slums, wenn auch äußerst bescheidene Wohnstätten, kein einziges Hungergesicht.

Wie kaum je auf Reisen in der roten Welt begleitet mich ein Glücksgefühl. Hier muß ich mich nicht wieder und wieder durchringen zu Überlegungen, die zur Gutheißung zwingen; ich bin froh, hier zu sein. Die Frage, ob man hier leben möchte, ist müßig; wir könnten es nicht, dafür sind wir zu verwöhnt. Das Glücksgefühl ergibt sich aber nicht daraus, daß ich nicht in China leben muß; man möchte es können. Anderswo kommt es vor, daß mich die Angst befällt, zum Beispiel bei der Vorstellung, ein Neger zu sein. Und wo es keine Neger gibt, kommt es vor, daß mich zwar nicht Angst befällt, aber eine Melancholie der Zugehörigkeit, die Hoffnungslosigkeit: Es ist schade um die Menschen! Natürlich weiß ich zu vieles nicht, was den Menschen hier schwerfällt, und vielleicht täusche ich mich: es scheint keine Verzweiflung zu geben, nicht einmal Resignation; viel Geduld, aber nicht Apathie. Vermutlich kommt es daher, daß mir die Chinesen kindlich erscheinen, nicht nur die jungen Soldaten, auch der alte Physiker und der alte Bauer. Ein so altes Volk, ein Reich mit so langer Geschichte, und wie noch nirgends habe ich hier das Gefühl, daß es für die Menschheit einen Anfang geben kann, für einen Teil der Menschheit.

Heute auf der Großen Mauer. Zum Glück sind die großen und platten Steinplatten trocken, sonst würde man auf den steilen Stellen ausrutschen. Wenn man dasteht, um zu verschnaufen und festzustellen: Genau wie erwartet und wie schon beschrieben, ja, genau so ist es. Ein Morgen mit dünner Herbstsonne; gegen Norden ist eine Ebene zu sehen, dann aber wieder Berge. Warum verläuft die Mauer grad hier? Hinauf und hinunter und hinüber und wieder hinauf; der Verlauf wirkt oft launisch (anders als die Berliner Mauer, deren Zickzack nach Kataster bestimmt ist, bürokratisch durchaus begründbar) und streckenweise sogar widersinnig; da und dort könnte die Mauer kürzer geführt werden, als Verteidigungswall zweckmäßiger. Offensichtlich wurde nicht mit Arbeitsstunden gerechnet; ihr Verlauf scheint bestimmt durch das Bedürfnis nach einem Monument, das irgendwo im kahlen Bergland zeigt: Hier beginnt China, das Reich der Himmelssöhne! Oder von innen her gesehen: Hier endet die Welt, der Rest ist barbarisch. In der Ferne, wo die Mauer wieder zu sehen ist, ihre gezahnte Silhouette am Horizont, wie ein Reißverschluß. Das ist mehr als eine Maginot-Linie, mehr als ein militärischer Schildbürgerstreich; die steinerne Geste eines Imperiums, das sich selbst genug ist.

Errichte hohe Wälle, lege Getreidevorräte an, erkläre dich nicht überall zum König, ein Zitat aus dem Jahr 1357, das Mao Tse-tung umformt zur Parole: Grabt tiefe Tunnel, legt Getreidevorräte an und trachtet niemals nach Hegemonie.

Zum Frühstück setze ich mich an den Tisch mit den deutschen Fernseh-Technikern. Im großen ganzen finden sie die Speisen eßbar. Ich sehe einmal mehr, wieviele Apparate vonnöten sind, um Bild-Qualität und Ton-Qualität zu liefern. Einige zeigen, daß sie mit Stäbchen speisen können, aber es gibt auch Gabeln und Messer. Die Mädchen im weißen Kittel bedienen hier nicht anders als beim Bankett mit Bundeskanzler und Ministern. Übrigens gibt es auch Kaffee, nicht nur Tee; sogar Brot. Kein Gespräch über China, auch nicht über den Bundeskanzler. Es sind gehetzte Leute; morgen geht's nach Sinkiang mit allen diesen Apparaten –

Liegt es nur an der Sprache? Die Chinesen, die wenigen, die eine europäische Sprache beherrschen, geben zwar Antwort, aber sie selber fragen nicht. Es gibt Kulturen, in denen das direkte Fragen als ungehörig empfunden wird, als barbarisch. Ein Gespräch ist kein Verhör. Auch mögen die Chinesen es nicht, wenn man sich auf der Straße oder in einem Park vor sie hinstellt und knipst; sie wenden sich ab – nicht unwirsch und nicht verschüchtert, nur befremdet durch unseren Mangel an Sitte.

Ich habe keinen chinesischen Schriftsteller getroffen. Wie schreibt man für ein Volk, dessen Mehrheit erst seit einer Generation überhaupt die Möglichkeit hat, lesen zu lernen? Literatur im Anfang einer Epoche –

Ein Kaufhaus zu besichtigen habe ich versäumt. Es soll allerlei vorhanden sein, so höre ich, an ordentlicher Ware, und es tönt, als sei das Angebot von Ware schlechthin der Maßstab für die Güte einer Gesellschaft. Allerdings fehle jegliches Verpackungsmaterial.

Peking als Stadt? Wir haben zu wenig gesehen, die Zeit ist zu kurz, um sagen zu können, wie Peking aussieht. Der große Platz für den Aufmarsch der Masse, den ich nur leer gesehen habe, dazu die Architektur der staatlichen Paläste, die öde ist, da und dort ein einzelnes Hochhaus, ein internationales Hotel – der Rest erscheint wie ein immenses Dorf; großstädtisch sind nur die breiten Boulevards, die meisten Häuser einstöckig. Statt ins Kaufhaus bin ich durch Nebengassen gegangen. Hier kein Asphalt, aber die Gassen sind sauber. Häuser aus grauem Backstein; gegen die Gasse verschließen sie sich durch eine fensterlose Mauer; Pforte mit Ornamenten und zum Teil mit schönen Rundziegeln. Es ist sehr still hier, ländlich. Hinter jeder Pforte eine Mauer, die den bösen Geistern den Eintritt verwehrt; der kleine Hof als Raum der Familie: Wäsche, ein Tisch, Pflanzen, ein Fahrrad, Hausgeräte, ein paar Blumen. Man wohnt nach innen, nicht auf die Gasse hinaus.

Unterzeichnung eines deutsch-chinesischen Schiffahrtsabkommens; das Protokoll wünscht, daß auch die Herren des Gefolges anwesend sind zwecks Gruppenbild mit Bundeskanzler und Teng Hsiao-ping. Ein Peloton mit gezückten Kameras wartet schon vor dem dreistufigen Podest, das wir zu besteigen haben. Was die beiden Verkehrsminister gegenzeichnen, ist kein Stalin-Hitler-Pakt; kein Anlaß also zu gestrengen Mienen. Da sein Witz zuerst übersetzt werden muß, hat der Bundeskanzler, damit die gemeinsame Wohlgelauntheit auf das historische Gruppenbild kommt, etwas länger zu lachen als die Chinesen.
Auch wenn das Volk auf der Straße nicht gafft, weiß man, daß

man auffällt schon als Einzelner, als Gruppe erst recht; ich vermute, daß wir den Chinesen auch uniform erscheinen: lauter Herren. Wie verschieden sie denken, die Herren von der Industrie und von den Gewerkschaften und von der Wissenschaft, zum Beispiel über die Mitbestimmung oder über das Berufsverbot für Radikale, können Chinesen nicht sehen. Was ihnen auffallen mag an uns: vielleicht eine gewisse Steifheit, wenn wir uns unterhalten, etwas Forsches, auch wenn die Herren nur eine Bitte haben, und Hastigkeit, wo es nichts zu tun gibt, etwas Ungeschmeidiges und Weltmännisches zugleich. Ich glaube nicht, daß wir auf die Chinesen besonders würdevoll wirken, nur selbstsicher und in der Regel einen Kopf zu hoch. Ich bemerke nichts, was auf Xenophobie schließen läßt. Wenn sie in uns den Klassenfeind sehen, so tun sie es ohne Furcht. Ohne die Genehmigung durch ihren Vorsitzenden wären wir ja nicht hier; somit besteht kein Grund, nicht höflich zu sein mit den Fremden. Eine Diskussion mit einem wichtigen Chinesen (zu erkennen am feineren Stoff seiner Joppe) über die chinesische Außenpolitik, die zur Zeit zynisch ist, wird nicht stattfinden – so wenig wie gewisse Diskussionen in der Sowjetunion – weil niemand, den ich ansprechen könnte, für die Staatsräson zuständig ist.

Ein Bulletin in deutscher Sprache, das ins Zimmer gelegt worden ist, erinnert an die Ereignisse in unsrer westlichen Welt: General Franco ist noch nicht tot.

Die beiden Trident-Jets, die den Bundeskanzler und sein Gefolge, inbegriffen die Presse, von Peking nach Nanking und von Nanking nach Sinkiang fliegen, sind von den Chinesen komfortabler eingerichtet als der deutsche Luftwaffen-Jet, der nicht anders ist als ein Streckenflugzeug mit First Class und Tourist Class, allerdings mit Bedienung durch freundliche Unteroffiziere; dagegen bei den Chinesen: je in einem Coupé ein fester Tisch mit Fauteuils, auf der andern Seite des Korridors eine breite Couch mit weißen Kissen – nicht für einen Kaiser, aber für einen Staatsmann, der sich einmal ausruhen möchte, bevor er wieder in die Weltöffentlichkeit tritt, und der auch das Recht hat, sein Gefolge zeitweise nicht sehen zu müssen. Vergleicht man die Einrichtung der beiden Flugzeuge, so erscheinen die Bundesdeutschen demokratischer, die Chinesen humaner. Warum in jedem Coupé ein chinesischer Übersetzer? Es gibt nichts zu übersetzen zwischen uns. Wie würde der höfliche Chinese es uns beibringen, daß man keine Kamera mit Teleobjektiv benutzen soll? Nie habe ich in anderthalb Stunden so viele Stauseen gesehen, kleine und große, manche ohne Stützmauer, gestaut durch einen langen Wall. Wo kein Gebirge ist, überall die bebauten Felder. Trotz Dunst über der Ebene sind zu sehen: Hochkamine, Industrie-Gelände, manchmal eine Bahnlinie und immer wieder ein schnurgerader Kanal. Da und dort Dörfer, keine einzelnen Weiler. Eine Flugpiste. Die Sonne hilft zu erkennen, daß die dunklen Linien, die ein Raster über die Ebene zeichnen, ebenfalls Wassergräben sind; wo sich die Sonne spiegelt, glitzert es wie Quecksilber in dem braunen oder grünlichen Land. Der Gelbe Strom; seine riesenhaften Windungen bis hin zum Horizont. Keine Brücken.

China – ein Entwicklungsland, aber das Ziel seiner Entwicklung ist nicht unser Wohlstand in einer pluralistischen Gesellschaft der Ängste. Wir sind hier nicht das Wunschbild, unser Urteil also nicht das Maß für ihre Anstrengungen. Das irritiert mehr als die chinesische Atombombe.

In Nanking landen wir früher als der Bundeskanzler, auch hier warten drei- oder viertausend Kinder, um den Gast zu begrüßen mit Wimpeln oder Ringen und Tanz; jetzt sitzen sie noch auf dem Boden, alle in farbigen Kostümen und geschminkt. Eine Gruppe übt noch einmal den Tanz des Löwen mit offenem Rachen. Die Freude, die die Kinder werden zeigen müssen, ist geübt; sie sind aber fröhlich. Groß die Schrift: Wir grüßen den deutschen Bundeskanzler und Frau Schmidt herzlich! und zahllos die roten Fahnen im Wind. Ob die Kinder den deutschen Bundeskanzler erkannt haben in dem Knäuel von deutschen

Presseleuten? Man hätte ihnen sagen müssen: Schaut auf den Mann, der keine Kamera und eine Frau hat.

Wieder Straßen voll Chinesen mit der gleichen Mütze, aber im Verhalten etwas anders; lebhafter als im Norden. Es ist wärmer hier. Platanen-Alleen wie in Aix-en-Provence.

Die Brücke über den Jangtse, das ruhmreiche Werk der Arbeiterklasse, wie sie es nennen, hat ungefähr die Länge der Golden Gate Bridge, die allerdings schöner ist. Es lohnt sich kaum, die Kamera zu heben. Eine Brücke mit neun Pfeilern, zweistöckig für Bahn und Straße, die Konstruktion plump-solid. Die Besucher aus dem Westen zeigen sich nicht begeistert. In der Bundesrepublik gibt es schönere Brücken. Es sind zwei militärische Boote, die uns auf dem Jangtse fahren. Die Soldaten, grün mit dem roten Stern an der Mütze, sind blank wie in der Peking Oper, nur nicht geschminkt. Der Jangtse: breit wie ein See, aber eine wühlende Masse von Wasser, ein Strom, milchkaffeebraun. Die Dschunken halten sich in Ufernähe. Sicher ist es kein Zufall: als das Schiff mit dem Bundeskanzler grad unter der Brücke fährt, rollt ein Zug darüber, und aus den Wagenfenstern wird gewinkt. Der Stolz der Chinesen ist rührend. Danach muß die Brücke auch noch begangen werden, und nicht genug: ein alter Chinese, der beim Bau dabei gewesen ist, erläutert an einem Modell allerlei technische Selbstverständlichkeiten. Der Bundeskanzler mit der Prinz-Heinrich-Mütze hört zu, wie es sich gehört; andere nehmen von den Nüssen. Die Konstruktion, so erläutert der alte Chinese, war anders geplant; dann aber lieferte die Sowjetunion den versprochenen Stahl nicht und zog ihre Ingenieure ab; die chinesischen Arbeiter (7000) berieten und beschlossen, trotzdem eine Brücke zu bauen, so gut sie's damals konnten ohne fremden Stahl und ohne fremde Ingenieure. Aus eigner Kraft. Ihre Brücke über den Jangtse, wichtig für den Aufbau des Landes, hält auch den schweren Taifunen stand.

Es liegt nicht an Helmut Schmidt, daß die Begleiter, die er sich ausgesucht hat, an Ort und Stelle kaum je mit dem Bundeskanzler sprechen können, es liegt auch nicht an den Chinesen, sondern an den deutschen Kamera-Leuten: – kaum hebt einer die Kamera, so müssen die andern auch, sonst hat die Konkurrenz das verkäuflichere Bild vom Bundeskanzler bei der Besichtigung chinesischer Enten, oder auf der Brücke über den Jangtse. Das läßt sich nicht verhindern, sonst bringen sie die böseren Schnappschüsse ins Wahljahr.

Mittags beim Bankett in Nanking wieder die flinken und sanften Mädchen in weißen Kitteln, die uns bedienen wie Töchter des Hauses, nicht familiär wie Kellnerinnen. Meine Frage an den jungen, kräftigen Mann aus dem Revolutions-Komitee, wer ihn wähle. Die Masse. Wie hat man sich das vorzustellen? Der Übersetzer wiederholt aber nur die Antwort: Gewählt von der Masse. Und gewählt auf wielange? Da der Übersetzer tut, als sei das keine Frage, frage ich: Kann mein Nachbar, also gewählt von der Masse, auch von der Masse wieder abgesetzt werden? Der junge Mann vom Revolutions-Komitee, der mich dabei nie anblickt, nickt zum Übersetzer. Das scheint selbstverständlich zu sein. Wie soll ich weiter fragen, da der Mann kein Bedürfnis hat zu erzählen? Sein Gesicht: wie man sich Chinesen gerne vorstellt, ein Mondgesicht, die Nase steht kaum hervor, keine Augenhöhlen, die Augenschlitze schmal wie ein Pinselstrich hinauf zu den Schläfen, der Mund klein mit vollen weichen Lippen, die Haut gespannt und sanft wie bei Kindern... In Budapest (vor einem halben Jahr) ist das Tischgespräch leichter gewesen, wenn auch nicht angenehm; ein Funktionär, ein hoher, machte Herrenwitze für Ausländer: Wissen Sie, wieso die Arbeiter in Ungarn nicht streiken? Weil es nicht auffallen würde. Wissen Sie, warum die Arbeiter in Ungarn nicht arbeiten? Weil die herrschende Klasse nie gearbeitet hat... Der junge Mann vom Revolutions-Komitee in Nanking, zum Bankett in schwarzer Joppe, ist Landarbeiter; er macht keine Herrenwitze, sondern ißt – das ist ein Festessen.

Sie sagen: Nach der Befreiung. Gemeint ist 1949, nach unsrer Zeitrechnung. Da es in China bekanntlich keine Meinungsfreiheit gibt, können Berichterstatter aus dem Westen nicht umhin, diese Bezeichnung jedesmal in Anführungszeichen zu setzen: »Befreiung«. Gemeint ist ja nicht nur die Befreiung von den Japanern, sonst könnte man die Bezeichnung allenfalls hinnehmen; gemeint ist die Befreiung von den Kapitalisten, vom Klassenfeind.

Es ist nicht nur die bei manchen Marxisten (aller Provenienzen) zu beobachtende fatale Neigung zur Freund-Feind-Kategorisierung, zum totalen Alternativdenken, die sie zur Ablehnung des »piecemeal social engineering« führen kann; es ist darüber hinaus die Geringschätzung für ein politisches Handeln, das sich nicht an einem umfassenden Endkonzept, an einer einzigen gesellschaftlichen Gesamtzielleistung orientiert. So kann es dazu kommen, daß schrittweise Reform, welche Schritte nach dem jeweils Möglichen (»Machbaren«) bemißt, als »Pragmatismus« denunziert wird. Dabei wird nicht an jene Pragmatismus genannte amerikanische philosophische Denkschule von Peirce *bis* Dewey *gedacht; der Vorwurf des »bloßen Pragmatismus« meint vielmehr eine »theorielose« Durchwurstelei ohne klare Zielsetzung; er will insinuieren, der als »bloßer Pragmatiker« kritisierte Politiker sei, weil nicht von einer umfassenden (und allein richtigen!) Theorie geleitet, in Wahrheit ein Opportunist, der infolgedessen keineswegs zum Endziel führen könne – auch wenn er (was dann widerwillig zugegeben wird) im Einzelfall die Mehrung oder die Bewahrung des allgemeinen Wohlstands der Arbeitnehmerschaft bewirke.*
Helmut Schmidt

In Urumtschi (Sinkiang) ein Flughafen, der eben erstellt worden ist, groß und einwandfrei und beinahe leer; die Stadt dazu scheint noch zu fehlen. Kurz vor der Landung hat man Gebirge gesehen, 6000 Meter hoch, weiß vor der lila Dämmerung. Wir beziehen ein Hotel, das eben erstellt worden ist; die Zufahrt ist noch eine Baustelle. Zimmer mit Bad; die Armaturen sind neu, aber im Stil des 19. Jahrhunderts; das Wasser fließt zuerst etwas bräunlich, dann warm nach Wunsch. Ein geräumiges Zimmer. Ein junger Uigure in weißem Kittel, der geklopft hat, zeigt wortlos, wo die Lichtschalter sind, und knipst, und es wird Licht. Er ist stolz. Wir sind die ersten Gäste. Vor dem Fenster: die Steppe, Maste einer Hochspannungsleitung, sonst nichts als Steppe. In der Nacht ist da kein einziges Licht. Am andern Morgen sehe ich über der Steppe das hohe Gebirge, Rauch aus einem fernen Hochkamin.

Bundeskanzler Helmut Schmidt, als ihm beim letzten Bankett das buntgestickte Käppchen der Uiguren auf den Kopf gesetzt wird, was eine hohe Ehrung des Gastes bedeutet, fühlt sich nicht wohl damit; seiner Gattin steht es besser. Nur unsere Begleiter sind noch Chinesen; die Gastgeber sind Uiguren, die eher wie Türken aussehen, und Tartaren, Russen, Tibeter. Nachher im Theater (es wird Mitternacht und wir sind müde) singen sie in ihren Sprachen. Tanz eines Mädchens mit Gewehr; einmal knallt es auch. Zum Schluß muß der Bundeskanzler auf die Bühne treten, wie schon in der Peking Oper; beklatscht wie ein Stückeschreiber, der sein Stück nicht wiedererkennt, aber den Darstellern die Hände schüttelt –

Die Meinungen im Gefolge gehen auseinander. Die grüne Wassermelone, dem Bundeskanzler zum Nachtisch präsentiert, war verziert mit eingeritzten Mustern. Was ich rührend finde. Der Wasserhahn, der zwar das Waschbecken zu füllen vermag, ist so angebracht, daß man die Hände nicht unter den Wasserstrahl halten kann: eine Fehlkonstruktion, das muß ich zugeben.

1955 gab es in Sinkiang nur eine Hochschule, heute sind es acht. Die Zahl der Mittelschulen ist von neun auf 1400 angestiegen. Sinkiang besitzt heute 9800 Grundschulen. Eine große Anzahl von sogenannten Barfußärzten dienen den breiten

Massen der armen Bauern (Hirten) und unteren Mittelbauern, es gibt schon 20 größere Krankenhäuser, es sind über 6000 medizinische Arbeiter tätig.

Aufbau ohne Feindbild?

»Die Renegatenclique um Breschnew, die das Erbe der alten Zaren angetreten hat, sendet seit Jahren immer wieder Spione und Agenten in das chinesische Gebiet Sinkiang; sie versucht, Verräter anzuwerben und offenen Aufruhr anzuzetteln, sie hat mehrmals bewaffnete Aggressionen und militärische Provokationen verübt und jede Untat begangen«, sagte ein Redner zum 20. Jahrestag der Gründung des autonomen Gebiets Sinkiang. »In Urumtschi herrschte an diesem Festtag eine Atmosphäre der Freude und Einheit«, schreibt die Peking-Rundschau vom 21. 10. 1975: »Ein begeisterter Applaus brandete auf«, als der Redner sagte: »sollten der Imperialismus und der sowjet-revisionistische Sozialimperialismus es wagen, uns anzugreifen, so werden wir sie in den Fluten des Volkskrieges vernichten.«

Zwischen kahlen Bergen eine Talsohle, die bisher Steppe gewesen ist, jetzt ein Raster von Wassergräben, dazwischen die grünenden Felder, Baumreihen zum Windschutz – das sehen wir als gebasteltes Modell in einer Ausstellung; die Schülerin, die artig daneben steht, gibt Auskunft in uigurischer Sprache, ein paar auswendig gelernte Sätze, die uns übersetzt werden, die Rede der Partei. Ein anderes Modell zeigt eine Raffinerie: Plexiglas mit Lämpchen, die etwas anzeigen, mit Eisenbähnchen in Betrieb; die nächste Schülerin in schwarzer Jacke und Hose (Socken weiß, Hemdkragen weiß) gibt Auskunft, scheu wie ein Hirtenmädchen. Ferner gibt es zu sehen: Baumwolle, Kohle, Bergschafe verschiedener Arten, Fahrräder, Dünger, Zucker, Schuhe, ein paar Kugellager, die in Sinkiang hergestellt werden, Textilien, Motorsägen, ein Traktor, Obst usw., was alles in allem den Herren aus dem Westen wenig Eindruck macht. Foto eines Atompilzes; ohne Hirtenmädchen, das Auskunft geben könnte. Nach dem Besuch der Ausstellung sagt mir ein Fachmann der westlichen Wirtschaft: Wenn sie uns investieren ließen, so hätten sie in fünf Jahren, wofür sie auf diese Weise dreißig oder vierzig Jahre brauchen! und da ich als Laie nicht widerspreche, sagt er: Aber China hat Zeit! und schließlich im Ton eines Respektes, den man kaum verweigern kann: Die wollen einfach ihre Unabhängigkeit! Später sieht man übrigens vom Flugzeug aus, was das Modell in der Ausstellung gezeigt hat, als Wirklichkeit: das geometrische Menschenwerk in der Steppe, Raster von Wassergräben, Urbarmachung – dringlicher als die Meinungsfreiheit in der Steppe.

Was kommt nach Mao Tse-tung? Das chinesische Fernsehen verhehlt nicht ganz, wie gebrechlich der Alte heute ist, und die ihm ein Leben von zehnmal-zehntausend Jahren wünschen, sind nicht blind; sie werden die Nachfolger an ihm messen.

Im Luftwaffen-Jet habe ich den Sitz hinter dem Bundeskanzler. Warum ich eingeladen bin, ist nie ausdrücklich gesagt worden. Vor sechs Wochen die erste Begegnung mit Helmut Schmidt in Bonn: Kampfpause für den Bundeskanzler, ein schwarzer Kaffee und Zigaretten vor der nächsten Runde drüben im Bundestag, es fehlt die Muße für die Pfeife. Irgendetwas in jener Unterhaltung (35 Minuten) scheint für den Bundeskanzler erholsam gewesen zu sein; die Naivität meiner Fragen vermutlich. Keinesfalls fliege ich hier als Berater wie die Vertreter der Gewerkschaften, der Industrie, der Wissenschaft. Mein Beitrag kann nur die Neugierde sein. Gehört den Chinesen die Zukunft? Einmal allein mit Helmut Schmidt (– zu sehen ist grad der Berg Ararat, wo damals die Arche gelandet ist) bin ich zu langsam, um dem Bundeskanzler sagen zu können, was mir in vier Tagen aufgefallen ist; dabei nimmt er sich Zeit, das rechte Bein über das linke geschlagen, jetzt mit der Pfeife. Was Helmut Schmidt selber zu China denkt, hat er vorhin im kleinen Kreis gesagt (– zu sehen war grad der Himalaja, seine fernen Spitzen über den Wolken) durchaus nüchtern, klug, klar und pragmatisch-bündig; die Vision vom neuen Menschen überläßt er den Chinesen. Was in der nächsten Woche bevorsteht und vermutlich seinen Sinn beschäftigt: der Parteitag in Mannheim. Unterwegs sein Besuch beim Schah; Entwicklungsland mit Badezimmer-Armaturen in Gold, zum Abschied der dröhnende Start von sieben Kampfflugzeugen. Später ist Athen zu sehen, die blaue Bucht von Salamis, wo eine Entscheidung zu Gunsten des Abendlandes gefallen ist; nicht der Olymp, es ist dunstig, auch die europäischen Alpen sind verhüllt, erst Stuttgart ist wieder zu sehen. Der Bundeskanzler, eben noch hemdärmlig und wach über ein Schach gebeugt, muß sich schon im Flugzeug verabschieden. Seine Fraktion erwartet Berichterstattung. Knapp drei Stunden nach unsrer Landung in Bonn (ich bin inzwischen nach Berlin weitergeflogen und habe mich geduscht) zeigt ihn das Fernsehen in der Bundestagssitzung: live. Dieser Mann ist immer da, wo er sich befindet, ein Mann der rationalen Präsenz.

> *Totale Utopien können zur totalitären Gewaltanwendung verleiten. »Offene«, d. h. demokratische Gesellschaften (oder modisch: pluralistische Gesellschaften) sind mit den politischen Maximen einer totalen Utopie oder Handlungsanweisung zur Verwirklichung eines total anderen gesellschaftlichen Systems nicht vereinbar. Eine demokratische, eine offene Gesellschaft pervertiert nur zu leicht zum geschlossenen, totalitären Staat, wenn zugunsten eines abstrakten Ideals die Pluralität der politischen Zielsetzungen selbst aufgegeben wird. Wenn man unseren Staat davor bewahren will, so bleibt der Politiker angewiesen auf eine dergestalt schrittweise Veränderung, daß jedem einzelnen Schritt ein dafür ausreichender Konsensus (und das heißt: Kompromiß!) vorausgeht. Nur dies kann der Demokrat eine* rationale *Art der Politik nennen.*
>
> HELMUT SCHMIDT

Wie ich der westlichen Presse entnehme, hat China in diesem Jahr eine Rekord-Ernte, und das ist nicht unwichtig, nur nicht der letzte Zweck dieser Politik. Was mir in China aufgefallen ist: ein andrer Alltag, sie leben wie in einer andern Zeit, und plötzlich ist man nicht so sicher, wer da rückständiger ist; ein anderes Denken, das sich manifestiert überall; eine Politik, die über den Ökonomismus hinaus zielt und in erster Linie eine sozialethische Entwicklung anstrebt (trotz so dürftiger Lebenshaltung notfalls mit ökonomischen Einbußen) und allein daraus die Rechtfertigung der Staatsmacht ableitet; der praktizierende Glaube an eine gewisse Wandlungsfähigkeit der Menschen. Das alles verläuft zurzeit, so wenigstens scheint es, in großer Ruhe, aber Ruhe ist nicht des Chinesen erste Pflicht; ihr Vorsitzender weiß, daß keine Ordnung die letzte ist, und wenn es das gibt, Politik mit Transzendenz, so gibt es sie in China.

Anhang

Seite 5
TAGEBUCH 1966-1971
Der Plan zu einem zweiten Tagebuch entstand 1965 nach der Rückkehr aus Rom und Niederlassung in Berzona, Schweiz. Erst nach Abschluß von *Biografie: Ein Spiel* (1968) gilt die Hauptarbeit dem Tagebuch. M. F. in einem Brief an die Herausgeber der Werkausgabe:

»Bei der letzten Korrektur vor dem Druck kommt es fast immer zu Streichungen, die ich später manchmal bereue; nach Jahren würde ich gerne anderes streichen – das ist nicht erlaubt, meine ich, im Fall eines Tagebuchs; man kann im Lauf der Zeit seine Meinungen ändern, nicht aber seine datierten Stellungsnahmen löschen. Hingegen scheint es mir erlaubt, den einen und andern Text, den ich damals gestrichen habe, bei Gelegenheit einer Werkausgabe wieder aufzunehmen: unverändert, d. h. es handelt sich nicht um nachträgliche Zusätze, sondern um damalige Texte, deren Eliminierung ich heute (1975) für falsch halte.«

Das *Tagebuch 1966-1971* ist hier um folgende Texte erweitert:
S. 57-58: »ZÜRICH LOCHERGUT ... nicht tun.«
S. 59: »BERZONA ... anerkennt –«
S. 88: »Venedig, Oktober ... zu tun.«
S. 88-89: »Interview-Antwort ... das erlebt.«
S. 90-91: »VEREINIGUNG FREITOD ... ums Leben gekommen.«
S. 90: »VEREINIGUNG FREITOD ... alt werden.«
S. 94-95: »VEREINIGUNG FREITOD ... auf Travertin.«
S. 97-98: »VEREINIGUNG FREITOD ... Charter-Flugzeug.«
S. 99-100: »VEREINIGUNG FREITOD ... gegen Hitler.«
S. 107-109: »Der Greis als äußere Erscheinung ... Senilität nicht ausbleibt.«
S. 109-110: »Der Gezeichnete merkt es ... als ein Schach-Sieg.«
S. 110-111: »Bringt jemand ... auf seine Leistungen.«
S. 112: »Einen Witz ... (Frühes Stadium).«
S. 112: »Auch wenn er ... geschwätzig.«
S. 113: »Der Gezeichnete braucht ... Altersfrage bezieht.«
S. 114: »Angst vor dem Verblöden –«
S. 114: »Neigung zur Panik ... am hellichten Tag.«
S. 117: »Die Wahrscheinlichkeit ... Sachen zu ordnen.«
S. 130: »Ist er gesund ... gesund bleibt.«
S. 140-141: »BERZONA ... einem trip.«

S. 163: »Der Vor-Gezeichnete erkennt ... mußte sein.«
S. 163-164: »Der Gezeichnete versteht nicht ... wie es wäre.«
S. 164: »In Gesellschaft ... mit ihnen schlafen.«
S. 165: »Der Vor-Gezeichnete wird ... zärtlicher.«
S. 165: »Entdeckung, daß er sich beim Akt langweilt –«
S. 165: »Onanieren ... Fantasie.«
S. 167: »Der Gezeichnete als Frauenkenner ... vernehmen.«
S. 168: »Verliebte kommen ihm komisch vor.«
S. 173-174: »HANDBUCH FÜR MITGLIEDER ... zu können.«
S. 195: »NEUJAHR 1969 ... im Amt.«
S. 238: »BERZONA ... unseren Anfällen.«
S. 246-250: »JAPAN, NOVEMBER 1969 ... fühle ich mich herrlich.«
S. 261: »ZÜRICH, DEZEMBER 1969 ... meine Marke.«
S. 261: »Was hat ... Begriff.«
S. 291-292: »UNTERWEGS .... beide nicht.«
S. 319-322: »FRAGEBOGEN ... Töchter zu sehen?«
S. 347: »NEW YORK, Februar ... worden ist.«
S. 358-359: »Zum zweiten Mal ... selbstverständlich ist.«
S. 391: »Ein Großkaufmann ... Tüchtigkeit.«
S. 402-404: »VEREINIGUNG FREITOD (Schluß) ... selber schuld.«
Die erste Buchausgabe erschien im Frühjahr 1972.

Seite 405
Wilhelm Tell für die Schule (1970)
Geschrieben im Sommer 1970 für das *Tagebuch 1966-1971*, dann herausgenommen, da der Text in diesem Rahmen zu umfangreich erschien. Erste Buchausgaben, als Leinenband mit Illustrationen und gleichzeitig ohne Illustrationen als suhrkamp taschenbuch, im Sommer 1971.

Seite 473
Jemand hat sich geirrt (1968)
Zuerst erschienen in: Zürcher Student vom Mai 1968. – Bericht über eine Veranstaltung der *Fortschrittlichen Studentenschaft Zürich* am 26. 4. 1968 in der Universität Zürich.

Seite 473
Zurück zum Kalten Krieg? (1968)
Zuerst erschienen in: Die Weltwoche v. 30. 8. 1968. – Besetzung der Tschechoslowakei durch Truppen des Warschauer Pakts am 21. 8. 1968.

Seite 479

›Rede nach der Besetzung der Tschechoslowakei‹ (1968)

Gehalten bei einer Matinée im Stadttheater Basel am 8. 9. 1968. Die Veranstaltung wurde von Werner Düggelin, dem Direktor der Basler Theater, geleitet; Reden hielten Peter Bichsel, Friedrich Dürrenmatt, Max Frisch, Günter Grass und Kurt Marti; ein Text von Heinrich Böll wurde verlesen. – Zuerst erschienen in: *Tschechoslowakei 1968*, Edition ›Arche Nova‹, Verlag der Arche Zürich 1968.

Seite 484

›*Nachwort zu:* Andrej D. Sacharow. Wie ich mir die Zukunft vorstelle‹ (1968)

Zuerst erschienen in: Andrej D. Sacharow, *Wie ich mir die Zukunft vorstelle. Gedanken über Fortschritt, friedliche Koexistenz und geistige Freiheit*, Diogenes Verlag Zürich 1969.

Seite 494

Wie wollen wir regiert werden? (1968)

Zuerst erschienen in: Die Weltwoche v. 13. 12. 1968. – M. F. wurde vom Schweizer Fernsehen zu einer Stellungnahme aufgefordert; der Text, in leicht gekürzter Fassung aufgenommen am 2. 12. 1968, ist nicht gesendet worden. Am 3. 12. beschlossen die Studenten der ETH (Eidgenössische Technische Hochschule), Zürich, das Referendum zu ergreifen; die Studenten der EPFL (Ecole Polytechnique Fédérale Lausanne), Lausanne, lehnten es ab. Das Referendum kam in kürzester Frist mit ungefähr 37000 Unterschriften zustande, so daß das Gesetz nachträglich dem Volk zur Abstimmung vorzulegen war.

Seite 500

Rede zum Zürcher Debakel (1969)

Gehalten in einer öffentlichen Diskussion im Volkshaus Zürich am 20. 12. 1969. – Zuerst erschienen in: Theater heute, Februar 1970.

Seite 503

So wie jetzt geht es nicht (1971)

Zuerst erschienen in: Manifest 1971, Sozialdemokratische Partei der Schweiz. – M. F. ist nicht Parteimitglied, wurde aber zu mehreren internen Beratungen der sog. Wahlplattform hinzugezogen, damit er in einem SPS-Werbefilm für die eidgenössischen Wahlen als Fragesteller mitwirken konnte. Das Vorwort zum genannten Manifest wurde auf

Einladung des Parteivorstandes verfaßt »als persönliche Meinungsäußerung eines kritischen Sympathisanten« (M. F.)

Seite 507
G. H.
Zur Person (1972)
Über den schweizerischen Maler und Bildhauer Gottfried Honegger, Paris und Gockhausen bei Zürich. – Zuerst erschienen in: Gottfried Honegger, *Arbeiten aus den Jahren 1939-1971*, Arthur Niggli Teufen 1972.

Seite 509
Die Schweiz als Heimat
Rede zur Verleihung des Großen Schillerpreises (1974)
Gehalten bei der Verleihung des Großen Schillerpreises der Schweizerischen Schillerstiftung im Schauspielhaus Zürich am 12. 1. 1974. Die Laudatio hielt Adolf Muschg. – Zuerst erschienen in: Nationalzeitung (Basel) v. 19. 1. 1974.

Seite 519
Offener Brief an den Schweizerischen Bundesrat (1974)
Vertrieben durch die Schweizerische Depeschen-Agentur, zuerst erschienen in: Süddeutsche Zeitung v. 7. 3. 1974 und Frankfurter Rundschau v. 8. 3. 1974, in der schweizerischen Presse kurze Agentur-Auszüge. Eine Entgegnung vom Bundesrat erfolgte nicht.

Seite 522
Fragment aus einer Erzählung (1973)
Vom Sommer 1972 bis Ende 1973 arbeitete M. F. an einer größeren Erzählung, die im Tessin spielt; die vierte Fassung, Umfang ca. 150 Seiten, wurde in die Verlagsplanung 1974 aufgenommen unter dem Titel *Klima* und vom Verfasser zurückgezogen. Das Fragment ist eine Zusammenstellung für eine Lesung am 1. 12. 1973 in der Akademie der Künste, Berlin. – Zuerst erschienen in: Merkur, Mai 1974.

Seite 535
Dienstbüchlein (1973)
Geschrieben im Herbst 1973. Zuerst erschienen in: Nationalzeitung (Basel) v. 16. 2./23. 2./2. 3./9. 3./16. 3. 1974. Die erste Buchausgabe erschien als suhrkamp taschenbuch im Frühjahr 1974.

Seite 617

MONTAUK

Eine Erzählung (1974)

Geschrieben im Sommer 1974 in Gockhausen bei Zürich. Erste Buchausgabe im Herbst 1975; gleichzeitig erschien einmalig zur Suhrkamp-Buchwoche (vom 19.-27. September): *Stichworte / ausgesucht von Uwe Johnson.*

Seite 757

NOTIZEN VON EINER KURZEN REISE NACH CHINA 28. 10.-4. 11. 1975

Zuerst erschienen in: Der Spiegel (Hamburg) v. 9. 2. 1976 unter dem Titel *Nein, Mao habe ich nicht gesehen.* Quellenangabe zu den Zitaten:

Chang Sin Ren (S. 760-761, 762, 767)

Aus: *Als Chinese nach China. Wiedersehen nach 25 Jahren.* Aus dem Chinesischen in Zusammenarbeit mit dem Autor von Gladys Weigner und Alfred Kuoni. Pendo Verlag Zürich 1975.

Robert J. Lifton (S. 757, 758-759)

Aus: *Die Unsterblichkeit des Revolutionärs. Mao Tse-tung und die chinesische Kulturrevolution.*

Paul List Verlag München 1970

Helmut Schmidt (S. 757-758, 779, 783)

Aus dem Vorwort von Helmut Schmidt zu: *Kritischer Rationalismus und Sozialdemokratie.* Herausgegeben von Georg Lührs, Thilo Sarrazin, Frithjof Spreer und Manfred Tietzel. Dietz Verlag Berlin/DDR 1975 (Internationale Bibliothek 79).

Edgar Snow (S. 770-771)

Aus: *Roter Stern über China.* S. Fischer Verlag Frankfurt/Main 1974

Band I
(1931-1944)

Band II
(1944-1949)

Band III
(1949-1956)

Band IV
(1957-1963)

Band V
(1964-1967)

Band VI
(1968-1975)

Band VII
(1976-1985)

Nachwort des Herausgebers

Moderne Literatur entstrebt den herkömmlichen Gattungen und ihrer Begriffswelt. Die poetischen Grundbegriffe haben sich gewandelt: nicht als Folge eines Gelehrtenstreits, sondern im Gefolge der Literaturentwicklung. Den Klassikerausgaben des 19. Jahrhunderts und ihren Editoren war es selbstverständlich, daß man das lyrische Werk eines Verfassers vom dramatischen zu trennen habe, die Erzählungen von den Romanen, die kritische von der autobiographischen Prosa.

Wo diese Struktur für eine Gesamtausgabe von Werken eines Autors unseres 20. Jahrhunderts übernommen wurde, ergaben sich stets Unschärfen und Grenzüberschreitungen: es sei denn, der Autor habe, noch zu Lebzeiten, selbst eine solche Einteilung nach Gattungen vorgenommen, um sich, wie im Falle von Bertolt Brecht, dadurch gleichsam programmatisch als Fortsetzer von »Klassikern« zu bekennen.

Sonst aber? Bei den Werkausgaben etwa von Robert Musil oder Gottfried Benn ergaben sich auf solche Weise stets Unklarheiten der Gliederung. Was war hier Roman und was Essay mit Erzählcharakter, wo verlief die Linie zwischen scheinbarer Autobiographik und Fiktion? Noch bei Edition eines Textes von Rilke aus dem Nachlaß, nämlich dem »Testament«, hatte der Herausgeber nach eigenem Geständnis erheblich geschwankt, ob er die Arbeit bei den dichterischen Texten einreihen solle oder bei den Lebensdokumenten.

Die vorliegende Gesamtausgabe von Werken Max Frischs war bemüht, solche Erfahrungen mit der modernen Literatur und Literaturwissenschaft zu berücksichtigen. Sie bietet die Texte Max Frischs *in zeitlicher Folge*. Der erste Text »Mimische Partitur?« erschien am 27. Mai 1931 in der »Neuen Zürcher Zeitung«. Es war die Arbeit eines zwanzigjährigen Studenten; der erste gedruckte Text von Max Frisch. Der sechste Band schließt ab mit den »Notizen von einer kurzen Reise nach China. 28. 10.-4. 11. 1975«.

Die Ausgabe präsentiert sich mithin als ein Werk in der Entwicklung. Die ständige Bemühung um Gattungsprobleme wird dadurch spürbar; auch ein früher Entschluß, mit dem Schreiben aufzuhören und einen nützlichen Alltagsberuf als Architekt auszuüben, kann auf diese Weise innerhalb des gesamten literarischen Arbeitsprozesses berücksichtigt werden. Eine Historische und Kritische Gesamtausgabe konnte und sollte auf solche Weise nicht entstehen. Das verbot sich von selbst. Hier handelt es sich um das Werk eines lebenden und weiterarbeitenden Autors, der sich ausdrücklich das Recht vorbehielt, über die Aufnahme oder Nichtaufnahme eines Textes im einzelnen Fall zu entscheiden.

Bei Abschluß der Vorarbeit war aber festzustellen, daß Max Frisch nur in wenigen Fällen einen Text, meist aus der frühen Zeit, abgelehnt hat. In keinem Fall aus inhaltlicher Erwägung: weil er etwa mit damaligen Aussagen nicht mehr übereinstimmte, sondern wenn es sich um schwächere Wiederholungen von Texten handelte, die ihrerseits in der Ausgabe erscheinen sollten. Einige Arbeiten aus der Frühzeit, auch sie meist kleineren Umfangs, wurden später in das »Tagebuch 1946-1949« aufgenommen. Sie wurden folglich nicht noch einmal und mit der ursprünglichen Chronologie abgedruckt.

Die Ausgabe versteht sich ferner in allen Fällen, wo verschiedene Fassungen eines einzelnen Werks vorliegen, gleichsam als endgültige Textfassung. Bertolt Brecht hatte seine Arbeiten, vor allem solche für das Theater, als bloß annähernd vollendbar betrachtet. Eine Ausgabe der frühen Stücke, die Frisch im Jahre 1955 rezensieren mußte, wimmelte von neuen dramaturgischen Eingriffen und Umänderungen. Das Stück »Trommeln in der Nacht« war gegenüber dem Text der Münchener Uraufführung vom 29. September 1922 wesentlich umstrukturiert und umfunktioniert. Der Stückeschreiber hatte im einleitenden Essay »Bei Durchsicht meiner ersten Stücke« diese Praxis zu begründen versucht.

Max Frisch hält sich an die jeweils letzte von ihm erarbeitete gedruckte Fassung. Sie erscheint im Rahmen der Gesamtausgabe und wurde inzwischen nicht weiter überarbeitet. Dies gilt vor allem für die Moritat vom »Graf Öderland«. In seinem »Werkbericht« von 1961 hatte der Verfasser die Geschichte seines Umgangs mit dem Stoff mitgeteilt. In unseren Anmerkungen zu Werken mit verschiedenen Fassungen, wozu vor allem auch die »Chinesische Mauer«, der »Don Juan« und der »Biedermann« gehören, wird der Arbeitsprozeß nachgezeichnet; es werden auch charakteristische Stellen aus den früheren Fassungen zitiert.

Das »Tagebuch 1946-1949« ist aus der Vorform eines »Tagebuchs mit Marion« entstanden. Es handelte sich dabei aber nicht bloß um Erweiterung des ursprünglichen Textes, sondern auch um eine kritische und bisweilen verwerfende Redaktion. Die wichtigsten Texte, die Frisch damals strich und nicht ins »Tagebuch 1946-1949« aufnahm, werden in der vorliegenden Gesamtausgabe als Anhang von neuem abgedruckt.

Grundsätzlich hält sich die Ausgabe an eine chronologische Anordnung nach Entstehungsdaten der Werke. Dabei waren zeitliche Überschneidungen und Verletzungen der strengen Chronologie bisweilen nicht zu vermeiden. An sich bringt jeder der sechs Bände die Werke Max Frischs innerhalb einer genau angegebenen Entstehungszeit. Das Prinzip wurde dort jedoch unterbrochen, wo offenkundig zusammengehörende Texte, unabhängig von der Chronologie, nebeneinandergestellt wurden, also »Herr Biedermann und die Brandstifter« von 1953 mit »Biedermann und die Brandstifter« von 1957/58. Das »Nachspiel« zum Biedermann, also die Erfahrungen Biedermanns mit der Hölle, betrachtet Max Frisch nicht mehr als integrierenden Bestandteil seines Textes. Das »Nachspiel« wird folglich getrennt und als Text selbständig gedruckt.

Durch die Einteilung in sechs Bände wird also ein zeitlicher Rahmen abgesteckt. Innerhalb dieses Rahmens wurden Gruppen gebildet, besonders im Fall der »Kleinen Prosaschriften«, wobei die Texte innerhalb der Gruppen wiederum chronologisch angeordnet sind. Im allgemeinen gibt es für den Erstdruck einen *autorisierten Titel.* Die wenigen Fälle, in welchen ein späterer autorisierter Titel übernommen wurde, sind in den Anmerkungen belegt. In einigen Fällen stammt die Titelformulierung von den Herausgebern. In solchen Fällen wird sie durch › ‹ gekennzeichnet.

Die *Anmerkungen* wurden von Walter Schmitz in ständiger Zusammenarbeit mit Max Frisch erarbeitet. Sie sollen über die Entstehung der Werke und gegebenenfalls über deren verschiedene Fassungen unterrichten. Soweit das nur möglich war unter Hinweis auf spezifische Vorgänge der Lebensgeschichte, hat Max Frisch solche Exkurse ins Biographische autorisiert. Interviews, die der Autor gegeben hat, sind nur dort berücksichtigt worden, wo sie Tatsachen mitteilen, die zum unmittelbaren Verständnis der Entstehungsgeschichte beitragen. Als Text verstandene Äußerungen Max Frischs zu einzelnen Werken hingegen sind stets aufgenommen worden: sie gehören zum Gesamtwerk.

In den Anmerkungen wurde jeweils die erste Veröffentlichung eines Textes nachgewiesen. Bei den Theaterstücken mußten außerdem Datum und Ort der Uraufführung mitgeteilt werden. Im Interesse der theatergeschichtlichen Forschung wurden jeweils auch die wichtigsten Mitarbeiter dieser Uraufführungen namentlich genannt. Die Erstaufführung einer späteren Fassung eines Stückes wird dann verzeichnet, wenn sie für die Entstehungsgeschichte des Werks und für die Theatergeschichte von Bedeutung war.

Max Frisch hat sich nie darauf eingelassen, ein genau geführtes Archiv seiner Arbeiten anzulegen und zu organisieren. Die Vielfalt seiner zeitgeschichtlichen, kulturpolitischen und dramaturgischen Texte mußte durch lange und mühsame Sucharbeit wiederhergestellt und sichtbar gemacht werden. Dabei gibt es sicher Lücken: jenseits der Fälle, wo sich der Autor gegen die Aufnahme eines Textes entschieden hatte.

Die vorliegende Gesamtausgabe von Werken Max Frischs in sechs Bänden erscheint zum 65. Geburtstag des Verfassers. Sie bedeutet eine vorläufige literarische Bilanz. Max Frisch arbeitet weiter. Die Ausgabe wendet sich an zeitgenössische Leser.

Tübingen, den 15. Februar 1976

Hans Mayer

Inhalt

Copyright-Nachweise